Suttner , Bertha von

Memoiren

Suttner , Bertha von

Memoiren

Inktank publishing, 2018

www.inktank-publishing.com

ISBN/EAN: 9783747777060

Memoiren

Von

Bertha von Suttner

Mit drei Bildnissen der Verfasserin

Stuttgart und Leipzig
Deutsche Verlags-Anstalt
1909

Druck der
Deutschen Verlags-Anstalt in Stuttgart
Papier von der Papierfabrik Salach
in Salach, Württemberg

Inhaltsverzeichnis

Erster Teil

Zweiter Teil

Dritter Teil

Vierter Teil

Fünfter Teil

Sechster Teil

Siebenter Teil

Achter Teil

Erster Teil

(1843—1861)

1
Kindheit

Was mich einigermaßen berechtigt, meine Erlebnisse mitzuteilen, ist der Umstand, daß ich mit vielen interessanten und hervorragenden Zeitgenossen zusammengetroffen und daß meine Anteilnahme an einer Bewegung, die sich allmählich zu historischer Tragweite herausgewachsen hat, mir manchen Einblick in das politische Getriebe unserer Zeit gewährte und daß ich im ganzen also wirklich Mitteilenswertes zu sagen habe.

Freilich müßte ich, wenn ich nur über diese Epoche meines Lebens berichten wollte, mich auf die Geschichte der letzten fünfzehn bis zwanzig Jahre beschränken und ganz darauf verzichten, Bilder aus meiner Jugend heraufzubeschwören, und müßte es mir versagen, die persönlichen Erinnerungen aufzuzeichnen, welche mein ganzes wechselvolles Leben in mein Gedächtnis geprägt hat.

Das will ich mir aber nicht versagen. Wenn ich schon des erwähnten Umstandes halber mich bewegen ließ, meine Memoiren zu schreiben, so soll daraus ein wirkliches Lebensbuch werden. Noch einmal sollen die Stationen der langen Reise vor meinem inneren Auge der Reihe nach auftauchen und davon auf diesen Blättern photographiert werden, was mir zur Wiedergabe geeignet erscheint.

Also ohne weitere Einleitung zum Anfang:

Der Anfang alles Menschenlebens ist die Geburt. Wo und wann und in welchem Milieu ich zur Welt gekommen bin, besagt am zuverlässigsten mein Taufschein. Hier ist die Kopie des Dokumentes:

„Taufschein. ad W. E. 200.

Aus der Geburts- und Taufmatrik der Pfarre St. Maria-Schnee, Lib. XIII. pag. 176, wird hiermit pfarrämtlich bestätigt, daß im Jahre eintausendachthundertvierzigdrei (1843) den 9. Juni in S. C. 697/2 geboren und hierauf den 20. ebendesselben Monates nach christkatholischem Ritus vom damaligen Ortspfarrer, wohlehrwürdigen Herrn P. Thomas Bazán getauft worden sei:

Bertha Sophia Felicita Gräfin Kinsky von Chinic und Tettau, eheliche Tochter (posthuma) des hochgeborenen Herrn Franz Joseph Grafen Kinsky von Chinic und Tettau, pensionierten k. k. Feldmarschalleutnants und wirklichen Kämmerers, gebürtig aus Wien — eines ehelichen Sohnes des hochgeborenen Herrn Ferdinand Grafen Kinsky von Chinic und Tettau Exzellenz, k. k. Kämmerers und Landesoberst hofmeisters und Besitzers der Herrschaft Chlumec, und dessen Gattin, hochgeborenen Frau Christine, geborenen Fürstin Liechtenstein — und dessen Gattin, hochgeborenen Frau Sophia Wilhelmine Gräfin Kinsky von Chinic und Tettau, geborenen von Körner, gebürtig aus Prag (einer ehelichen Tochter des wohlgeborenen Herrn Joseph von Körner, k. k. Rittmeisters in der Armee, und dessen Gattin Frau Anna, geborenen Hahn).

Pathen bei der Taufe waren Barbara Kraticek, Kammermädchen, und hochgeborener Herr Arthur Graf Kinsky von Chinic und Tettau. Hebamme Frau Sabina Jeràbek aus S. C. 124.

Urkund dessen des Gefertigten eigenhändige Unterschrift und das Pfarrsiegel.

Prag, Pfarre St. Maria-Schnee, den 27. November 1866.

Dr. (unleserlich),
Pfarrer b. St. Maria-Schnee."

Dieser Taufe — obwohl ich dabei so vieles geschworen und abgeschworen — habe ich nicht beigewohnt. Unter „ich" verstehe ich nämlich nicht die lebendige körperliche Form, in der dasselbe enthalten ist, sondern jenes Selbstbewußtsein, das sowohl in der ersten Kindheit, als auch öfters im ganzen Lauf des Lebens abwesend ist: im Schlaf, in der Ohnmacht, in der Narkose und in gar vielen Augenblicken, wo man nur atmet und nicht denkt, nicht schaut, nicht hört, wo man nur so vegetativ weiterexistiert, bis das Ich wieder in Funktion tritt.

Prag war also die Stadt, in der meine Wiege, an der, wie an allen Wiegen, so manches nicht gesungen wurde, gestanden hat. Meine Mutter, die bei meiner Geburt schon Witwe war, ist aber bald nach Brünn übersiedelt, und was mir aus der Kindheit im Gedächtnis geblieben, das spielte sich in der mährischen Hauptstadt ab.

Dort sehe ich mich am Fenster stehen — fünf Jahre alt — und auf den „großen Platz" hinausschauen, wo eine lärmende Menge sich wälzt. Ein neues Wort schlägt an mein Ohr: Revolution. Alle schauen zum Fenster hinaus, alle wiederholen das neue Wort und sind sehr aufgeregt. Was ich empfunden habe, weiß ich nicht mehr, jedenfalls war ich auch erregt, sonst hätten das Bild und das Wort sich dem Geiste nicht eingeprägt. Daneben ist aber nichts. Das Bild weckt kein Verständnis, das Wort hat keinen Sinn. So sieht meine erste Erfahrung eines historischen Ereignisses aus.

Aber mein Gedächtnis reicht weiter zurück und zeigt mir einen Auftritt, den ich im Alter von drei Jahren erlebte und der mich viel heftiger bewegt hat als die politischen Umwälzungen des Jahres 1848.

Ungefähr drei Jahre bin ich alt. Es ist ein schöner Nachmittag und meine Mutter und mein Vormund wollen mich mitnehmen zu einer Landpartie in den „Schreibwald". Der Begriff „Schreibwald", ein beliebter Ausflugsort der Brünner, leuchtet aus meinen Kindererinnerungen als der Inbegriff von Naturpracht, Festesfreude, Waldesdunkel, Gebirgsbesteigung, Kaffeegenüssen, mit einem Wort als die Kulmination von dem Freudenkomplex, genannt Landpartie. Damals an dem denkwürdigen Nachmittag waren alle diese Erfahrungen wohl noch nicht vorhanden, vielleicht war es sogar das erstemal, daß ich in den Schreibwald geführt werden sollte, aber der Name blieb mir stets mit der folgenden Begebenheit verbunden.

Ein weißes Kaschmirkleidchen, ausgenäht mit schmalen roten Borten, wurde mir angelegt. Ein Prachtding: dekolletiert — das Muster der Ausnähung sehe ich noch vor mir, ich könnte es nachzeichnen. Wie würde die Umwelt staunen, wenn sie das erblickte! Ich fühlte mich schön, positiv schön darin. Da bemerkte mein Vormund vom Fenster — auch ihn sehe ich in seiner Generalsuniform —, daß das Wetter sich verzieht, daß es wahrscheinlich regnen werde. Ein kurzer Kabinettsrat (der General, meine Mama und die Kammerzofe Babette) folgte, und die Resolution ward verkündet: das schöne neue Kleid könnte Schaden leiden.

„Zieh der Komteß ein altes Kleid an," lautete der mütterliche Befehl. Aber die Komteß erklärte mit aller Entschiedenheit, daß sie sich dagegen verwahre. Im neuen Kleide bin ich: j'y suis, j'y reste; mit diesem um dreißig Jahre vorgreifenden Plagiat gab sie ihren unerschütterlichen Willen kund. Vielleicht übrigens nicht so sehr mit Worten als mit Heulen und Trampeln.

Das nächste Bild aber in dieser mir unauslöschlichen Bildergalerie zeigt mir also das strahlend gekleidete, schöne und energische Wesen auf einen großen Tisch hingelegt, das Gesicht gegen die Tischplatte, das rotgestickte Röckchen von gefälliger Hand des nebenstehenden hohen Militärs gehoben, und von mütterlicher Hand sauste — klatsch,

klatsch — die erste Prügelstrafe verzweiflungserweckend und entehrend auf das Objekt hernieder.

Ja Verzweiflung: daß es so großen Kummer geben könne auf der Welt und daß darüber die Welt nicht einstürzt, das war mir vermutlich unfaßbar. Endlich legte sich das wilde Schluchzen — ich wurde ins „Winkerl", d. h. in eine Ecke gestellt und mußte um Verzeihung bitten — die so tief Beleidigte auch noch um Verzeihung bitten! Aber ich tat's, ich war zwar unglücklich, tiefunglücklich, aber gebändigt. Heute weiß ich nicht mehr, warum dieser Vorfall sich mir so tief in die Seele prägte; war es die verletzte Eitelkeit wegen des entzückenden Kleides oder das verletzte Ehrgefühl wegen des Disziplinarverfahrens? Wahrscheinlich beides.

Noch ein Bild ist mir eingeprägt. O, ich muß ein sehr eitler, vergnügungssüchtiger Fratz gewesen sein! Meine Mutter kommt ins Kinderzimmer; sie trägt ein schönes Kleid, wie ich es noch nie an ihr gesehen habe, und Schmuck auf dem bloßen Hals: Mama geht auf den Ball, und man erklärt mir, daß dies ein Fest ist, wo alle so schön angezogen sind und in ganz hellen Räumen tanzen. Ich will mitgenommen werden, will auch auf den Ball. „Ja, mein Wursterl geht auch auf den Ball." Ich juble. — „Nämlich auf den Federnball." Damit küßt mich die schöne Mama und geht. „So," sagt Babette, „jetzt wollen wir uns zum Federnball bereitmachen." Und sie beginnt mich zu entkleiden, was ich mit freudiger Erwartung geschehen lasse. Als ich aber, statt weiter geschmückt zu werden, ins Bett gebracht werde und erfahre, daß dies der Federnball sei, da breche ich in wildes Schluchzen aus, getäuscht, gekränkt, gedemütigt.

Bei dem Bilde meines Vormundes muß ich noch etwas verweilen. Meine ganze Kindheit und erste Jugend hat es freundlich durchleuchtet. Friedrich Landgraf zu Fürstenberg war meines verstorbenen Vaters Kamerad und Freund gewesen, und seine übernommene Aufgabe als Vormund und Beschützer und sorgender Freund des vaterlosen Kindes hat er bis zu seinem Tode treu erfüllt. Ich betete ihn einfach an, betrachtete ihn als ein höheres Wesen, dem ich unbedingten Gehorsam, Verehrung und Liebe schuldete und auch gerne zollte. Er war ein älterer Herr, über fünfzig, als ich zur Welt kam, und wie Kinder in der Alterschätzung schon sind, mir schien er uralt, aber urlieb. So lächelnd, so heiter, so Grandseigneur, so unbeschreiblich gütig. Diese mitgebrachten Zuckerbäckerwaren, diese reichen Weihnachtsgeschenke, diese Sorge um meine Erziehung, meine Gesundheit, meine Zukunft!

Grandseigneur: das war er ja tatsächlich. Mitglied des stolzesten österreichischen Hochadels, Feldzeugmeister, zuletzt Kapitän der Arcièrengarde, eine der ersten Stellungen bei Hofe. Fehlte bei keinem großen Hoffest und brachte mir von jedem Kaiserdiner so schöne Bonbons mit. Seine hohe Stellung flößte mir mehr Stolz als Respekt ein. Für mich war er der „Fritzerl", dem ich du sagte, dem ich, solange ich klein war, auf die Knie stieg und den Schnurrbart zupfte.

Er starb unverheiratet. Sein Leben war so regelmäßig eingeteilt, es verlief so ohne Sorgen, ohne Leidenschaften, zwischen Dienst und Geselligkeit, daß nie der Wunsch aufkam, es zu verändern. In Wien bewohnte er eine schöne Garçonwohnung in der Inneren Stadt; in Mähren besaß er eine Herrschaft, wo er öfters ein paar Sommerwochen zubrachte, um nachzusehen, was seine Beamten treiben; doch zog er es vor, statt bei sich in dem einsamen Schloß zu wohnen, als Gast bei seiner alten Mutter und bei seinen verschiedenen Schwestern die Sommermonate zuzubringen. Reisen unternahm er niemals. Hinter den österreichischen Grenzpfählen hörte die Welt für ihn auf. Frömmigkeit, Kirchenfrömmigkeit sowohl wie Militärfrömmigkeit gehörten zu seinen, ich will nicht sagen Charaktertugenden, sondern Standestugenden. Er fehlte bei keiner Sonntagsmesse, keiner Kirchenfeier und keiner Parade. Für Feldmarschall Radetzky, den er persönlich gut gekannt, schwärmte er. Der Ruhm der österreichischen Armee war in seinen Augen einer der schönsten Bestandteile der allgemeinen Weltordnung. Die Société (mit diesem Worte bezeichnete er den Kreis, in dem er geboren war und in dem er sich bewegte) war ihm die einzige Menschenklasse, deren Leben und Schicksale ihn interessierten. Er wohnte auch stets allen in den Häusern Schwarzenberg, Pallavicini u. s. w. gegebenen großen Festen bei. Im Adelskasino hatte er mit einigen Ranggenossen seine regelmäßigen Whistpartien. Kartenspiel liebte er überhaupt — nicht Hasard, denn er war im höchsten Grad „solid" —, aber die unschuldigen Spiele, als da sind: Pikett, L'hombre, Tarteln. Dieses letztere pflegte er bei seinem wöchentlich zweimaligen Vormittagsbesuch bei uns mit meiner Mutter zu spielen, und ich durfte dabeisitzen, um mit dem Stiftchen die Points zu markieren. Sehr interessierten ihn die verschiedenen Heiraten in der Société; er hatte eine Schar von Neffen und Nichten, die mehr oder minder gute Partien machten. Er selbst hat, obwohl der Mannesstamm mit ihm erlöschen sollte, nicht ans Heiraten gedacht. Die Ursache war, daß er eine Herzensneigung zu einer Frau hegte, die zwar auch die Witwe eines Aristokraten, aber von Geburt aus nicht hoffähig war, also erschien ihm eine Heirat mit ihr einfach ausgeschlossen. Seiner Familie wollte er ein solches Aergernis nicht geben, und schließlich wäre es ja auch ihm ein Aergernis gewesen, denn alles, was außer dem Geleise, außer der Tradition, außer der „Korrektheit“ lag, das ging ihm wider den Strich.

Als ein Typus von Altösterreichertum steht diese Gestalt vor meinem Gedächtnis. Ein Typus, von dem es wohl noch einige Exemplare gibt, der aber — wie aller Typen Los — im Aussterben begriffen ist. Unser Land ist jetzt aus Slawen, Deutschen, Kroaten, Italienern (Madjaren darf man schon gar nicht nennen, die würden sich das höchlich verbitten) und noch ein paar andern Nationalitäten zusammengesetzt, aber der Sammelname „Oesterreicher“ könnte erst dann wieder zu einem stolzpatriotischen Begriff werden, wenn all die verschiedenen Völkerschaften mit eigner Autonomie zusammen einen Föderativstaat bildeten, wie die Deutschen, Franzosen und Italiener in der Schweiz. Da erzählte mir neulich ein Freund — ein dem bürgerlichen Stande angehöriger, aber bei Hofe sehr gern gesehener Mann — von einer Unterhaltung, die er unlängst mit dem Kaiser geführt. Im Laufe eines politischen Gespräches habe der Kaiser ihn befragt, welcher Partei er angehöre: „Zu derjenigen, zu der nur ein einziger Anhänger gehört, der ich bin.“ — „Und was ist das für eine Partei?“ — „Die österreichische, Majestät.“ — „Na, und ich — zählen Sie mich nicht?“ gab Franz Joseph lächelnd zurück.

Zurück zur Vergangenheit und zu meinem lieben Fritzerl. Es ist gut, daß er die Ereignisse von 1866 nicht erlebte. Die Niederlagen in Böhmen, die Lostrennung Venetiens; das hätte ihn bis ins tiefste Mark gedrückt. Und er hätte es einfach unbegreiflich gefunden, wie eine gegen alle Naturgesetze, namentlich gegen alle göttliche Ordnung verstoßende Kalamität. Zu der Weltauffassung, die den Typus kennzeichnet, den ich meine, gehört der Glaube, daß Oesterreich der Mittelpunkt der Welt sei und jedes ihm widerfahrende Unglück — namentlich Kriegsunglück — eine unnatürliche Pflichtversäumnis seitens der Vorsehung bedeute. Es sei denn, daß solche Niederlagen als Strafe gemeint seien, als verdiente Züchtigung für überhandnehmenden Unglauben, für Lösung der Sitten, für Verbreitung von revolutionären Ideen. Da hilft denn wohl nichts als strenge Zucht einführen, die Armee tüchtig reorganisieren; dann läßt sich vielleicht der Weltschöpfer versöhnen und die Weltgeschichte durch künftige Rückeroberungen wieder korrigieren. Diese Schmerzen und diese Betrachtungen blieben dem Fritzerl erspart.

Wenn ich vorhin sagte, von jenem Typus leben noch einzelne Exemplare, so habe ich mich wahrscheinlich geirrt. Es ist einfach unmöglich, daß heute noch in irgendeinem Kopfe die Welt sich so spiegelt, wie sie sich in den Köpfen derer spiegelte, die noch im achtzehnten Jahrhundert geboren wurden, die die erste Einführung der Eisenbahn erlebten, die das erste Photographieblatt in Händen hielten, die mit einigem Widerwillen die Oelbeleuchtung durch das Petroleum verdrängt sahen. Zu jenem altösterreichischem Typus (mit den altenglischen oder sonstigen altnationalen Typen geht es ebenso) gehört eine gewisse Beschränkung der Erfahrungen und des Wissens, welche heute auch in den konservativsten Kreisen nicht mehr bestehen kann.

Daß sich die Typen von Geschlechtsfolge zu Geschlechtsfolge ändern, daß die Anschauungen, Ansichten, Gefühle wechseln, das kann man am besten an sich selber beurteilen, wenn man in die Vergangenheit zurückblickt. Jeder Mensch, obwohl er zumeist den Wahn hegt, ein gleiches, fortgesetztes Ich mit bestimmten Charaktereigenschaften zu sein, ist ja selber eine Kette der verschiedensten Typen. Jede neue Erfahrung — ganz abgesehen von den körperlichen Veränderungen des Aufblühens und Abwelkens, des Gesund- oder Krankseins — modifiziert das geistige Wesen. Wieviel man sieht, ob als Landschaftsbild mit dem körperlichen Auge oder als Weltanschauung mit dem geistigen, ist nicht Sache des mehr oder minder kräftigen Sehvermögens, sondern besonders Sache des Horizonts.

Wenn ich in meine Kindheit und Jugend zurückblicke, so sehe ich mich nicht als Dieselbe,' Geänderte, sondern sehe nebeneinander stehend die verschiedensten Mädchengestalten, jede mit einem anderen Horizont von Ideen und von anderen Hoffnungen, Interessen und Empfindungen erfüllt. Und wenn ich die Gestalten aus meinem reiferen Frauenalter oder gar meinem jetzigen danebenhalte, was habe ich (außer der bloßen Erinnerung, so blaß wie die Erinnerung an längst gesehene Gemälde oder längst gelesene Bücher) mit jenen Schemen gemein und was sie mit mir? Zerfließende Nebel, flatternde Schatten, verwehender Hauch: das ist das Leben . . .

Meine erste Liebe war niemand geringerer als Franz Joseph I., Kaiser von Oesterreich. Gesehen hatte ich ihn zwar nie — nur sein Bild —, aber ich schwärmte heftig für ihn. Daß er mich heiraten werde, schien mir gar nicht ausgeschlossen: im Gegenteil, das Schicksal war mir so etwas Aehnliches schuldig. Natürlich mußte ich noch fünf oder sechs Jahre warten; denn daß ein zehnjähriges Kind nicht zur Kaiserin gemacht werden könne, sah ich ein. Ich mußte zur fünfzehn-, sechzehnjährigen Jungfrau — der schönsten Jungfrau im Lande — aufgeblüht sein; der junge Herrscher würde mich einmal erblicken, sich mit mir in ein Gespräch einlassen, von meinem Geist entzückt sein und mir sofort seine Person zu Füßen legen. Das war so die Zeit, wo ich überzeugt war, daß die Welt ein Märchenglück für mich bereithielt. Es zu verdienen und darin recht glänzend am Platze zu sein, bemühte ich mich redlich, indem ich lernte, lernte, übte, übte und meine Fortschritte und Kenntnisse selber anstaunte. Ein wahres Wunderkind war ich — in meinen Augen. Es ist wahr, ich sprach gut Französisch und Englisch (von frühester Kindheit hatte ich Französinnen und Engländerinnen als Bonnen), ich spielte merkwürdig gut Klavier, ich hatte enorm viel gelesen: Le siège de la Rochelle, Histoire de France von Abbé Fleury; Ruy Blas und Marie Tudor von Victor Hugo; den halben Schiller, Physik von Fladung; Jane Eyre, Uncle Tom's Cabin, das waren die Bücher (also nicht Kinderbücher), in denen ich in jenem Alter schwelgte; zudem liebte ich es, im Konservationslexikon zu blättern und von allen Wissenszweigen Blüten zu pflücken. Aus Wißbegierde? Das will ich nicht behaupten; ich glaube, jene schönen Blüten schienen mir nur begehrenswert, um mir einen schmückenden Kranz daraus zu flechten.

Ein böser Zufall hat gewollt, daß Kaiser Franz Joseph schon im Jahre 1854 — ich war also erst elf Jahre alt — seine Cousine Elisabeth erblickte, mit ihr ein Gespräch anknüpfte und ihr seine Person zu Füßen legte. Ich war nicht gerade unglücklich (es gibt ja noch andere Märchenprinzen 'genug), sondern interessierte mich fortan lebhaft für Elisabeth von Bayern, suchte nach ihren Porträten, fand, daß sie einige Aehnlichkeit mit mir habe und ahmte ihre Frisur nach. Die eigentliche heftige Leidenschaft für meinen jungen Landesvater war ja seit einiger Zeit erloschen. «Chiodo caccia chiodo», dieses Sprichwort wenden die Italiener an, um zu illustrieren, daß eine Liebe die andere verjagt.

Ich war an meinem elften Geburtstag zum erstenmal ins Theater geführt worden. Man gab die „Weiße Dame". Nein, dieser George Brown! („welche Lust, Soldat zu sein!") Ja, das ist doch der schönste Stand — nächst dem Operntenorstand. Denn etwas Hinreißenderes als diesen Sänger — ich weiß sogar noch seinen Namen, Theodor Formes, der Eindruck muß also tief gewesen sein —, etwas Ritterlicheres hatte ich mir nie träumen lassen. So mußte der mir bestimmte Prinz aussehen. Er mußte nicht einmal Prinz sein, nur womöglich, wenn nicht Tenor — Herrn Formes hätte ich keinen Korb gegeben —, so jedenfalls Soldat. Während ich das erzähle, sehe ich, daß ich zwar ein dummes Mädel war, aber kein rechtes Kind. Das kommt wohl daher, weil ich keine gleichaltrige Gespielin gehabt, sondern nur in der Welt der Bücher lebte, deren

Helden auch keine Kinder, sondern Erwachsene waren, deren Lebensschicksale sich zumeist um Liebe und Ehe drehten.

Das Wichtigste im Universum, das war jedenfalls meine kleine Person. Der Lauf der Welt, das war nur die Maschinerie, deren sämtliche Räder zu dem Zwecke ineinander griffen, um mir ein strahlendes Glück zu bereiten. Ob ich allein ein so törichtes, eingebildetes Kind war, oder ob dieses Weltzentrumgefühl überhaupt ein bei Kindern und beschränkten Geschöpfen natürliches Gefühl ist? Ob die Bescheidenheit eine edle Frucht ist, die erst am Baume der Lebenserfahrung und des Wissens reift? — — Daran läßt sich auch so recht der Typus eines Menschen oder einer Klasse ermessen — daran, was als wichtig erscheint. In jenen Kindheitstagen war mir (neben dem alles überragenden „Ich") noch von bedeutender Wichtigkeit: das Weihnachtsfest; die große Wohnungsreinigung zu Ostern; das Brünner Damenstift; die Auflese von Kastanien in den mit einem Teppich von Herbstlaub belegten Wegen des Augartens, die Besuche Fritzerls, der schöne Liedervortrag meiner Mutter, die selbstverständliche große Liebe dieser Mutter für mich und meine Liebe zu ihr, die so groß war, daß, wenn sie auf zwei oder drei Tage nach Wien fuhr, ich stundenlang schluchzte, als wäre mir das Herz gebrochen.

Mit einem solchen Kreis von Wichtigkeit könnte ich alle verschiedenen Abschnitte meines Lebens umrahmen und mir dadurch am deutlichsten die Phasen vergegenwärtigen — von jener ersten Erinnerung des wichtigen Bortenmusters am weißen Kaschmirkleidchen an bis zu dem Ideal des gesicherten internationalen Rechtszustandes, das mir heute als eine alles andere übertrumpfende Wichtigkeit erscheint.

Hier handelt es sich um etwas, was erst werden soll, und ich glaube, daß die Beschäftigung mit solchen Dingen nur eine seltene ist. Die meisten Menschen — und ich in meinen früheren Lebensepochen mit ihnen — nehmen die Umwelt und die herrschenden Zustände als etwas Gegebenes, Selbstverständliches, schier Unveränderliches an, über dessen Ursprung man nur wenig und an dessen mögliche Wandlung man gar nicht denkt. So wie die Luft dazu ist, geatmet zu werden und man nichts daran zu ändern berufen ist, so ist die gegebene Gesellschaftsordnung — die politische und sittliche — da, um die Atmosphäre, die Lebensluft unserer sozialen Existenz abzugeben. Natürlich denkt man sich das nicht mit diesen Worten, denn jene Auffassung ist eine ganz naive, d. h. also mehr in der Empfindung als im Bewußtsein vorhanden, so wie man ja auch, ohne sich dessen bewußt zu werden, beständig Atem holt und an den Stick- und Sauerstoffgehalt der Luft nicht denkt.

Die Erinnerung an einen Landaufenthalt des Jahres 1854 ist mir lebhaft im Gedächtnis haften geblieben. Heute noch sehe ich verschiedene Bilder aus dem Schlosse, dem Garten und dem Wald der Herrschaft Matzen vor mir, während so viele andere Szenerien, die ich seither gesehen, meinem Gedächtnis entschwunden sind. Man trägt doch eine eigentümliche Kamera im Kopfe, in die sich manche Bilder so tief und deutlich einätzen, während andere keine Spur zurücklassen. Der Apparat muß sich im Gehirn momentan auch so aufklappen und größtenteils aber verschlossen bleiben, so daß die Außenwelt sich nicht hineinphotographiert.

Es war damals nicht zum erstenmal, daß ich in Matzen war, aber von dem früheren Aufenthalt habe ich nur eine ganz blasse Vorstellung. Ich sehe mich nur auf dem Arm der Kindsfrau in den Salon getragen, um dort von der Hausfrau -- Tante Betty Kinsky — und ihren beiden erwachsenen Töchtern, Rosa und Tinka, geliebkost zu werden. Im Jahre 1854, da meine Mutter wieder nach Matzen eingeladen war, regierte dort nicht mehr Tante Betty; sie war vor einigen Jahren gestorben und die Töchter waren verheiratet außer Hause — Rosa an einen Baron Hahn in Graz, Tinka an General Grafen Crenneville, Festungskommandant in Mainz. Mainz war ja damals österreichische Garnison. Wie die Dinge sich doch verschieben auf dieser unserer wandelbaren Erdoberfläche, auf der ja alles in fortwährendem Wandel begriffen ist; aber schneller und unerwarteter als Berge und Täler, als die Wälder und Städte der Länder wandeln sich ihre politischen Grenzen und Zugehörigkeiten.

Um nach Matzen zurückzukommen, das ja noch immer auf derselben Stelle steht, welches ich aber seither nicht mehr gesehen habe, so war es damals unter der Herrschaft eines jungvermählten Paares. Am selben Tag, da Kaiser Franz Joseph mit Elisabeth von Bayern Hochzeit hielt, hatte der nunmehrige Herr von Matzen und Angern, Christian Graf Kinsky, seine Braut, Therese Gräfin Wrbna, heimgeführt. Ein schönes, glückliches junges Paar.

Einen lustigeren, witzigeren Menschen als „Christl“ Kinsky kann man sich nicht vorstellen. Des ist die ganze Wiener Gesellschaft Zeuge. Noch in seinem späten Alter, auf dem nichts weniger als lustigen Posten eines Landmarschalls, wußte er Heiterkeit und Gemütlichkeit bis in die parteizerrissene Landstube zu bringen. Das Schloß, alt und getürmt, steht auf einem bewaldeten Berg; vom zweiten Stockwerk führt eine Tür auf ein Plateau, auf dem ein kleiner Ziergarten angelegt ist, und vor dem Gartengitter liegt der Wald. Ein Pavillon ist in dem Gärtchen angebracht, und auf dem Tisch darin lagen gefärbte Gläser, blau, gelb, rot ... Durch diese ließ man mich in die Natur hinausschauen (diese Erinnerung datiert von einem früheren Matzener Besuch, als ich noch ganz klein war), und diesen blauen Wald, diesen gelben Garten, diesen grünen Himmel zu sehen, es war mir eine zauberhafte Ueberraschung — ich schrie vor Glück. Es geht doch nichts darüber: erst vor kurzem geboren worden zu sein und alles — alles was die Welt bietet, als neu zu empfinden — alles ein erstes Mal zu kosten. Drum wäre es ganz schön, immer wieder geboren zu werden und immer wieder alles von vorn zu beginnen, wieder das Zauberreich der Ueberraschungen durchzuwandern, das mit dem ersten gefärbten Glas, mit dem ersten Christbaumkerzchen, etwas später mit dem ersten Kuß uns stets als ein ungeahntes Neuland blendet ...

2
Erste Jugend

Als ich beinahe zwölf Jahre zählte, wurde mir zum erstenmal das Glück zuteil, eine fast gleichaltrige Genossin zu bekommen.

Eine Schwester meiner Mutter — Tante Lotti hieß sie für mich — kam auf Besuch, begleitet von ihrer einzigen Tochter Elvira. Wir beiden Mädchen entbrannten in Freundschaft zueinander. Ich sage „entbrannten", denn unsere gegenseitige Zuneigung war eine heftige, und namentlich war es Elvira, die eine wahre Anbetung für mich zeigte.

Tante Lotti war die Witwe eines Sachsen Namens Büschel, seines Zeichens vermögender Privatier und Bücherwurm. Elvira war sozusagen in der väterlichen Bibliothek aufgewachsen. Das Lieblingsfach Büschels war die Philosophie gewesen, und er unterhielt sich mit seiner Kleinen vornehmlich von Hegel, Fichte und Kant. Zur Erholung von so schwerer Kost reichte er ihr Shakespeare. Und als ganz besondere Näscherei Uhland, Körner, Hölderlin. Das Resultat dieser Erziehung war natürlich ein Blaustrümpfchen. Mit acht Jahren hatte Elvira zu dichten angefangen — Lieder, Balladen u. dergl., und als ich sie kennen lernte, hatte sie schon mehrere Dramen in Prosa und ein paar Tragödien in Versen verfaßt. Daß sie die größte Dichterin des Jahrhunderts werden sollte, das stand bei ihr selber, bei Tante Lotti und bei mir fest. Vielleicht wäre sie es geworden, wenn nicht ein früher Tod sie ereilt hätte. Sie hat sich die Anerkennung von großen Kennern erworben — ich nenne nur Grillparzer, der ihre Sachen mit bewunderndem Staunen las und ihr eine große Zukunft prophezeite. In unserem Familienkreis war ihr Genie unbestritten. Und sie besaß jene Eigenschaft, welche die Hälfte des Genies darstellt, nämlich eisernen Fleiß. Jeden Tag verbrachte sie — das Kind — freiwillig drei oder vier Stunden hintereinander am Schreibtisch und schrieb, schrieb, schrieb. Oft hatte sie mehrere Arbeiten auf der Werkstätte — eine Novelle, ein Drama und verschiedene Gedichte dazwischen. Ich erinnere mich der Titel einiger der großen Stücke: „Karl der Sechste" hieß das eine. Ein anderes „Delascar"; dieser Name des Helden (ich glaube, er war Maure) gefiel mir ganz besonders und schien mir schon allein Gewähr des Erfolges. Ob diese Dramen zu Ende geschrieben wurden, erinnere ich mich nicht. Ich weiß, daß ich sie in Gestalt von Plänen kennen lernte — nur einzelne Szenen waren schon fertig, einzelne besonders effektvolle Monologe. Elvira war eine rastlose Feilerin. Wenn sie uns an einem Tage eine große Tirade Delascars vorgelesen hatte, so brachte sie oft am nächsten Tag eine ganz neue Auflage derselben Tirade zu Gehör. Für mich war ihr Zukunftsruhm Dogma. Und sie zweifelte nicht an dem Märchenglück, das mir das Leben bringen mußte, denn wenn sie meine geistige Inferiorität auch zugab (bei mir war ja auch vom Dichten keine Spur — die Leier war mir geradeso fremd wie etwa das Waldhorn), so hatte sie unbegrenzte Bewunderung für meine physischen Vorzüge, für meine weltlichen Talente — ich mußte eine große Dame werden und im Sturme alle Herzen erobern. Wie man sieht, ließen wir es an gegenseitiger Wertschätzung nicht fehlen, und das war der Boden, auf dem sich unsere Freundschaft so mächtig entfaltete.

Für sich hoffte Elvira auf keine gesellschaftlichen Erfolge. Sie war sich ihrer Schüchternheit und ihres Schönheitsmangels bewußt. Klein, mit einem zu großen Kopfe, einem Schillerkopfe, war sie allerdings kein hübsches Mädchen; dazu linkisch in den Bewegungen, hilflos in der Konversation — nein, als Frau würde sie sicherlich niemals gefallen — während sie überzeugt war, eine Ueberzeugung, die ich teilte, daß ich als solche alle möglichen Triumphe feiern werde; aber sie begnügte sich mit der ihr bestimmten Rolle: die Sappho des neunzehnten Jahrhunderts zu werden. Ein bescheidenes Cousinchenpaar, das muß man uns lassen!

Also wir waren Freundinnen und schwuren uns lebenslängliche

Treue; Gespielinnen waren wir auch. Aber wer sich dabei vorstellt, daß wir zusammen mit Puppen spielten oder durch Reifen sprangen, wie es unserem Alter geziemt hätte, der würde sich irren. Wir spielten „Puff“. Das war ein von uns erfundenes, von uns selber so benanntes Spiel, an dem wir stundenlang uns zu vergnügen pflegten.

Es bestand darin: Wir führten eine Komödie auf. Elvira übernahm die Rolle des Helden, ich der Heldin. Der Held wechselte immer ab; bald war's ein französischer Marquis, bald ein spanischer Student, oder ein reicher Lord, oder ein junger Marineoffizier, oder ein schon etwas gesetzter Staatsmann, manchmal ein inkognito auftretender König; ich aber stellte immer mich selber vor, die Heldin war immer Berta Kinsky, zumeist sechzehn- oder siebzehnjährig, bei manchen Kombinationen schon etwas ältlich: sagen wir zwei- bis dreiundzwanzig. Die Komödie endete gewöhnlich mit einer Heirat, doch kam es auch vor, daß der Held starb — dann war's eben ein Trauerspiel.

Ehe das Spiel begann, wurde Zeit und Ort der Handlung bestimmt, der Name und die Personsbeschreibung des Helden mußten festgesetzt und dazu eine Situation gegeben werden. Zum Beispiel: Im Jahre 1860 würde Berta als Gast der russischen Gesandtin auf einem Schloß bei Moskau weilen. Der Bruder der Hausfrau, Fürst Alexander Alexandrowitsch Rassumow, ein sehr finsterer und melancholischer Menschenfeind, groß, elegant, schwarz gekleidet, mit unheimlich glühenden Augen, befindet sich unter den Hausgenossen, zeigt sich aber nur selten. Er soll ein großes Unglück durchgemacht (eine dunkle Geschichte von einer falschen Frau, von einem erschossenen Duellgegner — Genaues weiß man nicht) und sich von der Welt zurückgezogen haben. Der Schauplatz stellt den Garten vor, am Rande eines Teiches, auf dem ein paar Schwäne segeln. Ich sitze mit einem Buche in der Hand auf einer Bank unter einer Trauerweide, und aus einer Seitenallee kommt, in tiefes Sinnen versunken — Alexander Alexandrowitsch daher. Jetzt, nachdem das festgesetzt war, konnte das Spiel beginnen, und wir sagten „Puff“. Mit diesem Zauberwort waren wir in die dramatis personae verwandelt — ich in die siebzehnjährige Berta, Elvira in den unheimlichen Russen. Und der Dialog hob an. Wollten wir das Spiel auf einen Augenblick unterbrechen, so sagten wir „Paff“ und flugs waren wir wieder die zwei kleinen Cousinen, die sich etwas mitteilten: eine szenische Bemerkung, wie: dieser Bleistift bedeutet eine Pistole, oder auch etwas Privates, das mit dem Spiel in keiner Beziehung stand. Und erst als wieder „Puff“ gesprochen war, wurde der Dialog von neuem aufgenommen. Um zu markieren, daß der eine oder die andere Farbe wechselte, hatten wir besondere Zeichen: das leichte, rasche Aufblasen der Wangen bedeutete leises Erröten; das starke und ein paarmal wiederholte Aufblasen stellte vor: mit Purpurröte übergossen; ein schnelles, blitzartiges Herunterziehen des Mundwinkels, das war Erblassen; das Umkehren der ganzen Unterlippe — das war schon geisterhaftes Erbleichen. Der Verlauf des Stückes wurde nicht vorher skizziert, der war der selbsttätigen Entwicklung der Gespräche und Gefühle überlassen, denn wir fühlten wirklich dabei: erwachendes Interesse aneinander, keimende Neigung, und gewöhnlich zum Schluß erglühende Liebe, die zum Lebensbunde führte. So ein dialogisierter Roman dauerte manchmal tagelang; wir konnten ja auch nicht ununterbrochen weiterspielen, da andere Beschäftigungen: Lektionen, Spaziergänge, Mahlzeiten u. s. w. uns riefen. Die Anwesenheit unserer Mütter störte uns nicht immer; wir setzten uns in eine andere Ecke des Zimmers außer Hörweite — sagten „Puff“, und der finstere Alexander oder wie sonst der jeweilige Held hieß, war wieder da. Lieber war uns das Spiel freilich, wenn wir allein waren, denn da konnte der Dialog mit ausdrucksvollen Gesten begleitet, der Affekt durch erhöhte Stimmen ausgedrückt werden. War eine solche Komödie ausgespielt, so mußte wieder ein neuer Held und eine neue Situation ersonnen werden. Nicht immer fiel uns etwas ein; da saßen oder spazierten wir im nüchternen Paffzustande nebeneinander oder plauderten, bis plötzlich die eine oder die andere rief: „Wasatem.“ (Abkürzung für: Ich weiß ein Thema.) Schien das vorgeschlagene Thema gut und interessant, dann hieß es „Puff“ und die Verwandlung war geschehen.

Ich erinnere mich, daß einmal, als wir in unserer Zimmerecke spielten, die am anderen Ende mit einer Stickerei beschäftigte Tante Lotti ausrief: „Dein Hüsteln gefällt mir aber gar nicht, Elvira! So trocken und so hartnäckig — da muß der Doktor befragt werden ...“ Elvira hatte aber damals gar keinen Husten, sondern wir waren seit mehreren Tagen in einem außerordentlich rührenden Puffspiel begriffen, bei welchem der Geliebte ein todgeweihter Brustkranker war.

•

Ich erwähnte vorhin den schönen Liedergesang meiner Mutter. Dieser Gesang hat in meiner Kindheit und späteren Leben eine große, einflußreiche Rolle gespielt. Meine Mutter betrachtete es stets als eine tragische Verfehlung ihres Lebensberufes, daß sie nicht Opernsängerin geworden war. In ihrer ersten Jugend hatte ein berühmter italienischer Maestro ihre Stimme geprüft und die Versicherung abgegeben, daß seit der Grisi, Pasta und Malibran kein solcher Sopran gehört worden sei, dazu die blendende Erscheinung: kurz die höchsten Triumphe, die reichsten Goldgewinne wären da dem schönen Mädchen erschlossen gewesen, wenn sie die Theaterkarriere ergriffen hätte; dies die Meinung des Maestro, der es auch unternahm, ihr nach der altitalienischen Schule Gesangsunterricht zu erteilen und es unter anderem erreicht hatte, daß sie das Eintrittsrezitativ der Norma mit tragischer und schmetternder Kraft zum Vortrag brachte, wieder zur Beschämung aller Grisis, Pastas und Malibrans. Aber weder meine Großeltern noch „Tante Claudius", welche meine Mutter zu sich genommen und aufgezogen hatte, wollten vom Theater, das in diesen Zeiten noch als ein Pfuhl der Sünde betrachtet wurde, etwas wissen, und es ist Mamas Normarezitativ niemals auf den Brettern erklungen, aber noch gar oft in meinem Kinderzimmer (in dem unser Klavier stand), und hat sich mir in die Seele geprägt als das Nonplusultra des Frauenheroismus und der Opernkunst. Druidenpriesterin und Mistelzweig, Leidenschaft, Erhabenheit: so stand in meiner Vorstellung das strahlende Normabild, umrauscht von süßestem Melodienzauber, von überirdischer Stimmgewalt. Daß es ihr nicht erlaubt worden war, sich für das Theater auszubilden, empfand meine Mutter bis zu ihrem späten Alter als eine Kränkung, als eine Beraubung an all den Schätzen, die ihr die Natur mit ihren Wundergaben bestimmt hatte. Ja, wenn ich etwa diese Stimme geerbt haben sollte, dann könnte sie vielleicht an der Tochter dieselben versäumten Triumphe erleben; aber für eine Komteß Kinsky wäre ja die Theaterkarriere noch weniger am Platze, als sie für das Fräulein von Körner gewesen wäre, und dem Fritzerl hätte man eine solche Idee nicht einmal erzählen dürfen. In mir selber erwachte auch kein Wunsch danach: meine Zukunft sah ich deutlich vor mir, ward sie doch in den täglichen Puffspielen verzeichnet: Erwachsensein und Einführung in die Welt, zufliegende Herzen und Heiratsanträge, eine Begegnung des Einen, Einzigen, dem auch mein Herz zufliegen würde, weil er der Vornehmste, Schönste, Gescheiteste, Reichste und Edelste von allen wäre. Was er mir bieten würde — und ich ihm auch reichlich zurückzahlen —, das wäre vollkommenes und lebenslängliches Glück.

Es zeigte sich auch bald, daß ich keine Phänomenalstimme besaß, und nur bei solcher hätte meine Mutter das Projekt einer Künstlerlaufbahn für mich ins Auge fassen können, also war weiter keine Rede von dieser Eventualität.

Ob meine Mutter wirklich ein so herrliches Organ besaß, wie es ihr jener Maestro eingeredet, und nebenbei Talent, das konnte ich natürlich nicht beurteilen, aber ich nahm es als Dogma hin; ihr Gesang gefiel mir sehr gut, aber was versteht ein Kind? Wenn ich jetzt zurückdenke, so steigen mir Zweifel auf, denn ihr Repertoire war ein stark dilettantenhaftes. Außer jenem Normarezitativ und dem darauffolgenden Adagio „Casta diva" sang sie nur die allerleichtesten Lieder, deren Auswahl — in meinem heutigen Urteil — auch nicht auf künstlerischen Geschmack schließen lassen. Damals gab es freilich noch keine Wolffschen und Brahmsschen oder gar Richard Straußsche Lieder; aber Stücke, wie: „Du hast Diamanten und Perlen", „Spanisches Ständchen", „Blau Aeugelein", „Gute Nacht du mein herziges Kind", „Ob sie wohl kommen wird, zu beten auf mein Grab" u. dergl. gehörten doch damals schon in die Gassenhauer- und „Schmachtfetzen"-Kategorie. Sie war keine Pianistin, konnte sich also nicht selber begleiten. Dreimal wöchentlich sang sie eine Stunde lang zur Begleitung meines Klavierlehrers. Brachte dieser ein neues Lied, so ließ sie ihn die Singstimme mitspielen, und das Einstudieren bereitete ihr lange Mühe. Aus alldem schließe ich nachträglich, daß sie keinesfalls ein musikalisches Genie war, und das gehört doch auch dazu, abgesehen von Kraft, Umfang und Wohllaut der Stimme, um eine Pasta, Grisi und Malibran oder Henriette Sontag zu sein. Von den Schicksalen und Siegen dieser gefeierten Sterne erzählte meine Mutter viel; als Unterton klang dann mit, daß sie um die gleichen Erfolge gebracht worden sei, und in meinem Gemüt prägte sich die Vorstellung ein, daß eine große Sängerin eine Art Wunderwesen sei, dem die Mitwelt in Anbetung zu Füßen liegt. Meine liebe Mutter war überhaupt eine etwas schwärmerische, überspannte Natur. Oft gab sie ihren Gefühlen in Gedichten Ausdruck; doch mit diesem Zweig ihrer Talente verband sie keinerlei Ehrgeiz noch Eitelkeit. Sie hielt sich nicht für eine begnadete Dichterin; aber daß sie ein Gesangsstern erster Größe hätte werden *können*, diese Ueberzeugung verließ sie nie.

*

Bald konnten wir unsere Puffspiele mit noch mehr Muße führen, Elvira und ich. Unsere beiden Mütter unternahmen im Sommer des Jahres 1855 eine Badereise, und wir beide blieben unter der Obhut einer Gouvernante zurück. Das Ziel der Reise war Wiesbaden gewesen. Dort hatte es den zwei Frauen so gut gefallen, daß sie im Frühsommer des nächsten Jahres wieder dahin gingen, und diesmal — o unbeschreiblicher Jubel — nahmen sie uns mit.

Die erste größere Reise im Leben. Bisher war ich nur einige Male auf zwei oder drei Tage nach Wien mitgenommen worden, und das war mir jedesmal ein Fest gewesen; aber jetzt eine wirkliche Reise ins Ausland, ein bevorstehender wochenlanger oder vielleicht monatelanger Aufenthalt in einem berühmten Badeort — es war zu beglückend!

Das Angenehme sollte da übrigens mit dem Nützlichen verbunden werden. Es war nämlich nichts Geringeres beabsichtigt, als der Spielbank eine oder zwei Millionen zu entführen. Tante Lotti hielt sich für eine Hellseherin. Sie hatte stets mit Ahnungen, Träumen, magnetischem Schlaf und ähnlichen Dingen zu tun. Während der Tischrückepidemie war sie auch ein außerordentliches Medium gewesen. Unter ihren Fingern tanzten und sprangen die Tische, dann sogar zentnerschwere Schränke u. s. w. Ich habe es oft selber gesehen, und da ich mit Kette gebildet hatte, so war in meinen Fingerspitzen auch ein so sprühendes „Fluidum" gekommen, daß alles, was ich berührte: Tisch, Zylinderhut des Klavierlehrers und das Klavier selber herumzulaufen begannen. Ich erinnere mich dessen deutlich und könnte daher als Kronzeugin für Tischrücken auftreten, wenn ich nicht gegen die Zeugenschaft eines Kindersinnes mißtrauisch wäre. Es kann ja Einbildung gewesen sein. Doch Tante Lotti ließ über das ganze mystische Gebiet überhaupt keinen Zweifel aufkommen. Nichts konnte sie mehr beleidigen, als wenn man ihre Sehergabe nicht anerkannte. Im übrigen war sie ja eine sehr gescheite, und als Witwe eines Gelehrten, der sie an seinen geistigen Interessen teilnehmen ließ, auch vielseitig gebildete und freidenkende Frau, also konnten ihre mystischen Anwandlungen nicht als kindischer Aberglaube aufgefaßt werden. Es war auch etwas anderes. Sie litt häufig an Krämpfen, sie verfiel leicht in hypnotischen Schlaf, der zu jener Zeit noch nicht so, sondern magnetischer Schlaf hieß, und dessen Visionen als Hellsehen galten. Und so kam es, daß sie jene Erscheinungen, die jenseits ihres normalen Wachens lagen, als eine ihre eigne, besonders mystische Kraft betrachtete, eine in die Zukunft reichende Sehkraft. Während des vorjährigen Aufenthaltes in Wiesbaden hatte sie die Erfahrung gemacht, daß sie, wenn sie die Roulettespielsäle betrat, eine Nummer ahnte und diese Nummer dann gewann. Sie spielte nicht, sie beobachtete dies nur im stillen. Meine Mutter zog es vor, im Trente-et-quarante-Saal dem Spiele zuzusehen, und sie glaubte auch in sich die Gabe wahrzunehmen, zu ahnen, wenn Schwarz gewann; sie spielte gleichfalls nicht, aber von der Reise zurückgekehrt, ging beiden Schwestern die Idee nicht aus dem Kopf, daß es ihnen eigentlich ein leichtes wäre, sich aus den deutschen Banken ein riesiges

Vermögen zu holen. Aber leichtsinnig sollte so etwas nicht unternommen werden, und es hieß die Sache erproben. So schaffte sich Tante Lotti ein Säckchen mit 36 Nummern und Zero an, meine Mutter sechs Spiele Karten, und nun wurde systematisch ausprobiert. Tante Lotti versetzte sich durch starres Schauen und intensives Denken in eine Art Trance, bis eine Nummer ihr Hirn durchzuckte. Dann griff Elvira ins Säckchen und zog eine Nummer heraus. Freilich war's nicht jedesmal die geahnte, aber sehr oft eine daneben oder ähnlich. Zum Beispiel die Sehernummer hieß 5 und die gezogene war 6 (daneben) oder 25 (ähnlich), also wurde als Methode festgesetzt, daß von der geahnten Nummer die Transversalen gesetzt würden. Nur Roulettekenner werden mich verstehen, und ich halte es für überflüssig, für andere deutlicher zu werden, da ich durchaus nicht die Absicht habe, für das Spielsystem Tante Lottis Propaganda zu machen. Ueber die Verlust- und Gewinnfälle wurde regelmäßig Buch geführt, und es stellte sich konsequent ein bedeutendes Gewinnresultat heraus. War Selbsttäuschung dabei? Ich weiß es nicht. Die imaginäre Rechnung zeigte aber immer aufgehäufte Riesensummen. Denn es wurde mit kleinen Einsätzen begonnen und so wie das Kapital wuchs, mit dem Einsatz gesteigert, bis es zum Maximum gelangte, und auf diese Art war den Gewinnen gar keine Grenze gesetzt. Arme Spielbanken! Würde man sich begnügen, ihnen eine bis zwei Millionen zu entführen, oder sie ganz zugrunde richten? Das blieb noch dahingestellt. Letzteres wäre allerdings ein moralisches Werk, denn das Spiel ist eine böse Leidenschaft, durch die so viele verlockt und ruiniert werden oder doch an ihr Schaden erleiden, denn es ist ein Laster ... Tante Lotti verachtete das Spiel; es war ihr verhaßt, aber wenn man mit einer solchen Wundergabe ausgestattet war, wäre es da nicht geradezu eine S ü n d e gewesen, die Schätze nicht zu heben, nach welchen man ja nur die Hand auszustrecken brauchte?

Von den gleichartigen Plänen meiner Mutter hielt Tante Lotti nichts; die war ja keine Hellseherin, keine natürliche Wunderkraft, nur so eine Nachäfferin. Doch es würde sich ja bald zeigen, daß sich nichts erzielen läßt. Aber die Proben meiner Mutter fielen ebenso glänzend aus. Ich selber legte die Karten und trug die Gewinne und Verluste in ein Büchelchen ein. Die Gewinne waren stets so überwiegend, daß die erste Million nach ein paar Wochen erreicht war. „Zufall," meinte Tante Lotti. Selbsttäuschung? frage ich mich jetzt auch hier. Die Ziffern waren da, und nun brach unter uns ein Plänemachen und Luftschlösserbauen an, daß es eine Art hatte. In der Nähe von Brünn gibt es eine Liechtensteinsche Herrschaft — Eisgrub —, die wir einst auf einer Landpartie gesehen, mit wunderbarem Schloß und Park. Eisgrub würden wir kaufen. Vielleicht würde der Fürst Liechtenstein es nicht hergeben — nun, wenn man nur gehörig überzahlt, kann man alles haben. Es war wunderschön eingerichtet, das Schloß, aber so manches mußte doch geändert werden; zum Beispiel sollte ich ein Zimmer bekommen mit Porzellanwand und Porzellanmöbeln. An diesem Porzellanzimmer habe ich vorwegnehmende Besitzesfreuden erlebt wie an wenig Dingen. Auch die rosa Diamanten in meinem künftigen Schmuckkästchen machten mir Vergnügen. Weiße Diamanten haben ja alle Leute, das rosa Geschmeide würde doch etwas Besonderes sein. Aber nicht nur auf Prunk und Pracht waren unsere Wünsche gerichtet, wir wollten auch Wohltaten in großem Stile üben, d. h. Blindeninstitute, Spitäler u. s. w. bauen; und alle unsere Bekannten und Verwandten, die irgendwie Mangel litten, mit genügenden Kapitalien überraschen. Diese ganzen Zukunftsträume, die zu einer sicheren Erwartung sich verdichtet hatten, gaben mir zu jener Zeit „das Wichtige" ab.

Elvira hielt sich von all diesem Projektemachen fern. Sie legte keinen Wert auf irdische Güter, nur Dichterruhm wollte sie ernten, und ihre Phantasie war ja zu sehr mit ihren Schöpfungen beschäftigt, um sich auch noch mit eitlem Luftschlösserbau zu befassen. Unsere Puffspiele hatten nun einige Modifikationen erlitten. Der Held brauchte jetzt nicht mehr mit Reichtum ausgestattet zu sein, sondern es wurden andere Kombinationen ersonnen. Ein armer stolzer Leutnant, der die angebetete Millionärin, die sich ihm förmlich an den Kopf warf, ausschlug, bis der Anblick ihrer Verzweiflung, die in Schwindsucht auszuarten drohte, ihn zur Nachgiebigkeit rührte.

So kam der Sommer 1856 heran, und die Reise nach Wiesbaden wurde angetreten. Das Betriebskapital von ein paar hundert Gulden trug jede der Millionen-Schützinnen in ihrer Patronentasche (d. h. Portemonnaie), und für das zu erlegende edle Wild waren auch schon die Jagdtaschen, d. h. zwei große Portefeuilles mit Vexierverschluß, in Bereitschaft.

Mein Vormund Fürstenberg ward nicht ins Vertrauen gezogen. Er war ja die personifizierte Korrektheit und Phantasielosigkeit. Alles Abenteuerliche war ihm verhaßt. Schon die Reise an sich hieß er nicht gut. Wenn er erst gewußt hätte, was für närrische Ideen (denn er hätte sie sicher närrisch gefunden) damit verbunden waren, er würde vielleicht ein Veto eingelegt haben. Er versuchte auch von der Fahrt nach dem ausländischen Bade abzureden; besonders daß ich mitgenommen werden sollte, war ihm nicht recht. Ich sollte nicht in meinem Lernen unterbrochen werden, er fand ohnedies, daß meine Erziehung in den wichtigsten Dingen sehr rückständig war, so z. B. war ich in Handarbeiten gar nicht geschickt. Zwar beglückte ich ihn zu jedem Weihnachtsfest und an seinem Namenstage mit gestickten Polstern und Pantoffeln, auf denen es von Rosen und Lilien wimmelte, wenn es nicht zur Abwechslung Katzen- oder Löwenköpfe waren; aber einen rechtschaffenen Strumpf zu stricken war ich nicht imstande, das wußte er und rügte er. Genügend fromm schien ich ihm auch nicht zu sein; den Katechismus wußte ich wohl auswendig und meine erste Kommunion hatte ich gemacht, aber es schien ihm doch nicht, daß ich den rechten Glaubenseifer, die rechte Lust am Kirchenbesuch hatte.

Als Gegenstück zu meinem Vormund Landgraf Fürstenberg besaß meine Cousine ihren Paten, General Graf Huyn. Dieser war auch mit ihrem Vater eng befreundet gewesen und blieb stets um das Wohl und Wehe seines Patenkindes besorgt. Er war mehr als konventionell fromm, er war übertrieben fromm. Mit Elviras Vater hatte er lange Disputationen gepflegt; die Philosophie des protestantischen Gelehrten vertrug sich nur schlecht mit der an Bigotterie grenzenden Religiosität des katholischen Aristokraten, aber diese Divergenz hatte ihrer Freundschaft keinen Eintrag getan. Sie pflegten übrigens ihre theologisch-philosophischen Dispute auf dem Felde tiefsinnigster Spekulation, denn Graf Huyns Frömmigkeit war keine naive, sondern eine schriftgelehrte, und so fanden beide an diesen Dissertationen geistige Anregung.

Elvira mußte ihrem Paten allwöchentlich schreiben und erhielt auch meist Antwort — freundliche Ermahnungen, kleine Predigten. Von ihrem dichterischen Schaffen wußte er, aber war damit nicht einverstanden. Schriftstellerei schien ihm für Frauen höchst unpassend. Tugendhaft und fromm, züchtig und sanft, fleißig, nachgiebig, bescheiden: das sollten die Eigenschaften sein, die sein Patchen Karoline (er nannte sie niemals Elvira) sich anzueignen hätte. Meine Cousine verehrte zwar ihren Paten hoch, aber seine Predigten beherzte sie nicht. Sie, die schon Hegel und Fichte und Kant — ich will nicht sagen verstanden — aber gelesen hatte, war nicht für die Präzepte der Kinderfibel zu haben. Als Tochter und Schülerin eines Philosophen hatte sich bei ihr eine Weltanschauung gebildet, die über den Kreis der Dogmen hinaus einen naturphilosophischen Deismus darstellte.

Auch ich hatte trotz meiner Jugend meinen Geist mit Kant und

Descartes genährt, hatte Platons Phädon, hatte Humboldts Kosmos studiert, daneben die Geschichte der Inquisitions- und Religionskriege, und auf die Frage: „Zu welcher Religion bekennst du dich?" würde ich mit meinem damaligen Lieblingsdichter Schiller geantwortet haben: „Zu keiner — aus Religion." —

*

Die erste große Reise ... das bringt ein unbeschreiblich süßes Fieber. Bequem wie heute war ja damals das Reisen noch nicht (obwohl die heutige Bequemlichkeit auch noch gar viel zu wünschen übrigläßt); da gab es weder Restaurationswagen, noch Toilettekabinette, noch Schlafwagen; da war so manches Martyrium mit der Fahrt verbunden; aber ich empfand diese doch nur als den Inbegriff von Freude, mehr noch — von Glück.

Unsere Mütter waren bei der Ankunft ganz gerädert; wir zwei Backfische spürten nichts als eitel Wonne. Erst ein Rasttag im Hotel, dann Wohnungssuchen; dann Uebersiedeln in eine Villa an der Straße, die längs des Kurortes in die „Dietenmühle" führt. Von unserem Balkon konnte man die Klänge der Kurmusik hören. Gang in den Kursaal. Eintritt in ein Vestibül. Dann durch einen großen Ballsaal mit Marmorsäulen, dann rechts in die Flucht der Spielzimmer. Kinder wurden da nicht eingelassen; wir beide aber, Elvira mit ihren vierzehn, ich mit meinen hochaufgeschossenen dreizehn Jahren wurden als junge Mädchen angesehen, und die livrierten Pförtner erhoben keine Einsprache. Wir durchwanderten alle vier die zwei Roulette-, die zwei Trente-et-quarante-Salons und die anstoßenden Reunionräume. Das alles war damals nicht so glanzvoll eingerichtet wie jetzt die Spielräume des Kasino in Monte Carlo, sondern es glich mehr dem Innern eines Schlosses. Nachdem wir die Säle gesehen, ging es wieder durch den Ballsaal auf die andere Seite hinaus, auf die Terrasse und in den Park. In der Mitte des Parks liegt ein großer Teich, aus dem ein Springbrunnen steigt und auf dem blendend weiße Schwäne segeln. Die Musik spielt — österreichische Militärmusik aus Mainz — auf der Terrasse, und unter der Terrasse stehen Stühle, Tische, und ein zahlreiches, elegantes Publikum sieht man da sitzen, stehen, auf und ab gehen. Viele Uniformen darunter. Die preußische und die österreichische Festungsgarnison und auch das nassauische Militär sind da zahlreich vertreten. Noch vom vorigen Jahr her hatten unsere Mütter ein paar Bekannte hier — unter anderen einen nassauischen Hofwürdenträger mit Frau, und zufällig waren diese am ersten Tage anwesend, und so war gleich ein geselliger Verkehr angeknüpft, was übrigens unseren Müttern gar nicht recht war. Sie waren für eine viel zu ernste Arbeit hergekommen, um sich der Geselligkeit hinzugeben. Allein die Vormittage würden sie frei sein — das Kurpublikum versammelte sich doch erst zur Nachmittagsmusik, und vielleicht war es sogar besser, sich von den hernehmenden Ahnungsanstrengungen mitunter zu zerstreuen.

Ein sehr hochgewachsener Jüngling in Kadettenuniform kam auf unsere Gruppe zu — es war ein Neffe des nassauischen Hofmarschalls und bat, vorgestellt zu werden — Baron Friedrich von Hadeln. Der junge Mann salutierte respektvoll zuerst die älteren Damen, dann ebenso respektvoll uns zwei. Wir dankten huldvoll; also wirklich, so waren wir schon richtige junge Damen.

Friedrich von Hadeln, er mochte achtzehn Jahre alt sein, hatte auffallend edle Züge — eine Art Römerkopf. Er sprach sehr lebhaft, indem er sich besonders an uns beide wandte. Elvira konnte ihre Schüchternheit nicht überwinden und sie blieb schweigsam. Mir kamen die Konversationsübungen des Puffspiels zugute und ich ließ mich in ein lebhaftes Gespräch ein.

Schon am folgenden Tage begann die Hauptaktion. Tante Lotti begab sich zum Roulettetisch und gewann. Während sie im Spielsaal war, blieben wir zwei Mädchen unter der Obhut meiner Mutter draußen auf der Terrasse. Und als dann meine Mutter ihrer ernsten Aufgabe oblag — die ersten Tage ebenfalls mit Gewinn — übernahm Tante Lotti unsere Ueberwachung. Meine Jugend spielte in einer Zeit, da ein Mädchen aus gutem Hause nicht eine Viertelstunde unbewacht bleiben durfte. Zehn Schritte allein über die Gasse — das durfte nicht vorkommen; damit wäre man, wenn nicht verloren, so doch heillos kompromittiert gewesen. Die Gardedamenschaft, aus der sich die heutige weibliche Jugend mit dem Rade, mit dem Tennisrakett und überhaupt mit der ganzen veränderten Anschauung herausgeflüchtet hat, war damals im höchsten Schwung.

Das aufblühende Millionengeschäft (jede hatte schon das Betriebskapital verdoppelt) ward nur am Vormittag betrieben; der Nachmittag wurde bei der Kurmusik und mit Spaziergängen zur Dietenmühle oder zur griechischen Kapelle ausgefüllt, und sehr häufig schloß der junge Hadeln sich uns an. In der Villa neben uns wohnte eine englische Familie — Sir and Lady Tancred — mit einer siebzehnjährigen Tochter Namens Lucy. In diese vernarrte sich meine Cousine heftig, aber die kleine Engländerin zog mich vor. Ich erinnere mich eines Besuches, den die Familie Tancred bei uns abstattete, wobei die Mutter, die übrigens hoch in gesegneten Umständen war, sich ans Klavier setzte und eine englische Ballade sang. Die Dame, die vier- bis fünfunddreißig Jahre alt sein mochte, schien uns ungeheuer bejahrt, und die Erinnerung an ihre Gesangsproduktion blieb uns jahrelang als eine furchtbar komische Episode im Gedächtnis. Freilich sang sie auch ohne Stimme und mit dem übertriebenen englischen Tonfall, der an sich so unharmonisch ist. Das Lachen zu verbeißen hat uns damals eine unsägliche Anstrengung gekostet, und jahrelang blieb es in unserem Kreise eine beliebte komische Produktion, wenn ich mich ans Klavier setzte, als Lady Tancred sang: Oh — remembrance will come and remembrance will go — oh!

Jeden Mittwoch war im großen Ballsaal des Kurhauses Ball — aber zu diesem kam sehr gemischtes Publikum; jeden Samstag hingegen fand in den kleinen Sälen eine „Réunion dansante" statt, zu welcher man sich Einladungskarten verschaffen mußte und wo nur die Elite der Fremden und die Spitzen der einheimischen Gesellschaft sich zusammenfanden. Zu einer solchen Reunion wollte Lady Tancred ihre Tochter führen. Unseren Müttern wurde zugeredet, auch zu kommen und uns mitzunehmen. „Lächerlich," meinten sie, „solche Kinder auf einen Ball von Erwachsenen! Das geht nicht." Aber Tancreds baten so lange und wir flehten so dringend, bis die Skrupel wichen. Wurden wir denn überhaupt hier als Kinder behandelt? Führte man uns nicht in den Kursaal, zur Parkmusik, verkehrten nicht alle Leute, besonders die jungen Herren, wie mit Erwachsenen mit uns? Also denn in Gottes Namen — diese kleinen Reunions sind ja auch keine formellen Bälle, und wenn's den Kindern gar so große Freude macht . . .

Unterdessen war das große Unternehmen etwas zurückgegangen. Der Gewinn war wieder weg. Es war irgendein Mißgriff geschehen, vor dem man sich in Zukunft hüten werde — es ist doch hier anders als zu Hause — man läßt sich hinreißen und spielt neben dem System, so etwas dürfe nicht mehr vorkommen. Es hieß jetzt zuerst ein paar Tage rasten und dann wieder von vorn anfangen und streng bei den Regeln bleiben.

Die Vorbereitungen zur Reunion wurden getroffen. Duftige weiße Kleider sollten wir tragen, und als Aufputz — die Idee war von uns Kindern: einen Kranz von Kornblumen im Haar, eine Girlande von Kornblumen um den Taillenausschnitt und den Doppelrock des Kleides mit Kornblumensträußchen gerafft. In der Nebenvilla hauste ein Kunstgärtner: bei diesem wurde die Bestellung gemacht. Ich weiß noch, wie mir zumute war in dem Glashaus, wo der Gärtner unsere Befehle entgegennahm; wie feucht und warm es da duftete, wie rings die roten und weißen und gelben Blumen Farben sprühten — das Blau eines Häufleins Kornblumen aber am lieblichsten unter all dem bunten Blütenwerk. Würden wir nicht wie Feldelfen aussehen, so frisch und anspruchslos und poetisch? . . . Und das im leuchtenden Ballsaal! Aufsehen würden wir machen, und selig waren wir — selig, wie es nur dumme Mädels vor ihrem ersten Ball — auf den sie eigentlich noch keinen rechten Anspruch hatten — nur sein können. Aber waren wir nicht überhaupt Ausnahmsgeschöpfe, zu Ausnahmsschicksalen geboren? Sollte es mit der Millionenfabrik auch schief gehen, was lag dran? Die Kornblumen würden origineller schmücken als Diamanten, und das Glück lag ja nicht in der Außenwelt und ihren Schätzen; es lag in uns, in unserem lebensfrohen Jugendgefühl, in unserer — daß ich's nur sage — maßlosen Eitelkeit. Die eine, die größte Dramendichterin der Zukunft, die andere, wenn nichts anderes, so doch eine gefeierte Schönheit . . . O, die dummen, dummen Mädels!

Der große Tag kam heran. Der Gärtner lieferte pünktlich seine Gewinde; sie wurden auf den Kleidern und im Haar befestigt; es sah wirklich hübsch aus, wenn auch nicht so überirdisch wie in unseren Augen. Noch bei Tageslicht — es war ja Juni und die Anfangsstunde der Reunion war acht — stiegen wir, jede mit ihrer Mama, in zwei Wagen — in einem wären unsere Toiletten zu stark verknüllt worden — und kamen klopfenden Herzens beim Kursaal an. Beim Eintritt in die hellerleuchteten Salons sahen wir in den wandhohen Spiegeln unser Bild und konstatierten die Tatsache, daß die Kornblumen nicht mehr blau, sondern lila erschienen. Das tat der Originalität des Blumenschmuckes übrigens keinen Eintrag.

Viele Bekannte trafen wir an, und neue ließen sich vorstellen. Friedrich von Hadeln erbat sich die erste Quadrille von mir. Ich glaubte zu bemerken, daß über Elvirens Gesicht ein Schatten von Kränkung flog. Als Visavis in dieser ersten Quadrille meines Lebens tanzte Hadelns ältere Schwester Franziska. Als mir der Bruder sagte, Franziska sei dreiundzwanzig Jahre alt, so staunte ich, wie ein so bejahrtes Fräulein noch tanzen mochte, und ich fühlte Mitleid für sie.

Unter den nassauischen Offizieren, die sich meiner Mutter und mir vorstellen ließen, befand sich ein Prinz Philipp Wittgenstein, der, soviel ich mich erinnere, mir auffallend huldigte. Sollte ein lebendiges Puffspiel schon an diesem ersten Abend beginnen? Doch nicht, denn der junge Leutnant gefiel mir nicht besonders, und so viel Verstand hatte ich doch, einzusehen, daß ich noch etwas zu jung zum Heiraten war. Tatsache aber ist, daß acht Tage später, anläßlich der zweiten Reunion, Prinz Philipp Wittgenstein bei meiner Mutter in aller Form um meine Hand anhielt.

Meine Mutter lachte: „Das Kind ist dreizehn Jahre alt — unter diesen Umständen werden Sie mir einen Korb nicht übelnehmen.“ Daraufhin zog sich der Bewerber zurück. Mir war die Sache ein angenehmer kleiner Triumph, doch nahm ich sie mir nicht zu Herzen.

Der Aufenthalt in Wiesbaden zog sich bis in den Herbst hinaus und endete mit der Einsicht, daß man die Bank nicht so leicht ruinieren kann — eher sich selber. Nach schwankendem Glück und Unglück wurde das mitgebrachte Kapital angebracht, eine zweite Nachsendung ebenfalls verloren, und das Schloß Eisgrub bei Brünn und die rosa Diamanten fielen ins Wasser.

An ihren Wundergaben zweifelten darum die beiden Frauen nicht; sie gaben nur zu, daß die Aufregung des wirklichen Spieles diese Gabe paralysiert; daß man wohl zu Hause hellsehend sein kann, am grünen Tische aber, wo das echte Gold ausbezahlt oder von dem erbarmungslosen Rechen eingezogen wird, diese magnetische Kraft zu wirken aufhört. Es war schmerzlich, dem schönen Traum zu entsagen — aber gegen die Tatsache des „Fiasko“ ließ sich nichts einwenden, und so ward die Sache aufgegeben; wir kehrten in die Heimat zurück, an Geld etwas ärmer, an Erfahrung reicher. Die beiden Mütter waren sehr niedergeschlagen, die Töchter aber über die Reise und die genossenen Unterhaltungen des Badelebens entzückt. An diesen Erinnerungen würden wir lange zehren können.

•

Jetzt übersiedelten wir von Brünn nach Wien. Mit der Geselligkeit war es vorbei. Wir wurden, wie es unserem Alter geziemte, wieder in das Schulzimmer relegiert. Ich oblag mit verdoppeltem Fleiß meinen Sprach- und Klavierstudien und machte Exzerpte aus dem Konversationslexikon von Brockhaus. Die Puffpartien wurden etwas selten, denn Elvira wohnte mit ihrer Mutter in einem entfernten Viertel, und wir kamen nur ein- bis zweimal wöchentlich zusammen. Sie setzte fort zu dichten. „Delascar“, der durch die Wiesbadener Reise unterbrochen worden, wurde jetzt gefeilt und fertiggestellt. Dann entstand ein Lustspiel „Der Briefträger“ und eine Balladenfolge, an deren Gesamttitel ich mich nicht erinnere.

Die junge Dichterin wollte sich Urteile von Sachverständigen einholen und schickte ihre Manuskripte an Joseph von Weilen, dessen Drama im Burgtheater damals viel Erfolg hatte, und an den Lustspieldichter Feldmann. Sie verstieg sich aber noch höher. Sie wandte sich an Grillparzer, der auf der Höhe seines Ruhmes stand, an Marie von Ebner-Eschenbach, deren Stern damals aufzugehen begann.

Diese beiden sind gekommen, Elvira zu besuchen, und zwar in unsrer Wohnung. Ich sehe noch im Geiste den alten, etwas mürrischen Grillparzer, wie er, ermüdet vom Stiegensteigen, in unser Zimmer trat. Er unterhielt sich lebhaft mit Elvira, redete ihr zu, fleißig weiterzuschreiben, sie könne es zu etwas Bedeutendem bringen. Und die junge Marie Ebner — sie zählte damals achtundzwanzig Jahre — war gleichfalls gekommen, Elvirens Besuch zu erwidern und ihr Urteil abzugeben. Auch dieses war, glaube ich, günstig. Ich kann mich leider an die Einzelheiten dieser interessanten Besuche nicht erinnern. Es ist mir nur der Eindruck haften geblieben, als hätte Frau Ebner damals ein besonderes Gefallen an *mir*, die ich ja da nur Nebenperson war, gefunden. Später auch, wenn sie mit Elvira korrespondierte oder mit ihr zusammenkam, erkundigte sie sich stets mit Sympathie um die schöne (sie sagte „schöne", ich kann nichts dafür, und nach nahezu einem halben Jahrhundert ist es erlaubt, das entschwundene Prädikat zu vindizieren) Komteß Kinsky.

Soll ich hier eine Personenbeschreibung einschalten und sagen, wie ich mit fünfzehn Jahren aussah? Warum nicht? Also . . . eine unwahrscheinliche Fülle von Haaren, blendend weiße Mauszähne . . . Genug, ich höre doch lieber auf. Dieses Selbstschmeicheln, wenn es auch bis in die graue Vorzeit zurückdatiert, klingt mir zu dumm.

Eines Tages, es war zu Anfang des Jahres 1858, trat mein Vormund ganz blaß bei uns ein:

„Wißt ihr die Nachricht?"

„Was ist geschehen?" rief meine Mutter. „Sie sind ja ganz verstört!"

„Radetzky ist tot!"

Ich erinnere mich, daß mir die Nachricht den Eindruck gemacht, als sei eine der düstersten Weltkatastrophen eingetreten — der große Feldmarschall nicht mehr! Ich wußte ja, welchen Kultus Fritzerl für ihn hegte und wie schmerzlich ihn dieser Verlust treffen mußte. Freilich war Radetzky schon zweiundneunzig Jahre alt, aber ebendeshalb schien es, als sollte er überhaupt nicht sterben oder als wäre er doch wenigstens vorbestimmt, hundert Jahre alt zu werden.

Jedenfalls war die Welt und namentlich Oesterreich um einen Besitzesschatz ärmer. Ein solcher Held! Eine solche Halbgottgestalt! Meine Bewunderung für soldatischen Ruhm war eine andachtsvolle. Etwas Militärfrommeres als mich gab's ja nicht. Wäre damals jemand auf die Idee gekommen, ein Buch mit einem so frevelhaften Titel wie: „Die Waffen nieder!" zu schreiben, ich hätte den Autor tief verachtet. Elvira war nicht anders. Der Tod Radetzkys brachte sofort ihre Muse in schmerzlichen Aufruhr. Noch am selben Tag entstand ein langes Gedicht. Ein poetischer Kranz von allerlei Pflanzen und Blumen, auf das Grab des Siegers von Custoza zu legen: Rosen, Immortellen, Pensees, vornehmlich aber Lorbeer, eine Strophe für jedes Gewächs.

Sie brachte uns mit Stolz und Rührung dies Gedicht zu Gehör. Sie weinte, ich weinte, Tante Lotti entschied:

„Das mußt du morgen dem Paten Huyn schicken und ihn um sein Urteil bitten."

Das Manuskript ging tags darauf nach Galizien ab, wo damals General Huyn in Garnison war. Die Antwort traf nach einiger Zeit ein und zwar auch in Versen. Das vergilbte Blatt ist in meinem Besitz, und ich will es hier reproduzieren. Nicht daß ihm literarischer Wert innewohnte, aber es bietet eine Illustration für den frommen Sinn, der den Schreiber so auffallend charakterisierte:

Stanislau, 18. Februar 1858.

An Karoline.

Viel Verse hast du mir gesandt,
Die soll ich ernstlich richten,
In Prosa war ich oft gewandt,
Nicht ebenso im Dichten.

Doch dacht' ich mir in meinem Sinn,
Soll ich verständlich bleiben,
Muß ich der kleinen Dichterin
Wohl auch in Versen schreiben.

Und schwinge, weil ich schon muß,
Wie in vergangenen Tagen,
Mich nochmal auf den Pegasus,
Die Meinung dir zu sagen.

Die Blumen voll von Liebesglut,
Sie sprechen ziemlich weise,
Doch was sie sagen, stimmt nicht gut
Zum Bild von jenem Greise.

Auf eines auch vergessen war,
Ich kann dir's nicht verzeihen,
Das überall, auch dort, sogar
Recht üppig mag gedeihen.

Die Dornen sind es, Karolin',
Die sich ins Leben winden,
Die immer sich — o! sinn' —
Und allerorts sich finden.

Der Herr gab sie dem Leben mit
In Form von allen Leiden,
Daß hoffend man nach Jenseits sieht,
Froh, von der Welt zu scheiden.

Die Dornenblume sicher sprach:
„Du glücklich alter Krieger,
Es juble dir die Welt nur nach!
Zum Schluß blieb ich der Sieger.

An dieses Helden Wanderziel
Will ich zur Warnung stehen,
Für Menschen, die dem Ruhm, zu viel
Dem Lob entgegensehen.

Ein Mahnruf will ich allen sein,
Die dieses Grab betrachten,
Daß Menschenlob und äußrer Schein
Noch niemand glücklich machten."

*

Es sieht die Welt den Menschen an,
Getäuscht von äußrem Glanze,
Der höh're Richter tritt heran —
Nur Er — Er sieht das Ganze.

So wird zum ernsten strengen Recht,
Zum letzten Urteil gehen
Der Kaiser, wie der ärmste Knecht,
Und dort — um Gnade flehen.

Die Toten freut kein Lobgesang,
Nicht eitle Ruhmesrede;
Was nützet sie dein Sing und Sang?
Sie brauchen dein Gebete.

So hoch hat nur ein Gott, mein Kind,
Des Menschen Geist erhoben:
„Daß wir vereint mit jenen sind,
Die uns vorangezogen."

Sie rufen, die im Christentum
Vor uns dahingeschieden:
„Nicht draußen, in dem Weltenruhm,
Im Herzen such den Frieden!“

Glaub mir, das ist ein wahrer Satz:
Bei unsern Christenleichen
Ist nichts so wenig wohl am Platz
Als all die Lobeszeichen.

Zeig mehr in deinem Lobgedicht,
Wie auch bei aller Größe,
Da liegt im Grab ein armer Wicht,
Jetzt nackt, in aller Blöße,

Der selbst ein sünd'ger Erdensohn,
Entkleidet aller Ehren,
Kann zitternd nun vor Gottes Thron
Nur dein Gebet begehren.

Drum sei, zum schönen Ruhmeskranz
Von Lorbeer und von Immortelle,
Den du gepflanzt in vollem Glanz
An Marschalls Grabesstelle

Noch eine Blume fromm und still,
Die uns von Schmerz erzählet,
Die unser Herz erheben will,
Die Passiflora sei gewählet.

Des Kreuzes Zeichen sie hinstellt
Zum Grab bei Morgenröte,
Wenn Lorbeer ruft: „Hier ruht ein Held!“
Mahnt diese zum Gebete.

J. K. H.

So der General vom Feldmarschall. Weihwedel und Säbel!

Elvira war nicht erbaut; sie hatte für ihren martialischen Hymnus mehr Anerkennung erhofft.

Den Sommer desselben Jahres brachten wir auf dem Schlosse Teikowitz zu, dem mährischen Besitz des Landgrafen Fürstenberg. Er selber war nicht dort, er hatte uns nur gastlich das Schloß zur Verfügung gestellt. Tante Lotti und Elvira waren auch eingeladen. Sonst waren keine Gäste da, Nachbarbesuche wurden nicht getauscht, also brachten wir vier Frauen diesen Sommer in wirklich stiller, ländlicher Abgeschiedenheit zu. Der schöne blumenreiche Park, der nahe Wald boten frohen Naturgenuß. Elvira dichtete fleißiger als je, ich betrieb viel Lektüre und Klavierspiel. Wir zwei schlossen uns immer enger aneinander — tauschten Schwüre, uns die Freundschaft bis zum Lebensende zu wahren. Die Mütter langweilten sich ein wenig, scheint es, denn sie nahmen zum Zeitvertreib wieder die Proben auf, ob das Ahnungsvermögen noch wirkte. Wieder wurden Nummern gezogen und Trente-et-quarante-Karten gelegt, „aber nur zum Spaß," sagten sie. Es war ja erwiesen, daß die Atmosphäre des Spielsaales die Fähigkeit des Erratens, auch wenn sie zu Hause noch so gut erprobt war, aufhob, also würde man die großen Projekte und Pläne nicht wieder aufkommen lassen. Aber interessant wäre es doch zu konstatieren, ob durch den Aufenthalt bei der echten Bank jene Fähigkeit ganz vernichtet worden sei, oder ob sie in der Ruhe des nur fingierten Spielens sich wieder einstellen würde.

Und siehe da, sie stellte sich wieder ein. Nicht ganz so glänzend wie früher, aber doch genügend, um große imaginäre Gewinne zu erzielen. Sollte man es vielleicht doch noch einmal riskieren? Vielleicht war man ein zweites Mal gegen die dortige „Agitation" abgehärtet? Aber nein, das wäre Leichtsinn. Zudem ist ja das Spiel etwas Hassenswertes, gewährte wirklich gar kein Vergnügen... also nicht dran denken, wieder in die deutschen Bäder zu fahren! Aber hier in Teilowitz war es doch ebenso unschuldig als interessant, jene mystische Gewalt zu erproben... Elvira, die bei der Partie als Nummernzieherin amtierte, redete öfters zu, man solle doch wieder nach Wiesbaden reisen, wenn nicht dieses Jahr, so doch im nächsten. Ueberhaupt, das war der Traum ihres Lebens, Wiesbaden wiedersehen — es sei dort so göttlich schön gewesen.

Vor mir liegt ein altes Album, das meiner Cousine gehörte und das ich aus ihrem Nachlaß erhalten habe. Auf den ersten Blättern dieses Stammbuches finden sich Eintragungen, worin sich ein Romankapitel spiegelt, das sich zwischen uns Mädchen abgespielt hat.

Auf der ersten Seite zeigt ein kleines gemaltes Porträt meine Mutter, die Geberin des Albums: „Deine Dich liebende Tante Sophie, 2. Mai 1857." Dann kommen einige eingetrocknete Blümchen und Stammbuchverse von verschiedenen Freunden und Bekannten, geistvolle Inschriften in der Gattung von „S. N. D. nie unsre Freundschaft".

Und nun beginnt der Roman:

„Um Himmels Gottes willen!
Bertha Kinsky

Past!

8th July:

Remember that day. The 3rd friendship was sworn, the 8th you have proved it.“

Und auf dem nächsten Blatt:

„Thank you!!

(Getrockneter Birkenzweig)

Not past any more! These leaves are the witnesses of its ceasing to be past.

Taikowitz, the 19th July 1858.“

Nachfolgend die Lösung dieser rätselhaften Inschriften:

Eines Tages kam ich in Elviras Zimmer und fand sie, wie sehr oft, an ihrem Schreibtisch sitzend. Ich trat hinzu und sah, wie sie hastig das Heft bedeckte, worin sie eben geschrieben.

„Warum hast du das Heft versteckt?“

„Ich?“ und ward mit Feuerröte übergossen.

„Zeig es mir ...“

„Nein, nein ...“

„Hast du vor mir Geheimnisse? Soll das Freundschaft sein?“

„Du würdest mich auslachen, mich verhöhnen!“

„Verhöhnen, ich dich! Und so denkst du von meiner Freundschaft?“

„Das Heft enthält Liebeslieder.“

„Nun, die schreibt wohl jeder Dichter, da gibt's doch nichts zum Lachen. Im Gegenteil, ich finde immer, du schreibst zu viele Balladen, nichts, was persönlich klingt. Lies mir doch so ein Liebeslied vor.“

Sie zog das Heft hervor:

„Nun gut, du sollst das erste hören, im ganzen sind es zehn.“

Sie las. Es waren glühende Strophen. Nicht etwa, wie sie manche unserer modernen jungen Mädchen drucken lassen — keine erotischen Vulkanausbrüche, aber im Rahmen des Erlaubten, des biedermännisch Erlaubten, hingebend schwärmerische Herzensergüsse. Ich fand es wunderschön.

„Das mußt du an Grillparzer schicken.“

„Nein, diese Gedichte darf kein Fremder jemals erblicken — meine Liebe ist mein Geheimnis.“

„Deine Liebe? Das ist ja doch nur Poesie, wir sehen ja niemand als den alten Schullehrer und den Pfarrer — deine Verse richten sich an ein Ideal ..."

„Mein Ideal lebt — sieh her!"

Sie schob mir das Heft hin und zeigte auf das Schlußgedicht. Die vorletzte Zeile — den Text habe ich leider vergessen — endete mit dem Worte „adeln" und die letzte lautete:

„Weil ich dich liebe, Friedrich zu Hadeln."

„Um Himmels Gottes willen!" schrie ich auf. Es hatte mir einen Schlag versetzt. Da war das Wunder vor mir. Eine wirkliche lebendige Liebe für einen wirklichen lebendigen Gegenstand. Elvira schien mir verwandelt, und das Erinnerungsbild des nassauischen Fähnrichs trat mir jetzt auch zauberumflossen vor die Seele. In der Tat, ja, er war schön, und sicherlich in seinem Wesen lag die Macht, die Gefühle derer zu „adeln", die ihn zu verstehen und zu lieben gelernt, den holden Friedrich von Hadeln.

Um es kurz zu fassen: in einigen Tagen „liebte" auch ich. Ich ließ mir von Elvira vorschwärmen und vorerzählen, was ihr so sehr an ihm gefallen und was sie die ganze Zeit mit dieser verborgenen Leidenschaft im Herzen empfunden habe; ich rief mir die Züge des so glühend Bewunderten ins Gedächtnis zurück, und bald konnte ich nicht begreifen, daß ich mich nicht auch damals schon verliebt hatte — jetzt, jetzt fing es auch in meinem Herzen zu brennen an. Ich erinnere mich genau, wie es einmal deutlich über mich kam, das Bewußtsein, daß ich ebenso verliebt war in den unwiderstehlichen Friedrich. Nachts hatte mir lebhaft von Wiesbaden geträumt. Wieder tanzte ich mit dem Fähnrich Quadrille, seine ältliche Schwester vis-à-vis — ich fühle den Druck seiner Hand bei der Chaîne anglaise und höre den Ton seiner Stimme. Am Morgen beim Erwachen hatte ich die Empfindung, daß etwas Neues, Reiches, Warmes, Beglückendes die Seele überflutete. Was war das nur? Ein paar Sekunden lang hatte ich auf diese Frage keine Antwort, dann aber, mit der Erinnerung an den Traum, wußte ich, was es war: Liebe.

Ich erzähle das, weil mir diese Empfindung so deutlich im Gedächtnis eingeprägt blieb, daß ich daraus eine Erfahrung geschöpft, die vielleicht nicht jeder gemacht oder nicht jeder im Gedächtnis behalten hat — daß nämlich in der Jugend das Verliebtsein wie etwas Elementares und wie etwas sozusagen Stoffliches, Neuvorhandenes einem angeflogen kommt und dann als Besitz, als Schatz mit sich herumgetragen wird. Wenn's auch eine unglückliche Liebe ist, so fühlt man sich durch dieses Unglück selbst bereichert, gehoben, verwandelt. Es mag ein Leiden sein, aber ein Leiden, das unsäglich süßer ist als alle bisher gekannte Freude. Daß meine Liebe eine unglückliche, ja eine tragische war, dessen war ich mir nicht ohne Stolz bewußt. Das Humoristische an der ganzen Sache ist mir erst viel später klar geworden. Damals sah ich nur die furchtbare Situation — ich liebte denselben Mann, für den meine Herzensfreundin entbrannt war, also liebte ich hoffnungslos.

Sollte ich mich ihr anvertrauen oder mein furchtbares Geheimnis in tiefster Seele verschließen? Ich entschloß mich für das erstere. Ich hatte ihr zu bittere Vorwürfe gemacht, daß sie mir gegenüber so lange geschwiegen, und wir hatten dann das Versprechen getauscht, uns fortan alles, alles anzuvertrauen. Ich war ihr also ein Geständnis schuldig, und ich machte es in der Form, daß ich auf das Albumblatt das Klagewort Past! Vorbei! eintrug. Jetzt aber zeigte sich Elvira in ihrer ganzen Größe. Sie sagte: „Meine Freundschaft soll nicht nur geschworen, sie soll auch bewiesen werden ... Ich trete zurück, ich verzichte ... Friedrich von Hadeln sei dein." Und ich konnte in das Album eintragen — am 8. Juli hast du die Freundschaft bewiesen. Eine Zeitlang zögerte ich, das opfermütige Geschenk anzunehmen, aber kurz darauf scheine ich nachgegeben zu haben, da ich unterm 13. Juli schon registrieren konnte, daß es nicht mehr vorbei sei.

„Du bist schön, du bist glänzend — durch die Gabe deiner Hand wird er tausendmal glücklicher werden als durch mich Unscheinbare — darum verzichte ich, nicht nur dir, sondern auch ihm zuliebe." Solche und ähnliche Gründe führte sie an, und ich ergriff Besitz des mir so edel überlassenen Objektes. So sehr Besitz, daß fortan unsere Puffspiele eine neue Gestalt annahmen. Ich blieb die Heldin, aber der Held trat nicht mehr in verschiedenen Rollen auf, es war stets und immer wieder Friedrich von Hadeln, nur in verschiedenen Situationen. Das Lustigste an diesem Backfischroman ist das, daß wir im folgenden Sommer wirklich wieder nach Wiesbaden reisten, daß wir dort mit Ihm zusammenkamen, und daß er keiner von uns beiden die geringste Aufmerksamkeit schenkte. Diese Wirklichkeit hat uns schnell ernüchtert. Wir lachten einander nicht aus, wie wir's verdient hätten, denn dazu hatten wir zuviel Hochachtung vor unseren durchgemachten Seelenkämpfen, aber wir waren kuriert. Und in späteren Jahren haben wir auch über die Geschichte gelacht.

3

Ein Stammbuch

Bei jenem Stammbuch will ich noch verweilen. Es klingt daraus wie ein ganzer Akkord von Vergangenheitstönen; ein ganzer Zug von Geistern — darunter gar erlauchte Geister — zieht vorbei. Ach, das ist das Schöne an der Jugend, daß sie mit ebensoviel Hoffnungen operiert wie das Alter mit Erinnerungen; ihr winkt von überall her das frohe „Es wird" — dem Alter zeigt sich an allen Enden das düstere „Gewesen". — Also blättern wir. Da ist in seinem Umschlag ein Brief von Anastasius Grün an Elvira. Der Dichter schreibt:

Geehrtes Fräulein!

Aus Ihrem an meine liebe Frau gerichteten Brief spricht ein so unverfälschtes Gefühl, ein so edles Aufstreben und zugleich ein so zarter, weiblicher Sinn, daß es mir jedenfalls sehr schwer fiele, Ihre in so herzlichem Ton eigentlich an mich gerichtete Aufforderung abzulehnen, und wäre es auch eine minder leicht erfüllbare. Vielbeschäftigt, wie ich in diesem Augenblick bin, muß ich mich heute auf diese wenigen Zeilen beschränken, um nicht abermals, wie jüngst aus Versehen, einen von Ihnen gestellten Termin zu versäumen. Möge das jenseitige Blatt (es liegt nicht im Album) bei Ihnen freundliche Aufnahme finden! Hochachtungsvoll, geehrtes Fräulein, Ihr ergebenster Diener

Graz, 26. März 1861. A. Auersperg.

Jetzt ein paar weitere Blätter:

Es liebt Vortreffliches sich zu verstecken,
Und manches Frauenherz birgt hie und da
Noch heut im Schoße ein Amerika,
Nur muß es ein Kolumbus erst entdecken!

Wien, den 17. Juli 1861. Friedrich Halm.

*

Der Dichter liegt seit lang begraben,
Der Mensch lebt freilich, denn erst jetzt
Erinnerung an deine schöne Gaben
Hat mich in früh're Zeit zurückversetzt.

Wien, am 8. April 1861. Franz Grillparzer.

*

Dem österreichischen Mädchen

Wien, 14. Mai 1861. Richard Wagner.

*

Eine trockene Blume und dazu die Inschrift:

„Vom Grabe meines unglücklichen Bruders.

Th. Schurz, Schwester Lenaus."

An die Erwerbung dieses Stammbuchblattes kann ich mich erinnern. Tante Lotti, Elvira und ich waren eines Nachmittags nach dem Dörfchen gepilgert, wo Nikolaus Lenaus — für dessen melancholische Gesänge Elvira schwärmte — Asche ruht. Bei dieser Gelegenheit besuchten wir die Schwester des Dichters, die unweit vom Friedhof ein kleines Landhaus bewohnte. Frau Schurz erzählte viel von den letzten in unheilbarem Wahnsinn verlebten Jahren des unglücklichen Mannes, zeigte uns so manche Reliquien, Schattenbilder seiner selbst und Sophie Löwenthals, der Frau, die er so leidenschaftlich und zwar nicht unerwidert, aber unerhört geliebt, und sie führte uns selbst auf den Friedhof, um dort das Zweiglein zu pflücken, das ich nun vor Augen habe.

Ist es Zufall oder wußte Elvira, daß Nikolaus Niembsch sich einmal von Sophie Löwenthal losreißen und eine andere heiraten wollte, die auch eine große, berühmte Zeitgenossin war? Genug, auf der folgenden Seite des Stammbuchs steht folgendes Autogramm:

Ich will, das Wort ist mächtig,
Spricht's einer ernst und still,
Die Sterne reißt's vom Himmel
Das eine Wort „Ich will!"

Karlsbad, im Mai 1861. Karoline Sabatier-Ungher.

*

Sie scheint es doch nicht ernst und still genug ausgesprochen zu haben, die schöne Sängerin, als es sich darum handelte, den sehr geliebten, ihr schon verlobten Niembsch von Strehlenau festzubalten, denn er ließ sie ziehen und kehrte wieder zu Sophie zurück.

Jetzt kommt ein sehr stark militärisches Blatt. Es trägt die Unterschriften: Schwarzenberg, Benedek, FML., Fürstenberg, G. d. C., v. Wrangel, Feldmarschall. Neben dem Namen Wrangels hat jemand (die Eintragung ist nicht von Elviras Hand) nachstehenden kurzen Dialog eingeschrieben, der die Brautwerbung des berühmten Feldherrn wiedergibt. Bekanntlich ist es ihm trotz aller Siege niemals gelungen, den Dativ und den Akkusativ zu besiegen, und als er um die Hand seiner Erkorenen bei deren Vater anhalten wollte, so entwickelte sich das Gespräch aller Wahrscheinlichkeit nach so:

„Wollen Sie mir Ihren Schwiegersohn nennen?"

„Bedaure — ich habe keinen."

„Verzeihung . . . ich wollte sagen, darf ich Ihnen meinen Schwiegervater nennen?"

„Ach, Sie sind verheiratet? Das wußte ich nicht."

Ferner ist auf jenem militärischen Albumblatt ein Dokument angebracht, das, wie die Schleife, die es festhält, berichtet, meiner Cousine von ihrem „teuren Paten Huyn" geschenkt worden ist. Es ist eine Großfolioseite Kanzleipapiers mit folgendem nicht uninteressantem Inhalt:

K. K. Landesgeneralkommando in Verona. II. Sektion Nr. 1064. — Nr. 24.

An Seine Hochwohlgeboren den k. k. Herrn Kämmerer, Obersten und Sous-Chef des Generalquartiermeisterstabes ꝛc., ꝛc., Johann Grafen Huyn.

Die Art und Weise der Umgestaltung der mangelhaften Kanonenscharten in den Werken Molinary und Hlavaty hat auf kommissionellem Wege bestimmt zu werden.

Zum Präses dieser Kommission wird der Herr Feldmarschalleutnant Baron Stwrtnik, Feldartilleriedirektor der II. Armee, ernannt und zu Mitgliedern derselben Euer Hochgeboren, der Herr Oberstleutnant von Swiatkiewicz des Generalstabes und Herr Major Khünel des 7. Artillerieregiments.

Den Tag und Ort zur Versammlung der Kommission hat der Herr Präses derselben zu bestimmen.

Verona, am 27. Oktober 1856. Radetzky.

Nr. 34

Gesehen bei der k. k. Generalquartiermeisterstabsabteilung der 2. Armee.

Verona, am 29. Oktober 1856.

Benedek, FML.

Trotz umgestalteter Kanonen, trotz Installierung der k. k. Generalquartiermeisterstabsabteilung der 2. Armee in Verona sollte drei Jahre später dieses selbe Verona nicht mehr österreichisch sein, und was zehn Jahre später diesem selben Benedek auf den böhmischen Schlachtfeldern widerfahren, das weiß man. Das Vertrauen in die Notwendigkeit und Ersprießlichkeit der Kanonenumgestaltung — heute handelt es sich um Haubitzen — bleibt in militärischen Kreisen unerschüttert.

Elvira und ich empfanden natürlich für diese Generalsunterschriften und für die komplizierten Fachausdrücke und komplizierten Einrichtungen, die des Vaterlandes Ruhm und Sicherheit bedeuteten, den gebührenden, andachtsscheuen Respekt.

Auch das folgende Blatt flößte uns Respekt ein — den loyalehrerbietigen Respekt, der den Kronenträgern gezollt wird. Elvira hatte nämlich, da sie an alle erdenklichen europäischen Dichter schrieb (sie war, glaube ich, eines der ersten Exemplare der seither so angewachsenen Spezies der jugendlichen Autogrammhyänen), auch einen Brief in Versen an den König Ludwig I. von Bayern gesandt, worin sie ihn um eine Zeile bat. Postwendend kam die Antwort, die mit rosa Bändchen in das Stammbuch befestigt ist:

Ihr, welche Worte wünscht von meinen Händen,
Der Dichterin, obgleich mir unbekannt,
Will gerne diese Zeilen nun ich spenden:
Wir sind Bewohnende desselben Land.

Wenn wir uns gleich im Leben niemals fänden,
Der Dichter ist der Dichterin verwandt.
Nicht ihnen, die entschweben zu den Sphären,
Kann Irdisches Befriedigung gewähren.

Ludwig.

Hierauf folgt ein Blatt mit der Reliquie eines echten Königs von Poesieland. Es ist ein Stückchen lila Seidenstoff mit folgendem Begleitschreiben von Schillers Tochter:

Greifenstein ob Bonnland, den 20. Juni 1861.

Hier, mein liebes jugendliches Fräulein, folgt nach Ihrem eigenen Wunsch etwas aus Schillers Besitz — Lila war seine Lieblingsfarbe, und dies ist ein Stückchen seidener Stoff von seiner letzten Weste. Möge es Ihnen eine liebe Erinnerung sein! Ihre Schillerfeier vom 10. November 1859 in Form eines Gedichtes habe ich leider nicht empfangen, vielleicht senden Sie es mir nachträglich und bemerken mir auch den Empfang dieser Lilafarbe, damit ich beruhigt bin, sie in Ihren Händen zu wissen — Ihre Wünsche erfüllt zu sehen.

Von ganzem Herzen freue ich mich immer, Schillers Geist in jugendlichen Herzen heimisch zu wissen, und so bleiben auch Sie ihm zugetan durch alle Lebensstufen, liebes Fräulein, und nehmen dieses kleine Andenken freundlich von mir an.

Ihre achtungsvoll ergebene

Emilie von Gleichen-Rußwurm,
geb. von Schiller.

*

Elvira war für Wissenschaft ebenso begeistert wie für Poesie, also ist es nur natürlich, daß sie in ihrem Handschriftenschatz auch den damals gefeiertsten Chemiker vertreten sehen wollte. Dieser beglückte sie mit nachstehendem Briefe:

Ihre Zeilen vom 8. Juli flößen mir ebensoviel Hochachtung für die Schreiberin als Freude ein, denn sie zeigen mir eine junge Dame, die mit Ernst sich bemüht, ihren Geist mit den unvergleichlichen Schätzen der Wissenschaft zu bereichern, und es macht mir um so mehr Vergnügen, daß auch meine Schriften Ihr Interesse und Ihre Aufmerksamkeit nach sich gezogen haben; ich wünsche nur, daß meine Schriften recht viele solche Leserinnen finden möchten. Genehmigen Sie den Ausdruck hoher Achtung, mit welcher ich zeichne

München, 13. Juli 1861. Justus Liebig.

*

Von Levin Schücking erhielt Elvira drei aus Rom datierte Zeilen:

Der Herr gebe dir eine stille Zeit, eine warme Luft und ein ruhiges Herz.

*

Das nächste Blatt trägt die Eintragungen dreier Wiener Schriftsteller:

Wenn du dem toten Buchstaben trauest,
Liebes Mädchen, dann irrest du.
Nur in dem Aug' liegt die wahre Sprache
Und im Herzen der Schlüssel dazu.

Dr. J. F. Castelli.

Um zweierlei bin ich bemüht,
Oft hat mir beides Gott vergönnt:
Der, dem ich fremd, der acht' mein Lied,
Den Menschen achte, der mich kennt.

Joseph Weilen.

*

Sei Dichterin in der Welt der Poesie,
Doch in des Lebens Praxis sei es nie.
Schön ist's, wenn dein reicher Geist die Welt entzückt,
Doch schöner noch, wenn dein Herz ein Herz beglückt.

Leopold Feldmann.

*

Jetzt ein Stückchen Sternenhimmel, geschickt vom weltberühmten Direktor der Sternwarte in Dorpat:

1925
Febr. 15.
Wahre Bahn des
Doppelsternes
S. Virginis,
berechnet von J. H. Mädler
Hauptstern
1836
April 11.

Alles Große wie alles Schöne
ist nur dadurch wahrhaft groß und
schön, daß es empfunden wird
in fühlenden Herzen.
J. H. Mädler.

Dorpat, im Januar 1862.

*

Wieder ein Brief von Schillers Tochter:

Greifenstein ob Bonnland, 27. November 1861.

Hier, mein verehrtes Fräulein, ein Blatt von Theodor Körners Handschrift, nach welchem ich für Sie gestrebt und welches ich vorgestern für Sie errungen. Eine schöne Zierde für Ihr Album, und ich eile es abzuschicken, Ihnen noch im November diese Freude zu bereiten. Gerne hätte ich es Ihnen schon am 10. gesandt, doch war es an jenem teuern heiligen Tage noch nicht in meinen Händen.

Mit der Bitte, mir auch in bekannter Weise ein freundliches Andenken zu erhalten, welches uns an jedem Schillertag lebhaft zusammenführt, nenne ich mich hochachtungsvoll Ihre ergebene

Emilie von Gleichen-Rußwurm,
geb. von Schiller.

Daneben mit dem Vermerk: Originalhandschrift von Theodor Körner. Ungedrucktes Gedicht! Ein stark vergilbtes Blatt groben, ausgefransten Papiers, worauf mehrere mit Strichen und Korrekturen versehene Strophen stehen:

Begeist'rung faßt mich mit heil'gem Glühn
Bei deiner Stimme sanften Harmonien,
Und Wonne quillt mir, seliges Entzücken
Aus deinen Blicken.

An deiner Brust wollt' ich die Welt vergessen,
Mich an Glückseligkeit mit Göttern messen.
Ach aller Sehnsucht Ziel ist liebetrunken
In dir versunken.

Süß läßt die Liebe den Leander sterben,
Den — (unleserlich) jagt sie ins Verderben.
Ein schönes Los, das herrlichste von allen,
Ist vor mir gefallen.

Im vollen Taumel heißer Liebeswonne
Erhebt sich mir des Lebens heitere Sonne,
Der Morgenglanz, das ewige Licht der Horen
Ward mir geboren.

An deinen Blicken durft' ich kühn mich sonnen,
Dein Bild ist mir der Urquell aller Wonnen.
Dich, Herrliche, dich göttlichste der Frauen,
Dich durft' ich schauen.

*

Verliebter Jüngling! Das Gedicht ist nicht fertig gefeilt, nicht zu Ende geschrieben und ungedruckt geblieben; vermutlich schien es ihm zum Druck nicht gut genug. Es war nur so in einer glückberauschten Stunde hingeworfen. Er sah das Leben sich erheben als heitere Sonne, im Jugendglanz, im Lichte der Horen — und wie bald sollte eine Feindeskugel dieses Leben zerstören . . . Läßt sich berechnen, wie viel Schönes und Wertvolles diese dumme Kugel der Nachwelt fortgeschossen hat?

Ich blättere weiter. Von A. Anderssen, dem großen Schachspieler, folgt eine Schachpartie mit zweiundzwanzig Zügen, von G. Meyerbeer der Anfang der Ouverture zur Tragödie Struensee.

Dann wieder ein Vers mit illustrer Unterschrift:

Reines Herz gibt reinen Sinn,
Klares Aug', und hell darin
Spiegelt sich die Welt.

Trübes Herz gibt trüben Blick,
Welt und Leben und Geschick
Bleibt ihm unerhellt.

Friedrich Rückert.

•

Und ein andrer großer Dichter schreibt für das Album:

Und mußt du denn, trotz Kraft und Mut,
An jedem Dorn dich ritzen,
So hüt dich nur, mit deinem Blut
Die Rosen zu bespritzen.

Friedrich Hebbel.

•

Auch ein Historiker kommt zu Wort:

Die Priester stellen sich zwischen den Menschen und die Gottheit nur als Schatten: wie wenn das Auge ein schwarz angeräuchertes Glas zu Hilfe nimmt, um durch dies trübe Medium die Sonne zu sehen.

Rom, Februar 1865. Ferdinand Gregorovius.

•

Zwei französische Briefe:

Mademoiselle, vous êtes la poésie même, la poésie vivante et aimante. A. de Lamartine.

•

Il y a dans votre lettre, Mademoiselle, toute une âme charmante et c'est avec bonheur que je dépose à vos pieds le nom que vous demandez pour votre Album.

Waterloo, 14 juillet 1861. Victor Hugo.

•

Vom Verfasser der Promessi sposi:

È troppo ricompenso per dei poveri lavori la simpatia d'un animo gentile e elevato come quello che si manifesta nella lettera ch'Ella m'ha fatto l'onore di scrivermi. In un tale animo è cosa naturale che abbia luogo anche l'indulgenza; e se, in questo caso, essa eccede, è una ragione di più per eccitare in me una viva riconoscenza. Del rimanente, l'eccesso dei buoni sentimenti è un inconveniente dei meno pericolosi in questo mondo. Dio mantenga e ricompensi le nobili inclinazioni di cui le ha fatto dono.

Voglia gradire la rispettosa espressione della mia riconoscenza e l'attestato dell' alta stima con cui ho l'onore di rassegnarmele.

Umil^{mo}, devot^{mo} servitore

Alessandro Manzoni.

Unterm Datum: Gads Hill Place Higham by Rochester Kent, Monday twentyseventh January 1862, und auf trauerumrandetem Papier sandte Charles Dickens die Abschrift einiger Zeilen aus „David Copperfield".

Noch enthält das Buch allerlei getrocknete Pflanzen, gepflückt an berühmten Stätten, Bilder, Fahnenstückchen, sogar ein Läppchen „von dem Hemde des Hochzeitskleides Ludwig I. von Anjou", ein Steinchen aus „den Ruinen des Palastes der Katharina Cornaro, Königin von Cypern", ein anderes von der „Gefängnistür Torquato Tassos" — ein ganzes historisches Schattenpanorama. Alle, alle, die auf diesen Seiten versammelt sind, sind tot — bis auf die eine, die das Wort „Past" eintrug. Und dieses Wort ist eigentlich das Leitmotiv des ganzen Buches: Vorbei, vorbei — — und so klappe ich es mit einem Seufzer zu.

4

Weitere Episoden aus der Jugendzeit

Das Jahr 1859 sah uns also wieder in Wiesbaden, und wir erlebten da die für unsere geleisteten und angenommenen Opfer, für alle meine letztjährigen Puffromane so beschämende Episode des unvergleichlichen Friedrich von Hadeln, der nicht ein Wort, nicht einen Blick über zeremoniellste Höflichkeit an uns verschwendete. Soviel ich mich noch erinnere, haben wir uns diese Beschämung nicht stark zu Herzen genommen; Elvira war vielleicht froh, daß sie nicht doch den Triumph einer Rivalin erleben mußte, und ich vielleicht erleichtert, nicht doch meiner unglücklichen Freundin so tiefes Leid zuzufügen und daneben noch eine so schlechte Partie zu machen. Der wirkliche Hadeln flößte mir auch nicht mehr jene Empfindungen ein, die mir sein Erinnerungsbild eingeflößt hatte. Kurz, wir verbrachten einen ganz vergnügten Sommer in Wiesbaden.

Und es war doch der Sommer 1859, d. h. die Schlachten von Magenta und Solferino wurden geschlagen. Oesterreich, unser Vaterland, erlitt Niederlagen. Man hörte von großen blutigen

Kämpfen. Aber ich weiß es genau: das Ereignis war mir damals so gleichgültig, so wenig vorhanden, wie es mir heute gleichgültig wäre zu erfahren, daß in einer westindischen Insel, deren Namen ich nie gehört hätte, ein Vulkan ausgebrochen sei. Ein Elementarereignis in großer Entfernung — das war mir der Krieg in Italien. Zeitungen las ich auch nicht viel; zwar gingen wir oft in den Lesesaal, wo die Blätter auflagen, aber da waren es nicht die politischen Blätter, die uns anzogen, sondern die belletristischen. Dies um so mehr, als Elvira einige Novellen verfaßt hatte, die in Familienblättern angenommen waren, und als ich mich mit der Idee trug, auch eine Novelle zu schreiben. Hatte ich ja doch im vorigen Sommer, weißglühend vor Erregung, drei Strophen an den „Gegenstand" gereimt. Die vorletzte Zeile reimte bei mir aber nicht auf Hadeln (gar so sehr darf man doch nicht Affe sein), sondern auf Friedrich. In den illustrierten Zeitungen fielen mir manchmal wohl einige Bilder „vom Kriegsschauplatz" in die Augen, aber ich hielt mich nicht dabei auf — herumliegende Soldaten und Pferde, zerbrochene Kanonen oder wirre Raufereien, wie ich deren in den Geschichtsunterrichtsbüchern gar viele gesehen, das gibt doch keine hübschen Bilder ab. Da blätterte ich schnell um. Wir hatten niemand uns Nahestehenden, um den wir hätten zittern können, im Krieg. Mein Bruder, der im Jahre 1854 als Leutnant ausgemustert worden, hatte seit einem Jahre den Dienst verlassen, weil er Blut gespuckt hatte und weil ihm überhaupt das Dienen im höchsten Grade zuwider war. Er lebte mit uns. Meine Mutter war zu Tode froh, daß ihr einziger Sohn nicht mehr in der Armee war, als der Krieg ausbrach. Ich kümmerte mich also nicht im geringsten um die Ereignisse in Italien. Ein Gefühl des Entsetzens über die Greuel und den Jammer, der damit zusammenhing, ist mir nicht aufgestiegen (warum soll man über unabwendbare Todesfälle, die einen nichts angehen, sich entsetzen?), und ein Gefühl der Revolte über Kriegführen stieg mir schon gar nicht auf, dazu war ich zu sehr von dem Respekt und der Bewunderung durchdrungen, welche dieser Form des geschichtlichen Geschehens allgemein gezollt wird. Von der Idee eines Schattens einer Möglichkeit, daß Kriege überhaupt von der Welt weggedacht werden könnten, focht mich nichts an. Ebensogut könnte man die Blätter von den Bäumen oder die Wellen vom Meer wegdenken: Krieg ist ja die Form, in der die Menschheitsgeschichte sich vollzieht: die Gründung der Reiche, die Schlichtung der Streitigkeiten, das alles besorgt der Krieg. Vielleicht dachte ich nicht einmal so viel über die Sache nach; ich nahm sie nur hin als etwas Seiendes und Unumstößliches, wie man die Existenz der Sonne hinnimmt. Viele mögen noch heute diese Anschauung teilen, damals teilten sie fast noch alle. Hatte ja noch nicht einmal Dunant sein Schriftchen „Solferino“ geschrieben und darin den Anstoß zur Gründung des Roten Kreuzes gegeben. Damals dachte noch niemand daran, daß man die Pflege der Kriegsverwundeten internationalisieren könnte — wer hätte gewagt zu denken (ein paar Männer wie Abbé de St. Pierre, Immanuel Kant ausgenommen), daß man eine internationale Vereinbarung anstreben sollte, überhaupt keine Kriegsverwundete zu machen! — Im Jahre 1849 hatte freilich schon unter dem Vorsitze Viktor Hugos ein Friedenskongreß stattgefunden, aber wer, außer den Beteiligten, wußte etwas davon? Jede Zeit, wie jeder Mensch hat sein gewisses Gedankenfeld, über das hinaus nichts wahrgenommen wird.

Als wir nach Oesterreich zurückkehrten, war der Krieg vorbei. Oesterreich hatte Mailand verloren — und unsre beiden Mütter hatten auch Verluste zu verzeichnen. Alle Systeme, Methoden, Ahnungs- und Divinationsgaben hatten sich als trügerisch erwiesen, und hoch und teuer wurde versichert, daß von nun ab mit dem grünen Tische auf ewig abgeschlossen sei. Ein Lehrgeld war gezahlt, aber jetzt wenigstens sei man von dem Wahn befreit und im Grunde froh, davon befreit zu sein, denn das Spiel sei nicht nur verwerflich, es sei auch wirklich unangenehm, greulich. Jetzt, Gott sei Dank, brauche man sich mit der schweren Pflicht, die Sehergabe auszunutzen, nicht mehr zu plagen, denn es war ja noch einmal und diesmal endgültig erwiesen, daß das Ahnungsvermögen an den grünen Tischen nicht mehr funktionierte.

Das Lehrgeld war nicht gering gewesen. Nun hieß es sparen. Meine Mutter gab die Wiener Wohnung auf und mietete ein Landhäuschen in der Umgebung, in Klosterneuburg. Dort sollten zwei Jahre in äußerster Zurückgezogenheit und Sparsamkeit zugebracht werden. Nach dieser Frist würde ich achtzehn Jahre alt sein, eine genügende Summe wäre zurückgelegt, um das „Lehrgeld“ zu ersetzen und um in die Welt zurückzukehren, in die ich dann eingeführt werden sollte. Unterdessen war dies einsame Leben in Klosterneuburg gar nicht reizlos. Tante Lotti und Elvira waren bei uns, und da nahmen wir zwei Mädchen wieder fleißig unsere Studien und Beschäftigungen auf. Elvira schrieb neue Dramen und korrespondierte und schrieb fleißig Briefe an allerlei berühmte Leute. Ich spielte viel Klavier und trieb Sprachenstudien. Zu unserer Erholung wurde auch weiter Puff gespielt; Friedrich von

Hadeln hatte jetzt nichts mehr zu „adeln“; es wurden als Helden unserer Romane wieder die verschiedenartigsten Figuren eingeführt, von amerikanischen Cowboys vorbei an europäischen Gesandtschaftsattachés bis zu indischen Maharadschas. Jede Woche kam einmal mein lieber Vormund Fritzerl aus Wien zu uns hinausgefahren, spielte seine Partie Tarteln mit Mama, erzählte alle Vorkommnisse des Hofes und der Gesellschaft. Außerdem kam ein ältlicher Geistlicher des Klosterneuburger Stiftes öfters ins Haus — ein Schöngeist, Philosoph und heiterer Gesellschafter. Wir machten große Spaziergänge in die Donauauen in Begleitung Tante Lottis; meine Mutter war nicht gut zu Fuß und begnügte sich damit, in unserem kleinen Gärtchen Luft zu schöpfen. Es war ein ganz wilder Garten, durch den ein Bach floß. Ich weiß noch, daß ich am Rande dieses Baches glückliche Stunden verträumt habe; das über Kiesel hüpfende Wasser, das ganze Gestrüpp am Bachesrand, darunter ein paar Weiden mit tief herabfallenden Aesten, alles das gewährte mir einen ganz eigentümlichen Naturgenuß, den ich seither in keiner Landschaft der Welt wiedergefunden habe.

Der Winter war dann freilich ziemlich monoton in unserem ländlichen Nest. Und da hatte ich denn einmal, zerstreuungshalber, ganz im stillen einen Streich ausgeführt. Ohne jemand etwas zu sagen, setzte ich eine Annonce auf und schickte sie an die Wiener „Presse“ ein, wo sie auch erschien und in unserm Kreise Aufsehen machte.

„Da werde ich hinschreiben!“ rief Elvira.

Das Inserat lautete:

„Aus purer Caprice einerseits, aus Seelendrang nach Gedankenaustausch andererseits, wünscht ein auf einsamem Schlosse lebendes adeliges Geschwisterpaar, Bruder und Schwester, mit warmfühlenden und tiefdenkenden Menschen in brieflichen Verkehr zu treten. Die Aufsicht über den Briefwechsel wird ein strenger Papa führen, der den jungen Enthusiasten beweisen will, wie unpraktisch sie sind mit ihrer Seelenaustauschidee. Briefe unter „Cela n'engage à rien“ an die Expedition des Blattes.“

„Ja, da schreibe ich hin,“ wiederholte Elvira.

„Das verbiete ich,“ sagte Tante Lotti, „wer wird denn Annoncen beantworten!“

„Laß sie doch, Tante,“ bat ich.

„Willst du etwa auch hinschreiben?“ fuhr meine Mutter nun auf. „Das wirst du bleiben lassen!“

„O nein, ich hätte gar keine Lust dazu — das Zeug ist zu verrückt.“

Es wurde noch viel hin und her gesprochen über das originelle Inserat, ich verriet aber durch keine Miene, daß ich die Verbrecherin war.

Zugleich mit Einsendung der Annonce hatte ich an die Redaktion der „Presse" geschrieben, die einlaufenden Antworten zu sammeln und nach Verlauf von einigen Tagen unter einer gewissen Chiffre postlagernd nach Klosterneuburg zu expedieren. Nach fünf Tagen, gelegentlich unseres gewöhnlichen Spazierganges, gingen wir an der Post vorbei.

„Bitte, Tante," sagte ich, „gehen wir da hinein, ich möchte Marken kaufen."

Wir traten ein. Beim Schalter aber, statt Marken zu verlangen, frug ich:

„Ist etwas da unter A—R 25?"

Der Beamte sah nach und übergab mir ein umfangreiches Paket. Mir sprang vor Freude das Herz in den Hals.

„Was bedeutet das?" riefen die anderen.

„Das werdet ihr zu Haus erfahren."

Zu Hause dann riß ich den Umschlag auf und ließ ungefähr sechzig bis siebzig Briefe auf den Tisch fallen, die alle die Aufschrift „Cela n'engage à rien" trugen.

„Seht her, das sind die Antworten auf mein Inserat — das Geschwisterpaar bin ich!"

„Da ist ja auch mein Brief," rief Elvira, indem sie ein Schreiben hervorzog, auf dem sie ihre eigne Schrift erkannte, „das ist abscheulich!" und sie zerriß es in kleine Stücke.

„Also trotz meines Verbotes hast du doch geantwortet!" sagte Tante Lotti in erzürntem Ton.

„Und du schickst hinter unser aller Rücken Annoncen in die Zeitung?" fügte meine Mutter hinzu, nicht weniger erzürnt. „Ihr seid ein paar saubere Kinder!"

„Nun, dafür haben wir jetzt die Unterhaltung, alles das zu lesen," beschwichtigte ich.

Und in der Tat, die Lektüre erwies sich als sehr amüsant. Einige der Antworten waren blödsinnig, andere aber geistvoll; und unter den geistvollen einige so interessant, daß wir beschlossen, darauf zu erwidern, natürlich anonym, und zwar diesmal mit der Erlaubnis der Mütter. Ein Brief von einer Dame, „Doris in See" unterschrieben, hatte besonders Elvira gefesselt. Sie übernahm die Rolle des Bruders im „Geschwisterpaar" und ließ sich in einen Briefwechsel mit Doris in See ein, der bald sehr eifrig wurde. Auch ich suchte mir einige Korrespondenten aus, aber bald verliefen die Briefe im Sande. An Fräulein Doris schrieb aber meine Cousine immer längere und immer hingebendere Briefe und Gedichte, auch ganze Abhandlungen über die verschiedensten Gegenstände; und Doris schrieb ebenso eifrig an Herrn „Kurt im Walde" — das war der Name, unter dem Elvira zeichnete. Ein Jahr lang flogen die Manuskripte — es waren schon nicht mehr Briefe zu nennen — hin und her, die beiden Seelen hatten sich wirklich ausgetauscht. Da erwachte in Elvira das Gewissen.

„Doris glaubt, ich sei ein junger Mann — sie wird sich noch in mich verlieben — ich muß ihr gestehen, daß Kurt, der Kamerad, ein Mädchen ist."

Und sie tat es. Darauf kam ein Jubelruf zurück:

„Herrlich, mein bester Freund, mein Dichter und Denker Kurt ist ein junges Weib, und Doris — jetzt muß ich es sagen — ist Offizier der k. k. Marine."

Das Ende der Geschichte war, daß Elvira sich bald darauf mit Doris, alias Joseph Tiefenbacher, k. k. Linienschiffsfähnrich, vermählte und in ihrer kurzen Ehe vollkommen glücklich war.

Zweiter Teil

(1862—1872)

5

Eintritt in die Welt

Und nun sollte ich „in die Welt" geführt werden. Unser Name hätte uns wohl berechtigt, in der höchsten Aristokratie zu verkehren, denn es gibt wohl keine Familie des österreichischen Hochadels, mit der wir nicht verwandt oder verschwägert gewesen wären. Aber man kennt diesen Hochadel schlecht, wenn man glaubt, daß Name und Verwandtschaft genügen, um aufgenommen zu werden. Dazu gehört — namentlich war es so in meiner Jugendzeit, jetzt ist man schon etwas weniger exklusiv — vor allem der Besitz von sechzehn Ahnen, d. h. die Hoffähigkeit. Diese besaßen wir nicht — meine Mutter war keine „Geborene"; zudem waren auch unsere Mittel sehr bescheiden, also war es uns nicht möglich, in die erste Gesellschaft — sie selber nannte sich die „Société" — von Wien zu gelangen. Das kränkte mich — ach, was war ich doch für ein oberflächliches, eitles Ding! Zu glauben, es gehöre zum Lebensglück, in der „Crême" zu verkehren, und zu glauben, daß mir durch die Vorenthaltung dieses Glückes ein unverdientes Unrecht widerfahre!

Nun geschah es, daß sich durch Vermittlung des Schriftstellers Joseph von Weilen, der bei uns verkehrte, einer der reichsten Männer Wiens um meine Hand bewerben ließ. Mutter und Vormund erklärten sich einverstanden. Der Bewerber war zwar nicht Aristokrat und schon zweiundfünfzig Jahre alt. Aber mit dem höchsten Glanz wollte er meine und meiner Mutter Existenz umgeben — Villen, Schlösser, Palais ... ich war geblendet und sagte „ja". Ich versuche nicht, diese Tatsache zu beschönigen. Es ist eine häßliche Tatsache, wenn ein achtzehnjähriges Mädchen einem ungeliebten, so viel älteren Mann die Hand reichen will, nur weil er Millionär ist! es heißt — um es bei seinem wahren Namen zu nennen — sich verkaufen. Schriebe ich einen Roman, so würde ich von dessen Heldin, wenn sie sympathisch sein sollte, eine solche Episode gewiß nicht erzählen; aber was ich hier niederschreibe, sind die Erlebnisse einer wirklichen Person, für deren Handlungen ich lange nicht so verantwortlich bin, als ich es für die Handlungen einer Phantasiegestalt wäre, denn diese wäre nach meinen eigenen, gegenwärtigen Ansichten und Gefühlen geformt, während diese achtzehnjährige Bertha Kinsky — obgleich ich's selber bin — weiter nichts ist als ein vages Erinnerungsbild. Was das Original des Bildes erlebt hat, das ist in bloßen Umrissen in meinem Gedächtnis enthalten, das hat auch zur Gestaltung meines gegenwärtigen Charakters beigetragen; aber was jenes Original damals selber für einen Charakter hatte, das erscheint mir als etwas, an dem ich ebenso unbeteiligt bin, wie an den Launen der Kleopatra oder der Semiramis.

Ein paar Bilder aus dieser Verlobungsepisode:

Die Vorstellung: Herr von Weilen bringt den Bewerber zu einem Vormittagsbesuch. Steife Konversation im Salon. Man beobachtet sich gegenseitig. Gefallen? Nein, der ältliche Herr gefällt mir kaum – mißfällt mir aber nicht. Einladung zum Diner den nächsten Tag; Fürstenberg auch dabei. Noch immer steif. Am vierten oder fünften Tag briefliches Anhalten bei meiner Mutter. Ich schwanke. Am selben Abend sollten wir auf einen Ball gehen — mein Debut. Ein adeliges Picknick. Auf diesem Ball pflegte die „Crême" zu erscheinen, aber nicht ausschließlich; es sind da auch mindere Elemente anwesend. Ich sehe noch meine Toilette: ein weißes Kleid ganz mit kleinen Rosenknospen besät. Voll freudiger Erwartung betrat ich den Saal. Voll gekränkter Enttäuschung habe ich ihn verlassen. Nur wenige Tänzer hatte ich gefunden. Beim Kotillon wäre ich bald sitzen geblieben, hätte sich nicht schließlich ein häßlicher Infanterieoffizier, der sich zahlreiche Körbe geholt hatte, meiner erbarmt. Die hochadeligen Mütter saßen beisammen, meine Mutter saß einsam; die Komtessen standen in Rudeln und schnatterten miteinander — ich kannte keine; beim Souper bildeten sich lustige kleine Gesellschaften, ich war verlassen. Auf der Nachhausefahrt sagte ich zu meiner Mutter:

„Mama, jetzt bin ich entschlossen, ich nehme den Antrag an."

Das nächste Bild: Der beglückte Freier, im Besitze meines Jawortes, bringt mir eine ganze Ladung Brautgeschenke: ein Schmuck von Saphiren und ein Perlenkollier. Auch seine bald sechzehnjährige Tochter stellt er mir vor — er war nämlich Witwer —, und diese nannte mich ihre schöne, liebe Mama, was mir ungeheuren Spaß machte.

Nächstes Bild: Ein glänzender Ball in der Haute Finance, an dem wir als Verlobte teilnahmen. Jetzt bin ich umringt und die glänzendsten jungen Kavallerieoffiziere machen mir den Hof — einer besonders bittet um die Erlaubnis, mein Haus besuchen zu dürfen, wenn ich verheiratet sein werde. Offenbar denkt er: die junge Frau eines alten Mannes, das kann interessant werden. Der Bräutigam aber ist wütend und macht mir eine Szene, weil ich am Arm des Ulanen zum Souper gehen will. Ich lache, verlasse meinen Kavalier und nehme den Arm des Erzürnten:

„Ich will ja brav sein," besänftigte ich ihn.

Wieder ein Bild: Rundfahrt in der Stadt zu dreien, meine Mutter und wir Verlobten zur Besichtigung von Einrichtungsgegenständen, Equipagen, Toiletten; auch eine Fahrt in die Umgebung zur Besichtigung der wahrhaft fürstlichen Villa, die mir als Morgengabe bestimmt war.

Noch ein Bild: Ein Nachmittag bei uns. Mein Bräutigam und ich sind zum erstenmal allein.

„Berta, weißt du, wie entzückend du bist?" Er umschlingt mich und drückt seine Lippen auf die meinen. Der erste Liebeskuß, den ein Mann mir gegeben. Ein alter Mann, ein ungeliebter Mann. —

Mit einem unterdrückten Ekelschrei reiße ich mich los, und in mir steigt ein leidenschaftlicher Protest auf — Nein, niemals — — —

Am folgenden Tag wurden die Geschenke zurückgeschickt — ich löste die Verlobung auf. Die Meinen hatten zwar zu remonstrieren versucht: das Aufsehen — die Wortbrüchigkeit — ich hätte nicht ja sagen sollen, ich war ja dazu nicht gezwungen worden, jetzt aber plötzlich zurücktreten — ich möge doch wenigstens noch einige Zeit überlegen — —

„Nein, nein — ich kann nicht, kann nicht — lieber sterben!"

Und so wurde der Absagebrief expediert.

Ein paar Stunden später stürzte die Tochter zu mir und weinte zu meinen Füßen: ich solle den Vater nicht so kränken — ich solle den grausamen Entschluß wieder aufheben . . .

Ich war aber nicht mehr umzustimmen. Starr hielt ich fest an meinem: „Ich kann nicht, ich kann nicht!"

*

Bald lag die ganze Episode hinter mir wie ein böser Traum, aus dem erwacht zu sein ich als Wohltat empfand. Meine Verlobung und Entlobung hatten im Fasching gespielt — im Sommer dachte ich nicht mehr daran. Diesen Sommer brachten wir in Baden bei Wien zu, wo meine Mutter eine kleine Villa angekauft hatte. Es war ein lustiger Sommer, voll Landpartien, Kurmusik, Tanzkränzchen.

Eine kleine Gesellschaft bildete sich — ein paar elegante, hübsche junge Mädchen darunter und zahlreiche junge Herren, meist Offiziere, dazu die obligaten Mütter — man begegnete sich täglich — oft auch dreimal täglich: zu Mittag im Park bei der Musik, nachmittags auf der Promenade ins Helenental und abends wieder, wenn nicht Reunion war, bei der einen oder anderen Familie, oder bei der Abendmusik im Park. Besonders intim hatte ich mich befreundet mit einem gleichaltrigen Mädchen, namens Marietta, Marchesa Saibante. Sie war eine auffallende Erscheinung: eine große und rundliche Gestalt — damals war die magere Eckigkeit noch nicht modern —, rabenschwarze Haare und Augen, blendende Zähne, sehr rote Lippen und sehr rote Wangen — dabei aber eine Stumpfnase und überhaupt derbe Züge.

Die Mutter Mariettas, eine geborene Baronin Scheibler, war mit einem Italiener, Marchese Saibante, verheiratet gewesen und war schon lange Witwe. Sie hatte nur diese einzige Tochter und betete sie an. Mit den beiden lebte auch eine ledige Schwester der Marchesa, und diese, Tante Helene genannt, betete Marietta noch mehr an. Die beiden mittelalterlichen Damen (daß es kein deutsches Wort gibt für das ausdrucksvoll bezeichnende englische: „middle-aged") ließen ihren Liebling keinen Schritt aus ihrer Nähe weichen. Sie lebten in sehr bescheidenen Verhältnissen, waren aber ziemlich hochmütig, da sie mit allen illustren Familien des Adels verwandt waren. Eine dritte verstorbene Schwester war mit einem Fürsten Auersperg vermählt gewesen. Auch besaßen sie einen reichen Onkel, Feldmarschall Graf Wratislav, der eine besondere Vorliebe für Helene hegte. Von diesem Onkel wurde fortwährend gesprochen. Sehr oft war auch einer Cousine Erwähnung getan, mit dem stolzen Namen Rohan. (Roi ne puis, prince ne daigne, Rohan je suis.) Nur so nebenbei sprach man von der Cousine Rohan — nicht etwa protzig: „Ich habe eine Cousine, die eine Prinzessin Rohan ist" — sondern es waren eben Geschichten und Mitteilungen, die an sich erwähnenswert waren und sich nur zufällig an die Cousine Rohan knüpften. Ob nicht die meisten Leute unter ihren Verwandten und Freunden oder auch nur Bekannten eine, im Verhältnis zu ihnen, vornehmere Persönlichkeit haben, die sie als „Cousine Rohan" betrachten und zur scheinbar absichtslosen Ausschmückung ihrer Gespräche benutzen? —

In diesem Sommer feierte Elvira ihre Hochzeit mit Doris in See. Marietta und ich figurierten als Kranzeljungfern. Noch während des Dejeuners verließ das junge Paar Baden, um sich nach Pola zu begeben, wo des neuvermählten Fähnrichs Linienschiff vor Anker lag.

Nun war ich ganz auf Marietta angewiesen. Es war ein starker Kontrast. Nach meiner Cousine, der Dichterin, der Gelehrten — die Cousine der Rohan, die ein Weltkind durch und durch war, mit nichts anderem im Sinn als die Vergnügungen und den Glanz des Gesellschaftslebens. Sie hatte trotz ihrer beschränkten Verhältnisse davon gekostet, da sie einen ganzen Fasching in Prag zugebracht, und dort unter der Aegide der Auerspergs, Wratislavs und Rohans auf zwanzig Bällen getanzt und mit manchem „Epouseur" — freilich ergebnislos — geflirtet hatte. In Baden wurde nun wieder getanzt und kokettiert; Marietta und ich waren die Gefeiertsten der Saison. Diese Unterhaltungen waren nunmehr „das Wichtige". — Als wäre die Welt zu keinem anderen Zweck erschaffen worden, als zu dem, unser Vergnügungsort zu sein. —

Den folgenden Winter verlebten wir, d. h. meine Mutter, mein Bruder und ich, in Rom. Das war so gekommen: Die soeben entthronte Königin von Neapel hatte mit ihrem Gefolge als Gast des Erzherzogs Albrecht diesen Sommer in der Badner Weilburg zugebracht. Die historische Tragödie, die vorangegangen, die Verteidigung und der Verlust Gaetas — das hatte mich nur wenig berührt; ich hörte nur mit Interesse davon erzählen durch den Obersthofmeister der Königin, ein alter Principe, der uns häufig besuchte. Der war es, der uns das Leben der Fremden in Italien, namentlich in Rom, als so angenehm schilderte und uns so lebhaft zuredete, den nächsten Winter dahinzukommen, daß wir uns dazu bestimmen ließen. Mir lächelte die Aussicht sehr. Doch zu meiner Schande muß ich konstatieren, daß es nicht das ewige Rom mit dem Zauber seiner historischen Erinnerungen war, was mich anzog, sondern die Schilderungen des römischen Gesellschaftslebens. Und so blieb es während des Aufenthaltes. Was mir dort am meisten Eindruck machte — was mir „das Wichtige" war —, das waren nicht Vatikan und Engelsburg und Forum, sondern der Monte Pincio mit seinem eleganten Korso, das Teatro Costanza mit seiner Opernstagione, die aus zwei abwechselnden Opern bestand, wovon die eine der Trovatore war, und die Bälle und Soireen, denen wir in den Palästen der römischen Großen oder in den Salons der Fremdenkolonien beiwohnten. Tiefe Eindrücke habe ich von meinem damaligen Aufenthalt in Rom überhaupt nicht mitgenommen; erst viele Jahre später war es mir vorbehalten, mit einigem Verständnis den Zauber in mich aufzunehmen, den dieser klassische Boden auf halbwegs empfängliche Geister ausüben muß.

Unser Freund aus Baden, der neapolitanische Principe, lud uns einmal zu einem Ausflug nach seiner Vaterstadt ein und führte uns von dort nach Pompeji, nach der Blauen Grotte und nach dem wundervollen Capo di Monte, wo er eine Villa besaß, die aber in ziemlich verwittertem Zustande war — wie übrigens er selber auch. Als er dann zum Schlusse der Saison, da wir schon reisebereit waren, mit einem Heiratsantrage herausrückte, sagte ich ohne Schwanken „nein". Ein zweites Mal wollte ich nicht wieder das Los auf mich herabbeschwören, dem ich vor kurzem entronnen war — die Frau eines ungeliebten, alten Mannes zu werden. Ja, wenn der fünfundzwanzigjährige Sohn meines Freiers, der schwarzäugige Duca di ***, der mir gar nicht übel gefiel, als Freier aufgetreten wäre, dann weiß ich nicht — — —, aber es fiel ihm nicht ein; ich glaube, daß ich ihm eher antipathisch war, denn er mußte die Absichten seines Vaters durchschaut haben, und eine Wiederverheiratung desselben wäre ihm wahrscheinlich höchst unwillkommen gewesen. Erst nachträglich erfuhren wir, daß man in unseren Kreisen allgemein angenommen, daß der bejahrte Principe, der uns mit Aufmerksamkeiten überhäufte, schon in Baden mein stiller Verlobter gewesen sei.

Von Rom kehrten wir nach Baden zurück, wo das vorjährige Saisonleben von neuem durchgemacht wurde, und im folgenden Winter 1864 gingen wir nach Venedig, um da wieder „in die Welt" zu gehen. —

Venedig . . . Auch dich, wunderholde, totenbleiche Lagunenkönigin, habe ich erst in viel späteren Jahren verstehen und lieben gelernt. Unempfindlich gegen ihre Schönheit war ich freilich auch damals nicht ganz, aber „das Wichtige" war mir doch der gesellige Verkehr. Meinem Herzen tat es sehr wohl, wieder in der Nähe meiner geliebten Cousine Elvira zu sein. Ihr Mann war jetzt in Venedig stationiert und das Paar lebte da ganz zurückgezogen, aber in innigstem häuslichem Glück. Nur zweierlei trübte dieses Glück: einmal die in Aussicht stehende baldige Einschiffung des jungen Gatten, was mit einer einjährigen Trennung drohte, und zweitens der schwankende Gesundheitszustand Elviras; sie hustete viel und wurde oft von der Angst befallen, daß sie brustkrank sei. Ihre Umgebung, auch der Arzt redeten ihr diese Angst aus, und dann gab sie sich wieder der vollen Lebensfreude hin.

Ich indessen schwelgte im Genuß des Venezianer Karneval. Venedig war damals eine österreichische Stadt und das Weltleben spielte sich in österreichischen Kreisen ab. Die Häuser, in denen wir verkehrten, waren die des österreichischen Gouverneurs, des österreichischen Konsuls und einiger österreichischer Aristokraten. Auch eine reiche englische Familie, namens Greaves, in der eine schöne Tochter glänzte, machte Haus, aber die italienischen Familien hielten sich feindselig abseits. Das Leben wickelte sich so ab: zu Mittag spielte Militärmusik auf dem Markusplatz, und da promenierte man — geradeso wie im Kurpark von Baden — auf und nieder, von den jeweiligen Kurmachern — zumeist Marineoffiziere — begleitet, und setzte da die Ballgespräche des vorigen Abends fort. Regnete es, so saß man in den Cafés unter den Prokurazien und fand sich auch da gesellig zusammen. Um fünf Uhr nachmittags stattete man sich gegenseitig Visiten ab, und jeden Abend traf man sich auf Hausbällen oder Soireen. Ein großer kostümierter Ball wurde gegeben und einmal — ich glaube, es war im Hause Wimpffen — ist auch ein Amateurtheater aufgeführt worden und lebende Bilder dazu. — Die Toilette, die ich bei diesen drei Gelegenheiten trug, sehe ich noch im Gedächtnis. Ich will sie nicht beschreiben, sondern mit diesem Geständnis nur konstatieren, was sich so tief in einem dummen Mädchenkopf einzuprägen pflegt — und dabei gehörte ich nicht einmal zu den dümmsten. Man feierte mich wegen meines Geistes — man feierte mich überhaupt in dieser Saison in Venedig, so daß ich mich als eine ihrer Königinnen fühlte. Immerhin ein angenehmes Gefühl; es stieg mir stark zu Kopfe, und ich benutzte diesen angenehmen Uebermut dazu, einige herzhafte Körbe auszuteilen. Das zog mir weltlich-kluge Vorwürfe der Meinen zu — aber wie gut für mich, daß ich es getan, denn sonst wäre ich heute irgendeine Admiralin oder Kommandeuse, und hätte nicht den Gatten besessen, dessen Besitz meines Lebens Weihe war, und wäre auch nicht in Berührung mit der Friedensbewegung gekommen, in der mein Schaffen und Streben die glühendste Begeisterung schöpfte. Als Frivolität mag man vielleicht das Charakterbild eines jungen weiblichen Wesens bezeichnen, das ganz in geselligen Freuden aufgeht, das um die weltbewegenden Ereignisse sich nicht kümmert, dagegen an die eigene Toilette, die es bei Festgelegenheiten trug, so intensive Aufmerksamkeit wendet, daß die Erinnerung noch nach vierzig Jahren nicht erloschen ist ... Ich frage übrigens einen alten, noch so gediegenen General, ob er sich nicht an das Klirren des Säbels erinnert, den er zum erstenmal nach seiner Ausmusterung nachschleifen ließ, und frage den gelehrtesten Professor der Staatswissenschaften, ob er nicht noch die Farbe des Bandes vor sich sieht, das er auf seiner Studentenmütze trug? In diesen Dingen — Ballbukett, Leutnantssäbel, Couleurband — liegt aber noch ganz etwas anderes, als was sie sind — es duftet und klirrt und leuchtet darin das Symbol; Einlaßkarten sind es in das große angekündigte Festleben — Gewinstscheine sind es für die erhofften Haupttreffer der großen Lotterie: Zukunft. Balltriumphe — ich weiß es noch, was für gesteigerte Rauschgefühle die mit sich bringen. Ich sage gesteigert — denn Jugend in glücklichen und sorglosen Verhältnissen ist an sich ein Rausch. Da braucht man noch lange nicht „frivol“ zu sein — im Sinn von oberflächlich und einfältig —, wenn man mit einem gewissen leidenschaftlichen Vollgenügen in die Fluten der geselligen Vergnügungen untertaucht; es vibriert da ein eigenes elektrisches Fluidum voll unsichtbarer Funken, die sich als Glück oder als Liebe entladen wollen — jedenfalls als Freude. Und je wärmer das Gefühlsleben eines Mädchens ist, je mehr ihr Geist von poetischer Kost sich genährt, je stolzer sie empfindet, daß sie Schätze von Glück zu vergeben hätte, zu je hingebenderer Liebe sie die Kraft in sich fühlt, desto empfänglicher ist sie für jenes geheimnisvolle Funkengeknister ... Wer das Knistern nicht hört, wem die Schaumperlen nicht berauschend zu Kopfe steigen, wen die leidenschaftlichen Glückshoffnungen nicht durchglühen — nun, der findet freilich das ganze Treiben fade und schal und schilt die Törinnen, die sich ihnen hingeben, oberflächlich. Nach einigen Saisons tritt eine Ernüchterung aber bei allen ein. Wer sich immer an den geselligen Festen genügen läßt, auch wenn die erste Jugend vorbei ist, und wenn die Verheißungen sich nicht erfüllt haben, wer dann nicht in anderen Zwecken, in neuen Pflichten, in ernster Tätigkeit „das Wichtige“ erkennt, der ist dann allerdings rettungslos frivol. Uebrigens sprach ich von den Empfindungen unserer jungen Mädchen aus der Gesellschaft zur Zeit meiner Jugend. Heute hat sich alles stark verändert. Der höheren Tochter ist nicht mehr wie damals der Ball die höchste Freude und die einzige Gelegenheit, ihren Beruf — eine glückliche Eroberung — zu erfüllen. Der Tanz wird durch den Sport verdrängt, und der Berufe, die sich den Frauen erschließen, gibt es täglich mehr. Das Gesellschaftsleben selbst ist auch langweiliger geworden — die jungen Männer meiden die Ballsäle; die Saisons dauern nicht so lange, daß man sich immer mehr kennen lernt und daher immer besser miteinander unterhält; weder im Winter in der Stadt noch im Sommer im Bad findet sich die Gesellschaft für die ganze Jahreszeit zusammen — man fliegt von einem Ort zum anderen, von den Bergen zum Meere, von der nordischen Stadt in den Süden, von Scheveningen nach St. Moritz, von den Pyrenäen nach Aegypten, bis zu der nicht fernen Zeit, wo man von der Insel Wight einen Abstecher nach den japanischen Modebädern machen wird. —

6
Eine Saison in Homburg v. d. Höhe

1864 — das war das Jahr, in dem die österreichischen Truppen im Verein mit den deutschen gegen Dänemark Krieg führten. Wenn ich im eigenen Gedächtnis mir jenes Jahr zurückrufe, so spielt dieses Ereignis gar keine Rolle darin. Ich werde wohl davon etwas läuten gehört haben, aber da niemand mir Nahestehender dabei beteiligt war, so war dieses Läuten zu leise, um im Seelenphonograph Spuren zurückzulassen. Ueberhaupt, die naive Auffassung kriegerischer Ereignisse, die damals die meine war und wohl auch heute noch vielverbreitet ist, ist die, daß Kriege Dinge sind, die sich ebenso notwendig und regelmäßig und außer aller menschlicher Einflußsphäre abspielen, wie Vorgänge im Erdinnern und am Firmament; man hat sich also darüber nicht zu ereifern. Und spielen sie sich in der Ferne ab, so ist es schon gar wie der Zusammenstoß zweier Gestirne — das geht einen doch nichts an, dadurch wird man sich doch in seinen Beschäftigungen und Vergnügungen nicht stören lassen... höchstens interessant kann man es finden, daß die „Geschichte" wieder einmal in Tätigkeit geraten ist, und gespannt kann man sein, welche neuen Linien sie mit ihrem Griffel auf die Landkarte zeichnen wird. Daß ich übrigens diese Spannung empfunden hätte, glaube ich nicht. Den politischen Teil der Zeitungen las ich nicht — wenn ich überhaupt Zeitungen las (meine Lektüre bestand nur aus französischen und englischen Büchern) und wenn ich von dem Sieg der Verbündeten erfahren und mich darüber gefreut habe, so geschah dies höchstens dadurch, weil in allen Musikalienhandlungen der „Düppler-Schanzen-Marsch" zu sehen war, auf dem Umschlag das übliche hübsche Bild vorstürmender Soldaten, von denen einer im Vordergrunde links die hochgeschwungene Fahnenstange hält, während der Fahnenstoff sich oben über das ganze Blatt in so großen Wellenlinien krümmt, daß man ihn ordentlich im Winde klatschen hört. Dieser Notenheftumschlag ist mir im Gedächtnis geblieben, sonst vom ganzen schleswig-holsteinschen Feldzug — nichts.

Das Jahr 1864, besonders der Sommer, brachte mir ganz andre Erlebnisse, die mich tief bewegten und mir unauslöschlich eingeprägt blieben.

Wir waren nach Bad Homburg v. d. Höhe gefahren. Daß die Wahl meiner Mutter auf diesen Ort fiel, dazu gab die Anziehungskraft des Trente-et-quarante-Tisches sicher den Ausschlag. Nie mehr wollte sie einen Spielsaal betreten, das hatte sie vor einigen Jahren beteuert; aber jetzt war die Lust wieder erwacht und auch die Idee, daß es vielleicht doch möglich wäre, das Experiment, das zu Hause gemacht worden war, zu wiederholen und eine kleine Million einzuheimsen, was ja unter allen Umständen angenehm ist. Ich sagte nicht nein zu diesem Projekt, denn Homburg war ja nebstbei ein sehr fashionabler Badeort, wo ich sicher Gelegenheit fände, mich zu unterhalten. Mein Vormund war gar nicht einverstanden; er fand für meine Mutter den Spielsaal gefährlich und für mich die dort verkehrende Gesellschaft unpassend. Homburg stand in dem Rufe, eine Herberge für die Pariser Demimonde zu sein. Und in der Tat, in jenem Jahr sah man auf der Kurterrasse zwei besonders auffallende Erscheinungen, deren Namen den Zeitgenossen des zweiten französischen Kaiserreiches wohl noch im Gedächtnisse sind: Cora Pearl und Léonide Leblanc. Mir war die Existenz der Pariser Haute-Galanterie nicht unbekannt. Als Leserin der damals modernen französischen Romanschriftsteller Alexander Dumas, Eugen Sue, George Sand, Paul Féval hatte ich Kenntnis erlangt von dem Leben und dem Luxus der „grandes courtisanes“, wie sie von jenen Autoren genannt wurden. Doch neben solcher Gesellschaft beherbergte Homburg auch ein hochanständiges Publikum von kurgebrauchenden Fremden aus aller Herren Länder, vorzüglich Russen und Engländer.

Unsere Wohnung war schon vorher bestellt in einem Hause, das dem Kursaal gegenüberlag und dessen Besitzer ein Bankier namens Wormser war. Frau Wormser war eine liebe, gescheite, sympathische Frau. Mit dieser Erwähnung schicke ich ihr einen Gruß ins Schattenreich.

Ich weiß nicht, wie Homburg sich seither entwickelt hat. Ich sehe es so vor mir: eine lange breite Straße, die von der Eisenbahn bis in die Unendlichkeit führt und auf der rechten Seite von einem Platz unterbrochen wird, wo der Kursaal steht; der Straße entlang sind die Häuser entweder Hotels, die üblichen: Englischer, Russischer oder sonstiger Hof, oder sie tragen ein Plakat mit der Anzeige „Appartements meublés“ ... Wenn der Kursaal überschritten ist, so nehmen die Hotels ab und die zur Unendlichkeit führende Straße nimmt den Charakter der Kleinstadt an, und es münden darein auch die kleinen Gassen und Gäßchen, die zur Residenz des regierenden Landgrafen von Hessen-Homburg gehören. Damals saß der letzte Landgraf auf diesem Thron, denn zwei Jahre später starb nicht nur mit ihm seine Linie aus, so daß die Landgrafschaft an Hessen-Darmstadt fiel, sondern sie wurde nach dem Frieden vom 3. September 1866 als ein Teil der Provinz Preußen dem Königreich Preußen einverleibt. Der hessen-homburgische Patriotismus, wenn es einen solchen gab, mußte in rascher Folge in einen darmstädtischen, nassauischen, preußischen und reichsdeutschen umgekrempelt werden.

Da wo die große Straße beim Kurhausplatz abbrach, da bog eine Seitengasse nach rechts, dem Kursaal gegenüber bis zum Park. Hier war das vornehmste Hotel des Ortes, Hotel Bellevue, und um die Ecke, die schon zu den Parkanlagen gehört, stand das große dreistockige Haus „Weckerlin", in dessen Erdgeschoß ich so manche frohe Stunde erlebte — davon später.

Als wir ankamen, kannten wir noch niemand, aber in Badeorten knüpfen sich ja leicht Beziehungen an. So geschah es, daß wir schon am ersten Abend im Kontor unseres Hausherrn, wo meine Mutter Geld einwechselte (das Betriebskapital zur zweifellosen Millionenerwerbung), mit einem alten Herrn zusammentrafen, den uns Herr Wormser als „Bankier Königswarter aus Paris" vorstellte. Als wir dann am Nachmittag zur Musik kamen, schloß sich Herr von Königswarter uns an und stellte uns mehrere andere Kurgäste, Herren und Damen, vor. So lernten wir eine Gräfin Vitztum kennen, die in Paris lebte; den Baron Alphonse Rothschild aus Neapel und mehrere andere, an die ich mich nicht mehr erinnere.

Wir hatten unser Leben so organisiert: den Vormittag brachte meine Mutter bei der Arbeit zu, ich blieb indessen zu Hause, denn es war grundsätzlich festgestellt, daß ich die Spielsäle nicht betreten sollte, und während dieser Zeit beschäftigte ich mich mit meinem Klavier und mit meinen Büchern. Wir hatten sofort ein Piano gemietet und in der Leihbibliothek, die sich im Hause nebenan befand, ein Abonnement auf gleichzeitig sechs Bände eröffnet. Ich war immer eine hungrige Bücherverschlingerin — ohne drei Bände Belletristik (damals waren die vielbändigen Romane modern), zwei Bände Tauchnitz und einen Band deutscher Wissenschaft — gab ich mich nicht zufrieden. Ueberhaupt seit ich zurückdenke, habe ich immer, unter allen Umständen und in jeder Lage, zwei Leben geführt, das eigene und das meiner Lektüre — ich will sagen, die erlebten und die beschriebenen Ereignisse haben gleichzeitig meinen Erinnerungsschatz bereichert; die gekannten Personen meines Umganges haben sich um die Helden meiner Autoren vermehrt; eine doppelte Erfahrung ist es, an der sich, was ich bin, herausgebildet hat. Die Märchen von „Tausendundeiner Nacht" gehören geradeso gut zu meinen Orienteindrücken wie mein wirklicher Aufenthalt im Kaukasus, und mancher lebendige Kurmacher hat mir nicht so lebhaft den Herzschlag beschleunigt, wie das vorgestellte Bild des Marquis Posa. Und empfindet man es nicht oft als ein Erlebnis, wenn aus den Worten eines Denkers oder Gelehrten eine neue Wahrheit hervorbricht, wenn da plötzlich eine Falte des Schleiers sich lüftet, mit dem das große Mysterium Weltall verhüllt ist? ...

Also denn, den Vormittag widmete ich meiner Beschäftigung zu Hause. Um ein Uhr kam meine Mutter von der Arbeit (ach, wie mühsam und eigentlich verhaßt, sagte sie —) und wir dejeunierten auf unserem Zimmer. Nachmittag zum Konzert wurde hübsch Toilette gemacht; um sieben Uhr Diner im Kurhausrestaurant, meist in Gesellschaft, hernach dreimal in der Woche Oper; eben gastierte die noch ganz junge, aber schon hochberühmte Adelina Patti. Sie erhielt für jede Vorstellung ein Honorar von fünftausend Franken. Ich hörte sie in Sonnambula, Faust, Lucia, Don Pasquale, Traviata, Linda, Crispino e la commare. Es muß doch ein göttliches Gefühl sein, da auf den Brettern zu stehen, die Verkörperung einer idealen Gestalt und mit dem Zauber seiner Kunst so viele Herzen gefangenzunehmen, so viel Glanz, Ehren, Reichtümer zu erwerben, dabei an dem Wohlklang der eigenen Stimme sich berauschen: diese Gedanken, mit einem gewissen Neidgefühl verbunden, durchkreuzten meinen Sinn, während die Patti sang, und ich verstand nun, warum meine Mutter es als solchen Abbruch ihres Lebensglückes empfunden, daß man sie daran gehindert hatte, eine Malibran zu werden. Die Malibran, so versicherte man, war ja noch hundertmal größer gewesen als die Patti, und ihre Stimme (meiner Mutter nämlich) sei doch von Kennern mit der der Malibran auf gleiche Stufe gestellt worden. Ob ich nicht doch vielleicht diese Gottesgabe geerbt hätte? ... Wir ließen den Opernkapellmeister kommen, er solle prüfen, ob ich Stimme habe, und wenn ja, mir Gesangsunterricht erteilen. Er kam, prüfte, fand, daß das Material gut sei, und gab mir Lektionen. Natürlich nur Stimmausbildungsübungen. Das war mir etwas langweilig, ich hätte gerne gleich eine Bravourarie einstudiert und empfand es überhaupt als Enttäuschung, daß wenn ich ein schönes f oder g bis zum Fortissimo anschwellen und dann wieder abnehmend verhauchen ließ, daß da der Herr Kapellmeister nicht aufsprang, um begeistert auszurufen: „Das ist ja über die Patti!" Und so gaben wir nach einer Woche den Unterricht wieder auf, um so mehr, als meiner Mutter — da die Arbeit in ganz unerklärlicher Weise öfters erfolglos blieb — das Cachet von zwanzig Franken für die Stunde doch zu empfindlich hoch erschien.

*

Eines Nachmittags, bei der Musik, sagte uns Herr von Königswarter:

„Die Fürstin von Mingrelien hat den lebhaften Wunsch, die Damen kennen zu lernen.“

Wir wußten schon lange, wer die Fürstin von Mingrelien sei, da wir sie täglich im Kurpark und im Theater sahen, und weil Herr von Königswarter, der mit ihr verkehrte, uns so viel von ihrer Lebensgeschichte mitgeteilt hatte, als er wußte. Ekaterina Dadiani, frühere Fürstin des kaukasischen, jetzt dem russischen Reiche einverleibten Landes Mingrelien, war eine hochelegante Frau von ungefähr sechs- oder siebenundvierzig Jahren, noch immer stattlich, und mußte in ihrer Jugend eine blendende Schönheit gewesen sein von echt georgischem Typus. Sie lebte, der Erziehung ihrer Kinder wegen, seit einigen Jahren in Europa, abwechselnd in Petersburg und Paris; im Sommer kam sie regelmäßig die Homburger Heilquelle trinken. Jeden Morgen um sieben Uhr ging sie zum Brunnen, in den Spielsälen machte sie oft einen Rundgang, spielte aber nie; beim Nachmittagskonzert pflegte sie auf einem bestimmten Platz auf der Kurhausterrasse zu sitzen, stets von einem ganzen kleinen Hof umringt. Ihre Familie bestand aus zwei Söhnen und einer Tochter. Ihr ältester Sohn Nikolaus, Niko genannt, war damals siebzehn, die Tochter Salomé sechzehn, und der jüngste Sohn André vierzehn Jahre alt. Zu ihrem Haushalt — sie hatte das ganze Erdgeschoß des Hauses Weckerlin inne — gehörten ein Sekretär, die Gouvernante für die Tochter, der Hofmeister für die Jungen, ein Kammerdiener und zwei Kammerjungfern.

Nach dem Tode ihres Mannes hatte sie als Vormünderin ihres Sohnes die Zügel der Regierung ergriffen. Von den Türken arg bedrängt, zog sie einmal an der Spitze ihrer Reiter selber an den Feind. Es war ihr aber unmöglich gewesen, sich zu halten, und sie mußte die Protektion Rußlands annehmen, eine Protektion, die eigentlich eine Annexion darstellte. Den Titel Fürst von Mingrelien und die Länder durfte der Erbe behalten, aber in Gestalt eines Majorats, auf den Thron hatte er zu verzichten. Der Fürstin-Witwe wurde eine bedeutende Apanage ausgeworfen und am russischen Hofe der Rang einer fremden Souveränin eingeräumt. Sie war es zufrieden, denn jene kaukasischen Fürstentümer und Königreiche — Georgien, Imeretien, Mingrelien u. s. w. — waren stets von mohammedanischen Feinden bedroht, und unter russischem Schutze konnten sie sich in Ruhe entwickeln, gedeihen und den ihnen angeborenen Sitten, Gebräuchen, Sprachen und Trachten treu bleiben.

In der Gesellschaft der Fürstin konnte man manchmal ein paar kaukasische Damen sehen, welche ihr malerisches Heimatskostüm trugen; sie selbst bezog ihre Toiletten von Worth und trug sie mit dem ganzen Schick und der Eleganz einer echten großen Dame. Sie sprach fließend Französisch, wenn auch mit stark russischem Akzent; mit ihren Kindern unterhielt sie sich meist in georgischer Sprache.

Die gewünschte Bekanntschaft war gemacht. Ich brachte der interessanten Frau kindliche Bewunderung entgegen und sie schloß mich in ihr Herz. Bald wurde ich fast ein Kind des Hauses. Zuerst saß ich nur während der Konzertstunden in dem großen Kreise; dann forderte mich die Fürstin auf, sie des Morgens zum Brunnen zu begleiten, sie in ihrer Wohnung zu besuchen, bei ihr zu dinieren. Meine Mutter hielt sich ferne, einige förmliche Besuche und Gegenbesuche, das war alles. Ich hingegen wurde in die Intimität der Fürstin aufgenommen, die eine große Vorliebe für die Jugend hatte. Salomé, die Tochter, mir an Jahren weit näher, kam viel weniger in Berührung mit mir als die Mutter; sie galt mit ihren kaum zurückgelegten sechzehn Jahren noch als Kind und mußte meist mit der Gouvernante bleiben.

Von ihren Landsleuten wurde die Fürstin mit „Dedopali" angesprochen: das bedeutet Königin, wörtlich „Mutter der Mütter", und ist dortzulande der jeder Landesmutter gebührende Titel. Ich wurde von der Familie allgemein „La Contessina" genannt. Ein Freund des dadianischen Hauses, der italienische Marchese Almorini, hatte mich so angesprochen, und die Bezeichnung war mir geblieben. Er war eine komische Erscheinung, dieser Almorini. Ein alter Beau, immer Komplimente machend, immer tänzelnd, immer aux petits soins mit den Damen. Sein Alter verriet er nicht; er trug eine kohlschwarze Perücke und gefärbten Bart. Er wußte so viele Geschichten und Chroniken aus längstvergangenen Zeiten zu erzählen, daß der stehende Witz entstanden war, er sei wie Cagliostro schon seit mehreren Jahrhunderten auf der Welt. Der Sekretär der Fürstin, der zugleich Reisemarschall, Haushofmeister, Schalnachträger, kurz „Faktotum" war, hieß Monsieur Ferry und war ein Franzose. Er war das Bild der Devotion. Da man nicht immer wie bei tief ehrerbietigem Gruße den Oberkörper nach vornüber neigen kann, so stand er, wenn er zu seiner Herrin sprach, mit schief nach der Seite geneigter Hüfte da und titulierte sie stets: „Altesse". Er war ein Mann von zirka vierzig Jahren mit rötlichem Schnurr- und Backenbart.

Der alte Kammerdiener, Monsieur David genannt, ein dicker,

bartloser Schweizer, war schon seit zwanzig Jahren im Hause, hatte noch in Mingrelien beim verstorbenen Fürsten gedient, und war das echte, hingebende Hausmöbel, im Besitze des vollen Vertrauens seiner Herrin und der Liebe ihrer Kinder.

Zahlreich und von präziser Klarheit sind die Bilder, die mir aus den im Hause und in Gesellschaft Dedopalis verlebten Stunden eingeprägt sind. Das Orientalische, Exotische, vermischt mit dem russisch und pariserisch Weltlichen, gewürzt von Romantik und eingerahmt von Reichtumsglanz, das übte einen eigenen Zauber auf mich; ich war wirklich geradezu glücklich über diese Beziehung, sie war mir wie die Erfüllung unbestimmter, langgehegter Träume. Wenn ich, zu welcher Stunde immer, die Wohnung im Hause Weckerlin betrat, hatte ich ein gehobenes, freudiges Gefühl. Aus dem Vorraum trat man in ein großes dreifenstriges Speisezimmer mit Balkon, rechts davon ein Ecksalon, in dem die Fürstin sich aufzuhalten pflegte, hinter diesem ihr Schlafzimmer. Links vom Speisesaal lagen die Zimmer der Kinder. Es war ja nur ein gewöhnliches, wenn auch vornehmes Appartement meublé, also nichts von fürstlicher Pracht dabei; aber durch die vielen eigenen herumliegenden Sachen, durch die Blumen, durch die Art, wie die Möbel gestellt waren, hatte das Ganze doch ein privates und charakteristisches Gepräge; schon der Duft, der diese Räume füllte, ein Gemisch von Orangenblütenparfüm, russischen Zigaretten und Leder, hatte etwas Persönliches. Ich habe im Laufe der Jahre die Dedopali an vielen Orten getroffen, und überall, wo sie weilte, schwebte dieser selbe Duft in ihren Gemächern und haftete an allen ihren Sachen. Viele Stunden brachte ich in dem Ecksalon zu und lauschte den Worten der Fürstin, die mir manches Romantische aus ihrem Leben erzählte. Noch einige Jahre würde sie in Europa bleiben und dann mit den Söhnen in ihr Land zurückkehren. Die Tochter würde wohl inzwischen schon verheiratet sein — „und auch Sie, Contessina, werden mich einmal mit Ihrem Mann im Kaukasus besuchen, nicht wahr?"

„Sie sind schon einundzwanzig Jahre alt und so hübsch — Sie müssen bald eine glänzende Partie machen und recht glücklich werden ... Kommen Sie, ich will Ihnen zeigen, was für ein Hochzeitsgeschenk ich Ihnen bestimme."

Und sie führte mich in ihr Schlafzimmer, befahl der Kammerjungfer, die Schmuckkassette hinzustellen, und zeigte mir ihre Schätze — eine Prachtsammlung von Diamanten, Edelsteinen und Perlen. Eine kleine hübsche Brillantbrosche holte sie heraus:

„Sehen Sie, das ist das Cadeau de noce, mais d'abord il faut avoir ‚le promis'."

Sie frug mich aus: gab es denn niemand, der um mich sich bemühte, niemand, der mir besonders gefiele? Nein, mein Herz war frei. — Sie selbst war vor kurzem nicht weit davon entfernt gewesen, sich wieder zu vermählen. Im vorigen Sommer in Biarritz hatte der Herzog von Ossuna, der größte und reichste Edelmann Spaniens, um ihre Hand angehalten, aber sie hatte sich nicht entschließen können; sie lebte nur mehr der Zukunft ihrer Kinder, und sie freute sich auch schon zu sehr auf die Rückkehr in ihr Land, von dem sie bis zur Großjährigkeit Nikos verbannt war.

Eines Nachmittags, während des Kurkonzertes, saßen wir wieder alle auf der Terrasse auf dem gewohnten Platz in Dedopalis Kreise. Es hieß, der Zar Alexander II. sei diesen Tag in Homburg anwesend. Vielleicht werde er in den Kurpark kommen. In der Tat, plötzlich entstand eine Bewegung, und von allen Seiten rief man: „L'Empereur, l'Empereur ..." Und unten im Park sah man die hohe, imponierende Gestalt Alexanders II., der in Begleitung von seinem Adjutanten unter der Terrasse promenierte. Als sein Blick auf die Dedopali fiel, kam er die Stufen heraufgeeilt. Die Fürstin erhob sich, um ihm einige Schritte entgegenzugehen, und er ergriff ihre Hand, die er küßte. Wir anderen blieben in achtungsvoller Entfernung stehen; ich hörte aber doch, wie nach kurzem Gespräch der Kaiser etwas lauter und in französischer Sprache vorschlug:

„Wollen wir eine Tour in den Sälen machen?"

Und er bot ihr seinen Arm. Wir anderen gingen nach. Beim Roulettetisch borgte Alexander II. einige Goldstücke von seiner Begleiterin aus — entweder hatte er kein Geld bei sich oder meinte er, daß das geliehene Glück bringe, und warf den Einsatz auf Rot. Er gewann, ließ das Geld ein paarmal stehen, aber schließlich wurde es von dem kleinen, selbst gegen Autokraten rücksichtslosen Rechen weggescharrt.

Eine andere Episode ist mir im Gedächtnis geblieben; nämlich ein Besuch, den Adelina Patti der Fürstin von Mingrelien abstattete. Sie kam in Begleitung einer Gesellschafterin und blieb eine kleine halbe Stunde in dem Ecksalon, während ich zufällig auch anwesend war. Die gewisse ehrfurchtsvolle Scheu, die mir vor einigen Tagen der Selbstherrscher aller Reußen eingeflößt hatte, erfüllte mich jetzt in anderer Qualität, aber beinahe gleichstark, vor dieser sieghaften und dabei mit kindlicher Schüchternheit auftretenden Herrscherin im Reiche des Gesanges — ein Reich, das mir seit meiner Kindheit als ein besonders mächtiges vorschwebte. Die Unterhaltung drehte sich meist um Musik, und um ihre Lieblingsrolle befragt, nannte Adelina Patti die Margarete in „Faust".

7
Heraclius von Georgien

Eines Tages befand sich im Kreise der Fürstin eine neue Erscheinung. Ein Mann von ungefähr vierzig Jahren, mittelgroße, elegante Gestalt, regelmäßige Gesichtszüge mit schwermütigem, beinahe düsterem Ausdruck, langer, schmaler, schwarzer Schnurrbart.

„Mein lieber Vetter, Prinz Heraclius von Georgien — — meine herzige Contessina, von der ich dir so viel erzählte —" stellte die Fürstin uns gegenseitig vor.

Der Vetter aus Georgien gefiel mir, und ich gefiel ihm auch. So etwas spürt man gleich. Es entspann sich sofort eine lebhafte Unterhaltung zwischen uns. Nun kamen wir täglich mehrere Male zusammen, denn der Prinz war stets in Gesellschaft seiner Cousine, war bei ihr zu allen Mahlzeiten und für die Abende eingeladen. Abends pflegte musiziert zu werden, was man so musizieren nennt; der älteste Sohn klimperte Klavier und sang allerlei Couplets und Boulevardgassenhauer; die anderen sekundierten, und ich trug ein paar wirkliche Klavierpiecen vor: Chopinsche Nokturnen, Mendelssohnsche Capriccios, Lisztsche Rhapsodien — sang auch ein paar der herumliegenden Romanzen und erntete großen Beifall — wurde regelmäßig als musikalisches Wunder angestaunt.

Von Dedopali ließ ich mir gerne über ihren Vetter erzählen. Er war der Sohn des letzten Königs von Georgien; hieß eigentlich Bagration, so wie die russischen Kaiser Romanow heißen — er war ein „Bagratide". Diese Bezeichnung klang mir besonders heroisch-klassisch. In Tiflis besaß er ein Palais und ein altes Königsschloß in den Bergen. Er lebte viel in Europa; manchmal zog er sich aber auch in seine kaukasische Heimat zurück, wo die Bevölkerung ihn immer noch als König behandelte. Von Temperament sei er eher melancholisch als heiter, wahrscheinlich war daran seine nicht ganz glänzende Gesundheit schuld — die gelbliche Gesichtsfarbe zeigte ja auf eine kranke Leber. Solche Leiden zu kurieren, trank er abwechselnd die Wasser von Homburg oder Karlsbad oder Vichy.

„Besser würde er sich von seinen Leiden kurieren," fügte die

Fürstin hinzu, „wenn er sich eine junge Frau nähme, die ihn aufheitert, die ihn recht glücklich macht, eine liebe junge Frau wie Sie, ma petite Contessina ... Versuchen Sie einmal, ihm ein wenig den Kopf zu verdrehen — es ist schon lange ein Lieblingswunsch von mir, ihn zu verheiraten."

Solche Reden verdrehten mir ein wenig den Kopf. Ich fand diesen exotischen Königssprossen, diesen dunklen Bagratiden, der dabei ein vollendeter Homme du monde war, wirklich in höchstem Maße interessant. Vom Interessiertsein bis zum Verlieben ist noch ein Schritt — aber kein gar weiter. Der geringste Anlaß und dieser Schritt wird zurückgelegt. Bei mir kam es so (ich habe diese Episode viele Jahre später in dem Roman „Trente-et-quarante" verwertet):

Eines Tages war ich wieder zum Diner in der Villa Weckerlin geladen. Meine Tischnachbarn waren ein Engländer, Lord Hillsborough, und Heraclius. Nach dem Diner begab sich die Gesellschaft in den Salon; die Hausfrau forderte mich auf, ein Klavierstück zum besten zu geben. Ohne mich bitten zu lassen, setzte ich mich zum Flügel und spielte mit Bravour einen Walzer von Chopin. Heraclius stand neben mir.

„Sie sind eine Künstlerin," sagte er, nachdem ich geendet.

Jetzt war es Zeit aufzubrechen. Die Gäste der Fürstin hatten für diesen Abend auch eine Loge genommen, und es war verabredet worden, zusammen in die Oper zu gehen.

Ich folgte der Fürstin in das Toilettezimmer, um meine Frisur ein wenig in Ordnung zu bringen. Es hieß die Locken kräuseln und die verwelkten Rosen durch frische ersetzen. Während Mascha, die Kammerjungfer, diese Arbeit verrichtete, betrachtete ich mein eigenes Bild im Silberrahmen des Toilettespiegels. Wie doch dieses dicke, geschliffene Glas vorteilhaft zeigte, oder war es die Wirkung des Champagners, daß meine Wangen gar so lebhaft glühten, wie geschminkt? Ich nahm nun auch den ovalen Handspiegel her; er zeigte die gleiche blendende Färbung; durch die doppelte Spiegelung konnte ich nun auch den Effekt des Rosenzweigs sehen, der zwischen den dunkeln Nackenlocken herabfiel.

Die Fürstin stand neben dem Toilettetisch.

„Nehmen Sie ein wenig Poudre de Riz, Liebe," sagte sie und hob den Silberdeckel einer runden Glasbüchse. Ich preßte die Quaste in das duftende Pulver und betupfte damit Gesicht und Hals — wie das kühlte und die heißen Wangen erfrischte!

Und jetzt, nachdem mittels des weichen Hasenpfötchens die sichtbaren Reismehlspuren abgewischt worden, hatte sich das zu dunkle Wangenrot in rosige Zartheit verwandelt, die Lippen schienen desto brennender und die Augen funkelten dunkler als zuvor.

Die Fürstin gab mir zur Vervollständigung meiner Toilette noch einen mit Stahlflittern besetzten Sandelholzfächer, und jetzt war man bereit.

Als wir die Loge betraten, war die Vorstellung schon im Gange. Man gab „Rigoletto". Eben eilte Gilda die Treppe hinab, ihrem Vater entgegen. „Mio padre!" — „Figlia mia!" Wie eine Flut weicher Tonwellen kam es von der Bühne herabgerauscht, und das dichtgefüllte Theater bot ein glänzendes Bild. Die Eindrücke der Pracht und der Freuden des Lebens, welche ich heute empfing, gingen stets crescendo.

Heraclius von Georgien war in der Loge anwesend. Er saß mir gegenüber und ließ unausgesetzt die Augen auf mir ruhen. Mir schien es, als ob die berückend süßen Weisen im Duett des Herzogs und der Gilda dasjenige ausdrückten, was zwischen mir und Heraclius noch unausgesprochen, aber schon beiderseits verstanden, von Herz zu Herzen strömte. Ich horchte den Verdischen Feuerklängen und bewegte langsam meinen Fächer, der mir mit jedem Schlag einen Sandelholzgeruch zuwehte. Einmal wandte ich leicht den Kopf und begegnete den zärtlich und bewundernd auf mich gehefteten Augen meines Gegenübers. Da senkte ich die Lider, dann aber, ich konnte nicht anders, hob ich sie wieder empor und spendete dem Teuren einen vollen, langen Liebesblick.

Jetzt fiel der Vorhang; die Fürstin drehte sich um, und Heraclius stand auf; er machte verschiedenen Besuchern Platz, die sich in die Loge drängten, und ging hinaus. Bald darauf sah ich ihn vis-à-vis, sein Opernglas auf mich gerichtet. Den Rest der Vorstellung blieb Lord Hillsborough in der Loge, und Heraclius kam nicht mehr zurück.

Nach dem Quartett des letzten Aktes stand die Fürstin auf.

„Gehen wir," sagte sie, „ich mag das kommende Gewitter und die Herbeischleppung des leichengefüllten Sackes nicht mitansehen. Machen wir lieber noch eine Tour in den Sälen."

Am Ausgang des Theatersaales stand Heraclius. Er begab sich an meine Seite:

„Endlich ist diese Vorstellung vorüber! Hat Sie die Unterhaltung des Engländers sehr gefesselt?"

„Mich fesselte die Musik des Italieners," gab ich zur Antwort.

Vom Theater bis zu den Spielsälen führt eine lange Galerie.

Heraclius ging neben mir einher, und ich erwartete jeden Augenblick, daß er in Worte bringen würde, was vorhin durch die Augen gesprochen worden; da aber begann die Fürstin ihren Vetter in ein Gespräch zu verwickeln, welches bis zum Betreten der Spielsäle dauerte.

Hier stellte man sich an den Roulettetisch, und die Fürstin warf einige Goldstücke auf das Tableau.

„Ich mache einen Vorschlag," sagte Heraclius zu seiner Cousine, „heute Mittwoch findet hier Ball statt, gehen wir auf die Galerie ein wenig zusehen."

Die Fürstin war einverstanden, und die kleine Gesellschaft stieg die Treppe hinauf, die zur Ballsaalgalerie führte.

Diese war sehr besetzt. Zwischen den Zuschauern, die an der Brüstung lehnten, war kaum noch ein Plätzchen zu finden. Man mußte sich trennen; die Fürstin stellte sich an ein Ende der Galerie, ich an das andere. Heraclius trat an meine Seite. Es war wie ein Tete-a-tete. Durch die nebenstehenden Leute gedrängt, mußte er so nahe heranrücken, daß sein Arm knapp neben dem meinen an der Brüstung lehnte. Was wir sprachen, konnte niemand anders hören, denn der Lärm der Walzermusik verhinderte das Weiterdringen der in der Nähe gewechselten Worte. Es war ein Straußscher Walzer — die „Morgenblätter" —, nach welchem sich die Paare da unten drehten; aber obwohl ich hinabschaute, sah ich von dem Treiben im Saale nur wenig; mein Ball war da oben. Schwindelnder als vom rasendsten Galoppschritt fühlte ich mich von der Nähe, von den Worten des Prinzen fortgewirbelt. Die Atmosphäre war eine erdrückende, der nahe Kronleuchter strömte ein heißes und blendend helles Licht aus. Ich bewegte unaufhörlich meinen Fächer, der mir mit seinem Sandelholzdufte etwas sagte — denn Düfte sprechen auch —, das mich entzückte.

„Sie sind ein herrliches Mädchen," flüsterte indessen die Schmeichelstimme Heraclius'. „Sie haben alle Eigenschaften, um die gesetztesten Köpfe zum Drehen zu bringen, die kältesten Herzen schlagen zu machen. Ich wußte gar nicht, daß die Erde ein Wesen enthält, das solchen Zauber üben kann wie Sie —"

„Kinder!" sagte die Fürstin, an uns herantretend, „es ist nicht zum Aushalten hier, diese Hitze ist ja erstickend, das Licht macht Augenweh, die Musik macht taub, und an der Tanzerei dieser vier oder fünf schlecht gekleideten Homburger Bürgerstöchter ist auch nicht viel zu sehen; seid ihr nicht derselben Ansicht? Laßt uns gehen."

Nun, gegangen mußte werden, denn die Fürstin hatte ja zu entscheiden, aber derselben Ansicht war ich sicher nicht. Der hitzestrahlende Kronleuchter war mir eine Zaubersonne, der Blechinstrumentenlärm eine Sphärenmusik — ein herrlicheres Fest hatte ich noch nie erlebt.

Die Fürstin und ihr Cousin begleiteten mich bis vor mein Haustor. Dieses stand noch offen.

„A demain, chérie!" sagte die Fürstin, mich auf die Stirne küssend. „Aber nicht zum Brunnen," fügte sie hinzu; „kommen Sie um zwei Uhr."

Meine Mutter war noch auf.

„Wie spät du kommst! Das Theater ist ja schon längst aus."

„Wir haben noch dem Ball zugesehen, Mama!"

„Wie hast du dich amüsiert? Erzähle mir."

„Morgen, liebe Mama!"

Ich küßte meine Mutter und ging zur Ruhe.

Ruhe? „Wer nie die kummervollen Nächte an seinem Bette weinend saß," heißt es in dem bekannten Gedicht. Aber wer nicht eine lange Nacht hindurch, alle zehn Minuten erwachend, sich von einer Seite des Bettes auf die andere warf, einen geliebten Namen auf den Lippen, eine heiße Seligkeit im Herzen, auch der „kennt euch nicht, ihr himmlischen Mächte!"

Hundertmal fuhr ich aus dem Schlummer auf, und wenn ich da nicht gleich wußte, warum ich gar so glücklich war und wen ich gar so lieb hatte, so gab mir der Sandelholzfächer, der neben mir auf dem Nachttisch lag, schnell Bescheid. Sein Duft spielte die „Morgenblätter", strömte das heiße Licht des Ballüsters aus und drückte sanft und bebend einen schwarzen Tuchärmel an einen weißen Musselinärmel an. Darauf schlief ich wonnig ein, um bald durch einen heftigen Schlag des Herzens wieder zu erwachen. Und das ging so fort bis zum Morgen.

Wieder einmal wie damals, als ich für Friedrich von Hadeln schwärmte, ergriff mich beim Erwachen das Bewußtsein, das beglückende: „Ich liebe" und das noch beglückendere dazu: „Ich werde geliebt." Warm, greifbar fast quillt es vom Herzen auf, süß, zärtlich, sehnsuchtsvoll und doch besitzesfroh — denn selbst die Sehnsucht ist ein Besitz. Es gibt also etwas auf Erden, das einem gestern noch fremd, noch nicht vorhanden war und das heute sozusagen die Welt ausfüllt, das unsäglich Teuere, das so ganz und gar „das Wichtige" ist.

Drei Tage sollte ich ihn nicht sehen. Er war auf diese Zeit nach Paris gefahren. Ich füllte sie mit Studien über den Kaukasus und seine Geschichte. Sowohl was mir Dedopali erzählen konnte, als was ich im Lexikon und im Dumasschen Buche „Le Caucase“ fand, gab mir einen Einblick in das ferne, fabelhafte Königreich, dessen Thron meinem Prinzen Heraclius gebührt hätte.

Am zweiten Tage erhielt ich aus Paris ein Paket und einen Brief. Das Paket enthielt eine gefüllte Bonbonniere von Boissier, der Begleitbrief einige höfliche Zeilen. Es stand nichts Besonderes darin — aber er berauschte mich förmlich, denn er war mit dem Namen Heraclius von Georgien gezeichnet, und seinem dicken, mit einer Fürstenkrone geschmückten Papier entströmte ein leiser, aber ganz eigentümlich süßer Duft. Dieses Briefblatt und der Sandelholzfächer — beide erzählten mir unübersetzbare Dinge.

Am dritten Tage ging ich hochklopfenden Herzens zu Dedopali hinüber. Ich fand sie auf ihrem gewöhnlichen Plätzchen im kleinen Salon.

„Ah, bon jour, Contessina — ich habe Ihnen einen Gruß zu entrichten. Mein Cousin schreibt mir aus Paris . . . er sollte heute selber hier sein — aber, das überrascht mich übrigens nicht von ihm, er ist ein launenhafter Mensch — — statt zu kommen, schreibt er, um sich für dieses Jahr zu verabschieden. Er ist gestern direkt von Paris nach Tiflis abgereist.“

Und ich — dummes Ding — ich brach in Tränen aus.

„Um Gottes willen, was ist Ihnen, Contessina?“

„Ach, Dedopali — es ist zu grausam!“

„Was? . . . Daß mein Cousin heimgekehrt ist? Sie lieben ihn also? . . . Vielleicht ist es doch Ihr Schicksal — er kann ja wiederkommen; weinen Sie nicht. Daß ein Mädchen um ihn weint, verdient überhaupt kein Mann, der imstande ist, so an seinem eigenen Glück vorbeizugehen. Uebrigens es kann sich noch alles so wenden, wie Ihr Herz es wünscht.“

Diese Worte waren mir Balsam. Nur hoffen dürfen — mehr verlangt die Jugend nicht. Und so hoffte ich, daß Heraclius mir aus Georgien schreiben würde. Aber es geschah nicht. —

8
Kunstnoviziat

Es dauerte übrigens nicht gar zu lange und das Bild des georgischen Prinzen war in meiner Erinnerung verblaßt. Und allmählich ward mir wieder etwas ganz Neues zum Lebensziel, zum „Wichtigen“.

Wir kehrten nach Baden zurück — sehr enttäuscht; meine Mutter in ihren großen Gewinsthoffnungen, die mit nicht unbedeutender Verlustgewißheit vertauscht werden mußten — und ich in meinem getäuschten Liebestraum, und da wollten wir recht still und sparsam in unserem Landhaus leben, und auch den Winter da in Zurückgezogenheit zubringen.

Wir hatten eine Mietpartei im Hause — einen alten Musiklehrer, gewesenen Kapellmeister. Der ließ sich eines Tages bei uns melden.

„Verzeihen Sie, Frau Gräfin, und verzeihen Sie, Komtesse, daß ich mir erlaube vorzusprechen, aber ich halte es für meine Pflicht — — es handelt sich vielleicht um etwas Großes, Seltenes... etwas Außerordentliches im Schicksal der Komtesse, etwas, das — —" Er suchte nach Worten.

„Nun, was wollen Sie sagen?" fragte meine Mutter, und auch ich war gespannt... (etwas Großes, Seltenes — danach blicken ja die Lebenshungrigen immer sehnsüchtig aus).

„Ich habe schon öfters die Komtesse singen gehört — sie hat gar keine Schule — aber eine Stimme hat sie, wie sie nur alle hundert Jahre einmal vorkommt, wie ich sie seit Jenny Lind nicht mehr gehört und die wirklich ganz an die Jenny Lind erinnert. Derselbe Schmelz, dieselbe Kraft, dasselbe gewisse Etwas... kurz, die Komtesse hat Millionen in der Kehle, hat eine Ruhmeslaufbahn vor sich, wenn sie will — das habe ich sagen müssen." —

Also doch: Glanz und Glück konnte mir beschieden sein — — ich zweifelte gar nicht an dem Kunstverständnis des Musiklehrers und erfahrenen Kapellmeisters. Meine Mutter war gleichfalls entzückt. Ihre alte Vorliebe für den Beruf einer großen Sängerin, den sie in der Jugend für sich selber so ersehnt hatte, ließ sie jetzt mit Wonne die Hoffnung fassen, daß die einstigen Träume in der Tochter verwirklicht werden könnten. Und die Millionen, die in ihrer Kehle verdorren mußten, die schon so zuversichtlich erwarteten Millionen, die der abscheuliche Trente-et-quarante-Tisch verweigert hatte, die sollten doch noch unserem Hause zufließen! Sie einigte sich sofort mit dem Musiklehrer, daß er mir täglich Unterricht geben solle. Professor Beranek war in der Tat Gesangsmeister am Konservatorium gewesen und hatte mehrere bedeutende Opernkünstler ausgebildet; es konnte ihm also meine „Stimmbildung" anvertraut werden. Während eines Jahres wollte er mich unterrichten, mich vollkommen musikalisch machen, der Stimme die gehörige Lage und Geläufigkeit geben; hernach müßte ich noch ein Jahr oder zwei bei einem italienischen Meister studieren, um dann als Stern erster Größe am musikalischen Himmel aufzugehen. Die italienische Karriere mußte ich einschlagen — das stand fest; darauf bestand schon meine Mutter, die noch immer den Namen der Pasta und Grisi und Malibran im Kopfe hatte, und nur wenn man von Paris nach London, von Mailand nach Madrid, von Petersburg nach Amerika reiste, konnte man die bewußten Millionen und jenen Weltruhm erwerben, der aus Gesangskünstlerinnen halbe Königinnen macht. Ach ja — Kronen — danach lechzte mein junger Ehrgeiz. Mit der Königskrone von Georgien war es nichts gewesen, die war zerflattert samt der Liebe ... statt dessen sollte nun der Ruhm mich krönen, und an Stelle der Liebe — die Kunst. Für die Kunst kann man ja ebenso leidenschaftlich entbrennen wie für einen geliebten Gegenstand. Wer die Kunst liebt und glücklich, d. h. als Könnender liebt, dem kann das Leben vollbefriedigend ausfallen.

Nun kam eine Zeit für mich, ein ganzes Jahr, da ich nur mehr für eines lebte: dem Gesang — das war nun zum „Wichtigen" geworden. Schon am Tage nach der Unterredung begann der Unterricht. Damit dieser schnell vorschreite und ich in einem Jahr so weit kommen sollte wie andere durch einen langjährigen Konservatoriumskursus, wurden die Lektionen auf vier Stunden täglich festgesetzt. Zwei Stunden vor- und zwei Stunden nachmittags — mit der nötigen Ruhepause dazwischen. Skalensingen, Vokalisen, Partiturlesen, Harmonielehre: gründlich musikalisch sollte ich werden; ebenso phänomenal an Kunstdurchbildung wie an Stimmbegabung — — einfach die größte Sängerin des Jahrhunderts. Herr Beranek geriet täglich in Ekstase und erhielt uns so in der Vorstellung, daß sich wirklich das Wunderbare eingestellt, daß ein enormer Haupttreffer in der Lebenslotterie mir zugefallen war. Oder vielmehr ein Schatzfund war uns in sicherer Aussicht, aber danach mußte erst gegraben werden. Und ich grub und grub mit einem Fleiß, einer Ausdauer, einer Freude, daß es eine Art hatte. Nichts von früh bis abends, nichts durch die langen Monate des Herbstes, des Winters, des Frühjahres als Noten — gesungene, gespielte, gelesene, geschriebene Noten und doch: — es war eine ganze Welt — voll Süße und Schönheit, voll Begeisterung, voll stolzer Befriedigung. Ich weiß nicht, ob eine erfolgreiche Primadonnenlaufbahn (ich habe sie ja nie erreicht) wirklich so viel Glück in sich birgt, als man in der studiumgefüllten, siegessicheren Vorbereitung dazu empfindet.

Als Lehrmaterial bestellten wir eine ganz kleine Notenbibliothek: Garcias Gesangschule in zwei großen Bänden; die Partituren sämtlicher Opern, die auf mein Zukunftsrepertoire gestellt waren. Alle mit italienischem Text. Ein einförmiges Leben war das nicht. Im Gegenteil: voll der Tragik, der Leidenschaft, des überschäumenden Frohsinns, der zärtlichsten Hingebung, des heroischesten Schwunges, der Grabesschauer und der Hochzeitfreuden, kurz all der Gefühle und Schicksale, mit welchen die Heldinnen meiner Opernpartituren ausgestattet waren. Norma, Amina, Traviata, Lucia, Linda — die waren ich selber — eine nach der anderen, wenn ich am Klavier saß und die Texte und Melodien memorierte, in denen all das Traurige und Fröhliche, Süße und Schreckliche ausgedrückt war, das ich mit aller Kraft nachzuempfinden mich bemühte, um es einst sieghaft in die Seelen meiner Lauscher zu übertragen. Und die Edgardos und Manricos, Gennaros und Alfredos, die meinen Sopran in harmonischen Terzen und Sexten begleiten sollten, die sah ich auch vor mir, die liebte ich einfach. Nicht etwa die Sänger stellte ich mir dabei vor — die würden mir gleichgültig bleiben —, sondern die vom Dichter und Komponisten geschaffenen Gestalten und ihren ganzen Heroismus, ihre ganze Poesie. So schwärmt man ja auch als junge Schillerleserin für die Don Carlos und Posas, die Ferdinands und Karl Moors — nur kommt beim Opernstudium noch das unsagbare Etwas hinzu, das den Zaubertönen der Musik entquillt. Die Musik sagt Dinge, die in keiner Sprache enthalten sind. Was mitunter aus einer Tonfolge, aus einem Zusammenklang, aus einer Steigerung der Rhythmen hervorzubringen vermag, das kann man mit Worten ebensowenig wiederholen wie etwa den Duft von Blumen, wie den Geschmack einer Frucht. Es gibt Melodien, die etwas erzählen, Arpeggien, die streicheln, Akkorde, die brennen — bei manchen Taktfolgen fühlt man, als ob — — nun bemühe ich mich doch, Worte zu finden für das, von dem ich eben sagte, daß es jenseits der Sprache liegt; es ist vergebens. Hundertmal stärker aber ist noch der Genuß des Musikzaubers, wenn man nicht nur als Aufnehmender, sondern als Gebender, als Schaffender sich damit erfüllt — wenn man selber dieses Geheimnisvolle und Unsagbare in die Seelen der anderen hinüberleitet, wenn man fühlt, daß Tausende von Zuhörern von dem gleichen Wogen der Leidenschaft, des Entzückens, des Jubels oder des Schmerzes ergriffen sind.

Freilich empfand ich dies alles nicht als Wirklichkeit, sondern nur als Vorgeschmack eines Zukünftigen — aber eines Zukünftigen, an dem ich nicht zweifelte, das mir wie ein unendlicher Reichtum dünkte, dessen Goldwert ich zwar nicht in Händen hielt, dessen sichere Wechsel aber in meinem Besitz waren. Nicht nur das Rollenstudium war mir ein solcher Genuß, auch das bloße Skalenüben und Rouladenkomponieren, die trockene Arbeit der Technik meiner Kunst bot mir erhebende, beglückende Sensationen. Denn der Begriff „Kunst" hatte mich mit der ganzen Gewalt ergriffen, die ihm innewohnt und die eine Folge jenes Kultus ist, der in kunstgeschichtlichen Büchern mit der Kunst, und im Publikum mit den Künstlern getrieben wird. Man fühlt sich — wenigstens ich fühlte mich — wenn ich für den gewählten Beruf studierte, mit einer Mission betraut, der etwas Priesterliches, Heiliges anhaftete. Ob nicht auch Eitelkeit mit im Spiele war? Ob ich mich nicht darauf freute, mehr Bewunderung einzuflößen, Weltruhm zu genießen (denn Geringes erwartete ich nicht, dank des unermüdlichen Lobes und Staunens meines Meisters), oder auch darauf mich freute, daß die von mir dargestellte Heldin so anmutig verkörpert sein würde, daß die glänzende Atlasschleppe der ersten Akte, meine große und schlanke Figur so zur Geltung bringen, und die aufgelösten Haare der tragischen Schlußszene in echter und welliger Fülle bis über die Knie hinabfallen würden? Würde ich — von der Macht des Gesanges abgesehen — auch als Weib die Herzen entflammen? O, aber nichts, nichts durfte und konnte mich der Kunst abwendig machen; alle Huldigungen würde ich von mir weisen, jede unlautere Zumutung würde die stolze Dame in mir zurückstoßen, und jede Verlockung, der Bühne zu entsagen und in die Ehe zu treten, würde die stolze Künstlerin unberührt lassen — wer auf der höchsten Höhe der Kunst steht, der gehört ihrem Tempeldienst auf immerdar: das waren so meine Gesinnungen und Gedanken, wenn ich Solfeggien übte oder meine Harmonielehraufgaben schrieb — und ich war glücklich dabei.

Wir lebten ganz zurückgezogen; mein Vormund besuchte uns nur ein-, zweimal im Monat, und ihm wurde von den Gesangsplänen nichts verraten. Erst das Fait accompli — wenn ich nämlich mit durchschlagendem Erfolg an einer großen Bühne aufgetreten war — sollte er erfahren. Mit den in Baden überwinternden Familien pflegten wir keinen Verkehr, und niemals fuhren wir nach Wien. Es war ein strenges Kunstnoviziat — nichts sollte mich vom Studium zerstreuen, nichts anderes meine Zeit füllen als Lernen, Lernen, Lernen. Ich war ja nicht mehr so jung, und mußte in einem Jahr einholen, was andere Schüler in vier oder fünf Jahren absolvieren. Nur mit einer einzigen Familie kamen wir manchmal zusammen — es waren dies zwei alte Generalstöchter und deren Bruder, ein ebenfalls schon bejahrter, pensionierter Husarenoberleutnant, der eine Baritonstimme besaß und seinen Beruf — Opernsänger zu werden — zu seinem großen Leidwesen verfehlt hatte. Mit diesem sang ich, ohne ihn übrigens meine Zukunftspläne ahnen zu lassen, italienische Duette. Eigentlich nur ein Duett, mehr hatte er nicht auf dem Repertoire. Es war der Auftritt zwischen Bruder und Schwester aus „Lucia von Lammermoor". Wir trugen das Stück dramatisch vor, auswendig und mimend, wobei ich mich in meine winkende Zukunft und mein Partner sich in seine versäumte Vergangenheit versetzte. Er war überzeugt, daß er ein großer Sänger geworden wäre, geradeso wie ich von meiner kommenden Größe überzeugt war, und vermutlich war seine melancholische Ueberzeugung ebenso trügerisch wie meine freudige. Ich erinnere mich, daß uns das Duett viel Studium kostete, bis es zusammen ging. Der Oberleutnant war nicht besonders musikalisch und nicht taktfest, auch bei mir haperte es beträchtlich; denn ich hatte bei meinem Lehrer überhaupt noch nicht begonnen, Arien zu singen — er hielt strenge darauf, daß ich nichts als Skalen und Solfeggien übte — das Lucia-Duett, das im Hause der Schwester Cortesi aufgeführt wurde, blieb vor meinem Meister sündhaft verschwiegen.

Nach ungefähr anderthalb Jahren dieses Vorbereitungskurses erklärte Professor Beranek, daß es nunmehr an der Zeit sei, unter einem berühmten Gesangsmeister meine Studien zu vollenden. Unsere Wahl fiel auf Pauline Viardot Garcia. Aus ihrer Hand waren viele Künstlerinnen hervorgegangen, und überhaupt: die zweibändige Schule Garcias war mein Evangelium gewesen — zu wem hätte ich größeres Vertrauen hegen können als zu der Tochter des unvergleichlichen Meisters? So ging denn ein Brief nach Baden-Baden ab. Es wird ein überschwenglicher Brief gewesen sein. Ich wußte, daß Madame Viardot sehr wählerisch war und viele, die bei ihr Unterricht nehmen wollten, abwies. Es war eine ganz besondere, nur wirklichen Talenten gewährte Gunst, bei ihr Aufnahme zu finden. Ich suchte daher schon durch meinen Brief sie für mich zu stimmen. Von meinem Talent (obwohl ich auf die Bürgschaft meines Meisters hin daran keinen Zweifel hegte) konnte ich nicht gut reden, also werde ich von Kunstbegeisterung, von Berufsfeuer und ähnlichen abgedroschenen Dingen desto mehr geschrieben haben, und natürlich auch darauf hingewiesen, daß ich mich nur dem ersten Meister der Welt anvertrauen wolle. Genug — Madame Viardot antwortete, ich möge kommen, um mich von ihr prüfen zu lassen.

Wir fuhren, meine Mutter und ich, ohne Aufenthalt nach Baden-Baden. Am bestimmten Tag und zur bestimmten Stunde fanden wir uns in der Villa Viardot ein. Man wies uns in einen kleinen ebenerdigen Salon und hieß uns ein wenig gedulden. Ich sehe noch das Klavier in der Ecke rechts beim Fenster. Zahlreiche Notenregale mit Partituren; Bilder und Photographien von Künstlern an der Wand, durch die offene Balkontüre ein Blick auf den Garten. Im Hintergrund von diesem ein Pavillon — wahrscheinlich die Wohnung Iwan Turgeniews, Madame Viardots langjährigem Freunde.

Mich befiel in dieser Wartezeit eine höllische Angst. Etwas, das ich im Leben noch nie empfunden. Etwas wirklich Atemraubendes, Qualvolles. Ist das also das, was man Lampenfieber — „le trac" — nennt? Das ist ja gar nicht unähnlich dem, was man empfinden muß, wenn man sich zur Guillotine begibt! Wie soll man denn in solchem Zustand — daß Gott erbarm! — singen können?

„Mama," klagte ich, „ich werde keinen Ton hervorbringen."

„Sei nicht kindisch! Wenn man eine solche Stimme hat, wer wird da ängstlich sein? Sie wird sich glücklich schätzen, die Viardot, eine solche Schülerin zu bekommen."

Die Türe aus dem Nebenzimmer öffnete sich und herein trat die Gefürchtete. Eine lebhafte, elegante Frau, Vierzigerin, mit nicht schönen, aber interessanten Zügen. Ein paar einleitende Gespräche, an die ich mich nicht erinnere, und dann ward ich zum Richtplatz — will sagen Klavier geschleppt.

„Haben Sie Noten mitgebracht? Was werden Sie mir vorsingen?"

„Ich kann nur Skalen und Uebungen."

„Daraus läßt sich wohl die Stimme, aber nicht das Talent, nicht der Grad des Könnens beurteilen."

„Also bitte, das Duett mit dem Bariton aus „Lucia".

„Ein Duett?"

„Ja, gnädige Frau, ich habe überhaupt bisher noch keine Stücke gesungen — nur dieses kann ich zufällig."

„Meinetwegen." Sie suchte die Partitur heraus und spielte die Einleitung. Meine Kehle war ganz zugeschnürt. Zitternd setzte ich ein. Nach einer Weile aber befestigte sich die Stimme und nach einigen Takten ging es zu meiner eigenen Befriedigung weiter. Mama nickte zustimmend — ich glaubte mein Bestes gegeben zu haben.

Die Meisterin aber klappte die Partitur mitten in einem Takte zu und sagte:

„Sie können in der Tat gar nichts."

Es war, als hätte man mir gleichzeitig eine Ohrfeige und einen Dolchstich versetzt.

„Versuchen wir also jetzt noch notes filées ... um zu sehen, was sich aus dem Material machen läßt — Stimme ist ja da ..."

Und sie schlug das tiefe C an. Diese Probe ward mir leichter. Dennoch konnte ich nicht alles geben, was ich besaß — die Töne waren belegt und der Atem kurz. Nachdem die zwei Oktaven bis zum hohen C durchprobiert waren, stand die Meisterin auf. —

„Wie alt sind Sie," fragte sie.

„Zwanzig vorüber," antwortete ich mit einer halben Lüge, denn ich war ja doch schon zweiundzwanzig.

„Das ist zu spät, um ganz von vorn anzufangen. Mit zwanzig soll man schon ausgebildet sein. Und sagen Sie mir, warum wollen Sie eigentlich zur Bühne? Sie gehören ja, wie mir Ihr Name besagt, zur Gesellschaft?"

Ich antwortete etwas von Ehrgeiz und Liebe zur Kunst.

„Das ist alles ganz schön — aber ich kann Ihnen nur raten, geben Sie Ihre Stellung nicht auf. Ihre Stimme ist nicht schlecht, aber nicht außerordentlich, und ob Sie etwas lernen können, ist ja fraglich."

„Talent hat sie, Madame," versicherte meine Mutter. „Und unter Ihrer Leitung würde es sich ganz gewiß entfalten."

„Ich kann aber heute nicht sagen, ob ich diese Leitung übernehme. Erst müßte das Fräulein einige Lektionen nehmen und dann erst würde ich mich aussprechen, ob ich fortsetzen will — ja oder nein. Nach meinem heutigen Eindruck ist wenig Chance für ja."

„Ach, urteilen Sie nicht nach der heutigen Probe, das arme Kind war so ängstlich ... ich habe sie gar nicht erkannt."

„Wenn man an Angst leidet, ist man für die Künstlerlaufbahn nicht geeignet — ein Grund mehr, um zu verzichten."

„Die Furcht verschwindet durch die Gewohnheit," entgegnete meine Mutter.

„Also gut — kommen Sie künftigen Montag wieder um dieselbe Stunde." Und wir waren entlassen.

Wir kehrten ins Hotel zurück, und hier machte ich meinem verhaltenen Schmerz in einem Tränenausbruch Luft.

„Nie mehr, nie mehr betrete ich die Viardotsche Villa! Reisen wir ab, Mama — ich will mich vor dieser Frau nicht mehr blicken lassen — es ist aus ... alles ist aus! ..." Meine Welt lag in Trümmern. „Das Wichtige" war vernichtet.

9
Das Jahr 1866

Wir reisten nach unserer Badener Villa zurück. Professor Beranek war über Frau Viardot entrüstet. Ich wollte lange Zeit nicht wieder singen. Er brachte mich aber schließlich doch dazu. „Sie werden nicht die erste gewesen sein," tröstete er mich, „die bei einer Prüfung verkannt worden und dann durch errungene Größe den falschen Propheten zuschanden machte."

Mein Selbstvertrauen war aber zu stark geknickt. Es erwachte nicht so schnell zu neuer Kraft. Zudem traf mich ein herber Schmerz. Aus Venedig kam die Nachricht, daß meine Cousine Elvira schwer erkrankt sei, daß ihr Brustleiden sich verschlimmert und sie sich legen mußte. Wenige Tage darauf traf die Todesnachricht ein. Zum erstenmal im Leben erfuhr ich, wie es tut, teure Wesen zu verlieren. Eine unbegreifliche Leere, ein unfaßbares Schaudern ...

Die beraubte Mutter kam zu uns. Sie war am Rande der Verzweiflung. Nun war natürlich aller Gesang im Hause verstummt.

Das Jahr 1866 brachte mir noch einen zweiten herben Verlust, den meines vielgeliebten väterlichen Freundes Fürstenberg. Er verschied nach kurzer Krankheit in seiner Wohnung in Wien. Und noch eins brachte das unselige Jahr: den Krieg.

Ich schäme mich, es wieder zu sagen, aber dieses Ereignis machte mir keinen Eindruck — gar keinen. Ich nahm davon Kenntnis, wie man von der Nachricht erfährt, daß irgendwo in der Ferne Ueberschwemmungen oder Brände ausgebrochen seien — Elementarereignisse, recht bedauerlich, aber es wird ja vorübergehen. Und im Grunde, das Ding ist nicht uninteressant — es ist etwas Historisches. Die Preußen werden natürlich Schläge bekommen, und sollten wir die Partie verlieren, so gäbe es nachher doch auch wieder Frieden. Wir hatten niemand Teuern bei der Armee, also waren wir nicht besorgt. Ich las keine Zeitung — und was man so erzählte — Siege der Preußen in Hannover, Frankfurt, später auch in Böhmen — aber es kam uns nicht viel davon zu Ohren. Und wenn auch, ich habe es vergessen. Nichts von alldem ist meinem Gedächtnis eingeprägt geblieben — ein Beweis, daß es mir gründlich gleichgültig war. Ich kann es heute nicht begreifen, daß ich so stumpfsinnig sein konnte. Auch abgesehen von meinen zukünftigen, so heftigen pazifistischen Gesinnungen, die damals in der Dreiundzwanzigjährigen schon hätten schlummern und bei diesem Anlaß hätten geweckt werden sollen, müßte doch auch, von den landläufigen Gesichtspunkten her, ein so gewaltiges Ereignis mich doch erregt, mit irgendwelchen Gefühlen mich erfüllt haben, sei es patriotische Begeisterung oder menschlich erschütternde Anteilnahme, oder doch nur Angst und Furcht — aber nichts, nichts.

Es wäre nicht nötig, in diesen Erinnerungen das Geständnis einer solchen für eine nachherige Kriegsbekämpferin doppelt beschämenden Tatsache niederzulegen, aber gerade der hier zutage tretende Widerspruch verdient beleuchtet zu werden. Ich glaube, für den Leser von Memoiren ist immer die Beobachtung das Fesselndste, wie und wodurch sich gewisse Schicksale, Talente oder Taten, die man vom Memoirenschreiber kennt, vorbereitet und entwickelt haben; man will verfolgen, welche innere Anlagen und welche äußere Einwirkungen zur Hervorbringung des Gesamtbildes beigetragen haben. Daraus ergeben sich immer nützliche Erkenntnisse und Lehren. Vorausgesetzt natürlich, daß der Selbstbiograph ganz aufrichtig ist. Nützliche Lehren sind nur aus untrügerischen Tatsachen zu schöpfen. Mir selber bietet sich da, indem ich mir meine damalige Auffassung des Krieges vergegenwärtige, eine interessante Betrachtung, eine beherzigenswerte Lektion. Die menschliche Gesellschaft als ein Ganzes durchläuft gerade solche Stadien von wechselnden Ideen, Kenntnissen, Auffassungen und Urteilen wie ein einzelner Mensch. Soll ich heute nicht voll verstehen und voll verzeihen, daß sich die Allgemeinheit in ihrer überwiegenden Masse dem Kriege (wenn er nicht unmittelbar ins eigene Leben eingreift) ebenso kalt, ebenso unbekümmert gegenüberstellt, wie ich selber vor einigen Jahrzehnten? Soll ich darüber staunen, daß diese selbe Allgemeinheit das gelegentliche Ausbrechen von Kriegen als eine Selbstverständlichkeit, eine Naturgesetzlichkeit betrachtet, über die man allenfalls seufzen, aber die man nicht verurteilen und nicht bekämpfen kann? Gegen das Unvermeidliche erhebt man keinen Tadel, führt man keinen Schlag. Und wie das Individuum (in dem vorliegenden Fall ich selber) unter dem Einfluß von Erfahrungen und Ueberlegungen ganz veränderte Anschauungen bekommen kann, so kann und wird auch die Allgemeinheit neue Einsichten gewinnen und danach handeln. Wenn ich heute in gewissen Kreisen verstocktem Unverständnis gegenüber der Friedensbewegung begegne, wenn mir Argumente für die Selbstverständlichkeit und historische Notwendigkeit der Kriegsgeißel entgegengehalten werden, wobei mich Zorn und Entmutigung zu erfassen drohen, so brauche ich nur an meine eigene Vergangenheit zurückzudenken, damit der Aerger erlischt und der Mut wieder steigt. Zudem ist in Sachen Krieg und Frieden die Allgemeinheit nicht einmal mehr in einem solchen Stumpfsinn befangen, denn jetzt hat beinahe schon jeder etwas von der Bewegung wenigstens gehört, und die Zahl derer, die mit ihr sympathisieren oder sich gar daran beteiligen, wächst mit jedem Tag. Immer mehr Leute nehmen Stellung dazu, sei es dafür oder dagegen; aber zu der Zeit, von der ich jetzt erzähle, da wußte in der Tat niemand etwas von der Friedensbewegung, weil es eine solche überhaupt nicht gab, denn das sporadische Auftauchen einzelner Geister, die für die Abschaffung des Krieges eingetreten waren, das kann man nicht „Bewegung" nennen.

Wir verbrachten den Sommer 1866 wieder in Homburg v. d. H., und obwohl der Krieg bis in die nächste Nähe drang, in dem Bade- und Spielleben des kosmopolitischen Kurortes war nichts davon zu verspüren. Die Kurmusik spielte, die Patti sang, der durch sein Spielglück berühmt gewordene Spanier Garcia fuhr fort, am Trente-et-quarante-Tisch täglich hunderttausend Franken einzuheimsen, bis er eines schönen Tages doch zu verlieren begann und allmählich seine ganzen gewonnenen Millionen anbaute und von seinen eigenen dazu.

Die Fürstin von Mingrelien mit ihrer Familie war wieder anwesend, und ich verbrachte viele Stunden des Tages in ihrer Gesellschaft. Jetzt war die Tochter, Prinzessin Salomé, achtzehn Jahre alt, dem Kinderzimmer entwachsen, und ich pflegte nun ebenso lebhaften Umgang mit dieser, wie mit ihrer Mutter. Im Alter paßten wir zwei Mädchen sogar besser zueinander; zudem kam, daß wir zusammen Reitunterricht nahmen und täglich miteinander, unter der Aufsicht des Reitlehrers, Morgenritte in die Alleen des Parkes machten. Dabei plauderte es sich prächtig, und wir schlossen bald herzliche Freundschaft. Salomé sollte im kommenden Winter in Petersburg zu Hof und in die Gesellschaft geführt werden — mit frohen Hoffnungsplänen blickte sie in die Zukunft; ich hingegen kehrte mehr die Melancholische und Resignierte heraus, die vom Leben nicht mehr viel erwartete. Die beiden Todesfälle, durch die mir geliebte Wesen entrissen worden, hatten mich wirklich schwermütig gemacht, und der Zusammensturz meiner Künstlerträume ließ mir eine tiefe Mißstimmung zurück, doch erzählte ich nichts von dieser Sache. Ich vertraute meiner neuen Freundin nur an, daß ich ihren Onkel Heraclius vor zwei Jahren geliebt — jetzt hatte ich mir die unglückliche Leidenschaft zwar aus dem Kopf geschlagen, aber eine gewisse Schwermut war doch zurückgeblieben. Salomé lachte mich darüber nur aus.

„Wie konnte man sich nur in einen so gelben, galligen, alten

Herrn verlieben! Nein, nein, Contessina, da werden Sie schon noch einen ganz anderen finden."

Die beiden Söhne Dedopalis waren nun auch zu großen, hübschen Jünglingen herangewachsen. Prinz Niko, der Aelteste, verursachte uns allen einmal einen schönen Schreck. Er sollte ein Duell haben. Er hatte einem Pariser Dämchen zu heftig nachgesetzt und darüber war ein Rivale in Zorn geraten, böse Worte wurden gewechselt, und der andere kündigte an, daß er am nächsten Tag seine Sekundanten schicken würde. Der Auftritt hatte Zeugen gehabt und die alte Fürstin erfuhr davon. Weinend und zitternd erzählte sie mir das vorgefallene Unglück, und ich weinte und zitterte mit ihr. Es ließ sich ja nichts machen, Duelle gehören doch auch zu unausweichlichen Weltordnungseinrichtungen — welcher junge Edelmann könnte sich dem entziehen? Traurig war sie, die Sache, allerdings, aber es fiel niemand in unserem Kreise ein, gegen den Widersinn einen aufrührerischen Gedanken zu hegen. Von einer Antiduelliga war damals noch ebensowenig die Rede wie von einer Liga gegen Völkerduelle. Dem Morden und Gemordetwerden ausgesetzt zu sein, das gehörte nun einmal schon zu den ritterlichen und patriotischen Lebensnotwendigkeiten der Männer. Und die Frauen können da nichts anderes tun, als scheu bewundernd weinen.

Der Zweikampf kam aber nicht zustande — war der Gegner abgereist oder war es den Zeugen gelungen, eine Versöhnung herbeizuführen, ich kann mich dessen nicht erinnern: ich weiß nur, daß die drohende Wolke sich verzog und daß wir alle sehr glücklich waren. Meine wirklich innig gefühlte und spontan gezeigte Teilnahme hatte mich der mingrelischen Familie noch viel näher gebracht, und besonders Prinz Niko selber hat es mir sein Leben lang nicht vergessen, daß ich die Gefahr, in der er geschwebt, mir so zu Herzen genommen hatte.

*

Als wir im Herbste heimkehrten, war der Krieg zu Ende. In unserer Badener Villa war noch ein sächsischer Offizier einlogiert. Höflichst stattete er uns einen Besuch ab. Ich glaube nicht, daß wir viel über den beendeten Feldzug gesprochen, denn ich erinnere mich nur daran, daß ich dem Herrn Leutnant bei dessen wiederholter Visite, die zugleich eine Abschiedsvisite war, etwas vorgesungen habe; ich weiß auch noch, was es war: das Adagio aus der großen Arie der „Nachtwandlerin": „Ah non credea . . ." Der sächsische Krieger war entzückt:

„Gnädigste Komtesse singen ja wie die Patti!"

„Dieser junge Mann hat ein großes Kunstverständnis,“ bemerkte meine Mutter, als der Leutnant fort war.

„Und willst du denn wirklich dabei bleiben,“ versetzte sie nach einer Weile, „auf die künstlerische Karriere zu verzichten — ist das vernünftig, ist das mutig?“

„Aber das Urteil der Viardot ...“ warf ich zögernd ein.

„Die Viardot ist auch nicht unfehlbar, und wärest du nur eine Zeitlang bei ihr geblieben ...“

„Um keine Welt wäre ich ihr mehr unter die Augen gekommen!“

„Es gibt ja auch andere große Gesangsmeister; wir wollen den Beranek fragen.“

Herr Beranek war noch immer unser Mieter und natürlich gleich bereit, auf die Wiederaufnahme der Gesangspläne einzugehen. Als Große unter den Gesangslehrern nannte er uns Lamperti in Mailand, Duprez in Paris und die Marchesi in Wien. Von Wien wollte ich nichts wissen, aber indem ich diese Einschränkung aussprach, hatte ich schon schweigend zugegeben, daß ich vielleicht doch in Mailand oder Paris den in Baden-Baden so jäh abgerissenen Faden wieder anzuknüpfen mich bereit fände. Und so kam es allmählich auch. Ich sagte kein entschiedenes „Nein“ mehr, wenn man mir von einer Künstlerzukunft sprach, ich nahm die Beranekschen Stunden von neuem auf; die alte Liebe zum Gesang, die alten Ehrgeizpläne, das alte Selbstvertrauen erwachten und verstärkten sich wieder; der Entschluß, im Studium auszuharren und es bei einem berühmten Meister fortzusetzen, reifte in mir. Ich schrieb an Meister Duprez in Paris einen Brief, um anzufragen, ob er einer ehrgeizigen, begeisterten Schülerin Aufnahme gewähren wolle, was er bejahte, und so kam es, daß mein Leben wieder „das Wichtige“ gefunden hatte.

In Baden lebte damals ein alter Hagestolz, einstiger Gesandter, mit dem wir häufig verkehrten. Baron Koller war sein Name. Groß, sehr mager, glatt rasiertes Gesicht, äußerst korrekt und elegant in seiner Kleidung. Er besaß in der Nähe des Kurparkes ein von außen unscheinbares, aber von innen mit erlesenem Geschmack eingerichtetes Haus. Hier gab er uns manchmal kleine Diners ... Die Besichtigung der Erinnerungsschätze, die er in seinen Zimmern angebracht hatte, waren mir ein großer Genuß. Ich „blätterte“ in diesen Räumen wie in einem interessanten Memoirenbuch. Von weiten Reisen, von elegantem Hof- und Salonleben und von intimen Herzensromanen erzählten alle diese Stoffe, Waffen, Nippes und Frauenporträte. Und der Hausherr selber: ancien régime in seinen

Manieren, geistesfunkelnd in seiner Unterhaltung. Es entspann sich zwischen dem alten Herrn und mir eine Art — wie soll ich sagen? „Espritflirt" — ein Hin- und Herschleudern von Konversationsfedernballen. An meiner Beherrschung der französischen Sprachfeinheiten hatte er eine besondere Freude, und weil ich das fühlte, komponierte ich in dieser Sprache ein ganzes Heftchen über sein Heim, knüpfte an die verschiedenen Dingelchen und Bilder kleine Novellenkapitel und allerlei Aperçus. Das schrieb ich zierlich ab, heftete es mit blauen Bändchen und schickte es ihm. Er gab es mir dann — leihweise — mit seinen Randglossen zurück, ich sollte sehen, welches Entzücken ihm die Lektüre bereitet hatte, ein Entzücken, das mit Unterstreichungen, Ausrufungszeichen und einzelnen kurzen Sätzen ausgedrückt war. Einmal verehrte er mir eine Schale aus altem Porzellan mit der Inschrift: „Respice finem." Darauf antwortete ich mit einigen gereimten Zeilen, deren Text ich in meinem damaligen Tagebuch aufnotiert finde:

Respice finem.

Zu kluges Wort, ein Hemmnis dem Beginnen,
Das kühne Taten scheut in zauberhaftem Sinnen;
Das mit berechnend kaltem Geist
Das Heute wegen Morgen von sich weist,
Und das manchen, der zu viel ans End' gedacht,
Verzagt und klügelnd um sein Glück gebracht.
Wagen und Beginnen liegt in jedes Menschen Hand –
Das Ende hat kein Weiser noch erkannt.
Es trifft nicht in die vorgedachte Bahn,
Wie sie ersonnen hat des Grüblers Wahn;
Drum hat sich arg getäuscht, wer an das End' gedacht,
Wenn er zu lichten wähnt der Zukunft dunkle Nacht.
Des Daseins höchste Frag' ist: Werden und Bestehen,
Es wirke alles ohne Sorge ums Vergehen.
Die Blüte denkt ans Welken nicht,
Ums Löschen unbekümmert strahlt das Licht;
Im Weltenplan hat Gott ans Ende nicht gedacht,
Denn was er schuf, hat ohne Ende er gemacht.

Oft sandte er mir Bücher aus seiner Bibliothek, über die ich ihm dann meine Eindrücke niederschrieb, und so gingen die Botschaften, Blumen, Bonbons und Manuskripte hin und her — ein richtiger Flirt. Aber ganz ohne erotischen Untergrund; der galante Diplomat hätte ja mein Großvater sein können.

10
Aufenthalt in Paris

Zu Anfang des Jahres 1867 reisten wir nach Paris.

Aber ich erinnere mich: von dem gewaltigen Eindruck, den es doch auf jeden hervorbringen muß, zum erstenmal nach der großartigen Metropole zu kommen, von der man so viel gehört und gelesen, von diesem Eindruck empfand ich nicht viel, so sehr war mein Sinn von „dem Wichtigen" ausgefüllt. Auch die Aussicht auf die Freude, hier wieder mit der Familie Dadiani von Mingrelien zusammenzukommen, ging mir nicht so nahe — das einzige, woran ich denken konnte, worauf ich zitterte in Furcht und Spannung, das war die Frage: Wie wird Meister Duprez meine Stimme beurteilen, welche Fortschritte werde ich machen und wie wird sich meine Künstlerlaufbahn gestalten?

Der Meister besaß in der Rue Laval ein eigenes Haus, in dem sich ein Theatersaal mit Bühne befand. Anstoßend waren kleine Studienzimmer, in welchen der Meister und dessen Sohn, Léon Duprez, Privatunterricht erteilten. Allwöchentlich am Freitag trugen die vorgeschritteneren Schüler Arien und Opernszenen auf der Bühne vor, und der Saal war mit den Angehörigen und auch mit fremdem Publikum gefüllt. Auf der anderen Seite des Hofes stand ein kleines Hotel, das der Familie Duprez, bestehend aus Vater und Mutter, Sohn und Schwiegertochter, als Privatwohnung diente. Bei unserem ersten Besuch in der Rue Laval wurden wir in den Theatertrakt geführt. Zuerst trat man in einen runden Warteraum, an dessen Wänden rings Bücherschränke liefen, die voll von Opernpartituren waren. Einige der Schüler und Schülerinnen saßen und standen da plaudernd umher. Auch im Theatersaal saßen vereinzelte Personen und lauschten dem Gesang eines ganz jungen Mädchens, das mit dem Akkompagnateur des Hauses, Monsieur Maton, eben die Rosinaarie einstudierte. «Una voce poco fa . . .» Monsieur Maton hatte ihr höchst kunstvolle Koloraturen aufgeschrieben; das perlte und schmetterte nur so . . . Also solche Bravour kann man in dieser Schule erreichen? Das flößte mir Mut und den Vorsatz ein, recht fleißig zu sein. Doch wie würde der Meister mich nach der Prüfung richten — — doch nicht, wie die gestrenge Viardot? Zitternden Herzens stieg ich die Stufen zur Bühne hinauf, hinter welcher das Zimmer lag, wo mich Herr Duprez erwartete. Ein freundlicher alter Herr, weit über siebzig, aber munter und frisch, kam mir entgegen. Er hatte weißes, lockiges Haar, rote Wangen und lachende Augen.

„Also Sie haben mir den enthusiastischen Brief geschrieben, Mademoiselle? Sie wollen etwas Großes werden oder gar nichts? Also lassen Sie einmal hören, wie Ihre Stimme klingt und ob Sie Noten lesen können."

Er reichte mir einen Band selbstkomponierter Solfeggien und setzte sich an das Pianino. Die Probe fiel diesmal günstig aus:

„Schöne Stimme — aus Ihnen werde ich etwas machen — in zwei Jahren sollen Sie die première force sein."

Ich war glücklich, einfach glücklich. Nun wurden die Unterrichtsstunden festgesetzt; ich sollte zweimal in der Woche Lektion haben. Das war mir nicht genug:

„Ich möchte jeden Tag kommen, Meister."

„Das können Sie auch; an den anderen Tagen wird mein Sohn oder Herr Maton mit Ihnen repetieren; ich habe aber nur zwei Stunden, d. h. halbe Stunden, in der Woche zu vergeben, das genügt vollauf."

Wir mieteten und möblierten eine kleine Wohnung in der Rue Laval, und nun begann für mich eine rege, hoffnungsfrohe Lehrzeit. Die ganzen Vormittage verbrachte ich, immer von meiner Mutter begleitet, was den anderen Schulbesuchern ziemlich langweilig und überflüssig schien, im Theatertrakt des Hotels Duprez zu. Ich ging ganz auf in do, re, mi und in einer kleinen, vom Meister komponierten Arie, die er mir als erstes Textstück zum Studium gab. Besonderes Interesse flößten mir aber die anderen, auf den verschiedensten Stufen des Könnens befindlichen Mitlernenden ein, und die Freitagsaufführungen waren mir, da ich ja noch nicht mitwirkte, ein Hochgenuß. Als ich später selber dort oben singen mußte, da war mir's freilich eine Pein, denn wieder befiel mich das bekannte Angstgefühl, und ich erntete keinen Applaus. Doch das geschah erst nach längerer Zeit; vorläufig war ich nur in Lernen vertieft, und das betrieb ich frohen Muts. An den öffentlichen Vorführungen nahmen auch solche absolvierte Schüler des Meisters teil, die schon an Theatern wirkten und zu Berühmtheit gelangt waren: der Tenor Engel (Angèl genannt), Fräulein Marimon, die Chanteuse légère von der Komischen Oper in Paris, und Jeanne Devriès aus Brüssel, alle drei Künstler ersten Ranges. Eine junge Schwester der Letztgenannten, Fidès Devriès, hatte erst vor kurzem zu lernen begonnen und war der Liebling des Meisters, die Bewunderung der ganzen „Klasse". Mir flößte sie blassen Neid ein. Sie war bildschön — das hätte ich ihr verziehen, aber sie war sechzehn Jahre alt, was meine dreiundzwanzig beschämte, und machte so reißende Fortschritte, daß sie, obwohl erst kurze Zeit im Hause, schon virtuosenhaft sang und ohne die geringste Angst. In der Folge ist sie an der Pariser Großen Oper engagiert worden, wo sie mit ungeheuerm Erfolg als Ophelia debütierte. Wenn ich Zeuge war, mit welcher Leichtigkeit die junge Fidès die schwierigsten Koloraturen erlernte, mit welcher Gehörsicherheit sie vom Blatte las, welch eigener Zauber dem Klange ihrer Stimme innewohnte und wie frei und siegesgewiß sie sich auf der Schülerbühne bewegte, stets vom Applaus der Zuhörer und Lehrer begrüßt und belohnt, da mußte ich mir sagen: das ist Talent, das ist die Ausnahmsgabe, das ist das gewisse Etwas, was jenseits von Ehrgeiz und Fleiß liegt, was man nicht erlangen kann, sondern haben muß und was ich nicht habe ...

Im Hause der Fürstin von Mingrelien ging ich viel aus und ein. Von meinen Künstlerplänen verriet ich ihr nichts. Sie glaubte, die „Contessina" sei nur nach Paris gekommen, um mit ihr und ihrer Tochter zu verkehren, und sie lud mich zu allen ihren Diners und Empfängen ein. Sie bewohnte mit ihrer Familie und zahlreichen Dienerschaft einen Trakt des Hotel du Louvre mit eigener Einfahrt und eigenem Treppenaufgang. In der Flucht von Empfangsräumen und namentlich in dem blumen- und nippesgefüllten Salon, in dem sie sich gewöhnlich aufhielt, duftete es wieder nach russischen Zigaretten und Orangenblüten. Ich fühlte mich zurückversetzt in die Villa Weckerlin in Homburg und mußte an meine Schwärmerei für den georgischen Königssohn, den Bagratiden Heraclius, denken. Ich erkundigte mich um ihn.

„Was? Lebt sein Bild noch immer in Ihrem Herzen, kleine Contessina? Nun, er soll nächstens nach Paris kommen ... und wenn nicht der, so werden wir Ihnen hier einen anderen Gatten finden, es ist schon höchste Zeit, Sie zu verheiraten — dreiundzwanzig Jahre — das ist schon beinahe eine alte Jungfer. Meine Salomé werde ich vor ihrem zwanzigsten Jahre verheiraten — es ist nur schade, Liebste, daß Sie keine bedeutende Dot haben. Hier in Paris ist das die Hauptfrage. Schönheit und Anmut genügen nicht. Salomé erhält ein Einkommen von fünfzigtausend Franken, das schenkt ihr ihr Bruder Niko, damit wird es schon leichter sein, eine gute Partie zu finden. Ich habe auch schon jemand im Auge, ein Mitglied der kaiserlichen Familie."

„Von Rußland?"

„Nein, von Frankreich."

Die Fürstin und ihre Tochter fehlten an keinem der „petits lundis" der Kaiserin Eugenie, und diese war es, die den Heiratsplan aufgeworfen hatte, auf den die Dedopali angespielt. Näheres wollte sie vorläufig nicht davon sagen, und auch Salomé, die ich befragte, gab vor, von der ganzen Sache nichts zu wissen.

Den beiden Damen wurde öfters die kaiserliche Loge in der Oper zur Verfügung gestellt, und manchmal luden sie mich ein, sie zu begleiten. Eines Morgens, als ich zu meiner Stunde in die Gesangsschule kam, rief mich die junge Madame Duprez an:

„Waren Sie gestern abend in der Oper?"

„Ja, Madame Saß war eine prächtige Valentine."

„Also waren Sie es doch! In der Loge des Kaisers?"

„Ja," antwortete ich, innerlich belustigt, in einem Tone, als ginge ich überhaupt nur auf solche Plätze ins Theater. Ich fühlte, der Fall imponierte der ganzen Schule; man war es offenbar nicht gewohnt, die Gesangselevinnen in der Loge des Staatsoberhauptes zu erblicken. Im mingrelischen Salon hingegen imponierten wieder meine Gesangsvorträge; dort war man es offenbar auch nicht gewöhnt, daß Dilettantinnen sich ans Klavier setzten und da Konzertwalzer und Koloraturarien zum besten gaben. Kleine, vielmehr kleinliche Eitelkeitsgenugtuungen.

Der erwartete Prinz Heraclius von Georgien kam nicht nach Paris; vermutlich, wenn er gekommen wäre, wäre die Flamme in meinem Herzen wieder aufgelodert und der Ehrgeiztraum, eine große Dame zu werden, hätte vielleicht den der „großen Künstlerin" verdrängt; um so mehr, als die Zweifel an meiner eigenen Begabung immer zunahmen, die unselige Angst wollte sich nicht überwinden lassen, und beim Vorsingen auf der Versuchsbühne konnte ich keinen echten Erfolg erringen. Nur meine Mutter stachelte meinen Mut und meinen Ehrgeiz immer wieder an; der Meister versprach auch, daß er in ein oder zwei Jahren des Studiums mich zu einer gediegenen Künstlerin bilden würde, und ich harrte aus.

Den folgenden Sommer — die mingrelische Familie war wieder nach den deutschen Bädern abgereist — begaben wir uns nach dem Duprezschen Landbesitz, um dort den Unterricht, der in der Pariser Schule unterbrochen war, weiter fortzuführen. Im Oktober ging es in die Stadt zurück, und auch die mingrelische Familie zog wieder in das Hotel du Louvre ein. Das alte Leben vom vorigen Jahre wiederholte sich: künstlerische Interessen und Genüsse in der Rue Laval, mondäne Interessen und Genüsse mit meinen asiatischen Freunden.

Eines Tages, gegen Ende des Winters, erhielt ich von Prinzessin Salomé eine Depesche: „Teilen Sie mein Glück: habe mich eben mit dem Prinzen Achille Murat verlobt." Am selben Tage hatte sie mit der Post eine Karte abgeschickt, die ich ein paar Stunden später als das Telegramm erhielt. Das vergilbte, vierzig Jahre alte Kärtchen befindet sich noch unter meinen alten Papieren. Ich gebe es in seiner ganzen Form wieder:

Princesse Salomé Dadiani
de Mingrélie
Ma bien bonne Contesco, venez demain
à deux heures précises — vous passerez
la journée avec nous. J'ai une foule de choses
très pressées à faire et je m'adresse à
vous comme à mon amie dévouée, pour vous demander
votre aide. Ne m'oubliez pas auprès de Mme.
votre mère. Soyez bien exacte.

Ich folgte freudig dem Rufe — für junge Mädchen gibt's doch auf der Welt nichts Interessanteres als Verlobung — und fand das ganze Haus in froher Erregung. Es wurde mir erzählt, wie das Ganze gekommen. Schon im vorigen Winter von der Kaiserin Eugenie und der Fürstin Ekaterina ins Auge gefaßt, ward die Angelegenheit in der letzten Woche zum Abschlusse gebracht worden. Der Kaiser übernahm es, seinem Neffen jährlich fünfzigtausend Franken Apanage zu geben, was mit dem gleichen Einkommen der Braut vortrefflich harmonierte, und ferner, dessen Schulden zu zahlen. Nun ja, Schulden ... daß der junge Mann einer der verschwenderischsten Lebemänner in Paris war, war ja stadtbekannt; unter den Diamanten der damals so gefeierten „schönen Helena", Hortense Schneider, befand sich manches ihr vom Prinzen Achille Murat zu Füßen gelegte Geschmeide. Der Prinz galt für eine der schönsten Erscheinungen unter den jungen Leuten der hohen Gesellschaft. Sohn des Prinzen Lucien und einer Amerikanerin, hatte er in seinem Wesen, seinem Akzent, seinem blonden Typus sehr viel von einem Engländer an sich. Das alles wußte ich schon vom Hörensagen vor der Verlobungsnachricht. Die Braut fand ich damit beschäftigt, an ihre sämtlichen Petersburger und Pariser Bekannten Anzeigen ihres Glückes zu schicken, und beim Adressenschreiben mußte ich ihr helfen. Sie war wirklich glücklich. Zwar war die ganze Heirat eine von den beiderseitigen Verwandten arrangierte, und sie hatte ihren Bräutigam erst drei- oder viermal gesehen; aber in jenen Kreisen, namentlich in Frankreich, ist man es gewohnt, daß Ehen auf diese Art geschlossen werden. Und die blendende Erscheinung des ihr vorgeführten Freiers hatte es ihr gleich angetan: sie war regelrecht verliebt in den jungen Mann und freute sich innig darauf, „Prinzessin Achille Murat“ zu werden. Jetzt stand auch die interessante Aufgabe bevor, das Trousseau zusammenzustellen, die Einrichtung eines kleinen Palais im Elyséeviertel zu überwachen und die Brautgeschenke in Empfang zu nehmen, zu welchen schon heute der Grund gelegt war durch eine Diamantenriviere, die ihr die eigene Mutter gegeben, und ein Perlenhalsband, das ihr der Bräutigam zu Füßen gelegt. So hatte sie denn, wie's im alten Liede heißt, „Diamanten und Perlen“, schöne Augen hatte sie auch, eine doppelte Fürstenkrone, hunderttausend Franken Einkommen, neunzehn Jahre, und einen schmucken Gatten: „Mein Liebchen, was willst du noch mehr?“ Auch mir erschien das damals wie ein Gipfelpunkt irdischen Glückloses, und ich freute mich aufrichtig mit meiner Freundin. Später, viel später habe ich erfahren, daß es „mehr“ gibt als alles das, daß es ein Glück gibt, das in seiner Innigkeit, auch in ganz beschränkten Umständen, jeden äußeren Glanz überstrahlt, jeden Reichtum ersetzt. O, mein namenloses Eheglück ... doch ich will nicht vorgreifen.

Am selben Tage lernte ich Salomés Bräutigam kennen; er war vorher kein Habitué des Hauses gewesen. Sein erster, vor einigen Tagen abgestatteter Besuch war mit dem feierlichen Anhalten um die Hand der Erwählten verbunden gewesen. „Erwählte“ ist ein falscher Ausdruck, ich hätte sagen sollen „der ihm Bestimmten“. Er gefiel mir sehr gut — einundzwanzig Jahre alt, übergroß und schlank von Gestalt, dünnes blondes Schnurrbärtchen, blendende Zähne, tadellos elegantes und sicheres Auftreten. Von Zärtlichkeit freilich keine Spur; ein streng korrektes, um nicht zu sagen kaltes zeremonielles Benehmen wahrte er, wie gegen alle, so auch gegenüber der Braut.

Von nun an kam allmorgentlich der traditionelle große Blumenstrauß ins Haus geschickt, und am Nachmittag erschien der Verlobte selber, um ein Stündchen lang „faire sa cour“.

In den ersten Tagen des Mai 1868 wurde die Hochzeit gefeiert. Eine Hochzeit, die drei Trauungen umfaßte: zuerst die Ziviltrauung in der Mairie, dann eine Vormittagstrauung nach katholischem Ritus in den Tuilerien im Beisein des Kaiserpaares, und am selben Abend um neun Uhr in der griechischen Kirche nach orthodoxem Ritus. An dieser letzten Zeremonie nahm ich als erstes Kranzelfräulein teil. Mein Amt bestand darin, während des ganzen Trauungsaktes eine Krone über dem Haupte der Braut zu halten. Eine illustre Gesellschaft füllte die hellerleuchtete blumengeschmückte Kapelle. Die Toiletten der Damen waren von großer Pracht. Die

Braut trug einen Schleier, der für sie in Brüssel angefertigt worden und in dem das Familienwappen, das Goldene Vließ, eingewebt war. Der Schleier wallte von einem Diamantendiadem herab, das Hochzeitsgeschenk der Kaiserin Eugenie. Die Brautmutter war mit Orden und Ordensbändern geschmückt. Unter dem hier zur Schau getragenen Geschmeide fiel mir besonders der historische Smaragdschmuck auf, den die Schwester des Bräutigams, die berühmt schöne Anna Murat, vermählte Herzogin Mouchy-Noailles, zu dieser feierlichen Gelegenheit angelegt hatte. Und daß ich selber bei dieser Feier mir den Toiletten- und Edelsteinprunk so tief ins Gedächtnis prägte, daß ich heute dies alles noch vor mir sehe, ist das nicht auch einigermaßen beschämend? Ich gestehe sogar, daß ich noch weiß, was ich selber trug: ein bei Worth verfertigtes Kleid aus weißer Gaze über rosa Seidenfutter, mit unzähligen kleinen Volants von der Taille bis zur Schleppe garniert ... hoffentlich habe ich in dieser wichtigen und feierlichen Stunde, wo meine Freundin vor dem Altare stand, für ein neues Schicksal die Weihe zu erhalten, doch auch an andere Dinge als an die vielen kleinen Volants gedacht; aber Tatsache ist, ich sehe noch den rosa Schimmer durch die weißen Gazefäden rieseln.

Nach der Trauung fand bei der Fürstin ein kleiner Ball statt. Die unzähligen Volants hatten noch Gelegenheit, im Tanz herumzuwirbeln, und ich erinnere mich, daß mein Partner bei der ersten Quadrille ein Prinz Bourbon war. Die Neuvermählten waren bald unbemerkt vom Feste verschwunden. Von einer Hochzeitsreise hatte man abgesehen. Das junge Paar bezog gleich sein neueingerichtetes kleines Hotel in der Rue de Preßbourg.

Dort habe ich viele Stunden verbracht. Gewöhnlich lud mich Salomé zum Diner ein, und ich mußte um eine Stunde früher kommen, damit wir Zeit zum Plaudern hatten, ehe die Gäste und ehe der Hausherr kamen. Nach dem Essen fuhr man gewöhnlich, besonders wenn wir drei allein waren, in irgendeines der sogenannten „kleinen Theater", welche Salomé vor ihrer Verheiratung nicht besuchen durfte und die jetzt kennen zu lernen ihr viel Spaß machte. Ich hätte eigentlich, als noch unvermählt, auch nicht dahin gehört, aber einmal galt ich mit meinen vierundzwanzig Jahren schon aus der Kategorie der jungen Mädchen ausgeschaltet, und zweitens war man ja in der „baignoire" für das Publikum unsichtbar.

Meine Freundin schien sich sehr glücklich zu fühlen; wenigstens war sie immer heiter und gut aufgelegt und freute sich an all den Festlichkeiten und Empfängen, die im Kreise der neuen Familie, bei Hof, bei den Schwiegereltern, bei Mouchy, ihr zu Ehren veranstaltet wurden. Mich führte sie auch bei ihren Verwandten ein, und so machte ich mehrere dieser Unterhaltungen mit. Die Saison ging aber bald ihrem Ende entgegen, der Sommer war da und die Gesellschaft flog auseinander...

Das junge Paar ging zuerst auf ein paar Wochen nach dem herzoglichen Schlosse Mouchy und plante, den Rest des Sommers in Baden-Baden zuzubringen. Darauf beredete ich meine Mutter, daß wir auch nach Baden-Baden gehen sollten. Den Gesangsunterricht in der Duprezschen Schule hatte ich in der letzten Zeit stark vernachlässigt; es wurde mir immer klarer, daß ich das große Talent nicht besaß, wie ich es mir eingebildet hatte, und ich hoffte im stillen, daß der Aufenthalt in dem glänzenden Weltbade, wo ich in den Kreisen meiner Freundin verkehren würde, meinem Schicksal vielleicht eine andere, glücklichere Wendung bringen könnte. Meine Mutter mochte dieselbe Hoffnung hegen, oder zog es sie an die Trente-et-quarante-Bank, um noch einmal zu versuchen, ob sich die alte Erratungsgabe nicht doch noch einstellen würde, kurz, wir reisten nach Baden-Baden ab.

11

Saison in Baden-Baden

Wir nahmen Wohnung in der großen, dem Kursaal gegenüberliegenden Villa Mesmer, in welcher Königin Augusta von Preußen bei ihren alljährlichen Besuchen der Kurstadt abzusteigen pflegte. Sie sollte erst in einigen Wochen eintreffen, und vorläufig wurde uns ein Teil ihrer Appartements eingeräumt, darunter auch der große Salon, dessen Fenster nach dem Kurpark gingen. Ungeduldig erwartete ich die Ankunft der Murats, die bereits in der Villa Stephanie Wohnung bestellt hatten. Das interessante Leben sollte ja erst beginnen, bis meine Freunde eingetroffen wären. Unterdessen machte ich die Bekanntschaft einer liebenswürdigen Frau, die in Baden-Baden ansässig war — Baronin Seutter; diese faßte eine große Vorliebe für mich und lud mich oft in ihr Haus ein, wo die eingeborene Badensche Gesellschaft viel verkehrte.

Meine Mutter, die zwar längst alles Spielen leidenschaftlich abgeschworen hatte, begann doch wieder — nur aus Neugierde, ein einziges Mal... ein paar Goldstücke zu riskieren. Und siehe da — die Erfolge der ersten Probezeit stellten sich ein. Sollte die Wundergabe wieder erwacht sein? Da konnte man ja weiterprobieren, solange es ginge. Und in der Tat — das Glück hielt an: die ursprünglich riskierten zehn Louis hatten sich zu mehreren Tausend-Frank-Billetten angehäuft ... wenn das bei allmählich gesteigertem Einsatz noch ein paar Monate so anhielte — und warum nicht? — so war ja die „réussite" gemacht. Alle erloschenen Hoffnungen loderten wieder auf.

Eines Tages erhielt ich die betrübende Nachricht, daß das junge Paar Murat seine Pläne geändert habe und in diesem Sommer nicht nach Baden-Baden kommen werde; die Wohnung in der Villa Stephanie ward wieder abgesagt. Auch wir mußten nun unsere Wohnung verlassen, da die Ankunft der Königin Augusta bevorstand. Eigentlich hätten wir nun nach Hause fahren können, da ja der Zweck unseres Hierherkommens — mit Murats zusammen zu sein — verfehlt war; aber wir zogen doch vor, zu bleiben. Das mühsame Gewinngeschäft im Kursaal hatte zwar eine Zeit nachgelassen, dann wieder eingesetzt, wieder nachgelassen (dieses letztere aber immer nur aus später zu vermeidenden Verfehlungen), und so mußte doch weiterprobiert werden. Und mir war durch die Bekanntschaft mit der Baronin Seutter viel Amüsement geboten; also war es mir auch lieber, in dem glänzenden, wunderschönen Baden-Baden zu bleiben, als nach unserem einfachen Baden zurückzukehren. Unser Hausherr ersetzte die Zimmer, die wir jetzt in der Hauptvilla räumen mußten, durch eine hübsche, in einer Dependance gelegenen Wohnung.

Kurz nach der Ankunft Königin Augustas traf auch der alte König Wilhelm I. in Baden-Baden ein, wo er ungefähr eine Woche bleiben sollte. Von unseren Fenstern konnte man den Haupttrakt der Villa und das Arbeitszimmer des Königs sehen. Jeden Morgen saß er da am Schreibtisch, der nahe an das offen stehende Fenster gerückt war, und man konnte ihn da beobachten, wie er arbeitete.

Ich sollte den Sieger von 1866 übrigens bald nahe sehen und persönlich kennen lernen. Eigentlich hätte ich als Oesterreicherin gegen unseren Ueberwinder patriotischen Groll hegen sollen; aber ich gestehe, daß ich nichts Aehnliches empfand — nur einen ungeheuern Respekt vor eben diesen Siegen. Der Begriff „Schlachtensieger", „Ländereroberer" war mir noch von meinem Geschichtsunterricht her der Inbegriff aller Größe, alles Ruhmes. Irgend jemand muß ja zu Schaden kommen, damit Siege und Eroberungen erreicht werden; daß hier zufällig mein Geburtsland das geschädigte war — dieser Umstand konnte doch der Liebenswürdigkeit des Königs keinen Eintrag tun — so egoistisch ungerecht wollte ich doch nicht sein. Zudem war der alte Herr als bezaubernd liebenswürdig, als grundgütig bekannt

— kurz, ich konnte mich durchaus nicht zu vaterländischer Rankünegegen ihn aufschwingen.

Frau von Seutter lud mich eines Abends ein, sie in ihre Loge zu begleiten. Es war eine italienische Opernvorstellung, ich kann mich aber nicht erinnern, was aufgeführt wurde. Ich weiß nur noch, daß wir knapp neben der großherzoglichen Loge saßen und daß in dieser König Wilhelm anwesend war. Er nickte Frau von Seutter einen Gruß zu und schaute oft zu uns herüber. Am nächsten Tag schlug mir die Baronin vor, mich zu einer musikalischen Matinee im Hause Viardot zu führen — dort finde sich stets das vornehmste Publikum ein; dazu ließ ich mich aber nicht bewegen — vor Madame Viardot wollte ich mich nicht mehr sehen lassen. Am Nachmittag erzählte mir Frau von Seutter, die Matinee sei glänzend ausgefallen. Auch der König von Preußen wäre dagewesen. Er habe sie gefragt, wer die junge Dame gewesen, gestern in der Oper; er glaube die Nachbarin erkannt zu haben, die er öfters von seinem Fenster aus sehe.

Wenige Tage später sah ich den König in einer Soiree wieder, die eine große Dame der Gesellschaft — ich kann mich des Namens nicht entsinnen — ihm zu Ehren veranstaltete. Es wurden dabei lebende Bilder gestellt. Im Laufe des Abends stellte mich Frau von Seutter dem alten Monarchen vor.

„Oh," rief er, lächelnd mir die Hand reichend, „wir kennen uns schon lange — vom Fenster aus."

Von nun ab geschah es sehr oft, daß im Kurpark, wo der König während der Nachmittagsmusik mitten unter den anderen Kurgästen vor dem Kursaal auf und ab zu gehen pflegte, er mich ansprach und dann eine Zeitlang die Promenade an meiner Seite plaudernd fortsetzte. Ich habe kein Tagebuch aus jener Zeit und kann daher den Inhalt dieser Gespräche nicht mehr wiedergeben. Ich erinnere mich nur, daß ich um eine Photographie bat, die mir, mit Namenszug versehen, freundlich gewährt wurde. Ich mußte auch die meine hergeben; doch der König fand sie schlecht getroffen und ersuchte mich um eine andere. Nach wenigen Tagen reiste er von Baden-Baden ab. Am Morgen dieser Abreise schickte ich noch die verlangte Photographie mit einem Begleitschreiben hinüber. Was darin stand, das weiß ich nicht mehr, doch muß ich jedenfalls etwas von Eroberung gesprochen haben — vielleicht spielte ich dabei auf 1866 an. Die mir übersandte Antwort ist in meinem Besitz. Sie wurde mir von einem Eilboten eingehändigt, während ich eben im Begriffe war, mit Baronin Seutter und einigen anderen Damen auf den Bahnhof zu gehen, um dort dem abreisenden König zum Abschied Blumen zu überreichen. Hier ist die Abschrift des Handschreibens:

Baden, 23. 10. 68.

Soeben empfange ich Ihre etwas bessere Photographie, gnädige Komtesse, als die, welche Sie gestern so gütig waren, mir zuzustellen. Indem ich meinen aufrichtigsten Dank hiemit aussprechen darf, muß ich denselben auch, und zwar noch weit inniger, für die liebenswürdigen Zeilen aussprechen, welche die Photographie begleiteten. In den Passus der Eroberung scheint sich ein Fehler eingeschlichen zu haben, indem Sie wohl sagen wollten, daß Sie sehr wohl wüßten, eine Eroberung gemacht zu haben, und zwar die eines zweiundsiebzigjährigen Greises, dessen Sentiments oft noch sehr lebhafte Eindrücke aufnehmen, namentlich wenn sie durch Visavis unterhalten — wenn auch nur zu selten — werden!

Mich Ihrem ferneren Andenken angelegentlichst empfehlend, verbleibe ich

gnädige Komtesse

Ihr

sehr ergebener

Wilhelm rex.

12

Nochmals Paris

Die Baden-Badener Saison ging ihrem Ende entgegen. Prinzessin Murat schrieb mir, daß, nachdem die Sommerpläne ins Wasser gefallen, wir doch nun im kommenden Winter wieder nach Paris zurückkehren mögen, wo wir das Versäumte nachholen könnten und sie mir Gelegenheit bieten würde, vieles mitzumachen. Wir folgten dieser Aufforderung und fuhren von Baden-Baden nach Paris zurück.

Den Unterricht in der Duprezschen Schule wollte ich aber nicht wieder aufnehmen. Der Gesang hatte aufgehört, mir „das Wichtige" zu sein. Da ich das Bewußtsein verloren hatte, daß mich meine Begabung auf die höchsten Gipfel der Kunst heben könne, so wollte ich auf die öffentliche Ausübung derselben verzichten und sie nur weiter zu eigenem Genusse betreiben. Mein Sinn war jetzt überhaupt mehr nach der „großen Welt" gerichtet: der Umgang mit all den Fürstlichkeiten, Kaiserlichkeiten und Königlichkeiten war mir vielleicht etwas zu Kopf gestiegen. Die demokratische Gesinnung meiner reifen Jahre war damals jedenfalls noch nicht erwacht.

In der letzten Zeit unseres Aufenthaltes in Baden-Baden hatte sich mir ein junger, ganz junger Mann vorstellen lassen, der mir auffallend huldigte; täglich übersandte er einen prachtvollen Blumenstrauß. Er war ein Engländer, aber in Australien geboren, wo sein Vater, so hieß es, ungeheure Besitzungen hatte. Ich dachte nicht weiter an den hübschen Jüngling, der mit seinen anscheinend achtzehn bis neunzehn Jahren mir Fünfundzwanzigjährigen gegenüber doch nicht als Heiratskandidat gelten konnte, als er sich eines Tages in unserer Pariser Wohnung anmelden ließ und uns um die Erlaubnis bat, seinen Vater, der eben aus Melbourne angekommen war, bei uns einzuführen. Wir willigten ein, und tags darauf erhielten wir den Besuch eines alten, gelähmten Herrn, der sich die Stiege hinauftragen lassen mußte.

„Meine Damen," begann er die Unterhaltung, „ich will Ihnen ohne Umschweife sagen, was mich zu Ihnen führt. Ich werde wahrscheinlich nicht mehr lange leben und habe einen einzigen Sohn, dessen Lebensglück ich gerne gesichert sehen möchte. Er ist zwar noch sehr jung zum Heiraten — zwanzig Jahre —, aber bei uns sind frühe Heiraten nichts Seltenes. Er hat sich leidenschaftlich in Sie — my dear young lady — verliebt und bat mich, für ihn um Ihre Hand anzuhalten, was ich hiermit feierlich tue. Sie finden das vielleicht nach so kurzer Bekanntschaft sehr anmaßend — aber erstens habe ich keine Zeit vor mir, ich kann jeden Tag abberufen werden, und zweitens habe ich so viel zu bieten, daß ich ohne Ueberhebung so auftreten darf. Ich bin der reichste Mann in Australien. Ich besitze unter anderen eine ganze Straße in Melbourne. Mein Junge erbt alles — aber auch schon während meiner Lebenszeit bin ich bereit, ihm und meiner Schwiegertochter ein königliches Vermögen einzuhändigen. Die Wahl des Ortes, wo sie sich niederlassen, steht der jungen Dame frei. Jedenfalls wird ein Hotel in Paris angekauft. Sie müssen natürlich auch Erkundigungen über uns einziehen können. Wenden Sie sich an das Haus Rothschild, auf das meine Kreditbriefe lauten. Und jetzt bitte ich Sie, sich mit Ihrer Antwort eine Woche zu gedulden und während dieser Zeit meinem Sohne zu erlauben, täglich ein paar Nachmittagsstunden in Ihrem Hause zuzubringen, damit die jungen Leute sich näher kennen lernen. Ich selber bin zu krank, um meinen Besuch oft zu wiederholen."

Nach dieser schönen Rede, auf die ich gar nichts und meine Mutter nur ein paar Worte von „Ueberraschung", „Ueberlegung" erwiderte, empfahl sich der alte Herr und wir blieben mit unserer Verblüffung allein. Am selben Abend erzählte ich den Vorfall meiner Freundin und ihrem Gatten.

„Welch fabelhaftes Glück, Contessina! Da müssen Sie zugreifen . . ."

Ich protestierte ein wenig: „Aber ich kenne den jungen Menschen kaum, liebe ihn nicht, ich bin zu alt für ihn . . ."

Doch diese Einwendungen wehrten meine Freunde ab. Besonders Prinz Achille legte sich ins Zeug. Er stellte sich mir zur Verfügung, die nötigen Erkundigungen einzuziehen und mir durch seinen Häuseragenten, John Arthur, den Ankauf eines herrlichen Palais zu vermitteln. Er prophezeite, daß ich den ersten Salon in Paris haben werde. Wenn der junge Mann auch keinen aristokratischen Namen hatte — ich brachte einen solchen mit, und Millionen, so viele Millionen bedeuten heutzutage mehr als Rang und Titel. Das alles klang mir angenehm; meine Mutter betrachtete die Sache auch als einen Glücksfall, der junge Mann war elegant und hübsch und schien mich anzubeten, kurz: wir sagten „Ja".

Da erschien wieder der Vater und lud uns zu einer Spazierfahrt ein, die mich in eine wahre Tausendundeine-Nacht-Stimmung versetzte. Wir fuhren durch die Champs-Elysees: ich sollte dort unter vier oder fünf prunkvollen Palais, die verkäuflich waren, eines aussuchen. Meine Wahl fiel auf das Hotel Païva — einen wahren Schmuckkasten, den Graf Henckel-Donnersmarck der schönen Madame Païva eingerichtet hatte. Von den Champs-Elysees fuhren wir in die Rue de la Paix. Vor dem großen Juwelierladen ließ mein künftiger Schwiegervater halten; sein Diener hob ihn aus dem Wagen und half ihm in den Laden, wo ihm ein Lehnsessel zurechtgeschoben wurde. Wir standen daneben. Er befahl, daß man das Schönste, was an Schmuck zu haben sei, vorzeige. Gefällig brachte der Juwelier seine prächtigsten Waren herbei, und die geöffneten Samtkapseln erschlossen mir das Gefunkel farbensprühender Solitäre und den matten Glanz erbsengroßer Perlen.

„Wie teuer diese Riviere?" fragte der Australier.

„Zweihunderttausend Franken," lautete die Antwort.

Dann an mich gewandt: „Gefällt Ihnen das Stück?"

Ja, mir gefiel es. Und nun griff er nach dem Perlenhalsband.

„Das ist nicht übel," meinte er, „aber es sind nur drei Reihen, könnte man nicht fünf haben?"

„Von derselben Größe? Das wird schwerhalten," antwortete der Juwelier.

„Nun, wir wollen heute noch nicht schlüssig werden," sagte der alte Herr, und wir verließen den Laden.

„Ich will noch zu einigen anderen Juwelieren gehen," sagte er, als wir im Wagen saßen; „aber nicht heute. Jetzt weiß ich, was Ihrem Geschmack entspricht. Ich habe übrigens aus Australien Steine mitgebracht, die viel schöner und größer sind, als wir hier gesehen -- die werde ich als Diadem fassen lassen."

Ich bin heute noch froh, diese Pariser Spazierfahrt erlebt zu haben. Ich habe dabei eine Sensation kennen gelernt, die durchzukosten nur wenigen Menschen zuteil wird — nämlich das Bewußtsein, daß man über unermeßlichen Reichtum verfügt, und daß man nur zu winken braucht, um alles, alles zu erlangen, was für Geld zu haben ist. Es ist im ersten Moment ein berauschendes Empfinden, aber — auch diese Wahrnehmung ist mir wertvoll: der Rausch verfliegt bald und macht einer gewissen Blasiertheit Platz; wie eine Ermüdung überkommt es einen: wenn man alles so schnell haben kann, was man wünscht, was bleibt dann noch zum Wünschen übrig? Und dann, jenseits von den mit Geld zu erstehenden Gütern, wie viel gibt es da noch der Güter, die nicht käuflich sind ... Liebe, Ruhm, Ehre, Frohsinn, Gesundheit ... was hat der arme lahme Mann von seiner Häuserzeile in Melbourne? Und ich, statt einem starken, bedeutenden, geliebten Mann anzugehören, zu dem ich aufblicke, an den ich mich stützen könnte — — dieses Bübchen ...

Prinz Achille kam zu uns, um meinen Freier kennen zu lernen. Er fand ihn, glaube ich, auch ziemlich unbedeutend, aber das schien ihm eine Eigenschaft mehr.

„Sie werden aus ihm machen können, was Sie wollen — ihn um den Finger wickeln."

Er lud ihn für den nächsten Abend zum Diner ein. Am nächsten Abend aber, als wir schon eine Viertelstunde lang auf den Gast gewartet, kam eine Botschaft: Mister F. sei unwohl geworden und bitte, ihn zu entschuldigen. — Am folgenden Tag war das Unwohlsein zum Glück wieder verschwunden. Die Erkundigung bei Rothschild brachte keine genauen Details, denn der Chef war eben in Nizza und die Beamten wußten nur zu sagen, daß ein Kreditbrief auf den betreffenden Namen wirklich vorgelegt und honoriert worden sei. Und nun sollte eine Verlobungsfeier stattfinden. Die Eltern des Prinzen Achille hatten die Freundlichkeit, anzutragen, daß das Fest in ihrem Hause abgehalten werde, und sie schickten die Einladungen dazu aus. Mit einer himmelblauen Toilette angetan, die ich mir für den Anlaß bei Worth hatte bauen lassen, und klopfenden Herzens trat ich in den Salon ein. Der Wagen war unterwegs aufgehalten worden und wir — meine Mutter und ich — kamen daher ziemlich verspätet an. Die ganze Gesellschaft war schon versammelt — doch der Bräutigam war auch noch nicht da. Es verging eine peinliche Viertelstunde — und da der Erwartete noch immer nicht erschien, ging man zu Tisch. Ich wurde zur Rechten des alten Hausherrn gesetzt — der Platz an meiner Rechten blieb vorläufig leer. Man war schon — in sehr peinlicher Stimmung — bis zum dritten Gang gelangt, als ein Billett hereingebracht wurde: Herr F. lasse um Entschuldigung bitten, er sei plötzlich unwohl geworden. Das Diner wickelte sich darauf sehr flau ab. Die vorbereiteten Verlobungstoaste mußten natürlich ungesprochen bleiben, und der Champagner wurde nur auf die baldige Genesung des Abwesenden geleert.

Ich ahnte nichts Gutes: dieses zweimalige Absagen bei meinen Freunden und nun gar zur Verlobungsfeier selber — und in so kühlem Ton: was sollte das heißen? — Was es heißen sollte, darüber brachte mir am nächsten Morgen die Post Bescheid. Es war ein Brief des Vaters. Nur wenige Zeilen mit der Nachricht, daß die beiden Herren nach England abgereist seien. Sie waren zu dem schmerzlichen Entschluß gekommen, die Verlobung wieder rückgängig zu machen. Der Altersunterschied sei doch zu groß, denn der junge Mann war — es sei nur eingestanden — nicht zwanzig, sondern erst achtzehn Jahre alt. Farewell, and may you be as happy as you deserve. Yours truly. — Und das war alles. Weggeblasen der ganze Märchentraum. Später erfuhren wir, daß auch die ganze Häuserzeile in Melbourne und die sonstigen Millionen nur Märchen gewesen. —

Natürlich habe ich mich eine Zeitlang über diese Episode gekränkt und geschämt. Ich fühlte mich vor der ganzen Familie Murat blamiert; doch trachteten meine Freunde mich aufzurichten und versicherten immer wieder, daß ja aller Tadel nur auf die beiden Engländer fallen konnte und daß es eigentlich ein Glück für mich war, die abenteuerlichen Leute los zu sein. Und ich war auch wirklich bald getröstet.

Im selben Winter hatte ich noch ein Erlebnis, das sich meinem Gedächtnis eingeprägt hat. Eines Tages erhielt ich ein Billett, gezeichnet Princesse Annette Tschawtschawadze, worin mich diese Dame aufforderte, sie im Grand-Hotel zu besuchen, wo sie und ihre zwei Töchter, Lisa und Tamara, abgestiegen seien. Ich kannte die Fürstin Annette, eine Schwägerin der Dedopali, von Homburg her und freute mich, sie wieder zu sehen.

Eine interessante Episode aus ihrem Leben war mir oft erzählt worden. Der berüchtigte Tscherkessenführer Schamyl hatte sie einst geraubt. Es war zu Anfang der fünfziger Jahre. Die junge Frau saß mit zwei ihrer kleineren Kinder und einer französischen Gouvernante in der Veranda ihrer Villa in Kachetien, als plötzlich eine Reiterschar einfiel. Die Männer sprangen ab, legten die Frauen in Fesseln und schwangen sie auf ihre Rosse. Der Fürstin Annette wurden die zwei Kinder in die Arme gelegt und fort sprang die Schar. Die junge Frau mußte zu ihrem Schreck auch noch den fürchterlichen Schmerz erleben, daß ihren immer kraftloser werdenden Armen das eine Kind entglitt und von den Hufen der Pferde zertreten wurde. Bei der ganzen Entführung handelte es sich nur um den Loskauf. Den Frauen wurde in Schamyls Behausung die rücksichtsvollste Behandlung zuteil, er setzte nur an ihre Herausgabe sehr hohe Bedingungen — nicht ein Geldpreis war es, sondern irgendeine politische Konzession. Der Preis wurde gezahlt und Fürstin Annette befreit; niemals aber in ihrem Leben hat sie das Grauen verwinden können, das sie in der Minute empfand, als ihr das Kind aus den Armen fiel. —

Ich fand die Dame in ihrem Hotelsalon, und unter den anwesenden Besuchern gewahrte ich auch — o Ueberraschung — Heraclius Bagration, Prinz von Georgien. Und noch größer ward die Ueberraschung, als mir Fürstin Annette ihre siebzehnjährige Tochter Tamara und den ältlichen Herrn als — Verlobte vorstellte . . .

Es versetzte mir wohl einen Schlag; aber meine Schwärmerei war ja längst verflogen, und so konnte ich ziemlich unbefangen und aufrichtig meine Glückwünsche darbringen.

13
Das Jahr 1870—1871

Prinz Achille Murat war Offizier in der französischen Armee; als solcher erhielt er die Order, sich nach Algier in Garnison zu begeben. Natürlich begleitete ihn seine Gemahlin, und so war Paris wieder leer für mich. Leer auch mein Herz und zerstört meine Zukunftspläne. Unser kleines Vermögen war durch alle diese Studien- und sonstigen luxuriösen Existenzkosten stark zusammengeschmolzen . . . und so kam es, daß ich mich doch wieder dem Gesange zuwandte. Wir reisten nach Mailand, um dort bei Meister Lamperti Rollen zu studieren und womöglich an der „Scala" zu debütieren. Lamperti prüfte mich, fand die Stimme wunderschön — ich müsse aber noch mindestens ein Jahr bei ihm lernen, ehe ich daran denken durfte, in Konzerten oder Opern aufzutreten. Gut denn — also wieder do re mi fa sol la si . . .

Ich lernte und übte fleißig, aber „das Wichtige" — das sozusagen Weltausfüllende, als das ich zu Beginn meiner Lernzeit die angestrebte Kunstbewältigung empfand — das war mir verschwunden.

Und nun brach der Deutsch-Französische Krieg aus. Von Salomé Murat erhielt ich die Nachricht, daß sie in Algier einem Sohne das Leben geschenkt und daß er geboren ward am 1. Juli, dem Tage der Kriegserklärung. Ich hatte das Ungewitter nicht kommen sehen, und als es losbrach, ließ es mich gerade wieder so unbeteiligt wie die Stürme des Jahres 1866. Ich hatte ganz anderen Kummer: es wollte durchaus nicht gelingen mit der künstlerischen Laufbahn. Wenn immer ich Probe sang, schnürte mir die Angst die Kehle zu — und ich hielt nicht stand. Mir ward der „Singsang" schon zur Qual. Aber ich kämpfte weiter, denn immer wieder sagten mir die anderen, daß die „Angst" überwunden werden könne und daß dann mein Talent siegen müßte. Bei alledem kümmerte ich mich nur wenig um die große Tragödie, die damals die Welt erschütterte. Da waren noch andere Qualen als die meinen gelitten, da erzitterte die Mitwelt in anderer Angst! Ich ließ dieses historische Elementarereignis wieder ohne innere Auflehnung am Horizont vorübergehen. Die wiederholten Siege Deutschlands flößten mir großen Respekt ein, während der Sturz der napoleonischen Dynastie, mit der ich in so nahen Kontakt gekommen, mir gleichzeitig herzliches Bedauern verursachte; andererseits aber gönnte ich meinem liebenswürdigen königlichen Visavis die stolze Kaiserkrone.

Von dem Jammer und den Greueln, die der Deutsch-Französische Krieg im Gefolge hatte, hörte ich wenig — oder wollte nichts hören, wehrte es ab mit dem gewohnten fatalistischen «C'est la guerre!» Politik interessierte mich nicht im mindesten, Tagesblätter las ich nicht. Dafür desto mehr Bücher. Diese versetzten mich in eine zweite Welt, in der ich neben meinem eigenen Leben ein zweites Leben lebte. In früher Kindheit hatte mich die Lese- und Lernleidenschaft ergriffen; durch den Umgang mit Elvira, der Dichterin und Gelehrtentochter, ward sie noch angefacht — und nie, unter keinen Umständen hat sie mich verlassen. Ob ich nun zu Hause in Baden oder auf der Reise war, ob ich Opernschulen besuchte oder in der großen Welt unter Festen und Freuden mich bewegte, ob ich verliebt und verlobt und wieder entlobt war, ob mir die Existenz Glanz und Freuden oder Kummer und Sorgen bot — immer verbrachte ich mehrere Stunden des Tages in Gesellschaft von Büchern.

Damals, in der Zeit, von der ich spreche, hätte das, was ich gelesen, schon eine stattliche Bibliothek gefüllt. Den ganzen Shakespeare, den ganzen Goethe, den ganzen Schiller und Lessing, den ganzen Victor Hugo. Der letztere — eine Welt an sich —, der mir schon als Kind mit seinem „Ruy Blas" einen so gewaltigen Eindruck gemacht, den wollte ich in allen seinen Werken kennen lernen und berauschte mich an seiner Sprachgewalt, an den Sonnenflügen seines Genies. Anastasius Grün, Hamerling, Grillparzer, Byron, Shelley, Alfred Musset, Tennyson unter den Dichtern; und von den Romanschriftstellern kannte ich den ganzen Dickens, den ganzen Bulwer, oder sagen wir lieber gleich: die ganze Tauchnitz-Edition. Im Französischen die Romane der George Sand, Balzac, Dumas — das Theater der Corneille, Racine, Molière, Dumas fils, Augier, Sardou. Doch ebenso wie die schöne Literatur und vielleicht noch mehr fesselte mich die wissenschaftliche. Ich las ethnographische, chemische, astronomische Werke; doch die liebste Disziplin war mir die Philosophie. Kant, Schopenhauer, Hartmann (Philosophie des Unbewußten), Strauß, Feuerbach, Pascal, Comte, Littré, Victor Cousin, Jules Janet, Alfred Fouillee (die drei letzteren in der „Revue des deux Mondes", die ich regelmäßig von der ersten bis zur letzten Seite las); diese und noch andere, deren Namen ich hier nicht alle aufzählen kann, waren meine geistigen Genossen, in deren Gesellschaft ich eine glückliche, meinen persönlichen Erlebnissen entrückte Doppelexistenz führte, in der sich mir die Seele wohlig weitete. Damals war noch nicht die Zeit der Bilderstürmerei, die seither sich befleißigt, die Werke der älteren Dichter herabzuwürdigen, man konnte sich des vornehmen Umgangs mit vollem Stolze freuen. In der Wissenschaft hingegen war die wirklich vornehmste unter ihnen — ich meine die Naturwissenschaft — noch nicht zu der Höhe, dem Einfluß und der Revolutionierung der Geister gelangt, die sie seither durch Ausarbeitung der Entwicklungstheorie sich erobert hat. Ihre Anwendung auf die geistigen und sozialen Phänomene war mir noch unbekannt. Von sozialer Philosophie und Soziologie wußte ich noch nichts; wohl hatte schon Darwin seine Entstehung der Arten in die Welt gesandt, schon waren in den Werken von Lassalle und Engels die wirtschaftlichen Probleme aufgeworfen, schon hatte Buckle seine Einleitung zur Geschichte der Zivilisation veröffentlicht, der Streit über Büchners „Kraft und Stoff" war schon entbrannt, Herbert Spencers Hauptwerke waren schon ausgegeben, doch zu mir war von alldem noch nichts gedrungen. Ich nahm mit ganzer Wißbegierde hin, was mir die Bücher von Natur und Gesellschaft als von etwas

Seiendem berichteten, als etwas Werdendes faßte ich sie nicht auf; und namentlich fehlte mir der Begriff, daß die sozialen Zustände anders werden sollen und daß zu dieser Entwicklung der wissende Mensch kämpfend mitwirken kann.

Als der Deutsch-Französische Krieg beendet war, weilten wir zufällig in Berlin.

Meine Studien hatten mich — da ich es auch mit der deutschen Gesangskunst versuchen wollte, nach der preußischen Hauptstadt geführt.

Von einem Balkon Unter den Linden sah ich den Einzug der aus Frankreich heimkehrenden siegreichen Truppen. Ich habe das Bild im Gedächtnis voll Sonnenschein, Jubel, flatternden Fahnen, gestreuten Blumen, Triumphbogen — ein hohes, historisches Freudenfest. Wie anders würde heute meine Auffassung sein — — doch die Geschichte dieser Wandlung kommt erst viel später!

14
Prinz Wittgenstein

Nun folgt noch eine Episode aus der Jugendzeit — wieder ein Verlobungsroman. Wenn ich sage „Jugendzeit", so ist das relativ; denn der Roman spielte sich im Sommer 1872, also in meinem neunundzwanzigsten Lebensjahre ab, und dieses Alter heißt bei einem Mädchen nicht mehr „jung".

Es war in Wiesbaden. Ein junger Mann — Adolf Prinz Sayn-Wittgenstein-Hohenstein war sein Name — ließ sich uns vorstellen. Es stellte sich heraus, daß er, mit einer phänomenalen Tenorstimme begabt, ein leidenschaftlicher Sänger war. Dies gab natürlich zwischen ihm und mir einen Anknüpfungs- und später einen Anziehungspunkt ab. Er hatte mich einmal gehört, als ich bei offenem Fenster sang, und das hatte ihn veranlaßt, sich zu nähern. Wir forderten ihn auf, uns zu besuchen und seine Noten mitzubringen. Diesem Wunsche willfahrte er gerne. Ich war erstaunt, daß die Stücke, die er mitbrachte, nicht nur Lieder, sondern meist Opernarien waren, und er staunte nicht minder, auch bei mir einen Vorrat von Partituren vorzufinden. Das erste, was er vorsang, war die Faustarie: «O dimora casta e pura.» Ich begleitete ihn am Klavier. Als er mit der Arie zu Ende war — er hatte wundervoll gesungen —, schlug ich meine Faustpartitur auf und begann den Sopranpart des Duetts zu singen — er fiel sogleich ein, und wie zwei regelrechte Opernkünstler führten wir den Zwiegesang zu Ende.

„Haben Sie sich denn für die Bühne ausgebildet, Komtesse?" fragte er erstaunt.

„Dasselbe könnte ich Sie fragen, mein Prinz."

Die Frage blieb aber dies erstemal unbeantwortet. Wir hatten gegenseitig solchen Gefallen an diesem sicheren Zusammensingen gefunden, daß wir verabredeten, fleißig miteinander zu musizieren. Er kam nun täglich zu uns, und dem Faustduett folgte das Duett aus „Romeo und Julie", und darauf das Duett zwischen Raoul und Valentine. — Bald vertraute der junge Mann uns an, daß er in der Tat die Absicht habe, sich der Kunst zu widmen. Schon in einem Monat wollte er nach Amerika abreisen und dort unter angenommenem Namen in Konzerten oder auch im Theater auftreten. Es hatte ihn harte Mühe gekostet, seinen Eltern die Einwilligung dazu abzugewinnen, aber seine Leidenschaft für den Gesang war so groß, daß er bereit gewesen wäre, alles hintanzusetzen, um die geliebte Kunst berufsmäßig ausüben zu können. Er hoffte davon auch die Erwerbung pekuniärer Schätze. Als jüngerer Bruder des Majoratserben hatte er keine Anwartschaft auf Vermögen, und in Amerika flogen ja hervorragenden Tenören die Dollars in Fülle zu. Daraufhin erzählte auch ich, welche Pläne ich gehegt hatte, und daß diese nur an der unüberwindlichen Angst gescheitert waren, die mich jedesmal lähmte, wenn ich vor einem größeren Publikum oder zu entscheidender Probe singen sollte. Aehnliches hatte er auch empfunden, aber mit der Zeit überwunden.

Und so verstanden wir uns vortrefflich. Unsere Stimmen klangen herrlich zusammen, und das Ende war — errät nicht jeder, was das Ende war? Vierzehn Tage lang täglich zwei Stunden einander in Dur und Moll, in zärtlichen und feurigen Tönen zu beteuern: „Io t'amo", „je t'adore" — „will sterben — gern ... für dich!", das läßt sich nicht — wenn man sich sonst sympathisch ist — ungestraft tun. Und so geschah es, daß wir übereinkamen, unsere Lebensschicksale, die einander so ähnlich waren, zu verbinden.

Prinz Adolf Wittgenstein hielt um meine Hand an, und sein Antrag ward von meiner Mutter genehmigt. Meine Genehmigung hatte er schon in dem Kuß erhalten, mit welchem eines der in süßen Terzen ersterbenden Duette geendet hatte.

Unsere Pläne wurden so zurechtgelegt. Die Fahrt nach Amerika würde ausgeführt. Mehr als je war die Erwerbung eines Vermögens vonnöten. Seinen Eltern wolle er sogleich Mitteilung von der Verlobung machen; als seine deklarierte Braut sollte ich zurückbleiben; und wenn drüben seine Karriere gelang, so würde er zurückkommen, um mich abzuholen. Von den Eltern kam bald ein zustimmender Brief, und so waren wir denn Bräutigam und Braut. In dieser Eigenschaft ward uns das Singen der Liebesduette noch einmal so wonnig. Freilich mischte sich diesem Glücke die Wehmut der so nahestehenden Trennung bei. Noch zwei Wochen und Adolf mußte nach Bremen, sein Platz auf dem Dampfer war schon genommen, und das Konzert, in dem das Debüt stattfinden sollte, war in Neuyork schon angesagt. Also tapfer: Ein paar Monate wären bald vergangen und im nächsten Frühjahr könnten wir den Liebesbund eingehen. Wir tauschten Ringe und Schwüre, und mein Verlobter reiste nach Bremen ab, um sich einzuschiffen, während wir nach Oesterreich heimkehrten. Wir begaben uns nach Graz, wo eine Schwester meiner Mutter mit ihren Kindern niedergelassen war. Dort wollten wir in stiller Zurückgezogenheit bis zur Rückkunft Adolfs leben. Unsere Badener Villa war verkauft — Gesang und die unfehlbare Erratungsgabe hatten nahezu alles verschlungen. Meiner Mutter blieb ihre unantastbare Witwenapanage, und mir blieb genug, um zu der bevorstehenden Vermählung ein standesgemäßes Trousseau anzuschaffen.

Der Zukunft sah ich nun — zwar nicht mit Ruhe — aber doch mit froher Erwartung entgegen. Nicht mit Ruhe; denn wie, wenn Adolf in seinen Plänen scheiterte, oder wie, wenn er drüben seinen Sinn änderte — solche Dinge kommen ja vor. Und mit froher Erwartung — denn es konnte ein interessantes, glückliches Leben werden an der Seite eines Kunstgenossen, der zugleich einen großen Namen trug und der ein lieber, poetischer, seelenguter Mensch war, und dem ich, wenn auch nicht leidenschaftlich, so doch herzlich zugetan war.

Von Bremen war mir ein liebevolles Abschiedstelegramm zugekommen — jetzt mußten aber mehrere Wochen vergehen, ehe ich einen Brief aus Neuyork erhalten konnte.

Doch früher, als ich erwartet, kam mir Nachricht zu — eine Schreckensnachricht. In der Zeitung fand ich eine wenige Zeilen umfassende Notiz mit der Ueberschrift: „Auf der Ueberfahrt gestorben. Wie eine an die Familie des Fürsten Wittgenstein auf Schloß Wittgenstein eingelangte Kabeldepesche meldet, ist der auf der Reise nach Amerika befindliche Prinz Adolf Wittgenstein plötzlich an Bord gestorben. Seine Leiche wurde ins Meer versenkt."

Ich stieß einen Schrei aus und habe die ganze Nacht schluchzend an meinem Bett gekniet.

Am folgenden Morgen — in der letzten Hoffnung, daß die

Nachricht vielleicht eine falsche sei — schrieb ich an die Familie und erhielt von Adolfs Zwillingsbruder folgende Antwort:

Schloß Wittgenstein, 20. November 1872.

Liebe verehrte Gräfin Bertha!

Wie unendlich schwer wird es mir, Ihnen diese Zeilen zu senden, denn sie müssen Ihnen mitteilen, daß das Gerücht, von dem Sie in den Zeitungen gelesen, ein wahres ist!

Ach, Sie glauben nicht, liebe Gräfin, in welch' namenlose Trauer wir alle, besonders ich, versetzt sind durch die Nachricht von dem plötzlichen Tode unseres geliebten, guten, herzensguten Bruders. Sein Herz hat aufgehört zu schlagen! Der arme Adolf starb, wie uns durch das Reichskanzleramt mitgeteilt wurde, infolge eines Leibschadens (wahrscheinlich durch die fürchterliche Seekrankheit hervorgerufen) plötzlich am 30. Oktober; seine teure Leiche wurde ins Meer gebettet. So lautet das verhängnisvolle Telegramm, welches von Neuyork in Berlin am 6. November eintraf und das am 7. übersandt wurde. Erlassen Sie es mir, teuere Gräfin, Ihnen zu sagen, was wir bei dieser Nachricht empfanden und litten, und jetzt bin ich noch nicht imstande, das Furchtbare zu fassen und zu glauben. Ich weiß nicht, warum der allgütige Gott meinen innigstgeliebten Zwillingsbruder jetzt zu sich rief, in der vollen Blüte seiner Jahre, eben im Begriff, das ersehnte Ziel seiner Wünsche zu erreichen! O Gott, wie unendlich schmerzvoll für uns arme Zurückgebliebenen! Ich weiß, liebe Gräfin, welcher Schmerz Sie bei dieser Nachricht ergreifen wird. Sie hatten den guten Bruder auch so lieb. Ach, hätte er mir gefolgt, wäre er geblieben und nach Italien gegangen und später nach London. Halb und halb hatte ich es schon erreicht. Sie wissen vielleicht noch aus seinen Briefen, wie trostlos er darüber schrieb, man wolle nicht sein Glück! Wer keinen festen Glauben hat und sich nicht sagt, daß alles, was Gott tut, wohlgetan ist, müßte wahrlich bei diesem so überaus traurigen Fall verzweifeln. Könnten wir den geliebten Adolf doch wieder rufen, könnte er wieder bei uns sein! Von Southampton erhielt mein Vater das letzte Lebenszeichen von ihm. Am 23., glaube ich, ging das Schiff von dort weiter, am 28. traf es in Neuyork ein, aber ohne unseren geliebten Bruder — nicht einmal die teuere Leiche haben wir — dieser Gedanke, sie in der Meerestiefe zu wissen, ist schrecklich. Drei Tage vor der Ankunft des Schiffes verschied der geliebte Bruder. Heute kann ich nicht weiter schreiben, verzeihen Sie mir, verehrte Gräfin. Wir erwarten noch in dieser Woche detaillierte Berichte vom Kapitän und Arzt des Schiffes, vielleicht auch Abschiedsworte vom teueren, seelenguten Adolf. Meine Mutter empfing eben Ihren Brief, sie wird Ihnen gewiß schreiben. Auch ich hätte Ihnen gerne geschrieben, aber ich wußte nicht wohin.

So leben Sie denn für heute wohl, fassen auch Sie sich in Demut, und möge Ihnen Gott, der alles vermag, der Wunden schlägt und heilt, Kraft geben, den Schmerz um den Verlorenen zu ertragen.

Ich küsse Ihnen die Hände, liebe verehrte Gräfin, und bleibe unter herzlichen Grüßen an Ihre Frau Mutter, in aufrichtiger, treuer Anhänglichkeit

Ihr trauernder Freund

Wilhelm Prinz Sayn-Wittgenstein.

Nachfolgend der angekündigte Brief der alten Fürstin:

Meine liebe Gräfin!

Ach, könnte ich sagen, daß die Sie erschütternde Nachricht, daß unser teuerer geliebter Adolf auf seiner Seereise verunglückte, eine unwahre wäre — nein, meine liebe Gräfin, Gott rief den teueren, geliebten, engelsguten Sohn zu sich! Warum mußte er uns verlassen? Das fragen wir uns immer wieder und können nur darauf antworten, daß es seit drei Jahren schon sein sehnlichster Wunsch war, sich der Kunst zu widmen, daß seine unzähligen Briefe immer wiederholten: „Wollt Ihr mich noch einmal, wie vor zehn Jahren, glücklich, zufrieden und gesund sehen, dann erfüllet meine Bitte, laßt mich nach Amerika gehen.“ Nimmer konnte der Fürst sich entschließen, seinen Wunsch zu erfüllen; erst nachdem er sich überzeugt, daß er sich hier unglücklich fühlen würde, wollte man seinen Wünschen nicht länger entgegen sein und erteilte die Erlaubnis!

Daß Sie, meine liebe Gräfin, den teueren Sohn mit uns beweinen werden und ihm ein liebendes Andenken bewahren, das fühle ich, haben mir doch Ihre Briefe an den teueren Entschlafenen gesagt, daß Sie ihm von Herzen gut waren; mir wäre es ein großer Trost gewesen, hätte mein geliebter Adolf mit Ihnen die Reise in das ferne Land antreten können — doch wie schrecklich für Sie, wenn es so kam. Ach, ich danke Gott, der mein teueres Kind noch die letzten Wochen seines Lebens durch Ihre Freundschaft beglückte; er ging mit so frohen Lebenshoffnungen fort, glaubte seine Heimat und seine Familie wiederzusehen und auch Sie, teuere Gräfin, heimzuführen — ach, es sollte sich alles nicht erfüllen, wir mußten ihn verlieren für diese kurze Spanne Zeit, die uns Gott noch leben läßt — finden wir ihn doch wieder, da, wo kein Schmerz, keine Täuschungen, keine Trennung mehr ist!

Ich werde stets mit Interesse hören, daß Sie glücklich sind und versichere Sie meiner aufrichtigen Teilnahme als

Ihre ergebene

Amalie Fürstin Sayn-Wittgenstein.

Schloß Wittgenstein, den 22. November 1872.

Einige Wochen später schrieb mir Prinz Wilhelm noch einmal:

Meine verehrteste Gräfin!

Endlich kann ich Ihnen, wie versprochen, die näheren Details über Adolfs letzte Lebenstage zusenden. Verzeihen Sie mir, wenn es sich etwas verzögert hat, ich habe an alle nicht anwesenden Geschwister die Abschriften machen müssen und überhaupt meinem Vater in letzter Zeit in manchen Geschäften beistehen müssen. Die Fürstin hat sich sehr gefreut über Ihren letzten teilnehmenden Brief, sie dankt herzlich dafür. — Des seligen Bruders Effekten sind noch nicht angekommen; es geht das so überaus langsam durch das K. Kanzleramt. Das Schiff „Rhein" war schon lange wieder von Neuyork zurück und hat am 14. d. Mts. wiederum die Reise nach dort angetreten.

Die aufrichtigste Teilnahme von nah und fern, von hoch und gering ist uns zuteil geworden und eine Stimme nur herrscht über den geliebten Bruder, er wurde von jedermann geliebt, geehrt und geachtet. Der gute Adolf war also im Schlafe hinübergegangen; er starb am 29. auf 30. Oktober, nachdem er tags zuvor noch vergnügt und Scherze machend auf Deck war. Er fühlte sich wohl sehr schwach die letzten Tage, hatte auch sehr leiden müssen durch die Seekrankheit; sie zeigte sich aber nicht wie bei anderen Menschen, er litt nur unendlich — und dadurch wurde sein plötzliches Ende herbeigeführt. Er hatte keine Ahnung davon; noch am Abend des 29. sprach er viel mit seinem Mitreisenden, Herrn de Neufville, und dem Kapitän in seiner Kajüte. Weder letzterer noch der aufwartende Steward, der die Nacht wachte, haben das Geringste vernommen; Herr de Neufville hielt ihn sogar am 30. morgens noch für schlafend und setzte sich an sein Bett, nicht ahnend, daß er neben der teueren Leiche saß. Lassen Sie mich abbrechen von diesem überaus traurigen Thema. Etwas beruhigt bin ich und gestärkt. Ich kann nicht Gott genug danken, daß er es so wohl mit dem geliebtesten Bruder gemacht hat. Ich hoffe auf ein seliges Wiedersehen. Ein reizendes Gedicht, den Manen Adolfs gewidmet, füge ich noch bei, von einem gewissen „Glücklich" aus Wiesbaden verfaßt — es wird Ihnen gewiß recht gefallen.

Wie geht es Ihnen, liebe Gräfin, und Ihrer Frau Mutter? Gedenken Sie den ganzen Winter in Graz zu bleiben? Ich werde vielleicht auf einige Wochen meinen jüngsten Bruder Herman in Berlin besuchen, oder, wenn es hier zu kalt werden sollte, nach Wiesbaden gehen, wo jetzt unser kronprinzliches Paar weilt. Sobald des seligen Bruders Effekten hier ankommen, werde ich Ihnen einige Liederbücher zur Erinnerung senden. Vielleicht können Sie mir dies oder jenes nennen, was Ihnen besonders lieb ist?

Wir verleben selbstverständlich sehr ruhig die bevorstehenden Festtage.

Ich will nun schließen, damit der Brief heute noch fortkommt und Sie die langersehnten und gewissermaßen beruhigenden Nachrichten endlich erhalten.

Empfehlen Sie mich der Gräfin, Ihrer Mutter, freundlichst und bewahren Sie selbst mir Ihre Freundschaft.

Mit herzlichen Grüßen, liebe, verehrteste Komtesse,

Ihr Sie hochachtender, ergebener

Wilhelm Prinz Sayn-Wittgenstein.

Schloß Wittgenstein, den 19. Dezember 1872.

Von Adolfs Reisegefährten, dem in obigem Brief mehrerwähnten Herrn de Neufville, bekam ich ein ganzes Memorandum über die Meerfahrt und das traurige Ende; darauf schrieb ich ihm und erhielt folgende Antwort:

P. O. Box 2744. Neuyork, den 12. März 1873.

Hochverehrte Gräfin!

Ihre freundlichen und so vertrauensvollen Zeilen vom 6. Februar sind mir vor wenigen Tagen zugekommen und hätte ich gerne schon früher meine Antwort an Sie gerichtet, wenn es mir die Zeit erlaubt hätte. Um so mehr dachte ich an Sie, sehr verehrte Gräfin, denn es wird mir so leicht, mich in Ihre Trauer zu versetzen, und gestatten Sie mir, neben meinem besten und innigsten Dank für Ihr Vertrauen, diesen Ausdruck: La douleur fait facilement fraternité.

Ist es mir doch auch nur zu sehr bekannt, was es ist, wenn man seine Lieben, welche man hienieden auf den Händen trug und von ihnen so viele reine Freuden erwartete, plötzlich dem Herrn wieder zurückgeben muß. Doch da ist es unendlich ermutigend, wenn wir wissen, daß sie uns ja nur aufgehoben sind und an einem Platze, wo keine Enttäuschungen und keine Trennungen stattfinden. Wie müssen wir dankbar sein, daß wir diese Versicherung in uns haben, in einer Zeit, in der der Unglaube in so erschreckender Weise überhandnimmt und eine wankelmütige Seele nach der anderen mit sich reißt.

Recht leid tut es mir, daß ich Ihnen auf Ihre diversen Fragen nur zum Teile antworten kann, indem mir wohl manches liebe und treue Wort des seligen Prinzen, was er auf Sie bezogen hat, in den bereits verflossenen viereinhalb Monaten aus dem Gedächtnis gekommen ist, freilich nicht ohne einen verehrenden Eindruck für Ihre Persönlichkeit für immer in meinem Innern zu hinterlassen. Von Ihrem musikalischen Talent und Ihrer großen Liebe zur Kunst hat er mir schon am ersten Samstagabend — wir waren kaum eine Stunde von Bremen fort — erzählt, und Sonntags darauf durften wir schon seine herrliche Tenorstimme bewundern; er sang den „Tannenwald“ und ein Lied, dessen Titel mir unbekannt; ich glaube den Anfang mit „j'aime toujours“ gehört zu haben. Er sang dieses Lied mehrmals; die Abtschen Lieder ließ er sich von mir auf dem Cello vortragen und konnte dieselben nie genug hören; ebenso „So ihr mich vom ganzen Herzen suchet“ von Mendelssohn sang er mit Piano- und Cellobegleitung. Am 29. Oktober sprachen wir um zwölf Uhr mittags zum letzten Male vertraulich zusammen. Er war zu Bette und ich saß neben ihm; da sprach er von Zusammenwohnen in Neuyork, von meiner Mitwirkung in seinen Konzerten und plötzlich lenkte er das Gespräch auf seine Braut. Ihr Bild hatte er schon in der Hand, als ich in seine Kajüte trat. Er erzählte mir dann von dem schönen Zusammensein in Wiesbaden und dann setzte er ängstlich hinzu: „Ich denke so manchesmal, wie wird es sein, wenn du zurückkommst — wird sie dich dann noch immer so lieben wie vor dem Abschied?“ Zum Glück wußte ich unseren teueren, unvergeßlichen Prinzen auch über diese sorgenden Gedanken hinüberzubringen, indem ich ihm ein Gedicht zu lesen gab, das mir von lieber Hand nach Bremen nachgesandt worden; es ist dies von Spitta (?): „Was macht ihr, daß ihr weinet und brechet mir mein Herz?“ Es wird so schön durchgeführt, wie wir alle doch vereinigt sind in der Liebe, die aus Gott entspringt. Wir sprachen dann noch über dieses Gedicht und dann hielt ich es für besser, den Prinzen ruhen zu lassen, und entfernte mich.

Leider war dies die letzte Stunde, wo wir allein vertrauensvoll miteinander reden konnten; ein treu Gedenken sei die Brücke, die diese Stunde mit dem frohen Wiedersehen verbindet.

Hoffentlich habe ich ein anderes Mal mehr Zeit, um Ihnen zu schreiben; ich mußte heute einige Augenblicke im Bureau dazu verwenden.

Indem ich Ihnen nochmals für Ihr Vertrauen von Herzen danke, verbleibe ich mit vollkommener Hochachtung und Verehrung

Ihr ganz ergebener

Ch. de Neufville.

Und das war das Ende einer schmerzlichen und doch schönen Episode meines Lebens — ein kurzer Roman von Sangeszauber und wehmütiger Entsagung: An Bord des „Rhein“ ward eine Trauerflagge gehißt, ein Choral gesungen, das Schiff blieb stehen, und unter Salutschüssen wurde eine Leiche ins Meer versenkt. Der da in den Fluten verschwand — ein Künstler, ein Prinz, ein seelenguter Mensch — dem hatte man die Photographie der Braut ans stille Herz gelegt, und die Meereswellen rauschten dem Toten und meinem Bilde ein schluchzendes Hochzeitslied.

Dritter Teil

15

Im Hause Suttner

Sommer 1873. Der kurze Roman war nicht vergessen, aber verschmerzt. Die „auf Flügeln des Gesanges“ angeschwebte Liebe war ja nicht allzu tief ins Herz gedrungen — das Ganze war vorbeigehuscht und dann entflattert wie ein Traum. Einige Wochen verbrachte ich in tiefer, aufrichtiger Trauer, dann aber versiegten allmählich die Tränen, und das Leben machte wieder seine Rechte geltend. Und das um so kräftiger, als ich ja vor die Notwendigkeit gestellt war, mir das Leben zu verdienen. Unser Vermögen war endgültig eingebüßt, ich mußte in die Welt hinaus. Meine Mutter konnte von ihrer Apanage leben, aber ich wollte ihr nicht zur Last fallen, obwohl sie mich beschwor, bei ihr zu bleiben und doch wieder zu versuchen, die Künstlerlaufbahn aufzunehmen. Davon wollte ich gar nichts mehr wissen. Dreißig Jahre: das ist kein Alter, eine Künstlerlaufbahn zu beginnen, und die Erinnerungen der durchgemachten Angstqualen, die verschiedenen Probefiaskos hatten mir den bloßen Gedanken an den „Singsang“, wie ich's nannte, verhaßt gemacht. Und untätig, in dürftigen Verhältnissen zu Hause bleiben und da versauern, das wollte ich auch nicht. Welt wollte ich noch sehen, Arbeit wollte ich leisten. Mit meiner vollkommenen Beherrschung des Französischen, Englischen und Italienischen, mit meiner für eine Nichtberufskünstlerin übertragenden Musikkünstlerschaft, mit meinen sonstigen umfassenden Kenntnissen konnte ich draußen nutzen und glänzen. Also nahm ich eine Stellung an, die sich mir bot, als Erzieherin und Kameradin von vier erwachsenen Töchtern im freiherrlichen Hause Suttner. Hier erst sollte ich die Krone meines Lebens erringen. Gesegnet sei der Tag, der mich in dieses Haus geführt, er war die Knospe, aus der sich die Zentifolie meines Glückes entfaltet hat. Jener Tag auch öffnete die Pforte, durch die jene Bertha Suttner treten konnte, als die — mit ihren Erfahrungen reinsten Eheglückes und tiefsten Witwengrams, mit ihrem Teilnehmen an den bewegenden Fragen der Zeit — ich mich heute noch fühle, während jene Bertha

Kinsky, von der ich bisher erzählte, mir wie eine Bilderbuchgestalt vorschwebt, deren Erlebnisse — in vagen Umrissen — ich wohl kenne, mich aber nicht berühren.

Die Familie Suttner bewohnte ihr eigenes Palais in der Canovagasse in Wien. Die eine Front hatte die Aussicht auf die Karlskirche jenseits des Wienflusses, die andere auf das Musikvereinsgebäude. Den ersten Stock bewohnten wir, d. h. der Baron, die Baronin, die vier Töchter und ich; im Mezzanin wohnten der älteste Sohn Karl, seit einigen Monaten verheiratet mit einer wunderschönen Frau, geborenen Gräfin Firmian, und der dritte, jüngste Sohn, Artur Gundaccar. Der zweite Sohn, ebenfalls verheiratet, gewesener Rittmeister, der im Jahre 1866 in Böhmen mitgefochten, lebte auf der Herrschaft Stockern.

„Papa" Suttner, damals einundfünfzig Jahre alt, ein stattlicher Mann, österreichischer Kavalier von altem Schrot und Korn, konservativ, um nicht zu sagen reaktionär in seiner politischen Gesinnung, sehr gern gesehen bei Hofe. „Mama" ungefähr gleichaltrig, mit Spuren großer Schönheit, etwas steif und kalt in ihrem Gehaben. Die Töchter Lotti, Marianne, Luise und Mathilde, zwanzig, neunzehn, siebzehn und fünfzehn Jahre alt, eine hübscher als die andere. Besonders Mathilde, das Lieblingskind der Mutter, hatte mit ihrem gewellten Blondhaar, ihrem blendenden Teint und regelmäßigen Zügen ein wahrhaft engelhaftes Aussehen. Noch zwei Wesen gehörten zur Familie: Schnapsel, ein gelbhaariger Pintscher, steter Begleiter Papas und Mamas, und Amie, eine weiße kluge Pudelhündin mit lachender Physiognomie, die Vertraute der Mädchen.

Es war ein großer Haushalt; die Dienerschaft bestand aus Kammerdiener, Jäger, Bedienten, Kammerjungfer, Stubenmädchen, Koch, Küchenmädchen, Kutscher und Portier. Equipage und Opernloge. Die Wohnung — ich sehe sie noch vor mir: Vorsaal mit Gobelins an den Wänden, eine Flucht von drei Salons: ein grüner, ein gelber und ein blauer; das Schlafzimmer Mamas in Lila, das Schreibzimmer Papas, das auch als Rauchzimmer diente, mit Ledermöbel und Holzgetäfel an den Wänden. Dann noch zwei Zimmer für die Mädchen — Lotti und Marianne schliefen zusammen, ebenso Luise und Mathilde; daneben mein Zimmer.

Die Mädchen und ich waren bald die besten Freundinnen. Meine Erzieherrolle führte ich nicht gar zu streng aus; zwar gehörten einige Vormittagsstunden regelmäßig dem Sprachen- und Musikunterricht, im übrigen aber eitel Vergnügen, Scherz und Frohsinn. Die Würde meiner dreißig Jahre kehrte ich nicht heraus.

Ebensowenig die Autorität meiner Stellung. Gespielinnen waren wir fünf. Unsere Tageseinteilung war ziemlich regelmäßig. Morgens vor dem Frühstück Spaziergang in den nahen Stadtpark. Um neun Uhr in Papas Schreibzimmer gemeinsamer Kaffee. Dabei erkundigte sich Mama um den Fortgang der Studien und gab allerlei Verhaltungsmaßregeln und sonstige gute Lehren. Von zehn bis zwölf Unterricht. Zu Mittag gemeinsames Gabelfrühstück im Speisezimmer. Von ein Uhr an abwechselnd Musik, Lektionen u. s. w. bis zum Toilettemachen für das Diner, das um fünf stattfand. An diesem nahmen auch die Bewohner des Mezzanins, Karl samt Frau und Artur, teil. Dieser, damals dreiundzwanzigjährig, war der Liebling seiner Schwestern. Der Liebling aller übrigens. Ich habe keinen Menschen gekannt, keinen, der nicht von Artur Gundaccar von Suttner entzückt gewesen wäre. Selten wie weiße Raben sind solche Geschöpfe, die einen so unwiderstehlichen „Charme" ausströmen, daß dadurch alle, jung und alt, hoch und gering, gefangen werden; Artur Gundaccar war ein solcher. Ich übersetze das Wort „charme" absichtlich nicht mit Zauber, weil das französische Wort auch das abgeleitete „charmeur" anklingen läßt, ein Ausdruck, der mit Zaubrer sehr untreffend wiedergegeben wäre. Woraus solcher Charme besteht, läßt sich schwer beschreiben; es ist nicht so sehr ein Komplex von Eigenschaften, es ist eine Eigenschaft an sich. Es wirkt mit einer unerklärlichen und unwiderstehlichen, magnetischen und elektrischen Kraft. Man glaubt sich Rechenschaft geben zu müssen, warum gewisse Personen so anziehend und erfreuend wirken, soviel Vertrauen und Zuneigung einflößen, und schreibt dies ihrer Heiterkeit, ihrer Freundlichkeit, ihrer Schönheit, ihren Talenten zu, aber das ist alles nicht richtig; andere haben die gleichen Eigenschaften, vielleicht sogar viel größere, aber die gleiche Wirkung zeigt sich nicht, sie sind eben keine „charmeurs". Sie sind keine Sonnenscheinmenschen. Artur Gundaccar war einer. Im Zimmer ward es gleich noch einmal so hell und so warm, wenn er eintrat. Das will nicht sagen, daß ich mich auf den ersten Blick in ihn verliebte, ich teilte nur die Freude, welche die vier Schwestern empfanden, wenn der Lieblingsbruder sich in ihre Scherze und Vergnügungen mengte, wenn er plaudernd in unserer Mitte saß, wenn er sich gelegentlich unseren Unterhaltungen und Ausflügen anschloß. Er konnte dies nicht allzuoft tun, denn er mußte eben an einer Staatsprüfung büffeln, was er freilich sowenig als möglich tat, denn er lernte zwar leicht, aber gar nicht gerne. Jusstudiumeifer gehörte nicht zu seinen Eigenschaften. „Ein fauler Strick," so klagte sein ehemaliger Hofmeister, jetzt Korrepetitor;

„ein leichtsinniger Bengel," so nannte ihn sein Vater — „es ist ein wahres Kreuz mit ihm," seufzte die Mutter, und beteten ihn alle an dabei. Hübsch und elegant war er über alle Maßen. Fabelhafte musikalische Begabung besaß er; ohne gelernt zu haben, spielte er alles nach dem Gehör und komponierte entzückende Weisen. Und der Grundzug seines Charakters — ist das vielleicht das Geheimnis der Sonnenscheinwirkung? — der Grundzug war — Güte.

Ich bin von der Tageseinteilung abgekommen. Nach dem Speisen pflegte die Mama mit den einen oder den anderen Töchtern in den Prater zu fahren. Am liebsten meldete sich Mathilde, die jüngste, dazu, die anderen fanden kein Vergnügen an diesem im Schritt Auf- undabfahren in der „Nobelallee". Wir anderen fuhren indessen auch in den Prater hinab zur Ausstellung. Das Jahr 1873 war ja das Weltausstellungsjahr, zugleich aber auch das Jahr des „Krachs". Bei diesem Krach hatte Baron Suttner senior einige empfindliche Verluste erlitten, doch seine Familie nichts davon merken lassen. Das hat man erst später erfahren.

Die Ausflüge und die Ausstellung waren sehr genußreich; an Sonntagen unternahmen wir sie an Vormittagen, und da schlossen sich uns Artur Gundaccar und einige seiner Freunde an. An den Abenden gingen wir zweimal wöchentlich abwechselnd in die Opernloge; zum Tee kamen fast täglich einige Besucher. Da wurde musiziert, gesellige Spiele gespielt und geplaudert bis elf Uhr. In diesem ersten Sommer, weil es der Ausstellungssommer war, blieb die Familie bis Mitte Juli in der Stadt. Erst dann wurde der Landaufenthalt, Schloß Harmannsdorf, bezogen. Für uns alle ein Fest, diese Uebersiedlung, denn die Mädchen waren zehntausendmal lieber draußen als in Wien, ebenso die Söhne. Es gibt nichts Köstlicheres, wenn man aus der heißen, staubigen Stadt kommt, als die Ankunft in einem schönen Schlosse, wo es in jedem Zimmer nach „frisch" duftet, wo man von Park und Wald umgeben ist, wo man einer langen Zeit des Naturgenusses und der Erholung entgegensieht.

Harmannsdorf besitzt ein schönes altes Schloß mit einem Mittel- und zwei Ecktürmen; eine große Steinterrasse führt in den Park hinab, dessen vordere Partien in französischem Stil von Lejeune (dem Schöpfer Schönbrunns) angelegt, mit Vasen und Statuen reich geschmückt sind. Daran schließen sich Alleen mit vielhundertjährigen Fichten und englisch angelegte Partien, darunter eine ganz wilde, „das Wäldchen" genannt. Aber lieber noch als das Wäldchen war uns der wirkliche Wald. Da pflegten wir öfters an Nachmittagen hinzugehen; ein mit Eseln bespanntes und mit Eß- und Trinkvorräten beladenes

Wägelchen nebenher — es war, obgleich wir auf dem Lande waren, jedesmal ein Gefühl, als ginge es auf eine Landpartie. Und waren glücklich, glücklich. Artur Gundaccar war die Seele dieser Feste. Und mählich und selig war es über uns gekommen: wir hatten einander lieb. Die Schwestern gaben ihren lachenden Segen dazu. Die Eltern wußten nichts — von einer Heirat konnte ja nicht die Rede sein, sie hätten also der Sache nur schleunigst ein Ende gemacht. Warum das harmlose Glück stören, warum aus der „Sommernachtstraum"stimmung sich herausreißen? Und so hüteten wir unser Geheimnis, und die Schwestern hüteten es mit. Es war eine schöne Zeit. Nicht ohne Wehmut, weil wir eben wußten, daß eine Lebensverbindung unmöglich war; aber an die Trennung wollten wir vorläufig nicht denken, sondern uns an dem göttlichen Geschenk freuen, das uns durch das Zusammenschlagen, durch das Ineinanderlodern unserer Herzen beschieden war. Ohne Falsch, ohne Selbstsucht, in rückhaltlosem Zutrauen, in zärtlichster Innigkeit liebten wir uns.

Von Anfang an hatte ich erklärt, daß ich nach drei Jahren Europa verlassen würde und wir dann auseinander gehen müßten. Das war nämlich so. Mit meinen kaukasischen Freunden war ich in lebhaftem brieflichem Verkehr geblieben und hatte ihnen meine veränderten Lebensverhältnisse mitgeteilt. Die alte Fürstin von Mingrelien, die jetzt in ihre Heimat zurückgekehrt war, trug mir an, mich zu sich zu nehmen, aber erst bis sie mit dem Bau und der Einrichtung eines Schlosses fertig war, das sie in ihrer Residenz Zugdidi errichten ließ. Das alte Schloß, das der Fürst in europäischem Stil und mit großem Luxus eingerichtet hatte, war von den türkischen Banden, als die Dedopali flüchten mußte, vernichtet worden, und jetzt wollte sie sich ein neues, noch schöneres aufbauen. Ich hatte die Pläne gesehen und oft die Details der Ausschmückung zu hören bekommen. Da war ein Saal im persischen Stil, ein anderer im Stile Louis XIV; Möbel und Stoffe und Kunstwerke hatte die Fürstin während der Dauer ihres europäischen Aufenthaltes nach und nach angeschafft und nach Zugdidi expedieren lassen. Massenhafte Kisten waren dort schon aufgestapelt und harrten der Auspackung. Ich mußte ihr auch einmal etwas besorgen, nämlich einen großen Musikkasten (er durfte bis zu 15000 Franken kosten), welcher Orchesterstücke spielte. Ich erinnere mich, daß ich mich zu diesem Besorgungsgang von Artur begleiten ließ. Ein Musikwerk wurde aufgezogen und spielte zur Probe einen Walzer:

„Zu diesem Walzer werde ich vielleicht in Zugdidi tanzen," sagte ich.

„Als ob ich dich fortließe!"

„Es wird wohl sein müssen, ich bin entschlossen."

„Reden wir nicht davon."

Auch mit Salomé war ich in Briefwechsel. Sie wohnte in der Umgebung von Paris und hatte nun einem zweiten Söhnchen das Leben geschenkt. Die Kaiserin Eugenie war seine Patin, und es wurde Napoleon getauft. Nikolaus von Mingrelien war Adjutant des Kaisers von Rußland und lebte in Petersburg.

Hier ist ein Brief, den mir die Fürstin von einer Station ihrer Rückreise nach ihrem Heimatland schrieb:

Yalta, den 12. September 1873.

Meine liebe Contessina!

Nun sind es vierzehn Tage, daß ich hier angekommen bin. Ich bewohne eine reizende Villa, welche an dem Golfe liegt und von wo aus man den ganzen Ort sieht, sowie auf dem Berge mir gegenüber das Palais der Kaiserin, Livadia. Vorigen Sonntag nach der Messe war ich bei den Majestäten zum Frühstück geladen, wo ich mit dem Großfürsten und der Großfürstin Michael (Statthalter von Kaukasien), mit der Königin von Griechenland und anderen zusammentraf. Ich habe gefunden, daß die Großfürstin Maria Alexandrowna, die einzige Tochter des Kaisers, sehr viel gewachsen und schöner geworden ist, seit ich sie zuletzt gesehen. Ihr Bräutigam, der Prinz Alfred, wird nächste Woche hier erwartet. Niko und André sind in Mingrelien, wo sie meiner mit Ungeduld harren. Salomé soll am 24. ds. in Yalta ankommen, sie wird einige Zeit bei der Fürstin Orbeliani,*) der Witwe meines Vetters, bleiben, welche in der Nähe eine kleine Besitzung hat, und sich dann uns in Mingrelien anschließen. Ich verlasse Yalta am 3. Oktober und komme in Poti erst vier Tage später an. Adieu, liebste Contessina, ich wünsche Ihnen so viel Glück und Wohlergehen, als Sie verdienen.

Ihre Ihnen sehr zugetane

Ekaterina.

Im Frühjahre 1874 teilte mir die Fürstin hocherfreut mit, daß ihr Sohn sich mit der Tochter des Grafen Adlerberg, einem Jugendfreund des Zaren, verlobt habe.

Ein nächster Brief brachte die Beschreibung der Hochzeit, und in einem späteren wurde die Ankunft des jungen Paares in Gordi, der mingrelischen Sommerresidenz, geschildert. Ich setze diese Schil-

*) Später, und infolge dieses Besuches, mit dem Prinzen Louis Murat, Prinz Achilles' jüngstem Bruder, vermählt.

Bildnis der Verfasserin aus dem Jahre 1872

derung hierher, denn sie gibt ein anschauliches Bild von dem Lande, in dem ich später mit meinem Gatten so lange Jahre verleben sollte:

Die Reise der Neuvermählten ist in vortrefflicher Weise vor sich gegangen. Sie hatten ein eigens für sie bestimmtes Schiff zur direkten Ueberfahrt von Odessa nach Poti und von dort einen Separatzug bis nach Kutais. Auf der ganzen Strecke gab es eine einzige endlose Ovation: die Bewohnerschaft hatte sich längs des Weges aufgestellt, und in allen Stationen empfingen sie die Fürsten, Edelleute und Einwohner der Bezirke mit Gesang, Freudenrufen und Gewehrsalven; sie mußten notgezwungen haltmachen, um sich unter die Blumentempel zu begeben, wo die Erfrischungen bereitstanden, und hierauf begann von neuem Gesang, Tanz und andere Belustigungen.

In Kutais blieben die Reisenden zwei Tage, wo die Festmahle, Bälle und Empfangsabende kein Ende zu nehmen drohten, so daß das Paar sich in aller Stille davonmachte, um endlich in Gordi anzukommen.

Am Eingang des Bergpasses befindet sich eine Brücke, die über einen reißenden Strom führt. Dort verläßt man die Wagen, da man nur zu Pferde oder im Palankin auf die Höhe gelangen kann.

Nachdem somit alles den Equipagen entstiegen war, überschritt man die teppichbelegte Brücke, die prächtig mit Blumen überwölbt und mit einem Triumphbogen geschmückt war, welcher die Grenze Mingreliens bezeichnete.*) Hierauf begab man sich unter einen geschmackvoll dekorierten Pavillon, wo das Paar von einer Abteilung Beamten und Diener meines Sohnes sowie von allen Fürsten und Edelleuten der Umgebung empfangen wurde. Nachdem die Gesundheit der Neuvermählten ausgebracht worden, stiegen alle, die beritten waren, zu Pferde, um den Palankin Marys zu umgeben, und der imposante Zug setzte sich in Bewegung, die Straße entlang, die sich sieben Kilometer hindurch fortwährend bergauf zieht.

Beim ersten Kanonenschuß, der ihre Ankunft verkündigte, begab ich mich mit meinem Gefolge auf den Balkon ihres Wohnhauses, wo ich zuerst den Reitertrupp des Fürsten aus dem Letschgum empfing, die den Ankömmlingen unter Führung des Fürsten Gregor, Nikos Oheim, voranritten; dann erblickte ich das junge Paar, das unter dem Geläute sämtlicher Glocken, den Marschklängen des Militärorchesters und dem Getöse der von den Bergen widerhallenden Kanonenschüsse näherkam und nach der Landessitte vom Intendanten an der Spitze seiner Leute das Brot und Salz entgegennahm. Hierauf eilten sie auf mich zu, knieten vor mir nieder, um meinen Segen mit

*) Obenerwähnter Fluß, der Tzchenitz-Azchali (der Hippus der Klassiker), bildet die Grenzscheide Mingreliens und Imerethiens.

dem Heiligenbilde auf der Schwelle ihrer neuen Behausung zu empfangen. Dieser Moment war so ergreifend und so feierlich, daß der Lärm der wogenden Menge plötzlich in die tiefste Stille überging; allen standen die Tränen in den Augen; besonders gerührt zeigte sich Mary, so daß ich sie ins Innere des Hauses führen mußte, um ihr Zeit zur Erholung zu geben.

Endlich begaben wir uns von hier in die Kirche, wo das Tedeum gefeiert wurde, und der Archimandrit sowie mein Almosenier ihre auf den Gegenstand bezughabenden Ansprachen hielten. Nach beendigter Kirchenfeierlichkeit führte ich meine Schwiegertochter in den großen Saal, um ihr dort mein Geschenk, einen Diamantschmuck, zu überreichen. Was das Wohnhaus betrifft, das ich ihnen eingerichtet habe, so möchte ich es ein wahres Schmuckkästchen nennen.

Wir ruhten uns kurze Zeit aus, dann nahmen die Festlichkeiten ihren Anfang, die sich bis spät in die Nacht ausdehnten; Orchestervorträge, Nationalgesänge und -tänze, Freudenschüsse, Spiele, Ringkämpfe wechselten miteinander ab. Die Zahl der Gäste betrug dreihundert, von denen ein Teil unter den großen Bäumen im Park speiste. Am nächsten Tag ging es von neuem an, denn wir feierten Marys Geburtstag, und zu dieser Gelegenheit hatte ich für den Abend eine Ueberraschung vorbereitet, nämlich ein Feuerwerk und bengalische Beleuchtung der Berge, was einen zauberhaften Anblick gewährte.

So oft ich einen solchen Brief erhielt, las ich ihn der Familie Suttner vor, und es galt als eine abgemachte Sache, daß, sobald jenes Schloß fertig war, ich nach dem Kaukasus gehen würde. Dieser Bau schob sich endlos hinaus, aber wir waren es zufrieden. Das Leben, abwechselnd in Harmannsdorf und in Wien, war ja so glücklich. Besonders in Harmannsdorf bot es eine Kette von Freuden. Zur Jagdzeit kamen zahlreiche Gäste, und es wurde getanzt und Theater gespielt. Im Park war ein großer Theatersaal mit Bühne und Garderoben. Da führten wir verschiedene Schau- und Lustspiele auf, nicht nur für das Publikum der Harmannsdorfer und der Nachbarschlösser, sondern es kamen aus den umgebenden Dörfern die Bauern herbeigeströmt und füllten den Zuschauerraum. Dann die Ernte- und die Weinlesefeste, die Ausflüge nach dem benachbarten Stockern, wo auch eine fröhliche Jugend hauste, vor allem die beliebten Eselwagenpartien und die gestohlenen Stündchen trauter Tete-a-tetes. Die einzigen Mißklänge, die im Hause aufkamen, hatten ihre Ursache in mißlichen Geschäftsgängen. Auf der Herrschaft Zogelsdorf, die zu Harmannsdorf gehörte, gab es nämlich Steinbrüche, die in sehr lebhaftem, aber nicht rentabeln Betrieb standen. Zwar wurden aus den Zogelsdorfer Steinen die Wiener neuen Museen gebaut und die

Herkulesstatuen gemeißelt, die das Burgtor schmücken; aber ein unehrlicher Direktor verschuldete, daß der Betrieb statt Gewinne bedeutende Verluste brachte. Doch diese Sorge lastete mehr auf den Eltern; den Kindern kam davon wenig zu Ohren, und sie führten sich's nicht zu Gemüt. Es wurde ja der Glanz der äußeren Lebensführung nicht eingeschränkt, und das vergnügte, fröhliche Treiben nahm seinen Fortgang. Traurige Stunden zwischen mir und Artur Gundaccar gab es nur dann, wenn es uns nicht gelang, den Gedanken an ein bevorstehendes Auseinandergehen zu bannen ... „Ach, lassen wir das," rief dann nach solchem Schmerzensausbruch eines von uns beiden, „nichts währt ewig, danken wir dem Schicksal, daß es uns dieses Stückchen Himmel beschert hat ..." Und das dauerte so nahezu drei Jahre. Meiner Mutter, die in Graz bei ihrer Schwester zurückgeblieben, vertraute ich den Herzensroman an. Sie redete natürlich zu, ich sollte entweder auf Heirat dringen oder das Haus verlassen, doch ich beschwichtigte sie. Schließlich bemerkte aber auch seine Mutter etwas. Mit eisiger Kälte, aber mit aller Zartheit gab sie es mir zu verstehen. Daß auf eine Heiratseinwilligung von dieser Seite nicht zu hoffen war, hatte ich ja immer gewußt. Ich hatte auch selber nicht daran gedacht. Die Unvernunft einer solchen Partie sah ich ein. Ganz vermögenslos, sieben Jahre älter... und er: noch immer ohne Anstellung, auch ohne Vermögen, aber berechtigt und geeignet, eine glänzende Heirat zu machen — alle Mädchen schwärmten für ihn —, sollte ich eine solche Schicksalsverderberin werden? Das war nie mein Plan gewesen — einmal mußte geschieden sein, und jetzt, da das Geheimnis halb verraten war, war der Augenblick gekommen, mich loszureißen. Der Entschluß tat furchtbar weh, aber ich faßte ihn. Ich nahm meinen ganzen Mut zusammen und sagte der Baronin:

„Ich werde das Haus verlassen. Nach Mingrelien kann ich noch nicht, das Schloß wird erst in einem Jahre fertig. Könnten Sie mir nicht eine Empfehlung nach London geben, ich möchte indessen dort eine Stelle finden — weit von Wien."

„Recht so, liebes Kind," sagte sie warm, „ich verstehe Sie ... Sehen Sie, da habe ich in der heutigen Zeitung eine Annonce gefunden, das würde Ihnen vielleicht passen, wollen Sie hinschreiben?"

Die Annonce lautete: „Ein sehr reicher, hochgebildeter, älterer Herr, der in Paris lebt, sucht eine sprachenkundige Dame, gleichfalls gesetzten Alters, als Sekretärin und zur Oberaufsicht des Haushalts."

So schrieb ich denn hin und erhielt eine Antwort, gezeichnet mit dem mir damals unbekannten Namen Alfred Nobel.

Ich zeigte den Brief der Baronin; diese stellte Erkundigungen an und erfuhr, daß der Genannte der allgemein geachtete und berühmte Erfinder des Dynamits war. Herr Nobel und ich tauschten mehrere Briefe. Er schrieb geistvoll und witzig, doch in einem schwermütigen Ton. Der Mann schien sich unglücklich zu fühlen, ein Menschenverächter zu sein, und von umfassendster Bildung, von tief philosophischem Weltblick. Er, der Schwede, dessen zweite Muttersprache Russisch war, schrieb mit gleicher Korrektheit und Eleganz Deutsch, Französisch und Englisch. Meine Briefe schienen ihn jedenfalls auch sehr anzuregen. Nach kurzer Zeit war die Vereinbarung getroffen: ich sollte die Stelle antreten. Der Termin meiner Abreise nach Paris ward festgesetzt. Nun hieß es Abschied nehmen, sich trennen vom Liebsten, was man hat ... „Scheiden tut weh," die Wahrheit dieses volkstümlichen Sprüchleins habe ich erfahren.

Ich kann mir jene Abschiedsstunden noch zurückrufen. Es war am Vorabend meiner Abreise. Ich war seit einigen Tagen in Wien bei einer Bekannten, um meine Vorbereitungen zu treffen. Den letzten Tag war auch Artur von Harmannsdorf hereingefahren, um ein letztes Mal mit mir zusammen zu sein. Meine Gastgeberin ließ uns allein — sie wußte, daß wir uns noch viel zu sagen hatten. Aber das Sprechen ward uns schwer. Wir hielten uns umschlungen und weinten. „Auseinander gehen!" Ist es möglich? Haben wir die Kraft dazu? Es muß sein — was beginnen, wenn ich bliebe? Ach, es wäre zu schön gewesen ... es hat nicht können sein ... Und wieder ein paar stumme, salzigschmeckende Küsse, wieder ein Aufschluchzen und neue Klagen, neue schmerzdurchzitterte Koseworte. Ehe er ging, kniete er vor mir nieder und küßte demütig den Saum meines Kleides:

„Einzige, königlich Großmütige, ich danke dir, danke dir vom Grunde meiner Seele. Durch deine Liebe hast du mich ein Glück kennen lassen, das meinem ganzen Leben eine Weihe geben wird. Leb wohl!"

16
Zenit des Glückes

Ich langte frühmorgens in Paris an. Herr Nobel kam mir zur Bahn entgegen und führte mich ins Grand Hotel am Boulevard des Capucines, wo für mich Zimmer bestellt waren. Beim Tor verließ er mich und sagte seinen Besuch für einige Stunden später an, bis ich ausgeruht wäre. In sein kleines Palais in der Rue

Malakoff konnte ich noch nicht einziehen, da der Trakt, den ich bewohnen sollte, erst tapeziert und eingerichtet wurde. Vorläufig hatte ich also im Hotel zu bleiben. Alfred Nobel machte einen sehr sympathischen Eindruck. Ein „alter Herr", wie es in der Annonce und wie wir alle uns ihn vorgestellt hatten, grauhaarig, gebrechlich: das war er nicht, geboren 1833, war er damals dreiundvierzig Jahre alt, von Gestalt unter Mittelgröße, dunkler Vollbart, weder häßliche, noch schöne Züge, etwas düsteren Ausdruck, nur gemildert durch sanfte blaue Augen; in der Stimme ein melancholischer oder abwechselnd satirischer Klang. Traurig und spöttisch, das war ja auch seine Art. War Byron darum sein Lieblingsdichter?

Nach einigen Stunden also, nachdem ich ausgeruht und erfrischt war und schon eine Depesche nach Harmannsdorf expediert hatte, kam er zu mir. Unsere vorher getauschten Briefe bewirkten, daß wir uns nicht mehr als ganz Fremde gegenüberstanden, und die Unterhaltung wurde gleich auf eine lebhafte und anregende Weise geführt. Nach dem Dejeuner, das wir unten im Speisesaal genommen, setzten wir uns in seinen Wagen, und wir fuhren durch die Champs-Elysees spazieren. Dann zeigte er mir sein Haus und die mir darin bestimmten Zimmer.]

Diese habe ich aber nie bezogen. Ehe sie fertig waren, hatte ich Paris wieder verlassen. Das kam so. Ich war unglücklich. Einfach steinunglücklich. Ein Heimweh, ein Sehnsuchtsweh, ein Trennungsweh machte mich leiden, wie ich nicht glaubte, daß man leiden kann. Depeschen von Artur und Briefe von ihm und den Schwestern kamen mir täglich zugeflogen. Die Schwestern schrieben, daß Artur nicht zu kennen sei, er spreche kein Wort, er sei wie in Trübsinn verfallen. Wenn ich allein war, konnte ich nur weinen, oder nach Hause schreiben, oder vor Herzeleid stöhnen. In Gesellschaft Alfred Nobels war ich momentan abgelenkt, denn er wußte so fesselnd zu plaudern, zu erzählen, zu philosophieren, daß seine Unterhaltung den Geist ganz gefangennahm. Mit ihm über Welt und Menschen, über Kunst und Leben, über die Probleme von Zeit und Ewigkeit zu reden, war ein geistiger Hochgenuß. Vom gesellschaftlichen Leben hielt er sich ferne — gewisse Formen der Schalheit, der Falschheit, der Frivolität flößten ihm zornigen Ekel ein. Er war voll Vertrauen in das abstrakte Ideal einer kommenden höheren Menschheit — „wenn einmal die Leute mit höher entwickelten Gehirnen zur Welt kommen werden" — aber voll des Mißtrauens gegen die meisten gegenwärtigen Menschen, denn er hatte Gelegenheit gehabt, so viele niedrige, selbstsüchtige, unaufrichtige Charaktere kennen zu lernen. Mißtrauisch war er auch gegen sich selbst, und scheu bis zur Schüchternheit. Er hielt sich für abstoßend, glaubte keine Sympathie einflößen zu können; fürchtete immer, daß man ihn nur seines ungeheuern Reichtums wegen umschmeichelte. Darum hatte er wohl auch nicht geheiratet. Seine Studien, seine Bücher, seine Experimente — das füllte sein Leben aus. Er war auch Schriftsteller und Dichter, aber hat niemals etwas von seinen poetischen Arbeiten veröffentlicht. Ein hundert Seiten langes Poem philosophischen Inhaltes, in englischer Sprache abgefaßt, gab er mir im Manuskript zu lesen — ich fand es einfach prachtvoll.

Daß ich einen verborgenen Kummer mit mir trage, hatte er wohl bald durchschaut.

„Sind Sie freien Herzens?" fragte er mich einmal.

„Nein," antwortete ich aufrichtig.

Er drang weiter in mich, und ich erzählte die ganze Geschichte meiner Liebe und meiner Entsagung.

„Sie haben tapfer gehandelt; aber seien Sie ganz mutig, brechen Sie auch den Briefwechsel ab — dann lassen Sie nur einige Zeit vergehen ... ein neues Leben, neue Eindrücke — und Sie werden beide vergessen — er vielleicht noch früher als Sie."

Den Briefwechsel abbrechen? Das konnte ich nicht; er war mein Trost. Was sollte ich in meinen einsamen Stunden tun, wenn nicht dem Teuren schreiben — ihm haarklein alles sagen, was ich erlebte und was ich fühlte?

Alfred Nobel konnte mir nur eine bis zwei Stunden des Tages widmen, denn die Arbeit hielt ihn fest. Er hatte wieder eine neue Erfindung im Sinn.

„Ich möchte einen Stoff oder eine Maschine schaffen können," sagte er mir, „von so fürchterlicher, massenhaft verheerender Wirkung, daß dadurch Kriege überhaupt unmöglich würden."

Ungefähr eine Woche nach meiner Ankunft mußte Herr Nobel auf kurze Zeit nach Schweden reisen, wo eine Dynamitfabrik angelegt wurde; der König selber hatte ihn berufen.

Ich war nun ganz allein. Die Sehnsucht nach dem Manne meines Herzens wuchs bis zur Unerträglichkeit. Da erhielt ich zwei Depeschen. Die eine aus Stockholm: „Glücklich angekommen, bin in acht Tagen wieder in Paris." Und die andere aus Wien: „Kann ohne dich nicht leben!" — „Und ich nicht ohne dich!" schrie es in meinem Innern auf, und danach mußte ich handeln. Noch eine schlaflose Nacht, in der ein Aktionsplan reifte, und am nächsten Tag schrieb ich nach Stockholm, daß es mir doch unmöglich sei, unter den

Umständen die Stelle in der Rue Malakoff anzutreten — ich dankte für alles erwiesene Vertrauen und Freundlichkeit — aber ich müsse zurück nach Wien. —

Ich besaß ein wertvolles Diamantkreuz, ein Erbstück meines Vormunds Fürstenberg; dieses ging ich veräußern, und der Erlös genügte, um die Hotelrechnung zu begleichen, eine Fahrkarte für den nächsten Schnellzug nach Wien zu lösen und noch eine Barsumme zu erübrigen. Ich handelte wie im Traum, wie unter unwiderstehlichem Zwang. Daß es Torheit sei, daß ich vielleicht von einem Glück davon und einem Unglück in die Arme renne, das blitzte mir wohl durch das Bewußtsein, aber ich konnte, konnte nicht anders, und die Seligkeit, die ich von dem Augenblicke des Wiedersehens erwartete, wog alles auf, was sonst noch kommen mochte — und sei's der Tod.

Ich hatte meine Ankunft nicht angesagt — überraschen wollte ich. Von der Eisenbahn fuhr ich in ein Hotel; schickte ein Billettchen in die Canovagasse, worin ich mit verstellter Schrift den Herrn Baron Artur bat, in das Hotel Metropole, Zimmer Nr. 20, zu kommen, wo eine Dame aus Paris ihm eine Botschaft der Gräfin Bertha zu überbringen hatte.

In einer halben Stunde konnte er dasein. Klopfenden Herzens lauschte ich auf jeden Schritt im Korridor. Ich hatte nicht lange zu lauschen, da erkannte ich den geliebten Schritt; an der Tür wurde gepocht und — „herein" wollte ich rufen, aber die Stimme versagte. Dennoch ging die Tür auf und — er war's!

Ich stürzte ihm mit einem Freudenschrei entgegen.

„Du, du selber!" rief er, und wieder lagen wir einander schluchzend in den Armen wie an jenem Abschiedsabend, aber diesmal nicht in Schmerz-, sondern in unbegrenztem Glücksgefühl.

„Hab' ich dich, hab' ich dich wieder — nimmer laß ich von dir!"

„Nein, nie mehr!"

Jetzt setzten wir uns auf das Sofa, eng aneinander geschmiegt, und es ging ans Erzählen. Was er gelitten, was ich gelitten ... wie er schon Selbstmordgedanken gehabt ... „Nein, nein, wir gehören zusammen, nichts soll uns mehr auseinander reißen ..."

Aber was nun? — Was tun? —

„Das Plänemachen laß auf später," bat ich. Ich fühlte mich so vollkommen glücksgesättigt durch dieses Wiedersehensfest, daß ich für Fragen und Zweifel und Projektieren nicht zu haben war. Von allen zärtlichen Ansprachen, die von Liebenden und Dichtern angewendet werden: Du bist ein Engel — du bist mein alles — und dergleichen ist die schönste und ausdrucksvollste doch: „Du bist die Ruh!" ...

Er aber weckte mich wieder aus „der Ruh":

„Wir müssen von der Zukunft sprechen," sagte er. „Das eine ist klar — so darf es nicht mehr kommen, daß man uns trennt, oder daß wir gar selber auseinander gehen, um elender weltlicher Klugheitsrücksichten willen. Wir heiraten — das steht fest."

Ja, das stand fest. Wir hatten redlich versucht, auseinander zu gehen und gesehen, daß es unmöglich, einfach unmöglich war. Einander haben für immer — das war unsägliches Glück — auf einander verzichten für immer, das war gleichbedeutend mit sterben. Vor diese Wahl gestellt, gab es kein Zögern mehr. — Leben, leben und selig sein!

Und so ging's doch ans Plänemachen. Wir würden uns trauen lassen — im geheimen — und dann in die Welt hinaus! Durchschlagen könnten wir uns schon: Arbeiten, unsere Talente verwerten — eine Stelle finden ... Nach dem Kaukasus! — — schlug ich vor. Dort hatte ich mächtige Freunde. Die Dedopali hat mir ja vor Jahren schon das Versprechen abgenommen, sie mit meinem Manne zu besuchen. Also dorthin soll die Hochzeitsreise gehen! Durch die Beziehungen zum russischen Kaiser würde es möglich sein, eine Anstellung in russischen Hof- oder Staatsdiensten zu finden ...

Der Plan ward ausgeführt. Niemand durfte etwas von meiner Rückkunft aus Paris erfahren; ich versteckte mich auf einige Wochen bei einer Familie in Lundenburg, sehr liebe Menschen; der Meine (ich nannte ihn niemals Artur, sondern „Meiner", also will ich auch in diesen Erinnerungen ihn so bezeichnen) besorgte unterdessen das Aufgebot, verschaffte sich vertraute, verschwiegene Zeugen, brachte alles Erforderliche: Papiere, Reisegeld, Gepäck u. s. w. in Ordnung. Das Glück wollte uns wohl; von dem Aufgebot in einer entlegenen Vorstadtkirche kam der Familie nichts zu Ohren — und eines schönen Morgens, es war am 12. Juni 1876, fuhr ich, im Reisekleid und Hut, zur Gumpoldskirchner Pfarrkirche; mein Verlobter erwartete mich dort mit seinen und meinen Zeugen, und in einer Seitenkapelle sprach uns ein uralter Priester zusammen. Wir waren Mann und Frau.

Vierter Teil

(1876—1885)

17

Hochzeitsreise

Zunächst sehe ich uns — an Bord des Dampfers, der uns von Odessa übers Schwarze Meer nach dem Hafen Poti bringen sollte. Es war des Meinen erste Seefahrt im Leben und er liebte leidenschaftlich das Meer, hatte sich immer nach einer Seereise gesehnt, und jetzt schwelgte er in der Erfüllung. Unser Ziel war das Land, wo sich Jason das goldene Vließ geholt. Ich glaube, in uns beiden war damals viel von der Jasonstimmung: eine Mischung von Abenteuerlust, von Eroberungszuversicht, von Hoffnungsrausch. Eine Welt des Neuen, Ueberraschenden lag vor uns; einen Boden sollten wir betreten, voll der klassischesten Weihe, und Erlebnisse winkten uns, die wir uns gar nicht gut vorstellen konnten. Wir wußten, daß man uns erwartete und mit offenen Armen aufnehmen würde. Ich hatte von Wien aus der Dedopali und dem Fürsten Niko, der damals auch im Kaukasus weilte, unseren ganzen Roman geschrieben und unseren Besuch angesagt. Ein freudiges „Willkommen" ward uns zurücktelegraphiert. Daß Niko, mein alter Freund, dem Meinen eine Adjutantenstelle beim Kaiser oder so etwas Aehnliches verschaffen würde, das betrachteten wir beide als etwas Wahrscheinliches. Wir waren überhaupt so furchtbar entzückt über unser Zusammensein, unser kühner Streich hatte uns ein solches intensives Frohgefühl verschafft, alles war uns bisher wie „sur des roulettes" gegangen, so daß wir einer fortwährenden Steigerung unserer Glückserlebnisse entgegensahen. Im Triumph würden wir einst heimkehren; aber nach der Heimkehr würden wir noch lange nicht begehren, vorläufig hinaus in die weite, schöne, reiche, merkwürdige Welt — wir holen uns das goldene Vließ. Und brauchten es nicht einmal — das war das Schönste dran. Was immer uns die Welt für Schätze gewähren oder verweigern wollte — wir hatten unermeßlichen Reichtum aneinander, und heftiger noch als ich empfand der Meine dies alles. Er war erst sechsundzwanzig Jahre alt, und dies war seine erste Fahrt ins

Unbekannte. Ich hatte doch schon so manche Enttäuschung hinter mir und war mit meinen dreiunddreißig Jahren jenem Rauschzustand, den man Jugend nennt, schon einigermaßen entrückt. Aber an seinem Jugendjubel berauschte ich mich und war dann ebenso kindisch wie er.

Nach ruhiger Ueberfahrt landete unser Schiff am asiatischen Strand. Ein anderer Weltteil — das erfüllt den noch wenig Bereisten mit einem eignen Stolz; ein Stolz, auf den alte Globetrotter lächelnd herabsehen. Der Meine setzte den Fuß auf den außereuropäischen Boden mit dem Hochmut eines Eroberers.

„So," sagte er frohlockend, „da wären wir in Asien!" —

Ob Asien oder Australien, ob Erde oder Mars — frohlockte es in mir, da sind wir zusammen und das ist die Hauptsache.

Ein Abgesandter der Fürstin war uns am Landungsplatze entgegengekommen. Er übergab mir einen Brief seiner Herrin mit einem neuerlichen Willkommen und mit der Bitte, wir möchten unsere Ankunft in Gordi (der Sommerresidenz) noch um acht Tage verschieben, denn solange würde es noch dauern, bis unsere Gastgeber, die jetzt noch in Zugdidi weilten, mit der Uebersiedlung in die Berge in Ordnung waren. Wir mögen uns den Weisungen des Abgesandten anvertrauen, der würde uns nach der Stadt Kutais geleiten, wo wir indessen im Gasthof Aufenthalt nehmen sollten. Wir überließen uns also der Fürsorge des Vertrauensmannes, ein georgischer Wirtschaftsbeamter, der ein wenig Französisch radebrechte. Der Mann trug die Landestracht: langer Kaftan, Patronenhülsen an der Brust, Baschlik auf dem Kopfe, Dolch im Gürtel. Am selben Tage ging nach Kutais kein Zug mehr ab, und wir mußten daher die Nacht in Poti zubringen. Da war allerdings nur ein sehr einfaches Gasthaus, aber „que faire". — Diese aus dem Russischen übersetzte Redensart bekamen wir dort zu Lande oft zu hören; sie enthält jene mit Achselzucken verbundene Resignation, welche nicht so sehr die Frage ausdrückt, was solle man tun, um gegen irgend etwas anzukämpfen, sondern vielmehr bedeutet: da läßt sich nichts tun.

In der Tat, das Gasthaus war sehr einfach: die Nacht brachten wir auf Sesseln zu, da die Betten sich als zu stark bevölkert erwiesen, und als wir Toilette machen wollten und nach einem Waschtisch auslugten, fanden wir keinen. Ich klingelte nach dem Stubenmädchen. Dieses erschien in Gestalt eines barfüßigen Bauernsohnes mit struppigem Bart und einem Wald von schwarzem Kraushaar. Wir konnten ihm unsere Wünsche nicht verständlich machen und riefen unseren Vertrauensmann, der gleichfalls in diesem Palacehotel von Poti abgestiegen war, zu Hilfe. Da stellte sich heraus, daß im Hause nur eine Zinnwaschschüssel vorhanden war, die nach Bedarf von einem Gastzimmer ins andere getragen wurde und das Handtuch (in welchem Zustande!) dazu.

Von dieser Raststation nicht besonders erfrischt, aber in ungetrübt guter Laune, setzten wir den anderen Morgen unsere Reise fort, um unsere nächste Etappe, Kutais, die Hauptstadt des gleichnamigen Gouvernements, zu erreichen. Dort erwartete uns wieder ein anderer Abgesandter der mingrelischen Familie — der Intendant des jungen Fürsten, ein dicker, lärmender Armenier, der gleichfalls Französisch zu radebrechen wußte und der europäische Kleidung trug. Der geleitete uns in das beste Gasthaus von Kutais, das freilich auch noch kein Palacehotel war, im Vergleich aber mit der gestrigen Spelunke als solches erscheinen konnte, denn hier hatte jeder Gast sein eignes Waschbecken, sogar sein eignes Handtuch, und Zimmer und Betten waren rein. Aber so furchtbar exotisch erschien uns alles, was wir sahen und hörten und — rochen: die fremden Typen, die fremden Kostüme, die fremde Bauart der Häuser und — was den Geruchssinn anbelangt — ein ganz eigentümlicher, nicht unangenehmer Duft von sonnengetrocknetem Büffelmist. Die Büffel selber, die hier als Lastzugtiere und als Melktiere verwendet werden und die wir schon auf dem Weg nach Kutais in verschiedenen Pfützen faulenzen sahen, waren uns eine exotische Erscheinung.

Die Hitze war entsetzlich. Im Zimmer konnte man es kaum aushalten, und wir verbrachten die Tage und nahmen die Mahlzeiten (bestehend aus Hammel, Hammel, Hammel) auf einem Holzbalkon, der über dem Hof rund um das Haus lief. — Nach zwei Tagen reiste unser Armenier ab, und es kam ein dritter Abgesandter, um uns Schutz und Schirm zu sein. Diesmal ein Hausfreund der Dadianischen Familie, ein alter französischer Edelmann „de vieille roche" mit den feinen Formen „de l'ancien régime". Sein Name war Comte de Rosmorduc. Gebürtig aus der Bretagne, war er vor etwa fünfundzwanzig Jahren nach dem Kaukasus gekommen (aus welchem Anlaß, das weiß ich nicht) und hatte sich da gänzlich niedergelassen. Er war mit einer Mingrelierin verheiratet und besaß ein selbsterbautes Haus in Zugdidi. Bei der alten Fürstin und ihren Kindern war er sehr gerne gesehen und wurde in der Folge auch uns ein lieber Freund.

Nun machte er uns die Honneurs von Kutais. Er stellte uns in dem Hause des Generals Zeretelli vor, das erste Haus der Stadt. Zeretellis waren Kaukasier und Verwandte der Dadianis. Sie zeigten sich uns sehr zuvorkommend und veranstalteten sogar uns zu Ehren für den kommenden Abend einen großen Empfang, zu welchem alle Notabilitäten und Adelsfamilien des Ortes geladen wurden. Die Tochter Nina war eine berühmte Schönheit, doch galt sie mit ihren fünfundzwanzig Jahren schon als altes Mädchen. Kaukasierinnen pflegen mit fünfzehn bis sechzehn Jahren zu heiraten. So war die Gräfin Rosmorduc, die jetzt fünfunddreißig Jahre alt war, schon schon seit zwanzig Jahren verheiratet. Diese, gleichfalls eine große Schönheit, sollten wir erst im künftigen Jahre kennen lernen. Die Soiree im Hause Zeretelli hat uns einen unauslöschlichen Eindruck hinterlassen, weil es das erstemal war, daß wir das gesellige Leben des Landes beobachten konnten. Hier sahen wir Damen in ihrer Nationaltracht und wohnten zum erstenmal der Aufführung des Nationaltanzes — der Lesginka — bei. Nahmen auch zum erstenmal an einer Festtafel teil, wo aus schlanken Silberkannen der feurige Kachetinerwein in große Trinkhörner gegossen wurde, wo ein zu dem Ehrenamt gewählter „Vortrinker" die Gesundheit ausbrachte — bei dieser Gelegenheit als erste die Gesundheit der Gäste aus Oesterreich. Hausherr und Hausfrau setzten sich nicht zu Tisch, sondern halfen bedienen. Wir fanden viele unter den Anwesenden, die Französisch sprachen, und wo das nicht der Fall war, diente Graf Rosmorduc, der die Landessprache erlernt hatte, als Dragoman. Im Saale stand ein Klavier. Mein Mann setzte sich dazu und spielte einige seiner selbstkomponierten Walzer, und die kaukasische Gesellschaft war voll Bewunderung und tanzte zu dieser Musik mit vollkommener Grazie. Am anmutigsten zeigte sie sich jedoch in der Lesginka. Dieser Tanz wird gewöhnlich nur von einem Paare ausgeführt, die anderen sitzen in der Runde und klatschen taktmäßig in die Hände. Die Begleitmusik wird von einem kleinen, landesüblichen Instrument besorgt, das eine gewisse drei Takte lange Melodie endlos wiederholt, und von glöckchenumringten Tambourins, auf welchen kundige Hände in immer heftigerem Rhythmus trommeln. Der Tanz selber ist eine Darstellung des uralten Liebesspieles: Verfolgen, fliehen, locken. Die Männer führen kunstvolle Pas auf, die Frauen schweben förmlich über dem Boden, das lange Kleid aus schwerer Seide verbirgt die Füße, so daß es aussieht, als rollten sie auf unsichtbaren Rädchen dahin; der Schleier, der an ihrem Kopfputz befestigt ist, weht hinter ihnen her, und von den in runder Gebärde ausgestreckten Armen fliegen die langen Doppelärmel. Zum Abschluß des Festes gab ich eine italienische Bravourarie zum besten und darauf das Lachlied von Auber — das Paradestück der Charlotte Patti —; das gesungene Gelächter steckte alle an, und das Ganze endete mit einem Lachchor.

Und nun, am anderen Morgen, ging es ans Reiseziel nach dem auf hohem Bergplateau gelegenen Gordi. Graf Rosmorduc mietete eine Troika und gab uns das Geleite. Ein lustiges Fahren war es mit diesem Dreigespann; je mehr der federlose Wagen schüttelte, desto mehr Spaß hatten wir daran. Der Weg war herrlich, alle Hecken mit Kaskaden von wilden Rosen überblüht. Die Hitze war entsetzlich dabei. Die Aussicht desto erfreulicher, daß es in die Berge ging, wo, wie Graf Rosmorduc versicherte, stets kühle, fast rauhe Lüfte wehen.

Nach mehrstündiger Fahrt durch die Ebene kamen wir an der Brücke des Pompejus an; das ist die Stelle, wo man den Wagen verlassen muß, um den Weg zu Pferde zurückzulegen. Man war da am Eingang des Engpasses, und steil hoben sich die Gipfel der Berge, die wir zu erklimmen hatten, vom blauen Himmel ab. Der Strom, der unter der Pompejusbrücke rauschte und schäumte, rauschte in unseren Ohren vielleicht noch einmal so stark, weil er uns als der „Hippos" der Alten bezeichnet worden; was für klassische Fahrzeuge — wohl auch Jasons Barke selber, als dieser das goldene Vließ zu erbeuten ausging — mochte er auf seinen Wellen geschaukelt haben! Das war die Stelle, so erinnerte ich mich aus Dedopalis Briefen, wo das junge Fürstenpaar auf seiner Heimreise aus dem Wagen gestiegen, wo die Brücke mit einem Teppich bespannt war und ein Triumphbogen aus Blumen die Grenzlinie von Mingrelien bezeichnete. Unserer harrte an der Pompejusbrücke kein Triumphbogen, aber doch eine schöne Ueberraschung: Fürst Niko, von einem großen Gefolge begleitet, war uns bis zur Schwelle seines Reiches entgegengeritten, um die „Contessina" und deren Gatten zu bewillkommnen. Unter einem Zelt war eine Tafel mit Erfrischungen aufgestellt. Da wurde erst ein Frühstück eingenommen, ein Willkommenstoast ausgebracht und dann ging es an den Aufstieg. Für uns und den Grafen Rosmorduc waren auch Pferde bereit; für mich ein frommer Paßgänger. Fürst Niko hob mich in den Sattel, und jetzt mußten wir die sieben Kilometer Serpentinen hinaufreiten, von dem Trupp der fürstlichen Eskorte umgeben, die in ihrer malerischen Tracht, auf ihren hohen Sätteln allerlei Reiterkunststückchen ausführend, an steilen Bergwänden hinauf- und hinabspringend, ein ganz wunderbares Schauspiel bot.

Und als wir so in die Höhe ritten, wurde die Temperatur immer kühler und der Ausblick in die Schluchten und Täler immer großartiger. Die Sonne war schon hinter den Bergen verschwunden, als wir am Ziele anlangten. Gordi liegt auf einem großen Plateau, in dessen Hintergrund, gegen eine Bergwand gelehnt, das Schloß des Fürsten, ein ausgedehnter, turmflankierter und mit zahlreichen Balkonen und Terrassen geschmückter Bau, steht. Rechts und links davon in Abständen kleine, nette Holzvillen. Eine davon war von der Fürstin-Mutter bewohnt, eine von Niko selber, denn auch sein Schloß war noch nicht vollendet, eine war für uns bestimmt, und die anderen dienten den übrigen Gästen und Nachbarn als Quartier. Auf der Terrasse ihrer Villa stand die Dedopali, um uns zu bewillkommen. Sie war umgeben von ihren Frauen, ihrem Almosenier, ihrem Geheimschreiber und ihren Leibmohren. Sie öffnete mir die Arme und hieß mich willkommen.

«Présentez-moi votre cher mari, ma petite contessina, où faut-il dire ‚baronessina' maintenant?»

Meinen Mann, der sich nach der Vorstellung über ihre Hand beugte, küßte sie nach russischer Sitte auf die Stirne.

Bald wurden wir dann in unser Häuschen geleitet, wo wir uns ausruhen und zum Diner Toilette machen sollten. Die kleine, ebenerdige Gastvilla bestand aus einem mit bunter Kretonne tapezierten und ebenso möblierten Sitzzimmer, einem Schlafzimmer und Kammern für den Diener und die Dienerin, die ganz zu unserer Verfügung gestellt waren. Das Diner wurde in der Villa Dedopali eingenommen und auf einer geräumigen, offenen Veranda serviert. Nach dem Diner begab sich die Gesellschaft — wir waren ungefähr dreißig bei Tisch gewesen — hinaus auf das Plateau, das im hellen Mondlicht dalag, und nun wurden auch Tänze aufgeführt, Raketen flogen in die Luft, Chorgesänge ertönten, und erst nach Mitternacht begab man sich zur Ruhe. Das war unser Empfang in Gordi.

18

In Kutais (1877)

Unser Hochzeitsreise-Ausflug nach dem Kaukasus hat neun Jahre gedauert. Lange Flitterwochen! —

Den ersten Sommer brachten wir ununterbrochen in Gordi zu, wo wir so lange zurückgehalten wurden, bis die Hausleute selber es verließen —, Niko für Petersburg, Dedopali für Zugdidi. Die Illusion mit der Anstellung am russischen Hofe hatte sich aber als Illusion erwiesen. Niko ging zwar anfänglich auf die Idee ein, bald stellte sich aber heraus, daß, wenn man sie in Wirklichkeit umwandeln sollte, sie auf Unausführbarkeit stieß. Also was tun? Dieses Leben von eitel Lust und Festen, das da in den Bergen geführt worden, konnte nicht immer fortgesetzt werden, und ewig „gern gesehener Gast" zu sein ist schließlich kein Beruf. Mit Harmannsdorf hatten wir gebrochen — oder vielmehr die Eltern hatten mit uns gebrochen; den leichtsinnigen Streich konnten sie uns nicht verzeihen. Wir warben auch nicht um Verzeihung. Wir hatten trotzig verkündet, daß wir uns selber durchschlagen würden, und das mußten wir nun auch tun. Mit den Geschwistern waren wir in liebevollstem Briefwechsel geblieben, aber von den Eltern kam außer einem uns nachgeschickten zornigen Vorwurfs- und Absagebrief kein weiteres Zeichen mehr. Meine Mutter, der sich der Meine vor unserer Abreise vorgestellt hatte, war zwar auch mit der ganzen Partie und der abenteuerlichen Flucht nicht einverstanden, aber sie hatte in ein paar Tagen den Meinen in ihr Herz geschlossen, und ihre Segenswünsche begleiteten uns.

Wir beschlossen nun, uns in Kutais niederzulassen und da einstweilen, ehe Fürst Niko für uns eine passende Anstellung gefunden, wozu er die Möglichkeit offenließ, durch Sprach- und Musikunterricht unser Leben zu fristen. Eine Cousine der Fürstin, die mit uns in Gordi zu Gaste war und die in Kutais lebte, versprach, uns in ihren Kreisen Lektionen zu verschaffen. Das waren zwar keine fröhlichen Aussichten, aber unsere innere Fröhlichkeit war unverwundbar. Das ganze Leben, das ganze Land kam uns so interessant vor, daß das gehobene Reise- und Abenteuergefühl, mit dem wir auszogen, uns stets wach blieb, und daneben waren wir ja ineinander so unaussprechlich glücklich, daß wir eigentlich (so wie es Lagen gibt, in denen man alle beneidet) alle bedauerten, die nicht wir waren. Das Schönste war, daß wir unsere Liebe nicht nur als nicht abnehmend, sondern als stets wachsend empfanden.

Nach dem allgemeinen Aufbruch in Gordi begaben wir uns also nach Kutais, wo uns vorläufig ein anderer Freund der Dedopali — der General Hagemeister — im Hause gastliche Aufnahme bot, und wo wir bleiben sollten, bis wir Wohnung und Lektionen gefunden hätten. Nach ein paar Wochen waren wir in einem eigenen kleinen Heim etabliert, und mehrere Töchter der Kutaiser Adelsfamilien hatten sich zum Gesangs- oder Klavierunterricht bei mir gemeldet. Der Meine gab ein paar deutsche Lektionen.

Nun begannen Kriegsgerüchte durch die Luft zu schwirren. Im vorigen Jahre war in Bulgarien ein Aufstand ausgebrochen. (Man behauptete in außerrussischen Ländern, dies sei durch russische Agenten geschehen.) Rußland forderte von der Türkei Reformen und Garantien für die Sicherstellung der Christen. Nun tagten die Großmächte in Konferenzen (November 1876 bis Januar 1877 in Konstantinopel; im März 1877 in London), aber ihre Beschlüsse wurden von den Türken abgelehnt. Würde Rußland nun den Krieg erklären? Diese Frage schwebte bang auf aller Lippen. Die Truppen lagen an der Grenze bereit.

Und richtig, am 24. April erfolgte die russische Kriegserklärung und zugleich die Ueberschreitung des Pruth und der armenischen Grenze. Die Nachricht war um so erschütternder, als der Kaukasus selber einen der beiden Kriegsschauplätze abgab und eine Invasion der Türken in Kutais zu den möglichen Gefahren gehörte.

Ich erinnere mich nicht, daß wir Angst hatten. Auch ein Protestgefühl gegen den Krieg im allgemeinen empfand ich ebensowenig wie in den Jahren 1866 und 1870. Auch der Meine sah in dem eben ausgebrochenen Krieg nur ein Elementarereignis, doch ein solches von besonders historischer Wichtigkeit. Mitten drin zu stehen, das gibt einem selber einen Abglanz von dieser Wichtigkeit.

Von meiner Mutter, von den Schwägerinnen erhielten wir Brief auf Brief, Depesche auf Depesche: wir sollten fliehen. Daran dachten wir nicht; im Gegenteil, wir wollten uns nützlich machen und trugen uns dem Gouverneur, Fürsten Mirsky, an, uns als freiwillige Pfleger der Verwundeten anzustellen. Doch machten wir zur Bedingung: am selben Ort, womöglich im selben Spital, zu arbeiten. Das war nicht möglich; man wollte ihn dort, mich da verwenden, und so zogen wir unseren Antrag zurück. Denn voneinander uns trennen — noch dazu unter so gefahrvollen Auspizien: das um keinen Preis. So blieben wir denn in Kutais. Unsere Sympathien (damals hatten wir im Kriege noch „Sympathien") waren auf russischer Seite. Es galt „slawische Brüder zu befreien"; das war die um uns herum ausgegebene Parole, und wir nahmen sie gläubig hin. Uebrigens ertönte noch eine zweite Losung, erhoben von den im Kaukasus lebenden Mohammedanern, von den wilden Bergvölkern, den Genossen Schamyls: Aufruhr — Abschüttlung des russischen Jochs. Das klang alles sehr heroisch. Es kam aber zu keinem Aufstand; der Kaukasus erwies sich als hinlänglich russifiziert und loyal. Die Söhne des Landes — in ihren Kosakenuniformen schmuck anzusehen — zogen einmütig nach dem Kriegsschauplatz, um die Türken zu schlagen. „Sotnias" nannten sich Häuflein von hundert berittenen Edelleuten, welche freiwillig sich dem Heere anschlossen, und wir sahen sie unter unseren Fenstern davonreiten.

Der erste Tote, von dem das Kriegsbulletin meldete, war ein uns bekannter junger Bursche aus Kutais, der einzige Sohn einer russischen Generalin.

Natürlich waren alle Zurückgebliebenen ringsum vom Roten-Kreuz-Fieber ergriffen: Verbandzeug fabrizieren, Tee- und Tabakvorräte expedieren, durchfahrende Regimenter mit Speise und Trank laben, Gelder sammeln, Wohltätigkeitsveranstaltungen planen und ausführen — alles zum Besten der armen Krieger. Heute will mir scheinen, daß es noch Besseres geben könnte als dieses Beste: sie nicht hinausschicken! Heute weiß man auch durch Tolstoi, den Wahrheitsmutigen, was es damals für eine Bewandtnis hatte mit den „geliebten slawischen Brüdern":

„Geradeso wie jetzt die Russen- und Franzosenliebe (so schreibt Leo Tolstoi in seinem nach dem Kriege erschienenen Buche „L'esprit chrétien et le Patriotisme"), so sah man plötzlich am Vorabend des Russisch-Türkischen Krieges die Liebe der Russen zu ich weiß nicht was für slawischen Brüdern. Man hatte diese slawischen Brüder jahrhundertelang ignoriert; die Deutschen, die Franzosen, die Engländer standen und stehen uns noch unendlich viel näher als diese Montenegriner und Serben und Bulgaren. Und dann begann man Feste zu feiern und Empfänge zu veranstalten, welche von den Katkows und Aksakows noch aufgebauscht wurden, die man mit Recht in Paris als Muster des Patriotismus betrachtet. Damals, wie jetzt, war von nichts anderem die Rede als von der plötzlichen Liebe, in welcher die Russen für die Slawen des Balkans erglühten. Zuerst — geradeso wie man es jetzt in Paris getan — versammelte man sich in Moskau, um zu essen und zu trinken, sich gegenseitig Dummheiten zu sagen, über die großen Gefühle, die man empfand, in Rührung zu zerfließen, über Frieden und Einigkeit zu reden, indem das Wichtigste verschwiegen wurde: die Absichten gegen die Türkei. — Die Zeitungen vergrößerten die Begeisterung, und nach und nach mischte sich die Regierung drein. Serbien erhob sich, diplomatische Noten, halboffizielle Artikel wurden produziert. Die Zeitungen vertieften sich immer mehr in Lügen und Erfindungen; sie gerieten so sehr in Hitze, daß schließlich Alexander II., der wirklich den Krieg nicht wollte, nicht anders konnte, als seine Einwilligung zu geben. Und dann geschah, was wir wissen: Hunderttausende von Unschuldigen gingen zugrunde, und Hunderttausende von Menschen wurden zur Wildheit herabgedrückt und jedes christlichen Gefühls beraubt." —

Nun, wir zwei glaubten damals an die slawische Bruderliebe. Mein Mann sandte Korrespondenzen über die Kriegsereignisse, deren Echo zu uns drang, an die „Neue Freie Presse" nach Wien. Diese druckte sie eine Zeitlang dankbar ab; in der Folge aber fand sie dieselben zu russenfreundlich — die „Neue Freie Presse" nahm für die Türken Partei — und lehnte sie ab.

Ich meinerseits, da ich schon nicht Verwundete pflegen konnte, half wenigstens bei den zu deren Gunsten von den Kutaiser Damen inszenierten Veranstaltungen fleißig mit. Ich erinnere mich eines abendlichen Gartenfestes, welches auf dem sogenannten „Boulevard" — so heißt ein in der Mitte der Stadt gelegener, baumbepflanzter Promenadeplatz — die Einwohnerschaft versammelte, bei Lampionbeleuchtung, Orchestermusik (Gott schütze den Zaren, Potpourri aus Glinkas „Leben für den Zar", Balkan-Marsch, slawische Lieder u. dergl.), Verkaufsbuden und Tombola. Zwischen zwei Bäumen, grell beleuchtet, war ein großes Gemälde angebracht, das eine rührende Schlachtfeldszene darstellte: im Vordergrund eine wunderschöne russische barmherzige Schwester mit Tränen auf den Wangen, mild herabgebeugt über einen verwundeten türkischen Soldaten, dessen Kopf sie aufrichtete, um ihm Labung zu reichen; im Hintergrund ein Zelt, Pulverdampf, tote Pferde und platzende Granaten. Vor dem Bilde habe ich selber eine Träne vergossen, und bei der Tombola, wo ich so lange Lose kaufte, bis mein Beutel erschöpft war, gewann ich eine kleine irdene Vase, die ich abermals ausspielen ließ — und damit glaubte ich meinen Tribut von Anteilnahme an der Balkantragödie entrichtet zu haben.

Der Krieg nahm seinen Fortgang. Von Dedopali erhielten wir sehr traurige Briefe; sie zitterte um ihre beiden Söhne, welche mitmarschiert waren.

Plötzlich entstand das Gerücht, daß in einem nahen Orte die Pest ausgebrochen sei. Das erfüllte uns doch mit Grauen. Als die Kunde kam, brach ich in Selbstvorwürfe aus:

„Ach, wohin habe ich dich gebracht — es ist meine Schuld, daß du hierherkamst, Meiner!"

Er tröstete: „Keine Minute habe ich noch bereut — wenn dir nur nichts geschieht! Aber selbst wenn wir jetzt sterben müßten, wir haben ja unser Teil Glück gehabt."

Die Seuche hat aber nicht um sich gegriffen. Das Schicksal, auf das wir uns schon gefaßt gemacht hatten, von dem fürchterlichen Würgengel gepackt zu werden, ist uns doch erspart geblieben.

Im übrigen ging es uns recht schlecht. In dem Trubel der Kriegsereignisse dachte niemand mehr daran, Lektionen zu nehmen, und wir waren furchtbar knapp dran. Wir haben damals sogar an einigen Tagen das Gespenst „Hunger" kennen gelernt. Aber alles, was uns traf, ob Freuden oder Leiden, brachte uns immer näher aneinander, und später haben wir das Schicksal gepriesen, daß es uns mit solchen Erfahrungen bereichert hat. Die haben wohl dazu gehört, unsere Charaktere zu stählen und zu jener Teilnahme am Leid der Menschheit, am Elend des Volkes zu erziehen, welche in späterer Zeit den Grund unserer Zusammenarbeit im Dienste der Allgemeinheit abgab und welche in uns Gesinnungen weckte, an denen eins am anderen seine Freude hatte.

Der Krieg ging zu Ende. Am 3. März 1878 ward der Friede von S. Stefano unterzeichnet. Die beiden Söhne Dedopalis waren unversehrt geblieben; der ältere — im Range Oberst — hatte im Gefolge des Kaisers vor Plewna mitgefochten; der jüngere, damals Kapitän, hatte die Erstürmung von Kars mitgemacht. In Kutais waren viele Familien in Trauer. Die zurückkehrenden Sotnias (hundert) kehrten nicht als Hundert zurück. Bei uns zu Hause freute man sich sehr, daß uns der Krieg verschont hatte. Meine Schwiegermutter war mit ihren beiden Töchtern Luise und Mathilde zur Ueberwinterung nach Florenz gefahren, weil letztere an starkem Husten erkrankt war und der Arzt ein mildes Klima verordnet hatte. Im Frühjahr, auf der Heimreise, hielten sie sich in Meran auf, und von dort erhielten wir die Nachricht, daß der Zustand Mathildens sich verschlechtert habe, daß sie an heftigen Fieberanfällen litt und in Lebensgefahr sei. Wenige Tage darauf traf schon die Kunde von ihrem Tod ein. Noch nicht zwanzig Jahre, und so schön, und von ihrer Mutter so vergöttert . . . wie konnte diese den Schlag nur ertragen! Sie soll wie ein Engel ausgesehen haben auf ihrer Bahre, mit einem Kranz von Rosen auf dem gelösten, zu beiden Seiten herabströmenden Goldhaar. Die Leiche wurde nach Harmannsdorf zurückgebracht — muß das eine traurige Fahrt für die arme Mutter gewesen sein! — und von dort zur Beisetzung in die Suttnersche Familiengruft in Höflein überführt. Die Nachricht traf uns sehr schmerzlich, und wir haben die so vorzeitig hingeraffte Schwester, mit der wir viele heitere Stunden verlebt und die stets liebevoll zu uns gehalten, innig beweint.

In den Lektionen war also Ebbe eingetreten. Da versuchte sich mein Mann mit Schriftstellerei. Die Kriegsbriefe, die von der Presse veröffentlicht wurden, hatten viel Beifall gefunden, und er hatte dabei an sich selber das Talent, leicht und malerisch zu schreiben, entdeckt. Er verfaßte nun schildernde Artikel über Land und Leute im Kaukasus und sandte sie an verschiedene deutsche Wochenblätter ein. Diese Beiträge wurden gern angenommen und honoriert.

War es Neid, war es Nachahmungstrieb? — ich wollte versuchen, ob ich nicht auch etwas schreiben konnte. Den Beruf hatte ich ja nie in mir gefühlt. Mit sechzehn Jahren (damals war es Neid und Nachahmungstrieb, geweckt durch die Erfolge Elviras) hatte ich wohl eine Novelle verfaßt, betitelt „Erdenträume im Monde", und eine seither längst eingegangene Zeitschrift „Die deutsche Frau" hatte sie veröffentlicht und mich im Briefkasten der Redaktion um neue Beiträge gebeten: „Ich solle mein Pfund nicht begraben". Seither aber hatte ich außer Briefen (diese schrieb ich ungeheuer gern) nichts mehr geschrieben. Jetzt also, im Jahre 1878, machte ich meinen ersten (die „Erdenträume" zählten nicht) schriftstellerischen Versuch. Ich verfaßte in aller Stille ein Feuilleton „Fächer und Schürze", sandte es an die alte „Presse" nach Wien, und siehe da — beinahe postwendend erhielt ich Belegsexemplar und zwanzig Gulden. O, der erste Empfang eines Schriftstellerhonorars — welche stolze Genugtuung — unbeschreiblich! Die kleine Arbeit war mit dem Pseudonym B. Oulot gezeichnet (eine Anlehnung an den Spitznamen „Boulotte", der mir im Suttnerschen Hause beigelegt worden war), und als ich diese sechs Buchstaben unter dem mir wirklich sehr hübsch scheinenden Feuilleton gedruckt sah, hatte ich den Eindruck, daß gegenwärtig Mitteleuropa von der Frage bewegt sein müßte: Wer kann denn nur dieser B. Oulot sein?

Und von da ab hab' ich weitergeschrieben, unausgesetzt, bis zum heutigen Tag.

19
Tiflis

Im Sommer 1878 waren wir wieder in der mingrelischen Sommerresidenz zu Gast.

Die beiden Söhne, um welche Dedopali gezittert hatte, waren nun, mit verschiedenen Orden geschmückt, auch nach Gordi gekommen. Ebenso die Frau des Fürsten Niko, Mary. Außerdem noch das Paar Achille Murat mit seinen beiden Knaben. Es gewährte mir eine große Freude, meine Freundin Salomé wiederzusehen, und es war wieder eine schöne Zeit, die wir in diesem lieben und heiteren Kreis verlebten. Graf Rosmorduc trug nicht wenig zur Unterhaltung bei. Dieser alte Franzose hatte die Gabe, endlos Anekdoten aus seinem Leben zu erzählen, spannende, witzige und rührende, und sich niemals zu wiederholen.

Mit der Anstellung für den Meinen war's noch immer nichts; um so mehr wurden Pläne gemacht und spanische Schlösser gebaut. Geschäfte sollten übernommen, Kolonisten verschrieben, Holzhandel eröffnet werden. In diesen Projekten, bei welchen meinem Manne stets lukrative Tätigkeiten zufallen sollten, waren besonders Niko und Rosmorduc erfinderisch. Verschiedenes wurde auch in Angriff genommen; Verhandlungen wurden angeknüpft, ausgedehnte Korrespondenzen geführt, aber schließlich war es nichts.

So kam wieder der Winter heran, die Gordi-Kolonie ging auseinander, und diesmal wollten wir unser Glück in Tiflis versuchen; wir brachten ja auch dorthin die besten Empfehlungen mit. Es lebte da Fürstin Tamara, die Witwe nach Heraclius von Georgien. Dieser war nach langer Krankheit, während welcher er unausstehlich launenhaft gewesen sein soll, gestorben, und seine schöne junge Witwe führte, nach dem Großfürsten-Statthalter, das erste Haus in Tiflis. Dort wurden wir mit größter Zuvorkommenheit aufgenommen. Tiflis ist eine halb orientalische, halb westeuropäische Stadt. In dem europäischen Viertel herrscht dasselbe Leben wie in unseren großen Städten. Europäische Toiletten, europäische Sitten, französische Köche, englische Gouvernanten, Jours, Soireen, Konversation in russischer und französischer Sprache. Fürstin Tamara besaß ihr eignes, mit erlesenem Geschmack eingerichtetes Palais, und in ihren Salons verkehrte die dortige Creme der Gesellschaft, bestehend aus Würdenträgern des großfürstlichen Hofes — auch der Großfürst stattete da öfters Besuche ab — aus verschiedenen Gouverneuren, Generalen und den eingeborenen Großen. Die jüngere Schwester Tamaras, ebenso reizend wie diese, war mit einem General verheiratet und lebte auch in Tiflis. Die gesellschaftliche Stellung, die wir dort einnahmen, war etwas ganz Sonderbares. Wir mußten verdienen, um zu leben — also wanderte ich an den Vormittagen in verschiedene sehr gut gezahlte Musikstunden; mein Mann hatte eine Stelle bei einem französischen Tapetenfabrikanten und Bauunternehmer inne, für den er Rechnungen führte und namentlich neue Tapetenmuster zeichnete. Dafür bezog er einen Gehalt von hundertfünfzig Rubel monatlich, und außerdem hatten wir in dem schönen eignen Hause des Fabrikanten, Monsieur Bernex aus Marseille, Kost und Wohnung. Die Arbeitsglocke erklang um fünf Uhr früh. Da mußte der Meine, der zu Hause so verwöhnte und eigentlich lästerlich faule Meine, schon aus dem Bett. Er tat es ganz vergnügt; dann ging er in den Maschinenraum, die Arbeiter überwachen. Um acht Uhr setzte er sich mit dem „Patron" und den Werkmeistern zum ersten Frühstück, bestehend aus einem Kübel ganz schwachen Milchkaffees und Schwarzbrot — es mundete ihm vortrefflich, dann mußte er ins Bureau, rechnen und zeichnen bis eins. Ich hatte indessen schon ein paar Lektionen absolviert, und wir aßen alle zusammen am Bernexschen Mittagstisch. Nachmittags hatte der Meine Geschäftsgänge zu besorgen, zu Kunden, aufs Zollamt, zur Bahn, alles stundenweite Wege; er tat es mit Lust. Aber von sechs Uhr nachmittags an, da waren wir frei, machten große Toilette und dinierten fast allabendlich „en ville", bald bei der Fürstin von Georgien, bald bei ihrer Schwester und bei allen großen Familien der Stadt. Man kannte unseren Roman, man kannte auch unsere engen Beziehungen zur Familie Dadiani, und in der Welt wurden wir nicht behandelt als der Fabriksangestellte und als die Musiklehrerin, sondern als eine Art aristokratischer Emigranten, nicht nur auf dem Fuß der Gleichheit, sondern mit jener besonderen Zuvorkommenheit, die illustren Fremden erwiesen zu werden pflegt. Wir mußten eigentlich dazu lachen.

Die Schriftstellerei betrieb ich weiter, soweit meine Zeit es zuließ. Ich schrieb Novellen: „Doras Bekenntnisse", „Ketten und Verkettungen", und trug den Plan zu einer größeren Arbeit, „Inventarium einer Seele", mit mir herum. Mein Mann kam nur sehr wenig zum Schreiben, denn nun hatte ihn der „Patron" auch dazu angestellt, Baupläne zu zeichnen. Und er tat es. Wie ihm das gelang, ich begreife es heute noch nicht; Tatsache aber ist, daß nach seinen Plänen mehrere Häuser und Schlösser in der Umgebung von Tiflis errichtet wurden. Nun, so wie er Klavier spielte, ohne Musikunterricht genommen zu haben, so machte er architektonische Pläne, ohne das Baufach studiert zu haben. Die georgische Sprache hatte er sich schon so weit angeeignet, daß er mit den eingeborenen Arbeitern und Unternehmern sich verständigen konnte. Ich indessen vervollkommnete mich im Russischen, das ich übrigens schon in Wien zu lernen begonnen hatte, im Hinblick auf den Aufenthalt in Zugdidi, den mir die Dedopali in Aussicht gestellt. Jenes Schloß war übrigens jetzt noch nicht fertig und ist auch gar nicht zu Lebzeiten der Bauherrin fertig geworden.

Während unseres Aufenthaltes in Tiflis habe ich eine Krankheit durchgemacht, die einzige während meines Lebens. Die Zeit dieser Krankheit gehört zu meinen schönsten, liebsten Erinnerungen. Ich konnte nichts essen, alles, was ich nahm, refüsierte mein Magen; ich konnte nicht gehen, wenn ich einige Schritte machen wollte, fiel ich um. Das klingt freilich nicht, als ob man schöne, liebe Erinnerungen auskramt, und doch ist es, weiß Gott, eine wonnige Zeit gewesen. Ich war von einer halb betäubten Mattigkeit, das Liegen gewährte mir eine wohlige Ruhebefriedigung, und die Pflege und Sorge und Zärtlichkeit des Meinen wiegte mich in ein stilles, tiefes Glücksbewußtsein. Das dauerte ungefähr sechs Wochen, dann war ich genesen, und wir zwei hatten uns wieder um ein großes Stück lieber.

20
Zugdidi

Den Aufenthalt in Tiflis haben wir wieder mit Kutais, dann mit Gordi und mit Zugdidi und noch manchen anderen Orten vertauscht; ich kann hier nicht genau in chronologischer Folge und in ihren Einzelheiten alle die Wanderungen erzählen, die unsere neun Jahre Kaukasus gefüllt haben; auch sind es nicht die äußeren Ereignisse, die uns „das Wichtige" waren; innere Erlebnisse waren es, die dort in der Verbannung zwei ganz neue Menschen aus uns gemacht haben. Zwei frohe Menschen, zwei gute Menschen.

Einige schöne Jahre verlebten wir in dem kleinen Orte Zugdidi, der mingrelischen Hauptstadt. Eigentlich müßte man Hauptdorf sagen. Eine lange Zeile orientalischer Häuser mit offenen Buden, Laden an Laden; darum hieß diese Zeile der „Bazar", sie hieß aber auch der „Boulevard", weil die Straße mit einer Doppelreihe von hohen Bäumen besetzt war. Und was für Bäume! Bitte, nichts Geringeres als Mimosen. Wenn diese in Blüte standen, da war der ganze Ort mit betäubenden Düften gefüllt. Außer dieser orientalischen Zeile gab es ein Häuflein kleiner Bauernhäuser, bewohnt von — württembergischen Bauern, das war die „deutsche Kolonie". Dann, verstreut in größeren und kleineren umfriedeten Grasplätzen oder Kukuruzfeldern, einstöckige Häuser in kaukasischem Stil, das heißt aus Holz gebaut und rings mit Veranden versehen; ferner in einem Garten die Villa des Grafen Rosmorduc, dann das Interimswohnhaus der Fürstin am Rande des großen Parkes, in dessen Mitte sich der unvollendete Prachtbau des Schlosses erhob — das war Zugdidi.

Noch etwas sollte dazukommen. Achille und Salomé Murat hatten beschlossen, sich im Kaukasus niederzulassen; ein großes, unkultiviertes Terrain wurde ihnen überlassen, und darauf sollten ein Landhaus, Wirtschaftsgebäude, Stallungen, Zier- und Gemüsegarten, Glashäuser und bebaute Felder entstehen. Das alles haben wir im Verlauf von vier Jahren auch entstehen sehen. Für uns hatten wir das Häuschen eines deutschen Kolonisten gemietet. Paradiesisch, das heißt nach unseren Begriffen; an und für sich war's ja nicht eben prunkvoll. Ebenerdig, drei niedere Zimmer und eine Küche. Vor dem Eingang eine Holzveranda. Das erste Zimmer war unser Salon. Wir hatten auf dem Bazar das genügende Ausmaß von einem sehr billigen roten Stoff erstanden, und damit wurden die Wände des Salons mit Tapeten und dessen Fenster mit Vorhängen versehen. Die Tapezierer waren wir selber. Der Stoff wurde geschnitten und zusammengenäht, dann angenagelt und — fertig. Als Möbel enthielt unser roter Salon einen sehr großen Tisch, der uns beiden als Schreibtisch diente, einige Sessel, noch ein Tisch und eine „Tachta". Dies ist ein Möbel, das in keinem kaukasischen Zimmer fehlt: ein langer, breiter Diwan, unüberzogen und ohne Lehne. Ein Teppich fällt darüber und bildet den Ueberzug; vier lange, mit Teppichstoff überzogene Rollen bilden die Rücken- und Armlehnen. Dazu kann man noch einige Phantasiekissen tun, und das gibt die bequemste Gelegenheit zum Sitzen, Liegen und Lungern. Mit Hilfe einiger Bücherregale, einiger stets mit frischen Blumen gefüllten Vasen, eines Spiegels ober dem Kamin und eines Teppichs auf dem Boden war dem roten Salon ein fast eleganter Anstrich gegeben; wir waren unbändig stolz darauf! Die zwei anderen Räume wurden mit entsprechendem Luxus als Schlaf- und Garderobezimmer eingerichtet. Unsere Dienerschaft bestand aus einer Tochter unseres schwäbischen Hausherrn, der ein zweites, hinter dem grasbewachsenen Hof gelegenes Häuschen bewohnte; auch ein Fundus instructus war unser, bestehend aus fünf Gänsen. Diese zogen jeden Vormittag selbständig auf die Weide und kamen gegen Abend gravitätisch nach Hause zurück. Sie waren natürlich zu kulinarischen Zwecken angeschafft worden, aber nachdem wir sie von unserem Balkon aus täglich so vertrauensselig heimkehren gesehen, empfanden wir es als so schwierig, dieses Vertrauen zu mißbrauchen, daß wir ihnen während unseres ganzen Aufenthaltes das Leben geschenkt haben. Wenn man schon gebratenes Geflügel genießt, so sollen es doch keine persönlichen Bekanntschaften sein.

Der Beweggrund unserer Niederlassung in Jugdidi war, daß

Prinz Achille Murat meinen Mann zur Oberaufsicht und Mithilfe an seinen Bauten und Einrichtungen engagiert hatte. Das Plänezeichnen und Arbeiterkommandieren war zu seiner Spezialität geworden. Prinz Murat war selber eine Art Amateurarchitekt, Amateurlandwirt und Amateurgärtner; so teilten sich die beiden in das Plänemachen und -ausführen. Da wurden Gartenanlagen entworfen, Holzplafonds angestrichen, Kanäle gegraben, Tapeten angeklebt, pferdediebssichere Stallverschlüsse konstruiert, alles mit vereinten Kräften; häufig sah ich die beiden, Bauherr und Bauleiter, zusammen auf der Höhe einer Leiter thronen oder in den Tiefen einer Drainage waten. Und in kurzgeschürzter Lodentoilette, pinsel-, schaufel- oder spatenbewaffnet, half mitunter auch die Prinzessin mit. Ich hatte ein anderes Arbeitsfeld: ich unterrichtete täglich zwei Stunden die beiden Knaben Lucien und Napo in Deutsch und Klavier. Die Dienerschaft des prinzlichen Paares nahm die Existenz nicht so leicht wie die Herrschaft; da gab es häufig Wechsel und Verdruß; die korrekten englischen Kutscher und Stallmeister, die exquisiten französischen Küchenchefs konnten sich durchaus nicht in diese primitiven, erst werdenden Einrichtungen fügen. In der Wildnis und Unordnung wollten sie nicht bleiben. Bis auf einen langjährigen treuen Kammerdiener und eine ebensolche Jungfer, die sich zwar auch als Märtyrer fühlten, rebellierten alle. Dann ließ man wieder neue Küchen- und Stallregenten kommen, denn ohne die feinste französische Küche und ohne sportmäßige englische Pferde-, Wagen- und Jagdeinrichtungen konnte Prinz Achille nicht leben.

Zweimal wöchentlich pflegten wir in der werdenden Villa zu speisen, und nach dem Diner, bei dem man, im Gegensatz zu den vormittägigen Arbeitskitteln, in „evening-dress“ erschien, wurden die Abende mit Plaudern, Musizieren und Schachspiel verbracht. Eine große Belustigung gewährten auch die mitgebrachten Karikaturen, die mein Mann gezeichnet hatte und welche — eine ganze Chronik der verschiedenen Baukalamitäten und eine zwar chargierte, aber sprechend ähnliche Porträtgalerie aller beteiligten Personen darstellte. Zu den vielen Talenten, mit denen der Meine begabt war, gehörte auch die Führung eines außerordentlich witzigen Bleistifts. Einmal schickte er an die „Fliegenden Blätter“ eine Serie von Illustrationen zu den Ollendorffschen Grammatikbeispielen ein, wie: „Der Kandelaber deines Onkels ist größer als der Kater meiner Tante.“ — „Der fleißige Bäckerjunge hat den traurigen Kapitän gesehen.“ — „Der französische Herr hat einen langen Spazierstock und den armen Russen friert“ u. dergl., die mit großem Beifall aufgenommen wurden.

Im Winter, wenn wir bei Dedopali in Zugdidi weilten, war der Sonntag der Tag, an welchem ihre Kinder und wir regelmäßig zu Tisch geladen wurden. Im Sommer blieben wir jedoch ganz allein in Zugdidi zurück, und diese Existenz genossen wir am meisten. Ein paar Vormittagsstunden widmete mein Mann der Ueberwachung der Arbeiten im Muratschen Grundstück und die übrige Zeit gehörte ganz mir, und da konnten wir beide fleißig schreiben; es erstanden die Romane „Ein schlechter Mensch", „Hanna" und das Buch „Inventarium einer Seele" von B. Oulot, und „Daredjan", „Ein Aznaour" und „Kinder des Kaukasus" von A. G. von Suttner. Auch zu gemeinsamer Lektüre, zu gemeinsamem Studium, zu langen Gesprächen über alles, was es zwischen Himmel und Erde gibt, fand sich Zeit, und da hat sich bei uns eine Lebensphilosophie, eine Weltanschauung entfaltet, zu der wir in anderen Existenzbedingungen und eines ohne das andere nie gelangt wären — ein wahres Eden der Uebereinstimmung hatten wir erobert mit neuen, weiten, lichten Horizonten.

Man kann aber nicht immer in Gedankenhöhen schwelgen, man braucht sein kleines Erdenwinkelchen, sein schlichtes Alltäglichkeitsheim, und in diesem fühlten wir uns darum so unbändig wohl, weil wir ganz unabsichtlich jenes Heilandsgebot erfüllt hatten, das da heißt: „Werdet wie die Kinder."

Wir schwatzten Blödsinn, trieben Unsinn, hatten uns eine eigene Sprache gebildet, warfen uns die blutigsten Injurien an den Kopf, führten die wildesten Tänze und sonderbarsten Gesänge auf, wir spielten, zwar nicht mit Puppen, aber mit Geschöpfen unserer Phantasie, kurz: dumme, dumme, selige Kinder. Ich habe diese Phase unseres Lebens in einer Monographie festgehalten, betitelt: „Es Löwos", die zuerst in der Münchner Monatsschrift „Die Gesellschaft" und dann auf dem Büchermarkt erschienen ist. Manche machten mir zum Vorwurf: So Intimes gibt man nicht der Menge preis. Als ob man für die Menge schriebe! Man denkt sich als Leser immer solche, in welchen gleichgestimmte Saiten schwingen. Deren finden sich in der Menge immer nur einige. Bei „Es Löwos" dachte ich mir sogar nur Einen und apostrophierte diesen Sympathischen, Verständnisvollen, der vielleicht an sich ähnliches erfahren, immer als „Einer". Und siehe da, im Laufe der Zeit erhielt ich wohl an die hundert Briefe aus dem Lespublikum, worin die Absender versicherten, mir alles nachgefühlt zu haben, und sich unterzeichneten „der Eine".

Unsere Studien hatten uns einen neuen Horizont eröffnet, sagte ich vorhin. Das muß ein wenig näher erläutert werden. Die Naturwissenschaften waren es vornehmlich, durch welche unseren Geistern ungeahnte Lichter aufgingen. Aber nicht, wie sie in den Schulen gelehrt zu werden pflegten: bloße Einteilungen in Arten und Ordnungen der Pflanzen und Tiere, bloße Aufzählungen der mineralogischen und geologischen Bildungen, bloße trockene, mit Ziffern und Zeichen versehene Leitfäden der Physik und Chemie — nein, wir schöpften unsere Kenntnisse aus den Werken der neuesten Naturgelehrten, die zugleich Naturphilosophen sind und aus deren Forschungen eine neue strahlende Entdeckung hervorbricht, nämlich die, daß unsere ganze herrliche Welt unter dem Gesetz der Entwicklung steht. Durch die Entwicklung aus den einfachsten Ursprüngen hat sie sich zu ihrer heutigen Kompliziertheit entfaltet, ist ihr noch unabsehbare Zukunftsgestaltung verbürgt. Dann diese anderen Erkenntnisse modernen Wissens: die Verwandelbarkeit aller Kräfte eine in die andere, die ungebrochene Kette aller Ursachlichkeit, die Unzerstörbarkeit der Atome, die lückenlose Kontinuität zwischen der anorganischen und organischen Welt, zwischen dem physischen und psychischen Leben — kurz, die Einheit der Welt und daraus als Folgerung, daß auch die Entwicklung der menschlichen Gesellschaft sich nach den gleichen Gesetzen vollzieht und auch ihr eine unabsehbare Zukunftsgestaltung verbürgt ist. Die Autoren, in die wir uns vertieften, waren: Darwin, Haeckel, Herbert Spencer, Whewell (History of Sciences), Carus Sterne u. a. Und vor allem das Buch, das mir eine Offenbarung gewesen: Buckle, History of civilisation. Schon vor meiner Verheiratung hatte ich dieses Buch und mehrere der früher genannten gelesen, und ich hatte sie in meinem Koffer mitgebracht. Jetzt mußte sie auch der Meine kennen lernen. Ich hatte vor ihm voraus, daß ich mehr naturwissenschaftliche Werke gelesen hatte als er — er hatte vor mir voraus, daß er die Natur leidenschaftlicher liebte als ich; ihm flößten die Herrlichkeiten schöner Landschaften, die Erhabenheit des Meeres und die Flimmerpracht des Firmaments mehr als genießende Bewunderung, sie flößten ihm Andachtsschauer ein. Und er wußte so gut zu *sehen*, was die Natur an holden und an gewaltigen Reizen besitzt, daß ihm daraus die Kraft der Naturschilderungen erwuchs, die er in seinen Büchern über den Kaukasus niederlegte. Die Landschaften, die den Hintergrund seiner Romane „Daredjan" und „Aznaour" bildeten, waren mit glühenden, leuchtenden Farben gemalt und haben auch das einmütige Lob der Kritik errungen. Charakterschilderung, Handlungsführung, Erfindung — das gelang ihm weniger in seinen Romanen, und darum hat er ja auch keinen bleibenden Platz in der Literatur erobert, aber in seiner Wiedergabe der Natur war er meisterhaft. Das Geheimnis dieser Fähigkeit war: er liebte die Natur. Jede Liebe verzehnfacht jede Kraft. Wie ich schon einmal erwähnt: wir ergänzten uns gegenseitig, wir halfen einander empor. Er hat mich gelehrt, die Natur zu genießen, ich habe ihm dazu verholfen, sie zu verstehen. Auf meinen Wunsch mußte er alle die Werke lesen — mit mir zusammen lesen — in die ich schon früher einen Einblick getan, und in die ich erst jetzt gründlich mich vertiefte. Dieses Besitzergreifen, zu zweien, einer neuen Wahrheit macht den Besitz doppelt sicher, den Begriff doppelt klar.

Ein reiches Leben war es, das wir da in dem entlegenen Bauernhäuschen führten, um das wir des Nachts manchmal die Schakale heulen hörten. Reich, obwohl unser Einkommen das minimalste war. Obwohl unser Haushältchen so klein war, daß es geschah (wenn unsere einzige Hilfsdienerin krank war), daß wir selber unser Mittagmahl bereiteten und einmal auch — hochbelustigt — selber mit Sand und Bürste den Boden scheuerten. Reich an Erlebnissen, Erfahrungen, obwohl wir wochenlang keinen Menschen sahen und eigentlich nichts erlebten — aber der Quell unserer Erlebnisse waren unsere Bücher und unsere Herzen. Das seltenste aller Erdenlose ward uns zuteil: Volles, festgeankertes Glück.

21
Die letzten Tage im Kaukasus

Im Sommer 1882 erkrankte die Dedopali. Wir waren damals eben wieder ihre Gäste in Gordi. Die Aerzte, die ihr Sohn aus Tiflis kommen ließ, verordneten ihr eine Kur in Karlsbad. Sie aber weigerte sich, ihr Vaterland zu verlassen.

„Ich hoffe wieder gesund zu werden,“ sagte sie mir, „aber sollte dies wirklich meine Todeskrankheit sein, so will ich hier sterben, nah von dem Kloster Marthwilli, wo man mich begraben wird — die lange Rückreise von Europa wollte ich nicht in einer Kiste machen.“

Ihr Zustand verschlimmerte sich allmählich, und als wir im Herbst Gordi verließen, hofften wir nicht mehr, sie wiederzusehen; und in der Tat, bald erhielten wir von Fürst Niko die telegraphische Nachricht, daß seine Mutter gottergeben und sanft verschieden sei. Obwohl ich auf die Nachricht gefaßt war, traf sie mich sehr schmerzlich, und ich habe die langjährige Freundin innig betrauert. Die Beisetzung in der Gruft auf Kloster Marthwilli gestaltete sich zu einer Riesentrauerfeier, an der die Bevölkerung aller benachbarten Provinzen teilnahm; Tausende und Tausende waren zum alten Kloster, das die Fürstengruft enthält, gepilgert, um der „Königin der Mütter" die letzte Ehre zu erweisen.

Im Anfang des Jahres 1884 traf mich ein noch viel schwererer Verlust: meine Mutter. Ich hatte zuversichtlich gehofft, sie bald wiederzusehen, denn schon stand unsere Heimkehr in naher Aussicht, und sie selber sah dieser Wiedervereinigung mit sehnsüchtiger Freude entgegen; da raffte sie nach nur kurzer Krankheit der Tod hinweg. Teilnehmend und liebevoll suchte der Meine mich aufzurichten und zu trösten.

Die Zeit unserer Verbannung ging ihrem Ende entgegen. Die Eltern, die nun erkannten, wie treu und beglückt wir zueinander hielten, wie tapfer wir uns durchgeschlagen, ohne je ihre Hilfe zu beanspruchen, hatten nun ihrem starren Groll entsagt und riefen uns nach Harmannsdorf. Wir waren inzwischen zu einer selbständigen Lebensstellung gelangt und konnten daher ohne Demütigung heimkehren. Zwar war aus den geträumten Anstellungen beim russischen Hofe und aus den verschiedenen angebahnten Geschäftsunternehmungen, die uns ein Vermögen eintragen sollten, nichts geworden; aber wir hatten uns beide in der Literatur einen Platz errungen, der uns ein genügendes, steigendes Einkommen in Aussicht stellte und eine ehrenvolle Stellung sicherte. Die Kritik lobte uns, die Redakteure bestellten Beiträge, die Verleger verlangten Manuskripte. Die kaukasischen Novellen und Romane meines Gatten fanden großen Beifall und das „Inventarium einer Seele", in welchem ich meine ganzen Ansichten über Natur und Leben, über Wissenschaft und Politik niedergelegt, hatte einiges Aufsehen erregt; ebenso begehrt waren meine belletristischen Sachen. Dabei fühlten wir beide, daß wir noch sehr viel zu sagen hatten, daß der Quell der Erfindung noch reichlich sprudeln würde — der neue Beruf war uns zum „Wichtigen" geworden.

Für den Monat Mai war unsere Heimkehr bestimmt; bis dahin lagen noch drei Monate; diese wollten wir zu einer Arbeit benutzen, um die ein Freund meines Mannes, ein Tifliser Journalist, uns gebeten hatte, nämlich die Uebertragung des georgischen Nationalepos „Die Tigerhaut" von Schota Rustaveli ins Französische und Deutsche. Da wir des Georgischen nicht mächtig waren, sollte die Arbeit so gemacht werden: an der Hand des Urtextes würde uns Herr M. (der Name bis auf den Anfangsbuchstaben ist mir entfallen) in dem mangelhaften Französisch, das er konnte, die Dichtung wörtlich mitteilen — das würden wir dann in korrektes Französisch und aus diesem ins Deutsche übertragen. Es war damals eine große Festausgabe der „Tigerhaut“ geplant, zu welcher der Maler Zychy herrliche Illustrationen gezeichnet hatte. Um diese Arbeit ganz ungestört ausführen zu können, folgten wir der Aufforderung M.s, mit ihm in ein ganz entlegenes mingrelisches Dorf zu übersiedeln, wo sein Vater der Pope war und ein Häuschen besaß, in dem er uns gegen geringe Pension aufnahm. Da konnten wir nun regelmäßig zwei Vormittags- und zwei Nachmittagsstunden der „Tigerhaut“ widmen, und die übrige Zeit verbrachten wir mit Spazierengehen, Lesen und „uns freuen“ (auch eine Beschäftigung) auf die bevorstehende Rückreise. Wir genossen noch einmal so recht die Wildheit, das Primitive der kaukasischen Einsamkeit, ehe wir uns wieder in den Trubel der europäischen Zivilisation stürzten. Das Häuschen, das wir bewohnten, war sozusagen gar nicht möbliert; für unser Zimmer hatten wir uns die eigene „Tachta“ und sonst ein paar Bequemlichkeitsrequisiten mitgebracht. Darunter auch eine Zither; das ist freilich zum Lebensbehagen kein unentbehrliches Instrument; aber da wir kein Klavier da hatten, so befriedigten wir unsere Musikbedürfnisse mit dem kleinen steierischen Handbrett, auf welchem ich mir sentimentale Lieder begleitete und der Meine schuhplattlerische Ländler spielte.

Das Zimmer, in welchem der Pope, sein Sohn und dessen einstige Amme und wir die Mahlzeiten einnahmen, enthielt weiter nichts als einen Tisch und die nötige Anzahl Sessel. Das Menü wechselte zwischen zwei Speisen ab (ein Tag Huhn, den nächsten Tag Hammel), und die Servietten wurden nur alle vierzehn Tage gewechselt. Der Pope schlürfte seine Suppe mit einem Lärm, der an spielende Walfische erinnerte. Unter unserem Zimmer befand sich ein Keller, in dem Kraut gesäuert wurde, und der Duft davon stieg durch die Ritzen des Estrichs zu uns herauf — aber nichts, nichts verdarb unsere gute Laune, und die rüstig weiterschreitende Uebertragung des georgischen Poems befriedigte uns lebhaft. Es eröffnete sich da eine ganz verschollene Welt — die Welt des dreizehnten Jahrhunderts in diesem entfernten Erdenwinkel. Eine Epoche, auf die die Georgier mit Stolz zurückblicken, weil sie die Glanzzeit des Landes war — die Epoche, da die große Königin Tamara regierte. Schosta Rustaveli sang an ihrem Hofe und besang ihren Ruhm, ihre Macht, ihren Liebreiz. Mehr noch als durch die Dichtung des georgischen Barden erfuhren wir durch den Mund unseres patriotischen Journalisten von der Vergangenheit seines Landes und von der versunkenen Glanzzeit der Königin Tamara. An diesen Namen knüpft sich für die Georgier eine wahre Andacht; als etwas Erhabenes und Unsterbliches lebt die Erinnerung an die alten, durch Rustaveli verherrlichten Zeiten fort. Die Georgier blicken auf eine Geschichte von dreiundzwanzig Jahrhunderten zurück; der erste König, Phamawaz mit Namen, wurde dreihundertzwei Jahre vor Christus erwählt und das Christentum wurde vierhundert Jahre nach Christus durch die heilige Nino eingeführt. Wie jede alte Geschichte ist auch die georgische eine Geschichte von Kriegen. Das Land war von feindlichen Nationen und Stämmen umgeben, besonders wurde es stets von den Ottomanen und den Persern überfallen. Natürlich weiß die Chronik von den sieghaften Kämpfen zu erzählen, welche die Georgier gegen ihre Feinde bestanden haben, und ihr Stolz darüber drückt sich in ihrem Gruße aus — das dortige „Guten Morgen" heißt „Gamardjoba", und das bedeutet „Sieg"; die Antwort heißt „Gamardjosse" — „Er (Gott) mache dich zum Sieger".

Die Regierung der Königin Tamara gilt als das goldene Zeitalter des Landes. Die Chronik berichtet, daß unter dieser Königin Wohlstand herrschte, die schönen Künste blühten, herrliche Bauten aufgeführt wurden — wie das ja in allen alten Geschichtsschmeichelberichten heißt, wo immer alle möglichen Errungenschaften dem jeweiligen Kronenträger zugeschrieben werden. Sind die Herrscher grausam gewesen, so ward ihre Strenge gepriesen; waren sie es nicht, so wird diese negative Tugend in den Himmel erhoben. So ist in der Chronik über Tamara zu lesen: „Keiner wurde auf ihren Befehl seiner Glieder oder des Augenlichtes beraubt — und das ist um so merkwürdiger, als zu ihrer Zeit und nach ihr das Prinzip in voller Kraft war, das einer ihrer Vorfahren, der heldenhafte ‚Wachtang Gorgaslan', aufgestellt hatte: ‚Wer im Kriege dem Tode entgeht und nicht den Kopf oder die Hand eines Feindes zurückbringt, wird von unserer Hand sterben.'"

Wie wenig doch dazu gehört, um die Bewunderung eines Königsbiographen zu entflammen; unter uns gibt es doch auch gar viele Leute, die keine Vorliebe für Gliederausreißen und Augenausstechen haben, und niemand überschüttet uns darüber mit Lob und Preis.

Zu Anfang ihrer Regierung wurde Tamaras Reich von dem persischen Kalifen Naser-li-Din bedroht, der mit einem „zahllosen" Heer gegen die Grenze marschierte. Da ruft Tamara ihre Truppen — in zehn Tagen sammelt sie aus allen Gegenden kampfesfrohe Legionen, sie läßt sie Revue passieren und richtet folgende Worte an sie: „Brüder, lasset eure Herzen nicht sinken, wenn ihr den

Haufen eurer Feinde mit eurer kleinen Zahl vergleicht. Gewiß habt ihr von den dreihundert Männern Gideons gehört und der von ihnen besiegten Unzahl von Midianiter. Bleibt mutig und vertraut auf die Tapferkeit jedes einzelnen!" Dann übergab sie ihnen die Fahne ihres Vorfahren, die Fahne Gorgaslans (dem Verfasser des obenerwähnten Ediktes „Wer im Kriege dem Tode entgeht u. s. w."); natürlich gingen die Truppen hin und besiegten glänzend den Feind. Als sie heimkehrten, eilte ihnen die Königin entgegen, und die Soldaten, darüber entzückt, sie in ihrer Mitte zu sehen, zwangen alle Häupter der persischen Armee, vor der Königin das Knie zu beugen. Vermutlich wird in den persischen Chroniken der Vorfall anders erzählt.

Einige Jahre später versammelte Rokneddin, Sultan von Kleinasien, achthunderttausend (!) Mann und marschierte gegen Georgien. Durch seinen Gesandten schickte er der Königin folgende höfliche Botschaft: „Ich gebe Dir zu wissen, o Tamara, Herrscherin der Georgier, daß alle Frauen schwachen Sinnes sind. Jetzt komme ich, Dich zu lehren, Dich und Dein Volk, nicht mehr das Schwert zu ziehen, das Gott allein in unsere Hände gelegt hat." Unterzeichnet war dieses Briefchen mit Namen und Titel des Schreibers, unter anderen: der höchste aller Sultane auf Erden, den Engeln gleich, Geheimer Rat Gottes u. s. w.

Tamara las die Botschaft „ohne Eile". Sie befahl, ihre Truppen zu sammeln und marschierte selber an der Spitze ihrer Armee dem Feind entgegen. Selbstverständlich war der Sieg ein vollständiger; die Straßen von Tiflis wurden geschmückt und die Königin hielt ihren Einzug, strahlend wie die Sonne . . .

Daß die Chroniken von ebensoviel Frömmigkeit wie Tapferkeit von der Herrscherin zu berichten wissen, ist auch selbstverständlich. Die Verbindung von „Säbel und Weihwedel" ist so alt wie diese beiden Symbole, in was immer für Formen sie jeweilig getaucht wurden und werden. Es gibt ein georgisches Nationalgedicht, das jeder Bauer auswendig weiß, worin von der berühmten Herrscherin folgendes erzählt wird: Es war wieder an einem großen Siegesfeiertag. Tamara hatte all ihren kostbaren Schmuck (Edelsteinkrone, Goldspangen und Perlenketten) angelegt. Neuerdings strahlt sie wie die Sonne. Sie will, daß alle sich freuen. Dem Schatzmeister hat sie befohlen, Geschenke und Almosen zu verteilen an alle Großen und alle Kleinen. „Hast du mein Gebot erfüllt?" fragt sie. „Sind alle zufrieden?" — „Herrin," antwortet der Befragte, „ich habe nach deinem Willen Gaben ausgestreut; nur eine Bettlerin erhielt nichts, denn sie wollte zu dir dringen, um aus deinen Händen das Almosen zu empfangen. Wir ließen sie nicht ein — von uns wollte sie nichts nehmen, und mit erzürnter Miene ging sie davon." Die Königin ist bestürzt und befiehlt, daß man nach der Bettlerin suche und sie zu ihr bringe. Aber sie harrt vergebens — die Ausgesandten finden das Weib nicht wieder. Da kommt der Königin plötzlich eine Eingebung — sie sinkt kniend vor den Heiligenbildern nieder, bekreuzt sich und ruft in Verzückung: „Ich weiß, ich weiß es nun, wer diese Bettlerin war — du, o heilige Mutter Gottes, hast sie mir gesandt." Und sie reißt sich alle Schätze vom Leib und trägt alles, die Perlen und die Diamanten, nach dem der Madonna geweihten Kloster Gaenathi.

In diesem Kloster, das in der Nähe von Kutais liegt, soll Tamara auch begraben sein.

*

Unsere Uebersetzung der „Tigerhaut" ist nicht veröffentlicht worden — aber wir bedauerten nicht die Zeit, die an diese Arbeit gewendet worden. Durch sie und durch die Erzählungen und Betrachtungen, die unser begeisterter georgischer Patriot daran knüpfte, wurden wir noch so recht in das Wesen, in die Geschichte und in den Geist des Volkes und des zauberischen Landes eingeweiht, in dem wir so viele Jahre verbracht; — wir erfuhren die Chroniken all der Familien, mit denen wir verkehrt hatten, und deren Namen — die Orbelianis, die Zeretellis, die Grusinskis, die Dadianis, die Mouchranskis, Tschawtschawadzes — dort einen ebenso stolzen Klang haben wie bei uns die Montmorency, Manchester, Borghese, Liechtenstein u. s. w. Und nicht nur in die Geschichte, besonders in die Natur des Landes konnten wir uns versenken, die Sitten des Volkes in dieser ländlichen Einsamkeit beobachten in den mehr oder minder entlegenen Gasthöfen, wohin uns unser Hausherr zu Hochzeiten, Begräbnissen und Taufen führte.

Aber so interessant uns das alles war, wir zählten die Tage, die uns von unserer Heimkehr trennten, und je näher diese kam, um so heftiger freuten wir uns darauf.

Fünfter Teil

(1885—1890)

22
Daheim

Im Mai 1885, also neun Jahre nach unserer Flucht, kehrten wir heim. Nicht ohne Herzleid sagten wir dem Kaukasus Valet; wir hatten das schöne Land liebgewonnen, und man ließ uns auch nicht gern ziehen. Aber die Freude, nach so langer Trennung wieder „nach Hause" zu kommen als ein glückliches Paar, das sein Recht auf dieses Glück bewiesen und sich einen selbständigen Beruf erkämpft hatte, diese Freude überwog alles Abschiedsweh — und ebenso jubelnd, wie wir uns damals in Odessa eingeschifft, um unsere Liebe und unsere Abenteuerlust nach dem sagenhaften Kolchis zu tragen, ebenso jubelnd schifften wir uns jetzt in Batum ein, um wieder übers Schwarze Meer zu segeln: heim — heim! —

Unser erstes Reiseziel in Europa war Görz, der Ort, wo das Grab meiner Mutter stand. Dort wollten wir erst gekniet haben, ehe wir in das Suttnersche Vaterhaus heimkehrten. Darum durchquerten wir Wien, ohne uns aufzuhalten, und erst bis jener andächtig-wehmütige Besuch abgestattet war, ging die Fahrt wieder nordwärts zurück. Einen Tag hielten wir uns dann in Wien bei Bruder Karl auf, dessen Empfang schon einen Vorgeschmack des uns erwartenden Willkomms gewährte. Wir sagten unsere Ankunft in Harmannsdorf für den nächsten Tag an. Artur erbat sich, daß niemand zur Station entgegenkomme, damit er in dem ihm so teuren Harmannsdorf selber alle Lieben sogleich wiederfände.

Auf der Station Eggenburg erwartete uns also nur die herrschaftliche Equipage. Von Eggenburg bis ans Ziel ist noch eine Stunde Wegs. Ach, diese herrliche Fahrt! Es war ein sonniger, duftiger Maientag; Lerchenschlag in den Lüften, roter Klee auf den Feldern, lichte Freude in unseren Herzen. Die Landschaft in dem fernen Gebirgsland, wo nach der Mythe das irdische Paradies gelegen, war ja sicherlich großartiger und schöner als diese flache niederösterreichische Gegend — aber diese war ja die Heimat. Hundert schöne Erinnerungen stiegen in mir auf und wohl tausend in ihm — es war doch die Stätte seiner Jugend und Kindheit. Als wir an jene Stelle der Straße gelangten, von wo der Turm des Schlosses sichtbar wird, da streckte er mit einem Freudenschrei den linken Arm nach dem Horizont aus, und mit dem rechten preßte er mich an sich.

„Willkommen zu Hause, mein Weib," sagte er in tiefbewegtem Ton. Es war das einzige Mal im Leben, daß er mich „Weib" genannt, und darum vielleicht ist mir jener Augenblick mit seiner ganzen seligen Feierlichkeit so deutlich eingeprägt geblieben.

Und nun die Ankunft — die Einfahrt durch das Tor, das Halten vor der Schloßbrücke, wo die ganze Familie versammelt war — nun, es ist ja schon aus der Bibel bekannt, wie die Rückkehr des verlorenen Sohnes gefeiert zu werden pflegt.

Die schönsten Wohnzimmer des Schlosses waren für uns vorbereitet, und so war ich denn unter dem Dach von Harmannsdorf „zu Hause" — ein Dach, das unser Glück noch siebzehn Jahre lang beschirmen sollte.

*

Nun begann ein neues Leben — ein Familienleben — für uns. Harmannsdorf war von den Eltern und den drei Töchtern bewohnt; auch die älteste, an einen Grafen Sizzo in Trient verheiratet, war in unserer Mitte auf Besuch. Der älteste Sohn Karl, Sekretär im Handelsministerium, kam jeden Samstag, und die Urlaubszeit verbrachte er ganz in Harmannsdorf mit seiner schönen Frau und seinem zwölfjährigen Töchterchen Mizzi, welche Schülerin im Kloster Sacré Coeur war. Als solche war sie sehr fromm geraten und machte an ihrem Onkel Artur, den sie in ihr Herz geschlossen hatte und dessen kirchliche Lauheit ihr große Angst um sein Seelenheil einflößte, die heftigsten Bekehrungsversuche. Der zweitälteste Bruder Richard lebte mit seiner Familie in dem eine halbe Stunde entfernten Schloß Stockern, und natürlich war der Verkehr zwischen Stockern und Harmannsdorf ein sehr reger; von anderen Nachbarn, die wir häufig sahen, waren uns die liebsten die Besitzer von Mühlbach, Baron und Baronin Josef Gudenus, und der Schloßherr von Maißau, Oberstjägermeister Graf Traun. Aus Wien fanden sich oft die alten Studienkameraden Arturs ein — kurz, das häusliche und gesellige Leben ließ nichts an Gemütlichkeit und Lebhaftigkeit des Verkehrs zu wünschen übrig. Dabei retteten wir uns doch viele Stunden der arbeitsamen Einsamkeit. Denn wir pflegten weiter unsere wissenschaftlichen Studien, lasen immer zusammen dieselben Bücher und schrieben auch zusammen; nicht daß wir in der Schriftstellerei Kompagniearbeit leisteten — jeder arbeitete selbständig, und wir lasen unsere Sachen gegenseitig erst, bis sie gedruckt vorlagen —, aber wir schrieben am selben Arbeitstisch. Mit sehr vielen zeitgenössischen Schriftstellern waren wir schon im Kaukasus in brieflichen Verkehr getreten. Jetzt wurden diese Korrespondenzen noch eifriger fortgeführt. Mein „Inventarium" hatte mir manche unbekannte Freunde in literarischen Kreisen zugeführt.

So wurden wir eines Tages durch einen begeisterten Brief Friedrich Bodenstedts überrascht. Weil der Dichter des „Mirza Schaffy" selber viele Jahre im Kaukasus zugebracht, so interessierte er sich lebhaft für die kaukasischen Novellen Artur Gundaccars. M. G. Conrad aus München, in dessen neubegründeter Monatsschrift „Die Gesellschaft" „Es Löwos" u. a. erschienen waren, hatte sich uns auch brieflich angeschlossen. Hermann Heiberg, Robert Hamerling, Graf Schack, Ludwig Büchner, Konrad Ferdinand Meyer, Karl Emil Franzos — das sind so einige Namen unserer Korrespondenten. Ferner Balduin Groller, der mit B. Oulot lange von Zugdidi aus korrespondiert hatte, ohne zu ahnen, daß dieser Nom de plume eine Frau barg, wie er selbst in einem seiner köstlichen Feuilletons folgendermaßen schilderte:

> Ich waltete meines Amtes als Redakteur einer großen belletristischen Zeitschrift. Diese Flut von meist recht talentlosen Manuskripten, die alle gelesen sein wollten! Zwischendurch wie in einem weitläufigen, langweiligen Kuchen spärliche Rosinen, die seltenen Gaben des Talents. Einmal gab es einen besonders redaktionellen Festtag; ich hatte eine große Rosine gefunden, eine Arbeit von merkwürdiger Tiefe und Feinheit und ganz unvergleichlicher Anmut der Darstellung. Das war eine Freude, ein förmlicher Rausch — ein neues Talent — das ist doch nichts Geringes? Vor allen Dingen — wie heißt der Mann? B. Oulot — merkwürdiger Name, aber die Welt wird sich bald an ihn gewöhnen. Die Merkwürdigkeiten waren damit noch nicht abgeschlossen. Ich nehme das Begleitschreiben noch einmal zur Hand. Wo lebt der Mann und was treibt er sonst? Eine russische Briefmarke; der Brief ist aus Zugdidi, Gouvernement Kutais, datiert ... Und da steht auch eine Bitte um Nachsicht, da es sich um ein Erstlingswerk handelt. Das auch noch! Ich veranlasse sofort schleunige Honorarsendung, um den neuen Mitarbeiter in guter Stimmung zu erhalten, und schreibe unter rückhaltloser Anerkennung der ersten Arbeit eine dringende Bitte um weitere Beiträge. Diese kamen denn auch, und meine Freude und mein Staunen wuchsen nur noch. Da gab es eine wissenschaftliche und philosophische Beschlagenheit wie nur bei irgend-

einem Universitätsprofessor, dabei aber eine Grazie und über alles triumphierender Humor — nein wahrhaftig, ein Universitätsprofessor war das nicht.

Wir kamen ins Reden miteinander, natürlich brieflich. Wir wurden gar nicht fertig mit dem, was wir uns zu sagen hatten. Wir gerieten bei solchem Gedankenaustausch auf so viel Gesinnungsgemeinschaft in Kunst und Leben, daß es einfach Unsinn gewesen wäre, sich da noch mit gesellschaftlichen Floskeln herumzuschlagen, wir begannen uns als zwei gute Kameraden zu duzen. Bruderherz hin, Bruderherz her — einmal muß ich mich aber in einer Frage, die unter die damals allerdings noch nicht aufgerollte Lex Heinze gefallen wäre, doch so kräftig und unzweideutig ausgedrückt haben — unter Kameraden nimmt man es ja nicht so genau —, daß eine Abwehr angemessen erscheinen mochte. Sie erfolgte in sehr feiner, ganz unauffälliger Weise. Die Schlußformel des nächsten Briefes lautete nämlich: Deine ergebene —.

Ich war wie vor den Kopf geschlagen. Also B. Oulot ist ein Frauenzimmer — wer hätte das dem Manne zugetraut! Ich forderte Aufklärung und erhielt sie. B. Oulot war — Baronin Bertha von Suttner, geborene Gräfin Kinsky. — Na, auch gut. Ich habe ihr das weiter nicht übelgenommen, und zu ändern war es auch nicht mehr.

Es war damals gerade die Zeit der „Revolution in der Literatur“, und wir folgten mit lebhaftestem Anteil den Phasen dieser Revolution. Conrad, Bleibtreu, Alberti: wir lasen alles, was sie schrieben, und staunten über ihre Kühnheiten. Eine „Moderne“ begann damals sich ans Licht zu wagen — die freilich seither von allermodernsten Modernen ins alte Eisen geworfen ist. Auch in der bildenden Kunst machten sich damals die Anfänge der Sezession bemerkbar. Es war ein gärendes Treiben überall. Uebrigens — es gibt ja zu jeder Zeit ein Neuestes, das überrascht und verblüfft, das bekämpft wird und siegt und bald vieux jeu wird. Es ist nur eine Täuschung, daß einem die gegenwärtige Phase als so unerhört umstürzlerisch erscheint. —

Im Oktober dieses Jahres — des ersten Jahres unserer Heimkehr — tagte der Kongreß des Schriftstellerverbandes in Berlin. In unserer Eigenschaft als Verbandsmitglieder wurden wir aufgefordert, teilzunehmen, und das ließen wir uns nicht zweimal sagen.

Einige Bilder dieses Kongresses — der erste, dem ich im Leben beigewohnt, habe ich in meinem Tagebuch festgehalten und später in meinem „Schriftstellerroman“ verwertet. —

Am Vorabend des ersten Verhandlungstages „Versammlung und zwanglose Begrüßung der Verbandsmitglieder" in der Kaiserhalle.

An der Tür des Versammlungssaales, aus dem das Gemurmel herausschallt, das von mehreren hundert sprechenden Stimmen gebildet wird, steht der Hausherr, d. h. der Präsident des Kongresses, um die Gäste zu empfangen. Es ist Hermann Heiberg: groß, blond, elegant, mit edelgeformten Zügen.

Der Saal ist überfüllt; nur mit Mühe kann man darin zirkulieren. Ein großer Teil der Anwesenden sitzt schon längs der zwei oder drei Tafeln, die von einem Ende des Saales zum anderen laufen. Mit Mühe verschafft man uns noch einen Platz.

Hermann Heiberg stellt uns verschiedene Kollegen vor, durch diese werden uns wieder andere zugeführt. So oft ein Name genannt wird, der in der Literatur einen großen Klang hat, berührt es mich mit der Freude, die man empfindet, wenn beim Tombolaspiel eine Gewinstnummer ausgerufen wird. Nur eines dabei enttäuscht manchmal bitter: Die Erscheinung paßt mitunter so gar nicht zu dem Bild, das man sich im Geist von dem betreffenden Autor geschaffen hat. Zwar war dieses Bild ein ganz nebelhaftes, unbestimmtes, sozusagen linienloses gewesen — dennoch bedauert man dessen Vernichtung. Wie, diese duftigen Liebeslieder, diese schwärmerischen Phantasien hat der brutal aussehende dicke Herr gedichtet? Und jene raffiniert eleganten Bilder aus der großen Welt hat dieses ungelenke, kleinbürgerliche Männchen zum Verfasser? Was — jene von Erfahrung und Weisheit triefenden Essays hat der flaumbärtige Jüngling dort, der wie ein Spezereihandlungskommis aussieht, geschrieben?

Verschiedene Gestalten und Gesichter fallen mir auf, und ich erkundige mich um die Namen: Eine imposante Frauenerscheinung in schwarzer Toilette mit durchsichtigen Aermeln — interessantes Gesicht: Frau Ida Boy-Ed, die Verfasserin der „Männer der Zeit". — Ein kleiner Mann mit langen weißen Haaren und mildleuchtenden Augen im bartlosen Gesicht, das ist Paulus Cassel, ein Apostel aufopfernder Menschenliebe. Dort an einen Pfeiler gelehnt — ein scharfer Kontrast zum Apostel Paulus — eine schwarze Mephistoerscheinung: Fritz Mauthner, der Satiriker —; daneben eine hübsche, lebhafte junge Frau — es ist die Amerikanerin Sara Hutzler, deren Spezialität originelle Kinderszenen sind. Dieselbe, die später den Schauspieler Kainz geheiratet hat, doch nach kurzer Ehe starb. Da endlich — wir erkennen ihn nach dem Bild: Mirza Schaffy, unser lieber brieflicher Freund Bodenstedt. Er eilt auf uns zu und setzt sich zu uns. Da gibt es neue Reminiszenzen aus dem Kaukasus. Dort hat ja der Dichter seine jugendfroheste Schaffenszeit verlebt. Und erzählt uns von Tiflis, von den Wäldern von Mingrelien, von den Dächern der orientalischen Häuser, auf welchen bei Mondschein schöne Frauen Laute spielen und tanzen und wohin in der Stille der Nacht ein deutscher Dichterjüngling zum Stelldichein gerufen wird —, von der platonischen Leidenschaft, die diesem selben Jüngling die schöne Frau eines russischen Generals eingeflößt hat und die noch heute in des ergrauten Mannes Gedichten als dessen zauberhafteste Erinnerung glimmt. —

Nicht nur an diesem Abend, sondern während der ganzen Dauer der Schriftstellertagung hat sich Friedrich Bodenstedt uns angeschlossen; wir konnten gegenseitig einander nicht genug vom Kaukasus erzählen.

Am folgenden Tag begannen die Verhandlungen. Es war die erste Vereinssitzung, der ich je beigewohnt. Die ganze Sache: der auf erhöhtem Podium stehende grüne Tisch, die herumsitzenden Vorstandsmitglieder — in der Mitte der Präsident —, jedes mit einem Stoß Papier vor sich: das machte mir einen feierlichen Eindruck. Es ging mir dabei das Verständnis für eine Sache auf, die in der Zukunftsmenschheit immer tiefere und umfassendere Dimensionen anzunehmen bestimmt ist — nämlich das Bewußtsein der Solidarität. Das ist ein Bewußtsein, das noch kräftiger wirkt als das Gebot: „Liebe deinen Nächsten wie dich selbst." Denn bei richtiger Solidarität ist der Nächste von vornherein mit Selbst identisch. Daß die Interessen aller zugleich die Interessen des einzelnen sind — und umgekehrt —, das gibt jedem einzelnen ein so erhöhtes Existenzgefühl, als wäre er das Ganze; er vermag sein Ich nicht mehr von der Gesamtheit zu trennen, da diese — wie das Wort Verein bezeichnet — eins, daher überhaupt unzertrennbar ist. Das ist freilich nur der ideale Vereinsbegriff — in der Praxis fehlt dem Dinge oft dessen eigentliches Lebensprinzip: die Einigkeit. —

Ueber die Gegenstände und den Verlauf der Verhandlungen — obwohl ich sie in meinem Tagebuch notiert finde — ist hier nicht der Ort zu erzählen, nur noch zwei oder drei Bilder aus den Veranstaltungen seien vorgeführt. — Im Rathaus Begrüßung durch den Bürgermeister und darauffolgende Vorträge. Es war ein Vortrag von Max Nordau angesagt, doch dieser fiel leider aus. Der in Gala gekleidete Lord-Mayor von Berlin bewillkommte die Gäste und sagte ihnen all die schmeichelhaften Dinge, die sich den „Arbeitern des Geistes", den „Trägern der Kultur", die den „Fortschritt des

Zeitgedankens" verkörpern und den „Stolz der Nation" bilden, nur sagen lassen.

Nach der obligaten Dankrede für den „ehrenden Empfang" in der „Metropole des Geistes" u. s. w. beginnen die angesagten Vorträge — Vorträge, an welche später die „New-Yorker Staatszeitung" die Bemerkung knüpfte, daß „die Genossenschaft der literarischen Free-lunchers statt über ihre Standesinteressen fördernde Einrichtungen zu beraten, über das Verhältnis des Alten Fritzen zur deutschen Literatur und über das Goethehaus spreche". —

Am sechsten und letzten Tag Bankett und Ball im Festsaal der „Harmonie". Wieder steht Hermann Heiberg am Eingang und bewillkommt die Kollegen und zahlreichen Gäste aus der Berliner Gesellschaft. Der große, taghell erleuchtete Saal füllt sich rasch. Man setzt sich zu Tisch, und beim Braten beginnen die Toaste und Reden. Zuerst spricht Karl Emil Franzos, um im Namen der Donaustaaten der deutschen Reichshauptstadt allerlei Freundliches zu sagen. Dann Julius Wolff. Die Redner, um besser gehört zu werden, besteigen eine Tribüne. Auch redende Damen darunter. Mir unbegreiflich ... wie kann man nur die Courage haben, so öffentlich zu sprechen? Eine junge Russin preist mit fremdem Akzent das „gérmanische" Lied; eine alte Schriftstellerin erklettert auch die Tribüne. Ihre Stimme ist so schwach, daß nur die ganz nahe Stehenden sie hören können; obwohl im ganzen Saal die Gespräche wieder aufgenommen werden, peroriert sie unermüdlich weiter, um — wie man erst nachträglich erfährt — für das Aufhängen einer Gedenktafel an Gutzkows Haus zu plädieren. Mit aller Wärme — besonders mit großen Armbewegungen, das einzige, was dem Publikum von dem Vortrage zugänglich ist — setzt sie die dringende Notwendigkeit dieser Gedenktafel auseinander, bis jemand unter der Tribüne ruft: „Die hängt schon lang."

Jetzt spricht Oskar Justinus einen Toast in Versen auf die schreibenden Frauen und weist nach, daß es schon in ältester Zeit Blaustrümpfe gegeben, da bekanntlich die Leda nicht ungern die Feder zur Hand nahm.

Die letzte Rede hielt Hermann Heiberg, indem er die Tafel aufhob: „Es möge sich erfüllen," sagt er, das Glas erhebend, „was jeder im Grunde seines Herzens wünscht, ob es recht sei oder — nach weltlichen Begriffen — unrecht ... Die weltlichen Begriffe sind oft falsch, und was heiß gewünscht wird, hat ein Recht auf Gewährung. — Ich trinke also auf die Erfüllung unserer heißesten Wünsche!"

„Sonderbarer Trinkspruch," bemerkte jemand an unserem Tafelende, „es scheint, Heiberg spricht im Fieber."

„Das wäre nicht zum Verwundern," sagte mein Mann, „die undankbare Aufgabe, Festarrangeur zu sein, hat so viel Verdruß und Plage im Gefolge, daß er sich — wie er mir vorhin selber sagte — nur mit Chinin aufrechterhält ... Und dann: er ist einer, der alles versteht, alles verzeiht und allen ein Stückchen Glück gönnen wollte, ob sie nun Rechtes oder — nach dem Urteil der Welt — Unrechtes wünschen. Mir ist auch ein heißer Wunsch erfüllt worden, den die anderen verurteilten — und es war mein Glück."

„Und das meine," fügte ich halblaut hinzu.

23

Ein Winter in Paris

Nun folgte wieder eine lange fleißige Arbeitszeit im lieben Harmannsdorf. Auch im Winter blieben wir alle auf dem Lande. Das Palais in Wien war inzwischen verkauft worden, denn die Steinbruch- und sonstigen Geschäfte waren schief gegangen. Aber es sehnte sich niemand von uns nach der Stadt; das gesellige Zusammensein der zahlreichen Familienglieder, die Schlittenpartien auf den beschneiten Feldern, die Poststunde mit ihren umfangreichen Botschaften aus der weiten Welt, die arbeitsfrohen Sitzungen an unserem gemeinsamen Werktisch, das gegenseitige Vorlesen irgendeines interessanten wissenschaftlichen Buches, die vielen kleinen Scherze und Dummheiten, die sich noch immer zwischen uns abspielten, denn wir blieben wie die Kinder, das alles füllte so befriedigend unsere Tage, daß wir wahrlich nicht nach den Freuden der Großstadt begehrten. Und dann, wenn um Ostern herum das Frühjahr erwachte, wie genossen wir da den Fund des ersten Veilchens auf den Rasenplätzen des Parkes, und immer steigernd folgten sich diese Freuden an den ersten Fliederdolden, dem ersten Kuckucksruf, dem ersten Amselschlag.

„Das ist doch lieblicher zu hören," bemerkte der Meine, „als Schakalgeheul. Nun, der Lenz in der Heimat Medeas war ja auch ganz schön, aber der Reiz der kindheitsgewohnten Dinge, die Schönheit des eigenen Gartens, die tausend Grüße, die aus den Tönen, Düften und Farben des eigenen Heims winken, das alles ist doch süßer als die herrlichsten Reiseeindrücke."

In dieser Zeit habe ich den „Schriftstellerroman" und „Das Maschinenzeitalter" geschrieben. Letztere Arbeit gewährte mir einen großen Genuß, denn ich wälzte mir darin alles von der Seele, was sich in ihr an Groll und Leid über die Zustände der Gegenwart und an Hoffnungsgluten über die verheißende Zukunft angesammelt hatte. Das Buch sollte nicht unter meinem Namen erscheinen; es war gezeichnet von „Jemand". Feigheit war nicht das Motiv dieser Pseudonymität; sondern weil es durchaus wissenschaftliche und philosophische Themen sind, über die im „Maschinenzeitalter" in ganz freier Weise verhandelt wird, so fürchtete ich, daß das Buch diejenigen Leser, die ich mir wünschte, nicht erreichen würde, wenn es mit einem Frauennamen gezeichnet wäre, denn in wissenschaftlichen Kreisen herrscht so viel Vorurteil gegen die Denkfähigkeit der Frauen, daß das mit einem Frauennamen gezeichnete Buch von solchen einfach ungelesen geblieben wäre, für die es eigentlich bestimmt war.

Als nach unserer Rückkehr aus dem Kaukasus der zweite Winter ins Land zog, beschlossen wir, uns ein Stückchen europäischer Welt anzusehen. Das „Maschinenzeitalter" war fertig, und ich hatte — nicht ohne Mühe — einen Verleger dafür gefunden: Schabelitz in der Schweiz. Erscheinen sollte es erst im Frühjahr.

Wir entschlossen uns, einige Wochen in Paris zuzubringen, das der Meine noch nicht kannte. Ein Romanhonorar genügte, die Auslagen des Ausflugs zu bestreiten, und wir machten uns mit dem vollen Lustgefühl, das dem Begriff Vergnügungsreise anhaftet, auf den Weg. Ich erinnere mich noch: es lag tiefer Schnee auf den Harmannsdorfer Feldern und ein heftiger Schneesturm wehte uns ins Gesicht, als uns der Schlitten zur Station brachte, und wir freuten uns und lachten unbändig. Würde uns der Weg verweht, nun, so würden wir einen anderen Tag abreisen; da waren wir von unseren Ausflügen im Kaukasus an andere Schwierigkeiten gewöhnt; dort waren wir oft am Abgrundsrand und über schmale schwankende Brücken geritten, waren bis zur Fähre gelangt, über die der Fährmann uns aber wegen des allzu geschwollenen Wassers nicht setzen wollte, und dann hieß es in einer Holzhütte einkehren, mit einem Mahl von Brot, Sardinen und Kachetinerwein sich begnügen, auf einer nackten Holzbank schlafen — und doch: auch das Bild dieser Erlebnisse riefen wir uns oft als fröhliche Erinnerungen zurück. — Der Schlitten brachte uns ohne Fährnis zur Station; nur der Gepäckschlitten kam verspätet an, wir mußten daher einen späteren Zug abwarten und konnten nicht, wie wir gewollt, noch am selben Tag die Reise nach Paris fortsetzen, sondern mußten einen Tag in Wien bleiben.

Der Aufenthalt in Paris gestaltete sich für uns sehr genußreich: Flanieren auf den Boulevards und in den Champs-Elysees, Spazierenfahren im Bois, häufige Besuche der großen und kleinen Theater, Streifungen in den Museen, Ausflüge nach Versailles, St. Cloud und Sèvres, und was ähnliche Vergnügungen mehr sind, die sich jeder Parisreisende schuldig ist.

Ich schrieb ein Billett an Alfred Nobel, mit dem ich die ganze Zeit über in brieflichem Kontakt geblieben war — es waren in den elf Jahren vielleicht elf Briefe zwischen uns getauscht worden —, um ihn von unserer Anwesenheit in Paris zu avisieren. Er kam unverzüglich uns aufzusuchen. Ich fand ihn unverändert, nur etwas grau geworden, aber in seine Arbeiten und Erfindungen vertiefter als je. Der Meine interessierte sich heftig für seine chemischen Arbeiten, die er ihm an der Hand seiner Tiegel und Apparate eingehend erklärte, als er uns an einem der nächsten Tage, für den er uns zu Tisch gebeten, die Honneurs seines Hauses und seines Laboratoriums machte. Er lebte noch immer sehr abgeschlossen von der Welt; das einzige Haus, das er manchmal besuchte, war das der Madame Juliette Adam, und er führte uns dort ein.

Die Verfasserin von „Païenne" und Herausgeberin der „Nouvelle Revue" bewohnte ein eigenes, in der Rue Juliette Lambert, also in einer nach ihr benannten Straße, gelegenes Haus. Bekanntlich war Madame Adam eine große „Patriotin"; diese Benennung bedeutete in jener Zeit Trägerin des Revanchegedankens. Ich erinnere mich auch, daß sie gleich bei unserem ersten Besuch das Gespräch in das politische Gebiet einlenkte. Es war aber auch gerade damals ein Moment, wo allgemein geglaubt wurde, daß der seit sechzehn Jahren vorhergesagte Revanchekrieg im Anzug war. Herr von Bismarck brauchte damals eben ein für sieben Jahre gültiges Militärgesetz, und da wurde im deutschen Parlament die bei solchen Gelegenheiten übliche Methode des „Krieg in Sicht" angewendet. Das Mittel ist probat: daraufhin werden alle Militärforderungen glatt bewilligt. Ferner ereignete sich der Grenzzwischenfall „Schnäbele", und am Horizont zeigte sich, langsam aufsteigend, das schwarze Roß des Generals Boulanger. Das war eine Kannegießerei! Wo man hinkam, überall die Frage: Wird es losgehen? In den Zeitungen, und mehr noch in der Luft die Erwartung irgendeines großen Geschehnisses; im „Chat noir", dem berühmten Künstler-Gschnas-Café (Ahnherr sämtlicher heute die Welt überflutenden Kabarette), führt Caran d'Ache sein Schattenspiel „L'Epopée", napoleonische Kriegsszenen, auf und «cela fait vibrer la fibre patriotique». Auch Madame Adam vibrierte. Uebrigens lud sie uns sehr freundlich zu einem großen Empfangsabend ein, der in den nächsten Tagen bei ihr stattfinden sollte. Von dieser Soiree habe ich ein ziemlich lebhaftes Erinnerungsbild bewahrt:

Das kleine Haus der Rue Juliette Lambert war vom ersten Treppenabsatz bis in die letzten Winkel der Salons mit Gästen gefüllt. An der Schwelle der Salontür stand Madame Adam. Eine imposante und einnehmende Erscheinung. Sie trug ein dunkelrotes Samtkleid mit langer Schleppe, Diamanten am Ausschnittrand und Diamanten im hochfrisierten weißen Haar. Unter diesem weißen Haar sah das Gesicht — etwas in der Art der Marie Geistinger als „schöne Helena" — noch jugendlich aus. Natürlich, wie das so Hausfrauenpflicht, sagte sie mit verbindlichem Lächeln jedem etwas Verbindliches.

„Ach, lieber Baron," sagte sie zu meinem Mann, „Sie sind mir so sympathisch, weil das Land, das Sie in Ihren Büchern so vortrefflich schildern, der halbwilde Kaukasus, mir so anziehend ist."

Nun ja, wie sehr alles Russische Madame Adam, die Verherrlicherin des Aksakow und des General Skobelew, anzog, das wußte man ja. ‚Wie kann sich nur eine Frau überhaupt so viel mit Politik beschäftigen,' dachte ich damals. ‚Wie viele Unannehmlichkeiten und mitunter — Lächerlichkeiten zieht sie sich dadurch zu! Und wie kann man sich auch noch mit der Herausgabe einer Revue plagen!'

Es waren viele hervorragende Männer — Künstler, Schriftsteller, Politiker in den Salons der Madame Adam versammelt, und viele hübsche Frauen. Als eine der gefeiertsten Schönheiten der Pariser Gesellschaft zeigte man uns Madame Napoleon Ney. Leider konnte man nicht mit allen interessanten Personen bekannt werden, das Gedränge war so groß, daß man in seiner Ecke bleiben mußte und sich an der Unterhaltung mit einigen Nebenstehenden begnügen. Und zumeist hatte man schweigend zu lauschen, denn — wie das so Pariser Sitte war — den Gästen wurden allerlei Kunstgenüsse serviert: ein Pianist trug ungarische Melodien vor; ein noch unbekannter, vielversprechender Autor las ein paar Novelletten, und Mademoiselle Brandès, damals noch nicht am Théâtre Français engagiert, deklamierte ein Gedicht. Aber auch hier, inmitten dieser künstlerischen und geselligen Heiterkeit, schwirrte das düstere Wort „Krieg" durch den Raum; dort und da fielen die Namen Bismarck und Moltke, Schnäbele — und Prophezeiungen, daß im nächsten Frühjahr es ganz gewiß zu etwas kommen würde, wurden zuversichtlich vorgebracht, was übrigens die fröhliche Stimmung nicht beeinträchtigte und in der für vaterländischen Ruhm erglühenden Hausfrau wahrscheinlich schöne Hoffnungen erregte. Ich war diesen Dingen gegenüber nicht mehr so gleichgültig wie in meinen Jugendjahren. Schon haßte ich den Krieg mit Inbrunst — und dieses leichtfertige Tändeln mit seiner Möglichkeit schien mir ebenso gewissenlos wie urteilslos.

Eine große Freude war es uns, in Paris eine Freundin aus dem Kaukasus wiederzufinden: die Fürstin Tamara von Georgien. Die schöne junge Witwe hatte sich mit ihren beiden halberwachsenen Mädchen schon seit einem Jahre in der französischen Hauptstadt niedergelassen und sich eine reizende Wohnung im Elyseeviertel eingerichtet. Wir waren sehr häufig bei ihr eingeladen und trafen in ihrem Salon stets zahlreiche, zumeist russische Gesellschaft. General Baron Frederiks, der nachmalige und noch gegenwärtige Oberzeremonienmeister des Zaren, war ein Freund des Hauses.

Literarischen Umgang pflegten wir viel. Ein Dr. Löwenthal, der schon anläßlich des „Inventariums einer Seele" mir nach dem Kaukasus geschrieben hatte, und mit dem wir beide, nach eifrigem Gedankenaustausch, eng befreundet geworden, machte uns mit Max Nordau bekannt. Der vielgefeierte Verfasser der „Konventionellen Lügen", damals erst achtunddreißig Jahre alt, hatte zwar sehr dichte, aber schon schneeweiße Haare, was seinem schwarzbärtigen und schwarzäugigen interessanten Gesicht übrigens sehr gut stand. Es sind einige mir unvergeßliche Stunden, die wir vier im Gespräche über die herrliche Gotteswelt und die konventionelle, verlogene Menschenwelt verbracht haben.

Im Hause Buloz, wo wir einige Tage nach der Adamschen Soiree einem Ball beiwohnten, gab es nicht so viel politischen Beigeschmack wie im Heim der „Nouvelle Revue"; hier wurde nur diesen zweien gehuldigt: der „Revue des deux Mondes" und der Académie Française. Das Haus Buloz galt als ein Mittelpunkt des Pariser literarisch-intellektuellen Lebens. An den Dienstagen der Madame Buloz war die Hälfte der Vierzig Unsterblichen vertreten, und selbstverständlich der ganze Mitarbeiterstab der Revue, aus dem die Académie sich ja so häufig rekrutiert. Das alte massive Palais im Faubourg St. Germain, das im Erdgeschoß die Bureaus der Revue und im ersten Stock große Empfangsräume enthält, hatte einen ernsten und vornehmen Anstrich. Die Einrichtung des Salons war von gediegener, reicher Einfachheit. Der ganze Ton im Hause etwas steif, puristisch, gelehrt — kurz akademisch. Derselbe Ton, der ja auch die so oft unaufgeschnitten bleibenden Seiten der Abhandlungen in der alten Revue durchweht. Das Eheleben der Hausleute schien musterhaft. Herr Buloz, ein ernst und gesetzt aussehender, dabei liebenswürdiger Mann von ungefähr vierzig Jahren mit spitz gestutztem rotem Vollbart — am liebsten von seiner Revue sprechend, deren Leitung ihn sehr viel Arbeit kostete, denn er las jede Zeile der eingesandten Manuskripte und wehrte streng dem etwaigen Einbruch frivoler Realistik — wer hätte damals ahnen können, daß wenige Jahre später er sich von seiner Revue werde trennen müssen, und unter so frivolen Umständen noch dazu, wie er keinem seiner Mitarbeiter erlaubt hätte, in einem Roman zu verwenden. Höchst überraschend und bestürzend für das ganze ernste Milieu kam die plötzliche Entdeckung, daß Herr Buloz beinahe sein ganzes Vermögen vertan und noch eine Million Schulden hatte — alles für eine Frau. Da kam es zur Scheidung — ich weiß nicht, ob von seiner Frau oder ob Madame Buloz ihm verziehen hat, aber zur Scheidung von seiner Revue, dem stolzen väterlichen Erbe. Er mußte aus der Direktion austreten, und die Monatsschrift, welche seit ihrer Gründung, durch mehr als fünfzig Jahre, von Vater auf Sohn mit dem Namen Charles Buloz gezeichnet war, erschien nunmehr unter dem Namen Brunetière. Das Unternehmen hat seither an Verbreitung abgenommen; es sind verschiedene neue Monatsschriften ins Leben getreten, welche dieser Ahnfrau unter den Revuen scharfe Konkurrenz machen. Damals war sie in voller Blüte; sie erschien in 25 000 Exemplaren und warf den Aktionären eine hohe, stets wachsende Dividende ab. Auf jenem Balle erzählte mir Herr Buloz, daß sein Vater das Blatt durch dreißig Jahre mit Defizit herausgegeben hatte, dann plötzlich kam der Umschwung — die Revue ward in der ganzen Welt gelesen, und ihre Besitzer wurden zu Millionären.

„Sehen Sie, gnädige Frau," fügte Herr Buloz scherzend hinzu, „wenn sich eine Zeitschrift eine Zeitlang erhalten hat, so kann sie auf weiteren Bestand und einigen Gewinn hoffen — nur die ersten dreißig Jahre sind etwas schwierig zu umschiffen."

Die im Hause Buloz angeknüpften Beziehungen führten uns auch zum Verkehr mit verschiedenen Mitgliedern der Académie. Ich erinnere mich eines Abends, den wir bei Victor Cherbuliez zubrachten, und wo wir mit Erneste Renan zusammentrafen. Es war nur ein ganz kleiner Kreis von Menschen, der sich da um den Kamin gruppiert hatte, und da gab es eine richtige „Causerie", wie man sie in den mit Hunderten von Menschen gefüllten Empfangssälen nicht erleben kann. Anwesend waren: Herr und Frau Cherbuliez, deren Tochter, Herr und Frau Renan, Herr von Rothan, ehemaliger Diplomat und Verfasser sehr geschätzter politischer Artikel und zeitgeschichtlicher Erinnerungen, namentlich aus Elsaß-Lothringen, — dessen

Frau und schließlich Ludovic Halévy, der jüngste unter den Akademikern. Der lustige Blasphemator des griechischen Olymps — hatte er doch mit Hilfe des ebenso lustigen Meilhac Jupiter, Juno, Venus und Mars dem musikalischen Hohne Offenbachs preisgegeben —, der Schöpfer der „zum Theater gegangenen“ Töchter der Hausmeisterin Madame Cardinal — war auch in seiner Unterhaltung sprühend von Witz. Als Romancier ist ihm jedoch das Anschlagen ernster Saiten auch gelungen; man denke an seinen sentimental angehauchten und für höhere Töchter unverfänglichen Roman „L'Abbé Constantin“; und namentlich ließ er sich das In-Schwingung-bringen der berühmten patriotischen Fiber nicht entgehen; er machte sich zum Historiographen des feindlichen Einfalls von 1871 und feierte den militärischen Ruhm und das heldenhafte Unglück der Besiegten.

So kam es auch, daß, als an jenem Abend das Gespräch die herrschende Tagesfrage — die drohende Kriegswolke — streifte, Halévy mit einigem Pathos den vielleicht nahenden Tag der Vergeltung begrüßte.

Renan widersprach heftig. Er machte aus seinem Abscheu für Völkermetzeleien überhaupt kein Hehl, aber besonders schmerzte ihn, den Denker, die Feindschaft zwischen seiner Nation und der „Nation der Denker“. Er gab zu, von der deutschen Philosophie viel gelernt zu haben, und sprach mit größtem Respekt von ihren Vertretern aus der alten und neuen Zeit.

Daß Renan in seiner äußeren Erscheinung häßlich sei, hatte ich erwartet, denn das war ja bekannt; aber diese Erwartung wurde noch übertroffen: klein, dick, fahl, mit einem breiten, bartlosen Gesicht, das an die Grütznerschen Klosterbrüder erinnert, ein ungeheurer kahler Schädel — so machte mir der Verfasser des „Leben Jesu“ beim ersten Anblick den Eindruck, daß er der häßlichste Mensch sei, den ich im Leben gesehen. Nach zehn Minuten, wenn er zu sprechen begonnen hatte, war dieser Eindruck verwischt. Nicht nur leidlich erschien er mir da, sondern im Besitze eines wahren Zaubers.

Ein anderer Bezauberer, den wir in Paris kennen lernten, war Alphonse Daudet. Bei diesem gesellte sich der Macht des Geistes, der feurigen, leichtfließenden Rede noch die äußerlich schöne Erscheinung hinzu. Mit seinen blitzenden schwarzen Augen, seinem lockigen dichten Haupthaar, seinen beweglichen edeln Zügen hätte Alphonse Daudet allen gefallen müssen, auch ohne Alphonse Daudet zu sein. Seine Frau, welche ihm mehr Mitarbeiterin war, als die Welt ahnt — obwohl er ihr unumwunden dankendes Zeugnis dafür ausgestellt hat —, war gleichfalls sehr einnehmenden Wesens. Ich besuchte sie öfters an ihrem Jour. Der Herr des Hauses war bei diesen Gelegenheiten nicht anwesend, sondern blieb in seinem Arbeitszimmer verschlossen. In diesem war es, wo er uns empfing und mit seiner feurigen Unterhaltungsgabe entzückte.

24
Es gibt eine Friedensbewegung

Im Frühjahr 1887 kehrten wir aus Paris wieder heim, um viele Erfahrungen und Eindrücke bereichert. Eine Sache namentlich hatte ich da erfahren, die auf mein weiteres Leben und Schaffen von einschneidender Wirkung geworden ist: In einem Gespräch über Krieg und Frieden — ein Thema, das mir schon mächtig die Seele erfüllte —, teilte uns unser Freund, Dr. Wilhelm Löwenthal, mit, daß in London eine „International Peace and Arbitration-Association" bestehe, deren Zweck es sei, durch Schaffung und Organisierung der öffentlichen Meinung die Einsetzung eines internationalen Schiedsgerichts herbeizuführen, das — an Stelle der Waffengewalt — in zwischenstaatlichen Streitfällen zu entscheiden hätte.

„Wie, ein solches Mädchen hatte Madrid, und das erfahre ich erst heute!" ruft Don Carlos aus, als in dem Auftritt mit Prinzessin Eboli diese ihm ihre Seele enthüllt. Ebenso war mir zumute: Wie? Eine solche Verbindung existierte — die Idee der Völkerjustiz, das Streben zur Abschaffung des Krieges hatten Gestalt und Leben angenommen? Die Nachricht elektrisierte mich. Dr. Löwenthal mußte mir gleich alle Einzelheiten geben über die Bildung, die Zwecke, die Methode des Vereins, und über die Persönlichkeiten, die ihm angehörten. Was ich erfuhr, war folgendes:

Der Gründer und Vorsitzende des Vereins, dessen Hauptsitz in London war, hieß Hodgson Pratt. Zum Vorstand gehörte der Herzog von Westminster und der Earl of Ripon, der Bischof von Durham u. a.

Hodgson Pratt, ein Mann von hoher ethischer und philantropischer Gesinnung, hatte in den letzten Jahren das Festland bereist, um Zweigvereine seiner Schöpfung ins Leben zu rufen. Seither gab es in Stuttgart einen „Württembergischen Verein", Vorsitzender: Fr. von Hellwald; in Berlin ein provisorisches Komitee, Vorsitzender: Professor Virchow; in Mailand „Unione Lombarda per la Pace", Vorsitzender: Professor Vigano (nach ihm: Teodoro Moneta); in Rom „Associazione per l'arbitrato e la pace", Vorsitzender: Unter-

Bildnis der Verfasserin aus dem Jahre 1886

richtsminister Ruggero Bonghi. Außerdem in Schweden, Norwegen und Dänemark.

Der Aufruf, den die Londoner Gesellschaft ihrer Propaganda zugrunde gelegt hat und von dem mir Dr. Löwenthal ein Exemplar übergab, enthielt folgende Einleitung:

> Vor kurzem hat ein Mitglied des englischen Ministeriums gesagt, das größte Interesse Englands sei der Friede. Könnte man nicht dasselbe von jedem zivilisierten Lande sagen?
>
> Die internationalen politischen Zustände in der zivilisierten Welt erregen bei ihrem Anblick nicht weniger Staunen als Bedenken.
>
> Einerseits wünschen die Menschen jeden Ranges und jeglicher Meinung den Fortschritt, das allgemeine Wohl und das Glück der Menschheit, und das Ziel aller Anstrengungen der Männer der Wissenschaft, der aufgeklärten Schriftsteller und Denker gipfelt in der Verwirklichung dieses Fortschrittes und Wohlstandes.
>
> Andererseits werden aber im Widerspruch zu diesen Anstrengungen die Früchte der Industrie und des Fleißes ohne Unterlaß zugunsten kriegerischer Zwecke geopfert, und diese Opferung hat die Wirkung, den Fortschritt aufzuhalten und zu verhindern.
>
> Wäre jetzt nicht, am Schlusse des neunzehnten Jahrhunderts, die Zeit gekommen, wo alle Menschen sich darüber besprechen und verständigen sollten, dieser Torheit und schrecklichen Plage, die nur durch Einverständnis und durch Anstrengung aller beseitigt werden kann, ein Ende zu machen?
>
> Wie aber zu diesem Resultat gelangen?
>
> Durch die unwiderstehliche Gewalt einer hinreichend unterrichteten und energisch organisierten öffentlichen Meinung. —
>
> Das Mittel, um zu dieser Verbreitung und dieser Organisation zu gelangen, besteht darin, eine große, in allen europäischen Städten verzweigte Liga zu bilden.

Weiters führt der Aufruf an, was die Liga zu bezwecken und wie sie dabei vorzugehen hätte.

Bei meiner Rückkehr fand ich die Korrekturbogen meines Buches „Das Maschinenzeitalter". Ich fügte in dem Kapitel „Zukunftsausblicke" einen Bericht über den Bestand der Londoner Liga bei. So wie ich nichts davon gewußt hatte, setzte ich auch bei meinen Lesern die Unkenntnis dieser Zeiterscheinung voraus. In dem Dinge, „Oeffentlichkeit" genannt, verschwinden ja die Anstrengungen von ein paar hundert — auch von ein paar tausend — Menschen wie ebensoviele Tropfen Karminfarbe in einem Binnenmeer.

Als das Buch nun bald darauf erschien, erlebte ich die Genugtuung, daß unter den sehr zahlreichen Kritikern, die ihm spaltenlange Besprechungen widmeten, nicht ein einziger nur auf die Idee kam, daß „Jemand" dem „schwachsinnigen Geschlechte" angehören könnte. Doktor Moritz Necker, der bekannte Literaturrezensent des „Wiener Tagblatts", schrieb mir in einem Briefe, der von einem anderen Gegenstand handelte, auch nebstbei, daß er unlängst ein anonymes Buch „Das Maschinenzeitalter" gelesen habe; für ihn bestehe kein Zweifel, der Verfasser sei: Max Nordau. Derselben Meinung war Cherbuliez, der in einem sechzehn Seiten langen Artikel der „Revue des deux Mondes" Max Nordau als den Verfasser der besprochenen Arbeit bezeichnete. Max Nordau verwahrte sich öffentlich selber dagegen mit der Erklärung, daß er das Buch nicht kenne und daß er gewohnt sei, zu zeichnen, was er schrieb. Ich war seit einiger Zeit in Korrespondenz mit dem Philosophen Bartholomäus von Carneri, dem ich nach der Lektüre seines „Sittlichkeit und Darwinismus" einen bewundernden Brief geschrieben hatte, worauf er geantwortet, daß er mein „Inventarium" kenne und schätze; und daraus hatte sich nun ein regelmäßiger Briefwechsel ergeben. Von meinem anonymen Buch hatte ich ihm nichts verraten; desto freudiger überrascht war ich, als ich in der Zeitung im Parlamentsbericht eine Rede Carneris fand, die er tags zuvor im österreichischen Reichsrat gehalten und worin er das Buch „Das Maschinenzeitalter" erwähnte. Ich fragte ihn darauf, was das für ein Buch sei und von wem? Er antwortete darauf, der Verfasser sei ungenannt, aber er habe erraten, wer es sei: Karl Vogt — er habe ihn augenblicklich am Stil erkannt. Uebrigens hätten manche geglaubt, daß er selber (Carneri) das Buch geschrieben habe. Dann gab ich mich ihm als die Schuldige zu erkennen, bat ihn aber, das Geheimnis zu wahren, was er mir auch versprach.

Zu Anfang des nächsten Herbstes waren wir, wie wir das öfters taten, wieder auf ein paar Wochen nach Wien gefahren. In dem Hotel, in welchem wir abgestiegen waren, erfuhren wir, daß der Abgeordnete von Steiermark, B. von Carneri, sich im selben Hause befand. Meinen berühmten Korrespondenten kennen zu lernen — diese Aussicht lockte mich lebhaft, und wir ließen uns bei ihm melden. Der Gelehrte trat uns freudig entgegen. Ein alter Mann, ein kranker Mann — beinahe ein Krüppel und doch — welche Heiterkeit und Frische! Carneri war sein Leben lang nicht gesund gewesen — sein Kopf saß immer schief auf die rechte Achsel gedrückt, mit Mühe nur konnte er gehen, und von früher Jugend an hatte er keinen Tag ohne quälende Schmerzen zugebracht. Und er nannte sich einen glücklichen Menschen; er nannte sich nicht nur so, er war es auch. Seine geistige Arbeit, seine politische Tätigkeit, der Besitz einer teuern Tochter und eines teuern Schwiegersohnes, das hohe Ansehen, das er in der Gelehrtenwelt und unter den Parlamentskollegen genoß — das mochten wohl die Grundlagen seiner Lebensfreude sein; aber das eigentliche Geheimnis war wohl dies: er betrieb nicht nur Philosophie — er war wirklich ein Philosoph, d. h. ein Mensch, der sich über die Misere des Lebens hinauszusetzen und dessen Schönheit dankbar zu genießen weiß.

Wir verbrachten einige anregende Stunden in Carneris Gesellschaft; alle Themen, die wir in unserer Korrespondenz angeschlagen hatten, wurden durchgesprochen, und die Freundschaft, die sich brieflich angeknüpft hatte, wurde durch diesen persönlichen Verkehr nur befestigt. Am selben Abend trafen wir uns wieder. Wenn der Abgeordnete aus Marburg an der Drau zu den Parlamentssessionen in Wien weilte, so pflegte er im Hotel an einer bestimmten langen Tafel zu soupieren, und um diese Tafel versammelte sich eine Anzahl seiner Kollegen und sonstiger hervorragender Persönlichkeiten aus politischen, literarischen und gelehrten Kreisen von Wien. Der „Carneri-Tisch" im Hotel Meißl war eine Art schöngeistiger Salon. An dem Abend nahmen auch wir an diesem Tische Platz und lauschten mit Interesse der lebhaften Unterhaltung, deren Mittelpunkt unser Freund Carneri war, an dessen rechter Seite ich saß. An eine Episode kann ich mich erinnern. Mein Nachbar zur Rechten sagte plötzlich zu meinem linken Nachbar über mich hinüber:

„Du, ich hab' mir das Buch gekauft, das du neulich in deiner Rede zitiert hast. Weißt du noch immer nicht, wer ‚Jemand' ist?"

„Nein, keine Ahnung," antwortete Carneri und tauschte mit mir einen lächelnden Blick. „Und was sagst du dazu?"

Der rechte Nachbar begann eine lange Dissertation über „Das Maschinenzeitalter", und ein anderer, der es auch gelesen hatte, mischte sich hinein. Was da gesprochen wurde, weiß ich nicht mehr, nur weiß ich, daß es mir nicht unangenehm war, sondern ungeheuern Spaß machte, besonders als auf meine Zwischenbemerkung: „Das muß ich mir doch auch verschaffen," jemand ausrief: „O, das ist kein Buch für Damen!"

25
„Die Waffen nieder"

Aber „Das Maschinenzeitalter" und sein Schicksal lag mir nicht mehr so sehr am Herzen. Ich hatte eine andere Arbeit in der Werkstatt, die mich gefangennahm und auf die mein ganzes Sinnen und Trachten gerichtet war. Der Friedensliga wollte ich einen Dienst leisten — wie konnte ich das besser tun, als indem ich ein Buch zu schreiben versuchte, das ihre Ideen verbreiten sollte? Und am wirksamsten, so dachte ich, konnte ich das in Form einer Erzählung tun. Dafür würde ich sicherlich ein größeres Publikum finden als für eine Abhandlung. In Abhandlungen kann man nur abstrakte Verstandesgründe legen, kann philosophieren, argumentieren und dissertieren; aber ich wollte anderes: ich wollte nicht nur, was ich dachte, sondern was ich fühlte — leidenschaftlich fühlte —, in mein Buch legen können, dem Schmerz wollte ich Ausdruck geben, den die Vorstellung des Krieges in meine Seele brannte; — Leben, zuckendes Leben — Wirklichkeit, historische Wirklichkeit wollte ich vorführen, und das alles konnte nur in einem Roman, am besten in einem in Form der Selbstbiographie geschriebenen Roman, geschehen. Und so ging ich hin und verfaßte „Die Waffen nieder".

Es sollte die Geschichte einer jungen Frau werden, deren Schicksal mit den in unserer Zeit gefochtenen Kriegen eng verknüpft war. Damit aber die eingefügten historischen Ereignisse der Wirklichkeit entsprächen, damit die Schilderungen der Schlachtszenen wahrheitsgetreu ausfielen, mußte ich vorher Studien machen, Material und Dokumente sammeln.

Das habe ich, so gut es ging, gewissenhaft getan. Ich las in dickbändigen Geschichtswerken nach, stöberte in alten Zeitungen und Archiven, um Berichte der Kriegskorrespondenten und Militärärzte zu finden; ich ließ mir von solchen meiner Bekannten, welche im Felde gestanden, Schlachtenepisoden erzählen, und während dieser Studienzeit wuchs mein Abscheu vor dem Kriege bis zur schmerzlichsten Intensität heran. Ich kann es versichern, daß die Leiden, durch die ich meine Heldin führte, von mir selber während der Arbeit mitgelitten wurden. W a s ein Weib leiden muß, das einen geliebten Gatten im Kriege weiß, das konnte ich mir jetzt leichter vorstellen, denn die Tiefe meiner eigenen ehelichen Liebe genügte, um mich im Geiste in eine solche Lage zu versetzen. Und die Schilderung eines Edelmenschen, wie ich sie in der Gestalt meines Helden versucht habe, wurde mir dadurch erleichtert, daß mir für dessen Charakter der eigene Gatte Modell stand.

Welche Erleichterung und welche Befriedigung, als ich unter den zweiten Band das Wort „Ende" schrieb!

Nun galt es, an die Unterbringung zu gehen — da war mir nicht bange; mehrere Blätter hatten mich gebeten, ein Manuskript einzuschicken, und jene große Wochenschrift, die meine früheren Arbeiten gebracht und die mir nie etwas abgelehnt, würde wohl auch dieses Manuskript aufnehmen. Zuversichtlich schickte ich es ein. Mein Staunen war nicht gering, als die Antwort einlief:

„Gnädige Frau! Mit Bedauern sehen wir uns veranlaßt, Ihnen das — — (einige Komplimente) Manuskript zurückzuschicken. Große Kreise unserer Leser würden sich durch den Inhalt verletzt fühlen."

So versuchte ich denn bei einer anderen Redaktion; dasselbe Resultat. Und noch bei einigen — einstimmig abgelehnt. In einer der mit mehr oder weniger Höflichkeiten überzuckerten Antworten hieß es: „Trotz aller dieser Vorzüge aber ist es ganz ausgeschlossen, daß der Roman in einem Militärstaat veröffentlicht werde."

Es war also vielleicht besser, auf Zeitungsabdruck zu verzichten und „Die Waffen nieder" direkt als Buch erscheinen zu lassen, und so übersandte ich das vielgereiste Paket meinem Verleger Pierson. Dieser zögerte lange. Das Buch schien ihm gefährlich. Um jene Zeit war gerade in Deutschland ein Preßprozeß entschieden worden, welcher eine Verschärfung der Zensur zur Folge haben sollte und eine strenge Unterdrückung aller Schriften, die irgendwie gegen die bestehenden Institutionen Auflehnung enthielten. Pierson riet mir, ich möge das Manuskript einem erfahrenen Staatsmann zur Durchsicht geben mit der Bitte, alles zu streichen, was Anstoß geben könnte. Gegen diese Zumutung schrie ich entrüstet auf. Eine Arbeit, mit der ich mir allen Groll und allen Schmerz von der Seele geschrieben hatte, die mir die geheiligte „bestehende Institution" des Krieges einflößte — und neben mir gewiß Tausenden von anderen, die es nur nicht aussprechen dürfen — eine solche Arbeit, die, was immer ihr Wert oder ihr Unwert sei, doch das eine Verdienst hatte, heiß empfunden und rückhaltlos aufrichtig zu sein, auf diplomatisch-opportunistische Weise zustutzen zu lassen, sie nach den Regeln jener verächtlichsten aller Künste — nämlich der Kunst, es allen recht zu machen — umzumodeln: nein, da lieber in den Ofen damit. So möge ich wenigstens den Titel ändern, schlug der Verleger noch vor. Nein! Der Titel umfaßt in drei Worten den ganzen Zweck des Buches. Auch an dem Titel darf keine Silbe geändert werden. Nach diesem Ultimatum fügte sich Pierson, und „Die Waffen nieder" ging in die Welt hinaus. Der Verleger hat seinen Wagemut nicht zu bereuen gehabt — der Roman ist heute in Hunderttausenden von Exemplaren verbreitet und in ein Dutzend Sprachen übersetzt worden. Aus diesem ganz unerwarteten Erfolg schließe ich nur eins: die Idee, welche das Buch durchdringt, war dem öffentlichen Geist sympathisch. Den Befürchtungen der Redaktionen entgegen, daß das kriegerisch gesinnte deutsche Publikum keinerlei Interesse für die Friedensidee fassen würde, zeigte sich, daß diese in weiten Kreisen — selbst in militärischen Kreisen, denn auch aus diesen kamen mir viele anerkennende Zeichen zu — gehegt wird. Wenn in einem Raume ein Ton stark erklingt, so beweist das nicht so sehr die Fülle des Tones als die Güte der in dem betreffenden Raume herrschenden Akustik. Der Geist, der bei Zeitungsredaktionen, Theaterdirektionen (bei allen Regierungen überhaupt) zu herrschen pflegt, ist gegen die Bedürfnisse der jeweiligen Massen gewöhnlich im Rückstand; man urteilt da nach dem Stande der vor zehn oder zwanzig Jahren zum Durchbruch gekommenen öffentlichen Meinung; inzwischen aber ist diese in ihrem ununterbrochenen Wandlungsgang bei einer anderen Station angelangt. So glaube ich gerne, daß ein Buch gegen den Krieg, das gegen Anfang der siebziger Jahre erschienen wäre, als noch der Siegestaumel in Deutschland und der Revanchezorn in Frankreich überschäumten, ganz und gar erfolglos geblieben sein würde. Auch mußte der Waffenkultus die ungeheuern Dimensionen angenommen haben, durch welche er seither die Bevölkerungen in sein hartes Joch spannt, er mußte die Welt bis zum Rande des Ruins gebracht haben, damit die Losung „Die Waffen nieder“ so starkes Echo finden konnte.

Jeder Tag brachte mir Kritiken von nah und fern, Feuilletons und Leitartikel. Bartholomäus Carneri veröffentlichte eine zehn Spalten lange Besprechung in der „Neuen Freien Presse“, J. V. Widman eine Serie von fünf Feuilletons im „Bund“. Ich erhielt Kritiken aus Rußland, wo das Buch in fünf verschiedenen Uebersetzungen — davon in einer von mir autorisierten — erschien; Kritiken aus Amerika, aus England, aus den skandinavischen Ländern, in welch letzteren auch schon im ersten Jahre Uebersetzungen veranstaltet wurden.

Nun wurde ich in lebendigen Kontakt gebracht mit allen, die mit der Friedensbewegung in Verbindung standen, oder die, durch mein Buch auf das Bestehen einer solchen aufmerksam gemacht, sich ihr nunmehr anschlossen.

Der nachstehende Brief hat mir besondere Freude gemacht.

Der Erfinder des Dynamits schrieb mir:

Chère Baronne et amie!

Je viens d'achever la lecture de votre admirable chef-d'œuvre. On dit qu'il y a deux mille langues — ce serait 1999 de trop — mais certes il n'y en a pas une dans laquelle votre délicieux ouvrage ne devrait être traduit, lu et médité.

Combien de temps vous a-t-il pris de composer cette merveille? Vous me le direz lorsque j'aurai l'honneur et le bonheur de vous serrer la main — cette main d'amazone qui fait si vaillamment la guerre à la guerre.

Vous avez tort pourtant de crier «à bas les armes» puisque vous-même vous en faites usage, et puisque les vôtres — le charme de votre style, et la grandeur de vos idées — portent et porteront bien autrement loin que les Lébel, les Nordenfelt, les de Bange et tous les autres outils de l'enfer.

Yours for ever and more than ever

Paris, le 1/4 1890. A. Nobel.

In einer Reichsratsdebatte über das Militärbudget (18. April 1891) sprach Finanzminister Dunajewski folgende Worte:

„Es ist kürzlich ein Buch erschienen ‚Die Waffen nieder‘ — ich kann den Herren nur raten, der Lektüre dieses Romans einige Stunden zu widmen; wer dann noch Vorliebe für den Krieg hat, den könnte ich nur bedauern.“

Natürlich fehlten auch die Widersacher nicht. Anonyme Spott- und Schmähbriefe, herunterreißende Rezensionen: „Was die gute alte Dame von ihren Schicksalen erzählt, ist ja recht traurig; aber die daraus gezogenen Folgerungen können dem ernsten Politiker nur ein Lächeln abgewinnen; „rührselige Albernheit“, „aufdringliche, unkünstlerische Tendenzmacherei“; „gänzlich verfehltes Machwerk“; „die Autorin möge doch zu ihren Novellen zurückkehren, bei welchen sie ein ganz nettes Talent entfaltet“ u. s. w., u. s. w. Auch ein Großer im Reich der Literatur, Felix Dahn, hat ein Epigramm in die Welt geschickt, das die Runde durch die Presse machte, das aber — der Dichter wird mir dies selber zugeben — nicht viel poetische Schönheit aufweist:

An die weiblichen und männlichen Waffenscheuen.

Die Waffen hoch! Das Schwert ist Mannes eigen,
Wo Männer fechten, hat das Weib zu schweigen,
Doch freilich, Männer gibt's in diesen Tagen,
Die sollten lieber Unterröcke tragen.

•

Auf dieser Welt steht alles in Wechselbeziehung. Was sich als ein Resultat einstellt, wird wieder zur Ursache neuer Resultate.

So auch hier. Ich hatte das Buch geschrieben, um der Friedensbewegung, von deren beginnender Organisation ich erfahren hatte, einen Dienst zu leisten in meiner Art — und die Beziehungen und Erfahrungen, die mir aus dem Buche erwachsen sind, haben mich in die Bewegung immer mehr hineingerissen, so sehr, daß ich schließlich nicht nur, wie ich anfangs gewollt, mit meiner Feder, sondern mit meiner ganzen Person dafür eintreten mußte.

Inzwischen, während der Weltausstellung von 1889 in Paris, hatte dort ein Friedenskongreß getagt, präsidiert von Jules Simon. Bei dieser Gelegenheit wurde auch die Institution der interparlamentarischen Konferenzen geschaffen. Das Jahr zuvor hatten zwei Männer, das englische Mitglied des Unterhauses, Randal Cremer, und der französische Deputierte Frédéric Passy, die Bildung einer interparlamentarischen Union in Angriff genommen. Sie erwirkten sich nun die Zustimmung einer Anzahl ihrer Kollegen, und im Ausstellungsjahr versammelten sich diese in einer ersten Konferenz (aus dem englischen Parlament waren dreihundert Mitglieder vertreten), und es wurde vereinbart, daß in allen europäischen Volksvertretungen Anhänger geworben werden sollen, und daß alljährlich eine interparlamentarische Konferenz stattzufinden habe. Für die nächste, zweite, ward London als Versammlungsort bestimmt.

Alldem schenkte die Mitwelt nur wenig — um nicht zu sagen gar keine Beachtung. Ich jedoch folgte diesen Ereignissen mit gespanntestem und hoffnungsvollstem Interesse. Durch die Monatsschrift „Concord", dem Organ der Londoner Peace-Association, ward ich auf dem laufenden erhalten, und ich las aufmerksam die Berichte über alle in den Versammlungen gehaltenen Reden und gefaßten Beschlüsse. Mich selber an der Sache zu beteiligen — anders als durch die Feder — kam mir noch gar nicht in den Sinn.

26
Verkehr mit Freunden

Seit unserer Rückkunft aus Paris waren wir still und zurückgezogen in Harmannsdorf geblieben. Ein ereignisloses Leben — aber kein leeres Leben. Besser als mit Arbeit und Liebe kann überhaupt ein Leben nicht gefüllt sein. Erzählen läßt sich davon freilich nicht viel. Da sind die Reminiszenzen aus meiner Jugend mit all den Verlobungen und Kunstplänen und wechselnden Schicksalen jedenfalls ein amüsanterer Lesestoff gewesen. Die Zeit der Stürme war vorbei — nun waren wir im Hafen. Die Mittagssonne der Jugend hatte ausgeglüht, nun lag's wie Abendrot an unserem Horizont. Aber noch nicht Feierabend; Arbeit gab's noch viel zu tun. Und einen großen Kummer hatten wir zu tragen, einen schweren Kampf zu kämpfen. Nicht eigenes Leid lastete auf uns, sondern das Leid der Welt; nicht gegen persönliche Gegner zogen wir zu Feld, sondern gegen die Feinde der Menschheit, die da sind: Roheit und Lüge! Man glaubt immer, daß nur Menschen, die selber unglücklich sind, für das fremde Unglück Verständnis haben, und nennt das die harte Schule des Leidens. Bei uns war das anders; was immer wir von tiefem Mitleid, von heißen Wünschen, zu helfen und zu bessern, empfunden haben, das hatte seine Wurzel in der Freude, die wir am Leben und seinen Schönheiten empfanden. Daß es auf Erden herrlich und fröhlich und reich an Liebe sein kann, d. h. sein soll, das hatten wir auf der Hochschule des Glückes gelernt. Die Unglücklichen werden eher verbittert; mag's den anderen auch schlecht gehen ... denken sie, und überhaupt, es gibt kein Glück, sagen sie sich zum Trost. Wir wußten es besser: es gibt eins. Nur daß es nicht alle finden, daß die wenigsten es finden können, weil so viel Unverstand den Weg dazu verrammelt: das läßt den Glücklichen keine Ruhe.

Eine kleine Abwechslung in unserer ländlichen Arbeitsexistenz boten kurze Ausflüge nach Wien. Dort besuchten wir die Theater und verkehrten mit einigen wenigen Freunden, meist aus literarischen Kreisen. Wenn Carneri anwesend war, so gesellten wir uns der „Abgeordnetentafel“ im Hotel Meißl zu; einen sehr lieben Umgang besaßen wir an Balduin Groller, damals Redakteur der „Oesterreichischen Illustrierten Zeitung“, mit dem wir schon vom Kaukasus aus brieflich Freundschaft geschlossen hatten — eine Freundschaft, deren Treue bis heute nicht gewankt hat. Humor und Herz: das sind die Eigenschaften, die Balduin Groller als Feuilletonisten und als Menschen charakterisieren. Daher man in seiner Gesellschaft sich vortrefflich amüsiert und so wohlig fühlt dabei; man lacht über den trockenen Witz und labt sich an dem warmen Gemüt. Daß er ein hübscher, dunkeläugiger, eleganter und sportgewandter Mann war, verdarb nichts. Dabei hatte er uns ebenso lieb, wie wir ihn, und es waren köstliche Abende, die wir vier — Groller hat ein allerliebstes Frauchen — miteinander bei Speise und Trank verplauderten. Manchmal gesellte sich Theodor Herzl zu uns. Auch dieser sprühte vor Witz. Und dieser Kopf: wie ein assyrischer König! Der hätte wirklich König des neuen Zion werden sollen, dessen Erwecker er ja gewesen ist und das vielleicht, wenn er nicht so frühzeitig gestorben wäre, heute schon existierte.

Einen interessanten, lieben Freund besaßen wir in Wien, den Grafen Rudolf Hoyos — ein schöner, alter Herr, jeder Zoll Aristokrat, aber Demokrat von Gesinnung. Ich bemerke eben, daß ich schon zum dritten Male in der Personsbeschreibung bedeutender Männer die äußere Schönheit hervorhebe. Ich kann nichts dafür — einmal waren sie wirklich so hübsch, diese drei — und zweitens sind mir schöne Menschen lieber als häßliche. Häßlichkeit muß man verzeihen; aber Schönheit darf man nicht übersehen. Graf Hoyos war ein glänzender, freier Geist. Er hatte einen Band Gedichte veröffentlicht, unter welchen sich einzelne Perlen befanden. Seine Wohnung — ein ganzer Stock im Palais des adligen Kasinos auf der Ringstraße — war ein Museum: Gemälde, Kunstmöbel, Nippes, Antiquitäten, Vasen, Stoffe, geschnitzte Kabinette, Waffentrophäen, Bronzen, kostbare Bücher — es erforderte mehrere Stunden, all die seltenen Dinge zu bewundern. Der Hausherr hielt sich aber am liebsten in einem kleinen Erker auf, wo nur ein Tisch Platz hatte, auf dem verschiedene Andenken lagen; außerdem sein Lehnstuhl mit Lesepult, ein kleiner Diwan und ein Schaukelstuhl für höchstens drei Besucher und eine Staffelei mit einem Frauenbild. Eine Frau, die Rudolf Hoyos geliebt hatte; eine große Dame, die einst der Mittelpunkt eines vornehmen geistigen Kreises gewesen, die aber damals nicht mehr lebte. Graf Hoyos ist unvermählt geblieben. Ich besitze eine große Anzahl Briefe von ihm, von denen ich einen hierhersetzen will; dadurch wird er wohl am deutlichsten charakterisiert.

Toblach, 13. August 90.

Vor vielen Jahren wurde ich bei einem Thé d'esprit einer Tochter Bettina Arnims vorgestellt. Gleich zum Empfang, mir meine Tasse präsentierend, frug sie mich: „Wie denken Sie über die Unsterblichkeit der Seele?" — „Ich glaube an die Unsterblichkeit, aber nicht an die Seele," erwiderte ich. Veranlassung zu dieser Erzählung gibt mir der von Ihnen vortrefflich übersetzte Artikel „Carus" im letzten Magazin. Er hat mich sehr interessiert, aber durchaus nicht befriedigt.

Kennen Sie ein Kinderspiel: „Frau Gevatterin, leih mir d' Scher'!" — bei dem die Teilnehmer fortwährend Platz wechseln, wobei einer immer alles besetzt findet, weil mehr Spieler als Sitze vorhanden sind? Dieses Spiel läßt Carus seine Begriffe treiben, oder eigentlich die Bezeichnungen für diese: Ego, Persönlichkeit, Seele, ihre Tätigkeit, Geist, Idee, Bewußtsein u. s. w. wechseln fortwährend mit großer Geschicklichkeit die Plätze, eines aber — läuft immer leer aus.

Es nützt nichts, allen Begriffen neue Namen zu geben, oder alten Wörtern neue Begriffe unterzuschieben, einer bleibt doch immer in der Luft, d. h. die letzte Ursache findet er ebensowenig wie wir anderen, nur, daß er's nicht, wie wir, gesteht.

Was antwortet C. eigentlich auf die an die Spitze gestellte Frage? Ist das, was man bisher Seele nannte, eine Ursache oder eine Wirkung (d. h. Erscheinung)? Glaubt er, daß jede Ursache Wirkungen erzeugt, deren Kinder wieder Ursachen werden? Schließt er den Ring, und hält er die letzte Wirkung für die erste Ursache und umgekehrt?

Er reizt mich wiederholt zum Widerspruch, auch in den Details. Zum Beispiel führt er Luther als „fortschrittlichen Geist" an, weil er die Bibel an Stelle der Kirche gesetzt hat — Autoritätsglauben für Autoritätsglauben —! Wohin dieser Fortschritt geführt, sehen wir an den Muckern mit dem Heiligenschein! Diesen Bismarcks mit der Tiara —!

Pardon, wenn C. ein Liebling von Ihnen ist, aber Aufrichtigkeit ist die erste Bedingung einer gedeihlichen Korrespondenz. Auch mit Villers war ich gar oft im Streit.

Ihre vielseitige Tätigkeit und Schaffensfreude setzt mich in Bewunderung, wie ein großes Naturschauspiel. Bitte, gönnen Sie sich nun auch den Genuß des letzteren, wie ich gestern bei meinem Weltuntergangsgewitter.

Dankbar ergeben

Bestes Ihrem Gütigen. R. H.

Hierher setze ich auch einen Brief, den ich von Mirza Schaffy erhalten, nachdem ich ihm eine Kritik Carneris geschickt, die dieser im Feuilleton der „Neuen Freien Presse" über meinen Roman hatte erscheinen lassen. Der Friedenskongreß, von dem Bodenstedt erzählt, ist derjenige, der im Jahre 1849 unter dem Vorsitze Victor Hugos und im Beisein Cobdens in Paris stattgefunden hat:

Wiesbaden, 8. April 90.

Den mir gütigst übersandten Aufsatz über Ihr vortreffliches Werk erhalten Sie, gleich nachdem ich ihn gelesen, mit bestem Dank zurück. Carneri hat die Feder darin meisterlich geführt und mir ganz aus der Seele geschrieben. Der andere Druckbogen, den ich diesen Zeilen beilege, ist der letzte aus dem demnächst erscheinenden zweiten Bande meiner Erinnerungen; auf der letzten Seite werden Sie finden, wie ich dazu gekommen, als Friedensmann und Freihändler von Berlin nach Paris geschickt zu werden. Die Sache machte sich so schnell, daß mir zum Ausarbeiten einer Rede gar keine Zeit blieb. Zudem hätte ich nichts sagen können, was nicht schon in dem von mir zu überreichenden Berliner Zustimmungsschreiben enthalten war. Auch hatte ich noch nie öffentlich geredet und trug kein Verlangen, den ersten Versuch in einer fremden Sprache zu wagen. So würde sicher alles ruhig verlaufen sein, wenn nicht Richard

Cobden sich darauf gesteift hätte, mich zum Reden zu bringen, und zwar gleich in der ersten Sitzung. Ich hatte meinen Platz auf einer der vordersten Sitzreihen des 5—6000 Personen umfassenden Saales genommen, wo ich ein halb Dutzend Reden — darunter eine sehr gute von Bastiat — ruhig angehört, als Cobden mich bemerkte und sofort von der Empore herunterkam, um mich bei der Hand hinaufzuführen, wo ich nun in einem Sessel neben ihm Platz nehmen mußte. Er saß als Vizepräsident links von Victor Hugo und hatte, nachdem dieser in feierlich pomphaften Worten den Kongreß eröffnet, ebenfalls eine Rede gehalten, in schauerlichem Französisch, aber von durchschlagender Wirkung. Seinen inständigen Bitten, mich auch laut vernehmen zu lassen, widerstand ich hartnäckig und glaubte mich schon völlig geborgen, als mir plötzlich ein Geflüster zwischen ihm und Victor Hugo ins Ohr schlug:

«Il faut le faire parler de quelque façon que ce soit.»

«Mais il m'a prévenu, déjà hier, qu'il n'a pas préparé un discours.»

«Donnez-lui toujours la parole; il faut donc bien qu'il dise quelque chose!»

Alsobald erscholl die Glocke und die Stimme des Präsidenten: «Je donne la parole à Mr. Fr. Bodenstedt de Berlin!»

Ich erhob mich in einiger Erregung und sagte in so gutem Französisch und mit so lauter Stimme, als mir damals noch zu Gebote stand, der Präsident wisse seit meiner Ankunft, daß ich nicht gekommen sei, um eine Rede zu halten — «mais même si j'avais préparé un discours, je ne le prononcerais pas aujourd'hui ici . . .»

«Pourquoi pas? Pourquoi pas?»

«Je vous en dirai la raison tout franchement. Je viens de promener mes regards à travers cette vaste salle, où l'on voit représentées par leurs drapeaux toutes les nations civilisées du globe, mais le drapeau de la nation la plus civilisée, le drapeau allemand y manque!» — —

Nachdem aller Augen vergebens die deutsche Fahne gesucht, welche nirgends zu finden war, erhob sich Mr. E. de Girardin in ganzer Länge und rief mit feierlichem Nasenton: «Monsieur, vous êtes le drapeau vivant de l'Allemagne ici!»

Während des Beifallssturmes, welcher diesen Worten folgte, erinnerte ich mich, beim Frühstück in Charivari ein Bild Girardins gesehen zu haben mit der Unterschrift: «Mr. de Girardin commence à flotter avec le vent.» Ich erhob mich also, nachdem es wieder ruhig geworden war, und sprach: «Merci du compliment, bien que je ne puisse pas l'accepter dans toute la force du terme, attendu que je ne flotte pas avec le vent, moi!»

Unbeschreibliche Wirkung. Hunderte von Amerikanern und Engländern rufen: "The translation! The translation!"

Mr. de Coquerel, curé de St. Madeleine, translateur officiel, erhebt sich und beginnt: "The learned gentleman has said ..."

Ich unterbreche ihn, höflich um Erlaubnis bittend, meine Worte selbst ins Englische zu übersetzen, wobei ich dann auf unsere angelsächsische Verwandtschaft anspiele und großen Jubel errege. Nun erhob sich Mr. de Cormenin (Timon), um dagegen zu protestieren, daß Deutschland la nation la plus civilisée du globe sei: so könne man nur Frankreich bezeichnen. „Machen wir die Probe!" rief ich ... „Woran erkennt man die Größe einer Nation? An ihren großen Männern. Nennen Sie mir sechs Ihrer lebenden Größen, und ich will darauf wetten, daß jeder deutsche Schulknabe ihre Namen kennt; ich werde Ihnen dann sechs gleichwertige Deutsche nennen und mich als geschlagen bekennen, wenn Sie selbst mir nur einigermaßen befriedigende Auskunft über ihre Bedeutung zu geben wissen."

So wurde hin und her geplänkelt, ohne daß von einer eigentlichen Rede die Rede sein konnte; mir selbst fiel es am wenigsten ein, eine solche gehalten zu haben. Allein das Schicksal spielt oft wunderlich mit uns. Izarvady, der Gatte von Wilhelmine Claus, machte meinen Führer durch Paris und wir hatten uns verabredet, mit einigen seiner Bekannten um sechs Uhr im Hotel Rougement zu dinieren. Er war nicht in der Sitzung gewesen, hatte mich aber tags zuvor zu Victor Hugo begleitet und dabei erfahren, daß ich keine Rede halten werde. Nun war sein Erstaunen groß, in allen Abendzeitungen die konfusesten Berichte über meine nicht gehaltene Rede zu lesen. John Lemoine rühmte im „Journal des Débats" mein ausgezeichnetes Englisch und Galignanis „Messenger" ließ sich über mein Französisch folgendermaßen vernehmen: "The learned gentleman delivered himself in a most exquisite French." Es ist der einzige Satz, den ich als Zeugnis meines rednerischen Triumphes behalten habe. In Paris hieß ich ein paar Tage lang «le drapeau vivant de l'Allemagne» und von dort ging der Ausdruck in alle deutschen Zeitungen über, wo er sich ein paar Jahre hindurch behauptete. Jetzt ist er nur noch auf einer Triumphtasse zu lesen, welche mir eine junge, reizende Dame schenkte und worauf sie mich gebildet hat, wie ich damals im dreißigsten Lebensjahre war, mit üppigem Lockenhaar, schlank und lebhaft. Diese junge Schwärmerin hat sich später mit dem berühmten Orientalisten Professor Matzstein verheiratet und lebt heute noch in Berlin. — Doch um nun aus diesem raschen Anlauf eines Witzes in einen mehr gesetzten Ton zu fallen, muß ich ein paar Worte über eine Soiree sagen, die ich bei Alexis de Tocqueville mitmachte, der damals Minister des Auswärtigen und der gescheiteste Franzose war, den ich kennen lernte. Mit ihm, Cobden und Bastiat hatte ich eine lange Unterhaltung, in welcher die Friedensfrage erschöpfender behandelt wurde, als es im Kongreß möglich war. Wir stimmten darin überein, daß nur auf germanischem Boden die Friedensfrucht gedeihen könne, während Frankreich und Rußland so lange Störenfriede bleiben werden, als sie die Macht dazu haben werden. Was mich persönlich betrifft, so habe ich mich als Friedensapostel immer in einer schwierigen Lage befunden. Mein Schwiegervater war Oberst. Einer meiner Schwiegersöhne ist ebenfalls Oberst. Zwei Brüder meiner Frau zogen als junge Hauptleute 1870 nach Frankreich mit. Der eine kam gar nicht wieder, der andere verlor ein Bein bei der Erstürmung der Spicherer Höhen und hinkt hier jetzt als Major herum. Meinen einzigen Sohn konnten alle Tränen meiner Frau nicht abhalten, als Freiwilliger den Krieg gegen Frankreich mitzumachen, wo er sich das Eiserne Kreuz und den Orden für Tapferkeit mit Schwertern holte. Er lebt jetzt in St. Paul am Mississippi . . .

Gestern wurde ich beim Schreiben des ersten Bogens unterbrochen und heute geht schon der zweite zu Ende. Ich mache Sie nur noch auf ein Gedicht aufmerksam, welches 1854 vor dem Ausbruche des Krimkrieges durch alle Zeitungen ging und welches Sie im 9. Band meiner gesammelten Schriften (Berlin bei Decker 1867) S. 120 unter dem Titel „Die kriegerischen Nazarener" finden werden. Es dürfte sich sehr gut zum Abdruck in der neuen Auflage eignen, wie schon aus den Aussprüchen dreier Kirchenfürsten, die es illustriert, hervorgeht:

„Es gilt den Kampf des Kreuzes gegen die Heiden!"
Der Metropolit von Moskau.

« C'est pour la gloire de Dieu que vous combattez! »
Der Erzbischof von Paris.

"Jesus Christ, our Saviour, for whose sake you fight, will bless your arms."

Mit schönsten Grüßen auch an den Gemahl

Friedrich Bodenstedt.

27

Mentone und Venedig

Zu Anfang des Jahres 1889 (mein Roman war damals noch als Manuskript in Piersons zögernden Händen) gönnten wir uns wieder eine kleine Vergnügungsreise. Und zwar ging unser Weg an die Riviera — das Ziel Mentone. Auf der Fahrt wurden wir durch die Kunde von dem Tode des Kronprinzen Rudolf ereilt. Die erste Nachricht lautete auf Jagdunfall; erst nach und nach kamen die schrecklichen, sich widersprechenden Einzelheiten zu unserer Kenntnis. Die Tragödie hat uns stark erschüttert.

Von Mentone, unserem Hauptquartier, machten wir Ausflüge

nach Monte Carlo, Nizza, Cannes. Selbstverständlich war der Meine von den Schönheiten der Riviera entzückt. Wenn man die Natur so leidenschaftlich liebt, wie er es tat, so muß der Anblick dieses blühenden, paradiesischen Erdenwinkels intensiven Genuß gewähren. Und der mit dem Naturzauber verbundene mondäne Luxuszauber, der dort herrscht, war für ihn, der ja für jede Eleganz so empfänglich war, ein doppelter Reiz. Doch das mondäne Leben machten wir nicht mit, dazu hätte weder unsere Ferienkassa ausgereicht, noch hatten wir irgendwelche Sehnsucht danach.

Eine sehr interessante Bekanntschaft machten wir einige Tage nach unserer Ankunft in Mentone — diejenige Octave Mirbeaus. Schon damals war der junge Schriftsteller durch seinen Roman „Le Calvaire" berühmt. Ich kannte den Roman und ein Kapitel darin, das eine wundervolle Szene aus dem Deutsch-Französischen Kriege schildert, auf eine Weise schildert, aus der eine tiefe Verdammung des Krieges spricht. Das Kapitel hatte es mir angetan, und ich freute mich, dem Autor die Hand drücken zu können.

Octave Mirbeau bewohnte mit seiner hübschen, jungen Frau eine kleine Villa in Garavent, die er angekauft hatte; dorthin lud uns das Paar zum Essen ein. Der junge Schriftsteller sah mehr einem Engländer als einem Franzosen ähnlich. Er erinnerte mich ein wenig an Achille Murat. Sehr groß, breitschultrig, feiner blonder Schnurrbart. Wenn sein Aeußeres englisch anmutete, so war sein Wesen und seine Konversation hingegen echt französisch, voll prickelnden Geistes nämlich. Doch sprach er auch von sehr ernsten Dingen. Die sozialen Probleme schienen es zu sein, die ihm am meisten am Herzen lagen. Es brauchte kein Elend auf der Welt zu geben, war sein fester Glaube; daß es aber solches gab, war der Gegenstand seines Zornes.

Auf dem Rückweg von der Riviera hielten wir uns eine Woche in Venedig auf. Dem Meinen war die schöne tote Dogenstadt wie eine Offenbarung. Er verliebte sich in sie. Jauchzende Bewunderung flößte sie ihm ein. Und so nahmen wir uns vor, einmal einen ganzen Winter in Venedig zu verleben.

Dieses Vorhaben führten wir im Winter 1890 91 aus. Wir mieteten uns in einem kleinen Palazzo am Canal grande ein. Ein allerliebstes, von außen vergoldetes und buntes Paläſtchen — Palazzo Dario —; wir freuten uns jedesmal seines Anblicks, wenn wir es von der Gondel aus sahen. Auch die inneren Räume machten uns Freude, denn sie waren ganz in altvenezianischem Stil. Wir hatten eine Monatsgondel gemietet. Von den beiden Gondelieren war der eine zugleich unser Kammerdiener. Die Hausfrau stellte uns gute italienische Küche bei, und ein schmuckes Mädchen hatte ich mir als Zofe aufgenommen. Unsere Arbeit hatten wir nicht etwa eingestellt. Die Vormittagsstunden gehörten regelmäßig der Schriftstellerei. Seelenvergnügt waren wir. — „Die Waffen nieder" war nun seit einem Jahre erschienen, und noch immer kamen mir darüber Rezensionen aus den Blättern und Briefe aus dem Publikum zugeflogen.

Wie die Welt doch rund und klein ist! Wo immer man hinkommt, stets trifft man Freunde und Bekannte aus den entferntesten Gegenden an. So auch hier. Wir ließen uns durch unseren Generalkonsul, Baron Kraus, in die Gesellschaft einführen, und ganz unvermutet trafen wir mit lieben alten Freunden zusammen.

Die Fürstin Tamara von Georgien, in deren Haus wir in Tiflis und vor vier Jahren in Paris so viel verkehrten, die hatte sich jetzt in Venedig niedergelassen und führte da ihre beiden Töchter in die Welt. In der Marchesa Pandolfi, deren Salons im Palazzo Bianca Capello ein Sammelplatz der Venezianer Gesellschaft bildeten, fand ich sogar eine Genossin meiner Mädchenjahre wieder: Marietta Saibante. Wir hatten uns nahezu fünfundzwanzig Jahre nicht gesehen und gegenseitig aus den Augen verloren; da war es uns beiden eine sehr freudige Ueberraschung, uns so unvermutet wiederzufinden. Ihr Gatte, Abgeordneter von Sizilien in der italienischen Kammer, war eben von Rom eingetroffen; es ist derselbe Marchese Benjamino Pandolfi, welcher nachträglich in der Friedensbewegung einen hervorragenden Platz eingenommen hat.

Eines Vormittags — wir saßen eben plaudernd nach dem Gabelfrühstück beisammen, mein Mann und ich — brachte man mir eine Karte. Darauf stand die Anfrage, ob Mr. Felix Moscheles aus London, welcher zufällig gestern bei Sir Layard erfahren, daß die Verfasserin von „Die Waffen nieder" in Venedig sei, sich derselben vorstellen dürfe.

Ich sandte die Antwort, daß es mir ein Vergnügen sein werde.

Mein Mann ging dem Besucher in den Vorsaal entgegen.

„Es wird meine Frau sehr freuen," begann er höflich.

„Wie? Was?" rief der andere, „Sie wären der Baron Suttner! Sie sind also nicht tot? Sie sind ja doch in Paris erschossen worden?"

„Bitte um Entschuldigung, nein ..."

Damit traten die beiden Herren zu mir ein, und der Fremde erklärte nun, warum er so überrascht gewesen, mich im Besitze eines lebenden Gatten zu finden, da er doch aus meiner Lebensgeschichte, die er vor kurzem gelesen, wußte, daß ich meine beiden Männer verloren und er nicht vorausgesetzt hätte (etwas vorwurfsvoll), daß ich zum drittenmal geheiratet.

Wir klärten ihn lachend dahin auf, daß die zwei verblichenen Militärs bloße Phantasiegebilde waren und nur die in dem Buche geschilderte, liebesbeglückte Ehegemeinschaft der Wirklichkeit entnommen und Gott sei Dank durch kein grausames Schicksal entzweigerissen sei.

Herr Felix Moscheles, ein Sohn des berühmten Musikers und Herausgeber des Briefwechsels desselben mit Mendelssohn, teilte uns nun mit, daß er — im Verein mit Hodgson Pratt, Kardinal Manning, Lord Ripon, dem Bischof von London, dem Herzog von Westminster u. a. — dem Vorstand der Londoner Peace-Association angehöre. In London ständig niedergelassen und als Engländer naturalisiert, habe er es sich zur Aufgabe gemacht, wenn er auf Reisen war, für seinen Friedensverein Propaganda zu machen. Seine Hauptspezialität sei die Table-d'hote-Bekehrung, welche aber, wie er lachend zugab, zumeist kläglich mißlang oder ihm als Vergeltung die Bekehrungsversuche alter Traktätchenverteilerinnen zuzog. Den letzten Winter hatte er mit seiner Frau in Kairo zugebracht — wo er eine ganze Anzahl ägyptischer Studien angefertigt (Herr Moscheles ist seines Zeichens Maler) —, und dort war es ihm geglückt, einige Beis für die Friedenstheorien zu gewinnen. Ein Freund aus Berlin hatte ihm meinen Roman zugeschickt, und da war der lebhafte Wunsch in ihm erwacht, die unglückliche Frau kennen zu lernen, die so viel durch den Krieg gelitten und die so manches, ihm selber auf dem Herzen Liegendes in diesem Buche ausgedrückt hatte. Gestern nun in einer Soiree bei Sir Layard, dem bekannten, gewesenen Diplomaten, habe er ganz zufällig erfahren, daß die Verfasserin in Venedig sei, und da konnte er nicht anders, als sich ihr vorstellen; einmal als Friedensfreund, um der Schriftstellerin zu danken, und zweitens als Mensch, um der armen, gebrochenen Witwe sein Mitgefühl auszudrücken — und . . . was doch das Leben für Enttäuschungen bringt — da empfängt ihn der Mann einer lebenslustigen Frau! —

Im Laufe des Gesprächs sagte uns Herr Moscheles, daß es ihm sehr angenehm gewesen wäre, wenn er in Venedig hätte Leute treffen können, die gewillt wären, ein lokale Friedenssektion zu bilden; daß dazu aber keine Aussicht sei — es habe niemand für die Frage Interesse. Er beabsichtige daher, schon in zwei Tagen nach England zurückzukehren.

„Wer weiß?" sagte ich. „Es wäre vielleicht doch möglich, in der Sache etwas zu tun. Heute abend ist Empfang in Casa Pandolfi — ich will mit dem Marquis, der, soviel ich weiß, dem römischen Parlament und der dortigen Friedensgruppe angehört, von Ihrem Wunsche sprechen."

Am selben Abend also, in dem einstigen Palazzo Bianca Capello, bat ich — während die Jugend im Nebensaale tanzte — den Hausherrn auf ein Wort zu mir. Mit nur wenig Hoffnung auf Erfolg erzählte ich von dem Besuche des englischen Friedensfreundes und von seinem Wunsche. Der Marquis Pandolfi schien sehr überrascht, mich von solchen Dingen reden zu hören, und noch freudiger überrascht war ich, als ich nun erfuhr, daß er einer der begeistertsten und tätigsten Anhänger der Sache sei, daß die Gruppe der Gesinnungsgenossen in der italienischen Kammer schon einen großen Teil der Volksvertretung umfasse, und daß er, Pandolfi, an der Organisation dieser Gruppe und den Vorbereitungen zur nächsten Konferenz arbeite. Die Idee, daß in Venedig eine Sektion gebildet werde, nahm er bereitwilligst auf und beauftragte mich, Herrn Moscheles zu bitten, sich zu weiterer Besprechung am folgenden Vormittag zu ihm zu bemühen.

Wenige Tage später war schon ein provisorisches Komitee gebildet, ein Aufruf erlassen und eine Versammlung einberufen. Ungefähr hundert Personen hatten sich in dem Saale eingefunden: darunter viele Journalisten und Advokaten. Nur zwei Frauen waren anwesend: die Gattin des Herrn Felix Moscheles — Frau Grete — und ich. Aus den beiden Taufnamen Grete und Felix war in Freundeskreisen der Kollektivname Grelix entstanden. Grelix ist ja auch nur einerlei Sinnes; Grelix begeistert sich für jeden sozialen Fortschritt und arbeitet dafür; Grelix malt gemeinschaftlich, durchstreift mit Skizzenbuch und Stift alle malerischen Winkel der Erde; Grelix ist auch selber ein hübscher Anblick: Er mit dichtem, schneeweißem Haar über noch frischen Zügen und elastischer Gestalt; sie, wie seine Tochter aussehend, zierlich und zart wie ein Püppchen, goldblondes Gezause um ein Rokokogesicht; und das eigene Haus in London, welches die zwei Ateliers und alle die auf Reisen gesammelten Kunstschätze umfaßt, heißt „The Grelix".

Pandolfi hielt an die Anwesenden eine zündende Ansprache — man weiß ja, wie Italiener, wenn sie Redner sind, feurig sprechen —, worin er zur Konstituierung einer Venezianer Sektion der allgemeinen europäischen Friedensliga aufforderte und worin er die Ziele der interparlamentarischen Gruppe auseinandersetzte, der er angehöre. Dann sprachen und diskutierten noch einige andere. — Es war das erstemal im Leben, daß ich etwas Aehnlichem beiwohnte, denn nie noch hatte ich irgendeinem Vereine angehört oder eine Vereinsversammlung oder Gründung mitangesehen. — Der Schluß war, daß man sofort einen Ausschuß — Pandolfi als Präsidenten — ernannte, hierauf Depeschen an die Peace-Association nach London und an die Friedens- und Schiedsgerichtsgruppe nach Rom absandte, und damit war die von unserem englischen Gaste so eifrig gewünschte Gründung vollbracht.

Am nächsten Tage berichteten alle italienischen Blätter von diesem Ereignis, und eine Zeitlang bildete es das Tagesgespräch in unseren Kreisen. Freilich so wie die Salongespräche einer neuen Bewegung gegenüber, die auf irgendeinem Gebiete eine große Umwälzung anstrebt, schon zu sein pflegen: Ausdruck weiser Zweifel und Bedenken, leiser Spott, herablassende Anerkennung des edeln Zieles — und das alles auf einen Hintergrund von unbewegter, starrer Gleichgültigkeit.

Und besonders, sollte man es glauben? — besonders sind es die Frauen, die dem Krieg die schönsten Seiten abzugewinnen wissen, die sich einen Zustand gar nicht denken können noch wollen, in welchem ihre Söhne nicht mehr für das Vaterland zu sterben, sondern einfach dafür zu leben hätten.

Von den Damen der Venezianer Gesellschaft, mit welchen ich damals verkehrte und welche für den neugegründeten Pandolfischen Verein einiges Interesse zeigten, waren die beiden folgenden voran: die verwitwete Fürstin Darinka von Montenegro — welche ein Jahr später starb.

„Wir werden es noch erleben," sagte sie mir, „daß die Welt den Krieg abschüttelt. Der Kaiser von Rußland, Sie können's mir glauben, hegt tiefen Abscheu dagegen."

Nun, sie hat es nicht erlebt. Aber was gilt das persönliche Dabeisein von uns Eintagsfliegen, wenn es sich um die Geschichte der Menschheit handelt, die da fortlebt — und wir in ihr —?

Die zweite der an der Frage teilnehmenden Frauen war die Fürstin Hatzfeld, geborene von Buch. Eine herrliche alte Dame (sie hatte eben ihren siebzigsten Geburtstag begangen). Für alles, was in der Welt vorgeht in Politik und Kunst, hatte sie offenen Sinn und warme Begeisterung. Als Richard Wagner in Venedig lebte, da verband ihn und Frau Cosima innige Freundschaft mit der Fürstin. Sie war es, die zuerst von seinem Tode erfuhr und an sein Sterbelager eilte. Ein Billett — „Kommen Sie!" — der unglücklichen Frau hatte sie gerufen. Als sie in das Zimmer trat, wo Wagner lag, da hatte er eben den letzten Atemzug getan, und Frau Cosima warf sich mit einem wilden Schrei über den Leichnam. Nach einer Weile erhob sie sich und bleich, tränenlos, machte sie ein paar Schritte zu einem Tischchen, auf dem eine Schere lag; diese ergriff sie und schnitt sich das üppige, lange Haar vom Haupte ab und legte dies blonde seidene Kissen unter das Haupt des Toten.

Sechster Teil

(1890–1891)

28

Bildung der österreichischen Interparlamentarischen Gruppe

Auf der Rückfahrt von Venedig nach Harmannsdorf hielten wir uns einige Tage in Wien auf.

Schon am ersten Abend trafen wir im Hotel Meißl mit einigen befreundeten Abgeordneten zusammen, und ich erzählte ihnen, noch unter dem begeisterten Eindruck des Erlebten, die ganze Geschichte der Gründung einer Venezianer Friedensgesellschaft durch ein Mitglied der italienischen Kammer. Auch von dem Interparlamentarischen Bund erzählte ich, der sich im Jahre 1888 in Paris gebildet, voriges Jahr in London getagt und sich für dieses Jahr ein Rendezvous in Rom gegeben hätte.

Die Herren lauschten mit Interesse, aber mit sehr skeptischen Mienen. Sich anzuschließen — daran dachte keiner.

In Harmannsdorf machten wir uns wieder fleißig an die Arbeit. Mein Mann verfaßte die kaukasische Erzählung „Schamyl", und auch ich entwarf den Plan zu einem neuen Roman: „Vor dem Gewitter". Gemeint war das politische und soziale Gewitter, dessen Wolken sich allenthalben zusammenballen. Die belletristische Arbeit hinderte mich nicht, mich mit der mir so teuern Friedenssache zu beschäftigen, indem ich in reger Korrespondenz mit Hodgson Pratt, Moscheles, Frédéric Passy u. a. blieb. Von Pandolfi erhielt ich die Nachricht, daß er, von seinem Venezianer Erfolg ermutigt, nunmehr mit allem Eifer in der römischen Kammer daran arbeite, ein möglichst zahlreiches Komitee für die Interparlamentarische Konferenz zu werben. Dies gelang ihm glänzend: dreihundert Senatoren und Deputierte zeichneten sich ein. Nun lag ihm besonders viel daran, daß auch in Deutschland und in Oesterreich parlamentarische Komitees sich bilden mögen, um zu der für November angesetzten Konferenz in Rom Vertreter zu entsenden. Er bat mich, falls ich Verbindungen mit österreichischen Parlamentariern habe, in der Sache mitzuwirken. Das war zu Anfang Juni. Welche Schwierigkeiten und welches Zögern der Konstituierung einer österreichischen Gruppe vorausgegangen sind, das geht aus einem Päckchen Briefe hervor, das ich aus jener Zeit aufbewahrt habe. Mit den Briefschreibern hatte ich erst persönlich in der Sache verkehrt (wir waren zu diesem Zweck nach Wien gefahren) und dann schriftlich.

Von Baron Kübeck, dessen Name ich in der Londoner Peace-Association gefunden und der mir daher am geeignetsten schien, die Sache zu fördern, erhielt ich eine sehr ausführliche Antwort, die besonders durch ihre Exkursionen in das Gebiet der auswärtigen Politik — wie sie im Jahre 1891 in unseren politischen Kreisen aufgefaßt wurde — Interesse bietet.

Wien, 11. Juni 1891.

Hochverehrte gnädigste Baronin!

Vor allem bitte ich um gnadenvolle Vergebung wegen der langen Zögerung in Beantwortung Ihres gütigen Schreibens, dessen höchst interessante Beilage ich — nach genommener Abschrift von dem Adreßzirkular (etwa auch an Smolka und Trautmannsdorff zu richten?) dankbarst rückschließe.

Meine jetzt etwas zusammengedrängte Beschäftigung, wohl aber auch die Sondierungsversuche bei einigen hervorragenden Kollegen sind an dieser Verzögerung schuld.

Taking all together, glaube ich bei unseren Parteigrößen sehr wenig Anklang mit unseren — Ihren — großen Ideen zu finden, d. h. in der Theorie wohl, aber kaum in der werktätigen Uebertragung derselben in das praktische Leben.

Hofrat Beer hält es für inopportun und unmöglich, als Vertreter der Parlamentarier nach Rom zu gehen; Professor Sueß ist so eine Art Kriegsmann selbst, trotz seiner Friede atmenden Aeußerungen;*) Bärnreither hält die Sache für gar nicht spruchreif u. s. w. Am meisten Anklang und, wie mir scheint, praktische Würdigung findet die Sache bei einigen gebildeten Polen — warum? —, weil die Leute, kosmopolitisch angehaucht, nicht jenen Kirchturmstandpunkt einnehmen, welcher leider bei unseren deutschen Deputierten die Hauptrolle spielt.

Ich glaube auch dem kosmopolitischen Fahrwasser stark hinzuneigen, was mir auch in den Kreisen meiner engeren politischen Gesinnungsgenossen eine gewisse Fremdartigkeit aufgeprägt hat, und doch — mit Unrecht! Aber never mind, zur Sache:

Das Urteil der Polen, die ich sprach, ist mit dem meinen darin übereinstimmend, daß der gegenwärtige Zustand chauvinistischen Deutschenhasses in Frankreich sowie die von Ruß-

*) Hier irrte mein Korrespondent: Professor Sueß denkt nicht anders, als er sich äußert. Eduard Sueß ist einer unserer tiefsten Geister und edelsten Charaktere. B. S.

land uns drohende Gefahr, die auf militärische Rüstung in exorbitantem Maße gegründete Tripel- oder sagen wir Doppelallianz auch in den Augen der Bevölkerungen zu einer defensiven Notwendigkeit, zu einer Friedensgarantie macht. Es liegt auch viel Wahres darin, da die Franzosen von heute nicht zu kapazitieren sind und Rußland nur darauf ausgeht, das übrige Europa und Britisch-Indien einst überrumpeln zu können, was bei dessen halbwildem, kriegsbewährtem und kampflustigem Menschenmaterial unschwer realisiert werden kann, wenn eines Tages die Fehler Rußlands durch diejenigen Europas übertroffen sein werden; so wird wohl nichts übrigbleiben, als die endliche Lösung dieses permanenten gordischen Knotens, sei es durch die Mühsal der friedlichen Zerteilung oder durch die Greuel des Krieges abzuwarten.

Doch aber kann und muß dasjenige angestrebt werden, was den endlichen Sieg der Arbitrage vorbereiten kann, und dahin gehören die volkswirtschaftlichen Fragen — Einheit der Zollgebiete, Erleichterung des Eisenbahn- und Schiffahrtsverkehres durch einheitliche Tarife, Wechselseitigkeit des Kreditwesens, der Zirkulationsmittel u. s. w. — Dies wird wenigstens jetzt zwischen Deutschland und Oesterreich-Ungarn angestrebt und wohl auf die Schweiz, Belgien, Italien und einige Balkanstaaten ausgedehnt werden. Der Zweck dieser Abmachungen ist wohl auch, die Kriegsrüstungslasten erträglicher zu machen — und das ist etwas.

Ferner müßte dahin gestrebt werden, die Greuel eines Krieges zu verringern, namentlich die Anwendung der Explosivstoffe einigermaßen zu beschränken,*) um die Zerstörungen an Hab und Gut — abgesehen von Menschenleben — nicht außer alles Verhältnis mit dem angestrebten Kriegsziel zu bringen (vide Beschießung von Alexandrien durch Admiral Seymour u. s. w.).

Dafür wollen die polnischen Herren streben, deren einer, Koslowski, mein Kollege im Londoner Cobdenklub ist und auch bei den letzten Friedenskongressen anwesend war. Der zweite Pole wäre Sopowski, der die orientalische Frage wie wenige studiert und sehr anziehend bearbeitet hat; endlich Szepanowski, dessen langjähriger Aufenthalt in England ihn zu einem wahren, echten Kosmopoliten gemacht hat.

Was die Arbitrage betrifft, so werden Sie, gnädigste Baronin, mir zugestehen, daß sich in einer zum Beispiel zwischen Frankreich und Deutschland oder zwischen Rußland und Oesterreich auftretenden großen politischen Frage des Seins oder Nichtseins wohl gar keine Macht finden wird, welche das Schiedsrichteramt übernehmen könnte oder der man es übertrüge — der Papst vielleicht? Ja, die Idee wäre des Kirchen-

*) « On n'humanise pas la guerre, on la condamne parce qu'on s'humanise », sagt Frédéric Passy. B. S.

oberhauptes ganz würdig, wird aber das protestantische Deutschland oder das schismatische Rußland sich je einem solchen Schiedsspruche fügen? Ich bezweifle es. Ja, in kleinen Territorialfragen (Luxemburg, Samoainseln, Karolinen u. s. w.) ist eine Unterwerfung unter einen Schiedsrichter von gebührender neutraler Stellung möglich und wahrscheinlich, aber in so weltbewegenden Fragen, wie die erwähnten, wohl nicht so bald, im ersten Jahrtausend wohl nicht.

Das wollte ich Ihnen, gnädigste Baronin, vortragen. Sie wissen, wie sehr ich Sie und Ihr edles Wirken bewundere, anerkenne und so gerne als Ihr treuer Gefolger teilen möchte, aber unsere Zeitgenossen wollen nicht recht mittun, und das muß berücksichtigt werden. Aber der einstweilen zu beachtende Modus, wie ich mir erlaubte, ihn oben zu bezeichnen, dürfte für jetzt erfolgreich sein, und auf diesen möchte ich Ihre Aufmerksamkeit lenken.

Genehmigen Sie u. s. w. Max Kübeck.

P. S. In Berlin wäre meines Wissens Dr. Barth unser Mann, ich werde ihm schreiben.

Erlauben Sie mir, Ihnen meinen Vortrag über Britisch-Indien zu Füßen zu legen.

Der sozialistische Abgeordnete Pernerstorfer:

Abgeordnetenhaus Wien, 16. Juni 1891.

Hochgeehrte Frau!

Gerne würde ich Ihrer freundlichen Aufforderung, zur Friedenskonferenz nach Rom zu reisen, wenigstens für meine Person nachkommen. Doch ist dies für mich ganz ausgeschlossen, da eine solche Reise, besonders im gegenwärtigen Augenblicke, meine ökonomischen Kräfte überschreitet, zumal ich sie nicht allein, sondern nur in Gesellschaft meiner Frau machen müßte. Es bliebe also, um Ihren Absichten zu entsprechen, übrig, unter den Mitgliedern des österreichischen Abgeordnetenhauses Propaganda für die Konferenz zu machen. Nun nennen Sie allerdings einige Namen, und ich zweifle nicht, daß die von Ihnen genannten Herren warme Freunde der Friedensbestrebungen sind. Doch ist diese Freundschaft gewiß nur eine höchst platonische, die nicht über pathetische Beteuerungen und sentimentale Redensarten hinausgeht. Sie beurteilen das österreichische Parlament offenbar viel zu freundlich — die Gedanken, die dieses Haus beherrschen, sind rein praktischer und häufig sehr egoistischer Natur. Ideale Bestrebungen hält man hier für ideologische, und sittliche Entrüstung wird nicht ernst genommen. Es wäre für eine dichterische Kraft ein reizvoller Vorwurf, in einem politischen Romane der Welt einen Spiegel vorzuhalten. Man würde das häßliche Bild eines in diesem Maße noch nie zur Erscheinung gekommenen Klassenbrutalismus erblicken.

Ich kann also auch in dieser zweiten Richtung nichts tun. Es ist ja möglich, einige Mitglieder des österreichischen Parlaments zu einer Reise nach Rom zu bewegen, bei welcher Gelegenheit sie auch an der Friedenskonferenz teilnehmen müßten. Halten Sie aber das wirklich für einen Gewinn und besonders wünschenswert? —

Ich will diese Gelegenheit nicht vorübergehen lassen, ohne Ihnen, hochverehrte Frau, von Herzen zu danken für die große Freude, die Sie mir, wie so vielen, vielen, durch Ihr herrliches Buch „Die Waffen nieder" bereitet haben. Für solche, die wie ich im öffentlichen Leben stehen, ist ein solches Buch mehr als ein Genuß, es ist ein großer Trost und bedeutet eine Aufrichtung und einen neuen Ansporn.

In tiefster Verehrung Ihr aufrichtig ergebener

Pernerstorfer.

Hier folgen noch zwei Briefe von Abgeordneten:

Abgeordnetenhaus Wien, 23. Juni 1891.

Sehr geehrte Frau Baronin!

Vor allem gestatten Sie mir, Ihnen für Ihre überaus liebenswürdige Ansprache auf das herzlichste zu danken. Baron Kübeck hatte mir schon von Ihren edlen Bestrebungen gesprochen, denen ich ja auch die lebhafteste Sympathie entgegenbringen kann.

Da ich längst mit dem englischen Komitee in Beziehung stehe — sowie ich auch Rugg. Bonghi persönlich näher zu kennen das Vergnügen habe —, so bin ich so ziemlich au courant vom Stand der Dinge. Es hat mich auch immer lebhaft interessiert, die Fälle zu verfolgen, in welchen bei internationalen Streitigkeiten das Arbitrationsprinzip zur Anwendung gelangt ist.

Allerdings läßt sich nicht verkennen, daß der Fortschritt auf diesem Gebiete sich unendlich langsam vollzieht, weshalb es, wenigstens in unserem Kreise, zunächst noch besonders schwer ist, Anhänger für eine Sache zu erwerben, welche heute noch als utopistisch erscheint. Das Gegenargument, das da lautet: Rußland, Frankreich, ist nicht aus der Welt zu schaffen.

Man muß sich deshalb erst darüber klar sein, daß heute im günstigsten Falle nichts mehr zu erreichen sei, als daß vielleicht eine kleine Anzahl von Abgeordneten sich für einen Ausdruck der Sympathie und ferner dazu geneigt zeigt, einen aus ihrer Mitte zu veranlassen, nach Rom zu gehen.

Baron Kübeck und ich werden nicht unterlassen, dies zu versuchen. Ich werde übrigens selbstverständlich nicht unterlassen, mit Baron Pirquet und Pernerstorfer Rücksprache zu nehmen, ebenso mit Graf Coronini.

Habe ich irgend Günstiges zu melden, so werde ich mit Vergnügen berichten, da mir die persönliche Berührung mit Ihnen, Frau Baronin, sei es auch nur auf brieflichem Wege, nur sehr erfreulich sein kann.

In Verehrung Dr. Jaques.

Der Präsident des Technologischen Gewerbemuseums und Sektionchef Dr. Wilhelm Exner schrieb:

Vöslau, 29. Juni 1891.

Hochverehrte Baronin!

Ihre gütigen Zeilen vom 26. ds. setzen mich einigermaßen in Verlegenheit wie jeder unverhältnismäßig große Lohn, den man doch nicht ablehnen will noch kann. Ich bin sehr überrascht, daß man überhaupt einen Wert darauf legt, wenn ein Politiker, der als solcher eine so bescheidene Rolle spielt, sich jenen beigesellt, welche sich für eine Idee erklären, deren Berechtigung doch von niemand bestritten werden kann. Ich habe schon dem letzten in London abgehaltenen Friedenskongreß meine Zustimmung ausgesprochen; was bedeutet das im Vergleiche zu Ihrer glänzenden schriftstellerischen Propaganda?!!!

Ich werde Ihren Brief einer befreundeten Autographensammlerin, der Fürstin Pauline Metternich, schicken, wenn Sie es gestatten.

Ich beabsichtige, nach Rom zu gehen, wenn es die parlamentarischen Aufgaben gestatten, und verspreche mir davon einen großen persönlichen Gewinn — Ihre Bekanntschaft. — Wenn meine liebenswürdigen Kollegen Pirquet, Kübeck auch nach Rom reisen, so könnten sich diese Tage herrlich gestalten. — Dieses Zukunftsbild ist fast zu schön, um Aussicht auf Realisierung zu bieten.

Für den Augenblick gestatten Sie mir, verehrte Baronin, daß ich Ihnen meinen verbindlichsten und wärmsten Dank für Ihren Brief ausspreche und daß ich mich mit dem größten Vergnügen in den Dienst jener Bestrebung stelle, für welche Ihre Feder einen so wertvollen Faktor darstellt.

Mit besonderer Hochschätzung, Verehrung und Ergebenheit, gnädigste Baronin, Ihr Exner.

In diese Korrespondenz gehören auch die beiden nachstehenden Briefe des Marquis Pandolfi aus Rom:

I.

Rom, 13. Juni 1891.

Liebe Baronin!

Ich teile Ihnen mit, daß die Abgeordneten Deutschlands geantwortet haben und alle unsere Propositionen annehmen und uns ihren Besuch versprechen. Nur wünschen sie, daß die Konferenz für Anfang November vorgerückt werde.

Es sind also alle Länder dem Rufe gefolgt, mit Ausnahme der Parlamente von Wien und Budapest. Man wird sie poussieren müssen, und das können Sie besser tun als ich, mit Hilfe eines Freundes im Reichsrat.

Ich schicke Ihnen die Abschrift eines Briefes, den ich an

die Deutschen gerichtet habe; er kann Ihnen als Muster dienen für das, was Sie Ihren Freunden schreiben wollen, natürlich mit den erforderlichen Abänderungen.

Schließlich bitte ich Sie, mir die Namen der Präsidenten beider Häuser in Wien und Budapest zu nennen. Ich übersende Ihnen unter Extraumschlag die Statuten unseres Komitees, und später, sobald sie gedruckt ist, erhalten Sie die vollständige Liste unseres parlamentarischen Komitees — mehr als dreihundert Mitglieder.

Viel Schönes Ihrem Gatten u. s. w.

B. Pandolfi.

II.

(Ohne Datum.)

Liebe Baronin!

Ich bin auf einige Tage nach Stra gefahren. Sobald ich in die Stadt zurückkomme, erhalten Sie:

Das erste Rundschreiben, das wir an alle unsere Deputierten und Senatoren geschickt haben,

das zweite Rundschreiben, das wir vor einigen Tagen expediert haben.

Baron Kübeck wird es also machen müssen wie ich, wenn er reussieren will:

1. Um den ersten Kern von Abgeordneten zu konstituieren, muß er sich persönlich und einzeln zu den tätigsten und bekanntesten Mitgliedern begeben und ihre Unterschrift zu einer Erklärung verlangen, worin sie der Bildung eines parlamentarischen Komitees zustimmen.

2. Wenn dieser erste Kern gebildet ist (30 oder 40 genügen), eine erste Zusammenkunft abhalten und ein provisorisches Präsidium einsetzen.

3. Dann wird das Präsidium an sämtliche Abgeordneten Einladungen ausschicken, worin die Ziele der Verbindung auseinandergesetzt und vor allem, das nächste Ziel: eine Anzahl von Deputierten zu bestimmen, die gewillt wären, nach Rom zu kommen.

4. Hernach sich für alles übrige mit mir in Verbindung zu setzen.

5. Sobald das Komitee konstituiert und das Präsidium ernannt ist, lassen Sie mich die Namen wissen, und es wird den Herren dann im Namen des ganzen italienischen Komitees geschrieben, um sie zu bitten, nach Rom zu kommen. Die formellen Einladungen und Programme erhalten sie später.

Unterdessen teile ich Ihnen mit, daß auf der letzten Konferenz in London 36 Mitglieder ausländischer Parlamente ernannt wurden mit dem Auftrag, die dritte Konferenz vorzubereiten. Unter diesen 36 Mitgliedern figurieren für Oesterreich: Graf Wilczek, Ritter Bolesta v. Koslowski, und für Ungarn: Graf Apponyi und Dr. Viktor Hagara. Ich habe jedem dieser vier Herren ein Zirkular geschickt, von dem Sie eine Kopie erhalten, sobald ich nach Rom komme; bis jetzt hat aber noch keiner der Herren geantwortet, soviel ich weiß, und das ist nicht ermutigend.

Im allgemeinen, dieses Sechsunddreißigerkomitee hat sich schlecht bewährt und ich glaube, daß in Zukunft die Sache anders geregelt werden muß.

Das beste ist, daß sich in jedem Lande parlamentarische Komitees bilden, in der Weise, wie ich Ihnen oben erklärt habe.

Mit herzlichsten Grüßen u. s. w.

Pandolfi.

Die Interparlamentarische Gruppe in Oesterreich hat sich gebildet und zwar durch den einer wirklichen Ueberzeugung entsprungenen Eifer eines der Abgeordneten, an den sich auf meinen Rat Baron Kübeck — der selbst kein ganz Ueberzeugter war, wie sein Brief beweist — gewendet hatte: Peter Baron Pirquet. Dieser ist dann jahrelang an der Spitze der Gruppe geblieben, hat sie bei allen folgenden Konferenzen mit Talent und Takt vertreten, und seine krönende Tat war die Organisierung der Interparlamentarischen Konferenz in Wien im Jahre 1903. Nachdem die Gruppe konstituiert war, wurden Delegierte für Rom ernannt, darunter Dr. Ruß und Baron Pirquet, und so war die Teilnahme Oesterreichs an der dritten Interparlamentarischen Konferenz gesichert.

29

Gründung der Oesterreichischen Friedensgesellschaft

Aber wie stand es mit dem Friedenskongreß — nämlich der Kongreß der Privatfriedensgesellschaft, der auch gleichzeitig in Rom tagen sollte —, würde dabei Oesterreich unvertreten sein? Natürlich, denn es existierte ja kein Friedensverein in Oesterreich. Dieser Gedanke ließ mir keine Ruhe. Es mußte doch möglich sein, Anhänger für die Idee zu sammeln. Das Ergebnis meines Hinundherdenkens war ein Aufruf, den ich am 1. September 1891 an die „Neue Freie Presse" einsandte, ohne viel Hoffnung, daß das Blatt ihn auch veröffentlichen werde. Freudig war mein Erstaunen, als ich schon am 3. September beim Entfalten des Blattes an leitender Stelle meinen Artikel erblickte, samt einer Fußnote der Redaktion, daß „niemand berechtigter wäre, in der aufgeworfenen Frage das Wort zu ergreifen, als die Verfasserin von ‚Die Waffen nieder'."

Einleitend berichtete der Artikel von dem bevorstehenden Kongresse in Rom, von der gesicherten Teilnahme der österreichischen Parlamentarier und von der Notwendigkeit, auch eine Privatgesellschaft zu bilden, deren Delegierte an dem römischen Kongresse teilnehmen können. Dann hieß es weiter:

> Die Dinge stehen so: Millionenheere — in zwei Lager geteilt, waffenklirrend — harren nur eines Winkes, um aufeinander loszustürzen; aber in der gegenseitigen, zitternden Angst vor der unermeßlichen Furchtbarkeit des drohenden Ausbruchs liegt einigermaßen Gewähr für dessen Verzögerung.
>
> Hinausschieben ist jedoch nicht aufheben. Die sogenannten „Segnungen" des Friedens, welche das bewaffnete Angstsystem zu erhalten strebt, die werden uns immer nur von Jahr zu Jahr garantiert, immer nur als „hoffentlich" noch einige Zeit vorhaltend hingestellt. Von der Abschaffung des Krieges, von gänzlicher Aufhebung des Gewaltprinzipes, davon wollen die zur „Aufrechterhaltung des Friedens" waffenbrüderlich verbündeten Gewalten nichts wissen. Der Krieg ist ihnen heilig, unausrottbar, und man darf ihn nicht wegdenken wollen; er ist ihnen aber auch — angesichts der Dimensionen, die eine künftige Konflagration entfalten wird — furchtbar, vor dem eigenen Gewissen unverantwortbar, also darf man ihn nicht anfangen.
>
> Was ist das aber für ein unnatürliches Ding, welches nicht aufhören und nicht anfangen, nicht verneint und nicht bejaht werden darf? Ein ewiges Vorbereiten auf das, was durch die Vorbereitung vermieden werden soll, zugleich ein Vermeiden dessen, was durch die Vermeidung vorbereitet wird? Dieses Widerspruchsmonstrum erklärt sich so: Jenes Gebilde aus historischen Zeiten, welches man noch aufrechterhalten will: die gebietverschiebende, machtverleihende, nur einen Bruchteil der Bevölkerung in Anspruch nehmende „frische und fröhliche" Kriegführung, die ist inzwischen im Entwicklungsgange der Kultur zur moralischen und physischen Unmöglichkeit geworden.
>
> Moralisch unmöglich, weil die Menschen von ihrer Wildheit und Lebensverachtung verloren haben; physisch unmöglich, weil die während der letzten 20 Jahre angewachsene Zerstörungstechnik den nächsten Feldzug zu einem Etwas gestalten würde, das etwas ganz Neues, Anderes, nicht mehr mit dem Namen Krieg zu Bezeichnendes wäre. Würde man durch lange Stunden ein Bad vorbereiten, das Wasser heizen, heizen bis es siedet und überwallt — wäre dann dasjenige, was einen träfe, der endlich doch in die Wanne stiege — oder vielmehr hineinfiele — noch ein „Bad" zu nennen? Noch ein paar Jahre solchen „aufrechterhaltenen" Friedens, solcher Mordmaschinenerfindungen — elektrische Sprengminen, ekrasitgeladene Lufttorpedos — und am Tage der Kriegserklärung springen sämtliche Zwei-, Drei- und Vierbunde in die Luft.
>
> Diejenigen, welche die Lunte in Händen haben, geben zum

Glück acht. Sie wissen, daß -- bei solchem Pulvervorrat — die Folgen schrecklich wären, wenn sie unvorsichtig oder gar freventlich das Feuer anlegten. Um also diese wohltätige Vorsicht zu steigern, wird der Pulvervorrat immer vergrößert. Wäre es nicht einfacher, freiwillig und übereinstimmend die Lunten wegzutun; mit anderen Worten: abzurüsten? Den internationalen Rechtszustand einzusetzen — die getrennten Gruppen, die einander stets zuschwören, daß sie, wenn von der anderen Gruppe angegriffen, Schulter an Schulter kämpfen wollen, zu Einer Gruppe zu verschmelzen — den Bund der zivilisierten Staaten Europas zu gründen?

Ebenbürtig an Kraft und Ansehen stehen sich jetzt die verschiedenen Allianzen gegenüber. Was hindert sie daran, das, was sie als Ziel hinstellen — den Frieden —, zur Grundlage ihres Bestehens zu machen? Was daran hindert? Das Gesetz der Trägheit einerseits und andererseits der geschürte Nationalhaß, die von der lärmendsten Partei in jedem Lande — der Kriegspartei — stets unterhaltene Hetze.

Die lärmendste wohl — dabei aber doch die kleinste. Ein Häuflein Chauvinisten hier und dort. In Rußland eine Gruppe Panslawisten — der Zar will den Frieden; in Frankreich eine Gruppe Revanchisten — die Regierung will den Frieden; bei uns und in Deutschland ein paar Militaristen — die beiden Kaiser wollen den Frieden. Des Volkes gar nicht zu erwähnen; das hat die Sehnsucht nach — das hat ein Recht auf Frieden. Das Kampfgenossenschaftsgeschrei, welches bei verschiedenen Flottenbegrüßungen hier und dort ausgestoßen wird und welches so leicht für den Ausdruck des Kriegswillens der Völker ausgelegt werden kann, sollte man doch nicht länger so mißverstehen: hat man denn noch immer nicht einsehen gelernt, daß es nichts Epidemischeres gibt als Hurra- und Vivatrufe? — daß diese Rufe immer und für jede Sache, sobald das erste Signal gegeben — mit Naturnotwendigkeit, wie das Donnerrollen nach dem Blitz —, die Lüfte erschüttern müssen?

Klein also, das steht fest, ist die Zahl derer, die den Kriegszustand noch wollen. Noch kleiner die Zahl derer, die sich laut und im eigenen Namen zu diesem Willen bekennen. Unendlich groß hingegen sind die Massen, die den Frieden — nicht den ängstlich verlängerten — sondern den sicher gewährleisteten Frieden ersehnen. Unter diesen ist aber wieder die Zahl derer sehr gering, die an die Möglichkeit der Erfüllung glauben und die sich zusammengeschlossen haben, um ihr Ziel laut zu verkünden und ihm in gemeinsamer Arbeit entgegenzusteuern. Wer die weiße Fahne schwingt, hat Millionen hinter sich, aber diese Millionen sind noch stumm.

Der Artikel fuhr dann fort, die im Ausland bereits gemachten Anfänge zu berichten, und klang in der Aufforderung aus, zustimmende Schreiben einzuschicken, auf daß die Anhänger sich zu einem Verein zusammenschließen, der seine Vertreter zum Kongreß nach Rom entsenden könnte.

*

Es hatte mich überrascht, daß die Presse diesen Aufruf so willig gebracht, noch überraschter war ich durch das Echo, das er im Publikum weckte. Hunderte von Briefen (man wird sie in meinem Nachlaß finden) flogen mir zu, aus Wien und aus den Provinzen und aus allen Gesellschaftsklassen. Begeisterte Zustimmungen, freudige Mitarbeitsanträge, auch angemeldete Beitragssummen. Ein reicher Fabrikant aus Böhmen, Prosper Piette war sein Name, legte in seinen einfach rekommandierten Brief eine Tausendguldennote zu beliebiger Verwendung im Dienste der Sache; ich schickte den Betrag umgehend an das Kongreßorganisationskomitee nach Rom. Aus den Briefen suchte ich mir einige heraus, die besonders vertrauenerweckend waren, und setzte mich mit den Schreibern in persönliche Verbindung, um mit ihnen und mit ihrer Hilfe ein provisorisches Komitee zu bilden, das eine erste Versammlung einzuberufen hatte. Der Rechtsanwalt Doktor Kunwald, einer der ersten, der sich auf meinen Artikel hin gemeldet hatte und dessen Brief einer der begeistertsten war, ging mir in dieser Angelegenheit tatkräftig an die Hand. Es wurde an alle in Wien lebenden Verfasser der Zustimmungsbriefe eine Einladung gerichtet, sich an einem bestimmten Tag in einem bestimmten Lokal einzufinden, um eine konstituierende Versammlung abzuhalten. Begleitet von Doktor Kunwald, begab ich mich in das bezeichnete Lokal. Mein Mann war seit einigen Tagen an Bronchialkatarrh erkrankt und konnte von Harmannsdorf nicht nach Wien kommen. Die Versammlung war ziemlich zahlreich besucht. Das Präsidium wurde mir, als der Einberuferin, übertragen; da ich aber zu unerfahren und ungeübt war, mich dieses Amtes ordnungsgemäß zu entledigen, so ermächtigte ich Doktor Kunwald, es in meinem Namen zu führen. Es wurde den Anwesenden jenes Statut der englischen Peace-Association vorgelesen, worin es heißt:

> Jede dieser nationalen Abteilungen, wie groß auch immer die Anzahl ihrer Mitglieder sein mag, ist durch die einfache Tatsache, daß alle gewillt sind, für den gemeinsamen Zweck zu handeln, konstituiert.
>
> Schon eine in einem Privathause gehaltene Versammlung, ohne Aufruf an das Publikum, kann als Gründung einer solchen Abteilung betrachtet werden. Es genügt, daß ein Schriftführer ernannt und der Beschluß gefaßt werde, sich mindestens einmal monatlich zu versammeln, um die Fortschritte des Vereins zu bekunden und sich mit den Mitteln der Verbreitung zu befassen.

Sobald eine Abteilung von dem Zentralkomitee in London anerkannt sein wird, gehört sie zur Assoziation.

Ich wurde nun damit betraut, ein neuerliches Rundschreiben, das zur definitiven Vereinsbildung einladet, zu verfassen und einige einflußreiche Persönlichkeiten zu werben, die dieses Rundschreiben als vorbereitendes Komitee mitunterschreiben. Diese Arbeit habe ich übernommen, und am 18. Oktober stand in allen Zeitungen der folgende Aufruf:

P. T.

Der „Internationalen Friedens- und Schiedsgerichts-Assoziation" (Hauptsitz London; Präsident Hodgson Pratt, Vizepräsidenten: Herzog von Westminster, Kardinal Manning, Marquis Ripon, Bischof von London rc. rc.), deren verschiedene, über nahezu ganz Europa verbreiteten Zweiggesellschaften auf dem nächsten Kongreß zu Rom (9. November 1891) vertreten sein werden, hat sich nunmehr — laut Beschluß einer am 29. September stattgehabten Vorversammlung von Gesinnungsgenossen — auch eine österreichische Abteilung angeschlossen.

Damit aber diese Abteilung die ihr hierzulande zufallenden Aufgaben wirksam erfüllen könne, damit sie in der Lage sei, zu erstarken und sich zu verbreiten, ist sie gewillt, zu einer ordnungs- und gesetzmäßigen Gesellschaft sich zu konstituieren, deren Statuten dann der betreffenden Behörde zur Genehmigung vorgelegt werden sollen.

Der Verein wird kein politischer sein, denn der Zweck: „die Förderung des Prinzips eines dauernden Völkerfriedens", ist ein rein humanitärer. Wenn in letzter Linie diese Tendenz auf den Gang der Politik im allgemeinen Einfluß zu nehmen berufen ist, so hat sie dies mit allen humanitären und kulturellen Bestrebungen gemein, denn jede solche kennzeichnet sich dadurch, daß sie die Veredlung und den Fortschritt der menschlichen Gesellschaft anstrebt und so die Entwicklung der gesellschaftlichen Zustände nach allen Richtungen beeinflußt. Es handelt sich bei uns nur um das eine: die Erkenntnis und die Verbreitung des einfachen Grundsatzes:

„daß die menschliche Gesellschaft — ob als Individuen oder als Gruppen von Individuen, genannt Nationen — die Begründung ihrer wahren Wohlfahrt in der Vereinigung — nicht in der Entzweiung; in gegenseitigem Zusammenwirken — nicht in gegenseitiger Feindschaft zu suchen hat."

Ferner setzt die Anhängerschaft die Ueberzeugung voraus, daß der Krieg ein furchtbares Uebel, aber kein unvermeidliches Uebel sei, daß im Verkehr der Kulturnationen der Zustand der Gewalt durch den Zustand des Rechts ersetzt werden soll und kann.

Wer sich somit der allgemeinen Friedensliga oder einer ihrer Zweiggesellschaften anschließt, hat dabei von keinerlei politischem Programm auszugehen; vielmehr wird die Geltendmachung eines solchen von den Debatten der Versammlung statutengemäß ausgeschlossen sein. In der Gemeinsamkeit des Zieles liegt eben der Grund, daß die Scharen der Friedensfreunde aus allen Ständen, aus allen Parteien sich bilden können; daher kommt es auch, daß in den Mitgliederverzeichnissen der verschiedenen Friedensvereinigungen die Namen von Whigs und Tories, von Sozialisten und Aristokraten, von Freidenkern und Kirchenfürsten nebeneinander stehen.

Würde der Dienst in der Armee nicht jede Beteiligung an öffentlichen Vereinen von vornherein ausschließen, so könnten auch aktive Soldaten uns beitreten; denn nicht sind sie dazu da, den Krieg zu verteidigen, sondern das Vaterland, falls der Krieg ausbricht. Diesen Unglücksfall wegzuwünschen, sind sie menschlich ebenso berechtigt, als der Arzt berechtigt ist, Epidemien wegzuwünschen. Dieser Anschauung hat eine allgemein bekannte und verehrte Persönlichkeit in einem Briefe, mit welchem sie ihren Beitritt erklärte, folgenden edlen und mutvollen Ausdruck verliehen:

„.... Obgleich beim Ausbruch eines Krieges, an welchem Deutschland beteiligt wäre (ich bin Oberst à la suite der preußischen Armee, nahm — weil Halbinvalide — 1875 den Abschied), ich sofort mich zum Wiedereintritt in die Armee melden würde, bin ich doch keineswegs ein Kriegslustiger — im Gegenteil: ich betrachte den Krieg, und zwar auch für den Sieger, als ein furchtbares Unglück! — Ich habe zwei Feldzüge mitgemacht, nicht etwa in einem großen Stabe, sondern bei der Truppe, und hatte somit genügend — mehr wie genügend! — Gelegenheit, das ganze namenlose Elend, welches jeder Krieg in seinem Gefolge hat, aus eigenster Anschauung und Erfahrung kennen zu lernen! — Mit Freuden leiste ich daher Ihrer Aufforderung Folge und will sehr gerne das von Ihnen begonnene hochherzige, edle und — das gebe Gott! — auch segenstiftende Unternehmen nach Kräften mitzufördern suchen."

Elimar Herzog von Oldenburg.

Das nächste, das einzige Ziel, das wir im Auge haben, ist die Kundgebung des eigenen Friedenswillens und die Schaffung einer hinreichend unterrichteten öffentlichen Meinung.

Die praktischen Tätigkeitsmittel hierzu bestehen in Austeilung von Drucksachen, Zirkularschreiben, Kundgebungen; Einrückung von Artikeln in die Tagespresse, öffentlichen Vorträgen, Bekanntmachung der einschlägigen Literatur, eventuell Herausgabe von Schriften; Entsendung von Delegierten zu Versammlungen und Kongressen; beständiger Berührung mit den Schwestergesellschaften, einem stetigen Auf-dem-laufenden-Erhalten über den Stand und die Fortschritte der allgemeinen Bewegung.

Der konstituierenden Versammlung — zu welcher alle, die ihre Zustimmung eingeschickt haben und noch einschicken werden, Einladungen erhalten und die in der zweiten Hälfte dieses Monats einberufen wird — bleibt es vorbehalten, den Statutenentwurf zu genehmigen, den definitiven Vorstand zu wählen und die Delegierten zu ernennen, welche die in Bildung begriffene Oesterreichische Friedensgesellschaft nach Rom entsenden will!

Wien, 18. Oktober 1891.

Das vorbereitende Komitee:

B. Ritter v. Carneri,	P. K. Rosegger,
Geh. Rat Graf Carl Coronini,	Dr. Carl Ritter v. Scherzer,
Graf Rudolf Hoyos,	A. G. Freiherr v. Suttner,
Prof. Freiherr v. Krafft-Ebing,	Bertha Baronin v. Suttner-Kinsky,
Reichsratsabgeordneter Freiherr v. Pirquet.	Fürst Alfred Wrede.

Wenige Tage nach Veröffentlichung dieses Rundschreibens fand im alten Rathaus die endgültige Konstituierung der behördlich bewilligten „Oesterreichischen Friedensgesellschaft" statt. Mitgliederzahl 2000.

Begeisterte Reden wurden gehalten und es wurden die Delegierten ernannt: sechs an der Zahl, welche den jüngsten Friedensverein am Kongreß vertreten sollten. Die Vereinskasse hatte schon einen genügenden Fonds aufzuweisen, um Reisesubventionen gewähren zu können.

— — — — — — — — — — — — — —

Nun machten wir unsere Vorbereitungen zur Romfahrt. Ich wandte mich auch noch an einige hervorragende Persönlichkeiten des In- und Auslandes um Begrüßungs- und Zustimmungsschreiben, die ich dem Kongreß auf den Tisch legen könnte.

Einige von diesen sowie von den schon vorher spontan eingelaufenen Briefen setze ich hierher. Sie gehören in die Geschichte der Anfänge der Oesterreichischen Friedensgesellschaft:

Madame!

J'étais en train de lire votre roman *Die Waffen nieder*, que m'avait envoyé M. Boulgakoff, quand je reçus votre lettre. J'apprécie beaucoup votre œuvre et l'idée me vient que la publication de votre roman est un heureux pronostic.

L'abolition de l'esclavage a été précédée par le fameux livre d'une femme, de Mme. Beecher-Stowe; Dieu donne que l'abolition de la guerre le fût par le vôtre. Je ne crois pas que l'arbitrage soit un moyen efficace pour abolir la guerre. Je suis sur le point de terminer un écrit sur ce sujet, dans lequel je parle de l'unique moyen, qui selon moi, peut rendre les guerres impossibles. Cependant tous les efforts dictés par un sincère amour de l'humanité, porteront des fruits et le congrès de Rome, j'en suis sûr, contribuera beaucoup comme celui de l'année dernière de Londres, à populariser l'idée de la contradiction flagrante dans laquelle se trouve l'Europe, de l'état militaire des peuples et des principes chrétiens et humanitaires qu'ils professent.

Recevez, Madame, l'assurance de mes sentiments de véritable estime et sympathie.

Le 10/22 octobre 1891. Léon Tolstoy.

Berlin, 20. Oktober 1891.

Hochgeehrte Frau!

Nehmen Sie meinen aufrichtigen Dank, daß Sie auch mir Gelegenheit geben, dem hohen und herrlichen Werke, an dem Sie mit Wort und Tat so hervorragend beteiligt sind, von ganzem Herzen zuzustimmen. Ich erkläre mich freudig und rückhaltlos mit den Zielen der „Internationalen Friedens- und Schiedsgerichts-Assoziation" einverstanden; daß diese Ziele erreichbar sind, daß sie eines Tages erreicht sein werden, glaube ich fest und innig, wie ich an das Fortschreiten der Menschheit glaube. Und zu ihrer Erreichung mitzuwirken, zu kämpfen für den gesicherten Frieden — ich wüßte nichts, was ein Menschenleben größer und würdiger ausfüllen könnte. Wenn Sie, hochgeehrte Frau, in diesem Kampfe auch meine Hilfe brauchen können, so verfügen Sie über mich, ganz und gar; Ihr Ruf wird mich immer bereit und gerüstet finden. Ich werde nie anstehen, öffentlich und privatim dahin zu wirken, daß der Krieg in immer weiteren Kreisen als das erkannt werde, was er ist: als der traurigste und schändlichste Rückfall in die Barbarei, als das furchtbarste Verbrechen an dem Genius der Menschheit.

Genehmigen Sie den Ausdruck der herzlichen Verehrung, mit der ich stets sein werde Ihr ganz ergebener

Ludwig Fulda.

Paris, 30. Oktober 1891.

..... Sie zweifeln nicht daran, daß ich im Herzen mit Ihnen bin und Ihren Bestrebungen zur Verbreitung von Gedanken des Friedens, der Versöhnung, der gesitteten Rechtsformen auch in den Beziehungen von Volk zu Volk die wärmste Teilnahme und Zustimmung entgegenbringe.

Ich weiß natürlich so gut wie der sich sehr weise dünkende Zweifler und Spötter, daß die Friedens- und Schiedsgerichtsliga auf praktische Erfolge augenblicklich und in nächster Zukunft kaum zu rechnen hat. Aber als Schriftsteller glaube ich an die Macht des Wortes und an dessen Beruf, überlieferte Gesinnungen umzustimmen und neue, bessere zu verbreiten. Glaubte ich nicht daran, so hätte ich ja längst meine Feder zerbrochen.

Schreiben und reden wir also unverdrossen gegen den Kriegsgreuel! Semper aliquit haeret, und allmählich werden wir die Regierungen und Völker doch von Barbaren zu Menschen bekehren.

Dr. Max Nordau.

München, 29. Oktober 1891.

.... Allen Friedensfreunden meinen hochachtungsvollen Gruß! Nur die Bestie im Menschen kann den Krieg wollen. Also behandle man alle Urheber und Veranstalter von Kriegen wie Bestien und entferne sie aus der gesitteten Gesellschaft der Kulturmenschen. Wer aber in der Presse zum Kriege hetzt und dem Massenmorde das Wort redet, den stelle man wie einen gemeinen Bravo und Totschläger vor das Gericht.

.... Das letzte Wort in dieser furchtbaren Blutsfrage, der man die Menschheitsblüte des Landes ausliefert, stehe überhaupt nicht bei den Männern, sondern bei den Müttern.

Dr. M. G. Conrad.

Neuilly-Paris, 12. Oktober 1891.

..... Ich freue mich über das glückliche Ereignis, über die neu gebildete Friedensgesellschaft. Es ist dies eine neue Ermutigung für unsere Anstrengungen, ein neuer Grund, gute Erfolge zu hoffen. Zwar gibt es noch viele uns entgegengebrachte Vorurteile und vielleicht auch Feindseligkeiten zu überwinden, aber das ist nur ein Grund mehr, um die Notwendigkeit zu erkennen, daß die Zustimmung einer imposanten Anzahl von Vertretern aller Nationen unsere Bestrebungen unterstützen muß. Es ist Zeit, es ist höchste Zeit, daß wahrhaft universelle Demonstrationen — indem sie die Schüchternen ermutigen — eine Erhebung des Menschheitsgewissens provozieren, und daß die Gesellschaft sich zur Wehr setze gegen den Ruin, gegen das Elend, gegen das Verbrechen, von welchen sie bedroht ist.

Frédéric Passy,
Député de la Seine, membre de l'Institut et président de la Société française de la paix et de l'arbitrage.

Paris, 30. Oktober 1891.

Ich hoffe, daß mein Telegramm zur Begrüßung der „Oesterreichischen Friedensvereinigung“ rechtzeitig zur Versammlung eingetroffen ist.

Unsere Liga, gegründet in Genf im Jahre 1867 unter dem Vorsitze Garibaldis und Victor Hugos, war die erste Friedensgesellschaft, glaube ich, welche eine Frau in ihren Ausschuß wählte. Das will sagen, gnädige Frau, wie sehr wir Sie zu Ihrer edlen Initiative beglückwünschen. Von ganzem Herzen senden wir der neugegründeten Gesellschaft die Gefühle unserer Sympathie und Hingebung.

Charles Lemonnier,
Président de la ligue de la paix et de la liberté à Genève.

Berlin, 12. November 1891.

Ihr Name wird unter den Trägern einer Bewegung genannt, die die Menschheit „nach oben", das Christentum seiner Erfüllung entgegenführen soll.

Ich halte es für meine Pflicht, mich Ihnen respektvoll zu nahen und Sie zu bitten, mich als einen derer anzusehen, die mit ganzer Kraft für die höchsten Bestrebungen eintreten. Jede Faser meines Daseins gehört dem „Aufbau eines Reiches Gottes auf Erden", gehört dem „Werden des Christentums". Es begreift dies alle Bestrebungen guter Menschen. Ich bin durchglüht vom Idealismus, bin aber kein Phantast. Sie haben es mit einem „Menschen" zu tun. Unerschrocken, aber auch unbeirrt werde ich die Wege weitergehen, die mir vorgezeichnet sind. Je umfassender unser Vorgehen ist, desto wirksamer; je entschlossener, desto heilbringender; je gleichzeitiger auf der ganzen Linie, desto durchgreifender der Erfolg.

„Jetzt also muß etwas werden", — ich lebe der festen Ueberzeugung (das Wort Glaube wäre mir nicht genug hierfür), daß wir vor dem Tore stehen, das uns ebensowohl trennt wie einführt in das Zeitalter der Vervollkommnung! Die Klinke mit kraftvoller Hand zu ergreifen, scheint mir die Berufung aller derer, denen Gott die Fähigkeit dazu gab.

M. v. Egidy, Oberstleutnant a. D.

Kilchberg bei Zürich.

. . . . Aus innerster Ueberzeugung erkläre ich mich mit den Zielen jeder Friedensliga einverstanden, in gehorsamer Verehrung unseres erhabenen Meisters aus Nazareth. Hier hat sein Schüler, unser lieber Leo Tolstoi, unwiderleglich recht.

Nur glaube ich, daß wir Leute unseres Berufes mehr noch durch unsere langsam, aber sicher durchsickernden Schriften, als durch vereinliche Tätigkeit (die aber natürlich auch ihren Wert hat) für die gute und große Sache ausrichten können. Davon haben Sie selber ein leuchtendes Beispiel gegeben.

Conrad Ferdinand Meyer.

Ohne Datum.

Ich glaube nicht, daß es einen denkenden und fühlenden Menschen geben kann, der innerlich nicht zur Friedensliga gehörte, und wenn unsere Staaten nicht bloß auf dem Papier, sondern in des Wortes tiefer Bedeutung „christliche" wären, so — bedürfte es keiner Friedensliga.

Friedrich Spielhagen.

Jena, den 31. Oktober 1891.

Hochgeehrte gnädige Frau!

Hoffentlich treffen Sie diese Zeilen noch in Wien mit der Versicherung, daß ich die Zwecke der „Internationalen Friedens-

und Schiedsgerichts-Assoziation" vollkommen billige und gern bereit bin, derselben beizutreten.

Obwohl ich mit Heraklit glaube, daß der Kampf der Vater aller Dinge ist, hoffe und wünsche ich doch von ganzem Herzen, daß der veredelte Mitbewerb um die höheren Kulturgüter den wilden und rohen Rassenkampf oder den blutigen Völkerkrieg verdrängen werde, der gegenwärtig noch wie im Mittelalter das größte Elend über die „hochzivilisierten" Nationen der Gegenwart bringt.

Möge der Friedenskongreß in Rom am 9. November vom besten Erfolge begleitet sein!

Mit ausgezeichneter Hochachtung Ihr ergebener

Ernst Haeckel.

30

Verein zur Abwehr des Antisemitismus

Ehe ich von dem Kongreß in Rom schreibe, möchte ich noch etwas zurückgreifen.

Im Frühjahr 1891 — also noch vor der Gründung der Interparlamentarischen Gruppe und des Friedensvereins in Wien — hatte auch mein Mann eine Vereinigung ins Leben gerufen, von der ich erzählen will:

Wir waren noch im Kaukasus, als wir zu Anfang der achtziger Jahre von dem in Preußen erwachten, vom Hofprediger Stöcker propagierten Antisemitismus Kunde erhielten. Uns flößte diese Erscheinung — das brauche ich wohl nicht erst zu sagen — lebhaften Abscheu ein. Wir legten die Argumente gegen diesen Rückfall in das Mittelalter in verschiedenen Artikeln nieder, die wir an die Wiener Blätter einsandten, deren regelmäßige Mitarbeiter wir waren. Die Artikel wurden uns zurückgeschickt mit der Begründung: In Oesterreich gibt es keinen Antisemitismus, und sollte sich aus Preußen etwas davon zu uns verpflanzen, so wäre das einzige richtige Verhalten dagegen: verächtliches Stillschweigen. Daß dieses Verhalten nicht das richtige war, haben die späteren Ereignisse gezeigt. Gegen Unrecht — wenn man es als solches erkennt — muß man sich wehren — da gibt's nichts anderes. Schweigen ist da, obwohl es Verachtung auszudrücken vorgibt, selber verächtlich. Nicht nur die Betroffenen müssen reagieren; auch den Unbeteiligten, wo immer sie ein Unrecht sehen, kommt es zu, sich dagegen aufzulehnen. Ihr Schweigen ist Mitschuld und beruht zumeist auf denselben Motiven wie das Schweigen der Betroffenen, nämlich auf Aengstlichkeit. Nur nicht anstoßen ... nur nicht sich Unannehmlichkeiten zuziehen: das ist das Grundmotiv, wenn es sich auch äußerlich als vornehme Zurückhaltung gebärdet.

Als wir heimgekehrt waren, hatte die antisemitische Bewegung in Wien besonders rohe Formen angenommen. Im Jahre 1891 war es sogar zu Tätlichkeiten gekommen. Die Entrüstung, die mein Mann darüber empfand, überschäumte.

„Da muß etwas geschehen!" entschied er.

Und er setzte sich hin und schrieb Statuten und Entwurf und Aufruf. Jetzt handelte es sich ihm aber darum, einige hervorragende Männer zu finden, die mit ihm Hand in Hand gingen. Noch am selben Abend (wir waren gerade in Wien) ging er den Grafen Hoyos in dessen Wohnung am Kolowratring aufsuchen. Der Herr ist nicht zu Hause, gab der Diener Bescheid, er ist unten im Klub. Mein Mann begab sich sofort in das untere Stockwerk, in welchem die Klubräume lagen, und ließ den Grafen, der an einem Whisttisch saß, herausrufen.

„Was gibt's, lieber Suttner, etwas sehr Dringendes?"

„Ja, Gerechtigkeit für Verfolgte" —

„Lassen Sie hören!"

Graf Hoyos nahm die Sache mit Enthusiasmus auf und schlug vor, seinen Whistpartner, Baron Leitenberger, den bekannten freisinnigen Großindustriellen, auch zum Beitritt in das Vorbereitungskomitee aufzufordern. Nun wurde auch dieser hinausgerufen, und ein paar Minuten später war unter diesen dreien die Vereinsgründung beschlossene Sache. Am folgenden Tag gesellte sich noch der als Mensch und Gelehrter gleich hochgeschätzte Professor Nothnagel hinzu, und nach kurzer Zeit fand die konstituierende Versammlung statt mit jenen vier Männern am Vortragstisch. Nach Erscheinen des Aufrufs in den Blättern hatten sich mehrere hundert, darunter gesellschaftlich und politisch hervorragende Persönlichkeiten Wiens angeschlossen. Am Tage nach der ersten Versammlung veröffentlichte die „Neue Freie Presse" folgenden Aufsatz, der am besten über die Gesinnung und die Ziele des Verfassers Aufschluß gibt:

Der Verein zur Abwehr des Antisemitismus.
Von A. Gundaccar v. Suttner.

Wien, 21. Juli.

Mit dem gestrigen Tage trat unser Verein als eine behördlich anerkannte Genossenschaft auf den Plan, um die Aktion gegen jene feindliche Bewegung zu beginnen, welche direkt gegen einen Teil unserer Mitbürger gerichtet ist. Dies der Zweck, der in § 2 der Statuten angegeben ist — mit deutlichen Worten: Die Bekämpfung des Antisemitismus, und zwar durch Abhaltung öffentlicher Vorträge, Verbreitung belehrender Schriften, Diskussionen, eventuell durch Gründung eines Vereinsorganes.

Die Politik ist ausgeschlossen — vor allem aus dem Grunde, weil unser Verein kein politischer ist, und dann, weil es sich da um eine soziale, d. h. eine gesellschaftliche Frage im strengen Sinne des Wortes handelt, die mit der Staatspraxis nichts zu schaffen hat. Beweis dessen, daß wir unter unseren Mitgliedern Persönlichkeiten aller Schattierungen zählen, daß uns jedermann ohne Ausnahme willkommen ist, der sich im Vollgenusse seiner bürgerlichen Rechte befindet.

Eine gewisse Sorte von Gegnern, die um falsche, unwahre Angaben nie verlegen ist, hat bereits den Versuch gemacht, unseren Verein als einen solchen darzustellen, der den Zweck hätte, zugunsten der Juden gegen das Christentum aufzutreten. Derlei feindliche Ausfälle richten sich selbst; ihren Behauptungen steht als Beweis die Tatsache gegenüber, daß wir unter unseren Mitgliedern bereits Priester der beiden christlichen Hauptkonfessionen zählen und daß wir die bestimmte Erwartung aussprechen, nach und nach alle jene einreihen zu können, welche am ersten berufen sind, das Wort des Friedens, der Nächstenliebe, der Humanität zu verkünden.

In einem Zeitalter, da man Vereine gründet, um Tiere vor Mißhandlungen zu schützen — und das mit vollem Recht —, ist es, denke ich, nur logisch, endlich auch einmal gegen die Mißhandlung von Mitmenschen Stellung zu nehmen, um so mehr, als es nicht bei Attentaten gegen die Ehre blieb, sondern zu Tätlichkeiten kam, die unseren jüdischen Mitbürgern allen Grund gaben, für die Sicherheit ihrer Existenz zu fürchten. Ich erinnere nur an jene Vororthelden, die jüdischen Frauen die Fenster einwarfen und ihnen Morddrohungen zuriefen; an jenen Soldaten, der einen Greis auf der Straße niederschlug; an jenen Schuljungen, der seinem semitischen Kameraden ein Messer ins Auge stieß. Das sind einzelne Beispiele aus vielen; ein einziges wäre schon genug gewesen, um alle gerecht denkenden Menschen zu einem großen Aufschrei der Entrüstung zu veranlassen.

Die Partei, gegen welche wir auftreten, scheint nichts Geringeres im Schilde geführt zu haben, als über Oesterreich eine Art moralischen Belagerungszustandes zu verhängen und damit auf die ängstlichen Gemüter, deren es mehr als genug gibt, einen Druck auszuüben, demzufolge sich viele derselben einreihen ließen, um nicht den Zorn jener Vereinigung auf sich zu laden, die mit dem bezeichnenden Worte „Judenknecht" jederzeit bei der Hand ist. Die Ausnahmegesetze gegen die Juden, wie sie in Rußland in so herrlicher Blüte stehen, hätten natürlich nicht lange warten lassen und schließlich als logische

Folge auch Ausnahmegesetze gegen alle, die nicht so denken wie jene Herren von der Verfolgungspartei.

Nun, heute zeigt es sich zum Glück, daß es noch Oesterreicher gibt, die sich einer solchen Schreckensherrschaft nicht fügen wollen und die derlei Zumutungen mit dem Rufe beantworten: Bange machen gilt nicht!

Im Schoße der Gegenpartei ist sie hingegen ausgebrochen, die Schreckensherrschaft; jeder, der sich dort zur Führerrolle berufen glaubt, huldigt dem Spruche: „Biegen oder brechen" — jeder schart sein Fähnlein um sich und bildet so eine Sonderabteilung, die der anderen die Zähne zeigt. Auch losgeschlagen hat man schon — mit Faust und Wort — und die daraus entstandenen Prozesse zeigen uns klar und deutlich, wie es hinter den Kulissen dieser Bühne hergeht. Das dürfte auch so manchem objektiven Beobachter die Augen öffnen, der gemeint, mit den Anforderungen der Zeit zu gehen, wenn er sich jener Truppe anschloß.

Ursprünglich, als noch Herr Stöcker seine schönen Tage hatte, suchte sich der Antisemitismus auf den Standpunkt des Christentums, und zwar des bedrohten Christentums, zu stellen und eine Religionsfrage heraufzubeschwören. Dieser Plan mißlang kläglich, denn es fanden sich genug ehrliche Religionslehrer, welche dagegen Stellung nahmen. Dann trachtete man, die Rassenverschiedenheit hervorzuheben und diese zur Grundlage der modernen Verfolgung zu machen. Auch da waren die Erfolge nur gering, und so verfiel man denn schließlich auf das Mittel, die menschliche Leidenschaft zu erwecken, den Haß und Neid aller jener aufzuwärmen, aller jener zum Brennen zu bringen, die nichts oder nur wenig zu verlieren hatten, vieles aber zu gewinnen hofften. Als bloßer Geschäfts- oder Konkurrenzneid konnte man natürlich die Sache nicht gelten lassen, es mußte dem Ganzen eine wissenschaftliche Tünche gegeben werden, und so landete man denn bei der sozialen Frage: das Großkapital ist der Mörder des kleinen Mannes; der Jude hat das Großkapital in Händen — ergo ist der Jude der Mörder des kleinen Mannes! . . . . Daß es auch unter den Juden selbst ganze Massen von Kleinen gibt, die kaum eine Brotkruste zum Benagen haben, blieb unberücksichtigt — so etwas gilt einfach nicht bei derlei Logikern; den christlichen kleinen Mann hat man nur im Auge und — den jüdischen Großen.

Es ist eine bekannte Tatsache, daß man mit gewissen Schlagworten der leichtgläubigen Menge nach Belieben Sand in die Augen streuen kann. Es ist dies das Kinderspiel: „Schneider, leih mir die Scher'," das man zum Gebrauche der Erwachsenen zugerichtet hat: der Stellensucher weiß recht gut, daß der Platz, auf den der andere hinweist, nicht leer ist, aber er rennt doch pflichtschuldigst hin, und mittlerweile vertauscht der schlaue Fuchs seine Stelle gegen eine bessere und schlägt dem Aufgesessenen noch lachend ein Schnippchen. Dieses Spiel führen jene Herren auf, die auf das Wort Soziale Frage sündigen: „Beim Juden ist's leer" — und der Betrogene rennt zum Juden. Da er noch nebstbei weiß, daß seine „Gönner" dem Juden nicht hold sind, so will er doch wenigstens so weit etwas vom Spiele haben, daß er an dem Manne sein Mütchen kühlt; er kann es ja ohne Aufwand von großem Mut und ohne Gefahr, denn er hat eine Uebermacht hinter sich, die ihm beispringt — wenn die Hilfe nichts anderes als ein paar Faustschläge kostet.

Was also dieses Hereinzerren der sozialen Frage betrifft, so verfallen die Herren Schönredner nur in den kleinen Fehler, daß sie ihrer Wissenschaft ganz verfehlte Prämissen vorsetzen und daß dadurch ihr ganzer Aufbau in seinem Fundamente wankt. Kein Sozialreformer, kein Fachmann der Gegenwart wird das Uebel im Großkapital als solches suchen. Der Mann, der seine Millionen in Form von Banknotenpäckchen (so sieht ja die Menge dieses Kapital vor sich) im Geldschranke wohlverschlossen liegen hat, müßte schließlich Hungers sterben, denn es ist Naturgesetz, daß das was sich nicht erneuert, endlich erschöpft wird. Das Großkapital an sich ist also nicht Ursache, sondern nur Wirkung. Das Uebel wurzelt ganz woanders, und wenn einmal diese Wurzeln radikal herausgezogen sind, dann wird das Kapital so kursieren müssen, daß es durch alle Hände läuft. Einige Volksvertreter haben bereits auf die Lösung des sozialen Rätsels hingewiesen (wenn ich nicht irre, erst kürzlich Dr. Menger); unsere Sache ist es indes nicht, hier darauf näher einzugehen, denn unser Zweck ist einfach der, hervorzuheben, daß die antisemitische Bewegung auf sozialwissenschaftlicher Grundlage auf tönernen Füßen steht, und daß die Herren, welche zugunsten ihrer Sache dieses Feld betreten, nur ganz oberflächliche, zumeist gar keine Kenntnisse von der Frage haben. Der Durchschnittsmensch läßt sich aber leicht überzeugen, denn er hat so manches in der Schule gelernt — das logische Denken aber nicht. Sieht er nun, daß ein anderer für ihn dieses Geschäft besorgt oder vielmehr zu besorgen scheint, dann um so besser; dann überläßt er gerne dem anderen die Mühe und glaubt das Seinige getan zu haben, wenn er mitschreit.

Vor einigen Tagen trat ein antisemitischer Abgeordneter mit einer Interpellation hervor; sie bezog sich auf unseren Verein und auf den Beitritt eines Mannes, dessen Name in ganz Oesterreich mit Ehrfurcht und Dankbarkeit genannt wird. Die Interpellation dürfte an geeigneter Stelle die gebührende Antwort erhalten; ich möchte nur erwähnen, daß besagter Abgeordnete ungefähr sagte: Aus unserem Aufrufe gehe hervor, daß der Verein sowohl die antisemitische Partei als solche, als auch alle jene Staatsbürger, welche eine antisemitische Gesinnung hegen, in einer „feindseligen", überaus „gehässigen" und „rücksichtslosen" Weise bekämpfen wolle.

Feindselig? Gehässig? Rücksichtslos? Bewahre! Jene, die glauben, im Antisemitismus eine der Allgemeinheit dienliche Bewegung sehen zu müssen, bedauern wir, daß sie sich auf einem Irrwege befinden, und wir hoffen, sie durch überzeugende Gründe auf den richtigen Pfad zurückführen zu können. Jene, die im Antisemitismus persönliche Mittel zum persönlichen Zweck gefunden haben, verachten wir, wie jeder ehrlich denkende Mensch jenen verachtet, der unlautere Mittel gebraucht, um eigene Interessen zu verfolgen. Feindseligkeit und Gehässigkeit sind somit nicht die richtigen Worte. Und was die Rücksichtslosigkeit betrifft, so kommt es auf die Auffassung der Bedeutung an. Wenn die Herren Gegner erwarten, daß wir den Ton anschlagen, der ihnen beliebt, mit dem sie zum Beispiel in den „Unverfälschten Deutschen Worten" ihren Lesern die Nachricht über das Entstehen unseres Vereins gebracht haben, so irren sie. Solche „Kräfte" würden wir auch nie unter unsere Mitgliederzahl aufnehmen, denn in erster Linie soll in unserem Lager der Anstand gewahrt werden. Wir sind eben der Meinung, daß man mit Schimpfworten einer Sache nie zum Ansehen verhelfen kann. Vor etlichen Jahrhunderten hätte man allerdings damit Erfolg gehabt, denn da kamen hinter solchen Kraftausdrücken die Beweislieferungen mit der Faust, und die stärkere Faust blieb im Recht. Heutzutage ist man aber doch in der großen Mehrheit besser erzogen, und das Anrempeln mittels Wort und Tat ist nicht nach dem Geschmack der gebildeten Bewohner Oesterreichs.

Einer unserer Zwecke ist nun auch der, unsere Mitbürger zum selbständigen Denken anzuregen. Wir wollen nicht diktieren, wir wollen anleiten und auf den Weg hinweisen, der einzuschlagen wäre. Unsere beiden Waffen sollen Vernunft und Rechtsgefühl sein, mit denen wir allen Angriffen gewachsen sind. Mit falscher Wissenschaft, mit falscher Statistik, mit Rechts- und Wahrheitsverdrehung und derlei beliebten Kampfmitteln wird man uns nicht beikommen, denn wir besitzen in unseren Reihen Männer, die in erster Linie berufen sind, solche Argumente in streng wissenschaftlicher und fachlicher Weise zunichte zu machen und die Gegner coram publico in den Sand zu strecken. Mit einem Worte: wir fühlen uns stark, wir fühlen uns der Aufgabe gewachsen, die wir unternommen haben. —

Die Gegner haben sich als stärker erwiesen. Ueber den weiteren Verlauf der Sache werde ich später noch Gelegenheit zu erzählen finden. Jetzt will ich dahin zurückkehren, wo ich mich unterbrochen habe, zum Friedenskongreß in Rom.

31
Der Kongreß in Rom

Nach Rom! Niemand kann die Fahrt nach der ewigen Stadt antreten, ohne von einem gewissen Schauer gepackt zu werden. Es vibriert da in der Seele ein Akkord von historischen und ästhetischen Tönen, von antiken und Renaissanceerinnerungen; Bilder steigen auf von Forum und Vatikan, von Gladiatoren und Kardinälen, von Palästen und Kirchen, von zauberischen Gärten und blendenden Kunstschätzen. Auch uns beide schüttelte dieser eigene, erwartungsfrohe „frisson“, als wir in den Zug eingestiegen waren, der uns romwärts trug. Besonders lebhaft mußte der Meine das empfinden, denn es war ja das erstemal, daß er die ewige Stadt sehen sollte. Und was die Stimmung noch erhöhte, das war der Zweck der Reise: ein Kongreß — ein Friedenskongreß. Das war auch Historie, aber nicht antike, sondern die modernste; eigentlich die Geschichte einer Zukunft, an deren Pforten erst geklopft werden durfte, aber welch eine neue, schöne Welt hinter diesen Pforten ... Und war ich denn wirklich unterwegs als Abgesandte einer Gesellschaft, die ich selbst ins Leben gerufen habe, und sollte dort — im Kapitol — zusammentreffen und beraten mit Politikern aus allen Himmelsstrichen? War das nicht ein unerhörtes Wagnis oder einfacher ausgedrückt: eine Frechheit? Es war alles so rasch gekommen; ich hatte unter so unwiderstehlichem Impuls gehandelt, im Banne eines sehnsüchtigen Wollens, aber auch im Schutze jener Naivität, die aus Unkenntnis der Schwierigkeiten und der Hindernisse besteht, und die jegliches gewagte Unternehmen besser fördert als Ueberlegung und Erfahrung.

Als wir ankamen, war die Interparlamentarische Konferenz noch im Gange — unser Kongreß sollte erst in zwei Tagen anheben. Fast sämtliche Teilnehmer beider Veranstaltungen hatten im Hotel Quirinal Wohnung genommen. Und so war diese ganze internationale Pazifistengesellschaft (damals war freilich der Ausdruck „Pazifismus“ noch nicht geprägt) in stetem Verkehr geeinigt: im großen Speisesaal bei den Mahlzeiten, in den Hallen zu allen Tagesstunden in konferierenden Gruppen, in den Salons in geselliger Unterhaltung. Hier fand ich nun die alten Freunde und Kollegen, alle, mit denen ich schon so lange in Briefverkehr gestanden, und viele neue Freunde dazu. Ich erinnere mich, schon bei der Ankunft, in der Eingangshalle, stand eine große, martialische Figur mit viertelmeterlangem weißem Schnurrbart, und ein anwesender Bekannter stellte vor: General Türr. Gutes Zeichen! daß der erste Kriegsbekämpfer, dem wir auf Kongreßboden begegneten, ein General, „ein ergrauter Krieger" war. Seine Lebensgeschichte umfaßt eine ganze Kriegschronik: 1848 als Leutnant unter Radetzky in Italien, 1849 mit Kossuth bei der ungarischen Revolution. Aus Ungarn verbannt, machte er in der englischen Armee den Krimkrieg mit; 1855 bei einer Durchreise in Ungarn verhaftet, zu Tode verurteilt — die Königin von England erwirkt Begnadigung. 1859 im Generalstab Garibaldis macht er den Zug der Tausend nach Marsala mit. Schlägt sich mit seiner Division am Volturno; 1860 Militärgouverneur von Neapel. 1861 Generaladjutant des Königs Viktor Emanuel. Und hier war er nun, der Schlachtengewohnte, um sich am Friedensfeldzug zu beteiligen. Nicht als Neubekehrter; schon unter Garibaldi hatte er das Unglück des Krieges und die Möglichkeit einer europäischen Friedensorganisation erhoffen gelernt, denn er war es, der das berühmte Manifest inspiriert hat, das Garibaldi an die Fürsten Europas versendete, um sie zur Einigung aufzufordern; und seit dem Jahre 1867 gehörte er schon der von Frédéric Passy gegründeten französischen Friedensgesellschaft an.

Da die Interparlamentarische Konferenz noch tagte, als wir in Rom ankamen, hatten wir Gelegenheit, mit den Vertretern der vierzehn verschiedenen Parlamente bekannt zu werden, die hier unter dem Präsidium des Ministers Biancheri versammelt waren. Ursprünglich hätte Ruggero Bonghi den Vorsitz führen sollen, doch war er zurückgetreten, denn es war da eine ganze kleine Revolution ausgebrochen, und die deutschen und österreichischen Parlamentarier wären nicht nach Rom gekommen, wenn Bonghi nicht auf das Präsidium verzichtet hätte. Was war geschehen? Der berühmte Gelehrte und gewesene Unterrichtsminister hatte in irgendeiner Revue einen Artikel veröffentlicht, worin über die elsaß-lothringische Frage eine dem französischen Standpunkte sympathische Aeußerung gemacht war. Von der damals in den beiden mitteleuropäischen Parlamenten ausgebrochenen Stimmung finde ich ein Echo unter meinen Briefen. Der österreichische Reichsratsabgeordnete Superintendent Haase schrieb mir:

Hochwohlgeborene, hochverehrte Frau Baronin!

Nach dreiwöchentlicher Abwesenheit kam ich über Teschen, wo ich nur die wichtigsten Amtsstücke rasch erledigte und die eingelaufenen Privatbriefe in meinen Koffer packte, gestern nach Wien. Ich bin aufrichtig betrübt, hier zu sehen, daß Ihr Brief vom 23. v. M. unbeantwortet geblieben ist und daß Sie sich eine sehr sonderbare Vorstellung von meiner Artigkeit machen müssen. Ich bitte Sie also zunächst um Verzeihung.

Was die Sache betrifft, so muß ich das Allgemeine vom Besonderen unterscheiden. Was ich irgend im Dienste der Humanität zu leisten vermag, wird stets mit Freuden geschehen, und wenn Sie meiner Handlangerdienste einmal benötigen sollten, so rufen Sie mich. Es wird mir eine doppelte Freude sein, ein gutes Werk zu fördern, wenn ich dadurch zugleich einer idealen und um ihres hohen Sinnes willen so verehrungswürdigen Frau dienen könnte. Fassen Sie das, ich bitte sehr darum, nicht als banale Schmeichelei auf. Der besondere Fall aber, um welchen es sich heute handelt, ist, seit Sie mir geschrieben haben, ein anderer geworden. An der Interparlamentarischen Konferenz dieses Jahres und an dem Friedenskongreß in Rom mich zu beteiligen, wie ich die Absicht hatte, ist mir jetzt nicht mehr möglich.

Wenn nämlich Herr Bonghi nachträglich auch erklärt, daß von Elsaß-Lothringen auf dem Kongreß nicht die Rede sein werde, so ist er doch mit Rücksicht auf das, was er vorher gesagt hat, nicht der Mann, unter dessen Führung die Friedensfreunde tagen können.

Der Krieg ist nicht bloß ein Unglück, sondern auch ein Verbrechen, welches derjenige begeht, der ihn hervorruft. Aber in der Konstatierung, eine Forderung, welche nur durch die Gewalt der Waffen geltend gemacht werden kann, sei eine berechtigte, liegt doch auch wohl eine Art „Aufforderung zum Tanz“, und wer sie, wenn auch nur indirekt, ergehen läßt, macht sich zum Mitschuldigen an den blutigen Folgen. Was Herr Bonghi über die Stellung Frankreichs gegenüber Elsaß-Lothringen geäußert hat, müßte ihn nötigen, wenn Frankreich den Krieg an Deutschland erklärte, mindestens diesen Krieg gutzuheißen. Darin liegt für ihn die logische Unmöglichkeit, den Krieg überhaupt zu verdammen, und tut er es dennoch, so tritt er in Widerspruch mit sich selbst. Bonghi kontra Bonghi.

Es stünde um diesen Widerspruch schon schlimm genug, wenn es sich um einen Krieg Perus gegen Chile handelte. Aber da sich die Spitze der bekannten Aeußerung Bonghis gegen Deutschland kehrt, so können am allerwenigsten diejenigen unter den Friedensfreunden, welche Freunde Deutschlands sind, an einer Versammlung sich beteiligen, welcher Bonghi präsidiert und welcher er gewissermaßen den Charakter gibt. Ich weiß es nicht, wie Sie die Sache auffassen. Ich würde es aber wünschen, daß wir alle, die wir mit unserer angestammten Liebe und Treue zu unserem österreichischen Kaiserhause und Vaterlande die wärmsten Sympathien für das mit uns verbündete Deutsche Reich verbinden, in der Auffassung der Lage nicht auseinander gingen.

Genehmigen Sie, hochverehrte Frau Baronin, nun noch den Ausdruck der ausgezeichnetsten Verehrung, womit ich mich nenne

Ihr ganz ergebener

Wien, 9. Oktober 1891. Dr. Haase.

Die Tage vor Eröffnung unseres Kongresses wurden zu Vorarbeiten, zu vertraulichen Mitteilungen benutzt. Die von den Interparlamentariern verbannte Elsaß-Lothringen-Angelegenheit wollten die Franzosen, Engländer und Italiener gerne auf dem Kongreß zur Sprache bringen. Uns Oesterreichern aber gelang es, die ausländischen Kollegen zu überreden, dieses heikle Thema nicht zu berühren. Es würde die Deutschen kopfscheu machen; sie würden besorgen, zu Hause als Hochverräter behandelt zu werden, wenn sie es nur überhaupt zulassen wollten, daß in ihrer Gegenwart das Ergebnis des Frankfurter Vertrages als eine „Frage" aufgefaßt werde. Die Friedensbewegung war ja noch eine gar zarte Pflanze, man mußte ihr jeden allzu rauhen Luftzug fernhalten. In der vertraulichen Sitzung kam es wohl zu Aeußerungen verschiedener Ansichten, aber nicht zu dem mindesten Mißton. Alle fühlten sich gleich als Kameraden, als Kampfgenossen für ein großes, allen Nationen gleich segenverheißendes Ziel. Die beiden großen Friedensveteranen Frédéric Passy und Hodgson Pratt wußten um sich eine Atmosphäre von Vertrauen und Hingebung zu verbreiten; man fühlte, daß der Grundzug ihres Wesens Seelengröße war. Und Ruggero Bonghi war im Bunde der Dritte. Diesem wurde das Präsidium des Kongresses überantwortet.

Mit dem Grelixpaar — nämlich Grete und Felix Moscheles — trafen wir auch zusammen. Grete sah aus, als wäre sie Felix' Tochter, ein zierliches Sevresfigürchen; blonde, genial frisierte Haare, die wie ein Golddunst das Gesicht umrahmten, ein feingeschnittenes und amüsantes Gesicht: amüsant, weil es von schalkhaften Grübchen und aufleuchtenden Augen belebt war und weil das beim Sprechen etwas schiefgeöffnete Mündchen unter den weißen Zähnen einen besonders spaßigen, spitzigen Augenzahn aufdeckte. Dabei trug das geistsprühende Frauchen immer die modernsten und doch dabei nach eigenem Kunstgeschmack (Grete ist Malerin) komponierten Toiletten in reicher Abwechslung. Stets zur Toilette passenden, kostbaren Schmuck. Aber begeisterte Sozialistin — das verträgt sich ganz gut, wie es scheint.

Baron Pirquet, der als Mitglied des Reichsrates die Konferenz mitgemacht hatte, schloß sich jetzt in seiner Eigenschaft als Vorstandsmitglied der Oesterreichischen Friedensgesellschaft dem Kongreß an. Dieser Friedensmann hatte auch, wie General Türr, seine Laufbahn beim Militär begonnen. Sohn eines österreichischen Generals belgischer Abkunft, hatte er als Dragonerleutnant den Feldzug von 1859 gegen Sardinien mitgemacht, und dann war er lange Jahre in diplomatischen Diensten gestanden. Sehr vornehm in der Erscheinung, mit einem klassisch schönen Kopf und von den liebenswürdigsten Umgangsformen — das war der äußere Mensch. Den inneren Menschen habe ich in den folgenden Jahren als einen treuen Freund und als einen eifrigen Arbeiter in der Friedenssache schätzen gelernt. Er blieb bis zu seiner Erkrankung an der Spitze der österreichischen Gruppe der Interparlamentarischen Union und hat die in Wien abgehaltene Konferenz von 1903 in die Wege geleitet und glänzend organisiert.

Es waren große, tiefe Eindrücke, die ich von jenen Romtagen mitgenommen. In der Folge habe ich noch vielen Friedenskongressen beigewohnt, die nicht minder großartig ausfielen, aber jener war eben der erste, den ich mitgemacht, und man weiß ja, wie sehr alles, das man zum erstenmal erlebt, als zehnfach verstärktes Erlebnis empfunden wird.

Zuerst die Eröffnungssitzung auf dem Kapitol. Schon der Aufstieg der Delegierten war gar feierlich. Als diese auf dem Platze vor dem Kapitol ihren Wagen entstiegen, intonierte eine Militärkapelle den Lohengrinmarsch, und ein Doppelspalier von in Gala uniformierten Garden war auf der Rampe, auf den Treppen und vor dem Eingang des großen Sitzungssaales aufgestellt. In dem Saale selbst, dessen Wände mit den Fahnen aller vertretenen Länder geschmückt waren, stand im Hintergrund auf einem Podium der Präsidiumstisch, rechts und links in amphitheatralisch geschichteten Bänken ein vielköpfiges Publikum, und vor diesen Bänken je eine Reihe kurulischer Stühle, die für die Führer der verschiedenen Delegationen bestimmt waren. Man denke nur, mit welchem Stolze ich mich da hineinsetzte: Sella curulis — einst der Ehrensitz der Könige und später der Magistrate. Am Vorstandstisch Ministerpräsident Biancheri, der die Begrüßungsrede hielt. Nach ihm sollten die Abgesandten der Friedensgesellschaften sprechen, für jedes Land einer. Der Aufruf erfolgte in alphabetischer Ordnung: „Angleterre" machte den Anfang. Hodgson Pratt verließ seinen kurulischen Stuhl und stieg auf das Podium. Als er seine Ansprache beendet hatte, wurde „Autriche" aufgerufen, und da ich die Vorsitzende der österreichischen Gruppe war, so mußte ich als ihre Wortführerin mich nun zum Präsidiumstisch verfügen.

Lampenfieber ... das war ein Zustand, an dem ich ja im Leben krampfhaft gelitten hatte. Wenn ich in den Duprezschen Schülerproduktionen oder später in Konzerten oder auch nur vor zwei, drei Sachverständigen vorsingen sollte, da hatte mich stets — auch nach langer Gewohnheit — der Dämon „trac" an der Kehle gepackt und mich unter unsäglichem moralischem Angstgefühl der Hälfte meiner

Mittel beraubt. Und jetzt sollte ich — zum erstenmal im Leben — auf einem Weltkongreß, in Anwesenheit von Staatsmännern, in so feierlicher Versammlung, an solchem Orte — das Kapitol! — eine öffentliche Rede halten, deren Wortlaut von den Zeitungskorrespondenten aller Länder stenographiert und hinaustelegraphiert würde. Man sollte glauben, daß sich nun der besagte Dämon auf mich hätte stürzen müssen, um mich jämmerlich zu würgen. Nichts davon. Ganz ruhig, unbefangen, freudig gehoben sagte ich, was ich zu sagen hatte, und stürmischer Beifall folgte meinen Worten. Die Sache erkläre ich mir so: Lampenfieber ist eine Begleiterscheinung der Eitelkeit, eine zitternde Frage an das Schicksal: wie werde *ich* gefallen? mit dem ganzen Nachdruck auf der Silbe „ich". Hier, auf dem Kapitol, unter Dienern und Dolmetschern einer Weltsache, war *ich* Nebensache! Ich hatte etwas zu sagen, das mir als wichtig schien und von dem ich wußte, daß es den Gleichgesinnten, die mich umgaben, eine willkommene, erfreuliche Botschaft sein würde; *wer* es sagen und welchen persönlichen Eindruck meine unbedeutende Person hervorbringen würde, dieser Gedanke kam mir gar nicht zu Bewußtsein, und so sprach ich völlig angstlos, mit der Sicherheit eines Boten, der bestimmte und frohe Nachrichten mitzuteilen hat. Ich konnte erzählen, daß in einem großen mitteleuropäischen Land, wo bis vor sechs Wochen noch keine Friedensgesellschaft existierte, heute, auf den ersten Appell einer machtlosen Frau, die weiter keine Verdienste hatte, als ein aufrichtiges Buch geschrieben zu haben, sich schon zweitausend Menschen zusammengeschart, um sich in Rom vertreten lassen zu können; und wenn in wenigen Tagen zweitausend Mitkämpfer sich gemeldet hatten, so würden beim nächsten Kongreß schon zwanzigtausend Mitglieder der österreichischen Friedensgruppe zu vertreten sein. Zum Schlusse legte ich einige der begeistertsten, mit illustren Namen (Tolstoi, Haeckel, Herzog von Oldenburg u. s. w.) gezeichnete Zustimmungsschreiben auf den Präsidiumstisch.

Mit der Prophezeiung, daß sich im nächsten Jahr die Zahl der Vereinsmitglieder verzehnfacht haben würde, habe ich mich getäuscht. So schnell schreitet das Neue nicht vorwärts. Bei seinem Auftauchen zieht es mächtig alle, die schon im stillen Aehnliches dachten, an sich. Die übrige Welt horcht nun überrascht auf, will aber abwarten, ob das Neue sich auch durchsetzt, und wenn das nicht gleich geschieht, so wendet man sich wieder ab und urteilt, daß die Sache überhaupt nicht lebensfähig ist. Unterdessen keimt und sprießt und verzweigt sich die Sache in der Stille weiter, bis sie wieder einmal mit neuem Anstoß sich der Mitwelt offenbart.

Mein Debut als Friedenskongressistin war also glücklich ausgefallen, und ich gestehe, etwas stolz war ich doch darauf, daß ich — man denke, auf dem Kapitol — gesprochen hatte; die einzige Frau in der Geschichte, der das widerfahren. Dieser Stolz wurde aber einigermaßen herabgestimmt, als mir eine Zeitungsnotiz unterkam, die über den Vorfall berichtete und hinzusetzte, „es sei nicht das erstemal gewesen, daß eine von der Schwesterschaft an diesem Orte geschnattert hat, und diesmal galt es nicht einmal das Kapitol zu retten . . ."

Am folgenden Tag begannen die Verhandlungen. Ruggero Bonghi führte den Vorsitz. Das lebhafte kleine Männchen entledigte sich dieses Amtes zu allgemeinem Entzücken mit Humor und Strenge. Er geriet leicht in Zorn und dann hieb er wuchtig mit der Faust auf den Tisch, und allgemeiner Applaus folgte dieser Geste, denn sie unterstrich stets eine energische Wahrung der Ordnung. Der berühmte Gelehrte und Philantrop, der er war, genoß das besondere Vertrauen der Königin Margherita. Ihm vertraute sie die Leitung ihrer Wohlfahrtseinrichtungen an, und an seiner Unterhaltungsgabe erfreute sie sich oft.

Aus seiner Eröffnungsrede habe ich mir damals einige wuchtige Stellen notiert:

> Die Frage wird oft aufgeworfen: ob diese Vereine einem Ziele entgegenarbeiten, welches jemals erreicht werden kann; die Frage jedoch kommt von solchen, die die Lehren der Geschichte unrichtig verstanden haben und nicht einsehen, daß die hinter uns liegende Fortschrittsentwicklung Bürge dessen ist, was künftig werden soll.
>
> *
>
> Das System des Schiedsgerichts trat schon wiederholt zur Beilegung von Streitigkeiten in Wirksamkeit, und weiter verlangen wir ja nichts, als daß dieses Prinzip sein Banner entfalte und der Menschheit zurufen möge: hier bin ich. Aendert euern Kurs, und ich werde euch den Frieden geben.
>
> *
>
> Man sagt, daß die Armeen und Flotten, daß dieser ungeheure Aufwand von Menschen und Geld die Erhaltung des Friedens bezwecken. Daraus ginge hervor, daß unsere Gegner denselben Zweck verfolgen wie wir, mit dem Unterschied, daß wir das Endziel durch mit der Sache übereinstimmende Mittel verfolgen, während jene in einer Weise vorgehen, die diesem gerade entgegengesetzt ist.
>
> *
>
> Es ist gewiß, daß uns ein erhabenes Ideal vorschwebt, und solche, die das Ideal und seine Anhänger verspotten,

gleichen denen, die etwa behaupten wollten, es wäre unnütz, nach einer Fackel zu greifen, wenn man durch einen finsteren Gang zu gehen hat.

*

Jede Nation sollte ihre Quote zum allgemeinen Besten der Menschheit beitragen. Auf diese Weise würde das Menschengeschlecht einer wachsenden Vollkommenheit entgegenschreiten, die, auf Intelligenz und Menschenliebe gestützt, die Tatkraft zu immer größeren Leistungen wachrufen wird.

*

Bei diesem Kongreß wurde die Gründung eines Zentralbureaus in Bern beschlossen. Der Plan hierzu war von Frédéric Bajer entworfen, und er samt Hodgson Pratt stellten den Antrag. Von einigen Seiten bekämpft — wird nicht immer jedes positive Neue bekämpft? —, ging der Antrag durch, und Elie Ducommun, der Schweizer Delegierte, wurde mit den Vorarbeiten betraut. Den ersten Fonds der Berner Bureaukasse anzulegen war mir dadurch vergönnt, daß der Besitzer der Römer Tageszeitung „Fanfulla", Marquis Alfieri, mich bat, eine Uebersetzung des Romans „Die Waffen nieder" im Feuilleton seines Blattes veröffentlichen zu lassen, wozu ich die Autorisation unter der Bedingung gab, daß das Honorar — 1500 Franken — der Kasse des zu gründenden Berner Bureaus überwiesen werde.

Um ein Bild jener Tage und des Eindrucks zu geben, den sie damals auf mein Gemüt machten, setze ich hierher, was ich darüber in Nr. 1 meiner Monatsschrift „Die Waffen nieder" (im Januar 1892) geschrieben habe:

Nachklänge vom Friedenskongreß.

So sind denn die schönen Tage von Rom und Neapel nunmehr auch vorübergerauscht!...

Das will aber nicht besagen, daß alles, was diese Tage gefüllt hat, vorüber ist — nämlich, daß die Worte verhallt, die Gedanken verweht, die Bilder verwischt seien ... Wir wissen ja, daß jede leise Handbewegung, indem sie die umgebende Luft erschüttert, fortwirkt bis in unberechenbare Fernen, und so wissen wir auch, wie durch unberechenbare Zeit die Bewegung der Geister die umgebende und nachfolgende Geisteswelt in Schwingungen versetzt.

„Unvergeßlich" ist das Wort, welches man gewöhnlich für so reich gefüllte Tage anzuwenden pflegt. Es ist aber nicht das richtige Wort, denn vergessen wird schließlich alles; sollten auch die Miterlebenden bis zu ihrem Ende die Erinnerungen an das Erlebte bewahren, es kommt ja doch die Zeit, in der sie selber vergessen sind, in der ihre Asche verweht, ihre Archive verschüttet worden. Also nicht unvergeßlich wollen wir den Inhalt der Kongreßtage nennen, wohl aber unverwüstlich.

Mit einer leisen Bewegung läßt sich dieses Ereignis übrigens nicht vergleichen. Der Widerhall, den Kongreß und Konferenz diesmal in der Oeffentlichkeit gefunden, hätte lauter kaum gewünscht werden können. Wenn man erwägt, wie fast unbemerkt die Friedenskongresse von 1889 und 1890 vorübergegangen sind und welch allgemeines Aufsehen der diesjährige hervorgerufen hat, so läßt sich hoffen, daß — in gleicher Progression — einer der nächsten zu einem Weltereignis sich gestalte. Und dazu braucht es weiter nichts als einer lawinenmäßigen Verbreitung des kundgegebenen Friedenswillens der Völker oder des Entschlusses der Regierungen selber, zu hohem Friedensrat zusammenzutreten, um die Grundlagen zu Schiedsgerichtsverträgen zu entwerfen.

Solche Zuversicht in die einfache, wahrscheinliche und voraussichtlich noch zu erlebende Verwirklichung des vorgesteckten Ideals soll diejenigen erfüllen, die dafür kämpfen. Das weise, schwierigkeitsabwägende Zweifeltum bleibe den Abseitsstehenden überlassen. „Halten wir fest im Auge," so sprach Bonghi in seiner Schlußrede, „das heilige Ziel, welches wir uns gesetzt haben; arbeiten wir mit solchem Feuereifer, als hinge dessen Erreichung allein von uns ab und als könnten wir schon morgen dahin gelangen. Wenn andere uns verhindern, so ist's nicht unsere Schuld. Verlachen wir jene, die unser spotten, und bedauern wir jene, die uns nicht verstehen. Was wir wollen, ist das Edle, das Gerechte, das Beglückende; und wenn es jemand gibt, der da glaubt, daß diese Dinge den Menschen auf ewig versagt seien, so schweige er um Gottes und um der Menschen willen, denn gar zu traurig wäre das Leben, wenn wir alle so denken müßten wie er."

„Worte, Worte!" höhnen unsere Gegner. Auch diesem Einwand ist Bonghi diesmal mit dem seine Redeweise öfters durchblitzenden freundlichen Humor begegnet. „Ihr werft uns vor, daß wir weiter nichts vorstellen als Worte, haben wir etwa behauptet, daß wir Kanonen seien?" Und dabei stieß er sein kurzes, kleines Lachen aus, welches die Zuhörer zu unwiderstehlichem Mitlachen fortriß.

Zu beklagen wäre es wahrlich nicht, wenn das Ziel dieser Kongresse und Konferenzen — der internationale Rechtszustand — durch deren hinausgesprochene Worte auch rechtsgültige Verwirklichung fände; zu beklagen ist es vielmehr, daß Zweifler und Spötter sich bemühen, solche Verwirklichungen hintanzuhalten, und daß diejenigen, welche die Entscheidungsgewalt besitzen, nicht schon zu gemeinsamem Wirken zusammentreten, sondern sich damit begnügen — jeder vereinzelt —, die eigene Friedensabsicht mit Worten — Worten — zu beteuern und dabei die Kriegsbereitschaft mit unausgesetztem Handeln zu steigern.

Nur das gegenseitige Mißtrauen hält diesen inneren Widerspruch aufrecht. Die Ehrlichkeit aber wird dieses Mißtrauen verscheuchen; die immer „den anderen" zugemutete Kriegslust wird sich als Phantom erweisen; der Verdacht, daß die Regierungen, daß die Völker auf Krieg nicht verzichten wollen, wird schwinden, und damit wird der Verzicht zur Wirklichkeit — das Wort zur Tat geworden sein.

Wie beschleunigend in dieser Hinsicht die Kongresse wirken, läßt sich gar nicht ermessen. Die Gegner der Bewegung — die gleichgültigen oder sogenannt „praktischen" —, die halten sich freilich bei der augenblicklichen Ungültigkeit der Beschlüsse, bei den Schwierigkeiten, Mißverständnissen und Ungeschicklichkeiten auf, welche doch unausbleiblich in den Beratungsarbeiten einer vielköpfigen und noch dazu vielsprachigen Körperschaft sich einstellen müssen.

„Daß ein so ungewöhnliches Willensinstrument," so äußerte sich ein Mitglied des deutschen Reichstags, Dr. Barth, über die Konferenz, „noch unvollkommen arbeiten muß, liegt auf der flachen Hand, und es gehört schon die geistige Ueberlegenheit der Frau Wilhelmine Buchholz und deren — allerdings weitverbreiteten Verwandtschaft dazu, um hinter dieser natürlichen Unvollkommenheit weiter nichts zu sehen. Wer dagegen für die Imponderabilien im Leben der Völker ein Verständnis hat und den Schein vom Wesen zu sondern vermag, der wird in dieser noch unbeholfen arbeitenden Konferenz eine sehr bemerkenswerte Regung des humanitären Solidaritätsgefühl erkennen."

Es ist zu wünschen, daß künftig Kongreß und Konferenz gleichzeitig abgehalten werden mögen, d. h. in abwechselnden Sitzungen, so daß die Teilnehmer des einen den Beratungen der anderen beiwohnen können; zumeist sind ja auch die Abgeordneten, welche in der Interparlamentarischen „Konferenz" zusammentreten, auch Mitglieder der Friedensgesellschaften ihrer respektiven Länder; ihre Stimmen sollten daher in den Beratungen des „Kongresses" nicht fehlen. Namentlich aber sollten alle vereint die Feste, Empfänge, Galavorstellungen und Ausflüge mitmachen, welche die Kongreßstadt den Friedensgästen bietet. Es ist von der Bevölkerung zu viel verlangt, daß sie ihren Enthusiasmus auf zwei aufeinander folgende Gelegenheiten verteile, die doch demselben Gegenstand gelten. Zwei Eröffnungsfeierlichkeiten auf dem Kapitol, zwei Galavorstellungen des „Amico Fritz", zwei Sonderzüge nach Neapel und Pompeji, zwei Beleuchtungen des Forums und Kolosseums im Verlauf von 14 Tagen: es war eine starke Anforderung. Und doch haben das römische Komitee, die Behörden und die warmblütige südliche Bevölkerung es zustande gebracht, zuerst die Parlamentarier und unmittelbar darauf die Delegierten der Friedensvereine in gleich glänzender Weise zu feiern.

Die beiden Körperschaften sind doch im Grunde nur zwei verschiedene Formen derselben Bewegung, eng zusammengehörend, eine aus der anderen hervorgegangen; sozusagen Unter- und Oberhaus desselben Parlaments. Das zwanglose Beisammensein in gehobener Stimmung, dazu die jubelnden Rufe der Bevölkerung, das Flaggenwehen, die Musikbanden: das alles bringt fast mehr die Verbrüderung und Verständigung zuwege als die vorangehenden Verhandlungsarbeiten. Wirksame Gesetzesparagraphen sind es ohnehin nicht, die von den Kongressen geschaffen werden können; ein Grundgedanke nur soll verfochten werden, ein großer, leuchtender, herzerwärmender Grundgedanke: das Prinzip der Völkersolidarität, der Zusammengehörigkeit aller Kulturnationen ... Von solcher feindschaftsloser Zusammengehörigkeit empfindet man wohl einen freudigen Vorgeschmack, wenn man — die Vertreter 17 verschiedener Nationen — um eine blumengeschmückte Tafel bankettiert (das Wort „Pax" aus weißen Kamelien auf grünem Grunde) oder in demselben von der Regierung gebotenen Sonderzug einen heiteren Ausflug unternimmt, bei der Ankunft von Evviva rufender Menge begrüßt, mit offiziellen Ehrenbezeugungen empfangen wird, die bereitstehenden Landauer oder bewimpelten Barken besteigt — und das alles unter dem holden Zeichen der Eintracht ... es waren berauschende Augenblicke voll beseligender Weihe. Wir vergaßen, daß das, was wir da zu erkämpfen gekommen waren, noch nicht erreicht ist, daß die Welt draußen noch im Zeichen des Hasses steht: die Welt wenigstens, in deren Mitte wir uns eben befanden, die war ja einmütig von demselben Glauben, von demselben Ideal beseelt. Ja, es waren — beinahe hätte ich gesagt — „unvergeßliche" Stunden!

Bilder und Eindrücke haben sich da in unsere Gemüter geprägt, wie sie nur unter diesen Umständen empfangen werden konnten. Ein anderes ist es, als einsamer Tourist die Straßen von Pompeji zu durchwandern, ein anderes für ein beglücktes Paar auf der Hochzeitsreise, ein anderes wieder für die versammelten Teilnehmer eines Friedenskongresses. Alle Gedanken konvergieren nach demselben Haupt- und Mittelpunkt. Der Anblick des Vesuvs zum Beispiel, dessen Gipfel von Rauchwolken umwallt war, nur bei diesem Anlaß konnte er einem reisenden Politiker folgende Betrachtung einflößen, die ich aus dem Munde unseres österreichischen Abgeordneten, Freiherrn von Pirquet, gehört: „Wie der alte Feuerberg sein Antlitz in Dampfschleier verhüllt ... vermutlich schämt er sich vor uns — Friedensfreunden — des Verderbens, das er über die arme Stadt, ihre unseligen Bewohner ergossen hat. Und doch, was ist das winzige Unheil, das er auf dem Gewissen hat, gegen die Verwüstungen und Jammerszenen, die in dieser selben Gegend von den kriegerischen Legionen verbreitet wurden! ... Was so ein Berg an der Menschheit verbrochen hat, wie verschwindet dies gegen die Verbrechen, die die Menschen an ihr verüben: das Schämen ist an uns."

Und als wir alle in der großen Arena standen, den Erklärungen des von der Regierung bestellten Professors lauschend: Die Gladiatorenspiele hießen für die Römer das „Unentbehrliche", da mußten wir uns sagen: Und doch hat man sie zu entbehren und zu verabscheuen gelernt. Wenn also heute noch viele den Krieg unentbehrlich nennen, was beweist dies? Oder auch diese Betrachtung mochte mancher von uns anstellen: ein unschuldiges Vergnügen im Grunde, das Zuschauen, wie ein paar Dutzend Ringkämpfer — ohnehin zum Tode verurteilte Verbrecher — einander in den Sand strecken oder von wilden Tieren getötet werden, gegen den anderen Brauch, Millionen unschuldiger Menschen für die Riesenarena zu drillen, in welcher sie nicht von Tigern und Löwen, sondern von künstlichen Mordmaschinen zerfetzt und zersplittert werden sollen ...

In einem der pompejanischen Häuschen war an der Wand noch eine alte Inschrift erkennbar; unser Archäologieprofessor las sie herab:

„Wehe dem, der nicht lieben kann,
Doppelt wehe dem, der das Lieben verbieten will."

Da durchzuckte mich der Gedanke:

O ihr, die ihr uns verhindern wollt, an dem Band zu weben, das alle Völker in Eintracht umschlingen soll, ihr, die ihr uns verhöhnt, weil wir den Erbhaß ersticken, weil wir die Flamme der Menschenliebe anfachen wollen — „doppelt wehe euch!"

Die Monatsschrift, der der obige Aufsatz entnommen ist, erschien durch acht Jahrgänge bis zum Schlusse des Jahrhunderts, um dann von der „Friedenswarte" abgelöst zu werden. Die Idee, eine Zeitschrift herauszugeben, war nicht von mir selber ausgegangen. Nachdem die Blätter die Nachricht von der Gründung einer Friedensgesellschaft in Wien und von der Anteilnahme an dem kommenden Kongreß gebracht hatten, schrieb mir ein junger Verleger aus Berlin einen enthusiastischen Brief, in dem er die Gründung eines Organs der neuen Bewegung anregte; er wolle es verlegen, ich möge es als Herausgeberin zeichnen und die Redaktion leiten. Begeisterter Anhänger der Friedensidee schon seit frühester Jugend, schon seit er zum erstenmal die Wereschtschaginschen Bilder gesehen, wolle er jetzt seine ganze publizistische Kraft der Friedenssache widmen. Der Brief war flammend geschrieben, und ich willigte ein. Von diesem Tage an — bis heute — ist A. H. Fried mein eifrigster Mitkämpfer gewesen.

So stand ich denn mitten drin in der jungen Bewegung: ich hatte einem neuen Verein zu präsidieren, eine Revue zu redigieren, einen regelmäßigen Briefwechsel mit den in Rom erworbenen Kollegen zu führen, und wieder erfüllte mein Leben und Trachten ein Etwas, das ich als „das Wichtige" erkannte.

Siebenter Teil

(1892—1898)

32

Häusliches und Intimes

Diese Blätter haben sich in letzter Zeit stark mit Vereinsberichten und „Bewegungs"kundgebungen gefüllt, und es sieht aus, als wären wir beide ganz ins politische Leben vertieft und bedenklich in Vereinsmeierei versunken. Wenn ich aber in jene Tage zurückblicke, so steigen mir ins Gedächtnis noch mannigfaltige andere Erinnerungen auf an unser privates Leben, an das Familien- und gesellige Leben, das wir führten, und namentlich an unsere eheliche, ungetrübt glückliche Gemeinschaft. Die Welt draußen mit ihrer mittelalterlichen Finsternis und ihren jammervollen Zuständen machte uns viel Verdruß, und wir zogen dagegen zu Felde, so gut wir konnten; wir fanden auch in dem Kampfe selber viel Genugtuung, aber unsere Hauptfreude, unser Reichtum, unsere vollste Befriedigung: das alles waren wir uns gegenseitig. Nichts hatten wir von unserer Heiterkeit, von unserem närrischen Kindischsein, nichts von unserer tiefen, voll vertrauenden Liebe verloren. Darin schwammen wir wie der Fisch im Meer — und was auch immer, wenn wir uns in den Ufersand wagten, uns da zappeln und ersticken machte — immer konnten wir wieder untertauchen in die belebenden Fluten unseres Glückes.

Ein Filigranglück — ein Miniaturglück. Es bestand nicht etwa aus hochstrebenden Gefühlen und rauschenden Genüssen. Der Alltag war sein Terrain. Der Alltag mit den winzigen Süßigkeiten des Behagens und des Humors. Wir waren voreinander nicht etwa in Staunen, in Bewunderung, in Anbetung verloren — besser als alles das: wir hatten uns lieb — lieb mit all unseren Schwächen und Fehlern. Sich Mühe geben, um zu helfen, den Mitmenschen und den künftigen Menschen ein besseres Dasein zu schaffen — ist ja ganz schön. Die beste und erste Pflicht ist es aber doch, seinem Lebensgefährten so viel Freude zu geben als möglich, und dabei selber froh zu sein. Wozu will man denn die Menschheit von Verfolgung, von Krankheit, von Unterdrückung, von gewaltsamer Tötung befreien, wenn nicht, um ihr die Möglichkeit zu verschaffen, sich des Lebens zu freuen? Das also ist der Hauptzweck. Man selber aber und die, die einem am nächsten stehen, haben doch denselben Anspruch — warum sollte man diesen Anspruch, der doch am leichtesten zu erfüllen ist, unbeachtet lassen? Wenn in einem Kreis von zehn jeder sich für das Wohl der übrigen neun aufopfert, welchem aus dem Kreise wird dann das erstrebte Wohl zuteil? Nun, uns beiden war wohl, ganz „kannibalisch wohl“, wenn auch nicht, wie's in dem bekannten Studentenliede heißt: „wie fünfmalhunderttausend Säuen“, so doch wie zwei fidelen Ferkelchen.

In Harmannsdorf war übrigens auch nicht alles auf Rosen gebettet. Die Wirtschaft wollte durchaus nicht gehen und der Steinbruch schon gar nicht. Man wechselte Verwalter, wechselte Direktoren, man verhandelte mit Agenten über Unternehmungen — aber es ward nicht besser. Im Gegenteil, die geplanten Geschäfte, die immer in Hoffnungen wiegten, veranlaßten zu Wagnissen, und wenn sie nachher ins Wasser fielen, so war man wieder um ein Stück übler dran, fiel aber auf die nächste Hoffnung desto glaubensseliger her. Und — eine Dosis Leichtsinn war dem ganzen Hause Suttner eigen — man schüttelte die Sorge ab und nahm vom Tage, was der Tag Gutes brachte.

Trauriges hatten ja so manche Tage auch gebracht: Des Meinen ältester Bruder Karl ward plötzlich von einer Lungenentzündung erfaßt, die ihn nach acht Tagen dahinraffte. Meine Schwägerin Lotti — verheiratete Gräfin Sizzo — verlor ihren Mann. Der Verlust traf sie nicht sehr schwer. Es war keine schlechte, aber auch keine glückliche Ehe gewesen: die beiden paßten nicht zueinander und lebten meistens getrennt — er in seinem heimatlichen Südtirol, sie in Harmannsdorf. Die Tochter Karls, die damals sechzehnjährige Mizzi, kam nach dessen Tode in das großelterliche Haus und blieb dann beständig bei uns. Ihr Onkel Artur, für den sie einen wahren Kultus hegte, mußte ihr den Vater ersetzen.

Der lebhafteste Verkehr herrschte mit dem Nachbarschlosse Stockern; dort lebte (und lebt noch heute) meines Mannes älterer Bruder Richard (genannt Igel), dessen Frau Pauline (genannt „das Weib“), geborene Ponz von Engelshofen, Herrin auf Stockern und Mutter von fünf Kindern —: einer Tochter und vier Söhnen; von diesen der älteste geboren 1871, der jüngste 1886 — also viel frische, fröhliche Jugend. Daneben Gouvernanten, Hofmeister, Tanten, Vettern und sonstige Gäste. Da ging es immer lebhaft her. Sehr oft kam der ganze Troß nach Harmannsdorf, namentlich bei Namens- und Geburtstagen, bei Jagden, bei Winzer- und Erntefesten; noch häufiger fuhren wir hinüber nach Stockern, oder beide Familien machten zusammen Landpartien in die benachbarte Rosenburg oder nach sonstigen Ausflugsorten.

„Das Weib" war die Ueberlebende von mehreren Geschwistern, die im Kriegsjahre 1866 der im Lande ausgebrochenen Cholera-epidemie zum Opfer gefallen waren. Die Erzählungen aus jener Zeit, da in Stockern im Laufe von sechs Tagen neun Personen der Familie und Dienerschaft vom Würgengel dahingerafft wurden, hat mir zur Episode „Die Cholerawoche" in meinem Roman „Die Waffen nieder" als Grundlage gedient.

Nun war Gras gewachsen über alledem. Das Gedächtnis der Menschen ist so furchtbar kurz. Stockern war jetzt mit lebensfrohen Menschen gefüllt, und wir zwei trugen zu den dortigen Lustbarkeiten unser Scherflein bei. Onkel Artur war der liebste Kamerad seiner jungen Neffen, und auch „Tante Boulotte" war keine Spaßverderberin. Ich erinnere mich u. a. einer Tragikomödie, „Kleopatra" betitelt, die auf der Hausbühne in Stockern aufgeführt wurde. Den Text — in blutigen Knüttelversen — hatte der Meine verfaßt und auch die Musik dazu komponiert. Die Rolle der ägyptischen Königin lag in meinen Händen. Der älteste Sohn des Hauses, damals schon Dragonerleutnant, trat als behelmter römischer Gardeoffizier auf; ein Gutsnachbar spielte den Antonius; die jungen Mädchen der Familie hatten Sklavinnen darzustellen, und der Verfasser des Meisterwerkes mimte einen alten, wandernden Propheten, der alles voraus wußte, vom Schlangenbißtode der Königin bis zu den letzten Vorkommnissen im Wiener Gemeinderat. Die Gouvernante in Stockern, eine wunderhübsche junge Engländerin, mußte Kleopatras Dienerin spielen, deren wichtigste Funktion es war, die Lieblingsschlange ihrer Herrin zu bürsten. Der englische Akzent der Miß Pratt wirkte ungeheuer komisch. Nur mit größter Mühe, da sie kein Deutsch verstand, war ihr die Rolle eingepaukt worden. Sie hatte in einem Monolog die ihr anvertraute Schlange mit „o du elendes Mistvieh" zu apostrophieren (aus dieser Textprobe läßt sich die Erhabenheit des Poems erkennen), aber sie deklamierte „O du ellen Mittwoch!" Hinfort, wenn man in Stockern grob sein wollte, nannte man einander „Mittwoch".

Der größte Festtag im Jahr war uns beiden stets der 12. Juni, der Jahrestag unserer Vermählung. Den wollten wir aber niemals anders feiern als zu zweien, und so geschah es, wenn wir in dieser

Zeit in Harmannsdorf waren, daß wir frühmorgens abreisten, unbekannt wohin, und mindestens vierundzwanzig Stunden abwesend blieben. Waren wir an unserem wirklichen Hochzeitstage durchgegangen, so taten wir's an den Jahrestagen auch. Nur keine Gratulationen mit ausgebrachten Trinksprüchen an diesem Tage ... allein wollten wir sein ... in Andacht. Wir fuhren zur Bahn, nahmen Fahrkarten nach irgendeiner Station; dort angekommen, suchten wir das Gasthaus des Ortes auf, um ein Mittagessen zu bestellen, und gingen dann hinaus in die Felder und Wälder. Juni ist ja der glückliche Monat, wo alles in Blütenpracht steht, wo die Rosen wuchern und der Kuckuck ruft — wo die ganze Natur ein Hochzeitsfest ist. Da wanderten wir ein paar Stunden herum und kamen dann mit gesegnetem Appetit zu unserem Mittagessen, das wir uns unter einem Laubendach des Wirtshausgartens servieren ließen. Und nachher wieder hinaus in den Wald. Dort suchten wir uns ein schattiges — oder auch sonniges Plätzchen — wir scheuten die Sonne nicht, sondern hatten eine eidechsenhafte Vorliebe für ihre liebkosende Glut — und da vergingen weitere Stunden der weihevollen Zwiesprache; Stunden, die sich ausdehnten bis zum Sinken der Sonne, bis zum Aufsteigen des Mondes, bis zum Wehen der nächtlichen Düfte. Dann ging's in die Herberge zurück, wo uns in einem netten Zimmer das Nachtmahl erwartete. Und immer noch war unser Gesprächstoff nicht erschöpft — von Jahr zu Jahr wurde er reicher, denn was wir zueinander sprachen an diesen Tagen, das war das mannigfaltige Variieren des bald heiteren, bald wehmütigen, immer süßen Themas: „Weißt du noch?" Alles zusammen Erlebte, zusammen Gesehene, zusammen Erkannte ließen wir Revue passieren, und es war, wenn wir unsere Erinnerungen und Ideen auskramten und aufschichteten, als ob wir Schätze zählten — Reichtumsfreude erfüllte uns. Reich an gemeinsamen, merkwürdigen Erinnerungen waren wir ja, reich an übereinstimmenden Begriffen und überreich an ineinanderströmenden Gefühlen der nimmer erkaltenden Zärtlichkeit, des nimmer wankenden Vertrauens.

Und am anderen Tage kehrten wir wieder unter Menschen zurück — als ob nichts geschehen wäre.

Mit den kaukasischen Freunden waren wir in Korrespondenz geblieben; Murats waren noch immer in Zugdidi, Prinz Niko lebte meist in Petersburg. Von Prinz André Dadiani kam eines Tages ein Brief aus Wien: er sei auf der Durchreise da, und ob er uns besuchen könne. Wir hatten eben auch in Wien zu tun — nämlich eine Festversammlung des Friedensvereins abzuhalten — bei welcher

u. a. auch Peter Rosegger und der Hofschauspieler Lewinsky Vorträge hielten. Ich schrieb daher dem Prinzen, er möge in die Versammlung kommen, was er denn auch tat. Nach den Vorträgen blieb die Gesellschaft beim Souper zusammen, woran unser kaukasischer Freund auch teilnahm. Das alles mag dem russischen Offizier, der bei Kars gefochten, vielleicht etwas — spanisch vorgekommen sein, er erklärte sich aber mit meinen Zielen und Bestrebungen ganz einverstanden. Ob aus Höflichkeit oder Ueberzeugung — das lasse ich dahingestellt. Am folgenden Tage nahmen wir ihn nach Harmannsdorf mit, wo er einige Zeit unser Gast blieb.

33
Briefe von Alfred Nobel

Mit Alfred Nobel unterhielt ich eine regelmäßige Korrespondenz. Ich will hier einige seiner Briefe anführen:

Chère Baronne!

Si je n'ai pas repondu plus tôt à votre si bonne et aimable lettre, c'est que j'espérais vous porter ma réponse de vive-voix, mes hommages de vif-cœur.

Me voici à Vienne, mais vous n'y êtes pas et on me dit que vous n'y venez pas souvent. D'autre part, en allant à Harmannsdorf, je craindrais beaucoup de causer du dérangement et sous ce rapport je suis aussi timide que la femme la plus sensitive.

Comme je suis heureux de vous savoir heureuse et contente, revenue enfin dans un pays que vous chérissez et reposée des luttes dont ma sympathie sait mesurer l'étendue.

Que vous dire de moi — un naufragé de jeunesse, de joie, d'espérance? Une âme à vide dont «l'inventaire» est une page blanche — ou grise.

Veuillez me rappeler au bon souvenir de Monsieur votre mari et agréez, chère Madame, l'assurance de mes meilleurs sentiments à base de profond respect et de vrai dévouement.

Vienne, Hôtel Imperial, 17 août 1885. A. Nobel.

Der Besuch in Harmannsdorf ist doch abgestattet worden. Im Jahre 1887 hatten wir Nobel in Paris wiedergesehen, und der folgende Brief beweist, daß wir ihn drängten, uns doch einmal in unserem Heim aufzusuchen.

Chère Baronne!

La preuve qu'il n'y a pas de justice dans ce monde c'est que vous me prenez, j'en suis sûr, pour un homme mal élevé et pour un ingrat. Il n'en est rien pourtant, car depuis que j'ai eu le plaisir de vous voir chez moi, je guette anxieusement le moment de loisir, qui me permettrait d'aller serrer la main à deux amis. Mais si vous pouviez voir un jour ou deux seulement la vie que je mène, vous constateriez combien il est impossible de joindre les deux bouts. Depuis huit jours que ma malle est faite je ne parviens pas de pouvoir partir et cependant ma visite à Manchester est urgente. Mais en ce moment tous les «Dynamiteurs» du monde (les dynamiteurs sont les directeurs et administrateurs des Sociétés de Dynamite) se sont donné rendez-vous ici pour me taquiner avec leurs affaires: conventions, projets, déceptions, &c. et je désire ardemment qu'un nouveau Méphisto vienne enrichir l'enfer de ces êtres malfaisants.

Mille choses aimables — jamais assez aimables pour vous et l'assurance d'une bonne amitié.

Paris, 22 janvier 1888. A. Nobel.

Das folgende Schreiben ist die Beantwortung meines Briefes, worin ich geschrieben, man habe mir in einer Blumenhandlung erzählt, er habe sich verheiratet, und daß in Nizza die Anwesenheit einer Madame Nobel signalisiert worden sei. Ich fragte, ob ich ihm gratulieren dürfe. Er schrieb zurück:

Chère Baronne et amie!

Quel ingrat que ce vieux Nobel, mais en apparence seulement, car l'amitié qu'il a pour vous ne fait que grandir et plus il s'achemine vers le néant plus il chérit les quelques personnes — homme ou femme — qui lui témoignent un peu de vrai intérêt.

Avez-vous pu croire sincèrement que je m'étais marié et marié sans vous en faire part? C'eut été un double crime de lèse-amitié et de lèse-politesse. L'ours n'en est pas encore là.

La marchande de fleurs, en me faisant passer pour marié, a eu recours au langage des fleurs; quant à la Madame Nobel de Nice, c'était sans doute ma belle-sœur. Voilà comment s'explique le mariage secret et mystique. Tout d'ailleurs finit par s'expliquer dans ce bas monde sauf le magnetisme du cœur, auquel ce même monde doit d'éxister et de vivre. Or justement ce magnetisme-là doit me faire défaut puisqu'il n'y a pas de Madame Nobel et que pour moi la poudre aux yeux est maigrement remplacée par la poudre de canon.

Vous voyez qu'il n'y a pas de «jeune femme adorée» — je cite textuellement — et que ce n'est pas de ce côté là que je trouverai un remède contre ma «nervosité anormale» — encore une citation — ni contre mes idées noires. Quelques jours délicieux à Harmannsdorf m'en guériraient peut-être et si je n'ai pas encore répondu à votre appel d'hospitalité archiaimable et amical, cela tient à des causes multiples, que je vous expliquerai de vive-voix.

Quoiqu'il arrive il faudra absolument que je vienne *bientôt* vous serrer la main, car si non, qui sait, si j'aurai jamais ce plaisir et cette consolation. La destinée hélas! ne veut pas se laisser convertir en compagnie d'assurance; on lui offrirait pourtant des primes bien tentantes.

Assurez, je vous prie, M. votre mari de mes meilleurs sentiments; quant à vous-même, inutile de vous confirmer de nouveau mon affectueux et fraternel dévouement.

Paris, le 6 novembre 1888. A. Nobel.

Am 8. Dezember 1889 war der älteste Bruder meines Mannes, Karl, gestorben. Da Nobel während seines letzten Aufenthalts in Wien mit ihm und seiner Frau bekannt geworden, so benachrichtigte ich ihn von dem Trauerfall. Nobel schrieb:

Copenhague, 19 décembre 1889.

Chère Baronne et amie!

Au reçu de votre petit mot du 10,12 j'adressai à la Baronne Charles de Suttner l'expression de mes condoléances. Veuillez-vous faire auprès de M. votre mari et de vos parents l'interprète de ma vive sympathie.

Moi aussi, j'ai un triste deuil à vous annoncer. J'arrive de Stockholm où j'ai été conduire à la dernière demeure ma pauvre chère mère qui m'aimait comme on n'aime plus aujourd'hui, où la vie fiévreuse fait office d'abat-sentiments.

Je vous serre les deux mains — les menottes d'une bonne petite sœur qui me veut du bien comme je lui en veux à elle et aux siens.

A. Nobel.

Mein Aufruf in der „Neuen Freien Presse" vom 9. September 1891 war in Pariser Blättern auszugsweise wiedergegeben und kommentiert worden. Darüber schrieb mir Nobel:

My dear friend!

Delighted I am to see that your eloquent pleading against that horror of horrors — war — has found its way into the French Press. But I fear that out of French readers ninety-nine in a hundred are chauvinistically mad. The government here are almost in their senses; the people, on the contrary, are getting success- and vanity-drunken. A pleasant kind of intoxication, much less deleterious unless it leads to war, than spirits of wine or morphium.

And your pen — wither it is wandering now? After writing with the blood of martyrs of war, will it show us the prospect of a future fairy-land or the less utopian picture of the thinkers common-wealth? My sympathies are in that direction, but my thoughts are mostly wandering towards another common-wealth, where silenced souls are misery-proof.

With kindest regards ever yours

Paris, 14th September 1891. A. Nobel.

Nachdem die Oesterreichische Friedensgesellschaft gegründet worden und der römische Kongreß vor der Tür stand, machte ich meinem Freunde Mitteilung davon und ersuchte ihn um einen Beitrag für die Vereinskasse; hier die Antwort:

53, avenue Malakoff, 31 octobre 1891.

Chère Baronne et amie!

Je ne vois pas très bien quelles grosses dépenses peut avoir à supporter la Ligue ou le congrès de la Paix. Néanmoins, je suis tout prêt à contribuer du côté pécunier à son œuvre et je m'empresse de vous envoyer sous ce pli dans ce but un chèque de L. 80 sterling.

Ce n'est pas l'argent, je crois, mais le programme qui fait défaut. Les vœux seuls n'assurent pas la paix. On peut en dire autant de grands dîners avec grands discours. Il faudrait pouvoir présenter aux gouvernements bien-intentionnés un projet acceptable. Demander le désarmement, c'est presque se rendre ridicule sans profit pour personne. Demander la constitution immédiate d'un tribunal d'arbitrage, c'est se heurter à mille préjugés et faire un obstructeur de tout ambitieux. Il faudrait pour réussir se contenter de commencements plus modestes et faire ce qu'on fait en Angleterre en matière législative à succès douteux. On se contente en ce cas de promulguer une loi provisoire d'une durée limitée à deux ans, vu même à une année. Je ne pense pas qu'il se trouverait beaucoup de gouvernements se refusant de prendre en considération une proposition si modeste, à condition qu'elle fût appuyée par des hommes d'état de haute valeur.

Serait-ce trop demander par exemple que durant une année les gouvernements européens s'obligassent à déférer à un tribunal constitué dans ce but tout différent survenant entre eux; ou bien, s'ils s'y refusaient, de différer tout acte d'hostilité jusqu'à l'expiration du terme stipulé.

Ce serait peu en apparence, mais c'est précisément en se contentant de peu qu'on arrive à un grand résultat. Un an, c'est si peu dans la vie des nations et le ministre le plus tapageur se dira que ce n'est pas la peine de briser de force une convention de si courte durée. Et à l'expiration du terme tous les états s'empresseront de renouveler pour une année leur pacte de paix. On arrivera ainsi sans secousse et presque sans s'en douter à une période de paix prolongée.

Ce sera alors seulement qu'on pourra utilement songer à procéder peu à peu au désarmement que désirent tous les honnêtes gens et presque tous les gouvernements.

Et supposez que malgré tout une querelle éclate entre deux gouvernements: ne pensez-vous pas qu'ils se calmeront neuf fois sur dix durant l'armistice obligatoire qu'ils auraient à subir?

Croyez, chère Baronne, à mes affectueux sentiments.

A. Nobel.

34
Aufenthalt in Berlin und Hamburg

Wie gesagt: Mit dem 1. Januar 1892 begann die Herausgabe — in A. H. Frieds Verlag in Berlin — meiner Revue „Die Waffen nieder". Bei der Redaktion war mir der Verleger mit vielem Eifer behilflich. Hervorragende Mitarbeiter stellten sich schon in den ersten Heften ein: Carneri, Friedrich Jodl, Ludwig Fulda, Björnson, Bonghi, Karl Henckell, Rosegger, Widman, Moritz Adler u. a. schickten mir Artikel. Ich habe die Revue durch acht Jahre bis Ende 1899 herausgegeben. Von da ab ist an ihre Stelle die von A. H. Fried redigierte „Friedenswarte" getreten, die noch heute (1908) erscheint und an der ich regelmäßig mit einer fortlaufenden Chronik: „Randglossen zur Zeitgeschichte" mitarbeite.

Doch zurück zu 1892. Durch die Teilnahme an dem Romkongreß, durch die redaktionelle Arbeit in der Friedensrevue, durch die Korrespondenzen mit den Gesinnungsgenossen aus allen Weltteilen, durch die Aufgaben des Wiener Vereins war ich nun ganz und gar in die Bewegung vertieft. Mein nächstes Sehnsuchtsziel ging dahin — darin gleichfalls von A. H. Fried angeregt und unterstützt —, daß auch in Berlin ein Friedensverein gegründet werde.

Vom Verein „Berliner Presse" erhielt ich die Aufforderung, im kommenden März an einem Vortragsabend zugunsten des Unterstützungsfonds des Vereins einige Kapitel aus meinem Roman „Die Waffen nieder" vorzulesen. Ich nahm die Einladung an, und wir fuhren, mein Mann und ich, erwartungsvoll nach Berlin. Denn durch vorhergehende Briefe von A. H. Fried hatte ich erfahren, daß mir eine ganz besondere Ehrung bevorstand, nämlich ein Bankett, dessen Organisationskomitee folgende Unterschriften trug:

Dr. Baumbach, Vizepräsident des Reichstags; Dr. Barth, Abgeordneter und Herausgeber der „Nation“; Wilhelm Bölsche, Schriftsteller; Oskar Blumenthal, dramatischer Autor; Gustav Dahms, Redakteur des „Bazar“; Paul Dobert, Redakteur von „Zur guten Stunde“; Karl Frenzel, Schriftsteller; Dr. Max Hirsch, Abgeordneter; Hans Land, Schriftsteller; A. H. Fried, Verleger; L'Arronge, Theaterdirektor; Fritz Mauthner, Schriftsteller; Dr. Arthur Levysohn, Chefredakteur des „Berliner Tageblatt“; O. Neumann-Hofer, Herausgeber des „Magazin“; Paul Schlenther; Prinz Schönaich-Carolath, Abgeordneter; Zobeltitz; Albert Traeger, Abgeordneter; Julius Wolff; Freiherr von Wolzogen und Friedrich Spielhagen.

A. H. Fried war derjenige, der die Anregung zu dieser Veranstaltung gegeben hatte und dem es auch gelungen war, so glänzende Namen auf die Liste des Festausschusses zu gewinnen. Von ihm wurden wir am Bahnhof bei der Ankunft erwartet, und bei dieser Gelegenheit lernte ich den Verleger und Mitschöpfer meiner Revue erst kennen. Ein junger Mann von achtundzwanzig Jahren, ganz Feuer und Flamme für die Friedenssache, von organisatorischem Eifer beseelt. Gleich entwickelte er Pläne, wie mein Aufenthalt benutzt werden sollte, um eine geplante Vereinsbildung zu realisieren. Eine kleine interparlamentarische Gruppe bestand schon und dieser mußte nun ein Privatfriedensverein folgen, der seine Vertreter zum diesjährigen Friedenskongreß nach Bern schicken könnte.

Für meine angekündigte Vorlesung war der Saal schon lange vorher ausverkauft, so daß zahlreiche Nachfragen abgewiesen werden mußten. Die Kaiserin Friedrich hatte eine Reihe Plätze nehmen lassen — aber der Tod und die Begräbnisfeier ihres Schwagers, des Großherzogs von Hessen, haben sie um diese Zeit von Berlin abberufen.

Der Vortragsabend fiel gut aus — ich wurde nämlich mit Applaus empfangen und mit Applaus gelohnt; aber ich hatte, wie ich später erfuhr, viel zu leise gelesen. Daß Publikum und Kritik mir trotzdem so günstig begegneten, legte ich mir als Einverständnis mit der von mir vertretenen Sache aus.

Frédéric Passy richtete an mich einen Brief nach Berlin, worin er mit seiner gewohnten Beredsamkeit für unsere Sache plädierte. Ich übergab den Brief der Redaktion des „Berliner Tageblatt“, die ihn am Tage nach meiner Vorlesung mit folgendem redaktionellem Nachsatz veröffentlichte:

„Herr Frédéric Passy, der Präsident der französischen Friedensgesellschaft, ein nicht nur in Frankreich hochgeschätzter Nationalökonom, ist Mitglied der Akademie der Wissenschaften und genießt allgemeines Ansehen. Wenn aus Frankreich stets nur solche Stimmen über die Vogesen ertönten, so würde die Sache des Friedens, der Menschlichkeit, der höheren Kultur bald den Sieg errungen haben. Hoffen wir, daß Herrn Passys beredte Worte auch in seinem Vaterlande das allgemeine Echo finden, das sie in so hohem Maße verdienen."

Von dem Bankett ist mir ein glanzvolles Bild im Gedächtnis geblieben. In dem mit Blumen reich dekorierten Festsaal eine Tafel mit 250 Gedecken. Vorher war man in Nebensalons versammelt, wo ich die Bekanntschaft einer großen Anzahl literarischer Kollegen und Kolleginnen machte, darunter auch viele wiederfand, die wir schon vor sieben Jahren auf dem Schriftstellertag getroffen; außerdem Parlamentarier, Publizisten und sonstige Notabilitäten Berlins. Gegen zehn Uhr führte mich Friedrich Spielhagen zur Tafel, die er präsidierte. Er war es auch, der die Festrede hielt. Nach ihm sprach mein Nachbar zur Rechten, der Abgeordnete Barth. Und nun mußte ich danken. Ein anwesender Stenograph hat meine Jungferntafelrede fixiert, und ich fand sie am folgenden Tag in den Zeitungsberichten:

> In freudig gehobener Stimmung sage ich Ihnen, Meister Spielhagen, und Ihnen, Herr Dr. Barth, und allen Anwesenden, die mir die Ehre erwiesen haben, sich hier zu versammeln, aus tiefstem Herzen Dank. So gefeiert zu werden und von *solcher Seite* — meine Gastgeber gehören ja den Spitzen der hiesigen literarischen und politischen Welt an — das muß wohl jeden mit Stolz erfüllen!
>
> Freilich, wenn man, wie ich, empfindet, daß diese verschwenderische Huldigung das Verdienst derjenigen, der sie gilt, so weit übersteigt, so muß der Wunsch sich regen, abzuwehren und zu rufen: Es ist zuviel — nehmen Sie das Lob zurück, nehmen Sie den Ausdruck so liebevoller Sympathie zurück. Sie beglücken mich, aber Sie beschämen mich auch zugleich.
>
> Doch, aus Ihren Ansprachen kann ich es entnehmen: die mir gewordene Ehrung geht darum so weit über den Wert meiner Leistungen und meiner Person hinaus, weil sie eigentlich nicht dieser gilt, sondern den Prinzipien, denen ich zu dienen bestrebt bin. Es sind dieselben Prinzipien, denen Sie, meine hochgeehrten Künstler, Volksvertreter und Publizisten, Ihre Werke und Wirken weihen: Befreiung, Veredlung und Verbrüderung der Kulturmenschheit. Jene Barden und Abgeordneten und Journalisten, die dem Kriege huldigen und nationale Verhetzungen betreiben, sind diesem Bankette sicher ferngeblieben.
>
> Ich hoffe, daß von diesem mir so unbeschreiblich schönen

Feste ein Echo hinausdringen wird zu allen unseren Mitbürgern. Darunter verstehe ich alle — welcher Nation sie auch angehören —, die nach Gerechtigkeit streben. Alle diesseits und jenseits des Rheins, diesseits und jenseits des Ozeans, jenseits aller sonstigen Landes- und Klassengrenzen . . . ich wünschte, daß diese unsere Mitbürger es erfahren, wie im Kreis der geistig vornehmsten Menschen in der deutschen Reichshauptstadt eine einfache, ihnen bisher fremde Frau nur um ihres betätigten Friedenswillens wegen so glanzvoll geehrt worden. Indem Sie für ein Buch, das „Die Waffen nieder" heißt, mir Beifall zollen, indem Sie mein Streben gutheißen, das mich in den Friedenskongreßtagen auf das Kapitol geführt, prägen Sie den Titel jenes Buches in eine Losung um und anerkennen jenes Streben als berechtigtes Kulturideal.

So aufgefaßt, meine verehrten Herren und Frauen, nehme ich freudig alles entgegen, was Sie mir gesagt haben — so aufgefaßt, ist mir keine Begeisterung zu heftig, keine Liebe zu warm —, ist mir keiner meiner Festgeber zu hoch in Rang und Ansehen. Mit Freuden nehme ich aus Ihren Händen die Rosen, die Kränze und lege sie — nur als Mittlerin — zu Füßen des Genius nieder, in dessen Namen Sie mich hierherbeschieden haben — in dieser Auffassung will ich mein Glas leeren, Ihnen, den Anwesenden, zum tiefsten Dank und den abwesenden Friedensfreunden aller Nationen — im Namen der ganzen Tafelrunde — zum Brudergruß!

Nach mir sprach noch Albert Traeger, und als besondere Ueberraschung wurde uns ein Vortrag des großen Schauspielers Emanuel Reicher geboten, der eine Uebersetzung der Maupassantschen Novelle „Mutter Sauvage" las.

In dem Bericht des „Berliner Tageblatts" aus der Feder des Chefredakteurs hieß es:

> Man kann nicht genug sagen, daß diese Feier mächtig dazu beigetragen hat, alle diejenigen, denen die Segnungen des Völkerfriedens am Herzen liegen, in dem Bestreben zu bestärken, der humanitären und zivilisatorischen Macht der Friedensidee, ohne Rücksicht auf die Ungunst der Zeiten und die Strömungen des Tages, angelegentlich weiterzupflegen. So kann denn das Fest, welches zu Ehren einer einzelnen geplant wurde, als ein Glied in der Kette von Erscheinungen betrachtet werden, mittels welcher die erleuchteten Geister des Jahrhunderts die kulturellen Interessen der Menschheit auszubauen versuchen.

Ich muß jedoch konstatieren, daß mehrere Berliner Blätter sich über mein Auftreten im besonderen und meine Ziele im allgemeinen abfällig geäußert haben, zumeist unter Hinweis auf den so oft herangezogenen Satz Moltkes: „Der ewige Friede ist ein Traum und nicht einmal ein schöner.“ Aber selbst die gegnerischen Stimmen haben sich der Schmähung und des Spottes enthalten. Das wäre zwanzig Jahre, vielleicht auch zehn Jahre früher nicht der Fall gewesen — da hätte man die ganze Sache halb totgelacht, halb totgeschimpft, oder — ganz totgeschwiegen.

Wir blieben noch mehrere Tage in Berlin, und diese Tage wurden ausgefüllt mit Anteilnahme an Zusammenkünften, Besprechungen und Plänen zur Gründung einer deutschen Friedensgesellschaft in Berlin. Doch kam nichts Definitives zustande. Geneigt zeigten sich Dr. M. Hirsch und Baumbach — Rückert opponierte.

Einen schönen Empfangsabend noch vor meiner Vorlesung bot uns Friedrich Spielhagen in seinem Hause. Ungefähr 40 Personen waren anwesend. Bei Tische saß ich zwischen dem Hausherrn und Albert Traeger. Ich lernte da kennen: Ossip Schubin, Wolzogen, Stettenheim, Dahms, Wolff. Ein Prinz Reuß, Offizier, läßt sich mir vorstellen und sagt in bescheidenem Tone — natürlich war's ironisch gemeint —: „Ich muß mich ja schämen, vor Ihnen in Uniform zu sein!“ Ich fand nichts zu erwidern — später, auf der Stiege, fielen mir einige sehr treffende Antworten ein. Ich erinnere mich auch an ein Lukullusdiner, das uns der Besitzer des „Berliner Tageblatt“, Rudolf Mosse, und dessen Frau in ihrem neuerbauten, prachtvollen Palais gaben. Frau Mosse, die viel mit Wohltätigkeitsunternehmungen beschäftigt war, hatte öfters Gelegenheit, mit Kaiserin Friedrich zu sprechen. Sie wußte, daß die Kaiserin mich gerne gehört hätte. Letztere war jetzt von der Fahrt zum Begräbnis des Großherzogs von Hessen schon zurückgekommen, und am folgenden Tag sollte Frau Mosse bei irgendeiner Veranstaltung der Kaiserin begegnen. Sie wollte sie fragen, ob sie wünsche, daß ich ihr vorgestellt werde. Dies wäre mir eine große Freude gewesen, weil ich für die Witwe Friedrichs „des Edlen“ tiefe Verehrung hegte. Doch erhielt ich tags darauf von Frau Mosse ein Billett, daß ihre Absicht gescheitert sei: Ihre Majestät verzichtet — „aus Vorsicht“.

Professor Wilhelm Meyer lud uns auch ein, seine „Urania“ zu besichtigen, und er machte uns die Honneurs sämtlicher Abteilungen, indem er in seiner poetisch-klaren Weise all die Wunder erläuterte. „Das sind die Kirchen der Zukunft,“ trug ich damals in mein Tagebuch ein.

Von Berlin machten wir einen Ausflug nach Hamburg. Hans Land begleitete uns. Mein Tagebuch erwähnt Rundfahrten durch wunderschöne Villenanlagen; eine Elbefahrt nach Blankenese, Mahlzeiten in dem berühmten Restaurant Pfordte, eine Vorstellung des „Vogelhändler" im Theater St. Pauli und ein Teeabend bei uns im Hotel. Dieser hat sich mir lebhaft eingeprägt, denn es war ein sehr interessanter kleiner Kreis und die Unterhaltung eine hochanregende. Außer Hans Land samt Schwester und Schwager waren unsere Gäste Dr. Löwenberg, Otto Ernst und Detlev von Liliencron. Otto Ernst war damals noch nicht der gefeierte Dramatiker, sondern ein einfaches Schulmeisterlein; doch hatte er sich mit „Offenes Visier" in unser Herz geschrieben. Detlev Liliencron war schon auf der Höhe seines Ruhmes — damals der König deutscher Lyriker. Kein Pazifist allerdings; im Gegenteil ein schneidiger, wildfrischer Kriegsmann — darum jedoch nicht minder bewundert von mir. Ihn kennen zu lernen war mir sehr willkommen. Seine Unterhaltungsgabe war glänzend. Ich hatte schon einige Jahre früher mit ihm korrespondiert, ihm meine Bewunderung ausgedrückt und einige Arbeiten meines Mannes geschickt. Ich setze seine Antwort hierher:

Kellinghusen (Holstein), 27. April 1889.

Gnädige Baronin!

Wie gnädig und gütig von Ihnen — herzlichen Dank! Zweimal habe ich Ihnen schon durchaus schreiben wollen; zuerst nach Lesung von „Es Löwos", das ich so unvergleichlich finde, und dann nach Lesung von „Inventarium einer Seele". Ich tat es nicht, weil ich besonders glaubte, daß Sie nicht noch mehr Korrespondenzen anhäufen möchten. Nun ist es mir gestattet, für beides (und wie rührend, herzlabend, liebevoll ist „Es Löwos") meinen innigsten Dank zu sagen.

Sie, gnädigste Freifrau, und Ihr Herr Gemahl kämpfen mit uns, der kleinen Schar, gegen die gänzliche Versumpfung, gegen den gänzlichen Niedergang unserer Literatur. Wir Lebenden — der Hohn und der Spott sind zu stark — werden keine Lorbeeren haben; aber wir haben unseren Nachfolgern den Weg geebnet.

Von meinem Freunde Hermann Friedrichs, den ich so hoch verehre (wenn er nur nicht so finster wäre), habe ich schon so viel von Ihnen gehört. In politischer Beziehung — ich bin sehr konservativ und werde es womöglich mit jedem Tag mehr — sind Friedrichs und ich Gegenfüßler. Sonst aber haben wir viele gemeinsame Ansichten.

Sie werden in Ihrem schönen Niederösterreich mitten im Frühling sein; in meiner dunklen und ewig feuchten Heimat und in der Einsamkeit, in der ich wie ein Taubstummer leben muß, ist kaum ein Blättchen im Anzuge.

Ich bitte gehorsamst, mich Ihrem Herrn Gemahl herzlichst empfehlen zu wollen. „Daredjan"*): wundervoll.

Ich bin der gnädigsten Freifrau gehorsamster

Baron Detlev Liliencron,
Hauptmann a. D.

Nun, zwischen der Niederschrift des Briefes und der Begegnung in Hamburg waren drei Jahre vergangen, während welcher die gnädigste Freifrau „Die Waffen nieder" als Losung erkoren hatte, was dem gehorsamsten und konservativen Herrn Hauptmann a. D. wohl wider den Strich ging. Wir vertrugen uns aber darum nicht minder gut.

Von Hamburg fuhren wir wieder über Berlin heim, hielten uns aber dort nur von einem Zuge zum anderen auf. Während dieser Pause konferierten wir noch mit Dr. M. Hirsch, der versprach, daß er sich um die Gründung eines Berliner Friedensvereins nach Kräften bemühen werde.

Von einer Begegnung jener Berliner Tage habe ich noch nicht erzählt. Weil sie diejenige war, die mir den tiefsten und nachhaltigsten Eindruck hinterlassen, weil sie mit meinem weiteren Denken und Streben verwoben geblieben, so habe ich es mir zum Schlusse aufgehoben, davon zu sprechen.

Am Vormittag des 18. März — es war der Tag nach der Vorlesung — haben wir auch einen Mann kennen gelernt, mit dem wir schon seit langer Zeit in geistigem Verkehr standen: Moritz von Egidy. Ich erinnere an seinen Brief vom November 1891, den ich unter den anderen anläßlich des römischen Kongresses an mich gerichteten Schreiben zitiert habe. — Nun sollte ich den Mann von Angesicht zu Angesicht sehen, der mir angetragen, mit mir die Hand „an die Klinke des Tores zu legen, das uns einführt in das Zeitalter der Vervollkommnung . . ."

Eines Vormittags nun während unseres Berliner Aufenthaltes — ich hatte eben an Egidy geschrieben, um anzufragen, wann wir ihn sehen könnten —, wurde uns sein Besuch gemeldet. Er trat ein und — doch von diesem Manne, von dieser der Mitwelt leider viel zu früh entrissenen Lichterscheinung will ich nicht nur nebenbei erzählen, sondern ihm einen eigenen Abschnitt widmen.

*) Titel des ersten im Kaukasus spielenden Romans von A. G. v. Suttner.

35
Moritz von Egidy

> Von Halbheit halte den Pfad rein,
> Der ganze Mann setzt ganze Tat ein,
> Und wahre Ehre muß ohne Naht sein.
> Ernst Ziel.

Als durch die Blätter die Nachricht ging, ein Oberstleutnant der preußischen Armee habe eine Flugschrift „Ernste Gedanken“ veröffentlicht, worin sich der Verfasser von der kirchlichen Lehre lossagt, und daß er infolgedessen seinen Abschied habe nehmen müssen, so fand man die Nachricht pikant. Man ließ sich die Broschüre kommen in der Erwartung, darin die Ansichten eines Religionsfeindes zu finden, und siehe da: es waren die Gedanken, die ernsten und bewegten Gedanken eines der religiösesten, christlichsten Männer, die es geben kann; aber eines solchen, der wie unzählige seiner Zeitgenossen, die Dogmen und die Formeln der offiziellen Orthodoxie nicht für wahr und bindend hält, der jedoch — im Gegensatz zu den Zeitgenossen, die über diesen Zwiespalt hinweggehen — es mit seiner Menschenwürde, mit seiner Religiosität nicht vereinbar findet, einen Glauben zu heucheln, den er nicht hegt.

Seine Forderung ging dahin, daß die Kirche aufhören möge, Glaubenssätze aufzudrängen, die mit dem Zeitbewußtsein im Widerspruch stehen, und daß statt der engen Konfessionen ein weites, großes, einiges Christentum alle jene umfasse, die das Bedürfnis eines weihevollen Lebens fühlen und den Glauben an Gott und das christliche Ideal im Herzen tragen.

Ehrlich, fest, offen, von innerer Wärme durchglüht, war jedes Wort in dem kleinen Hefte, und wer auch auf ganz anderem Standpunkte sich befand, d. h. wer nicht bis zu dem Zweifelgrade des Verfassers oder aber weit darüber hinaus gelangt war, mußte doch den einen Wunsch empfinden: diesem Manne die Hand zu drücken.

Daß es sich mit dem Stande eines aktiven Offiziers nicht verträgt, Gedanken auszudrücken, die nicht nur „ernst“, sondern revolutionär sind, indem sie an einer eingewurzelten und vom Staate sanktionierten Institution rütteln, das hat der Gemaßregelte wohl selber eingesehen, und er nahm seine Entlassung ohne Groll, als etwas Natürliches hin. Und dort, wo er sich hingestellt hatte, blieb er stehen, erhobenen Hauptes.

Der Mitwelt zu nützen, ihr einen Ausweg zu bahnen aus unhaltbaren Widersprüchen; die Heiligkeit der echten, inneren Religiosität von äußerer Lügenfessel zu befreien: das war's, was ihn gezwungen hatte zu schreiben. Und das begonnene Werk weiterzuführen, dazu fühlte er sich doppelt verpflichtet, nachdem Unzählige ihm zugeströmt, seiner weiteren Führung harrend.

Der obige Satz: „Wo er sich hingestellt, dort blieb er stehen," ist eigentlich unrichtig, denn von dieser Stelle ging Egidy Schritt für Schritt weiter, in derselben Richtung — d. h. den Erkenntnispfad bergan —, in derselben entschlossenen Gangart, und wo er einige Jahre später hielt, hatte sich sein Seh- und damit auch sein Wirkungskreis unberechenbar geweitet. Obwohl er sich immer treu geblieben, oder vielmehr, indem er sich treu blieb, ist er seit dem ersten Heraustreten mit den „Ernsten Gedanken" schier ein anderer geworden; er hat mit gleichem Ernste weiter gedacht, mit steigender Kraft weiter gewollt, und das Gebiet, welches er am Schlusse seiner Laufbahn überblickte, das Ideal, dem er dann nachstrebte, reichte so weit über seine erste Kundgebung hinaus wie diese über den eng dogmatischen Kurs, von dem er sich ursprünglich losgesagt. Dabei brauchte er das Fundament seines Strebens keinen Augenblick zu verleugnen; die Losung, der er folgte, hieß nach wie vor und bis zuletzt: „Religion nicht mehr neben unserem Leben, unser Leben selbst Religion!" Nur hieß seine Religion dann nicht mehr „Nur-Christentum", sondern: der Drang zum Guten, die innere Weihe, das Streben nach Erkenntnis, nach Entwicklung. — „Liebe ist Kraft" —, das war ein anderes der Egidyschen Leitworte. Mit der Forderung eines Wandels auf religiösem Gebiete hatte er angefangen, weil er da zuerst den Widerspruch zwischen alten Satzungen und neuen Geistesbedürfnissen empfand; nach und nach aber hatten sich seine Forderungen auf die Besserung aller, namentlich der sozialen und politischen Zustände erstreckt.

Mit einer Charakterkraft, die nur von seiner Arbeitskraft erreicht wurde, hatte er sich in den Dienst seiner Ueberzeugungen gestellt. Er machte Vortragsreisen, gab eine Wochenschrift „Die Versöhnung" heraus, stand jedem Red' und Antwort — persönlich und brieflich —, der ihm als Ratsuchender oder als Gegner entgegentrat; er nahm zu allen Zeitfragen und Zeitereignissen offen Stellung, und bei den Wahlen meldete er sich als Kandidat in den Reichstag.

Das Ergebnis der Wahlen fiel aber nicht zu seinen Gunsten aus. Wer sich auf kein Parteiprogramm einschwört, dem fehlen die Stimmengeber, denn diese sind ja gleichfalls in das Parteiwesen eingedrillt.

Nachfolgend einige Sätze, die ich aus seinem Aufruf an die Wähler abgeschrieben. Vorausgesendet sei nur, daß dieser Mann niemals „opportun" gewesen ist, daß er es stets verschmähte, A zu sagen und B zu insinuieren oder Grau hervorzukehren, um Weiß zu erreichen. Diese Methode ist freilich nach herrschender Sitte eine unpolitische, und wahrscheinlich ist darum der Versuch Egidys, in das politische Leben einzutreten, gescheitert. Der Partei- und Sonderinteressenkult, in dem unser Leben versenkt ist, verträgt sich schlecht mit einer Reihe von Erklärungen, deren erster Satz lautete: „Ich gehöre keiner Partei und keiner Interessengruppe an" und worin es weiter heißt: „Nicht um das Wohl einer Gruppe, einer Klasse, nicht um die Grundsätze einer Partei handelt es sich; es handelt sich darum, der Gemeinsamkeit — ohne jede Einschränkung des Begriffs — zu dienen. Wer nicht den Begriff ‚Gemeinsamkeit' in seiner ganzen Vollständigkeit und Hoheit in Herz und Kopf aufzunehmen vermag, der ist kein Volksvertreter, wie die Zeit ihn braucht."

Das Ziel, welches Egidy vor sich sah, war „eine durch nichts eingeschränkte geistige Selbständigkeit und ein gegen materielle Vergewaltigung gesichertes Dasein jedes einzelnen, denn das sind die Bedingungen innerer Freiheit. Ein Wohl außerhalb der Freiheit gibt es nicht — wenigstens für niemand, der sich Mensch fühlt. Ehe nicht alle frei sind, ist keiner frei. Der herrschende Teil im Volke ist ebensowenig frei wie der beherrschte. Die stete Angst um den Verlust der Herrschaft lähmt das Wohlgefühl — macht unfrei."

„Wir brauchen Zustände, die jedem im Volke eine menschenwürdige Lebensführung ermöglichen. Wir sind ein mündiges Volk und werden uns diese Zustände schaffen. Der Weg zu diesem Ziele: die friedliche Umwandlung unserer Zustände aus der Gegenwart heraus, unter selbstloser Mitwirkung aller. Keine Tabula rasa — nicht: von übermorgen ‚Zukunftsstaat'. Wohl aber ein in irgendeiner Form sich kundgebender Entschluß des Volkes: von nun an beherrschen andere Grundanschauungen unsere Einrichtungen und damit unser Dasein. Die Wandlung der Zustände vollzieht sich nach Maßgabe der in uns selber fortschreitenden Entwicklung.

„Wir stehen alle — ohne Ausnahme — in der Entwicklung. Der Uebergang zur neuen Weltanschauung, seit langem im Anzuge, vollzieht sich in den nächsten Jahren in der Volksseele. Wer diese Entwicklung hemmt, frevelt wider Gottes Ordnung. Erst wenn Vernünftigkeit und natürliches Empfinden das Denken der Mehrheit beherrschen, dürfen wir an das eigentliche Bauen denken. Alle Zwischenunternehmungen sind Baracken, die von dem Geist der neuen Zeit, wie er in kurzem mit elementarer Gewalt in Erscheinung treten wird, zusammengedrückt werden."

Auch wie Egidy sich zu den in der Zeit seiner Kandidatur schwebenden Militärvorlagen verhält, spricht er sich in einer Weise aus, wie dies bisher bei uns zulande noch von keinem Abgeordneten geschehen. Er bindet sich weder an Ja oder Nein. Er behält sich vor, jedesmal die Situation zu prüfen:

„Wollte man den Dienst des Volksvertreters so auffassen, wie manche es meinen, so brauchte er nicht erst den Saal zu betreten, sondern könnte das ihm von seinen Wählern aufgedrückte Nein oder Ja für jede Einzelfrage schriftlich einsenden. Gerade weil ich so kühn an den Sieg des Guten in der Welt überhaupt glaube, gerade weil ich felsenfest an den Frieden glaube, muß ich gewissenhaft auch die anderen hören. Faßt der Volksvertreter heute schon eine ihn bindende Entschließung, so begibt er sich des Rechts, mit Fragen, Wünschen, Vorschlägen und Erörterungen an die Forderer heranzutreten. Welcher Auskunft bedarf jemand noch, der abgestempelt ist?

„Ernste Betrachtungen dagegen muß ein Wahlbewerber über diese wie über jede Frage mit sich herumtragen. Meine Betrachtungen sind die: Wir stehen nach meiner Ueberzeugung weder unmittelbar vor einem Kriege, noch ist ein Krieg unter den Kulturvölkern überhaupt fernerhin denkbar. Wir stehen vor dem Frieden. Der Schlachtenkrieg ist eine durch das Kulturbewußtsein überwundene Erscheinung. Frieden heißt nicht: kein Kampf mehr, Frieden heißt nur: kein Krieg mehr. Daß wir selbst den Krieg nicht wünschen oder bedürfen, beteuern wir bei jeder Gelegenheit; die Nachbarn versichern dasselbe. Entweder trauen wir diesen Versicherungen, dann hindert uns nichts, den Frieden dementsprechend zu verwirklichen — heute leben wir nur in Waffenstillstand — oder: wir trauen diesen Versicherungen nicht, dann müssen wir uns umgehend Gewißheit verschaffen, wie wir mit den Nachbarn stehen. Der heutige Zustand ist einer vornehmen Nation unwürdig. ‚Es kann der Frömmste nicht in Frieden leben, wenn es dem bösen Nachbar nicht gefällt‘ — es fehlt aber der Beweis, daß der Nachbar böse ist; es fehlt der Beweis, daß es dem Nachbar nicht gefällt; — es fehlt aber vor allem der Nachweis, daß es dem Nachbar auch von dem Augenblick an nicht gefallen würde, wo wir den Frieden anbahnen; ganz abgesehen davon, daß wir kein Recht haben, uns als Frömmste zu bezeichnen. — Noch nichts ist geschehen, die Nachbarn von unserer Friedensliebe durch Taten zu überzeugen. Erst wenn dahin abzielende Versuche ein versagendes Ergebnis gezeigt, dann erst dürfen wir sagen, der Nachbar denkt an den Krieg. Dann aber fahren wir lieber heute dazwischen wie morgen. Ich werde also zunächst die Beweisführung der von den Forderern etwa angeführten Gefahrsmomente erbitten und werde nach Erfordern zu Maßnahmen anregen, die den Nachbarn unsere allezeit ausgesprochene Friedensliebe betätigen. Si vis pacem, para pacem. Einer muß anfangen; der darf anfangen, der sich seiner Kraft am fühlbarsten bewußt ist; der muß anfangen, der mit bestem Gewissen sagen kann: nicht aus Furcht vor dem Kriege lege ich die Waffen nieder, sondern aus Liebe zum Frieden. Die Mannheit der Nation soll gewiß nicht verloren gehen; zu ihrer Uebung aber bedarf es fürder nicht des Kriegshandwerks, zu ihrer Bewahrung nicht des Schlachtfeldes."

Es war eine Zeit, da im Deutschen Reich die Bekämpfung der sogenannten Umsturzparteien auf der Tagesordnung stand. Auch zu dieser Frage nahm Egidy Stellung, und dabei gestalteten sich seine Ausführungen besonders fesselnd, denn seine Auffassung von „Religion, Ordnung, Sitte" — drei von ihm allerdings sehr hoch gehaltene Begriffe — unterschieden sich gründlich von der landläufigen Auffassung, die das Festklammern an alles Bestehende fordert. Wer unter dem Banner der Entwicklung kämpft, der will das Bestehende zwar nicht „umstürzen", aber „umwandeln". Ich lasse Egidy das Wort:

„Ich sehe überhaupt keinen Umsturz drohen, empfinde wenigstens so lange nichts von Bedrohung, als mir die heute noch unerschütterte Zuversicht bleibt: wir werden zur rechten Zeit zur Vernünftigkeit erwachen. An Umsturz braucht zunächst gar nicht gedacht zu werden, nur an den Einsturz, an den Zusammenbruch einer veralteten Weltanschauung. — Zum Umsturz, d. h. zu einem Drunter und Drüber, zu einem Schreckenszustand kann es nur kommen, wenn die Vertreter der bisherigen Ordnung in trauriger Verblendung oder gar aus selbstischen Gründen sich gegen den Zusammenbruch veralteter Vorstellungen auflehnen, sich gegen den Einsturz unhaltbarer Gestaltungen anstemmen. Daß sie den Zusammenbruch verhindern können, daran ist ja natürlich nicht zu denken, so wenig wie sich jemand einbilden darf, daß er diesen Einsturz veranlaßt hat."

Der Stil Egidys erhält ein eigenes Gepräge durch die Knappheit und Durchsichtigkeit des Ausdrucks, welche die Folgen der vollen Aufrichtigkeit und Geradheit des Denkens ist. Niemals findet sich da, einer wohlklingenden Satzwendung oder einem rhetorischen Effekt zuliebe, ein überflüssiges oder umschriebenes Wort, wohl aber schafft sich die starke Empfindung mitunter Zusammenziehungen, Neubildungen, die ungewollt zu stilistischen Schönheiten werden:

„Die Gemeinsamkeit ist ein lebender Organismus, dessen Schäden nur von innen heraus, nur durch ein neues, reines, warmes Herzblut geheilt werden können. Keine Empfindelei, kein klingendes Wortgetöse. Sich-entschließen-wollen. Jeder in seiner Weise auch tun. Wir wollen praktische, wollen Verwirklichungs-, wollen Tatidealisten sein."

Wir hatten eben Besuch, als uns Oberstleutnant von Egidy gemeldet wurde: Unser Botschafter, Graf Szechenyi, und Ossip Schubin, die berühmte österreichische Romanciere; diese war seit einiger Zeit mit ihrer Schwester, der Malerin, aus Böhmen nach Berlin übersiedelt. Eine hübsche, lebhafte, elegante Frau. Damals war wieder einer ihrer Romane erschienen, der ihren schon bewährten Ruf, eine famose Schildererin österreichischen Gesellschaftslebens zu sein, neuerdings verstärkt hatte. Beim Eintritt Egidys verabschiedete sich Graf Szechenyi, aber Ossip Schubin blieb noch eine Weile. Freudig gingen wir unserem Besucher entgegen und schüttelten seine Hände. Nach langem Briefwechsel ist ein erstmaliges Sehen doch ein Wiedersehen.

Egidy, obwohl eher klein als groß von Gestalt, sah sehr martialisch aus; Haltung, Stimme, Akzent: ganz preußischer Husarenoffizier. Das strenge Gesicht mit dem dicken Schnurrbart war aber von einem Paar lächelnden, leuchtenden blauen Augen verklärt.

Durch die Anwesenheit der fremden Dame blieb die Konversation anfänglich in konventionellem Fahrwasser; von den Dingen, die uns am Herzen lagen, war nicht die Rede. Der Oberstleutnant und die Schriftstellerin unterhielten sich durch zehn Minuten recht lebhaft miteinander. Dann entfernte sich Ossip Schubin. Später stellte sich heraus, daß die beiden voneinander nie etwas gehört hatten. Offenbar interessierte sich Egidy nicht für Romanliteratur und Ossip Schubin noch weniger für politische Vorträge. Als wir dann allein waren, nahmen wir das Thema unserer beiderseitigen Bestrebungen auf. Ich hatte damals noch keinen öffentlichen Vortrag Egidys gehört, aber auch in seiner Gesprächsweise floß das Wort beredt und warm von seinen Lippen. Er war eben von seinen Ideen, seinen Plänen, seinen Hoffnungen so durchdrungen, daß er aus dem Vollen heraus sich mitteilte. Ein solches Mitteilen waren — dessen wurde ich erst später gewahr — auch seine Vorträge. Nur daß er bei diesen außerordentlich laut, deutlich und langsam sprach und manchmal von innerem Feuer bis zu höchstem Schwung hingerissen wurde. Im Salon natürlich sprach er leise und einfacher, aber doch mit stets logischer Gedankenfülle, immer mit sich selber konsequent. Wir teilten ihm nun auch unsere Ideen und Ziele mit.

Die Friedenssache, obschon er theoretisch mit uns übereinstimmte, hatte Egidy damals noch nicht in sein Programm aufgenommen.

Am folgenden Tage besuchten wir ihn in seinem Heim. Ein schöner, harmonischer Familienkreis. Eine kongeniale Frau — geborene Fürstin (den Namen habe ich vergessen) und zehn Kinder. Freilich waren nicht alle zehn zu Hause. Der älteste Sohn diente in der Marine, eine Tochter studierte in Schweden — immerhin, es war ein hübsches Häufchen Egidyscher Kinder anwesend, und alle schienen den Vater anzubeten. Eine der Töchter diente ihm als Sekretärin. Es waren schöne Stunden, die wir in dem schlicht eingerichteten Heim verbrachten in eifriger Rede und Gegenrede, an der sich die Frau und die großen Kinder beteiligten, über die erhabensten Ziele des menschlichen Ringens und Schaffens: Versöhnung, Friede, Lebensweihe. „Wir ziehen an verschiedenen Strängen," sagte uns Egidy, „aber es ist dieselbe Glocke."

Später, als ich ihm aus Anlaß seiner Kandidatur schrieb, wie wünschenswert es doch wäre, daß solche Diener der Gemeinsamkeit, solche über enge Parteieninteressen erhabene Denker in die Volksvertretung kämen, wie dann mit einem Male alles anders würde, da schrieb er mir zurück:

„Nicht mit einem Male wird alles anders werden, sondern allmählich — natürlich; aber das Tempo entscheidet. ‚Allmählich' sagen alle: es kommt nur darauf an, ob langsamer Schritt nach Zählen — eins — nochmal zurück — eins — nochmal zurück — zweiiiiii (Sie kennen doch den Kasernenhof?) oder natürlich etwas flotter, meinetwegen auch mal ein bißchen Geschwindschritt — braucht ja nicht Sturmschritt mit Tambours battants zu sein. Und es wird. Es muß werden. Welche Phasen wir noch durchzumachen haben, darüber mag ich angesichts der letzten Erscheinungen in unserem öffentlichen Leben nichts sagen. An eine blutige Erledigung glaube ich noch heute nicht. Der Durchbruch der neuen Weltanschauung wird sich — nicht ohne Weh und Ach — aber doch als ein natürlicher Vorgang, eine Geburt, vollziehen. — Sie sprechen von meiner Arbeitskraft. Nun ja, ich habe Arbeitskraft und Schaffensdrang, und wie sehne ich mich danach, beides ‚unmittelbar' zur Geltung bringen zu können. Innerlich bin ich derart vorbereitet und gerüstet, daß ich jede Sekunde meinen Dienst antreten könnte. Ich bin meiner sicher. Will man überhaupt von einem Werte sprechen, den etwa ich darstelle (wie Ihre Worte es so wunderhübsch tun), so darf man diesen Wert immer erst in der Zukunft sehen. Geredet und geschrieben haben schon viele, wurden sie dann vor das ‚Tun' gestellt, so versagten sie; sie schlossen elende Kompromisse mit der seichten Unabänderlichkeit und anderen Elendsbegriffen ab. Die Ehrlichkeit, die Uebereinstimmung, das In-Uebereinstimmung-Bringen von Lehre und Leben, darum handelte es sich für mich. Und darin weiche ich nicht um eine Nagelbreite von meiner Erkenntnis zurück."

Als wir von Hamburg, wohin wir nach meinem Berliner Vortrag gefahren waren, heimkehrten, hielten wir uns, wie vorher erwähnt, in Berlin nur eine Stunde am Bahnhof auf. Daraufhin schrieb mir Egidy folgenden Brief, den ich hier auch festhalten will, weil er so recht deutlich zeigt, wie Egidy seine rege Arbeit und ein etwaiges Zusammenarbeiten mit mir auffaßte:

Berlin NW, Spenerstraße 18, 11. Mai 1892.

Hochgeehrte Frau!

Sie sind durch Berlin gereist und wir haben nichts erfahren und hatten uns doch so sehr darauf gefreut und alles danach geplant, wenn möglich, noch ein paar Stunden des Gedankenaustausches mit Ihnen und Herrn von Suttner zu genießen.

Denn in der Tat, daran lag mir sehr. Ich hätte gerne unsere Bekanntschaft auf einem Boden verankert, der für die Gemeinsamkeit fruchtbar werden könnte. Wir müssen nach einheitlichen Grundsätzen handeln (operieren). Der Guerillakrieg einzelner oder selbst Gruppen muß durch ein planmäßiges, zielbewußtes Vorgehen aller nach einheitlicher Idee ersetzt werden. Die Teten aller Kolonnen müssen jetzt auf dem Schlachtfeld erscheinen; denen, die nur immer von Religion, Christentum und Kirche reden, ohne rechtschaffene Menschen zu sein, oder an die Brüder zu denken — denen überlassen wir es nach wie vor, um das Schlachtfeld herumzumarschieren. Unsere Idee ist die Besiegung (nicht nur die Bekämpfung) der alten Weltanschauung — mir erscheint die neue unter dem Namen „Christentum" — Ihnen unter dem Namen „Menschentum". Das aber darf uns nicht trennen, sondern soll uns ergänzen. Vielleicht auch, daß Sie imstande sind, unter der Auffassung, die ich dem Begriffe „Christentum" gebe, „das der Gottheit nähergerückte Menschentum" das Wort anzunehmen. Für den Erfolg unserer Bestrebungen und einzig darauf kommt es an, ist das Wort „Christ" unentbehrlich. — Ja, die Kreise, die Sie schon haben, nehmen mit dem Wort „Mensch" fürlieb — Millionen aber nehmen es nicht an.

Wir müssen das Christentum ernst nehmen — das ist der Satz, den ich kürzlich der Schriftstellerwelt, die ich mir in das Abgeordnetenhaus zusammengeladen, zurief. In Wort und Schrift, im eigenen Leben, in jedem Auftreten müssen wir das christliche Bewußtsein bewahrheiten, müssen „Liebe leben". Verstanden wurde ich wohl — aber der Glaube fehlt; der

Glaube an die Möglichkeit einer Verwirklichung meiner Bestrebungen. Und das ist furchtbar traurig! Andere wieder, die den Glauben mit mir teilen, können sich die Verwirklichung nicht vorstellen, unter Beibehalt der äußeren Formen, wie ich es anstrebe; vielfach glauben sie deshalb kaum an die Kühnheit und Unerschrockenheit meines Wollens. Die Art Vergeistigung des Vorhandenen (Altar und Thron) oder also „Idealisierung" ist ihnen undenkbar, und ebenso undenkbar ist es ihnen, daß ich mit meinen realen Forderungen an die Zukunft sie alle übertreffe. So radikal wie ich ändern will, träumen diese alle ja gar nicht, weil ihnen allerdings vielfach das gute Gewissen fehlt — sie wollen „zerstören" — manches wenigstens, während ich nur aufbauen will.

Ich hatte kürzlich eine hochernste Unterredung mit zwei Lehrern. Der eine wollte die Ansichten der hervorragendsten Kämpfer für die Entwicklung der Menschheit bezüglich der Schule zusammentragen: Der anonyme Verfasser von „Maschinenzeitalter", — ich half ihm zunächst über die Anonymität hinweg (durfte es um so mehr, als mir tags zuvor die famose kleine Druckschrift „Wilhelm II., Romantiker oder Sozialist" zugegangen war, auf deren Deckelseiten Fr. v. S. als Verfasserin dieses Werkes genannt ist). Es war hochinteressant zu hören und zu sehen, wie die beiden entwickelten, daß und warum sie dies geglaubt, nicht geglaubt, wieder geglaubt und endgültig nicht geglaubt hatten. — Auch die sonstigen Betrachtungen dieser (noch ziemlich jungen) Männer waren sehr bemerkenswert, ihr Eifer für die Entwicklung der Menschen geradezu prächtig. — Und so gibt es Tausende — nur der Glaube fehlt, und daran sind wir selbst schuld, wenn wir nicht vereint wirken und so den Strebenden und Wollenden, den Sehnsüchtigen und Verlangenden ein wirklicher Hort für ihre Hoffnungen werden.

Deshalb, Frau von Suttner, stellen Sie auch Ihre Bestrebungen unter das Banner einer reinen wahren, echten Religiosität;*) einzig so, können Sie sie als berechtigt vor jedermann aufrecht erhalten. Die, denen an dem Worte Religion nichts gelegen ist, werden Ihre Bestrebungen um des Wortes willen nicht verwerfen; und die, denen die Religion alles ist, werden Ihre Bestrebungen eben um der Religion willen anerkennen. — Religion aber in einer Auffassung, die jede Glaubensschranke, jedes Kirchen- und jedes Judentum, alles Sektenwesen u. s. w. ausschließt.

Es lag mir zu sehr am Herzen, hochgeehrte Frau, das noch zu sagen; ich darf nach unserer Bekanntschaft annehmen, daß Sie für die Rückhaltlosigkeit meiner Ausführungen freundliches Verständnis haben. Hier handelt es sich um zu Hohes, als daß „Phrasen" gemacht werden dürfen. — — Vor allem bitte ich Sie, in dem Umstand, daß ich Ihnen überhaupt so

---

*) Die Sehnsucht nach und der Glaube an Veredlung ist Religiosität. B. S.

schrieb, ein Zeichen reiner und wahrer Hochschätzung zu sehen — sonst hätte ich geschwiegen. Und diese ehrliche und überzeugte Hochschätzung zolle ich (mit allen Meinen) nicht minder dem Herrn Gemahl, dem ich mich respektvoll empfehle. Meine Frau und Tochter tragen mir für Sie beide angelegentlich Grüße und Empfehlungen auf. — Ihr Besuch bleibt für uns alle eine wertvolle Erinnerung.

Wahrhaft ergeben

M. von Egidy.

Um den ganzen Egidy mit einem Worte zu kennzeichnen, wäre ich nicht verlegen. So wie es zum Beispiel Menschen von Stahl und Eisen gibt — so hart und schneidig; Menschen von Gold — so gut und treu; Menschen von Wachs — so weich und bildsam; so ist Egidy — in seinem durchsichtigen Edelglanze — ein Mensch von Kristall.

36
Verschiedene Ansichtsäußerungen

Von Berlin zurückgekehrt, gaben wir uns wieder unseren schriftstellerischen und propagandistischen Arbeiten hin. Es war uns darum zu tun, zu erfahren, wie hervorragende Zeitgenossen über unsere Ziele dachten und ihre eventuelle Zustimmung zu verwerten. So war es, daß ich Björnsons und Fuldas und Edmondo de Amicis und Emile Zolas und vieler anderer autoritative Zustimmung gewann. Aber auch auf Widerspruch und Zweifel stießen wir, freilich nur sehr selten. Mein Mann, der während unseres Pariser Aufenthaltes sich die Sympathien Alphonse Daudets errungen hatte, schrieb ihm jetzt von der Gründung des Friedensvereins, von dem Kongreß in Rom und frug ihn, ob er in der Sache mithelfen wollte. Hier ist die Antwort:

Mon cher confrère,

La guerre est odieuse et votre œuvre est belle. Je suis donc avec vous contre la guerre: mais croyez-vous vraiment que nous puissions autre chose en faveur de la paix qu'agiter nos bras et proférer des sons? Pour moi, la guerre est fatale et le côté pomme de ma nature — l'humanité se divise en poires et en pommes, les idéalistes et les autres — donc, mon terrible côté pomme m'enlève tout espoir de réussite dans la campagne que je suis prêt à entreprendre avec vous.

Rappelez-moi au souvenir de Madame Suttner et croyez-moi tout à vous

Alphonse Daudet.

Und an mich schrieb ein berühmter deutscher Dichter:

Verehrte Frau Baronin!

Bedarf es einer ausdrücklichen Versicherung, daß ich den Zwecken und Zielen der Friedensliga die wärmste Anerkennung zolle? Und doch, da ich der Ueberzeugung bin, daß die von Leidenschaften und Instinkten mehr als von Vernunft und Liebe regierte Menschheit, wenn sie diesen Zielen nicht ewig fern bleibt, sich nur in jahrhundertelanger Kulturarbeit ihnen nähern wird, widerstrebt es mir, fromme Wünsche, die sich für eine edlere, humane Minderheit von selbst verstehen, in feierlichen Protesten auszusprechen, von denen ich keinen praktischen Erfolg zu hoffen vermag. Solange die europäische Gesittung noch immer von halbasiatischer Barbarei bedroht ist, die sich niemals einem Schiedsspruch unterwerfen, sondern nur der Gewalt weichen wird, halte ich das Ceterum censeo solcher Kongresse sogar für eine Gefahr, wie alles, was unsere im Interesse des Weltfriedens unentbehrliche Wehrhaftigkeit beeinträchtigt.

In aufrichtiger Verehrung grüßt Sie Ihr sehr ergebener

München, 31. Oktober 1891. Paul Heyse.

Ich lasse noch einige Briefe aus jener Zeit folgen:

Auckland Castle Bishop Auckland, 12. Juli 1892.

Geehrte Frau!

Es ist Engländern nicht anders möglich, als dem von Ihnen unternommenen Werke sowie dem Erfolge, der es begleitet hat, mit vollster, herzlichster Sympathie entgegenzukommen. Die Förderung der Friedensangelegenheit in nächster Zukunft hängt in großem Maße von der Gefühlsstimmung der deutschen Rasse ab — und bei dieser haben Sie bereits einen tiefen Eindruck hervorgerufen!

Was meine Person anbelangt, bin ich gläubig genug — darf ich wohl sagen: ich vertraue der Macht des christlichen Glaubens genügend? —, um zu erwarten, daß, wenn einmal die Großmut gegnerischer Völker geweckt sein wird, was ganz im Bereiche des Möglichen gelegen ist, auch ein Weg gefunden werden wird, der zur Beseitigung der ständigen Ursachen gegenseitiger Gereiztheit führt. Dann werden auch die natürlichen Institutionen des Friedens hinreichen, um die Nationen mit jener kraftvollen, aus Selbstverleugnung bestehenden Disziplin auszustatten, welche gegenwärtig durch stete Kriegsbereitschaft aufrechterhalten werden muß.

Hieße es zu weit gehen, wenn man die Hoffnung ausspräche, daß selbst unsere Generation es noch erleben dürfte, Frankreich, Deutschland, Rußland, sozusagen durch einen neutralen Gürtel eingegrenzt, in den Stand gesetzt zu sehen, die ihnen zu Gebote stehenden Mittel zum Aufschwung zu bringen, ohne störende Ereignisse gewärtigen zu müssen und ihr Verrichtungen im Dienste der Menschheit zu leisten — gleichzeitig das Reich Gottes auf Erden fördernd.

Möge reichlicher Segen auf Ihren Bestrebungen ruhen!

Mit den aufrichtigsten Gefühlen der Hochachtung, geehrte Frau, bin ich Ihr aufrichtig ergebener

B. T. Dunelm.*)

*

Mit dem Vorsitzenden des Romkongresses, Minister Ruggero Bonghi, war ich in Korrespondenz geblieben. Hier einer seiner Briefe: (Im Original — italienisch.)

Anagni, 9. Juli 1892.

Liebe Freundin!

Da Sie gestatten, daß ich Sie Freundin nenne, so werde ich Ihnen keinen anderen Namen mehr geben, denn es gibt keinen holderen. Und das Bewußtsein, daß ich zu einer Freundin spreche, versüßt mir das Schreiben, macht es mir beinahe angenehmer erscheinen, als ein Umherstreifen auf den Feldern, um die frischen Lüfte einzuatmen, die hier in diesen frühen Morgenstunden auf den Höhen der Apenninen wehen — hier, wo ich, um mit Petrarca zu reden (»doglioso e grave or seggio«) ernst und trauernd nun hause, und wo in verflossener Zeit so viel kriegerische Wut entfesselt worden ist, während heute so tiefe Ruhe und Muße herrscht; hier in diesem uralten Anagni, dessen Ursprung sich in grauer Vorzeit verliert und das den höchsten Rang einnahm bei einem Volke, das von Rom unterjocht worden, das die Heimat hochsinniger Päpste gewesen, welche es bewohnten und von da aus die Welt regierten — hier stelle ich Betrachtungen an über die Schicksale meines Vaterlandes, über die schwierigen Heilmittel seiner Gebrechen, und bei alledem sehe ich — in meiner Waisenanstalt — die kleinen Mädchen heranwachsen. Und ich unterweise sie, damit, wenn sie groß geworden und in ihre Familien zurückkehren, sie auf diese bessernd einwirken und die Zukunft freundlicher gestalten mögen ....

Fast will es mir scheinen, teure Freundin, daß ich so ein — wenn auch unscheinbares — vielleicht nützlicheres Werk vollbringe, als das Werk von gar vielen, die ihr Geschwätz in die Versammlungen tragen und ihre Leidenschaften und Verblendungen in den Kronrat. Und indem ich an Sie denke, erhebe ich mich zu jenem Ideal von Eintracht und Frieden, das in Ihrem Geist und in Ihrem Herzen lebt und welches Zeugnis von dem Seelenadel jener gibt, die es erfassen und lieben können — während dasselbe zu verachten, zu verlachen und zu verleugnen das Gegenteil bezeugt.

*) Abkürzung für Dunelmanis, der lateinische Name für Durham. Es ist gebräuchlich, daß die englischen Bischöfe mit dem lateinischen Namen ihrer Diözese unterzeichnen. B. S.

Was hat der Krieg hier geleistet? Er hat diese Landschaften verwüstet und öfters, im Laufe der Jahrhunderte, die Einwohner verstreut, so daß selbst die Spuren ihrer Wohnstätten verschwunden sind. Oefters auch, im Laufe der Jahrhunderte, hat Anagni und das Seccotal, über welchem es liegt, sich erhoben — und ebensooft wurde es durch die Gewalt der Waffen und durch den Ehrgeiz der Großen wieder niedergebeugt. Und jetzt ist das Tal ungesund; kaum, daß man hier oben — ungefähr 500 Meter über dem Meeresspiegel — sich vor seinen Miasmen retten kann.

Ich habe eine Idee, geehrte Frau, und fast scheue ich mich sie auszusprechen. Und zwar: ich glaube, daß Rom — von welchem die erste Eroberung dieser Landstriche ausgegangen — auch das erste Unglück über sie gebracht hat. Entweder ist die ganze Geschichte der ersten Jahrhunderte Roms falsch, oder aber es waren die Völker, welche zuerst unter das römische Joch fielen, vorher glücklicher und zahlreicher und lebten auf gesünderen und fruchtbareren Gründen und in ausgebreiteteren Wohnstätten als nachher. Welche Wohltat hat der Krieg hier oder anderswo geschaffen?

Wenn in den Taten, zu welchen er die Menschen zwingt, nicht alles von Uebel ist und wenn dabei auch manche Tugend erglänzt, so kommt dies daher, weil der Mensch so wild und — ich möchte sagen — so tierisch er auch werden kann, doch niemals ganz aufhört, menschlich zu sein, und in irgend einer Weise den Schaden mildert, den sein eigenes Werk verübt. Wenn der Krieg irgendwie Gutes getan hat, so ist dies, man kann sagen, trotz seiner und gegen seine Absicht geschehen. Wenn auch manche Instinkte den Menschen zum Kriege treiben, um wie vieles edler sind diejenigen, die ihn davon abstoßen! Wie erhaben — gegen das zornige Geschrei, welches dazu auffordert — klingt doch die Stimme, die ihn davon zurückhalten will! Ich las heute die Maxime des alten Lao-Tse: „Wenn zwei Heere gleicher Waffenstärke miteinander kämpfen, so gehört der Sieg demjenigen, dessen Führer der Barmherzigere war."

Das ist — leider — nicht richtig. Aber es ist eine jener menschlichen Illusionen, welche wertvoller sind als eine Wahrheit, weil sie beweisen, daß dem Menschen der Gebrauch der Waffen Reue einflößt; daß er sich im Gewissen nicht ruhig fühlt, auch wenn er gezwungen worden, sie zu gebrauchen, und daß er in irgendeiner Tugend, in irgendeinem Gefühle, das ihn entsündigen könnte, den Grund des Sieges sucht. Wir — Förderer des Friedens, die wir mit glühendem Eifer für ihn wirken, wir wollen schließlich weiter nichts als dieses: daß der Mensch ganz menschlich werde.

Und da ich gewohnt bin, die Briefe an meine Freundinnen endlich zu schließen, so schließe ich auch diesen ab. Seien Sie ein wenig gewogen Ihrem

Bonghi.

Nach meiner Berliner Reise erhielt ich von Bonghi folgende — diesmal französisch geschriebene Zeilen:

Rome, 26 avril 1892.

Je vous suis et vous applaudis. Vous avez tout ce qu'il faut pour le rôle bienfaisant et intelligent que vous jouez. Vous avez eu la hardiesse d'aller planter notre drapeau à Berlin, dans la forteresse même de nos ennemis.

Ecrivez-moi, chère Baronne, le plus souvent que vous pourrez, vous me ferez un très grand plaisir. Mille amitiés à votre mari.

Tout à vous

R. Bonghi.

Von dem berühmten russischen Volksgelehrten und Professor an der Universität in Moskau, Grafen Kamarowsky, hatte ich einen Beitrag für meine Revue erhalten und nachstehenden Brief:

Moskau, 18./30. Mai 1892.

Hochgeehrte Frau!

Empfangen Sie meinen Dank für Ihren Brief und die ihn begleitenden Broschüren. Sie haben recht: Sie sind mir keine Unbekannte, seitdem ich Sie aus Ihrem schönen Roman: „Die Waffen nieder" schätzen gelernt habe. Zugleich schicke ich Ihnen meine Vorlesung, die ich zugunsten der Hungernden gehalten habe, mit dem Recht, aus ihr beliebige Auszüge zu machen. Was einen Originalbeitrag für Ihre Revue betrifft, so werde ich denselben liefern, sobald ich Gelegenheit dazu finde.

In Rußland verteidigt man die ungeheuern Rüstungen mit dem Hinblick auf den Dreibund und besonders auf Deutschland: so spricht jeder von seinen nur Defensivabsichten und mutet dem Nachbar die drohendsten Pläne zu. Gewiß ein trauriges Zeichen der Zeit!

Diesem gegenüber sind alle Friedensfreunde berufen, soviel wie möglich auf die öffentliche Meinung und durch sie auf die Regierungen einzuwirken, und gewiß gehört den Frauen bei diesem edlen Streben die erste Rolle: denn sie können am meisten auf die Erziehung und die Sitten Einfluß nehmen.

Ich bitte Sie, hochgeehrte Frau u. s. w.

Graf L. Kamarowsky.

37

Die Tage von Bern

Im August des Jahres 1892 begaben wir uns nach Bern, wohin der vierte Weltfriedenskongreß und die vierte Interparlamentarische Konferenz eingeladen waren. Es war unsere erste Schweizer

Reise. Für uns beide ein intensiver Genuß. Der Name Schweiz erweckt im Gemüt einen ganzen Komplex von Gebirgspoesie und Freiheitsidealen. Gletscher und Rütlischwur, Kuhglocken und Tells Geschoß. Dazu hochmodernes, internationales Hotelleben. Das demokratischste und schlichteste Land Europas, dabei das Stelldichein der reisenden Aristokraten und Plutokraten der Alten und Neuen Welt.

Der Weg nach Bern führte uns an den Züricher See. Der Meine schwelgte im Anblick dieser Naturpracht. Sonderbar — wenn ich an die Reisen zurückdenke, die ich mit meinem Mann unternommen, so erinnere ich mich dabei aller genossenen Natur- und Kunstschönheiten nur durch das Medium der Freude, die er daraus schöpfte. Ich bin doch selber für solche Genüsse auch empfänglich, aber an seiner Seite empfand ich nur die Rückwirkung seines Empfindens.

Wir stiegen im „Berner Hof" ab. Gleich bei unserer Ankunft — es war schon spät am Abend — trafen wir mehrere unserer Freunde vom Römer Kongreß: Frédéric Passy, Ducommun, das Paar Moscheles, Hodgson Pratt, Pandolfi, Emile Arnaud und viele andere. Am nächsten Morgen neue, frohe Ueberraschung. Die Fenstertür unseres Zimmers führte auf eine große Terrasse hinaus, und von hier ging der Blick über den Hotelgarten, über die Stadt und über den Horizont schneeblinkender Zacken der uns umgebenden Berge.

„Schön ist's da, mein Löwos!"

„Ja, Meiner, schön — und hier auf der Terrasse wollen wir frühstücken."

So blitzen mir die Lichtbilder, so wehen frische Glücksbrisen aus der Vergangenheit herüber in meine graue, vereinsamte Gegenwart, wenn ich zurückblicke auf unsere zu zweien unternommenen Fahrten, wo wir in die ernstesten, mit Arbeit und politischen Problemen gefüllten Tage und in die verschiedenen feierlichen Umgebungen überall unser bescheidenes, sonniges Stückchen Heim mitnahmen.

An diesem ersten Morgen in der Schweizer Bundeshauptstadt brachte mir die Post verschiedene Briefe: vom Grafen Hoyos ein Gedicht, gewidmet „dem Friedensrat zu Bern", betitelt: „Niemals die Waffen nieder".

Wenn blinder Haß die Krallen regt
Und Lüge sträubt ihr Nachtgefieder,
Stellt euch zur Wehr und nimmer legt
Des Geistes Waffen nieder!

Aus euerem Schwerte ströme Licht,
Und Liebe sei des Schildes Zeichen;
Vor dieser Waffen Schwergewicht
Wird der Versucher weichen.

Der finstere Dämon Völkerkrieg
Wird kreischend vor der Wahrheit fliehen
Und übers Schlachtfeld nach dem Sieg
Der Menschheit Genius ziehen.

Von dem liberalen Mitglied des Herrenhauses, dem Fürsten Camillo Starhemberg, den ich gebeten und halb überredet hatte, er möge zur Interparlamentarischen Konferenz nach Bern kommen, erhielt ich ein nachgesandtes Schreiben, dessen Inhalt nach vielen Richtungen interessant ist:

Schloß Hubertendorf, Nied.-Oest., 21. August 1892.

Geehrte Baronin!

Die nun seit einiger Zeit herrschende ganz abnorme Hitze hat meine Nerven so zerrüttet und mich so unwohl gemacht, daß ich wohl kaum meine Absicht werde ausführen können, an der Konferenz in Bern teilzunehmen.

Ich will noch nicht definitiv abschreiben, aber ich glaube kaum, daß ich in Bern erscheinen kann. Bloß als stummer Zuhörer und Zuseher habe ich keine Lust zu fungieren, und um mich in Wort und Tat zu beteiligen, fühle ich mich offen gestanden weder in der Stimmung, noch wohl genug.

Ueber Aufforderung des Baron Pirquet habe ich bei verschiedenen Mitgliedern des Herrenhauses während der letzten Sitzungen Anfragen gestellt und sie sondiert, ob sie nicht Lust hätten, an den Verhandlungen des Kongresses sich zu beteiligen, überhaupt durch ihre Namen in die Listen jener, welche für den Weltfrieden wirken, ihre Sympathie für unsere Bestrebungen auszudrücken.

Leider war das Geringste, was ich erhielt, eine höfliche Ablehnung; in den meisten Fällen aber eine ironische Antwort, natürlich immer in solchen Höflichkeitsformen, daß sich dagegen nicht entschieden reagieren läßt. Auch hatte ich Gelegenheit, mit einer hochgestellten Persönlichkeit über die allgemeine Friedensidee zu sprechen, aber überall mehr oder minder die Ansicht vertreten gefunden, welche die deutsche Dame, die Braut eines deutschen Offiziers, auf Seite 9 der Festnummer „Die Waffen nieder" entwickelt:*) Lieber Millionen opfern, lieber

*) Ein Artikel von Björnson, worin dieser erzählt: „Eine deutsche Dame, die Braut eines deutschen Offiziers, befand sich auf einer Reise in Norwegen. Man sprach mit ihr über den nächsten möglichen Krieg um Elsaß-Lothringen,

unbegrenztes Elend über die Menschen bringen, lieber die Staaten finanziell ruinieren, die Bevölkerung dezimieren, die Familien in Not, Trauer und tiefsten Kummer versetzen — als den hergebrachten Ideen untreu werden; jeder Gedanke einer derartigen Friedensbewegung wird geradezu gedeutet, als wenn Feigheit dahinterstecken würde.

Ich kann nicht sagen, daß mir diese in letzter Zeit gehörten Aeußerungen meine Hoffnungen auf einen baldigen Erfolg steigern, aber nichtsdestoweniger hege ich die Ueberzeugung, daß einmal die Idee durchdringen und wenigstens die gebildeten Völker Europas im Prinzipe dem Schiedsgericht huldigen und ihre Streitigkeiten auf diese Weise zur Entscheidung bringen werden.

Ich erhielt vor nicht sehr langer Zeit einen recht interessanten Brief eines Polen, welcher sich auch sehr für die Friedensfrage erwärmt und mir alle möglichen Friedensjournale und Kundgebungen einsendet, aber den Frieden, respektive die Idee eines dauernden Friedens erst dann akzeptiert, bis Polen ein selbständiges Königreich ist und sowohl von Rußland wie von Oesterreich frei, und gibt dabei selbst zu, daß dies natürlich erst nach einem blutigen Kriege und Ringen zu erreichen wäre. Und so sind viele Anhänger der Friedensidee: zuerst wollen sie ihren Zweck erreicht sehen, scheuen vor keinem Hindernisse, keinem Blutbade zurück, und erst, wenn sie ihre Ziele erreicht haben, dann wollen sie Frieden machen. Eben, sich unterordnen, sich fügen können die einzelnen Menschen nicht, und noch viel weniger die Völker und Nationen; und ebenso wie wir die Idee des Friedens vertreten und für dieselbe Propaganda machen — natürlich bei der bestehenden Aversion nur mit geringem Fortschritt —, ebenso entzünden andere den Haß und den Hader der Völker, hetzen die Nationen zu unvernünftigem Nationalhaß auf, benutzen dies, um ihren unlauteren Zwecken zu dienen, ihre verabscheuungswürdigen Ziele zu erreichen.

Indem ich Ihnen, geehrte Baronin, recht herzlich die besten Erfolge in Bern wünsche und mit meinem Denken und Fühlen bei der so ehrenwerten Versammlung, welche die Veredlung der Menschen anstrebt, sein werde, zeichne ich mit der Versicherung meiner vollsten Hochverehrung und Ergebenheit

Ihr Sie wahrhaft hochschätzender

Starhemberg.

Auch an Alfred Nobel hatte ich geschrieben, er möge nach Bern kommen, den Verhandlungen des Kongresses beizuwohnen, doch darauf keine Antwort erhalten.

---

und jemand sagte, es wäre am besten, Elsaß-Lothringen könnte über sich selbst nach seinem eigenen Willen bestimmen. Da antwortete die deutsche Dame: „Eher müßten zwei Millionen Soldaten und mein Bräutigam unter ihnen auf der Walstatt liegen!“

Nach dem festlichen Frühstück auf unserer Terrasse ging es also in hoher Spannung zur Eröffnung des Kongresses. Der große Saal des Bundesrats war bis auf den letzten Platz gefüllt. Die Tribünen waren so gedrängt besucht wie an den Tagen, wo eine besonders interessante Sitzung des Bundesrats bevorsteht.

Louis Ruchonnet, der im vorigen Jahre Präsident der Eidgenossenschaft gewesen, sollte den Vorsitz führen. Im Saale trafen wir noch mehrere Freunde. Auch Professor Wilhelm Löwenthal aus Paris war darunter. Nach der Eröffnungsrede Ruchonnets hielt je ein Vertreter der anwesenden Nationen eine Ansprache. Und damit war die erste feierliche Sitzung zu Ende. Erst in der zweiten, die nachmittags im Museumssaal stattfand, begannen die Verhandlungen.

Ich habe im Laufe der Jahre über ein Dutzend Friedenskongresse und Konferenzen mitgemacht, deren Protokolle in ebensovielen Bänden ich besitze. Es kann meine Absicht nicht sein, die Reden, Resolutionen und Feste, von denen diese kleine Bibliothek berichtet, in diese meine Lebenserinnerungen einzufügen. Nur das, was sich mir besonders eingeprägt, was mir sozusagen zum Erlebnis geworden, werde ich wiedergeben und damit denjenigen meiner Leser, die hier einen geschichtlichen Abriß der Bewegung suchen, mit der mein Name und mein Wirken verknüpft ist, einen Einblick in deren Entwicklung bieten. Es ist immer interessant, die Linie zu verfolgen, in der gewisse Erscheinungen der Zeitgeschichte sich bewegen — bald rasch, bald langsam, bald stillstehend oder gar zurückweichend, um dann wieder mit desto größerer Eile nach vorwärts zu streben; merkwürdig ist auch, wie manche spätere Phase prophetisch vorempfunden wird, wie Projekte auftauchen und wieder fallen gelassen werden und nach einer Zeit als ganz etwas Neues wieder auftauchen; wie anfänglich Bestrittenes allmählich zum Selbstverständlichen wird und wie unübersteiglich scheinende Hindernisse, die man zu nehmen gar nicht versucht, später einfach verschwunden sind.

In Berlin hatte sich noch keine Friedensgesellschaft gebildet, also war Deutschland nicht aus seiner Hauptstadt vertreten, sondern durch Dr. Adolf Richter aus Württemberg. Aus den Vereinigten Staaten war der Vorsitzende des Bostoner Friedensvereins (gegründet 1816) Dr. Trueblood anwesend. Ducommun präsidierte die zweite Sitzung und erstattete Bericht über die Gründung des internationalen, permanenten Bureaus, dessen Ehrensekretär der prächtige Mann bis zu seinem 1906 erfolgten Tode blieb.

Eine interessante Mitteilung brachte Hodgson Pratt: Der Präsident der Vereinigten Staaten habe allen Staatsregierungen brieflich den Beschluß des amerikanischen Senats und Repräsentantenhauses mitgeteilt, den Wunsch betreffend, daß mit sämtlichen anderen Nationen dauernde Schiedsgerichtsverträge abgeschlossen werden. An diese Mitteilung knüpfte Hodgson Pratt den Antrag, daß man in jedem Lande darauf hinarbeite, daß jener Brief von den Regierungen beantwortet werde. — Das war also der Beginn — von Amerika ausgegangen, von England unterstützt — der „permanenten Schiedsgerichtsverträge".

Zur Debatte und zur Annahme gelangte ein Antrag — betitelt: „Europäischer Staatenbund" — gestellt von E. T. Moneta, G. J. Capper und Baronin Suttner.

Ach, dieser Capper! Welche halb komische, aber ganz sympathische Kongreßfigur! Weißer Prophetenbart und weißer Zylinder. Eine dröhnende Stimme, die sich mit Vorliebe französisch vernehmen ließ, aber mit dem übertriebensten englischen Akzent; Enthusiasmus und Feuer, dabei aber tüchtiger common sense. — Doch zurück zu dem Antrag „Europäischer Staatenbund". Damals eine noch ganz unverstandene Idee; allgemein verwechselt mit „Vereinigte Staaten", nach dem Muster Nordamerikas, und für Europa verpönt. So sehr verpönt, daß einem Blatte der Schweiz, betitelt „Les Etats-Unis d'Europe" der Eingang nach Oesterreich verboten war.

Der Capper-Moneta-Suttner-Antrag lautete:

> In Erwägung, daß der durch den bewaffneten Frieden hervorgebrachte Schaden, sowie die ganz Europa stets bedrohende Gefahr eines großen Krieges ihren Grund in dem Zustande der Rechtlosigkeit haben, in welchem die verschiedenen Staaten Europas einander gegenüberstehen;
>
> in Erwägung, daß ein europäischer Staatenbund, welcher auch im Interesse der Handelsbeziehungen aller Länder wünschenswert wäre — diesen Zustand der Rechtlosigkeit beseitigen und dauernde Rechtsverhältnisse in Europa schaffen würde;
>
> in Erwägung endlich, daß ein solcher Staatenbund die Unabhängigkeit der einzelnen Nationen hinsichtlich ihrer inneren Angelegenheiten, daher auch ihrer Regierungsformen in nichts beeinträchtigen würde:
>
> Ladet der Kongreß die europäischen Friedensvereine und ihre Anhänger ein, als höchstes Ziel ihrer Propaganda einen Staatenbund auf Grundlage der Solidarität ihrer Interessen anzustreben. Er ladet ferner alle Gesellschaften der Welt ein, namentlich zur Zeit politischer Wahlen auf die Notwendigkeit eines dauernden Völkerkongresses hinzuweisen, welchem jede internationale Frage zu unterbreiten wäre, damit jeder Konflikt durch Gesetz, nicht aber durch Gewalt seine Erledigung finde.

Die Kongressisten — wenigstens der größte Teil derselben — waren den ganzen Tag zusammen, denn die meisten wohnten im selben Hotel und nahmen da, zwischen den Sitzungen, ihre Mahlzeiten an einer großen Tafel ein. Da wurde während des Lunch und des Diners weiterkonferiert. Besonders beim schwarzen Kaffee, der in einer gedeckten Veranda neben dem Speisesaal genommen wurde, bildeten sich Freundesgruppen, wo man in ungezwungener Plauderei verkehrte.

Eines Nachmittags war ein großer Kreis aus unserer Mitte in dieser Veranda versammelt, um Gericht zu spielen. Bei Tische war eine kleine Kontroverse entstanden zwischen Marchese Pandolfi aus Rom und dem Senator Arturo di Marcuarto aus Madrid. Jetzt ward scherzweise ein Gerichtshof ernannt, die beiden streitenden Parteien hatten ihren Fall vorzutragen, jeder wählte einen Anwalt und der Richter sollte das Urteil abgeben. Worum es sich handelte, weiß ich nicht mehr; ich weiß nur, daß es sehr lustig war. Einer der Anwälte, es war Gaston Moch, gewesener französischer Artillerieoffizier, entfaltete sehr viel Witz, und auch die beiden Gegner brachten durch ihre Einfälle das ganze Tribunal in heiterste Laune. Arturo di Marcuarto war der einzige Spanier, der dem Friedenskongresse beiwohnte; ich glaube, die spanische interparlamentarische Gruppe und die spanische Friedensgesellschaft bestand nur aus ihm selber — wenigstens war er der einzige Tätige dabei. Er sprach sehr viel und lang, und man hörte ihn nicht gerne, weil er eine sehr undeutliche Aussprache hatte und sich stets wiederholte; wenn man dann aber seine Reden las, so fand man ausgezeichnete Ideen darin. Er arbeitete mit größtem Eifer schon seit Jahren an der Propagierung der Friedensidee. Noch vor der ersten Londoner Konferenz hatte er in Wien versucht, eine Anzahl von hervorragenden Politikern und Aristokraten für die Sache zu gewinnen, und hatte bei dem Fürsten Joseph Colloredo, einem sehr freisinnig denkenden Mann, Entgegenkommen und Mithilfe gefunden; schon hatte sich der Anfang einer Aktion ergeben, doch verlief diese erste Arbeit im Sande. Ich werde später einen Brief Marcuartos anführen, welcher manche interessante Ausführungen und Betrachtungen enthält, die durch die Ereignisse bestätigt wurden. Solange er lebte, hat Marcuarto bei keinem Friedenskongreß, keiner interparlamentarischen Konferenz gefehlt; seit seinem Tode ist Spanien bei den Kongressen unvertreten.

Um auf jenen Nachmittag in der Veranda zurückzukommen: Mein Mann, der als Anwalt Pandolfis bestellt war, hielt eben ein scherzhaftes Plädoyer, als ein Kellner mir, die ich abseits saß, mitteilte, es sei ein Herr im Salon, der mich zu sprechen wünschte, und überreichte mir dessen Karte: Alfred Nobel. Freudig überrascht eilte ich in den Salon, wo mir der Freund entgegentrat.

„Sie haben mich gerufen," sagte er, „hier bin ich. Aber sozusagen inkognito. Ich möchte mich nicht am Kongreß beteiligen und keine Bekanntschaften machen, nur etwas Näheres von der Sache hören. Erzählen Sie, was ist bisher geschehen?"

Wir blieben in lange Unterhaltung vertieft. Alfred Nobel kehrte viel Skepsis hervor, doch er schien begierig, seine Zweifel überwunden zu sehen.

Er verließ Bern noch am selben Abend, doch verabredete er mit mir und meinem Mann, daß wir nach Beendigung des Kongresses nach Zürich kommen sollten, ihn auf zwei Tage zu besuchen.

Zu den Festen, die den Kongressisten zu Ehren veranstaltet wurden, gehörte ein Ausflug auf den Vierwaldstätter See. Es war eine herrliche Fahrt. Getafelt wurde in Luzern. Natürlich wurden Toaste gesprochen. Aber alle Tischberedsamkeit verfliegt ja mit den Schaumperlen des Champagners. Etwas jedoch, das Ruchonnet gesagt — nicht in einer Rede, sondern in der Unterhaltung mit seinem Visavis —, das hat mir großen Eindruck gemacht, und ich trug es in mein Tagebuch ein. Es hatte jemand von dem Einwand gesprochen, den man von gegnerischer Seite zu hören bekommt, daß es eine Unmöglichkeit, ein Unglück wäre, die Heere zu vermindern — es wäre einfach in kultureller und nationalökonomischer Beziehung undenkbar. Da brachte Ruchonnet folgendes Gleichnis: Wenn heute das Unglück wollte, daß die Sonne sich verfinsterte, so würden die Menschen alles aufbieten, um künstliche Wärme und künstliches Licht zu schaffen. Neue Industrien und neue Berufe würden erstehen; und kämen dann nach ein paar Generationen einige mit dem Vorschlag, die Sonnenverfinsterung wieder abzuschaffen, da hieße es allgemein: das wäre ein Unglück, eine Unmöglichkeit — was sollte denn mit den Wärmefabriken, mit den unzähligen Strahlenarbeitern geschehen?! —

Am Tage nach dem Luzerner Ausflug wurden die Beratungen wieder aufgenommen. Zunächst verlangte A. G. von Suttner das Wort, um gegen die falsche, entstellte Berichterstattung eines Korrespondenten Protest zu erheben; der Betreffende hatte nichts Geringeres getan, als an die Blätter ein Telegramm zu schicken, worin die Eröffnungsversammlung als eine turbulente Szene geschildert wurde zwischen Leuten, die in ihrem eigenen Lager den Krieg entfachen. Der Interpellant las die betreffenden entstellten Berichte vor, die der ausländischen Presse auch Stoff zu höhnischen Bemerkungen geliefert hatten, und forderte das Präsidium auf, den Blättern ein offizielles Dementi zu schicken, was auch geschah. Der Korrespondent stellte sich auch später als ein erklärter Gegner heraus, der sich einem Kollegen gegenüber geäußert, er sei nicht damit einverstanden, daß die Bewegung in der Schweiz Wurzel fasse.

Zu einem etwas heftigen Auftritt kam es im Laufe des Kongresses aber doch, als der polnische Abgeordnete des österreichischen Parlaments eine Rede hielt, worin er die Wiederherstellung Polens als selbständiges Königreich verlangte. Sowohl Ducommun, der in dieser Sitzung den Vorsitz führte, als einige Redner, namentlich Frédéric Passy, wiesen den polnischen Patrioten, der die Teilung seines Vaterlandes nicht anerkennen wollte, in die Schranken zurück mit der Erklärung, daß der Kongreß sich unmöglich mit der Revision der polnischen Geschichte befassen könne. Die Gerechtigkeit der Zukunft ist vorzubereiten; die einzelnen Ungerechtigkeiten der Geschichte lassen sich nicht mehr rückgängig machen, denn die ganzen bestehenden Landesverteilungen sind ja auf dem Boden der Gewalt gegründet; neue Gesetze, neue Ordnungen — und die sollen angestrebt werden — haben keine rückwirkende Kraft.

Nun kamen auch die Parlamentarier in Bern an. Ihre Konferenz sollte nach Schluß unseres Kongresses — am 29. August — eröffnet werden. Da trafen wir wieder viele alte Bekannte: Dr. Baumbach und Dr. Hirsch aus Berlin, Frédéric Bajer aus Dänemark, Philipp Stanhope (Bruder des Kriegsministers), Cremer, Dr. Clark aus England und viele andere. Auch viele neue Erscheinungen lernten wir kennen: aus Norwegen war der Präsident des Storthings, Ullman, anwesend, und sogar Honduras und S. Salvador waren diesmal durch den bevollmächtigten Minister Marquis de Castello Foglia vertreten. Im ganzen waren dreizehn Nationen repräsentiert. Die Sitzungen fanden im Bundespalais statt. Wir anderen — Nichtparlamentarier — durften auf der Galerie beiwohnen. Empfangen wurde die Konferenz vom Leiter des Departements des Aeußern, Bundesrat Droz. Aus den Verhandlungen hebe ich nachstehendes hervor:

Der französische Senator Trarieux, der Engländer Stanhope knüpften an den amerikanischen Antrag — Abschluß von Schiedsgerichtsverträgen — an und brachten Vorschläge zur Errichtung eines internationalen Tribunals. Pandolfi plädierte für eine „permanente internationale Konferenz". Marcuarto verlangte die Neutralisierung der Isthmen und Meerengen. Baumbach, Vizepräsident des deutschen Reichstags (schon damals zeigten sich die deutschen Politiker der Friedensidee gegenüber sehr reserviert), sprach für den Schutz des Privateigentums zur See zu Kriegszeiten. Die Debatte über diesen Gegenstand fiel ziemlich heftig aus. Der Franzose Pourquery de Boisserin setzte in feurigen Worten auseinander, daß eine Friedenskonferenz prinzipiell keine Kriegseventualitäten in Beratung ziehen könne — und da hatte er recht, hundertmal recht!

Die anderen Standpunkte aber — „man dürfe sich nicht mit frommen Wünschen begnügen, den ewigen Frieden kann man heute noch nicht proklamieren, also müsse man sich mit Erreichbarem begnügen, und jeder Faktor, der die Humanisierung des Krieges, die Abschwächung seiner Schrecken fördert, sei schon ein gewaltiger Schritt zum Besseren" — diese Standpunkte siegten, und der Baumbachsche Antrag ging durch.

Noch beim Lunch — ich saß zwischen Baumbach und Pourquery — setzte sich die Kontroverse fort. Und sie dauert noch heute. Es gibt noch immer solche, die das Friedenswerk auf die Bahn der Milderung und Regelung der Kriegserscheinung lenken wollen, um dadurch darzutun, daß sie zu praktisch sind, „Unmögliches" zu erstreben, und um den Angriff auf den eigentlichen Feind „Krieg" — dem sie besondere Rücksicht und Respekt erweisen — in nebelhafte Zukunftszeiten hinauszuschieben; und diesen gegenüber gibt es solche, die behaupten, daß, wenn das Ziel im Süden liegt, man nicht den Weg nach Norden auspflastern soll.

Den Parlamentariern wurde während der Konferenztage ein Fest in Interlaken gegeben. Der nachmalige Bundespräsident Schenk sprach damals einen Toast, der eine Prophezeiung enthielt, deren so baldige Erfüllung der Sprecher wohl selbst nicht voraussah.

„Es freut mich," sagte er, „die Vertreter der Parlamente hier versammelt zu sehen, um über Frieden und Schiedsgericht zu verhandeln; noch mehr würde ich mich an dem Tage freuen, wo die offiziellen Bevollmächtigten der Regierungen zu gleichem Zwecke sich versammelten — und dieser Tag wird kommen."

Dieser Tag traf schon sieben Jahre später ein, da siebenundzwanzig Regierungen ihre offiziellen Vertreter zu demselben Zwecke nach dem Haag entsendet haben.

38

Besuch bei Alfred Nobel

Wir verließen Bern schon wenige Tage vor dem Schluß der Konferenz, um der Einladung Alfred Nobels zu folgen, der sich in Zürich aufhielt. Unser Gastgeber hatte uns im Hotel Bauer au lac, wo er selber wohnte, ein Appartement zur Verfügung gestellt, das tags zuvor die Kaiserin Elisabeth nach kurzem Aufenthalt verlassen hatte. Auf dem Toilettentisch fand ich noch eine verwelkte, blasse Rose ...

Alfred Nobel war uns zur Bahn entgegengekommen und führte uns in den uns bestimmten Salon, wo er auch, eine halbe Stunde später, mit uns dinierte. Er ließ sich alles von den Berner Konferenztagen erzählen. Meldete sich auch als Mitglied der österreichischen Friedensgesellschaft mit einer Spende von 2000 Franken. Eine gleiche Spende hatte er auch im vorigen Jahre durch mich an das Kongreßkomitee in Rom gesandt.

„Was Sie mir da überreichen und wofür ich Ihnen danke," sagte ich, „geschieht ja mehr aus Liebenswürdigkeit als aus Ueberzeugung. Sie haben ja noch vor wenigen Tagen in Bern Zweifel an der Sache ausgedrückt ..."

„An der Sache und ihrer Berechtigung — nein, daran zweifle ich nicht, nur daran, ob sie durchgesetzt werden kann — auch weiß ich noch nicht, wie Ihre Vereine und Kongresse das Werk anpacken wollen ..."

„Also, wenn Sie wüßten, daß das Werk gut angepackt wird, würden Sie dann mithelfen?"

„Ja, das würde ich. Belehren Sie mich, überzeugen Sie mich — (renseignez-moi, convainquez-moi waren seine Ausdrücke) und dann will ich für die Bewegung etwas Großes tun."

Ich antwortete, daß ich nicht jetzt — entre la poire et le fromage — die ganze Sache erklären, eingewurzelte Zweifel verscheuchen und feste Ueberzeugung hervorrufen könne — aber ich würde von nun ab ihn auf dem laufenden halten, ihm regelmäßig meine Revue und andere einschlägige Publikationen schicken, ich würde trachten, ihn nicht nur zu „renseignieren", sondern zu begeistern.

„Gut, versuchen Sie das — ich liebe nichts so sehr, als mich begeistern zu können, ein Ding, das mir meine Lebenserfahrungen und meine Mitmenschen stark abgeschwächt haben."

Nobel besaß ein kleines Motorboot aus Aluminium, auf dem wir in seiner Gesellschaft köstliche Rundfahrten auf dem See machten —

das silberglänzende Fahrzeug schnellte über die Flut, ohne zu schaukeln. Wir saßen zurückgelehnt, in bequemen Bordstühlen mit weichen Plaids bedeckt, ließen das Zauberpanorama der Ufer an uns vorbeigleiten und sprachen über tausend Dinge zwischen Himmel und Erde. Nobel und ich kamen sogar überein, daß wir zusammen ein Buch schreiben würden, ein Kampfbuch gegen alles, was die Welt in Elend und in Dummheit erhält. In seinen Anschauungen neigte Nobel sehr zum Sozialismus; so sagte er, es sei für reiche Leute unstatthaft, ihr Vermögen den Verwandten zu hinterlassen; vererbte große Vermögen erachte er für ein Unglück, denn sie wirken lähmend. Angesammelte große Habe müsse an die Allgemeinheit und für allgemeine Zwecke zurückgehen; die Kinder der Reichen müßten nur so viel bekommen, um gut erzogen werden zu können und vor Mangel geschützt, aber genug wenig, um zur Arbeit und durch diese zur neuerlichen Bereicherung der Welt angespornt zu sein.

Die Tage in Zürich verflogen schnell. Partien auf dem See, Ausfahrten inner- und außerhalb des Ortes, wobei ich den Reichtum der die Stadt umsäumenden Villen bewunderte, die alle mehr wie Schlösser anmuten —

„Ja, das haben alles die Seidenwürmer gesponnen," sagte Nobel.

„Dynamitfabriken sind vielleicht noch einträglicher als Seidenfabriken," bemerkte ich, „und weniger unschuldig."

„Meine Fabriken werden vielleicht dem Krieg noch früher ein Ende machen als Ihre Kongresse: an dem Tag, da zwei Armeekorps sich gegenseitig in einer Sekunde werden vernichten können, werden wohl alle zivilisierten Nationen zurückschaudern und ihre Truppen verabschieden."

Daß die wissenschaftlichen Fortschritte und technischen Entdeckungen bestimmt seien, die Menschheit zu regenerieren, das war sein Glaube. „Jede neue Entdeckung", schrieb er mir einmal, „verändert das menschliche Gehirn und befähigt die neue Generation zur Aufnahme neuer Ideen." Aus einem Briefe Alfred Nobels, der nicht an mich gerichtet war, mir aber zu Gesichte kam, habe ich mir nachstehende Stelle notiert: sie gibt Einblick in seine Lebensphilosophie:

„Licht verbreiten heißt Wohlstand verbreiten (ich meine den allgemeinen Wohlstand, nicht individuellen Reichtum), und mit dem Wohlstand verschwindet der größte Teil der Uebel, die ein Erbteil finsterer Zeiten sind."

„Die Eroberung der wissenschaftlichen Forschung und ihr sich stets erweiterndes Feld erwecken in uns die Hoffnung, daß die Mikroben — die der Seele sowohl als des Körpers — nach und nach verschwinden werden und der einzige Krieg, den die Menschheit führen wird, wird der Krieg gegen diese Mikroben sein. Dann wird der herrliche Ausdruck Bacons, daß es Wüsten in der Zeit gibt, sich nur mehr auf weit zurückliegende Zeiten beziehen."

Zum Abschied mußte ich Alfred Nobel nochmals versprechen, ihm regelmäßig über die Fortschritte der Friedensbewegung zu berichten, und ich habe auch von diesem Tage ab unablässig mit ihm (den ich leider nie mehr wiedergesehen) über die Friedenssache korrespondiert. Als Zeugnis, wie bald und wie lebhaft er sich dafür interessierte, setze ich folgenden Brief hierher, den er mir wenige Monate nach dem Beisammensein in der Schweiz geschrieben:

Paris, 7 janvier 1893.

Chère amie,

Que la nouvelle année vous soit prospère pour vous et pour la noble campagne que vous menez avec tant de force contre l'ignorance et la férocité humaine.

Je voudrais disposer d'une partie de ma fortune pour en faire un prix à distribuer tous les cinq ans (mettons six fois, car si dans trente ans on n'a pas réussi à réformer le système actuel, on retombera fatalement dans la barbarie).

Ce prix serait décerné à celui ou à celle qui aurait fait faire à l'Europe le plus grand pas vers les idées de pacification générale.

Je ne vous parle pas de désarmement, qui ne peut se conquérir que très lentement; je ne vous parle même pas d'un arbitrage obligatoire entre nations. Mais on devrait arriver bientôt à ce résultat (et on y peut parvenir), à savoir que tous les Etats s'engagent solidairement à se tourner contre le premier agresseur. Alors les guerres deviendront impossibles. Et l'on arriverait à forcer, même l'état le plus querelleur à recourir à un tribunal ou à se tenir tranquille. Si la triple alliance, au lieu de comprendre trois états, ralliait à elle tous les états, la paix des siècles serait assurée.

39

Entstehung der Deutschen Friedensgesellschaft in Berlin

Als wir von Bern heimkehrten, harrte unser zu Hause viel Arbeit. Die Redaktion der Revue, die Präsidiumspflichten in unseren beiden Vereinen und dabei die ununterbrochene literarische Produktion — das alles gab uns viel zu schaffen. Meine Korrespondenz hatte sich nun stark erweitert. Es war mein glühender Wunsch, daß auch in Berlin eine Friedensgesellschaft entstehe. Während meines

Aufenthaltes dort war die Sache wohl schon in Angriff genommen, aber nicht zustande gekommen. Jetzt knüpfte ich wieder mit einigen hervorragenden Persönlichkeiten in Berlin brieflichen Verkehr an, um weiter über diese Angelegenheiten zu unterhandeln. Ich hatte schon zu Anfang des Jahres in derselben Richtung korrespondiert und nahm jetzt die Beziehungen mit doppeltem Eifer wieder auf.

Stellen aus meinen eigenen Briefen geben über den Verlauf jener Gründungsgeschichte einige genaue Anhaltspunkte. Ich will diese Stellen hierhersetzen. Das mir vorliegende Material besteht aus den Briefen, die ich in jenen Jahren an meinen Verleger, A. H. Fried, gerichtet, der sich mit mir um die Gründung eifrig bemühte — der eigentlich den Anstoß dazu gegeben hatte. Er hat meine sämtlichen Briefe aufbewahrt und mir, über meinem Wunsch, die Sammlung aus dem Jahre 1892 zur Verfügung gestellt, woraus sich nun in authentischer Weise und in chronologischer Folge einige Daten, die ich sonst längst vergessen hätte, von jener Gründung, die mir so am Herzen lag, deutlich ergeben.

2. Jänner 1892.

— — Deutsche Friedensgesellschaft existiert eigentlich noch keine. Virchow hat sich ursprünglich gewinnen lassen, ist aber seither verstummt. Max Hirsch, Reichstagsabgeordneter, will nun eine gründen. Dr. Barth, der Herausgeber der „Nation“, gehört auch zu den Unserigen. In Frankfurt besteht auch ein Verein, glaube ich.

14. Jänner 1892.

— — Auch Ihre Frage um Dalberg ist berechtigt, denn ein Parteipolitiker wie Hirsch wäre an der Spitze der Bewegung nicht der Richtige. Ich bin eben daran, andere Beziehungen in Berlin anzuknüpfen.

29. Jänner 1892.

Daß in Deutschland jetzt eine Friedensgesellschaft entstehen würde, ist beinahe gewiß. Hirsch schrieb mir heute, daß die sechzig Abgeordneten des Friedensbureaus des Reichsrats (sic!) wohl eine Gesellschaft zustande bringen und daß ich dieselbe bei meiner Ankunft in Berlin schon vorfinden werde. Das würde wohl ein Wachstum für unser Blatt bedeuten.

1. März 1892.

Grundsteinlegung während meines Aufenthaltes — das wäre wunderschön! Ich würde dafür sorgen, bei dieser Gelegenheit eine große Sympathiekundgebung aus dem französischen Parlament mitzuteilen. Wenn nur nicht bis dahin eine Revolution ausbricht in Ihrem schönen Berlin und der Herrgott von Dannewitz hineinschießt . . .

9. März 1892.

Gustav Freytag wäre wohl der richtige Mann der Stellung, aber ich glaube, nicht der Gesinnung nach.

4. April 1892.

Dr. Hirsch schrieb mir, daß in der bewußten Versammlung die Frage (Gründung einer Gesellschaft) nicht zur Sprache kommen konnte; daß ich aber unbesorgt sein solle. Nun, eine Zeitlang will ich noch unbesorgt sein — und dann mache ich mich ans Brief- und Artikelschreiben, bis eine deutsche Friedensgesellschaft entsteht. Wir müssen sie haben. Karpeles soll mit Hirsch reden. Um Namensunterfertigungen zu gewinnen, muß man zuerst ein provisorisches Komitee zusammenstellen, welches dann unter dem Vorbehalt, später nicht aktiv sein zu müssen, zeichnet. So hab' ich's in Wien gemacht. Die großen Tiere bleiben dann nur als Ehrenpräsidenten. Das genügt vollkommen.

9. April 1892.

Heute schrieb ich an Karpeles einen langen Brief zur Förderung der Berliner Friedensgesellschaft; wenn Sie Gelegenheit haben, suchen Sie Karpeles auf und sprechen Sie mit ihm über die Sache. Wenn du Bois-Reymond seinen Namen hergeben wollte . . . Vor Bern muß eine deutsche Gesellschaft ins Leben treten.

31. August 1892. Bern.

Wegen der hiesigen Gesellschaftsbildung brauchen Sie dortige Arbeiten nicht einzustellen. Bitte nur Namen weitersammeln. Es wird sich schließlich doch in Berlin zentralisieren.

5. September 1892.

Ja, die Berliner Bewegung wird stocken — das begreife ich (wegen der schlechten, parteiischen Berichte über den Berner Kongreß); aber bis zum nächsten Kongreß müssen Gesellschaften gebildet werden, und es wird gelingen.

10. September 1892.

Die Grelling-Nachricht sehr gut. Ich sehe schon, daß sich die Gesellschaft in Berlin konstituieren wird. Dem Grelling werde ich schreiben. — Karpeles hat ganz recht, nicht beitreten zu wollen; er soll mithandeln, Leute ins Komitee bringen, aber nicht zeichnen. Wie die Dinge stehen, darf die Initiative nicht von zu vielen Juden ausgehen — sonst wird sie gleich klassifiziert; ebensowenig wie sie etwa zu sozialdemokratisch sein dürfte. Die österreichischen Witzblätter stellen mich ohnehin als Anführerin polnischer Juden dar. — Ich werde noch mehrere Menschen namhaft machen, die der deutschen Gesellschaft behilflich sein werden. Die Zeit zu dieser Gründung ist durch die drohende Militärvorlage die denkbar günstigste. Damit auch in Deutschland die Massenpetition, die unser Bureau verfaßt hat, unterschrieben werde, müssen dort Gesellschaften bestehen. Die Manifestation kann geradeso großartig werden wie gegen die Schulgesetze — noch großartiger! Da sie gleichzeitig in ganz Europa sich erheben soll.

1. September 1892.

Hier sind noch zwei zustimmende Briefe zu der Berliner Friedensgesellschaft. Der von Hirsch ist ja eine gute Nachricht.

24. Oktober 1892.

— — Nein, mit den Parteimännern, die nur mit Rickert und den dortigen Friedensvereinsgegnern gehen wollen, ist nichts zu machen; namentlich wenn sie die Auffassung haben, daß die Militärvorlage (dieser herrlichste Anlaß für einen Massenprotest) hinderlich sei. Wir brauchen auch die Freisinnigen nicht, die bilden ja ohnehin die Friedenskonferenzgruppe — es werden sich schon andere anschließen. Nur einer müßte als Vorsitzender auftreten.

27. Oktober 1892.

Ich werde trachten, Hoyos, Starhemberg oder den Herzog von Oldenburg zu bewegen, zur Berliner Versammlung zu kommen, oder doch wenigstens hinzuschreiben. Wrede wird schreiben — hinreisen kann er nicht. Sehe mit Spannung einem Bulletin entgegen. Südekum soll mir ausführlich schreiben und oft.

28. Oktober 1892.

Dr. Förster wird nicht wollen, glaube ich. Auch zu gehetzt. Bothmer vielleicht — ich schreibe ihm u. a. Ich weiß nicht, ob seine Mittel es erlauben. Also Titel braucht Ihr, Ihr Demokraten? — Halte es nicht für nötig. Der in Bethlehem Geborene hatte auch keine Titel und sein Verein blüht noch. —

1. November 1892.

Wie es scheint, sind die Sachen wieder auf Schwierigkeiten gestoßen. Nun, es wird werden; kann nicht mehr ganz einschlafen ... Die Notiz einer entstehenden Gesellschaft — wie soll ich das machen? Ohne Namen, ohne Details ... Daß eine gebildet werden wird, habe ich schon öfters verkündet: vor meiner Berliner Reise und vor Bern — und immer war's nichts. Man wird mir schon nicht mehr glauben. Vielleicht das Beiliegende? Wenn Sie einverstanden sind, schicken Sie es der Druckerei. Uebrigens kann eine solche Notiz im letzten Augenblick gemacht werden und Sie werden an Ort und Stelle am besten wissen, was sich sagen läßt.

1. November 1892.

Was mir unser Südekum (das ist einer von den Unseren) schreibt, läßt mich an dem Zustandekommen der erforderlichen Friedensgesellschaft zweifeln. Beifolgend habe ich ein paar Gedanken aufgeschrieben, die sich darauf beziehen. Hier schicke ich auch einen Brief an Hetzel. Bitte ihn zu besorgen. An Oldenburg habe ich gestern geschrieben, auch an Hoyos. Aber natürlich glauben diese alle, daß es sich um einen Verein nach dem Muster des österreichischen handelt. Handelt es sich aber darum, eine neue politische Partei zu bilden, so mag das geschehen — aber außerhalb des großen Vereins, an welchen Frauen, Lehrer und Lehrerinnen sich anschließen können. Unsere Zentrale ist jetzt das Berner Bureau. Das ist der Sammelplatz unpolitischer Vereine. Die Politiker tagen in der interparlamentarischen Konferenz — und auch die müssen den Takt haben, mit dem Statusquo nicht hervorzurücken, sonst verlassen die Franzosen augenblicklich den Saal, und was ist dabei gewonnen? Ebenso müssen Franzosen verschweigen, daß sie vom künftigen Schiedsgericht oder künftigen Regierungskongressen die Rückgabe der Provinzen erhoffen, sonst müßten die Deutschen hinaus. Darüber sich zu einigen, wird Zeit sein, bis durch die Macht der öffentlichen Meinung die Regierungen gezwungen sein werden — mit Hinblick auf die Friedenssicherung — solche Fragen zu schlichten. Adieu! hoffentlich wird die Majorität des vorbereitenden Komitees für die Bildung eines nichtpolitischen Vereins stimmen. Und hoffentlich wird dann Dr. Schlief seine Kraft nicht entziehen.

4. November 1892.

Heute Ihre beiden Briefe gleichzeitig erhalten. Ueber Förster, Spielhagen u. s. w. hocherfreut. Nun, ich will noch nicht jubeln, bis ich nicht weiß, wie die Donnerstagssitzung ausgefallen, da es ja noch immer möglich ist, daß man sich nicht einigte. Aber dann werde ich einen Freudenschrei ausstoßen. Oldenburg ist durch mich vorbereitet. Ein Ersuchen um Beitritt zum Komitee wird dann, von Förster und Spielhagen ausgehend, mehr Chance haben zu wirken. Besonders Spielhagen — weil Oldenburg auch schriftstellert und daher von der kollegialen Seite gepackt werden muß. Den gewünschten Brandbrief an die bezeichnete Exzellenz*) werde ich schreiben. Nächstens werden Sie mich mit dem Tod in Korrespondenz setzen ... Bin auf die nächsten Nachrichten gespannt; würde aber nicht staunen und nicht entmutigt sein, wenn die Sache nicht gleich klappte.

5. November 1892.

Mein lieber Fried!

Ich habe schon lange keine größere Freude erlebt, als die mir Ihre Depesche bereitete! Das ist ja herrlich. Ihr Verdienst dabei ist unberechenbar — hätten Sie nicht unermüdlich fortgearbeitet, es wäre nichts zustande gekommen — wenigstens noch lange nicht. — Fünfzehn Gründer! Davon sind Förster und Spielhagen allein schon ansehnlich genug. Ist Levysohn auch dabei, so wird das „Berliner Tageblatt" viel für die Publizistik

*) Minister von Roggenbach.

tun und Mosse hoffentlich für die pekuniäre Seite. Die Depesche Wredes ist ohne mein Dazutun abgegangen, sonst hätte ich nicht gestattet daß mein Name in den Vordergrund gestellt werde. Nun, die Hauptsache werden ja die Begrüßungen bei der ersten großen, öffentlichen Versammlung sein — und da werde ich schon trachten, daß Krafft-Ebing, Starhemberg, Oldenburg u. s. w. sich einstellen. Da werden die Deutschen und Oesterreicher auch „Schulter an Schulter" arbeiten — aber nicht in der alten, zähnefletschenden Manier.

Sie müssen nun trachten, daß unsere Revue für die deutsche Gesellschaft „offiziell" werde. Der Schriftführer müßte dann allmonatlich einen kurzen Bericht einsenden. Wenn in den übrigen Städten von Deutschland noch andere Gesellschaften entstehen, so ist's ja für die Bewegung desto besser.

7. November 1892.

Mein Brief an Roggenbach ist irrtümlicherweise erst heute abgegangen, so daß er Mittwoch in seinen Händen sein wird. Passy schrieb mir heute vergnügte Karte über die bonne nouvelle aus Berlin — als ob ich sie nicht wüßte! Ihr Brief kam, weil in die Deputiertenkammer adressiert, zu spät. Seine Adresse ist Frédéric Passy, de l'Institut, Neuilly bei Paris. — Daß Schlief wegbleibt, ist bedauerlich; aber politisch durfte der Verein nicht werden. Wenn nebstbei eine politische, einzig auf den Frieden eingeschworene Partei sich bildet, so wäre das ja ganz schön. Daß die E.-L.-Frage mit Stillschweigen übergangen wird, ist gut — es muß aber wirklich darüber geschwiegen werden, nicht im Aufruf gesagt, daß man sie verschweigt, weil man sie nicht anerkennt; das würde den internationalen Verkehr der neuen Gesellschaft erschweren. Die Lösung muß sein: Wir sagen nicht, wo in den schwebenden Konflikten das Recht liegt, wir wollen nur, daß eine Rechtsordnung und ein Tribunal geschaffen werde, wo die Kompetenten und die Machthabenden (das sind wir nicht) die Konflikte ohne Gewalt austragen.

9. November 1892.

Die Worte Grellings in der ersten Versammlung freuen mich sehr. Schlief möge nur extra seine politische Partei bilden — desto besser.

13. November 1892.

Die Sympathie Virchows ist wertvoll. Ich würde vorschlagen, diese Sympathie so zu benutzen — zu dem Aufruf etwa folgendes setzen:

Durch anderweitige Berufsverpflichtungen verhindert, sich tätig dem Vorstande unserer Gesellschaft anzuschließen, aber von voller Sympathie mit unseren Zielen durchdrungen, haben die nachstehenden Persönlichkeiten gestattet, in diesem Aufruf ihre Namen zu nennen und so ihre Uebereinstimmung mit dem hier Gesagten zu bekunden:

Virchow. Schönaich-Carolath u. s. w.

Die Bürstenabzüge dieses Aufrufs müßten den Betreffenden, die man weiter werben will, zugeschickt werden. Morgen werde ich ein Schema vorlegen; heute keine Zeit.

Sollte der Aufruf schon gemacht sein, so hoffe ich, daß er so kurz als möglich sei. Das vermeidet Widersprüche. Er braucht nicht erst zu bekehren. Es kommen doch nur Gesinnungsgenossen und die sind — Gott sei Dank — zahlreich.

14. November 1892.

Hier ist also ein Schema. Vielleicht finden die Herren einige Anhaltspunkte darin. Ich glaube, daß vielleicht das Gute daran ist, daß es ein Programm enthält, welches für die fernere Tätigkeit eine Richtschnur gibt und dasjenige eliminiert, was ein Friedensverein nicht machen kann, nämlich selber den Frieden gründen, die politischen Kriegsursachen wegräumen. — Zugleich auch ein zweites Schema für Anzeigen in den Blättern — wird leichter unterzubringen sein als der große Aufruf. Ach, die Ueberbürdung! — Man wird von dem Räderwerk so vieler Maschinen gepackt, daß man sich kaum noch auskennt. — Sie sind jetzt auch darin. Ein Glück noch, daß Südekum mithelfen kann. — Die Unannehmlichkeiten und Schwierigkeiten in der Vereinsgeburt und Kindheit: ach, die kenne ich auch — darüber hilft nur ein Blick auf die Erhabenheit des Zieles. Mit herzlichem Handschlag dem tapferen Kampfgenossen u. s. w.

16. November 1892.

Von Roggenbach erhielt ich beifolgenden Brief, den ich mir zurückerbitte nach einigen Tagen. Ich schicke ihn, weil er so viel Wichtiges und für die Bildung und das Programm der neuen Gesellschaft so Nützliches enthält. — Daß es gut ist, wenn Sie und die Genossen ihn lesen. Es handelt sich darum — das wird immer klarer — den Statusquo weder zu negieren noch zu affirmieren; einfach darüber schweigen. Nur auf diese Weise können Franzosen und Deutsche gemeinsam für den Endzweck arbeiten.

12. November 1892.

In Ihrem heutigen Brief erschreckt mich „Förster will nicht". Hatte er denn nicht schon zugestimmt? Haben wir nicht etwa zu früh die Nachricht veröffentlicht? Heute habe ich wieder zwölf Seiten an Roggenbach geschrieben.

29. November 1892.

Ueber die Konstituierung des Komitees freue ich mich sehr. Wenn eine Sitzung stattfand, so bitte dies in Nr. 12 noch zu verlautbaren ... Oldenburg will leider nicht hervortreten. Er sagt, er habe niemals politisch an die Oeffentlichkeit kommen wollen, und kann es in der Friedensbewegung als Oberst noch weniger. Aber vielleicht gelingt mir doch noch etwas. Am

7. Dezember kommt er zur Generalversammlung, am 8. speisen wir bei ihm und seiner Frau auf Schloß Erlaa — vielleicht läßt er sich beim Dessert zu etwas hinreißen.

3. Dezember 1892.

Die Lässigkeit des Förster und G(izicky) kann ich mir sehr gut erklären; sie sind mit ganzer Seele „Ethik“ und da kann man nichts Zweites leiten. Präsidentenstelle könnte ja vorläufig offenbleiben. Die Hauptsache ist der Schriftführer. Außerdem alle die großen Namen „Ehrenpräsidenten“.

5. Dezember 1892.

Hier der gewünschte Brief. Adresse und Namen schreiben Sie darauf. Vielleicht hat inzwischen K. (Professor Kohler) schon abgelehnt oder ist ein anderer im Auge.

5. Dezember 1892.

Von Spielhagen war die Sache recht unfreundlich. In denselben Zeilen, in welchen er ablehnte (die Präsidentschaft), hätte er manifestieren können. Das Herz muß dabei sein. Na, und Gott sei Dank, das unsere ist dabei.

18. Dezember 1892.

Zur Präsidentenwahl meine ich nochmals, daß schlimmstenfalls der Posten offenbleiben kann und zwei Vizepräsidenten gewählt werden. Hauptsache wäre ein tätiger Schriftführer. Fallen lassen darf man die Sache nicht mehr. Man freut sich in Bern zu lebhaft darüber; auch von der autographierten Korrespondenz des Bureaus schon überall hingemeldet. Hodgson Pratt ist entzückt. Also Aushalten und Zähigkeit! Kommt man auch nicht gleich ins klare, was man tut — einerlei: das Wichtige ist, daß man ist; das übrige ergibt sich.

21. Dezember 1892.

Wie zitternd ist mein Herz dabei! (Bei der für den 21. Dezember angesagten Versammlung der D. F. G.) Wie freute ich mich über Ihren Habemus Papam! — Ja, das wäre eine Weihnachtstat!

So war die langersehnte Gründung zur Tatsache geworden!

40
Aus Harmannsdorf und aus Chikago

Nun existierte also in der deutschen Hauptstadt eine Friedensgesellschaft, um welche Zentrale sich voraussichtlich in allen übrigen größeren deutschen Städten Gesellschaften gruppieren würden. Die vorgesetzte Aufgabe, Bildung einer weitverbreiteten öffentlichen Meinung, war also im besten Zuge, ausgeführt zu werden. Ich sah mit Freuden eine geradlinige Entwicklung der Bewegung vor mir. Daß der Anfang noch ein winziger war, sah ich wohl ein. Was waren unsere paar tausend organisierten Mitglieder zu den tausendfünfhundert Millionen, die die Erde bevölkern — und wie gering, nicht nur an Zahl, sondern an Macht und Ansehen gegen die Repräsentanten und Hüter des alten Systems ... Aber was bedeutet das erste, mit Veilchen bedeckte Grasplätzchen gegen die meilenweit mit Märzschnee bedeckten Felder? Es bedeutet, daß das Frühjahr kommt. Was bedeutet der erste Dämmerschein in die rings die Gegend verhüllende Nacht? Er bedeutet, daß die Sonne aufgeht. So faßte ich die bescheidenen Resultate auf, die bis dahin der Friedensgedanke erzielt hatte, und gab keinem Zweifel Raum, daß das Lenzhafte, das Lichthafte, das ihm innewohnt, in allmählicher, aber ununterbrochener und immer schnellerer Progression zur Entfaltung kommen müsse.

Daran zweifle ich übrigens auch heute nicht. Nur das hat mir die Erfahrung gelehrt, daß solche Bewegungen nicht in so gerader Linie und in so regelmäßigem Tempo verlaufen, wie ich damals wähnte. Eine Zickzacklinie ist's, die mitunter hoch hinaufschnellt, dann wieder hinabsinkt, scheinbar verschwindet und mit neuem Elan wieder an ganz unerwarteten Punkten ansetzt. Und alle direkte, „zielbewußte" (um das vereinsmeierliche, abgehetzte Wort zu gebrauchen) Arbeit wird von unvorhergesehenen, anonymen Nebeneinflüssen teils gehemmt, teils unterstützt. Mehr unterstützt als gehemmt: denn wo etwas Neues werden will, konvergieren die Kräfte in allen Richtungen dahin.

Unser Leben war jetzt reich gefüllt. Wir genossen zwei Güter, die man sich vereint schwer denken kann: das stürmische Streben ins Weite hinaus und die Ruhe im stillen Winkel. Voll von Hoffnungen, Erwartungen, Kämpfen, in heller Begeisterung oder in bebendem Zorn steuerten wir in die Zukunft; und ein geschütztes, sicheres, von Liebe und Heiterkeit schön ausgepolstertes Nestchen war uns die Gegenwart.

Daß wir kinderlos geblieben, — über dieses Los haben uns

wohl manche bemitleidet; denn Kindersegen gilt doch als das höchste Glück .... aber so wie ich in diesen Erinnerungen kein einziges Mal über diesen Mangel eine Klage ausgesprochen, so haben wir beide auch niemals eine solche Klage erhoben. Vielleicht wenn wir das Glück gekannt hätten, so würden wir gar nicht begriffen haben, daß man dessen Entbehrung nicht schmerzlich empfindet — aber Tatsache ist — uns hat die Kinderlosigkeit nicht einen Seufzer gekostet. Ich erkläre mir das so: nicht nur, daß wir an einander volles Genügen fanden — sondern jenes Bedürfnis, in die Zukunft hinauszuleben, das ja dem Wunsche, Nachkommen zu haben und für diese zu wirken und zu schaffen zugrunde liegt, dieses Bedürfnis war uns durch unsere Arbeit befriedigt, die ja auch in die Zukunft hinausstrebte, die sich an etwas noch Kleinem, aber Wachsendem, Aufblühendem erfreute. Daneben das literarische Schaffen — man weiß ja und es wird auch vom Sprachgebrauch bestätigt — daß Autorschaft eine Art Vaterschaft ist.

Wie hatte sich mein Leben jetzt doch so ganz anders gestaltet, als es in meiner Kindheit und Jugend vorgeahnt war! An diese Jugend und Kindheit zurückzudenken, mir ihre Erinnerungen aufzufrischen, hatte ich nun oft Gelegenheit. Meine alte Tante Lotti, Elvirens Mutter, die jetzt ganz einsam war und auf der Welt nichts mehr liebte als mich, hatte sich in meine Nähe gezogen. Sie wohnte eine Stunde weit von Harmannsdorf, und ich fuhr wöchentlich wenigstens einmal zu ihr, um mit ihr ein paar Stunden zu verplaudern. Alte Reminiszenzen zumeist. An meinem gegenwärtigen häuslichen Glück und an meinen Arbeiten nahm sie auch lebhaften Anteil; aber am liebsten sprachen wir doch von vergangenen Zeiten miteinander, von den Tagen, da Elvira und ich miteinander „Puff“ spielten. — Tante Lotti war eigentlich das einzige Band, das mich mit meiner Vergangenheit verknüpfte. Zwar lebte ja mein Bruder, aber bis auf ein paar selten getauschte Briefe waren wir in keinem Kontakt miteinander geblieben. Daher habe ich in diesen Aufzeichnungen auch nicht mehr von ihm erzählt. Er war ein Sonderling. Lebte ganz menschenscheu und zurückgezogen in einer kleinen dalmatinischen Stadt; beschäftigte sich mit Blumenzucht und Schachspiel. Seine Gesellschaft bestand aus einer Anzahl Katzen. Spazierengehen am Strand des Meeres, Lektüre botanischer und mineralogischer Werke waren seine einzigen Passionen. Ich hatte ihn seit 1872 nicht gesehen und bin auch bis zu seinem vor einigen Jahren eingetroffenen Tode nicht wieder mit ihm zusammengekommen.

Im Jahre 1893 hatten wir keinem Friedenskongresse beigewohnt.

Seit ich von dieser Bewegung mitgerissen wurde, zähle ich die Etappen meiner Lebenserinnerungen zumeist nach Kongreßreisen. Denn diese brachten immer wieder sichtbare Zeichen von dem Fortgang der mir so sehr am Herzen liegenden Sache und die Möglichkeit, tätig daran mitzuhelfen; sie brachten die Berührung mit den alten Freunden und Anknüpfung neuer Freundschaften; schließlich brachten sie uns an neue Orte in noch ungekannte Milieus und verschafften uns jenen Genuß, den der Meine über alles schlürfte — das Reisen an sich. Miteinander in einen Wagen zu steigen und — hinaus! — das war uns ein unbeschreibliches Festgefühl.

Der diesjährige Kongreß wurde in Chikago abgehalten, anläßlich der dort stattfindenden Weltausstellung, „the world's fair" betitelt. Unsere Mittel reichten zu der weiten Reise nicht, und wir verzichteten. Mit dem Amt, mich beim Kongreß zu vertreten, betraute ich meine Freundin Malaria — Frau Olga Wisinger, die berühmte Malerin. Sie war auch in der österreichischen Abordnung mit uns in Rom gewesen und eine begeisterte Anhängerin unserer Sache; also war die Mission in guten Händen. Der Name „Malaria" ist nur ein Spitzname und bezieht sich nicht etwa auf fiebertreibende Eigenschaften der großen Künstlerin; sein Ursprung war dieser: In Rom mußten alle Teilnehmer Namen und Charakter eintragen, damit eine Präsenzliste gedruckt und verteilt werde. Da stand nun unter der österreichischen Gruppe zu lesen: Signora Olga Wisinger, Malaria; so hatten die Italiener das Wort „Malerin" entziffert.

Während „the world's fair" wurden in Chikago unzählige Kongresse abgehalten, darunter auch der Kongreß der Religionen. Alle großen Kirchengemeinschaften der Erde hatte einen geistlichen Würdenträger dahin entsendet. Wohl auch zum erstenmal, daß die Verkünder verschiedener Glaubensbekenntnisse zusammentraten — nicht um einander zu bekehren oder zu bekämpfen, sondern um die Grundsätze hervorzukehren, die ihnen allen gemeinsam sind. Und christliche Bischöfe, mosaische Rabbiner, buddhistische und mohammedanische Priester fanden sich in dem Grundsatz geeinigt: Gott ist der Vater aller — also seien alle Brüder. Es war somit auch ein Friedensgrundsatz, der sich aus diesem Kongreß der Religionen ergeben hat.

Der eigentliche Friedenskongreß, der vom 14. bis 19. August in „The Memorial Washington Hall, Art Palace" (Regierungsdepartement der Columbischen Ausstellung) tagte, wurde von Josiah Quincy, „Assistent Secretary of State", präsidiert. Unter den Teilnehmern und Rednern befand sich Thomas Bryan, derselbe, der im Jahre 1904 als Gegenkandidat Roosevelts um die Präsidentschaft der Vereinigten Staaten auftrat und vielleicht bei einer nächsten Präsidentenwahl den Sieg erringen wird.

An diesem Kongresse nahmen auch Abgesandte aus Afrika und aus China teil. Die Europäer waren nur schwach vertreten. Die Fahrt über den großen Teich, der für Amerikaner „a trip“ heißt, schreckt die Bewohner unseres Erdteils doch noch sehr zurück. Von Deutschland war Dr. Adolf Richter gekommen, Dr. Darby aus England; Moneta aus Italien und aus Oesterreich — Malaria. Die Amerikaner waren natürlich zahlreich und durch hervorragende Männer — Gelehrte, Richter, Staatsmänner — vertreten. Auch ein Soldat, General Charles Howard, hielt einen Vortrag über das internationale Tribunal. Eine kirchliche Spezialkonferenz schloß sich an mit Bezug auf die geplante Petition der verschiedenen christlichen Körperschaften der Welt an die Regierungen zugunsten des Schiedsgerichts. Dieser Plan wurde ausgeführt und die Petition, die von etwa hundert kirchlichen Würdenträgern aller Länder gezeichnet war, wurde in der Folge sämtlichen Staatsoberhäuptern unterbreitet. Mit der Aufgabe, das für den Kaiser von Oesterreich bestimmte Exemplar zu überreichen, bin ich betraut worden.

41
Wassilj Wereschtschagin

Nun will ich von Wassilj Wereschtschagin erzählen. Als ich erfuhr, daß der große russische Künstler, der mit seinem Pinsel denselben Feind bekämpfte, gegen den ich meine Feder wandte, sich in Wien aufhielt, wo er eine Anzahl seiner Bilder ausgestellt, eilte ich nach der Stadt, um die berühmten Bilder zu sehen: — „Bei Schipka alles ruhig“, „Apotheose des Kriegs“ und wie alle diese Anklagen hießen. Schon in den Namen, die er seinen Gemälden gab, drückte der Künstler die Bitterkeit aus, die — neben dem Schmerz — seinen Pinsel führte. Der in der Schneeeinöde vergessene Posten, der schon bis zur halben Brusthöhe eingeschneit dasteht — das war's, was Wereschtschagins Geist hinter der bekannten Feldherrendepesche „Vor Schipka alles ruhig“ erblickte, und eine Pyramide aus Schädeln, von gierigen Raben umflattert: so malte er die „Apotheose des Kriegs“.

Noch ehe ich dazu kam, in die Ausstellung zu gehen, erhielt ich ein Billett des Künstlers, worin er mich einlud, an einem bestimmten Tage um zehn Uhr vormittags ins Künstlerhaus zu kommen; er wolle dort sein und mir selber die Honneurs der Ausstellung machen. Wir fanden uns pünktlich ein, der Meine und ich. Wereschtschagin empfing uns an der Tür. Mittelgroß, mit einem langen grauen Vollbart, lebhaft, beredt (er sprach Französisch), ein durch Ironie gedämpftes, leidenschaftliches Wesen — —

„Wir sind Kollegen und Kameraden, gnädige Frau," lautete seine Begrüßung. Und nun führte er uns von Bild zu Bild und erzählte, wie es entstanden und was er sich dabei gedacht. Bei vielen der Bilder konnten wir Ausrufe des Schauderns nicht unterdrücken.

„Sie glauben vielleicht, dies sei übertrieben? — Nein, die Wirklichkeit ist noch viel schrecklicher ... man hat mir sehr oft Vorwürfe gemacht, daß ich den Krieg von der schlechten, abstoßenden Seite dargestellt hätte ... als ob der Krieg zwei Seiten habe — eine angenehme, anziehende und eine andere unschöne, abstoßende — es gibt nur einen Krieg mit nur einem Ziel: der Feind muß möglichst viel dulden, möglichst viel Menschen an Gefallenen, Verwundeten und Gefangenen verlieren, einen Schlag nach dem anderen bekommen, bis er um Schonung bittet."

Vor dem Bilde „Apotheose des Krieges" machte er uns auf eine Inschrift aufmerksam, die mit kleinen russischen Buchstaben unten am Rande stand:

„Das können Sie nicht lesen, es ist Russisch und heißt: ‚Gewidmet den Eroberern der Vergangenheit, Gegenwart und Zukunft.' Als das Bild in Berlin ausgestellt war, ist Moltke davor gestanden — ich war an seiner Seite — ich habe ihm die Worte übersetzt — die Widmung galt ja auch ihm ..."

Ein anderes Gemälde stellte eine mit dicker Schneeschicht bedeckte Straße vor und hin und wieder hervorragende Hand- oder Fußspitzen. „Was ist das, um Himmels willen!" riefen wir.

„Kein Phantasiebild ... es ist Tatsache, daß im Winter, sowohl im letzten Russisch-Türkischen Krieg, als auch während anderer Winterkampagnen, der Weg, welchen die Regimenter passierten, mit Leichen bedeckt war — wer das nicht gesehen hat, dem fällt es schwer, es zu glauben. Die Kanonen, Artillerie- und andere Wagen drücken die Unglücklichen mit ihren Rädern noch lebend in die Radspuren hinein, worauf die Leichen, damit der Weg nicht verdorben würde, schon nicht mehr herausgenommen, sondern in den Schnee vollkommen eingepreßt werden — nur die mitunter hervorragenden Gliedspitzen zeigen darauf hin, daß der Weg ein dichter Friedhof ist ..."

„Ich begreife," sagte ich, „daß Ihnen der Vorwurf gemacht wurde, gerade das Schrecklichste, was Sie gesehen, wiederzugeben."

„Das Schrecklichste? Nein. Nicht wenige dramatische Stoffe fand ich, vor denen ich direkt zurückgewichen bin, weil ich mich nicht imstande fühlte, sie auf die Leinwand zu bannen; ich erlebte zum Beispiel folgendes: Mein Bruder, der bei General Skobelew Adjutant war, wurde beim dritten Sturm auf Plewna getötet. Der Ort, wo er fiel, wurde vom Feinde besetzt, so konnte ich den Leichnam meines Bruders nicht bergen. Nach drei Monaten, als sich Plewna ergeben hatte, ging ich an die Stelle hin und fand sie mit Leichen — richtiger mit Skeletten — bedeckt; soviel ich auch suchen mochte, sah ich überall bloß mir entgegengrinsende Schädel und hier und da noch mit Hemden und Fetzen bekleidete Gerippe, die mit den Händen irgendwo in die Ferne hinwiesen. Welcher von diesen war mein Bruder? Ich habe die Kleiderreste genau betrachtet, die Schädelknochen, die Augenhöhlen und . . . Ich hielt es nicht aus — die Tränen flossen mir in Strömen, und lange konnte ich dem lauten Weinen nicht Einhalt gebieten . . . . Trotzdem setzte ich mich nieder und entwarf eine Skizze dieser an Dantes Bilder der Hölle erinnernden Stelle. Ein solches Bild mit meiner Gestalt inmitten all dieser Skelette, dieselben auseinander werfend, wollte ich wiedergeben — nicht möglich. Sogar nach einem Jahre, nach zwei Jahren, sobald ich mich an die Leinwand setzte, schnürten mir dieselben Tränen die Kehle zu, und sie ließen mich nicht fortsetzen — und so habe ich dieses Bild niemals vollenden können."

Daß ich alles dies mit Wereschtschagins eigenen Worten erzähle, ist verbürgt. Ich habe ihn nämlich damals gebeten, er möchte doch das, was er eben gesagt, in einem Artikel wiederholen, den er meiner Monatsschrift schicken möge. Diese Bitte hat er erfüllt, und in Nr. 7 und 8, Jahrgang 1893 von „Die Waffen nieder" veröffentlichte Wereschtschagin die obigen Erinnerungen und noch manches andere dazu.

„Um besser zu begreifen, was der Krieg ist," erzählte Wereschtschagin weiter, „habe ich beschlossen, mich von allem mit eigenen Augen zu überzeugen: ich habe den Feind mit der Infanterie angegriffen und — es kam auch vor — die Soldaten zum Sturme geführt; ich habe an den Kavallerieüberfällen und -treffen teilgenommen und ging mit Marinesoldaten an die Attacke großer Schiffe mittels eines Minenträgers. Bei diesem letzten Anlasse wurde ich für meine Neugierde mit einer ernsten Wunde bestraft, welche mich beinahe ins Jenseits gebracht hätte, um dort meine Beobachtungen fortzusetzen."

Nun, wir wissen es heute, daß es in der Tat sein Schicksal war, von einer Mine in das Jenseits befördert zu werden. Eine der ersten Nachrichten, die vom Russisch-Japanischen Kriege in die Welt drang, war der Untergang des Panzers „Petropawlowsk", der auf eine Mine gestoßen war. Und am Bord saß Wereschtschagin, den Stift in der Hand, und zeichnete ... ein Ruck, ein Schmerzensschrei aus achthundert Kehlen, und — alles versank in die Tiefe. Wereschtschagin hatte die Episoden des allermodernsten Krieges beobachten und zeichnen wollen ... was wären das für Bilder geworden? ... Vielleicht wären sie ebenso unmöglich fertigzustellen gewesen wie die Wiedergabe der Szene bei Plewna — es gibt Schrecknisse, die die Hand des Bildners lähmen oder den Geist des Beobachters umnachten. Der Russisch-Japanische Krieg hat den Massenwahnsinn gezeitigt. — — Die vibrierende Künstlerseele Wereschtschagins wäre vielleicht am ehesten dem Wahnsinn verfallen, wenn er etwa versucht hätte, die Szenen zu malen, die sich auf Stacheldrähten und in Wolfsgruben abgespielt haben ...

Ich bin einige Jahre später — um hier meine ganzen Erinnerungen an Wereschtschagin zu erschöpfen — ein zweites Mal mit ihm zusammengekommen; da hatte er in Wien den Zyklus seiner Napoleonbilder ausgestellt. Kaiser Wilhelm II. soll ihm beim Anblick eines dieser Bilder gesagt haben: „Damit, lieber Meister, kämpfen Sie gegen den Krieg wirksamer an als irgendwelche Friedenskongresse."

Doch „anzukämpfen" war, glaube ich, überhaupt nicht die Absicht des Künstlers. Wahr wollte er sein. Er haßte nicht einmal den Krieg; er empfand dabei die Regungen des Jagdsports:

„Ich habe mehrmals" (dies seine eigenen Worte) „Menschen in den Schlachten getötet und kann aus Erfahrung sagen, daß die Aufregung wie auch das Gefühl der Genugtuung und der Befriedigung, nachdem man einen Menschen getötet hat, demjenigen vollkommen gleichkommt, welches man empfindet, wenn man ein größeres Wild zur Strecke gebracht."

42

Die Kommissionssitzung in Brüssel und ihre Resultate

In der Interparlamentarischen Konferenz, die im Jahre 1892 in Bern stattgefunden, wurde beschlossen, daß die nächste in Christiania tagen sollte. Doch ist dies durch die Umstände vereitelt worden. Der Konflikt zwischen Schweden und Norwegen, der zwölf Jahre später zur Trennung der beiden nordischen Länder geführt, hatte damals Formen angenommen, die es nicht geeignet erscheinen ließen, in der norwegischen Hauptstadt eine internationale Konferenz abzuhalten.

Die Konferenz fiel also aus. Als Ersatz dafür versammelten sich die Mitglieder des Bureaus der Interparlamentarischen Union zu einer Kommissionssitzung in Brüssel. Dieses Bureau war im Vorjahre in Bern konstituiert worden und bestand aus nachstehend benannten Parlamentariern:

Dr. Baumbach, Mitglied des Preußischen Herrenhauses (vertreten durch Dr. Max Hirsch); Freiherr von Pirquet, Reichstagsabgeordneter (Oesterreich); Don Arturo di Marcuarto, Senator (Spanien); Trarieux, Senator (Frankreich); the R. H. Philipp Stanhope, Mitglied des Unterhauses (England); Marchese Pandolfi, Deputierter (Italien); Ullmann, Präsident des Storthings (Norwegen), vertreten durch Frédéric Bajer, Deputierter (Dänemark); Rahusen, Deputierter (Niederlande); Urechia, Senator (Rumänien); Gobat, Nationalrat, Leiter des Interparlamentarischen Bureaus (Schweiz).

Von den Verhandlungen dieser Kommissionssitzungen habe ich durch die Zeitungen nur wenig erfahren. Ich wußte nur, daß Pandolfi die Einsetzung eines ständigen diplomatischen Rates zur Schlichtung der Völkerzwiste und Stanhope die Gründung eines internationalen Tribunals beantragen wollten; um also nähere Nachrichten zu erhalten, wandte ich mich brieflich an Senator Trarieux und erhielt folgende Antwort:

Senat, Paris, 3. November 1903.

Gnädige Frau!

Es freut mich, aus Ihrem Schreiben zu entnehmen, daß unsere Brüsseler Konferenz bei Ihnen zulande einen guten Eindruck hervorgebracht hat, und ich danke Ihnen aufrichtig für die persönliche Sympathie, die Sie uns bezeugen.

Ich glaube, so wie Sie, daß, wenn wir es auch bedauern mußten, uns dies Jahr nicht in einer Vollversammlung in Christiania zu begegnen, wie das in Bern bestimmt worden, es uns doch gelungen ist, durch die wichtigen Verhandlungen unseres Bureaus diese Enttäuschung wettzumachen.

Wir waren in Brüssel nur je ein Vertreter jeder konstituierten Gruppe der Interparlamentarischen Union, doch fühlten wir uns stark durch die Vertrauenssendung, welche uns von Tausenden von Kollegen übertragen worden, und unsere Beschlüsse, wenn gutgeheißen, haben kaum weniger Autorität, als wenn sie das Ergebnis der Abstimmung unserer Mandatare selber wären.

Unsere Hauptarbeit war die endgültige Festsetzung der Geschäftsordnung, welcher in Zukunft die Verhandlungen der

Union unterstehen sollen. Ich hoffe, daß sie die Genehmigung der nächsten Konferenz finden wird.

Wir haben uns vor allem bemüht, nicht aus dem Rahmen herauszutreten, innerhalb dessen wir von Anfang an unser Unternehmen eingeschlossen haben. Wir hegen die Ueberzeugung, daß wir, um unser Ziel zu erreichen, durchaus keine Akademie sein dürfen, in der alle Fragen verhandelt werden können.

Wir wollen nicht mit revolutionärem Kosmopolitismus verwechselt werden; wir verbannen daher von unseren Tagesordnungen alles, was die Regierungen gegen uns mißtrauisch machen könnte. Wir sprechen weder von Umwandlungen der Karte Europas, noch von Rektifizierung der Grenzen, noch von einem Angriff auf das Nationalitätenprinzip, noch von der Lösung jener Fragen der äußeren Politik, wegen derer die Staaten sich gerüstet halten; wir nehmen nur das Studium jener Anträge an, welche direkt auf die Abschaffung des Krieges zielen, um an dessen Stelle die Lösung einer regelmäßigen Gerichtsbarkeit zu setzen — das ist ein Gebiet, auf dem sich die aufgeklärten Patrioten aller Länder begegnen können.

Wir haben uns nicht auf die Vorbereitung unserer Geschäftsordnung beschränkt, sondern haben auch einige Anträge zum Beschlusse erhoben, deren Wichtigkeit Sie wohl schon anerkannt haben, wenn Sie zu Ihrer Kenntnis gelangt sind.

So haben wir votiert, Herrn Gladstone eine Glückwunschadresse zu übersenden, anläßlich der Worte, die er im englischen Unterhause zu dem Schiedsgerichtsantrag geäußert hat; so haben wir ferner an unsere Kollegen der konstituierten Gruppen im französischen und italienischen Parlament eine Bittschrift gerichtet, um dieselben eindringlichst aufzufordern, mit allen ihren Kräften an einer Annäherung ihrer beiden großen Länder zu arbeiten, welche jetzt unseligerweise durch eingebildeten Antagonismus getrennt sind.

Ich übersende Ihnen, gnädige Frau, diese beiden Dokumente, welche der darin ausgesprochenen Gesinnungen wegen verdienten, in der ganzen Welt veröffentlicht zu werden.

Es sind freilich nur Worte, aber Worte, welche Wirkung ausüben, weil sie den höchsten Bestrebungen der Menschheit entsprechen und nichts enthalten, was die Kritiken des nüchternsten praktischen Sinnes herausfordert. Wer dieselben geringschätzte, wäre im Irrtum; Geringschätzung und Zweifelsucht sind nicht am Platze, wenn es sich darum handelt, in die geheimen Gedanken der Völker zu dringen, den Weg zu den Herzen zu finden und dem Geist der Regierungen neue Wahrheiten zugänglich zu machen.

Haben Sie die Güte, gnädige Frau, mich dem Baron Suttner zu empfehlen und meine hochachtungsvolle Huldigung entgegenzunehmen.

L. Trarieux, Senator.

Dem Briefe waren die Kopien der Adressen beigefügt, die das Bureau der Interparlamentarischen Union an Gladstone und an die französischen und italienischen Deputierten gerichtet hat. Ich setze den Text dieser beiden in den Archiven wohl längst vergrabenen und vergessenen Dokumente hierher, weil ich glaube, daß dadurch denjenigen Lesern, die in meinen Lebenserinnerungen Aufschluß über die Geschichte der Friedensbewegung suchen, authentische Anhaltspunkte geboten werden. Aus dem Brief an Gladstone läßt sich die Entwicklung des Schiedsgerichtsprinzips erkennen, das wenige Jahre darauf in dem Haager Tribunal und in den zahlreichen abgeschlossenen Schiedsgerichtsverträgen seinen Ausdruck gefunden hat. Der eigentliche Ursprung geht wohl noch viel weiter zurück; aber gerade die hier beleuchtete Phase hat den Anstoß zur nahen Verwirklichung gegeben, wie sich dies noch deutlicher aus dem Bericht der Interparlamentarischen Konferenz des darauffolgenden Jahres (1894 im Haag) ergeben wird.

An den Premierminister William Gladstone.

Euere Exzellenz!

Wir haben soeben die Verhandlungen gelesen, welche über den Antrag des Herrn Randal Cremer und des Sir John Lubbock anläßlich der Anbahnung eines permanenten Schiedsgerichtsvertrages zwischen Großbritannien und den Vereinigten Staaten im englischen Unterhause stattgefunden haben,*) und mit der allergrößten Befriedigung heben wir daraus die nachfolgende Stelle Ihrer Rede hervor:**)

„Um zu schließen, werde ich nur diese wenigen Worte sagen. Obwohl die Erklärungen zugunsten des Schiedsgerichts sowie im allgemeinen Interesse des Friedens und gegen die übertriebenen Rüstungen von großem Werte sind, so gibt es noch ein anderes Mittel, vorzugehen, welches wir in unserer begrenzten Sphäre auf dieser Regierungsbank zur Geltung zu bringen versucht haben und auf welches ich einen ganz besonderen Wert lege, das ist: die Gründung eines Tribunals zu provozieren, das ich ein ‚Zentraltribunal Europas' nennen würde, einen Rat der Großmächte, in dessen Mitte man den rivalisierenden Eigeninteressen vorbeugen könnte oder doch erreichen, daß dieselben sich gegenseitig neutralisieren und daraus eine unparteiische Autorität hervorginge, um die Streitigkeiten zu schlichten. — Ich bin überzeugt, daß, wenn jener Egoismus beseitigt werden könnte und jeder Staat dazu gelangte, seine

*) Sitzung vom 10. Juni 1893. B. S.

**) Im Verlaufe dieser Rede hat Gladstone die hier nicht zitierte Aeußerung getan: Der Militarismus sei in der Tat ein fürchterlicher Fluch für die Zivilisation. B. S.

Ansprüche auf ein gerechtes Maß zu beschränken, so wäre die Wirkung einer zentralen Autorität in Europa von unberechenbarem Nutzen."

Diese Erklärungen und Beschlüsse, Herr Minister, haben uns lebhaft bewegt, und indem wir Ihnen aus dem Grunde unseres Herzens danken für den mächtigen Beistand, den dieselben jenen Ideen geben, zu deren offiziösen Vertretern wir uns im Angesichte Europas konstituiert haben, gestatten wir uns, deren politische Tragweite zu betonen.

Es steht nun fest, dank Ihnen, daß die großen Staaten die Idee annehmen, mit der barbarischen Herrschaft des Krieges zu brechen und die friedliche Lösung der Konflikte, welche zwischen den verschiedenen Nationen entstehen können, durch die regelmäßige Organisation einer internationalen Justiz vorzubereiten. Es will uns scheinen, daß man Ihren weisen und edeln Worten nicht genug Widerhall geben kann, und wir werden sie in den Staaten zu verbreiten suchen, welche zu vertreten wir die Ehre haben.

Wir beschränken uns aber nicht darauf, Ihnen diese öffentliche Huldigung darzubringen, wir wagen es auch, eine respektvolle Bitte daranzuknüpfen.

Worte werden vergessen und bedeuten nichts ohne die Tat. Es kommt Ihnen viel mehr als uns zu, denselben eine wirksame Sanktion zu geben, indem Sie die Initiative zu positiven Beschlüssen nehmen — in dem Maße natürlich, als die diplomatischen Rücksichten es gestatten.

Es scheint uns, daß England in der Lage wäre, das große Beispiel zu geben, einen Antrag wie denjenigen der Vereinigten Staaten Amerikas vorzubringen, und es würde uns beglücken, wenn Sie es für möglich erachteten, nachdem die offiziellen Verhandlungen mit jener großen Macht eingeleitet worden, nun auch noch einen Schritt weiterzugehen und nun selber bei den anderen Mächten, welche hierzu geneigt wären, den Abschluß jener Schiedsgerichtsverträge anzubahnen, als deren Anhänger Sie sich so offen erklärt haben und welche in unseren Augen das beste Mittel wären, den Völkerfrieden zu sichern.

Wir glauben, daß keine Stimme autorisierter wäre als die Ihrige, um diese neuen Ideen dem Geiste der Regierungen beizubringen, und daß der Erfolg eines solchen Werkes die schönste Krönung einer schon ruhmgekrönten Laufbahn wäre, welche vielleicht noch größer erscheint durch die Dienste, die sie den humanitären Ideen, als diejenige, die sie dem eigenen Lande geleistet hat.

In der zweiten Adresse zeigt sich nun recht deutlich, welches die Anschauungen waren, die im ersten Jahre seines Bestehens das Interparlamentarische Amt über die Aufgaben und Pflichten der Mitglieder der Union hegte. Daß in der Folge diese Aufgaben zumeist nicht erfüllt wurden, werden unsere Zeitgenossen, die den Parlamentsverhandlungen folgen, leider konstatieren können:

Brief an die französischen und italienischen Deputierten.

Ihr Amt der Interparlamentarischen Konferenz hat soeben seine Arbeiten beendet, worüber Sie den Bericht erhalten werden, doch hat dasselbe, ehe es auseinander geht, es für angezeigt betrachtet, Ihre ernsteste Aufmerksamkeit auf die Pflicht zu lenken, die Ihnen zukommt, nach Maßgabe Ihrer Kraft daran zu arbeiten, die Wolken zu verscheuchen, die in letzter Zeit zwischen Ihren beiden großen Ländern sich aufgeballt haben.

Die gespannte Situation, die sich zwischen Frankreich und Italien gezeigt hat, konnte nicht verfehlen, die Besorgnisse des Interparlamentarischen Amtes zu erwecken, und ohne sich in die Beurteilung diplomatischer Aktionen mischen zu wollen, welche zu modifizieren nicht in seiner Macht steht, will es doch seine Meinung äußern, daß gar kein Grund unlöslichen Zwiespalts vorliegt und daß die herzlichen Beziehungen wieder aufgenommen werden können, welche für den Weltfrieden von so hoher Wichtigkeit sind. Wenn die bestehenden Bündnisse — wie dies die Kontrahenten stets versichern — nur dazu bestimmt sind, das europäische Gleichgewicht zu verbürgen, so ist keine Ursache vorhanden, daß Nationen, welche durch das heilige Band der gemeinsamen Abstammung zueinander gehören, auf dem Fuße einer Feindseligkeit leben, die im gegebenen Augenblick zur Drohung ausarten könnte. Uebertriebene Empfindlichkeit oder bedauerliche Mißverständnisse sind allein an einer Lage schuld, welche um jeden Preis wieder aufgehellt werden muß. Das französische und das italienische Volk sind im Grunde von glühenden Friedenswünschen beseelt. Die Idee eines bewaffneten Streites widerstrebt ihnen beiden. Ein Bruderkrieg, der sie auf dem Schlachtfelde einander gegenüberstellte, wäre ein wahres Verbrechen und würde eine Rückbewegung der Zivilisation bedeuten. Die öffentliche Meinung muß sich leicht gegen ein solches Unglück empören lassen. Diese Meinung aufzuklären, sie an ihre wahren Interessen zu mahnen, das ist es, was Ihrem Einflusse zukommt. Versuchen Sie vor allem, Ihre Kollegen in den Parlamenten, denen Sie angehören, jene Besorgnisse teilen zu machen, welche ohne Zweifel den von uns gehegten gleichkommen. Beschwören Sie ferner die Presse Ihrer beiden Länder, Ihnen behilflich zu sein, indem sie in ihren Polemiken alles vermeidet, was die Streitigkeiten vergiften könnte, oder besser noch: sie möge trachten, die Gemüter zu beruhigen. Machen Sie es Ihren Landsleuten begreiflich, daß man nicht so geringer Anläße halber sich in die entsetzlichsten Abenteuer stürzen darf.

Ihr Bureau, geehrte Kollegen, zweifelt nicht, daß dieses

vermittelnde Vorgehen Ihrer würdig wäre, daß dasselbe der Interparlamentarischen Konferenz zur Ehre gereichen wird, und es richtet die dringendste Bitte an Sie, unseren Appell nicht ungehört zu lassen.

Die Verstimmung zwischen Italien und Frankreich, auf welche in dem Briefe angespielt wird, hat seither längst einem freundschaftlichen Verhältnis Platz gemacht. Damals war sie auf dem Punkte angelangt, der zu dem gewissen „unausbleiblichen Krieg" Anlaß zu geben schien, den die militärischen Kreise immer irgendwo drohen, d. h. winken sehen. In dieser Richtung wird dann von der Presse geschürt, von der Bevölkerung gehechelt, und es kommt mitunter zu Raufereien und Schlägereien, die dann immer größere Bitterkeit anhäufen. Im Sommer 1893 hatte in der Werkstatt eines südfranzösischen Dorfes — Aigues-Mortes —, wo italienische Arbeiter beschäftigt waren, eine Schlägerei stattgefunden. Erste Veranlassung dazu: ein italienischer Arbeiter wäscht an einem französischen Brunnen eine schmutzige Hose. Ich finde über diesen Zwischenfall folgende Eintragung in meinem Tagebuch:

> 8. September. Der internationale Verkehr von Europa beruht auf so gesunden und vernünftigen Grundlagen, daß ein solcher Anlaß genügt, die sogenannte „hohe Politik" in Tätigkeit zu bringen und die Geschichtschreiber darauf gefaßt zu machen, neben dem Krieg der Weißen und Roten Rose in ihren Annalen auch noch den Krieg der schmutzigen Hose eintragen zu müssen.

Der Fall gab zu vielen Zeitungsartikeln (die Aigues-Mortes-Geschichte stand unter der Spitzmarke „Französisch-italienische Reiberei") und zu „nationalen" Kundgebungen Anlaß. Aber zum Glück: es gab schon eine Friedensbewegung. Die italienische Kammer einerseits, in der ja 400 Mitglieder der Interparlamentarischen Union angehörten, die Aktion der Franzosen Frédéric Passy, Trarieux u. s. w. andererseits brachten es zuwege, die Gefahr zu verscheuchen. Damit waren die „Krieg-in-Sicht-liebenden" Kreise natürlich nicht zufrieden. Dem Pariser „Figaro" vom 22. August war folgende Depesche aus Rom zugegangen: „Die Konservativen verabreden sich, dem König eine Eingabe zu schicken; sie beschuldigen das Ministerium, zu viel Schwäche zu zeigen, indem es die nationalen Kundgebungen verhindert und die franzosenfreundlichen Kundgebungen duldet." Also nur *feindliche* Kundgebungen sollen ermutigt werden? —

43
Aus Tagebuch und Briefmappe

Wenn ich weiter in das Jahr 1893 zurückblicke und zur Auffrischung des Gedächtnisses in meinem Tagebuch blättere, so finde ich, daß nicht die eigenen Erlebnisse, sondern die zeitgeschichtlichen Begebnisse es waren, die mich bewegten, und zwar vornehmlich jene politischen Erscheinungen, die auf dem Gebiete der Kriegs- und Friedensfragen hervortraten. Was ich in dem Getriebe des Weltgeschehens mit leidenschaftlicher Spannung verfolgte (und noch heute verfolge), waren die Phasen eines Kampfes — des Kampfes, den eine neue Idee, eine junge Bewegung mit den alteingewurzelten bestehenden Erscheinungen aufgenommen hatte. Nach den Kundgebungen und Wirkungen des mächtigen „Alten" lauschte ich hin, und das Wachstum des noch unscheinbaren, schwachen „Neuen" — von dem die große Allgemeinheit noch keine Kenntnis hatte — verfolgte ich mit intensivster und zuversichtlicher Aufmerksamkeit. Daß das Pflänzchen im Wachsen begriffen war, sah ich deutlich — gewahrte aber auch, wie steinig der Boden, wie rauh die Lüfte waren, die sich seiner Lebensentfaltung widersetzten.

Welch ein Unterschied mit den Tagebuchseintragungen und mit den Erinnerungsbildern aus meiner Jugendzeit! Da war der Mittelpunkt die eigene Person und was drum und dran war: Kunst- und Heiratspläne, weltliche Freuden, häusliche Sorgen, und den Zeitereignissen gegenüber solche Verständnis- und Anteilnahmslosigkeit, daß ich kaum wußte, was vorging, und daß ein zeitgenössischer Krieg, erst wenn er schon ausgebrochen war, von mir bemerkt und mit einer Zeile in meinen Aufzeichnungen abgetan wurde. Seit ich aber in die Friedensfrage mich vertieft hatte, da war mir die Seele zu einer Art Seismographen geworden, der auf noch so leise politische Fernbeben reagierte. Hier einige Stichproben aus meinen Tagebucheintragungen vom Jahre 1893:

> 18. Januar. Die Rede Caprivis zur Unterstützung der Militärvorlage war stark „Fanfare". Signalisierte beinahe den Anmarsch der feindlichen Truppen durch das Brandenburger Tor und brachte das Wort „Offensive", dessen man sich schon einigermaßen entwöhnt hatte, da seit zwanzig Jahren Rüstungsforderungen nur im Namen der Verteidigung vorgebracht zu werden pflegen, wieder in Umlauf. Die dänische Friedensgesellschaft erwirkte gegen die in des Kanzlers Rede enthaltene Insinuation über die wahrscheinliche Haltung im nächsten Kriege einen Protest. Als ob überhaupt der nächste Krieg so an-

gesagt werden sollte. Wir sprechen von den Schrecken **eines** möglichen Zukunftskrieges in Europa ... aber der bestimmte Artikel ... man sagt doch auch nicht: „das nächste Autodafé."

1. März. Die Friedens- und Schiedsgerichtsfrage ist gestern im deutschen Reichstag zu lauter Erörterung gekommen. Bebel fragt, ob sich die Regierungen den Bestrebungen Englands und der Vereinigten Staaten — internationale Streitigkeiten durch Schiedsgericht zu lösen — anschließen wollen. Staatssekretär von Marschall erwidert, daß die Vereinigten Staaten diesbezüglich an ihre kurze Mitteilung keinen Antrag geknüpft haben. — Die Natur macht keine Sprünge; noch weniger die offizielle Politik. Die Frage kam zur Debatte, zwar ohne Erfolg, aber lächelnd beiseitegeschoben wurde sie nicht.

20. März. Ein gewisser Dowe soll einen kugelsicheren Stoff erfunden haben. Wenn der Kampf von Abprall und Durchschlag — wie er zur See zwischen Torpedo und Panzerplatte geführt wird — auch die Landheere erfaßt, so entstünde daraus ein beschleunigter Ruin der Staaten und eine Ad-absurdum-Führung der ganzen Kriegerei. Man stelle sich vor: eine neue Militärvorlage zur kugelsicheren Auswattierung der Millionenheere; dies gleichzeitig in allen Staaten bewilligt und eingeführt, was — wenn in diesem Stadium ein Krieg ausbräche — einen allerliebsten Feldzug von unverwundbaren Gegnern ergäbe; dann fieberhaft eiliges Mehrerfordernis für Neubewaffnung mit watteburchdringenden Sprenggeschossen — womöglich durch Minen und Ballons von der Frosch- und Vogelperspektive —, dann Anschaffung von Panzerparapluies und Widerstandsgaloschen ... und das alles „zur Erhaltung des Friedens" ...

4. April. Heute treten im Palais des Ministeriums des Aeußern in Paris die Schiedsrichter zur Schlichtung der Beringsfrage zusammen. Ein solches Ereignis sollte den Leitartikelschreibern der ganzen Welt Anlaß zu weitausschauenden Betrachtungen geben, sollte von äußerem Gepränge begleitet sein.

10. April. Unsere Blätter haben die Nachricht von dem „Beringschiedsgericht" kommentarlos mitgeteilt. Die „Westminster Gazette" hingegen schreibt: „Wenn die innere Wichtigkeit der Ereignisse an den äußeren Kundgebungen bemessen würde, so müßte die Welt heute von dem Lärm des ‚Beringschiedsgerichts' durchdröhnt sein!" Und „Daily Telegraph": „Das Beringschiedsgericht sowie das wegen Alabama bietet heute der Menschheit ein majestätisches Schauspiel!" Eine — für die Tagespresse typische — Bemessung der Tragweite des Ereignisses bietet der Pariser „Figaro", der daran die Betrachtung knüpft, daß die „Seehundsfrage", wenn sie von

der Arbitragekommission in humanitärer Weise entschieden wird, eine Erhöhung der Sealskinpreise nach sich ziehen und unsere eleganten Damen zu einer ökonomischen Annäherung an Kaninchenpelz bestimmen wird.

8. September. König Alexander sprach an seinem siebzehnten Geburtstag zu seinen Serben: „Helden! Seit zehn Jahren gehöre ich der Armee an, und als euer oberster Kriegsherr will ich leben für den Ruhm der serbischen Waffen!" — Ach, selig, ein Kind noch zu sein ...

Diese Tagebucheintragung macht mich besonders nachdenklich, wenn ich die späteren Ereignisse — im Jahre 1903 von serbischen „Helden" mit serbischen Waffen ausgeführte Königsmetzelei — danebenhalte.

Anfang November. Entsetzliche Dynamittragödien haben sich in Spanien abgespielt. Bomben, welche, in den Theaterraum von Barcelona geschleudert, Tod und Schrecken verbreiteten (die künftige Revolution, wenn gerechte Sozialreformen ihr nicht vorbeugen, wird durch ihre Sprengstoffwaffen unausdenkbar fürchterlich sein), und die Katastrophe von Santander ... ein Hafen, ein ganzer Hafen in hellen Flammen, Schiffe in der Luft, Tausende von Menschen auf dem Boden liegend, Haufen von Leichen, ein ganzer Eisenbahnzug in Trümmer, die Häuser in Schutthaufen verwandelt, die Luft verpestet durch den Geruch der brennenden Pulver- und Petroleumfabriken; durch den Raum fliegende Rauchfänge; Anker, welche aus dem Meeresgrunde dreihundert Meter hoch in die Luft fahren; das Meer gepeitscht und brüllend — nicht durch den Sturm, sondern durch die Gewalt der fünfundzwanzig explodierenden Dynamitkisten ... das alles gibt einen Vorgeschmack von den — gewollten, nicht zufälligen — Zwischenfällen der künftigen Seeschlachten, bei welchen die Sprengung von Minen und ähnliches schon vorgesehen ist. Mit der Aera der Sprengstoffe und der Elektrizität ist in des Menschen Hand eine Vernichtungsgewalt gelegt, die es erheischt, daß fortan die Menschlichkeit zur Wahrheit werde. Die Bestie und der Teufel, der Wilde und das Kind: die alle müssen in der Menschheit überwunden werden, wenn sie, mit solchen Mitteln in der Hand, die Erde nicht zur Hölle, zum Tollhaus oder zur Wüstenei machen sollen.

*

Ein Vorkommnis des Jahres 1893, das mein lebhaftestes Interesse weckte, war der russische Flottenbesuch in Toulon und die damit verbundenen Verbrüderungsfeste. Die daraus entstehende Doppelwirkung verfolgte ich gespannt. Der Anlaß machte die chauvinistischen Leidenschaften und zugleich die pazifistischen Gefühle frei. Kundgebungen in dem einen oder anderen Sinne wechselten miteinander ab oder wurden gleichzeitig laut. Der Dreibund einerseits, der Zweibund andererseits wurden als Garantien des Friedens oder als Trutzeinrichtungen gefeiert; in der Mitte lag die Auffassung, daß sie das hergestellte Gleichgewicht bedeuteten. Die offiziellen russischen Stimmen wurden nicht müde, den Flottenbesuch in Toulon als eine friedliche Demonstration zu erklären und zu wiederholen, daß den Festen in Frankreich keinerlei aggressiver oder provokatorischer Charakter anhaften dürfe. Die französischen Blätter waren gezwungen, diese Verwahrungen abzudrucken, und der „Figaro" beeilte sich, hinzuzusetzen: „Selbstverständlich! Une manifestation essentiellement et exclusivement pacifique" — die französische Presse und namentlich der „Figaro" hätten sich übrigens niemals einer anderen Manifestation angeschlossen. — Wenige Tage darauf machte aber derselbe „Figaro" den Vorschlag, es solle während der russischen Feste im Odeontheater „Les Danicheffs" aufgeführt werden, „in welchem Stücke der eine Satz genügen würde, Beifallsstürme zu entfesseln: ‚Solange es Russen und Franzosen und wilde Bestien gibt, werden sich die Russen und Franzosen gegen die wilden Bestien verbinden.'"

Der ganze Ton in einem großen Teil der Pariser Presse in der den Festen vorangehenden Zeit war auf die Erhitzung des Deutschenhasses gestimmt. Später erst gestalteten sich die Feste zu Friedensbeteuerungen und die den russischen Gästen gebotenen Galavorstellungen endeten mit einer Apotheose, die den Frieden darstellt.

Vom spanischen Senator Marcuarto erhielt ich damals folgendes Schreiben:

Madrid (Senado), 13. November 1893.

Geehrte Frau Baronin!

Ich bin in Paris Zeuge der russisch-französischen Kundgebungen für den Frieden gewesen. Dies hat in mir die Idee wiedererweckt, welche ich im Jahre 1876 in meinem englischen Werke „Internationalismus oder der zehnjährige Gottesfriede" vorgeschlagen habe. Beifolgend übersende ich Ihnen den Brief, welchen ich an Jules Simon gerichtet habe. Es will mir scheinen, daß die Friedensfreunde, statt unter dem Zelte der Schiedsgerichte einzuschlafen, nunmehr eine Agitation zugunsten des zehnjährigen Waffenstillstandes einleiten sollten. Die Sache wäre ausführbar und wohltuend.

Eine andere Frage von aktueller Wichtigkeit, auf die ich die öffentliche Aufmerksamkeit lenken wollte, ist die Neutralisierung der Meerengen, Isthmen u. s. w. Lesen Sie über diese Frage das Bulletin der „Société d'économie politique", Paris 1892, p. 88, und im „Matin" des 29. Oktober 1893 das Interview, welches ein Redakteur dieses Blattes während der französisch-russischen Feste mit mir gehabt hat.

In herzlichster Freundschaft Ihr sehr ergebener

Marcuarto.

Hier der Brief an Jules Simon:

Paris, 29. Oktober 1893.

Hochgeehrter Herr!

Das feierliche Telegramm Seiner Majestät des Kaisers von Rußland an den Präsidenten der französischen Republik, in welchem er erklärt, an der Befestigung des allgemeinen Friedens mitarbeiten zu wollen, hat einen so lebhaften Eindruck auf mich gemacht, daß ich mit folgender Frage an Sie herantrete. Glauben Sie nicht, daß nach der Rede Gladstones im englischen Unterhause des 16. Juni, in der er die Einsetzung eines ständigen internationalen Schiedstribunals verlangt, und nach dem kaiserlichen Telegramm aus Gatschina jetzt nicht der Augenblick aufrichtiger und ehrlicher Friedfertigung der zivilisierten Welt gekommen ist? Da ein sehr mächtiges Einverständnis zwischen dem großen Reiche des Nordens und der großen französischen Republik zur Festigung des allgemeinen Friedens besteht; da ferner, wie Sie mir sagten, der Kaiser des mächtigen Deutschland sich zugunsten des Friedens ausgesprochen hat, da die Souveräne und die öffentliche Meinung Oesterreichs und Italiens den Frieden wollen; da England an keine anderen als kommerzielle Eroberungen denkt, da die ganze Welt das Bedürfnis nach stabilem Frieden empfindet, um die riesigen Lasten zu vermindern, die der jetzige Kriegsfuß mitten im Frieden den Völkern auferlegt, wäre es da nicht möglich, zu erlangen, daß eine Art „Gottesfriede" eingegangen werde, der bis nach der Pariser Weltausstellung von 1900 sich erstreckt, welche in ihrem Glanze den Kulturfortschritt des neunzehnten Jahrhunderts dartun soll? Eine internationale Konvention hätte die Staaten zu binden, sich während der Dauer von zehn Jahren jeder feindlichen Aktion zu enthalten. Jede Kriegsfrage wäre vertagt: ein Areopag hätte alle auf diplomatischem Wege nicht ausgetragenen Streitigkeiten zu schlichten. Während dieser neuen Friedensära würden die Regierungen sich damit beschäftigen, die Hilfsquellen der Staaten zu entwickeln, den Stand der öffentlichen Gesundheit zu verbessern, den Unterricht und die gemeinnützigen Arbeiten zu fördern, die ökonomischen, sozialen und finanziellen Fragen zu lösen oder doch wenigstens zu studieren, um endlich die noch rückständigen Länder zu zivilisieren, damit alle Völker im Jahre 1900 Gelegenheit hätten zu zeigen, wie sehr sie in intellektueller und materieller Weise vorgeschritten sind und wie der menschliche Wohlstand sich vermehrt hat.

Wir haben zwanzig Friedensjahre durchlebt in steter Angst vor dem Kriege; man möge einmal versuchen, einen zehnjährigen, von der Sorge und den Kosten des Krieges befreiten Frieden einzuführen.*)

Vor vielen Jahren schrieb ich einmal: „Im ersten Drittel des Jahrhunderts hat der Dampf zur Erde gesagt: ‚Es gibt keine Berge mehr‘, und die Schienen haben den Planeten geebnet.

„Im zweiten Drittel des Jahrhunderts sprach zu den Wassern die Elektrizität: ‚Es gibt keinen Ozean mehr,‘ und die gedankentragenden Drähte umspannen den Globus.

„Heute wünsche und flehe ich zu Gott, daß im letzten Drittel des Jahrhunderts die Vernunft zu den Menschen sage: ‚Es gibt keinen Krieg mehr.‘“**)

Genehmigen Sie, geehrter Herr, u. s. w.

Arturo di Marcuarto.

*

Anläßlich der französisch-russischen Feste eröffnete der Pariser „Figaro“ eine Rundfrage, welches Geschenk man der Kaiserin von Rußland als Andenken an die Toulomer Tage schicken sollte. Ich sandte auf diese Frage eine Antwort ein. Neben vielen anderen Vorschlägen druckte das Blatt (d. d. 7. Oktober) auch den meinen ab und leitete ihn mit den Worten ein: « Nous donnons le prix au bijou proposé par la Baronne Berthe de Suttner: une branche d'olivier en diamants, dont elle définit ainsi l'emblème:

> Démonstration pacifique: tel est le caractère que le gouvernement russe a déclaré vouloir donner à la visite de son escadre en France; donc il faudrait que le bijou offert à la Tsarine pour comémorer cet événement fût un symbole de paix.
>
> Et précisément, parce que les chauvins de tous les pays profiteront des fêtes franco-russes pour les imprégner ou pour les accuser d'un caractère de défi et de menace, il faut que les partisans de la paix saisissent cette ocassion pour en affirmer avec éclat la tendance opposée.
>
> Devant l'histoire, voici la situation unique que cette année de 1893 aura offerte au monde: deux groupes de puissants alliés, se croyant menacés réciproquement, ayant dépensé toutes leurs forces de sacrifice et de dévouement à préparer une défense efficace, déclarent hautement, à la face de l'Europe, que leur vœu le plus cher, leur mission la plus sacrée est d'écarter de notre continent l'inimaginable horreur

*) Daß aus diesem Provisorium sich ein Definitivum entwickeln würde, war wohl die berechtigte Hoffnung des Antragstellers.

**) Sie wird auch heute (1908) noch nicht gehört — die Vernunft —, weil sich ihr das mächtige Sprachrohr der politischen Tagespresse verschließt.

B. S.

d'une conflagration future. Tous les deux, en faisant cette proclamation solennelle d'intentions pacifiques, on fait montre en même temps de leur formidable pouvoir belliqueux, de leur épée tranchante, de leur armure invincible. Des deux côtés, ils ont démontré que leurs alliances et leurs amitiés étaient sûres, qu'il étaient prêts à remplir tous les devoirs et à s'enflammer de tous les enthousiasmes. C'est ainsi qu'ils se trouvent en face l'un de l'autre, de forces égales, de dignité égale, et voulant — à part quelques intérêts secondaires qui divergent — la même chose: la paix.

A moins que l'un des deux — ou tous les deux — ne mentent (et de quel droit éléverait-on pareille accusation?), cette situation ne peut aboutir logiquement qu'à une pacification définitive, en vue de laquelle des ouvertures pourront être faites d'un côté ou de l'autre, ou simultanément, sans le moindre signe de faiblesse ou de crainte.

La paix offerte par le plus fort peut être humiliante pour le plus faible; et jusqu'à ce jour, en effet, les traités de paix n'ont été signés qu'après la guerre et dictés par le vainqueur. Mais dans les conditions actuelles — l'élément «du plus faible» ayant disparu — une chose nouvelle pourrait faire son apparition dans l'histoire de l'évolution sociale: le traité de paix avant, c'est-à-dire en lieu et place de guerre — en d'autres termes, la fin de l'ère barbare.

Si les journées que se préparent sont appelées à faciliter le triomphe — le plus grand que le génie de l'humanité aura encore remporté — le bijou qui en rappellera le souvenir sera la plus belle parure que jamais souveraine aura porté. La branche d'olivier inaugurée par la Tsarine pourrait, aux fêtes futures, être adoptée par les femmes de tous les monarques ou présidents assemblés, et l'emblème ne devant pas être invariablement en diamants, les femmes du peuple pourraient s'en orner également, car il n'y a que les fêtes de la paix qui soient, en même temps, des fêtes de la liberté.»

Hier sei noch eine französische Korrespondenz aus dem Jahre 1893 beigefügt. Anläßlich der Jahresversammlung meines Vereins wollte ich von Emile Zola eine Zustimmungskundgebung erhalten und bat ihn um eine solche. Hier seine Antwort:

Paris, 1er décembre 1893.

Madame! Hélas! je rêve comme vous tous le désarmement, la paix universelle. Mais, je l'avoue, je crains bien encore que ce soit simplement un rêve, car je vois de toutes parts se dresser des menaces de guerre et je ne crois malheureusement pas possible l'effort de raison et de pitié que l'humanité devrait faire pour échanger à bref délai le grand baiser fraternel.

Ce que je puis vous promettre c'est, dans mon petit coin, de travailler de toute ma force et de tout mon cœur à la réconciliation des peuples.

Veuillez agréer, madame, &c. Emile Zola.

*

Diesen Brief wollte ich nicht unerwidert lassen. Ich schrieb zurück:

Château de Harmannsdorf, 13 décembre 1893.

Maître,

Recevez tous mes remercîments; votre lettre, contenant la précieuse promesse que vous travaillerez de tout votre cœur à la réconciliation des peuples, a soulevé l'enthousiasme de notre assemblée générale.

Le baiser fraternel? L'amour universel? . . . vous avez raison: L'humanité n'en est pas encore là. Mais point n'est besoin de tendresse mutuelle pour renoncer à s'entre-tuer. Ce qui existe encore aujourd'hui — et ce que combattent les ligues de la Paix — c'est le système d'une haine meurtrière, organisée, légitimée, et qui, au fond, ne vit plus dans les esprits.

Il a été question, dans ces derniers temps, d'une conférence internationale, en vue d'une coalition contre le danger anarchiste. Jamais l'ineptie de la situation actuelle n'aura été plus fragrante que lorsque ces représentants d'Etats qui vivent entre eux en pleine anarchie — puisqu'ils n'admettent aucun pouvoir au-dessus d'eux — délibreront autour de la même table sur le moyen de se garantir contre cinq ou six bombes criminelles tout en continuant de se menacer réciproquement de cent milles bombes légales. Peut-être l'idée leur viendrait-elle de dire: Pour nous unir en face d'un ennemi commun, il faut que nous soyons reconciliés; pour défendre la civilisation contre la barbarie, commençons par être civilisés nous-mêmes; si nous voulons écarter de la société le danger que peut lui infliger l'action d'un fou, écartons d'abord le danger mille fois plus atroce que le froncement de sourcils d'un puissant de la terre suffirait à déchaîner sur elle; si nous voulons flétrir les sans-loi, reconnaissons une loi au-dessus de nous-mêmes; si nous voulons parer les coups des désespérés, cessons d'employer des milliards à fomenter le désespoir.

Mais pour que les délégués officiels puissent tenir ce langage raisonnable, il faut qu'ils aient derrière eux la clameur universelle qui les y encourage ou, mieux encore, qui les y contraigne.

L'évolution de l'humanité n'est pas un rêve, elle est un fait scientifiquement avéré. Son but ne peut pas être la destruction prématurée vers laquelle la précipiterait le système actuel; son but doit être le règne du droit primant la force. Les armes et la férocité se développent en sens inverse: — la dent, la massue, l'épée, le fusil, la bombe explosive, la machine de guerre électrique; et en regard de cela: la bête, le sauvage, le guerrier, le soudard, le soldat d'aujourd'hui (soi-disant sauvegarde de la paix) l'homme humain de l'avenir qui, en possession d'un pouvoir de destruction illimité, refusera de s'en servir.

Que cet avenir soit proche ou lointain: cela dépend du travail qui se fera dans les «petits coins». Permettez-moi, donc, monsieur, de ne pas m'associer à votre «hélas!» mais de me féliciter au nom de tous les travailleurs de la paix, auxquels vous venez de promettre votre puissant concours — promesse dont je prends acte avec un sentiment de profonde gratitude.

Agréez &c.

Berthe de Suttner.

44

Verschiedene interessante Briefe

Mein öffentliches Wirken brachte mir unzählige Stimmen aus aller Welt ins Haus. Gezeichnete oder anonyme Briefe; Briefe aus dem Inland, dem Ausland und den überseeischen Ländern; Briefe mit Bewunderungs- und solche mit Grobheitsausbrüchen; Briefe, die um Auskünfte baten, oder die allerlei Vorschläge zur sichersten und schnellsten Erreichung des Zieles (ein Landwirt schlug ein besonderes Dungsystem vor, welches durch Schaffung guter Ernten und daraus folgender Volksbereicherung unweigerlich zum Völkerfrieden führen müßte); Manuskripte von zehn bis hundert Seiten mit Abhandlungen über das Kriegsproblem; Anträge lebenslänglichen Eifers im Dienste der Sache, wenn man nur dem Antragsteller eine genügende Summe zum Ersatz seines aufzugebenden Berufes sicherte: alles das brachte mir die Post in immer steigender Fülle. Natürlich war es mir nicht möglich, alles zu beantworten. Dies um so weniger, als ich ja nicht aufgehört hatte, literarisch zu arbeiten; damals schrieb ich den Roman „Die Tiefinnersten", und der Meine, der mir wohl auch bei der Korrespondenz und bei Redigierung der Revue nach Kräften half, arbeitete an einer zweiten Folge seiner „Kinder des Kaukasus".

Viele der Briefe waren sicherlich so interessant, daß man sie nicht unbeantwortet lassen konnte. Eines Tages, es war nach dem Versammlungsabend des Friedensvereins, der unter meinem Vorsitz stattgefunden hatte, erhielt ich ein so schönes, von wahrer Begeisterung durchglühtes Schreiben, daß der Wunsch in mir erwachte, die Schreiberin kennen zu lernen. Der unterzeichnete Name war der einer Standesgenossin, einer Stiftsdame — und gerade dieser Umstand setzte mich in Erstaunen. Es liegt sonst nicht in der Natur der österreichischen Aristokratinnen, namentlich nicht der älteren Chorschwestern der adligen Damenstifte, für politisch-umstürzlerische Ideen zu schwärmen und gar solcher Schwärmerei spontanen und offenen Ausdruck zu geben. Ich beantwortete also den Brief damit, daß ich mich selber in die Wohnung der Schreiberin begab und dort, da ich sie nicht zu Hause traf, meine Karte mit ein paar herzlichen Zeilen zurückließ. Am nächsten Tag war sie zu mir geeilt. Und wir haben in der Folge innige Freundschaft geschlossen. Bis heute habe ich keine liebere Freundin als Gräfin Hedwig Pötting, und Hedwig hat keine treuere Freundin als mich. Wir verstanden einander ganz und gar. Und eine ebenso innige Sympathie entspann sich zwischen ihr und meinem Gatten. Ihre Ansichten stimmten so überein, daß sie zu dem Schluß kamen, sie müßten schon einmal in einem anderen Leben verschwistert gewesen sein, und sie nannten sich „Siriusbruder und Siriusschwester". Intimer Herzensverkehr geht selten ohne Spitznamen ab, und so ward ich für Hedwig — ebenso wie für den Meinen — nicht „Bertha", sondern „Löwos", und Hedwig heißt für mich „die Hex". Das klingt nicht sehr freundlich, aber da es der Kosename war, mit dem ihre eigene vergötterte Mutter (eine prächtige Greisin von frischem und freiem Geist) sie rief, so habe auch ich ihn adoptiert. „Die Hex" hat in meiner Lebensarbeit treulich mitgeholfen, sie trat in den Vorstand des Vereins, sie adaptierte für die Jugend unter dem Titel „Marthas Tagebuch" meinen Roman „Die Waffen nieder", erteilte mir viele nützliche Ratschläge und war mir in manchen schweren Stunden Stütze und Trost.

*

„Gestern in Erlaa sehr wertvolles Geschenk erhalten;" diese Eintragung finde ich in meinem Tagebuch vom Mai 1894. Erlaa ist der Name eines Schlosses in der Nähe von Wien, das der Herzog Elimar von Oldenburg mit seiner Familie bewohnte. Dorthin waren wir öfters zum Diner eingeladen. Ein herrlicher Park umgibt das Schloß, und ich erinnere mich, wie in jener Maienzeit berauschender Fliederduft zu den offenen Terrassentüren hereinströmte und welchen süßen Lärm Tausende von Singvögeln in den Büschen anschlugen. Die Gemahlin des Herzogs — aus Courtoisie nannte man sie wohl Herzogin, aber als morganatisch angetraut hatte sie eigentlich nur den Freiherrntitel — war eine vornehme Erscheinung von großer, überschlanker, geschmeidiger Gestalt. Sehr musikalisch, liebte sie es, Künstler ins Haus zu ziehen, und sie selber wie auch der Herzog verbrachten viele Abendstunden bei Klavier und Harmonium, Violine und Cello. Die Herzogin — da alle sie so titulierten, will ich sie auch so bezeichnen — war mir nicht besonders hold. Das habe ich nachträglich erfahren. Aus streng puritanischem Hause stammend, hatten meine freireligiösen Ansichten für sie etwas Abstoßendes. Ich habe Briefe von ihr, in denen sie mich zu strengeren Glaubensgesinnungen zu bekehren versuchte; es ist mir aber auch durch Aeußerungen, die sie anderen gegenüber machte, bekannt geworden, daß sie mich des „Materialismus" zieh, daß ihr besonders mein Roman „Die Tiefinnersten" stark mißfallen habe, weil ich darin — nach ihrer Ansicht — alles verhöhne, was ideal, tief oder heilig ist. Nun, der Roman verhöhnt nur die geschraubte und mystische Stilart derer, die immer die Worte „tief" und „innerst" benutzen da, wo sie nichts Klares zu sagen wissen.

Mit dem Geschenk, dessen mein Tagebuch Erwähnung tut, hatte es folgende Bewandtnis:

Im Laufe eines Tischgesprächs, das sich wieder um die Friedensfrage drehte, sagte mir der Herzog: „Ich bin nicht aus der Art geschlagen, Baronin, indem ich mich für Ihre Sache interessiere. Ein Bruder meines Vaters, der Prinz Peter von Oldenburg, hat sich seinerzeit für die Abschaffung des Krieges eingesetzt. Obwohl er mütterlicherseits der Enkel des Kaisers Paul war, obwohl er den Rang eines russischen Generals der Infanterie einnahm und Chef des Dragonerregiments Stavodub war — war er ein militanter Friedensfreund. Denn nicht nur als Ideal und als einen in späteren Jahrhunderten zu verwirklichenden Traum hat er die Sache angesehen, sondern er machte sich tätig ans Werk, sie durchzuführen; er reiste von Hof zu Hof, unterbreitete seine Ideen der Königin von England, dem König von Preußen — doch zu jener Zeit, vor dreißig Jahren, blieben seine Versuche noch fruchtlos ..."

„Wie," rief ich, „und davon hat niemand etwas erfahren!"

„Mein Onkel setzte seine Bemühungen standhaft fort," erzählte der Herzog weiter; „ich besitze den Aufsatz eines Briefes, den er im Jahre 1873 an Bismarck richtete und worin er seine Ideen entwickelte — gleichfalls ohne Erfolg ..."

„O, wenn ich diesen Brief sehen könnte!"

„Er ist niemals in die Oeffentlichkeit gedrungen, aber Sie sollen eine Abschrift davon erhalten."

Mit freudigstem Dank nahm ich das Geschenk entgegen. Hier ist das an den Altkanzler gerichtete Schreiben:

Euer Durchlaucht!

Befürchtend, während Ihres bewegten Aufenthaltes in Petersburg zu keiner ernsten Unterredung mit Ihnen kommen zu können, erlaube ich mir schriftlich darzulegen, was wahrscheinlich mündlich weniger klar und augenscheinlich ausfallen würde.

Euer Durchlaucht sind meine Briefe an Ihren allergnädigsten Herrn bekannt, sowie mein Schreiben an Herrn Thiers und die Schritte, welche ich bei meinem kaiserlichen Herrn getan habe, um denselben zu bewegen, den europäischen Frieden auf immer zu sichern.

In demselben Sinne hatte ich mich Anno 1863 an den Exkaiser Napoleon gewandt, und ich glaube, daß er in und nach Sedan bereut haben wird, meiner und so vieler anderer wohldenkender Männer Ansicht zuwider gehandelt zu haben.

Wer kennt besser als Euer Durchlaucht die Lage von Europa und Deutschlands? Ist sie befriedigend oder nicht? — Die Beantwortung dieser Frage überlasse ich dem großen Staatsmann, dessen Name in der Weltgeschichte fortleben wird. —

Gewiß war jeder Wohldenkende erfreut über die Zusammenkunft der drei Kaiser in Berlin. Die Ankunft Ihres Kaisers in Petersburg bekräftigt die Ansicht, daß in der Freundschaft von zwei benachbarten mächtigen Kaiserstaaten eine Bürgschaft für den Frieden liegt; aber in welchem Widerspruch mit den Friedensideen stehen die ungeheuern Kriegsrüstungen aller Staaten! Auch Rußland führt gerade jetzt das preußische System der allgemeinen Wehrpflicht ein, und obwohl die Preußen darin eine Bürgschaft für den Frieden erblicken, so ist doch jede Vermehrung der Armee und des Militärbudgets eine schwere Last für Rußland, welche ihm die Mittel zu seiner Vervollkommnung entzieht. —

Bei meinem vorjährigen Besuche bei Herrn Thiers in Versailles sagte er mir: «Que voulez-vous que nous fassions, nous sommes les faibles, les vaincus, mais du moment qu'il y aura des propositions de désarmement de la part des vainqueurs, nous sommes prêts à entrer en négociations.» Ich berichtete diese Unterredung meinem Kaiser und schrieb an den Ihrigen folgendes: „Eine feierlich ernste, verhängnisvolle Stunde hat geschlagen. Schwer wiegt in der Wage des Schicksals das mächtige Wort des Deutschen Kaisers. Die Weltgeschichte ist das Weltgericht. Wilhelm der Siegreiche ist vom Herrn der Heerscharen erkoren, als Friedensstifter den unsterblichen Namen des Gesegneten zu führen!" Diese welthistorische Mission soll und muß er erfüllen! Gott hat ihm beigestanden, den Herd der Revolutionen auf lange, hoffentlich auf immer, unschädlich zu machen. Jetzt muß seine Aufgabe sein, die Wurzel des Bösen, die höchste Potenz der Sünde, den Krieg, en principe abzuschaffen, denn nie wird eine dauernde Wohlfahrt auf Erden begründet werden, solange als die Regierungen:

1. dem Christentum zuwiderhandeln werden,
2. die wahre Zivilisation nicht aufkommen lassen.

Worin besteht nach den Begriffen des Rechts der Civis? — Im Befolgen der Gesetze. Aber der Krieg ist eine Auflösung des gesetzlichen Zustandes, also die Verleugnung der Zivilisation. Unter den gegenwärtigen Verhältnissen ist die Zivilisation nur eine Illusion, bestehend lediglich in der Intelligenz zu materiellen Zwecken, als Eisenbahnen, Telegraphen, Erfindung von Vertilgungsinstrumenten. —

Nach den ungeheuren Erfolgen der deutschen Waffen in dem letzten Kriege entsteht die Frage: mit wem und wozu soll noch Krieg geführt werden? Preußens Stellung in Deutschland und vis-à-vis von Oesterreich und Dänemark ist klar; Italien vereinigt; Frankreich unschädlich, im guten Vernehmen mit Rußland, eine Bürgschaft des Friedens.

Worin besteht also jetzt die Aufgabe?

In Bekämpfung der revolutionären, kommunistischen, demokratischen Ideen, welche sich auflehnen wider die Religion, das monarchische Prinzip und die soziale Grundlage des Staates.*)

Aber subversive Ideen bekämpft man nicht mit Bajonetten, sondern nur durch weise Ideen und Maßregeln, die nur von denen ausgehen müssen, die von Gottes Gnaden regieren und von der Vorsehung erkoren sind, das Glück der Nationen zu begründen.

Gerade die Friedensidee wäre das beste Mittel gegen die französischen Revancheideen. Wenn auch den Franzosen als Nation nicht zu trauen ist, so bin ich fest überzeugt, daß die Idee des ewigen Friedens der besitzenden und intelligenten Masse der Bevölkerung doch einleuchten würde, selbst wenn die Regierung von Herrn Thiers durch eine andere ersetzt werden sollte, denn die Devise der Franzosen ist gagner pour jouir, und ich glaube, daß die Masse der Bevölkerung doch die jouissance der gloire vorziehen würde.

Sogar in Preußen beweisen die zahlreichen gerichtlichen Untersuchungen gegen Personen, die sich der Wehrpflicht entziehen, wie viele dieselbe lästig fühlen, und Gott behüte, daß jemals die Erleichterung anstatt von oben — von unten ausgehe.

Die neueste Geschichte Rußlands ist ein erhebender Beweis, was der Wille eines edeln, humanen und hochherzigen Monarchen vermag zum Segen für sein Reich.

Wenn also zwei verwandte und befreundete Monarchen

*) „In Bekämpfung des sozialen Elends, in Veredlung und Hebung der Massen, in Ethisierung aller Stände," würde man heute sagen. B. S.

sich die Hand reichen, so möge Gott ihnen beistehen, daß ihre Zusammenkunft ein Segen werde für ihre Staaten, für die leidende Menschheit. — In meinem Schreiben an Ihren Kaiser sagte ich: einen Staat ohne bewaffnete Macht denken kann nur ein Tor oder ein Schurke; und in meinem Briefe an Herrn Thiers steht: abolir la force armée serait une idée criminelle et insensée. — Also energischer kann man sich über diesen Punkt nicht aussprechen. In Preußen ein System zu ändern, dem es seine historische Stelle verdankt, wäre ebenso blödsinnig, als sich Rußland ohne eine Armee zu denken, die Polen im Zaume zu halten und eine ungeheure Grenze vom Schwarzen Meer an bis zum Stillen Ozean gegen wilde Völker zu verteidigen hat. Es handelt sich also bloß darum, welche numerische Ausdehnung man dem Grundsatze der allgemeinen Wehrpflicht geben und in welcher Proportion das Militärbudget zu den übrigen Ausgaben des Staates stehen soll.

Meine unmaßgebliche Meinung bestände also darin:

1. en principe den Krieg zwischen zivilisierten Völkern abzuschaffen und von seiten der Regierungen sich den Besitz der respektiven Territorien zu garantieren;
2. durch eine internationale Schiedsrichterkommission nach dem Beispiel von England und Amerika die strittigen Fälle zu schlichten;
3. durch eine internationale Konvention die Stärke der bewaffneten Macht zu bestimmen.

Mag die Abschaffung des Krieges auch von vielen in das Reich der Märchen gezählt werden, so habe ich dennoch den Mut, zu glauben, daß darin das einzige Mittel ist, die Kirche, das monarchische Prinzip und die Gesellschaft zu retten und den Staat von dem Krebsschaden zu heilen, der gegenwärtig seine Vervollkommnung verhindert, vielmehr durch Verminderung des Kriegsbudgets demselben folgende Mittel zu seiner inneren Ausbildung und Wohlfahrt zu verschaffen:

1. Verringerung der Steuern,
2. Verbesserung des Unterrichts, Förderung von Wissenschaft und Kunst,
3. Erhöhung der Gehalte, besonders der Lehrer und Geistlichen,
4. Verbesserung der Lage der arbeitenden Klasse,
5. Fürsorge für wohltätige Zwecke.

Die Verwirklichung einer so erhabenen, echt christlichen und humanen Idee, direkt ausgehend von zwei so mächtigen Monarchen, wäre der glorreichste Sieg über das Prinzip des Bösen; eine neue Aera des Segens würde beginnen, ein Jubelruf würde durch das Weltall bringen und bei den Engeln im Himmel einen Widerhall finden. Wenn Gott für mich ist, wer vermag wider mich zu sein, und welche Macht der Welt könnte denen widerstehen, die im Namen Gottes handeln würden? —

Dieses ist die unmaßgebliche Ansicht eines alternden, vom Schicksal schwer geprüften Mannes, der, ohne Menschenfurcht, unbekümmert um das Urteil der Welt, im Aufblick auf Gott und die Ewigkeit, bloß der Stimme seines Gewissens folgend, auf dieser Erde nichts anderes sucht als eine ruhige Grabstätte an der Seite seiner teueren Vorangegangenen. —

Dixi et salvavi animam meam. —

Mit der größten Hochachtung habe ich die Ehre zu sein

Euer Durchlaucht ergebenster Diener

Peter, Prinz von Oldenburg.

Petersburg, 15. 27. April 1873.

Ob und was Bismarck darauf geantwortet, war dem Herzog Elimar nicht bekannt.

Es gibt doch eigentlich nichts Interessanteres als so alte authentische Briefe. Es zeigt sich darin, wie sich Ideen später verwirklichen und Ereignisse, die sich später abwickeln, schon vorausgedacht worden sind. Da finde ich auch unter meinen Korrespondenzen den nachstehenden Brief Björnsons, der, wenn man ihn mit der zehn Jahre später erfolgten Unionstrennung der skandinavischen Länder zusammenhält, eine ganz besondere Bedeutung gewinnt:

Schwaz, Tirol, 20. Juli 1894.

Hochverehrte, liebe Mitkämpferin!

— — — Seien Sie aber getrost: wenn Norwegen Herr geworden ist über seine auswärtigen Angelegenheiten (dahin zielt ja der Kampf), so gehen wir gleich nach Rußland und verlangen ständige Schiedsgerichte für alle Differenzfälle. Glückt das — und warum sollte es nicht? —, gehen wir weiter zu allen anderen. Sobald unsere Stellung zu Schweden es zuläßt, verwandeln wir unsere Armee zur Polizeiwache im Innern.

Ein Beispiel predigt stärker als tausend Apostel!

Die große Mehrzahl der Norweger hat den Glauben an die Wohltätigkeit der Rüstungen ganz verloren und steht bereit, das Beispiel zu geben.

In derselben Zeit rüstet Schweden nach einem Maßstabe, der für ein nicht reiches Volk ganz außergewöhnlich ist. Die allgemeine Stimmung in Schweden — so sagt man mir — droht Norwegen mit Krieg, deshalb, weil letzteres seine eigenen Angelegenheiten überwachen will.

Schweden möchte uns mittels Krieg zu guten Kriegskameraden erziehen.

Es wäre dies das erstemal in der Geschichte, daß die zwei

großen Gegensätze so schroff gegeneinander ständen: auf der einen Seite ständiges Schiedsgericht für alle eventuellen Streitigkeiten und keine Armee mehr; — auf der anderen Seite Krieg, um uns dazu zu zwingen, ein größeres Heer zu halten und in eine festere Kriegsallianz zu treten.

Aber ich hoffe, daß der Kampf friedlich abläuft; ich hoffe, daß die norwegische Stimmung zugunsten des Prinzips „Schiedsgericht statt Krieg" auch in Schweden Fortschritte macht.

Es ist ja schon früher so gewesen, daß der norwegische Freiheitsgeist — zum größten Verdruß des hochkonservativen Hofes, des schwedischen Adels und anderer Großherren, die da sehr mächtig sind — sich in Schweden stark verbreitet hat.

Nehmen Sie meine herzlichsten Glückwünsche und Danksagungen, hochverehrte Frau Baronin. Wäre es nicht so weit, so besuchte ich Sie!

Ihr ergebenster

Björnstjerne Björnson.

45

Friedenskongreß in Antwerpen und Interparlamentarische Konferenz im Haag

Als das wichtigste Erlebnis des Jahres 1894 hat sich mir unsere Teilnahme an dem sechsten Friedenskongreß in Antwerpen und an die unmittelbar darauffolgende Interparlamentarische Konferenz im Haag ins Gedächtnis geprägt. Wieder eine Festreise in unbekannte Länder und wieder eine Etappe weiter auf dem Eroberungszuge der Idee.

Vor Zusammentritt des Kongresses unterbreitete der belgische Staatsminister Le Bruyn dem König Leopold einen Bericht, worin er des auffallenden Anwachsens der Bewegung gedachte und als Beweis dafür die Tatsache anführte, daß in Ländern, die sich bisher der Bewegung abhold gezeigt haben — wie Oesterreich und Deutschland —, große Friedensgesellschaften ins Leben gerufen wurden, die fruchtbaren Boden gefunden haben. Die Antwort des Königs auf diesen Bericht befahl die Einsetzung einer Kommission, welche die Aufgabe erhielt, die Arbeiten des zu Antwerpen tagenden Friedenskongresses zu fördern. Die Kommission, die aus dreißig Mitgliedern bestand, wies die hervorragendsten Namen Belgiens auf, darunter zum großen Teile offizielle Persönlichkeiten der Regierung.

Am 20. August, im großen Saal des Athenäums, fand die Eröffnungssitzung statt. Wir waren schon am Tage zuvor angekommen und hatten uns die Handelsmetropole Belgiens ein wenig besichtigt, hatten auch mit mehreren unserer aus allen Weltgegenden hergereisten Freunde den Abend im geselligen Beisammensein zugebracht. Auch unser neuer Präsident, Houzeau de Lehaye, war darunter. Ein lebhafter, witziger, über hinreißende Beredsamkeit verfügender kleiner Herr. Mit Takt und Festigkeit hat er als Vorsitzender die Verhandlungen geleitet, und wo immer er bei den folgenden Kongressen als Teilnehmer das Wort ergriff, was er besonders dann zu tun pflegte, wenn irgendwelche Gegensätze auszugleichen waren, konnte man sich auf seinen Takt verlassen.

„Es sind nun vierundzwanzig Jahre her," erzählte uns Houzeau an jenem ersten Tage, „daß ich das Schlachtfeld von Sedan besuchte. Ich habe die Eindrücke noch vor Augen ... diese Leichen, diese Momentgräber, diese Züge von Raben ... die Rudel toller Pferde, über die Ebene rasend — die todgeweihten Verwundeten in ihrem Blute liegend — die Zähne fest geschlossen im Wundstarrkrampf, die Kolonnen Kriegsgefangener, die Haufen durcheinander geworfener Waffen — und inmitten eines Grasfleckens die Blechinstrumente einer Militärmusik, überrascht vom Feinde im besten Schwung des Säbelliedes aus der ‚Großherzogin von Gerolstein'; — und weiße Briefbogen sah ich da, wohl die mit naiver Zärtlichkeit beschriebenen Blätter der Mütter und der Bräute — der Herbstwind machte sie umherflattern, bis sie in den Blutlachen untergingen; — und die entsetzliche Vision von dem Gemenge von Knochen und blutendem Fleisch — alles in den Schlamm getreten ... Aus den Dörfern waren die Bauern über die benachbarte Grenze geflohen und kehrten nun langsam zurück, Ruinen und Elend zu finden, dem sie nachträglich unterliegen sollten — und das," so fügte er diesen Reminiszenzen mit verhaltener Entrüstung hinzu, „soll die Summe der Zivilisation sein?!"

Houzeau de Lehaye ist ein entschiedener Anhänger der Handelsfreiheit. In seiner Eröffnungsrede, in der er die Irrtümer und Vorurteile auseinandersetzte, die der Verteidigung der Kriegsinstitution zugrunde liegen, sagte er:

„Es gibt noch einen anderen Irrtum, welcher zwar nicht den brutalen Kampf mit Säbel und Kanone entfesselt, aber dessenungeachtet nicht viel weniger unheilvoll ist. Trotz aller Gegenbeweise der Oekonomisten, trotz der wiederholten, auf Erfahrung beruhenden Resultate — wie sehr ist es doch noch verbreitet, das Vorurteil, daß eine Nation verarmt, wenn das Gedeihen der Nachbarvölker zu rasche Fortschritte macht. Und um ein eingebildetes Gleichgewicht aufrechtzuerhalten, beeilt man sich, seine Zuflucht zu den Zolltarifen zu nehmen. Und dieser Krieg der Tarife ist nicht minder tötend als der andere. Durch gerechte Vergeltung verwundet diese Waffe meistens denjenigen, der sie schwingt. Und alle diese Irrtümer haben ihren Grund in der falschen Auffassung der Quelle des Reichtums und der Wohlhabenheit. Es gibt nota bene nur eine einzige: Die Arbeit!"

Man sollte meinen, daß so einfache Wahrheiten nicht erst ausgesprochen werden müßten, denn es ist doch klar, daß der Reichtum nur aus der Erzeugung von Gütern vermehrt werden kann und nicht durch den Platzwechsel — aus der Tasche des Paul in die Tasche des Peter; eine Transaktion, die noch dazu häufig die Vernichtung der hin und her geschobenen Werte bedeutet. Aber je einfacher, je selbstverständlicher eine Wahrheit, desto mehr ist sie von den Schleiern und Dünsten alter Vorurteile und landläufigen Phrasenwerks verhüllt, und darum tut es so wohl, sie wieder einmal so rückhaltlos und klar aussprechen zu hören.

Diesmal war auch ein Portugiese auf dem Kongreß: Magelhaes Lima, der Herausgeber des radikal-liberalen Blattes „O Seculo"; aus Amerika Dr. Trueblood, der bei keinem der europäischen Friedenskongresse gefehlt hat.

Eine schöne Fahrt durch die Schelde ist mir erinnerlich auf einem uns von der Regierung zur Verfügung gestellten Dampfer. Dann eine Fahrt nach Brüssel zwischen zwei Sitzungen. Eine Deputation von fünf Kongreßmitgliedern nämlich, unter Führung Houzeaus, wurde vom König Leopold in Audienz empfangen. Frédéric Passy, Graf Bothmer aus Wiesbaden, mein Mann und ich bildeten die Deputation. Wir fuhren von der Eisenbahn zum Königsschloß. Im Audienzsaal trat uns der König entgegen — von weitem schon kenntlich an seinem langen viereckigen weißen Bart —, und Houzeau stellte die übrigen vor. An alles, was gesprochen wurde, erinnere ich mich nicht mehr — ist auch wahrscheinlich nicht von Belang. Ich weiß nur, daß der König mit Houzeau de Lehaye auf sehr jovialem Fuß zu stehen schien, denn er klopfte ihm ein paarmal lachend auf die Achsel. An das eine Wort erinnere ich mich, das König Leopold uns sagte:

„Der Souverän einer dauernd neutralen Nation, wie die belgische, muß sich selbstverständlich für die Frage der internationalen Friedfertigung interessieren. Aber natürlich," fügte er hinzu (und damit war „natürlich" alles früher Gesagte wieder aufgehoben), „zum Schutze dieser Neutralität muß gerüstet werden!"

„Daß die Sicherheit der Verträge auf Recht und Ehrlichkeit beruhe und nicht auf Waffengewalt, das ist's, wohin in unserer Mitte gearbeitet wird, Majestät!" antwortete einer von uns.

Houzeau wartete nicht auf Entlassung, sondern gab selber das Zeichen zum Aufbruch: „Die Eisenbahn wartet nicht — die kennt keine Etikette," sagte er. Da gab es wieder eine königliche Tape d'amitié auf unseres Präsidenten Achsel: „Sie kümmern sich überhaupt wenig um Etikette, mein lieber Houzeau ..."

Unmittelbar nach dem Antwerpener Kongreß ward die Interparlamentarische Konferenz eröffnet, die dieses Jahr — von der niederländischen Regierung eingeladen — im Haag tagte. Da wir keine Parlamentarier waren, so hatten wir eigentlich keinen Anspruch gehabt, beizuwohnen, aber Minister van Houzeau hatte schon unterm 23. Mai das folgende Schreiben an mich gerichtet:

Werte Baronin!

Wegen meiner Ernennung als Minister bin ich aus dem Organisationskomitee der Interparlamentarischen Konferenz ausgetreten, doch hoffe ich, als Vertreter der Regierung der Konferenz im September ein Willkommen zuzurufen. Der beschränkte Raum im Sitzungssaal wird nur erlauben, eine kleine Anzahl Gäste und Vertreter der Presse zuzulassen. Zweifelsohne wird jedoch das Komitee einer so hervorragenden Vertreterin der Friedenssache in erster Linie einen Platz sichern. Es wird mich freuen, Sie im September hier zu begrüßen wie auch Ihren Herrn Gemahl und auch unseren Freund Pirquet und womöglich mehrere aus Ihrem Lande.

Unsere freundliche Stadt mit ihrem herrlichen Seestrand wird den Besuchern erlauben, das Nützliche mit dem Angenehmen zu verbinden, und der schon zugesagte Besuch mehrerer hervorragender Männer wird der Konferenz, an welcher unsere beiden Kammerpräsidenten sich beteiligen, hoffentlich ermöglichen, sich auch in Beziehung auf praktische Förderung der internationalen Arbitrage fruchtbar zu gestalten.

Mit freundschaftlichem Gruß Ihr ergebener

S. van Houzeau.

So war uns denn Gelegenheit geboten, den denkwürdigen Debatten jener Haager Volksvertreterkonferenz beizuwohnen, welche die Vorläuferin und — man kann sagen — Anregerin der späteren Haager Regierungskonferenzen geworden ist.

Am Tage vor der Eröffnung, also am 3. September, war Empfang in der Rotunde des Zoologischen Gartens. Hier fanden sich die Teilnehmer und die Gäste zusammen. Der Präsident der Konferenz, Rahusen, hielt eine Ansprache an die fremden Parlamentarier, aus welcher ich mir folgende Sätze ins Notizbuch eintrug:

„Wenn wir die Grenzen unseres Landes überschreiten, dünken wir uns etwa in Feindesland? Haben Sie Aehnliches empfunden, als Sie hierherkamen? Ich glaube mich verbürgen zu können: Nein."

„— — — Es ist ein Phänomen unserer Zeit, daß es eine Solidarität zwischen den Völkern gibt, die es früher nicht gab — —"

„— — ich weiß es wohl, es gibt noch Leute, die solche Ideen verspotten; freuen wir uns indessen, daß niemand diese Ideen verdammt — —"

„— — das Morgenrot der internationalen Gerechtigkeit stellt zugleich den Untergang der alten Kriegssonne dar. Wenn die letzten Strahlen dieser Sonne — die, altersschwach, ihr Licht und ihre Wärme schon verloren hat — einst gänzlich erlöschen wird,*) so wird dies uns, oder die nach uns kommen, mit Jubel erfüllen, und man wird staunen, daß die zivilisierte Welt noch die rohe Gewalt als Richterin zwischen Nationen anrufen konnte, die nicht länger feindlich waren, sondern die von so vielen gemeinsamen Banden umschlungen sind."

Nach diesem offiziellen Teil des Abends begab sich die Gesellschaft ins Freie, wo sich die Freunde, teils promenierend, teils an den um die Rotunde aufgestellten Tischen wiederfanden und plaudernd bis Mitternacht beieinander blieben.

Am folgenden Morgen, um zehn Uhr, die Eröffnung im Sitzungssaal der Ersten Kammer der Generalstaaten. Kein sehr großer, aber haushoher Saal mit herrlichen Deckengemälden. Ich hatte einen Platz auf der Galerie und genoß den feierlichen Anblick, wie die Vertreter von vierzehn verschiedenen Parlamenten sich einer nach dem anderen an den mit grünem Tuch bedeckten Tischen niederließen, während auf der Präsidiumsestrade die Mitglieder der Regierung Platz nahmen, welche die Konferenz begrüßen sollten. Als erster sprach der Minister des Innern van Houten: „— Es gibt keine Sache auf der ganzen Welt," sagte er, „welche derjenigen, die hier verfochten werden soll, an Größe gleichkommt —"

Bei diesem Wort muß ich einen Augenblick verweilen. Es drückt aus, was den Untergrund meines damaligen (und noch heutigen) Empfindens, Denkens und Strebens abgab, und damit erklärt

*) Wie sengend heiß sollten diese Strahlen doch noch brennen in Transvaal und in der Mandschurei! (Anmerkung von 1908. B. S.)

sich, warum in diesem zweiten Teil meiner Lebenserinnerungen die Phasen der Friedensbewegung einen so breiten Raum einnehmen. „Es gibt keine Sache in der ganzen Welt, die dieser an Größe gleichkommt" — ich behaupte nicht, ich zitiere —, das ist eine Ueberzeugung, die so tief und andächtig in mir ruht (man pflegt das Vokation zu nennen), daß ich sie nicht oft und laut genug bekennen kann. Wenn ich auch ganz gut weiß, daß neun Zehntel der gebildeten Welt die Bewegung noch geringschätzen und ignorieren — und eines dieser Zehntel sie sogar befeindet — das tut nichts — ich appelliere an die Zukunft. Das zwanzigste Jahrhundert wird nicht zu Ende gehen, ohne daß die menschliche Gesellschaft die größte Geißel — den Krieg — als legale Institution abgeschüttelt haben wird. Ich habe bei meiner Tagebuchführung die Gewohnheit, bei Eintragung von Situationen, die drohend oder verheißend sind, ein Sternchen zu machen, ein paar Dutzend weißer Blätter umzuschlagen und dorthin zu schreiben: Nun, wie ist es gekommen? Siehe S. —." Dann, wenn ich beim Weiterschreiben ganz unvermutet auf diese Frage stoße, kann ich sie beantworten. Und so frage ich hier einen viel, viel späteren Leser, der diesen Band vielleicht aus verstaubtem Bodenkram hervorgeholt hat: „Nun, wie ist es gekommen, hatte ich recht?" Der möge dann auf den Rand die Antwort schreiben — ich sehe die Glosse schon vor mir: „Ja, Gott sei Dank!" (19??).

Und nun zurück nach dem Haag, 1894. Der erste Verhandlungstag brachte nichts besonders Bemerkenswertes. Dafür der zweite! Wer den Bericht darüber mit kritisch-historischem Sinn liest, kann den Grundriß des nachmaligen Haager Tribunals erkennen, das freilich heute selber auch nur ein Grundriß dessen ist, was da werden soll. — Erreichte Zielpunkte? Die braucht der Entwicklungsgläubige nicht für seine Zuversicht — die eingeschlagene Richtungslinie genügt.

In höchster Spannung, wie im Theater, wenn ein interessantes Gastspiel auf dem Zettel steht, nahm ich meinen Sitz auf der Galerie ein. Die Tagesordnung lautete: „Vorbereitung eines Organisationsplanes eines internationalen Schiedsgerichtstribunals." Berichterstatter: Stanhope.

Ein neuer Mann: The Right Honourable Philipp Stanhope, jüngerer Bruder des Lord Chesterfield und intimer Freund des Grand old man: Gladstone. Im direkten Auftrage Gladstones war Stanhope zur Konferenz gekommen, um dieser das Ergebnis des 16. Juni 1893 zu unterbreiten, wo im englischen Unterhause der Antrag Cremers durchging, an welchen der Premier, indem er ihn unterstützte, den Ausspruch knüpfte: Die Schiedsgerichtsverträge seien nicht das letzte Wort zur Sicherung des Weltfriedens — ein ständiges Zentraltribunal, ein hoher Rat der Mächte — habe eingesetzt zu werden.

Unter lautloser Aufmerksamkeit der Versammlung begann Stanhope seine Rede. Er spricht im reinsten, beinahe akzentlosen Französisch. Und spricht bei aller ruhigen Klarheit mit solchem Feuer, daß er oft von Beifallsrufen unterbrochen wird. — Nachdem er den Vorschlag Gladstones auseinandergesetzt, führte er aus:

> Unsere Aufgabe ist es nun, diese Forderung mutig vor die Regierungen zu bringen.
>
> Alles, was bis jetzt an sogenanntem Völkerrecht besteht, ist ohne eigentliche Grundlage gewesen, auf Zufälle, auf Präzedenzfälle, auf Entscheidungen von Fürsten aufgebaut. Daher das Völkerrecht diejenige Wissenschaft ist, welche die wenigsten Fortschritte gemacht und eine widerspruchsvolle Anhäufung von unbestimmten Papierfloskeln (de paperasses vagues) darstellt.
>
> Zwei große Notwendigkeiten liegen vor den zivilisierten Völkern: Ein internationales Tribunal und ein Kodex, der dem modernen Geist entspricht und sich elastisch den neuen Fortschritten fügen könnte. Damit wäre der Triumph der Kultur erreicht und die verbrecherische Zuflucht zum Massentotschlag abgeschnitten.
>
> Wie die Dinge heute stehen, werden in jedem Parlamente neue Militärkredite gefordert, und wir werden von der Presse zur Bewilligung gepeitscht.*) Anders wäre es, wenn wir antworten könnten: Die Gefahren, gegen welche die verlangten Rüstungen uns schützen sollen, würden durch das von uns verlangte Tribunal beseitigt. Darum soll ein Projekt ausgearbeitet werden, das wir den Regierungen vorlegen könnten —

Hierauf entwickelte Stanhope einige Punkte, die der Konstituierung zugrunde zu legen waren, und schloß mit den Worten:

> Wenn wir im künftigen Jahr uns den Regierungen mit einem solchen Plan nähern und wenn dabei unsere Aktion eine parallele wäre, so würde uns die Zukunft den Sieg bringen; jedenfalls aber wäre uns der moralische Sieg gesichert, unsere ganze Pflicht getan zu haben.

Nun entspann sich eine Debatte. Der deutsche Abgeordnete Dr. Hirsch (von Anfang an bis heute haben die Deutschen bei den Friedenskonferenzen das Amt des Bremsens geübt) spricht — bei

*) Das geschieht heute noch ebenso. (1908. B. S.)

aller Anerkennung für die so beredt vorgebrachten edeln Ideen Stanhopes — gegen dessen Antrag. Es sei für die Mitglieder der Konferenz nötig, nur greifbare, ausführbare Anträge zum Beschluß zu erheben, welche den Parlamenten mit einiger Wahrscheinlichkeit zur Annahme vorgelegt werden könnten; nun würde aber Herr von Caprivi sicher nie den Vorschlag eines internationalen Tribunals auch nur in Erwägung ziehen. Auch müsse man vermeiden, durch derlei Pläne den Fluch der Lächerlichkeit auf sich zu laden, die Gegner seien nur zu sehr geneigt, die Konferenzbesucher als Träumer zu verspotten.

Houzeau de Lehaye springt von seinem Sitze auf wie ein Teufelchen aus der Schachtel:

> „Angesichts so großer Gesinnungen," ruft er, „wie der soeben entwickelten, angesichts der Begründung einer Sache durch Männer wie Stanhope und Gladstone darf das Wort ‚lächerlich' überhaupt nicht mehr ausgesprochen werden! (Beifall.) Ich unterstütze den Antrag."

Jetzt erhebt sich der ehrwürdige Passy:

> Ich möchte noch gegen ein zweites Wort protestieren, das mein verehrter Freund Dr. Hirsch angewendet hat: das Wort nie. Es ist noch gar kein großer Fortschritt, gar nichts Neues überhaupt zur Geltung gekommen, von dem nicht anfänglich behauptet worden wäre, es könne nie geschehen. Daß zum Beispiel Parlamentarier aus allen Nationen zusammentreten, um über den Weltfrieden zu verhandeln, daß sie in dem Sitzungssaale der Ersten Kammer eines monarchischen Staates dies tun — wer hätte auf die Frage vor fünf Jahren, wann solches sich zutragen wird, nicht geantwortet: Nie!

Und in der Tat — Passy hatte zufällig dieselbe Ziffer genannt — fünf Jahre später, am 29. Juli 1899, ward das internationale Tribunal eingesetzt, in derselben Stadt, wo dessen von Gladstone angeregter Plan auf den Tisch gelegt worden war. Das „Nie" des Dr. Hirsch hat nicht lange vorgehalten. Freilich besitzt dieses Tribunal noch nicht den obligatorischen Charakter — die bei Einsetzung desselben mittätigen Bremser hatten dafür gesorgt, daß ihm dieser Charakter nicht verliehen werde. Und alle, die an der Kriegsinstitution hängen, sind auch überzeugt, daß dies nie geschehen wird.

Noch mehrere Redner stimmten für den Antrag, und schließlich wurde er mit Akklamation zum Beschluß erhoben.

Ich fühlte mich tiefbewegt — ebenso der Meine, der mir zur Seite saß; wir tauschten einen stummen Händedruck.

Man wählte nun die Mitglieder, welche mit der Abfassung des Planes, welcher der nächstjährigen Konferenz vorgelegt werden sollte, betraut wurden.

Dieser Plan — ich nehme die Ereignisse vorweg, um darzutun, daß jener Sitzungstag wirklich ein historischer Tag gewesen —, dieser Plan ist der Konferenz von 1895 (Brüssel) vorgelegt, von ihr genehmigt, an sämtliche Regierungen versendet worden und hat sicherlich auf die 1898 erfolgte Einberufung der Haager Konferenz eingewirkt und der Errichtung des dortigen permanenten Schiedsgerichtshofs und seiner Statuten als Grundlage gedient.

Noch eine Sensation brachte jene Sitzung. Nachdem der Antrag Stanhope erledigt war, betrat Randal Cremer die Tribüne. Lauter Applaus begrüßte ihn. Er war es ja, der mit Frédéric Passy der Schöpfer der interparlamentarischen Konferenzen war, der in Sachen des englisch-amerikanischen Schiedsgerichtsvertrags zuerst in seinem Lande die Unterschriften gesammelt hatte und dann über den Ozean gereist war, und dem es endlich gelang, den Antrag an dem famosen 16. Juni 1893 mit Hilfe Gladstones zum Beschluß erheben zu lassen. Seine Redeweise ist einfach, schmucklos — er verleugnet nicht den einstigen Arbeiter. Nach der Sitzung, in den Couloirs kommt er auf uns zu und teilt uns mit, daß er vor seiner Abreise mit Lord Rosebery gesprochen; daß er bei der Konferenz nicht hätte wiederholen dürfen, was ihm der Premier gesagt hatte, doch sei es das Ermutigendste gewesen, was man nur sagen kann. Seine Zuversicht teilte sich uns mit.

Das Schlußbankett fand im Kursaal von Scheveningen statt. Das Orchester spielte sämtliche Nationalhymnen der Reihe nach. Ich saß zwischen Rahusen und Houzeau. Stanhope hielt eine außerordentlich fein pointierte und der alte Passy eine feurig-hinreißende Rede. Ich mußte auch sprechen. Auf der Esplanade wurde ein Feuerwerk abgebrannt. Die Schlußapotheose desselben bildete ein in Lichtlettern glühendes: „Vive la Paix", über dem ein Genius mit einem Palmenzweige strahlte.

Was dachten wohl die promenierenden und gaffenden Kurgäste dabei? Vermutlich nichts; und hatten nicht so unrecht damit, denn was bleibt von den verhallten Worten, den Bankettoasten, was von den Garben abgebrannter Feuerwerke? — — Nichts! — Von tiefer her müssen die Wirkungen kommen, durch welche die Zeiten sich verändern ...

46
Bunte Erinnerungen

Von Holland in unser liebes Harmannsdorf zurückgekehrt, nahmen wir unser stilles, frohes, arbeitsames Leben wieder auf. Der Meine begann die Niederschrift eines zweibändigen Romans, der wohl sein reifstes Werk war, betitelt „Sie wollen nicht". Max Nordau schrieb ihm darüber:

> Verzeihen Sie, daß ich Ihnen erst heute für Ihren hochinteressanten Roman „Sie wollen nicht" danke. So lange dauert es, bis ich in meinem gehetzten Leben dazu komme, 730 Seiten flüssigster, angenehmster Prosa zu lesen, wenn diese nicht unmittelbar in mein Arbeitsgebiet schlägt.
>
> Was ich von Ihrem Charakter denke, möchte ich Ihnen nicht sagen. Ich weiß, daß wirklich charaktervolle Männer jedes Lob ihrer Charaktereigenschaften unangenehm empfinden. Immerhin darf ich wohl kurz sagen, daß ich den deutschen Schriftsteller bewundere, der heutzutage den Mut hat, die Gestalten eines Gutfeld, Zingler, Kölble zu schaffen. Künstlerisch steht Ihr Roman hoch. Vielleicht sind zu viel Fäden durcheinander geschlungen, und das Gewebe ist vielleicht nicht straff genug. Daß das Hauptdrama erst in den letzten Kapiteln mit dem Erscheinen Palkowskis einsetzt, ist kompositionell auch kein Vorzug. Aber all das ist Kleinigkeit gegenüber dem großen Vorzug des Reichtums an Motiven und der Lebensfülle der verwirrend zahlreichen Gestalten. Der alte Jörgen allein würde genügen, um Ihren Roman dem Leser unvergeßlich zu machen . . .

Ich schrieb damals „Vor dem Gewitter". Daneben gab mir die Redaktion der Monatsschrift sehr viel zu tun und fast noch mehr die Korrespondenz. Regelmäßig schrieb ich an Alfred Nobel, um ihn von der Entwicklung der Friedenssache auf dem laufenden zu halten; mit Carneri tauschte ich stets geistanregende, viel Seiten lange Briefe, ebenso mit Rudolf Hoyos, Friedrich Bodenstedt, Spielhagen, Karl von Scherzer, M. G. Conrad u. s. w. Einen neuen, mir persönlich unbekannten Korrespondenten gewann ich an einem alten französischen Seeoffizier: Konteradmiral Réveillère. Hatte er zuerst mir oder ich ihm geschrieben, dessen kann ich mich nicht mehr erinnern. Jedenfalls hat sich unser Briefwechsel auf Gesinnungsgleichheit und auf die gegenseitige Kenntnis unserer Schriften aufgebaut. Zum erstenmal hatte ich von Réveillère gehört, als Frédéric Passy in dem Toast, den er beim Bankett der Interparlamentarischen Konferenz von 1894 in Scheveningen auf das hinter den Saaltüren rauschende

Meer ausbrachte, und sagte, er zitiere die Worte seines Freundes Konteradmiral Réveillère.

Geboren 1828 in der Bretagne, lebte der als Gelehrter und Schriftsteller rühmlich Anerkannte nach langer Seemannskarriere im Ruhestande in seiner Vaterstadt Brest. Seine Muße füllte er mit Bücher- und Artikelschreiben. Zahlreiche Seeschlachten und zahlreiche Gedankenschlachten hat er durchgefochten. Die Titelreihe seiner Bücher läßt erraten, in wie mannigfache Länder ihn seine Dienstreisen geführt, und wie mannigfaltig auch die Gebiete waren, die er als Dichter und Denker exploriert hat: „Gallien und die Gallier," „Die Rätsel der Natur," „Quer durch das Unerkennbare," „Die Stimmen der Steine," „Reise um die Welt," „Keime und Embryone," „Gegen Sturm und Flut," „Die drei Vorgebirge," „Briefe eines Seemannes," „Erzählungen und Novellen," „Die indischen Meere," „Die chinesischen Meere," „Die Eroberung des Ozeans," „Die Suche nach dem Ideal"; später kamen noch hinzu: „L'Europe unie" (Paris, Berger Levraut 1896), „Tutelle et Anarchie" (ebenda 1896), „Extension, Expansion" (ebenda 1898).

Wieso er, der Sohn der konservativen Bretagne, der im Flottendienst Ergraute, dazu gekommen, mit den Pazifisten zu gehen, das hat er mir einmal geschrieben:

> Oft begeistern wir uns für zwei Ideen, die keinen sichtbaren Zusammenhang haben, und es braucht mitunter Jahre, bis man das Band entdeckt, das sie verbindet. Es hat viel Zeit und Nachdenken gekostet, mir über die Vereinigung zweier mich sehr leidenschaftlich beherrschender Gefühle Rechenschaft zu geben, zwischen denen ich keinerlei Verwandtschaft vermutet hatte: Eine tiefe Leidenschaft für die europäische Föderation und ein instinktiver Kultus für Dolmen und Menhire.
>
> Seit meiner zartesten Kindheit war ich durch das steinerne Rätsel fasziniert, das von allen Seiten in meiner bretonischen Heimat aufgestellt ist. Und seit meiner Kindheit verliebte ich mich in den schönen Traum der europäischen Föderation — ein Traum, welcher der Vorurteile der Staatsmänner, der Voreingenommenheit der gekrönten Häupter zum Trotze im Begriffe steht, sich zu verwirklichen. Das große Werk der europäischen Verbündung muß durch die Annäherung jener Völker beginnen, deren Sitten und Anschauungen die meiste Analogie besitzen. Diese Völker, längs des Atlantischen Ozeans, haben sich allein die Grundsätze der Französischen Revolution assimiliert. — England übrigens hatte seine Revolution schon früher gemacht. Ich meine folgende Länder: Skandinavien, Holland, Belgien, Frankreich, Portugal und das alte Helvetien, die älteste unter den europäischen Republiken. Später belehrten mich meine archäo-

logischen Studien, daß gerade diese das Gebiet der Dolmen war. Alle diese Völker hatten gemeinschaftliche Ahnen, die Megalithen; vom Nordkap bis nach Tanger bevölkerte dieselbe Rasse die Meeresküste. Das gleiche Grabrituale, immer fußend auf den gleichen Glaubenssätzen. Und so kam es, daß mir die Dolmen und Menhire zum Symbol der westlichen Föderation wurden. —

Und ein andermal:

Der Zufall der Geburt hat aus mir vorerst einen bretonischen Patrioten gemacht. Als ich aus dem engen Egoismus der Kindheit heraustrat, da gehörte meine erste Liebe der Bretagne. Als meine Verstandesentwicklung mir gestattete, die Solidarität meiner kleinen Heimat mit dem französischen Vaterlande zu erfassen, da wurde ich zum französischen Patrioten. Später lernte ich aus der Geschichte, daß alle Nationen diesseits des Rheins einst eine ruhmreiche Föderation bildeten — da ward ich zum gallischen Patrioten; noch später offenbarte mir die Betrachtung der megalithischen Denkmale einen neuen Zusammenhang, den mit der megalithischen Rasse. Indem die Logik ihre Arbeit fortsetzte, wurde ich zum europäischen Patrioten — schließlich zum Patrioten der Menschheit. — In unserer Zeit ist die nationale Liebe eine stumpfsinnige Liebe, wenn sie nicht durch die Liebe zur Menschheit erhellt wird.

Ich habe von den Werken des Admirals nur die drei zuletzt genannten gelesen; aber er sandte mir regelmäßig die Artikel ein, die er in dem Journal „La Dépêche" veröffentlichte, und worin er zu allen Tagesfragen — immer im Sinne der „erhellenden" Liebe zur Menschheit — Stellung nahm.

Nicht etwa in träumerischer Weise, nicht mit dem Anflug von Mystizismus, der so häufig das Seelenleben dichterisch veranlagter Seefahrer bewegt. Er begründete seine politischen Ideale durch reale und positive Erwägungen, namentlich aus dem Gebiet der Nationalökonomie. So schrieb er:

Um die industrielle Konkurrenz der Vereinigten Staaten Amerikas und der gelben Rasse auszuhalten, wäre es — im Interesse Frankreichs und Deutschlands — wünschenswert, einen Zollverein zwischen Deutschland, Belgien, Holland und Frankreich sich bilden zu sehen, der gleichzeitig die Kolonien dieser Länder verbinden würde. Es scheint heutzutage freilich fast unmöglich, gegen den schutzzöllnerischen Strom zu schwimmen, und dennoch fühlt jedes Volk das Bedürfnis, seinen Absatzmarkt zu vergrößern. Wenn man schon auf europäischem Boden dieser Vergrößerung sich widersetzt, warum trachtet man nicht, sie durch eine Kolonialunion zu gewinnen — eine Union, durch welche die föderierten Länder ihren Bürgern, ihren Schiffen und ihren Waren in allen Kolonien dieselben Rechte und Vorteile sicherten?

Mit Bezug auf das verbesserungsbedürftige Los der Massen sagte Réveillère, daß die Verbesserung von der allgemeinen Erzeugung nützlicher Güter abhängt. Solange die Massen zu unproduktiven Arbeiten verwendet werden, ist keine Erleichterung für sie möglich ... und jetzt erschöpfen sich die Völker in unproduktiven und zerstörenden Arbeiten. — Es gibt keinen Mittelweg; entweder die internationale Anarchie (d. h. der Mangel einer den Völkerverkehr regelnden Gesetzlichkeit) mit dem Elend oder die Föderation mit dem Reichtum.

Auf die Politiker war mein bretonischer Freund nicht gut zu sprechen: „Der Dampf hat alles verändert auf dieser Welt, nur nicht die Routine unserer Staatsmänner." Und in einem nächsten Brief: „Die Ingenieure und Gelehrten arbeiten fortwährend, um den Graben auszufüllen, den die Professionisten der Staatszunft graben; die Ingenieure strengen sich an, die Produktivität der Arbeit zu erhöhen, die Politiker geben sich alle Mühe, sie zu sterilisieren."

Gar viele Leute sind der Meinung, daß es ein zu weit- und fernliegendes Ziel und zu weitschweifendes Beginnen ist, an die Regelung kriegloser Beziehungen der europäischen Staaten untereinander Hand anlegen zu wollen, jetzt, wo fast jeder Staat so viele Sorgen und Wirren zu tragen hat, wo innerhalb der eigenen Grenzen die heftigsten nationalen und sozialen Kämpfe toben. Darauf kann folgende Stelle aus einem Réveillèreschen Buche (Extension, Expansion S. 23) als Antwort dienen:

> Wenn ein Arzt eine Brustkrankheit behandeln soll, so ist es seine erste Sorge, den Patienten am Einatmen vergifteter Luft zu hindern. Wenn er eine Operation vorzunehmen hat, so bemüht er sich, den Raum, in dem die Operation gemacht werden soll, von jedem ansteckenden Keim zu säubern. Geradeso verhält es sich mit den nationalen Krankheiten. Kein Staat kann daran denken, seine inneren Leiden zu kurieren, ehe der europäische Raum desinfiziert ist. Gewiß ist es die Pflicht jeder Nation, die Leiden der Ihrigen nach Möglichkeit zu lindern; aber zu behaupten, daß man ernsthafte innere Reformen ausführen könne, ohne vorher die europäische Föderation gesichert zu haben, das ist so, als wollte man Verwundete in einem mit Mikroben gefüllten Saal pflegen.

Ich habe lange Zeit mit Admiral Réveillère korrespondiert. In den letzten Jahren war die Korrespondenz eingeschlafen. Vor kurzem

(März 1908) ist er gestorben. Ach, wenn man alt geworden, muß man so häufig von seinen Freunden berichten, daß sie nicht mehr sind. In der Kindheit ist das Leben wie eine Baumschule; in der Jugend — ein Garten; im Alter — ein Friedhof.

Eine Todesnachricht, die uns sehr schmerzlich berührte (ich erzähle jetzt vom Jahre 1895), kam uns ganz plötzlich aus dem Kaukasus zu: Prinz Achille Murat hatte sich erschossen. War es Selbstmord oder war es ein Unfall? Das habe ich nie genau erfahren. Es geschah in Zugdidi, in der von dem Meinen erbauten Muratschen Villa. Prinzessin Salomé, die im Nebenzimmer saß, hörte aus dem Zimmer ihres Gatten den Lärm eines Schusses. Sie eilte hinein, und man fand den Unglücklichen in einen Lehnstuhl zurückgefallen, zwischen den Beinen ein Handgewehr mit nach oben gerichtetem Lauf ... hatte er die Waffe in unvorsichtiger Weise gereinigt oder war es Lebensüberdruß? Wie gesagt, ich weiß es nicht.

Und noch ein Verlust: Am 17. Oktober 1895 verschied auf seinem Schlosse Erlaa der Herzog Elimar von Oldenburg im zweiundfünfzigsten Lebensjahre. Kurz vorher hatte er mir noch ein zweites Schriftstück seines Onkels, Prinz Peter, gegeben, betitelt „Gedanken eines russischen Patrioten", welches in den Worten ausklingt: „Es sei mir erlaubt, den sehnlichsten Wunsch meines Herzens auszusprechen, im Hinblick auf Gott und die Ewigkeit: Einverständnis sämtlicher Regierungen im Interesse des Friedens und der Menschheit! Möge er anbrechen, der glückliche Tag, wo man wird sagen können: Der Krieg zwischen zivilisierten Nationen ist abgeschafft."

Die Witwe des Herzogs Elimar war über diesen plötzlichen und vorzeitigen Verlust aufs tiefste gebeugt. Auf meinen Kondolenzbrief schrieb sie mir folgende Antwort, die ein helles Licht auf die edeln Eigenschaften des Verstorbenen und seine Lebensgefährtin wirft:

Brogan, 29. Oktober 1895.

Liebe Baronin!

Herzlichsten Dank für Ihre warmen, teilnehmenden Worte sowie der Gesellschaft der Friedensfreunde für den prachtvollen Kranz, der mit so vielen anderen Gaben der Liebe und Zeichen der Verehrung die letzte Ruhestätte des Verewigten schmückt. — Trost gibt es wohl keinen in solchen Stunden —, was ich verloren habe, kann auch im Grunde niemand ermessen, der nicht weiß, wie das innere Band, das uns aneinander fesselte, jede Faser unserer beiden Existenzen aneinander geknüpft — ineinander verschlungen hatte in den neunzehn Jahren unserer ungetrennten, ungetrübten Ehe, so daß mit der einen auch die tausend und aber tausend Wurzeln der anderen aus ihrem Boden gerissen wurden. Die innere Vereinsamung, der ich dadurch anheimgefallen bin, ist wirklich oft kaum zu ertragen, und ich kann mir gegenwärtig kaum denken, daß ich in diesem Leben — auf dieser Erde noch einmal Wurzel fassen könnte. Wer neunzehn Jahre mit einem Menschen, wie mein Mann es war, so innig verbunden gelebt hat, der gewöhnt sich nur noch schwer an andere Menschen! —

Den reinen, hohen Idealismus, der — ich möchte sagen — den innersten Kern seines Wesens bildete und ihn so überaus liebenswürdig, so herzgewinnend und anziehend machte für alle, die mit ihm in Berührung kamen, den finde ich nie und nirgends mehr so verkörpert wie bei ihm, und ich vermisse ihn immer und überall, seit ich ihn verloren habe, in einem Grade, daß mir das Zusammensein mit anderen oft geradezu unerträglich wird. Und doch haben mir die Beweise unoffizieller, aufrichtiger Herzensteilnahme von so vielen edeln, guten Menschen in diesen Tagen unsagbar wohlgetan. Auch Ihnen, verehrte Baronin, nochmals besten und herzlichsten Dank für alle Teilnahme von Ihrer aufrichtig ergebenen

Natalie von Oldenburg.

Einige Jahre später schickte sie mir einen Band Gedichte, dem Andenken des Verlorenen geweiht und von rührender Trauer durchweht.

Und ein dritter Verlust: Am 31. Oktober 1895 starb in Torre del Greco, achtundsechzig Jahre alt, der in unseren Kreisen so geliebte Ruggero Bonghi. Italien betrauerte in ihm den Reformator des öffentlichen Unterrichts, den Professor der Philosophie, den Herausgeber der „Nuova Antologia", den Gründer und Vorsteher des Waisenhauses in Anagni; wir betrauerten den tätigen Apostel unserer gemeinsamen Sache, den Mann, der von hoher Tribüne herab das schöne Wort gesprochen hatte: „Wir Förderer des Friedens, die wir mit glühendem Eifer dafür wirken, wir wollen schließlich weiter nichts als dieses: Daß der Mensch ganz menschlich werde."

Unser österreichischer Verein hat zur Beisetzung Ruggero Bonghis nach Rom die Worte telegraphiert: «Sincero dolore e riconoscenza eterna!»

47

Weitere bunte Erinnerungen

In diesem Jahre (ich erzähle noch immer von 1895, indem ich in dem Tagebuchband blättere, der diese Jahreszahl trägt) haben wir keine Kongreßreise unternommen, aus dem einfachen Grunde, weil kein Kongreß abgehalten wurde. Darum blieben wir jedoch nicht das ganze Jahr in Harmannsdorf. Ausflüge nach Prag, nach Budapest (mit Vorträgen), nach Lussinpiccolo, von denen ich später erzählen will, und namentlich häufige mehrtägige Aufenthalte in Wien, wohin uns Pflicht und Vergnügen riefen.

Die Angelegenheit seines Vereins verursachte dem Meinen viel Arbeit und viel Sorge. Der Antisemitismus, dem sein Kampf galt, war viel mehr im Steigen als im Abnehmen begriffen. Dr. Karl Lueger, ein Haupt der antisemitischen Partei, wurde von dieser für das Bürgermeisteramt in Vorschlag gebracht und auch gewählt. Der Kaiser jedoch bestätigte die Wahl nicht: zum Aerger eines großen Teils der Kleinbürgerschaft und zur Konsternation jener hohen Kreise, die unter dem Einfluß ihrer geistlichen Berater sich für die Kandidatur Karl Luegers einsetzten.

Ein österreichischer hoher Beamter und Aristokrat erzählte mir, daß er in einer Hofgesellschaft sich befand, als die Nachricht von der Nichtbestätigung Luegers eintraf. „Ach, der arme Kaiser!“ rief die Herzogin von Württemberg (Tochter des Erzherzogs Albrecht), „der arme Kaiser — in den Händen der Freimaurer! . . .“ Und als ein Jahr darauf, in demselben Kreise, wo mein Gewährsmann zufällig wieder anwesend war, die Nachricht von der Bestätigung Luegers kam, erhob dieselbe Fürstin den Blick und die gefalteten Hände zum Himmel mit den Worten: „Gott sei gepriesen — so ist über den Kaiser Erleuchtung gekommen! . . .“

Damals war die Zeit, wo ein „Hetzkaplan“ — Deckert war sein Name — von der Kanzel herab und in Broschüren in der heftigsten Weise gegen die Juden predigte und schrieb — mit Erfolg. Dies veranlaßte den „Anti“verein, einzuschreiten und beim Präsidenten des Abgeordnetenhauses vorstellig zu werden. Doch ich will meinem Mann selber das Wort geben. Er veröffentlichte in der „Neuen Freien Presse“ folgenden Aufsatz, aus dessen Inhalt am besten hervorgeht, was sich im Lager der Antisemiten zutrug und welche Gesinnungen und Vorsätze dadurch im Lager ihrer Gegner erweckt wurden:

Zur Situation der Gegenwart.

Hat der alte Hexenmeister
Sich doch einmal wegbegeben!
Und nun sollen seine Geister
Auch nach meinem Willen leben.
Seine Wort' und Werke
Merkt' ich und den Brauch,
Und mit Geistesstärke
Tu' ich Wunder auch.

„Der Zauberlehrling".

An die zwanzig Jahre sind es nun, daß der Zauberlehrling in Oesterreich seine Experimente treibt. Der alte Meister, der zu bändigen und zu bannen verstand, ist gegangen; Verfassung, Parlamentarismus, Staatsgrundgesetz sind zu Schemen geworden, und die entfesselten Geister treiben ihr tolles Unwesen. Und jetzt, da es so gekommen ist, wie es alle kommen gesehen, die eben den Kopf nicht in den Sand steckten, jetzt geht der Wehruf durchs Land:

Herr, die Not ist groß!
Die ich rief, die Geister,
Werd' ich nun nicht los!

Oder wollte man etwa noch länger behaupten, daß man sie nicht heraufbeschworen hat? Wollte man leugnen, daß man mit merkwürdiger Langmut zusah, duldete — ja geradezu protegierte, statt den Meister zu rufen, der die Dämonen zu Paaren getrieben hätte, solange es noch Zeit war?

Ja, wenn bei uns ein System nicht zur Norm geworden wäre, das den sogenannten „ernsten" Politiker vom Dilettanten unterscheidet! Das System, das zu deutsch „ich trau' mich nicht" heißt, von den „Ernsthaften" aber in ein vornehmer scheinendes Gewand gehüllt wurde und unter der Bezeichnung „Opportunismus" zum Inbegriff politischer Weisheit erhoben wurde.

Was dieser Opportunismus schon alles auf dem Gewissen hat, es ist schauderhaft! Er ist der Hemmschuh, die Sklavenkette, die sich an jede energische Tätigkeit hängt, die alles hindert, die jede Handlung unmöglich macht; er ist der Grund der heutigen Flügellahmheit, des Mißtrauens, des fatalistischen « après nous le déluge »; er ist die Ursache der allgemeinen Unzufriedenheit, der Abspannung einerseits, des lauten Triumphgeschreis, der erneuerten Kraftanspannung auf jener Seite drüben, die nur mehr einen Schritt weit ist vom Ziel, das sie sich gesteckt hat.

Ich kann da ein Wort mitsprechen aus Erfahrung, denn ich bin mitten drin gestanden in der Brandung, und ich bleibe stehen, solange mir das Amt übertragen ist, jenen Teil der Mitbürgerschaft zu vertreten, der es auf sich genommen hat, dem Ansturm der Haßprediger und Hetzapostel Trotz zu bieten. Kraft dieses Amtes fühle ich mich auch berufen, ja verpflichtet, ein Wort mitzureden und von den Erfahrungen zu sprechen, die der Verein zur Abwehr des Antisemitismus seit seinem Bestande gemacht hat.

Ich brauche nur auf die Rettungsgesellschaft hinzuweisen als Beispiel, welches Entgegenkommen humanitäre Vereinigungen von maßgebender Seite erfahren. Auch unser Verein war in gewissem Sinne als Rettungsgesellschaft gedacht, und zwar: um den guten alten österreichischen Geist zu retten, den Geist der Duldung, der Gerechtigkeit, der brüderlichen Liebe, den Geist, der damals gewaltet hat, als im Ringen um die Freiheit und Menschenwürde Christen und Juden in innigem Zusammenschluß im Vordertreffen gestanden sind, entschlossen, in treuer Bundesgenossenschaft zu siegen oder zu sterben. Diesem Geist wollten wir wieder zu seinen alten, ehrwürdigen Rechten verhelfen; das war der Grund, warum wir aus unserer friedlichen Ruhe herausgetreten sind, um den Kampf gegen Giftpfeile und allerhand ekle Geschosse aufzunehmen.

Was war natürlicher und berechtigter, als daß wir uns der Erwartung hingaben, alles, was Anspruch auf Bildung und Gesittung macht, werde sich freudig um uns scharen und so einen Millionenprotest gegen das wilde Treiben der leichtfertig entfesselten Geister erheben? Was war selbstverständlicher, als zu hoffen, in den maßgebenden Kreisen, in deren Hände die Zügel gelegt sind, werde man uns mit Freuden als den Vorbau gegen den Ansturm der zerstörenden Wogen begrüßen — als den Damm, der mit Sorgfalt zu erhalten und zu stützen ist, wenn man die Ueberflutung hintanhalten will?...

Ja, wir haben das geglaubt und erwartet, allein wir haben eben eines vergessen: den Opportunismus.

Erst nach und nach ist uns die Erfahrung geworden, daß warmes Empfinden, ehrliche Begeisterung, frischer Feuereifer, daß das ideale Begriffe sind, die im Wörterbuch der höheren Politik keinen Platz gefunden haben; wir haben gelernt, daß alles erst fein diplomatisch nach Milligrammen abgewogen werden muß, damit womöglich dem A und B und C, auch bei den heterogensten Standpunkten, die Sache recht gemacht werde; kurz, daß alles und jedes erst auf die Wagschale der Opportunität gelegt werden müsse, ehe man aus der Reserve heraustreten könne.

Wir haben wohl versucht, uns von diesem schrecklichen Ding zuweilen zu emanzipieren und kleine Staatsstreiche auf eigene Faust zu unternehmen, aber auch da stand schon das große O auf der Tür, bevor sie sich uns öffnete, und dann erfuhren wir nach dem Einlasse erst nichts Tröstlicheres, als daß „erforderlichen Falles", d. h. falls es einmal opportun werden sollte, unsere Wünsche beherzigt werden würden.

Wir haben gesehen, wie diese Zusage in der Affäre der Rettungsgesellschaft eingehalten wurde, kurz, wir haben erkennen müssen, daß dort keine Stütze zu finden war, wo sie uns freiwillig hätte geboten werden sollen.

Und drüben im Lager der Gegner war man nicht blind. Für jene war diese Zugeknöpftheit, die uns zuteil wurde, geradezu eine Aufmunterung, in der eingeschlagenen Richtung fortzufahren, und sie haben es auch weidlich ausgenutzt, um daraus Kapital zu schlagen, neuen Anhang zu gewinnen.

War das nicht vorauszusehen? Darf man sich da wundern, daß angesichts solcher offizieller Duldsamkeit die Schwenkung unter der Beamtenschaft und Lehrerschaft nach jener Seite hinüber immer bedenklicher wurde? ... Ein offenes, ein entschiedenes Wort von oben, zu rechter Zeit gesprochen, statt ausweichender, umschreibender Phrasen, die sich wie die alten Orakelsprüche dehnen und verdrehen ließen, hätte das hintangehalten, was heute kommen mußte — nein, nicht mußte, sondern was man kommen ließ. Und auf dieses bestimmte, offene, keine Mißdeutung zulassende Wort hat jener Teil der Mitbürger ein Recht, der gegen alle staatliche Ordnung schutzlos den wildesten Schmähungen und Bedrohungen preisgegeben, der geradezu für vogelfrei erklärt ist. Dieses offene Wort heißt: Der Antisemitismus in Schrift, Wort und Tat ist eine gemeingefährliche, das Wesen der Staatsordnung, die Staatsgrundgesetze schwer verletzende Bewegung. Er kann von einer Regierung ebensowenig geduldet werden wie der Anarchismus oder andere Bestrebungen, die dahin gehen, den inneren Frieden durch Gewaltmaßregeln zu stören und einen Bürgerkrieg herbeizuführen.

Daß dieser oder ein ähnlicher Ausspruch einmal getan werde, darauf haben wir hingearbeitet und damit unsere Pflicht getan. Komme, was da wolle, wir weichen nicht von der Bresche; denn in unseren Herzen haben wir das Bewußtsein, einen Standpunkt zu vertreten, den jeder gerecht fühlende und denkende Mensch einnehmen soll. Dieses Bewußtsein genügt uns, um unseren Mut aufrechtzuerhalten. In unseren Reihen ist nicht einer, der durch Betätigung dieser Gesinnung einen persönlichen Vorteil anstrebt; im Gegenteile, wir wissen, daß wir heute ebenso schutzlos dastehen, ebenso allen Schmähungen ausgesetzt sind wie jene, deren Rechte wir gewahrt wissen wollen. Aber schließlich ein alter Spruch sagt: Hilf dir selbst, so wird Gott dir helfen — und zur Selbsthilfe wird es noch kommen müssen, wenn diese österreichische Spezialanarchie hereinbricht, die bereits ihre wilden Schläge an den Toren erdröhnen läßt. Sammeln wir uns, wenn es dahin kommen soll!

A. Gundaccar von Suttner.

*

Ich sagte vorhin, Pflicht und Vergnügen riefen uns nach Wien. Das Vergnügen bestand hauptsächlich in Theaterbesuchen. Ach, mit dem Meinen, dem so Genußfähigen, so im höchsten Grade „dankbaren Publikum" im Theater zu sein, war wirklich eine Freude. Namentlich bei lustigen Stücken; er konnte so von Herzen lachen wie keiner! Und neben dem Theater — im geselligen Verkehr mit gleichgesinnten Freunden. Lange literarische und pazifistische Plauderstunden mit Carneri und Hoyos, mit Groller, Herzl und verschiedenen anderen Männern der Feder. Großes Vergnügen gewährte es uns auch, im Hause meines Vetters Christian Kinsky zu verkehren. Jedesmal, wenn wir nach Wien kamen, wurden wir von ihm und seiner grundgescheiten Gattin Therese zu Tisch geladen. Christian war damals Landmarschall von Oesterreich. Die Bürde und Würde seines Amtes nahmen ihm nichts von seiner sprühenden Laune, von seinem unverwüstlichen Witz. Und diese freien, hellen Anschauungen dabei! Auch Therese dachte in allen Dingen sehr liberal. Hingegen die Schwester Christians, Gräfin Ernestine Crenneville, die öfters an Nachmittagen mit einer Handarbeit auf einen „Plausch" heraufkam (sie wohnte in einem unteren Stockwerk des Kinskyschen Hauses in der Laudongasse), war, ganz nach allgemeiner Art der österreichischen Aristokratie, sehr gläubig und kirchlich gesinnt. Sie hatte manchmal versucht, den Bruder zu belehren, aber dieser winkte scherzend und neckend ab, und sie vertrugen sich beide ganz gut. Es wäre auch schwer gewesen, sich mit Ernestine nicht zu vertragen, denn ihre Frömmigkeit war eine tolerante und sie war die Güte und Sanftmut selber. Ich hatte sie in ihrer blühenden Jugendschöne gekannt — jetzt war sie ein altes, aber hübsches Mütterchen und wußte viel Interessantes aus ihrem Leben zu erzählen.

Einmal habe ich in mein Tagebuch eine solche Erinnerung eingetragen. Das Gespräch hatte sich um unsere Kaiserin gedreht und um ihre Manie, so unstät in der Welt herumzureisen.

„Ich weiß noch," erzählte Ernestine, „wie wir eines Tages nach einem kleinen Diner bei der Kaiserin beisammen saßen, ein ganz kleiner Kreis, Erzherzogin Valerie, der Herzog von Cumberland und ich. Ein paar Hofdamen abseits. Die Kaiserin war sehr schweigsam und traurig. Plötzlich ruft sie: ‚Ach, hinaus! Hinaus ins Grüne, in die Ferne . . .' Erzherzogin Valerie springt auf: ‚Um Gottes willen, Mama . . .' Der Herzog von Cumberland fällt begütigend ein: ‚Sie haben recht, Majestät!' und leise zur Tochter: ‚Nur nie allein lassen, nie allein!'"

*

Zwischen Japan und China war ein Krieg ausgebrochen. Jetzt ließen mich solche Ereignisse nicht mehr so gleichgültig wie in meiner Jugend. Wenn sich diese Tragödie auch weit hinten, in einem anderen Weltteil abspielte, die Tatsache, daß der von unserer Partei bekämpfte Unhold wieder losgelassen war, bedeutete einen Rückschlag für die Bewegung, denn wer weiß, welch zukünftige Kriege, in die auch Europa verwickelt werden könnte, dieser Krieg wieder nach sich ziehen würde? Schon während des Friedenskongresses in Antwerpen, im Herbst 1894, stand der sino-japanische Konflikt drohend am Horizont, und zu den damaligen Beschlüssen gehörte auch — ich kann mich erinnern — eine Mahnung an die beiden Reiche und an die übrigen Regierungen, dem Ausbruch oder der Fortsetzung des Krieges auf schiedsrichterlichem oder vermittelndem Wege vorzubeugen; wir wurden aber nicht gehört. Die einzige Regierung, die auf diese Aktion reagiert hatte, war die russische gewesen. Von ihr langte folgende Antwort ein:

Ministerium des Aeußern, Petersburg, 15. Oktober 1894.

Herrn A. Houzeau, Präsident des Weltfriedenskongresses.

Geehrter Herr!

Ich habe den Brief richtig empfangen, den Sie an die kaiserliche Regierung gerichtet haben und worin um die kollektive Einschreitung der Großmächte zu dem Zwecke gebeten wird, dem blutigen Kriege zwischen Japan und China ein Ende zu machen. Der Erfolg einer solchen Intervention würde vor allem von der Gemeinsamkeit der Ansichten und der Anstrengungen abhängen, welch letztere die Regierung Seiner Majestät stets bereit sein wird zu unterstützen zur möglichsten Vorbeugung, Verminderung und Abwendung der Greuel des Krieges.

Indem ich Ihnen diese Versicherung gebe, bitte ich Sie, geehrter Herr, auch diejenige meiner ausgezeichneten Hochachtung entgegenzunehmen.

Giers.

Und als die Schlachten begonnen hatten, da lauschte wieder die ganze Welt mit gespanntestem Interesse hinüber. Es war doch merkwürdig: das kleine Japan erwies sich dem großen China überlegen. Nicht wenig stolz war man in deutschen Militärkreisen auf diese japanischen Siege, da ja die ganze Bewaffnung und Taktik im Lande der aufgehenden Sonne die Frucht des Unterrichts war, den deutsche militärische Instruktoren der japanischen Armee erteilt hatten. Wir Europäer sind eben die Kulturträger. Vielleicht gelingt es uns auch noch, aus den Chinesen ein erstklassiges Kriegsvolk zu bilden. An Bemühungen in dieser Richtung läßt man es nicht fehlen, darin herrscht „Gemeinsamkeit der Ansichten und der Anstrengungen". Ganz natürlich: wer eine Garnitur weißer Schachfiguren besitzt und gerne Schach spielt, der muß doch auch dafür sorgen, daß ein Gegner mit gleichwertigen schwarzen da sei. —

Im Mai 1895 war der asiatische Krieg zu Ende. Der Friede von Simonosaki war unterzeichnet und sicherte den Japanern bedeutende Siegesgewinne. Das wollten die europäischen Mächte nicht dulden, und da verbanden sie sich, um den Japanern zu raten, auf verschiedene Siegesfrüchte zu verzichten, widrigenfalls sie diesem Wunsche den Nachdruck der Waffen geben müßten. Zum Glück gab Japan nach, und es kam nicht zu dem „Nachdruck". Aber warum verbanden sich die Mächte nicht vor dem Kriege, um zu intervenieren und zu fordern, daß die koreanische Frage einem Schiedsgerichte überwiesen werde?!

Die Interparlamentarische Konferenz des Jahres 1895 trat in Brüssel zusammen. Wir waren zwar wieder eingeladen, doch haben wir diesmal nicht beigewohnt; aber unsere Korrespondenten hielten uns auf dem laufenden. Die bedeutenden Züge dieser Versammlung waren:

Vorlage und Genehmigung des in der vorjährigen Konferenz beschlossenen Planes eines Völkertribunals (ausgearbeitet von Houzeau, Lafontaine und Descamps).

Beschluß, diesen Plan sämtlichen Regierungen einzusenden.

Zum erstenmal Teilnahme einer ungarischen Gruppe an der Union. An der Spitze dieser Gruppe Maurus Jókai und als ihr glänzendster Vertreter Graf Apponyi, dessen Beredsamkeit Aufsehen erregt.

Einladung der Ungarn, die nächste (VII.) Konferenz zur Millenniumsfeier in Budapest abzuhalten. (Wird angenommen.)

Alle diese Nachrichten erfüllten mich mit Freude. Wieder waren ein paar wichtige Schritte nach vorwärts gemacht; ein ausgearbeiteter Plan für ein Völkertribunal lag nun den Regierungen vor, und nicht etwa mandatlose Träumer aus Privatkreisen waren es, von denen das Projekt ausging, sondern Volksvertreter aus siebzehn Ländern — Staatsmänner, und das Ganze von einem der mächtigsten und angesehensten Männer der Zeit, Gladstone, ausgehend. Außerdem sah man, wie dem Kern der Friedensarbeit sich immer neue Kräfte anschlossen — nun wieder aus dem jüngst beigetretenen Ungarn mit einem seiner einflußreichsten Politiker, Apponyi, und seinem gefeiertsten Dichter Jókai.

Es war, als sähe man am Horizonte etwas zwar noch Entferntes, Kleines, aber Wachsendes langsam und sicher immer näher kommen. Kein Phantasiegebilde mehr, kein „frommer Wunsch" — etwas Substantielles, Wirkliches, das sich wohl noch bekämpfen und hemmen ließe, aber nicht mehr wegleugnen. Und warum bekämpfen?

War es nicht Glück und Erfolg, was da nahte? Immer größer würden die Scharen derer werden, die das erkennen, und dann würden sie alle dem nahen Wunder entgegeneilen und es jauchzend begrüßen.

In dieser Auffassung waren wir glücklich, der Meine und ich, und arbeiteten nach unseren schwachen Kräften voll froher Zuversicht an dem großen Werke mit.

Nicht als ob wir die Hindernisse des Weges nicht gesehen hätten. Wir waren uns derselben schmerzlich bewußt und sahen den Widerstand, der noch zu überwinden war. Das Alte, Festgewurzelte hat gar hartnäckigen Bestand und das Gesetz der Trägheit leistet ihm wirksamen Schutz! Die Menschen wollen nicht aus ihren Geleisen gerüttelt werden, sie wehren sich gegen neue Wege, und führten sie ins Paradies.

Solche Gedanken waren es, die dem Roman „Sie wollen nicht" zugrunde lagen. Nicht die Friedensfrage wurde darin behandelt, aber die Frage sozialer Reformen auf ökonomischem Gebiet: ein Gutsherr führt allerlei Verbesserungen ein, will Zustände schaffen, die seinen Arbeitern Wohlstand und Unabhängigkeit bringen sollten, aber „sie wollen nicht". Sie mißtrauen ihm und vernichten ihn.

Ja, der wachsende, herannahende Lichtpunkt am Horizont freute uns, aber an dem Unmittelbaren, Nahen, das die Umwelt erfüllte, hatten wir unseren Kummer. So begannen damals Schreckensnachrichten aus Armenien herüberzudringen — anbefohlene Metzeleien — Ausrottungsmaßnahmen gegen eine ganze Bevölkerung; auch aus Spanien kamen düstere Nachrichten — Kuba wollte sich losreißen, und um es zurückzuhalten, wurde sein Joch immer drückender gemacht . . . und das madagassische Abenteuer der Franzosen . . . kurzum, zu Grauen und Besorgnis ringsum Anlaß genug! Aber auch Anlaß genug zum Hoffen und Freuen!

*

Die Association littéraire hielt ihren Kongreß in Dresden ab. Wir waren dazu eingeladen, da mein Mann Mitglied der Assoziation war. Ich weiß nicht, was uns hinderte, der Einladung zu folgen; ich finde aber in meinen Papieren einen Bericht von dort, der mir damals große Freude machte:

> An einem literarischen Abend, dem der König und die Königin, die Spitzen der Dresdner offiziellen Welt und sämtliche Teilnehmer des Kongresses anwohnten, sagte J. Grand-Carteret in einem Vortrage über: „Die deutschen Frauen im Urteil der Franzosen" folgende Worte:

„.... Geistig wird uns die deutsche Frau vorgebracht durch Luther und Johann Fischart, später durch Goethe und Schiller, bis sie endlich wie eine Verkörperung des menschlichen Gewissens, als Apostel des Friedens und der Zivilisation vor uns steht und mit der Baronin Suttner den Ruf ausstößt, der schon längst in allen Mutterherzen einen Widerhall hätte finden sollen: Die Waffen nieder!"

Bei dem Bankett in Leipzig kam Grand-Carteret in seinem Toast nochmals auf dasselbe Thema:

«.... Je bois au livre, c'est-à-dire à l'expansion générale de la pensée humaine.

Au livre parti d'Allemagne, en pleine nuit armée, au livre né sur des chemins de traverse et rayonnant aujourd'hui sur la grande route de l'avenir; au livre qui s'est levé contre l'épée ....

Je bois au Volapük féminin de l'avenir qui seul, si les hommes continuent à vouloir s'entre-égorger, permettra aux femmes de tous les pays de lancer le cri: *Die Waffen nieder!* Depuis 35 ans nous avons pour la première fois senti vibrer ici l'âme des peuples. C'est à cette âme que je bois aujourd'hui!»

Bei demselben Bankett hielt Emile Chasles, Generalinspektor des öffentlichen Unterrichts in Frankreich, eine Rede, die er mit den Worten schloß:

«Je salue le génie international qui s'élève au-dessus des querelles des hommes et domine les nations pour les rapprocher.»

Wir machten einen Ausflug nach Prag — meiner Vaterstadt. Der Verein Concordia hatte mich eingeladen, eine Vorlesung zu halten. Vor dieser Veranstaltung, die um acht Uhr abends im Spiegelsaale des „Deutschen Hauses" stattfand, waren wir zum Diner im Hause des Professor Jodl gebeten. Der berühmte Philosoph — ein Freund meines Freundes Carneri — dozierte damals noch an der Prager Universität, während er jetzt eine Leuchte unserer Wiener Hochschule ist. Es war ein gemütliches kleines Mahl mit nur wenigen, aber auserlesenen Gästen. Des Professors junge Gattin Margarete war eine reizende Hausfrau, die schon darum mein Herz gewann, weil ich sie als die freisinnige Uebersetzerin der Olive Schreinerschen Märchen kannte. Dieselbe Olive Schreiner, die in ihrem „Peter Halket" ein wunderbares Wort gesagt — ein Wort, das meinem tiefsten Glauben so schönen Ausdruck gibt: „Mit Sonnenaufgang und -niedergang, mit dem kreisenden Lauf der Planeten wächst unsere Gemeinschaft und wächst ... Unser ist die Erde."

Für meinen Vortrag hatte ich mir — da ich in einem literarischen Verein sprach, das Thema „Friedensliteratur" gewählt — und da ich in Böhmen war, auch böhmische Autoren zitiert — die beiden großen Dichter Vrchlicky und Swatopluck Czech. In aller Unschuld hatte ich gar keine Ahnung davon, daß es in dem von nationalen Kämpfen zerrissenen Prag eine Ungehörigkeit war, im „Deutschen Hause" tschechische Geister zu rühmen. Einen Augenblick soll im Saale eine gewisse Beklemmung geherrscht haben — als aber die herrlichen (von Friedrich Adler mehr nachgedichteten als übersetzten) Verse der beiden tschechischen Dichterfürsten erklangen, waren die deutschen Zuhörer entwaffnet und die Mißstimmung wich. Es gibt kein Feld, das geeigneter wäre für versöhnende Zusammenarbeit zwischen zwei streitenden Nationalitäten, als das Feld des übernationalen Pazifismus.

Bei dem Bankett, welches dem Vortrag folgte, lernte ich — neben vielen anderen interessanten Leuten — den Theaterdirektor Angelo Neumann und dessen Frau Johanna Buska kennen. Letztere ganz Genre Sarah Bernhardt; so fein, so dünn, so goldstimmig, so exquisit elegant und so vielseitig in der Künstlerschaft. Es gibt keine erste Rolle im Repertoire, von den naiven bis zu den heroischen, den sentimentalen und den koketten, welche die Buska nicht gespielt und nicht gemeistert hätte. An jenem Abend rezitierte sie ein Gedicht, das Friedrich Adler als Entgegnung auf Carduccis „Ode an den Krieg" gedichtet hatte.

Am folgenden Tage besuchten wir Vrchlicky. Wir wurden vom Stubenmädchen in einen kleinen Salon geführt, wo wir eine Weile auf den Hausherrn warten mußten. Als die Tür aufging und er eintrat, war ich einigermaßen enttäuscht. Ich bin es so gewohnt gewesen, in den Schöpfern von schönen Werken so oft schöne Menschen zu finden, daß ich über Vrchlickys Häßlichkeit — denn häßlich ist er, das muß ihm sein bester Freund lassen — förmlich erschrak. Stumpfe „Erdäpfelnase", wirres Haar — nur aus dem Blick leuchtet der helle Geist hervor und im Metall der Stimme vibriert die glutvolle Seele.

„Ich freue mich sehr," sagte er, uns die Hand schüttelnd, „daß Sie beide auch nach Prag gekommen sind. Sie werden hier ein verständnisvolles Publikum finden."

„Nun, — eigentlich ist das Publikum, wie wir erst gestern erfahren, durch seine nationale Zerrissenheit gerade hier unserer Sache nicht am empfänglichsten."

„Oh," entgegnete der Dichter, „in der Musik gibt es keine nationalen Leidenschaften."

Wir verstanden den Sinn dieser Bemerkung nicht, und nach einer Weile brachte die Unterhaltung allerlei Wendungen, über die bald wir und bald Vrchlicky erstaunte Gesichter machten, bis es sich endlich herausstellte, daß wir für das Ehepaar Ree (die bekannten Klaviervirtuosen) gehalten wurden, das an diesem Abend in Prag konzertieren sollte und dessen Besuch bei Vrchlicky angekündigt war. Als das Mißverständnis beseitigt worden, tauten wir gegenseitig auf und ich sah, daß er ein ebenso begeisterter Anhänger meiner Sache war, wie ich eine begeisterte Bewunderin seines Genius.

Unsere nächste kleine Reise brachte uns nach Budapest — natürlich auch in der Friedensangelegenheit. „Ihr seid ja die reinen Friedens-Commis-Voyageurs geworden!" spottete mein Schwiegervater.

So wie es im Jahre 1891 als Notwendigkeit erschien, einen Verein in Oesterreich zu gründen, damit das Land im Kongreß in Rom vertreten sei, so war es jetzt — da die Interparlamentarische Union uns zur Millenniumsfeier nach Budapest eingeladen hatte — auch notwendig, daß dort ein Privatverein entstehe, der die übrigen Vereine zur Abhaltung eines Friedenskongresses einlade.

Unsere Wiener Vereinigung ging nun daran, in der ungarischen Hauptstadt zu agitieren. Leopold Katscher, der bekannte Publizist, der in Ungarn, wo er lange gelebt, weitverzweigte Verbindungen hatte und der jetzt Mitglied unseres Vereins war, reiste nach Budapest, besuchte Maurus Jókai, besuchte die Staatsmänner, mit welchen ich meinerseits lebhaft korrespondierte, und das Resultat? Statt davon des langen und breiten zu erzählen, gebe ich den Text der folgenden, an die Wiener Presse eingelangten Depesche:

> Budapest, 15. Dezember. — Friedensverein gestern konstituiert. Versammlung geleitet von B. von Berzeviczy, Vizepräsidenten des Reichstags. Vorträge: Ungarisch von Jókai, Deutsch von Baronin Suttner; Beifall stürmisch. Schon mehrere hundert Anmeldungen erfolgt. Einladung zum VII. Weltfriedenskongreß zum Beschluß erhoben. Im Vorstande hervorragende Persönlichkeiten gewählt, darunter zwei Minister des ehemaligen Kabinetts. Jókai Präsident. Noch nie dagewesene begeisterte Zustimmung in der Presse; sämtliche ungarische und deutsche Blätter bringen vier bis zehn Spalten lange Berichte. Ministerpräsident Banffy äußerte zur Baronin Suttner, daß sowohl die Interparlamentarische Konferenz wie auch der Weltfriedenskongreß in Budapest willkommen seien und daß die Regierung bei diesen Veranstaltungen — wiewohl sie nicht von Regierungs wegen einberufen seien — nicht nur mitgehen, sondern vorangehen werde.

Unterdessen aber bringen meine Tagebücher aus jener Zeit das Echo gar düsterer Ereignisse und Stimmen. Unter verschiedenen Daten des Dezember finde ich nachstehende Eintragungen:

„Krieg in Sicht." — So wird in allen Blättern verkündet, seit die Depesche einlief: „Der Präsident der Vereinigten Staaten hat, nachdem England das Schiedsgericht (Venezuelaangelegenheit) abgelehnt, beleidigend und herausfordernd gesprochen. Jetzt bleibt England nichts anderes übrig — leitartikeln sie —, als den Handschuh aufzuheben. — Neue Depeschen: Ganz Amerika über Clevelands Botschaft begeistert; ganz England entrüstet; Forderungen von zahlreichen Millionen für Kriegsschiffe, Torpedos, Befestigungen; hunderttausend Mann Irländer haben sich den Vereinigten Staaten zur Verfügung gestellt. Der kriegsprophezeiende Ton der Leitartikel wird verschärft — die bekannte „Unvermeidlichkeit" des Zusammenstoßes wird demonstriert. Jeder Journalist des Kontinents weiß mit Bestimmtheit zu erklären, was England sich nicht gefallen lassen darf, ohne seine Ehre zu verlieren, was ganz Europa nicht dulden darf, ohne seine Interessen zu gefährden .... Was wird nun werden? —

Was geworden ist, das trug ich zehn Tage später mit folgenden Worten ein: Eine Kraftprobe war's! Vor wenigen Jahren noch, da der Friedensgedanke noch keine Gestalt und Stimme angenommen hatte, wäre das Unglück unweigerlich geschehen. Der größte Teil der Presse, die Chauvinisten aller Länder, die Militärparteien, die Spekulanten, die Kriegsindustrietreibenden, die abenteuerlichen Existenzen, die aus dem allgemeinen Durcheinander einen Gewinn erhofften, — alle diese haben wahrlich nichts unterlassen, was zum Losbrechen des Krieges erforderlich gewesen wäre. Von der anderen Seite wurde aber auch gehandelt. Nicht nur unsere Vereine — Handelskammern, kaufmännische Korporationen erhoben sich gegen den Krieg — fast in allen Kirchen wurde gegen den Krieg gepredigt — die um ihre Meinung befragten Staatsmänner wiesen den Gedanken einer kriegerischen Austragung weit von sich.

Lord Rosebery sagt: „Ich weigere mich absolut, an einen Krieg zwischen den Vereinigten Staaten und England über eine solche Frage zu glauben; denn das wäre ein Verbrechen ohnegleichen."

Gladstone sagt: „Da genügt wohl der einfache Menschenverstand."

Der englische Thronfolger und sein Sohn telegraphieren an „The World": „Es ist uns unmöglich, an die Idee eines Krieges zwischen den zwei freundschaftlich verbundenen Staaten zu glauben."

Wie, wenn der Prinz von Wales ebenso martialisch national gesprochen hätte, wie dies im Namen „ganz Englands" einige festländische Redakteure zu tun für gut befanden? Wie, wenn er eine säbelrasselnde, fäusteballende Depesche geschickt hätte? Oder vielmehr gar keine Depesche — wie kämen denn Thronfolger dazu, an simple Zeitungen zu schreiben? Man versammelt die Generalität — oder zum mindesten Rekruten — so will es die Tradition — und spricht die erforderlichen schroffen Drohungen aus. Der künftige König Großbritanniens hat es anders getan.

Mein Roman „Vor dem Gewitter" war fertig. Die neugegründete Oesterreichisch-Literarische Gesellschaft gab es als erste Publikation in einer Auflage von 3000 heraus, und der Anlaß dieser Inauguration wurde durch ein vom Herausgeber (Professor Lützow) veranstaltetes Fest begangen. Die Hofschauspielerin Lewinsky las ein Kapitel aus meinem Roman; Prologe wurden gesprochen, bei Champagner ward dem Unternehmen eine große Entwicklung prophezeit — aber schon nach wenigen Jahren — Oesterreich ist kein Boden für literarische Gründungen — ist die Sache eingegangen.

Nachdem ich das Wort „Ende" unter das Buch „Vor dem Gewitter" geschrieben, begann ich ein neues unter dem Titel „Einsam und arm". Und der Meine schrieb außer an seinem zweibändigen „Sie wollen nicht" noch zahlreiche kaukasische Erzählungen. Fleißig waren wir wie die Bienen, das muß man uns lassen. Da saßen wir am Abend an unserem gemeinsamen Arbeitstisch, gewöhnlich bis Mitternacht oder darüber — und schrieben, schrieben. Wir sprachen wohl untereinander über das, was wir arbeiteten, wir lasen uns aber unsere Manuskripte nicht vor; erst wenn sie in Druck gegeben waren, delektierten wir uns an der Lektüre der gegenseitigen Korrekturbogen.

Ach, die glücklichen, schönen Zeiten! Wenn sie auch voll Sorgen waren — denn die Harmannsdorfer Steingeschäfte gingen immer schlechter, was der ganzen Familie tiefen Kummer bereitete, denn die Furcht rückte immer näher, daß das teure Heim nicht zu halten sein werde. Ein Opfer nach dem anderen wurde gebracht — auch unsere ganz reichlichen literarischen Einnahmen verschwanden in dem Abgrund — tut nichts; im Rückblick auf jene Zeiten ist der Ausruf doch berechtigt: ach, die schönen Zeiten! Denn ich war tief glücklich und der Meine war es auch; trotz Venezuela, trotz Armenien, trotz Kuba und auch trotz Harmannsdorf .... unser Reich lag woanders — das Reich unserer engverschlungenen, lachenden Herzen.

Und dann unsere Studien. Immer noch pflegten wir täglich mindestens eine Stunde uns gegenseitig vorzulesen. Damals hatten wir Bölsche entdeckt. Der führte uns in die Hallen der Naturwunder, weihte uns ein in die Mysterien der Universumspracht. Oft geschah es, wenn das Gelesene uns eine neue Offenbarung brachte, daß wir im Lesen innehielten, um einen stummen Händedruck zu tauschen.

48
Politisches Kaleidoskop

Unter meinen aufbewahrten Briefen aus dem Jahre 1896 finde ich ein interessantes Schreiben des Philosophieprofessors von Gumplowicz. Wie ich dazu gekommen, mit ihm zu korrespondieren, ist mir nicht erinnerlich. Daß ich mich bewundernd und sympathisch zu seinen Werken hingezogen gefühlt hätte, ist nicht anzunehmen, denn neben Gaboriau und Stuart Chamberlain ist er einer der einflußreichsten Vertreter jener unseligen Rassentheorie, auf welche sich der Arierhochmut, Germanen- und Lateinerdünkel aufbauten, die mir so in die Seele verhaßt sind. Vermutlich war sein Sohn der Anlaß zu diesem Briefwechsel. Dieser ebenso radikal wie sein Vater konservativ, hatte mir für meine Revue eine von ihm selbst meisterhaft übersetzte Reihe von Gedichten geschickt, betitelt: „Der Engel der Vernichtung", aus den „Sklavenliedern" von dem polnischen Dichter Asnyk. War es diese Uebersetzung oder war es eine andere Veröffentlichung, die das Mißfallen der deutschen Behörden erweckt hatte — kurz, ich wußte, daß der junge Freiheitssänger zu langer Gefangenschaft verurteilt wurde. Als ich in Prag bei meinem Vortrag im Deutschen Hause verschiedene Dichtungen zu Gehör brachte, las ich auch einige Strophen aus dem „Engel der Vernichtung". Aus einem alten Bericht über jenen Vortragsabend ersehe ich, daß ich dem Publikum von dem Schicksal des Dichters mit folgenden Worten Mitteilung machte:

> Eine Feuerseele ... aber nicht klug und vorsichtig: das, was ihn bewegte: Mitleid mit Menschenjammer, Zorn gegen Menschenknechtung — das hat er zu laut und an unrechtem Orte ausgesprochen, und das büßt er heute im Staatsgefängnis mit zweieinviertel Jahren Einzelhaft ... Wissen Sie, was das bedeutet für einen Jüngling mit strotzender Lebenskraft, mit dichterischem Geistesschwung, mit stürmendem Sehnen nach Arbeit, nach Liebe, nach Weltbeglückung — und siebenundzwanzig Monate Einzelhaft! ... Ich glaube, es wird ihn freuen, wenn ihm die Kunde wird, daß seine so tief empfundenen Strophen in diesem Kreise gehört worden und sein Schicksal hier einige edle Herzen bewegt hat — es wird ihm sein wie ein Gruß aus der Freiheit, für die Freiheit ... Und wenn Sie

mir jetzt Beifall klatschen, so gelte jeder Schlag Ihrer Hände als ein Handschlag für den gefangenen Kollegen.

Der helle Applaus, der nun folgte, der galt dem trotzigen Friedenssänger in Plötzensee.

Hier ist der Brief des Grazer Professors:

Graz, 21. April 1896.

Hochgeehrte Frau Baronin!

Ihr kleines Briefchen versetzte mich in große Verlegenheit. Ich soll Ihnen meine Ansicht sagen über Ihren Artikel „Zweierlei Moral", womit ich zugleich Ihnen meine Ansicht äußern müßte über Ihre ganze Friedensphilosophie. Ich will Ihnen einen Gegenvorschlag machen: werfen Sie mich lieber gleich mit dem abscheulichen Sighele in einen Topf und lassen Sie diese schlechten Kerls von Professoren ganz beiseite — es ist mit ihnen nichts anzufangen! Die verderben Ihnen nur den Humor, stürmen Sie aus Ihren Träumen auf und verderben Ihnen nur Ihren edelsten Lebensgenuß, den Sie in der Propaganda der Friedensidee finden. Ich wenigstens bringe es nicht über mich, eine solche Bösewichtsrolle Ihnen gegenüber zu übernehmen. Sie wollen das Bild zu Sais sehen, und ich soll den Vorhang emporziehen? Nein, hochgeehrte Frau Baronin, das tu' ich nicht! Ich habe es mir lange schon zum Prinzip gemacht:

Wo still ein Herz für Frieden glüht,
O! rühre, rühre nicht daran!

Soll ich Ihnen gegenüber von diesen Prinzipien abweichen? Mich warnt abermals der Dichter: „Glaub mir, es ist nicht wohlgetan!" Keinen Augenblick gebe ich mich dem Wahne hin, daß ich Sie überzeugen könnte — die Kluft ist zu groß, als daß ich sie überbrücken könnte — und ich habe nicht die Ueberzeugung, daß ich damit etwas Gutes stiften würde. Eher wäre es ein gutes Werk, wenn Sie mich bekehren könnten; an mir ist aber Hopfen und Malz verloren; ich bin noch schlimmer wie der Sighele.

Der Gegensatz zwischen uns bösen Professoren und Ihnen, Frau Baronin, ist der, daß wir die Tatsachen konstatieren — hierzu die Tatsache der doppelten Moral —, Sie aber die Welt predigen, wie sie sein soll. Ihren Predigten lausche ich stets mit großem Vergnügen — ich hätte nichts dagegen, im Gegenteil, ich wäre sehr froh, wenn sich die Welt in Ihrem Sinne wandeln wollte. Nur fürchte ich, daß es nicht von der Welt abhängt, sich zu häuten, und daß Ihre Moralpredigt eigentlich ein Anklageakt ist gegen den lieben Herrgott, der die Welt so erschaffen hat. Ja, wenn Sie den rühren könnten, daß er sein Werk in zweiter verbesserter Auflage ausgäbe, das wäre freilich ein Erfolg! Allerdings glauben Sie, die Welt soll nur

„wollen“, dann werde schon alles gehen! Genau auf demselben Standpunkte steht mein Sohn in Plötzensee. Auch er konnte es nicht begreifen, daß der Staat so „unmoralisch“ sei, und während er in Hülle und Fülle über Nahrung und Brot verfüge — die Arbeitslosen hungern lasse, was doch offenbar gegen das Gebot der Nächstenliebe verstoße. Und nun ging er hin und hielt dem Staate eine Strafpredigt und nannte ihn eine „Ausbeuterbande“, eine „gesetzlich organisierte Räuberbande“. Vom Standpunkte der „einen und einzigen Moral“ hatte er ja vollkommen recht. Seit er im Gefängnis ist, habe ich mich wohl gehütet, ihm gegenüber diesen Standpunkt anzufechten. Warum? Weil diese Begeisterung für diese „eine und einzige Moral“, deren Verwirklichung er angestrebt, ihn glücklich macht und ihn alle Qualen und Entbehrungen des Kerkers leicht ertragen läßt. Und ebenso fällt es mir gar nicht ein, Ihnen gegenüber den Standpunkt, den Sie einnehmen, anfechten zu wollen; denn in dem Streben, diesen Standpunkt aller Welt klarzumachen, finden Sie gewiß Ihr größtes Glück. Wie könnte ich es über mein Gewissen bringen, dieses Glück trüben zu wollen?

Verfolgen Sie, hochgeehrte Frau Baronin, ruhig Ihren Weg — kümmern Sie sich nicht um die Sighteles —, lesen Sie nicht den „Rassenkampf“ des Gumplowicz — das könnte Ihnen trübe Stunden bereiten — und bleiben Sie stets, was Sie sind: die Vorkämpferin einer schönen Idee!

Um es aber bleiben zu können, bewahren Sie sich stets die Ueberzeugung, daß diese Idee die Wahrheit, die eine und einzige ist! Und diesen — Glauben möge kein Professorengeschwätz Ihnen je rauben!

Mit diesem Wunsche verbleibe ich in aufrichtigster Verehrung

Ihr ergebenster

Gumplowicz.

Ich habe diesen Brief in meine Erinnerungen eingefügt, weil ich die Gegner, besonders so vornehme Gegner, gerne zu Worte kommen lasse. Was ich dem Professor antwortete, weiß ich nicht mehr, doch sicherlich habe ich mir nicht unwidersprochen die Herablassung gefallen lassen, mit der er meine Ansicht als beglückenden — Wahn respektiert. Die Moral, die heutzutage schon das Leben des einzelnen beeinflußt, ist auch nicht eine von Erschaffung der Welt her gegebene Tatsache, sondern eine von der sozialen Entwicklung allmählich errungene Phase, die nunmehr auf das Staatenleben sich auszudehnen beginnt und an der ganz andere Faktoren arbeiten als nur „still für Frieden glühende Herzen“.

— — — — — — — — — — — — — — — — —

Damals suchte Italien in Afrika Krieg. Abessinien wollte es erobern; aber das war nicht so leicht. Der Negus siegte in mehreren Schlachten. Die Italiener hatten aus dem Fort Makoli abziehen müssen. Da äußerte Menelik den Wunsch, Friedensverhandlungen anzuknüpfen. General Baratieri sendet Major Salsa in das Lager des Feindes. Es kommt aber zu keinem Friedensschluß. Der Negus verlangt das Aufgeben neubesetzter Territorien — darauf ließ Baratieri antworten, daß diese Vorschläge weder angenommen noch als Grundlage weiterer Verhandlungen in Betracht kommen könnten. Also Fortsetzung des Krieges. Neue Verstärkungen werden entsendet. Die „Riforma" erklärt, Baratieri habe wohlgetan, die Anträge des Negus abzulehnen; sie verletzten die Würde der Nation.

Statt Baratieri soll ein anderer Generalissimus sich einschiffen, und der Sieg Italiens ist unzweifelhaft. General Baldissera, ein geborener Oesterreicher, der im Jahre 1866 gegen Italien gefochten hatte, wird mit dieser Siegesmission betraut. Da sage man noch, daß es etwas anderes als glühendste Vaterlandsliebe sein könne, was die Schlachtenlenker lenkt! . . .

Und Menelik indessen? Ein französischer Arzt, den eine Studienreise in das Kriegslager geführt, schrieb aus Oboch: „Der Negus hat mich in Audienz empfangen . . . ist er wirklich traurig oder tut er nur so? Immerhin, er gesteht, über diesen Krieg, der so viel Christenblut gekostet hat und noch kosten wird, zu Tode betrübt zu sein. Man greift ihn an — er verteidigt sich; doch, wenn man ihn zu hart bedrängt und nochmals sich schlagen will, dann — Menelik scheint über den Ausgang des Krieges sicher, ‚aber warum so viel Blut?'"

Warum, o schwarzer Kaiser? Weil die weißen Herren in den Redaktionsstuben es für „Ehrenpflicht" erklären.

In Italien nimmt der Protest der Bevölkerung gegen Fortsetzung des Krieges seinen Fortgang. Aber weil es Republikaner und Sozialisten sind, die für das Aufhören des Feldzuges stimmen, so werden ihre Kundgebungen von Regierungs wegen unterdrückt. Am 29. Februar war ein großes Antiafrikabankett in Mailand geplant, das von der Präfektur verboten wurde. Und tags darauf die Schreckenskunde von der Niederlage in Adua — achttausend Mann gefallen — die übrigen auf der Flucht versprengt — zwei Generale getötet — kurz, eine Katastrophe; wilder Schmerz in Italien und Teilnahme in ganz Europa. Aller Zorn wendet sich gegen Baratieri, daß er solchen Ausfall gewagt.

Von den vielen Berichten über Adua habe ich mir nur ein paar

Zeilen aus dem „Corriere della Sera" vom 8. März in mein Tagebuch notiert:

> Die Soldaten von Amara, welche grausame Räuber sind, metzelten die italienischen Verwundeten nieder, zerfleischten sie und rissen ihnen die Kleider vom Leibe ...

Ihr Herren von der Presse, die ihr die Fortsetzung des Krieges gefordert, tritt es euch nicht vor das Bewußtsein, daß ihr mitbeteiligt seid an dem Zerfleischen eurer Landesbrüder?!

Nein, sie sahen es nicht; denn sie verlangen, daß das Blut der Gefallenen gerächt werde — nämlich, daß noch ungezählte andere das gleiche Leid erfahren sollen. Die „Opinione" schreibt: „Die Tat Baratieris war die eines Wahnsinnigen; er verschwendete in niederträchtiger Weise achttausend Soldaten und zweihundert Offiziere. Unsere militärische Ehre aber blieb unverletzt. Das verlorene Material wird binnen Monatsfrist ersetzt sein. Unsere Militärmacht bleibt die alte. Das Land begreift dies und ist bereit, das Blut der Gefallenen zu rächen. Die das Gegenteil behaupten, sind eine Handvoll Leute (das sind nämlich die, die gegen den Krieg auftreten — ach, warum sind sie nur eine Handvoll!), Leute ohne Gott und ohne Vaterland. Diese Leute können jedoch nichts Böses tun, denn die Nation ist gegen sie."

War sie das? ... Eine Depesche vom 9. März besagt: „Die antiafrikanische Bewegung nimmt große Dimensionen an. In Rom, Turin, Mailand, Bologna und Padua sind Damenkomitees tätig, welche Unterschriften zu einer Friedenspetition an das Parlament sammeln. Dieselbe ist von vielen tausend Unterschriften bedeckt." So handelten die Damen; die Weiber aus dem Volke waren noch energischer. Vor den Eisenbahnwagen, die ihre Männer und Söhne zu dem Einschiffungsplatze führen sollten, warfen sie sich auf die Schienen und verhinderten so tatsächlich den Abgang der Züge.

Sogar in den Kasernen wird gegen die Absendung nach der afrikanischen Schlachtbank protestiert, und große Mengen von Deserteuren fliehen über die Grenzen. Was sich im ganzen Lande abzuspielen beginnt, das ist ein Kampf zwischen der Kriegs- und Friedensidee.

Der König, der oberste Kriegsherr, der soldatisch Erzogene, in soldatischer Tradition Aufgewachsene, sieht nur die Möglichkeit, den Krieg fortzusetzen, einen Sieg zu erringen, die Waffenehre wieder glänzend herzustellen — lieber abdanken, als jetzt Frieden schließen!... Gerne wollte er Crispi festhalten, aber gegen diesen erhebt sich im ganzen Lande ein Sturm, und — Crispi fällt. Ein neues Ministerium wird gebildet. Rudini — der Name stand auf der Liste der Interparlamentarischen Union — wird Ministerpräsident. Was wird er bei der Kammereröffnung im Namen der Regierung verlangen? Die Crispischen Blätter und die Blätter der Kriegspartei hetzen gegen jeden Friedensgedanken: „Revanche für Adua!" — «Guerra a fondo!» Und wäre man um ein Lustrum jünger, dieser Ruf allein dränge an die Oberfläche. Doch lauter und heftiger erheben sich jetzt die Stimmen, die gegen die Fortsetzung des unheilvollen Krieges protestieren. Die Protestbewegung war organisiert, darum konnte sie wirken. Durch Teodoro Moneta erfuhr ich, was alles in dieser Richtung geschehen. Es war ein Sieg — denn der neue Minister Rudini hat nicht die Fortsetzung des Krieges verlangt...

Man könnte sagen, daß alles, was ich da erzähle, eigentlich eine politisch-historische Chronik, nicht aber eine Lebensgeschichte sei. Doch — es ist meine Geschichte, denn mit diesen Ereignissen war mein Seelenleben eng verwoben. Mein Denken, mein Arbeiten, meine Korrespondenz, all das war mit jenen Ereignissen des Welttheaters gefüllt. Und daß ich da meist Bekanntes wiederhole, was in allen Zeitungen stand und daher in aller Gedächtnis geblieben ist — das glaube ich auch nicht. Die allgemeine Vergeßlichkeit ist groß. Was der eine Tag bringt, verschlingt der nächste wieder. Ich weiß es ja aus eigener Erfahrung, wie in der Zeit, als ich noch nicht für die Friedenssache lebte, die politischen Ereignisse — und waren es auch gewaltige — spurlos aus meinem Gedächtnis schwanden, wenn sie überhaupt meine Aufmerksamkeit erregt hatten. Jetzt aber trug ich alles in meine Tagebücher ein, was Bezug auf jenen Kampf hatte, der sich zwischen der neuen Idee und den alten Institutionen abspielt — es war dies der rote Faden, den ich in dem Gewebe der Tagesgeschichte verfolgte. Ein Faden, der allen jenen sicherlich ganz entgangen ist, die nicht eigens darauf den Blick gerichtet hielten. Ein Brief meines Freundes Carneri, den er mir während des Italienisch-Afrikanischen Krieges geschrieben, zeigt, daß ich ihm damals heftig das Leid geklagt hatte, das mir jene Tragödie eingeflößt. Der Brief lautete:

Marburg, 5. März 1896.

Meine teure Freundin!

Nicht ärgern, wenn ich meinen Zweck nicht erreiche, der kein anderer ist, als Dich, die der jetzige Zustand der zivilisierten Welt in so schmerzliche Aufregung versetzt, nachhaltig zu beruhigen.

Wir zwei nahmen von Anfang — Du erinnerst Dich wohl noch meiner Sprödigkeit bei der ersten Aufforderung, der

Friedensgesellschaft beizutreten, und daß ich weit weniger der Sache wegen, als durch Deinen persönlichen Zauber überwunden, mich ergeben habe — einen verschiedenen Standpunkt ein, und zu dem meinigen, der konsequenterweise auch der Deinige sein sollte, möchte ich Dich herüberziehen.

Wieso konsequenterweise? — hör' ich Dich fragen. Weil Du, gleich mir, zur Entwicklungslehre Dich bekennst. Diese weiß nichts von einem gänzlichen Aufhören des Kampfes und kennt nur eine allmähliche Veredlung der Kampfweise. Sie weiß auch nichts von einem gänzlichen Schwinden der Not — nicht zu verwechseln mit dem Elend der Armut, dem sehr gut gesteuert werden kann —, und es ist vielmehr für sie die Not der mächtigste Antrieb zum Fortschritt. Ein Aufhören aller Not wäre der gänzliche Stillstand, und es ist daher so wenig denkbar als eine Welt von lauter guten Menschen, die ein Widerspruch wäre in sich selbst, wie wenn man den Tag denken wollte ohne die Nacht.

Ich glaube fest an einen Fortschritt; ich erwarte ihn aber nicht als eine allgemeine Besserung der Menschen, sondern als eine allmähliche Veredlung der Guten. Könntest Du Dich mit dieser bescheidenen, aber festbegründeten Lebensanschauung begnügen, so brauchte nichts sich zu ändern in Deiner Friedenstätigkeit, aber Du würdest mit der Ruhe, mit der man allem Unabänderlichen ins Auge zu blicken hat, in die Welt schauen und Dich sicherstellen gegen ebenso schmerzliche als überflüssige Enttäuschungen.

Die Bewegung betreffs möglichst rascher Einsetzung eines allgemeinen Schiedsgerichts ist nun einmal im Gang und muß ihren Gang gehen. Fördere sie wenigstens nicht; denn bleibt sie resultatlos, so ist dies für die Sache des Friedens viel günstiger, als wenn ein solcher Gerichtshof, dem ein Staatenbund vorherzugehen hätte, gründlich Fiasko macht. Das allein Praktische ist es heute, daß die Streitenden sich selbst Schiedsrichter wählen, denen sie vertrauen. Diese Sitte bürgert sich bereits in erfreulichster Weise immer mehr ein, und alles Forcieren kann sie nur gefährden. Immer mehr Menschen für diese Sitte zu gewinnen, ist die segensreichste Aufgabe dieser Friedensvereine, aber alle Friedensvereine der Welt haben noch lange nicht für den Friedensgedanken so viel geleistet als meine Martha allein mit ihrer überwältigenden Erzählung.

Dieses eine hast Du Dir immer gegenwärtig zu halten, und belächelst Du mit mir die Utopien jener, die eine Welt von Engeln für möglich halten, so wirst Du mit meinem Gleichmut die alte Bestie Mensch betrachten, wie sie stets bereit ist, Zündstoff auf Zündstoff zu häufen. Erinnerst Du Dich noch, wie ich vor einem Amerikaner Dich warnte, der uns die Abrüstung empfahl? Die werden noch eines Tages im Verein mit Rußland Europa bedrohen; und es ist meine innerste Ueberzeugung, daß nur die übergroßen Heere, die niemand zu führen und zu verpflegen wüßte, heute den Frieden sichern und den Schiedsrichtern den Weg ebnen.

Die Niederlage der Italiener in Afrika schmerzt mich; aber sie ist eine gesunde Lehre. Als Nachfolger Crispis würde ich keinen Anstand nehmen, offen zu bekennen: Italien hat für einen großen Frevel die verdiente Strafe erhalten; freveln wir nicht weiter, wir haben Besseres zu tun, und Italien würde zujubeln

Deinem Carneri.

Eine Kopie meiner Antwort besitze ich und gebe sie auszugsweise wieder:

Harmannsdorf, 10. März 1896.

Teurer Freund!

Daß Du mich liebhast, dessen ist mir Dein Brief ein neuer Beweis; daß Du keiner von den Unseren bist, das weiß ich ja auch längst — weiß es seit dem Tage, an dem Du gefunden hast, daß es schlecht angewendetes Geld wäre, meinem Lebenswerke den Achtungsbeweis eines Legats zuzuwenden. Du findest mein Werk unnütz — beinahe schädlich —, hast aber dabei die Martha und das Löwos lieb, und wolltest der Martha Schmerz ersparen. Aber, Teurer, wenn ich nicht Schmerz empfände, was wäre dann die Triebkraft meines Handelns? Doch nicht, wie meine Feinde sagen, Eitelkeit? Das glaubst Du sicher nicht. Nein, es ist der Schmerz über das Verharren der Menschen in ihrer Barbarei, was mich durchdringt und was mich zwingt, mein bißchen Tun dem allgemeinen Untun entgegenzustemmen. Würde man nur immer von den nächsten Jahrhunderten abwarten, daß etwas von selber geschehe, so geschähe es nie. Nachdem das Prinzip der Eisenbahnen (auch bestritten genug) gefunden war, mußte man die Lokomotive und Bahnen auch *bauen*, nicht abwarten, bis ein künftiges Geschlecht zu einer solchen Reiseart reif sei.

... Der aus Angst vor der Verantwortung, also wegen des Uebermaßes der Rüstungen nicht ausbrechende Krieg ist *nicht Frieden* — denn er ist doppelt prekär —, erstens, weil die Rüstungen an und für sich ein Ruin sind, ein materieller und moralischer, denn sie verbrauchen alle Hilfsmittel, sie versklaven und erniedrigen die Menschen, und sie *müssen* den Kriegsgeist und die Gewaltanbetung aufrechterhalten, was ja in allen Schulen auch geschieht; zweitens, weil das In-die-Luft-Springen des Pulverfasses der Willkür einiger Leute anheimgestellt bleibt.

... Natürlich kann mit der Abrüstung — besonders eines einzelnen — nicht begonnen werden, aber so wie die ins Unabsehbare steigende Rüstung die Folge des herrschenden Staatsanarchiezustandes ist, so würde die Abrüstung die Folge des Rechtszustandes der Staaten sein.

... Und wenn man uns Evolutionsgläubigen nur nicht

immer sagen wollte, daß die Fortschritte der Kultur langsam vor sich gehen, als ob wir das nicht wüßten! — aber darum die Schritte den nächsten Generationen überlassen und selber stille stehen, ist keine richtige Anwendung der Erkenntnis von der Langsamkeit der allgemeinen Fortbewegung; denn wir sollen doch auch wissen, daß dieses winzige Von-der-Stelle-Rücken des Ganzen das Resultat der größten Eile und größten Kraftanspannung der einzelnen Teilchen ist.

... Ja, Du hast recht: dem „Unabänderlichen" sieht man mit Ruhe ins Gesicht und erspart sich schmerzliche Enttäuschungen; aber nicht recht hast Du, hinzuzufügen, daß ich bei solcher Auffassung die gleiche Tätigkeit fortsetzen könnte — denn ich betrachte den jetzigen Zustand eben nicht als unabänderlich, und meine ganze Tätigkeit besteht ja in nichts anderem als in der nach meinen Kräften bescheidenen, aber standhaften Mitarbeit an der „Abänderung".

Deine Skrupel über die in Gang befindliche Einsetzung eines allgemeinen Schiedsgerichtshofes beruhen auf einer irrtümlichen Auffassung des Planes. Das ist gewöhnlich die Ursache abfälliger Urteile: man glaubt, Herr X habe etwas Unsinniges im Schilde, und hütet sich darum, Herrn X zu fördern. Statt dessen kennt Herr X alle Einwendungen gegen das, was man ihm zumutet, ganz genau, leider kennt „man" aber dasjenige nicht, was er will.

... „Mit Gleichmut die alte Bestie Mensch betrachten, wie sie stets bereit ist, Zündstoff auf Zündstoff zu häufen." Nein, diesen Gleichmut darf der „junge Gott" im Menschen nicht haben, wenn er über die alte Bestie im Menschen siegen will. Man muß die Zündstoffhäufer, die heute schon in großer Minderzahl, wenn auch noch in der Uebermacht sind, nicht im Wahne lassen, daß ihr Reich unantastbar ist, und übrigens:

> Jedem die Hälfte vom Unrecht gebührt,
> Der, um es zu hindern, die Hand nicht rührt.

Was uns zwei trennt, ist der Glaube. Glaubtest Du wie ich an die Möglichkeit des Erfolges, Du littest geradeso schmerzlich wie ich über das Nichtstun der Mitwelt, würdest aber selber tun und fändest den eigenen Schmerz und Kummer einen geringen Preis für den winkenden Lohn; nebenbei hättest Du noch die Freuden, die mich oft bewegen, wenn ich sehe, wie das Werk im Gange ist, wie dort und da immer zahlreicher und immer entschiedener diejenigen auftreten, die die Verwirklichung des von den meisten schon theoretisch Zugegebenen fordern.

Möge unser Glaubensunterschied in Friedenssachen in nichts unsere alte Freundschaft vergällen, aber versuche nicht mehr, mich von meinem Kummer zu befreien — es ist vergebens. Lindern kann ihn nur der, der ihn teilt und der mir im Kampfe hilft. Aber hilft — nicht „durch persönlichen Zauber überwunden", sondern weil er an die Möglichkeit, an die Notwendigkeit dieses Kampfes glaubt.

B. S.

Der politischen Leiden und Freuden hatte ich um diese Zeit noch mehr. Die Armenierverfolgungen in der Türkei nahmen immer ärgere Dimensionen an. In ihrer Bedrängnis setzten die balkanischen Völkerschaften ihre Hoffnung auf die Friedensgesellschaften. Eines Tages überraschte mich folgende Depesche aus Rustschuk:

28. Juni.

Bertha von Suttner, Wien.

Das Meeting von mehr als zweitausend Personen, das heute stattgefunden, um den Wunsch auszudrücken, daß der 23. Artikel des Berliner Vertrages in der Türkei verwirklicht werde, beschloß im Namen der Freiheit aller Völker der Türkei und zum Aufhören des fortwährenden Blutvergießens und zur Verhinderung eines möglichen europäischen Krieges, Sie zu bitten, den Friedensbund dazu zu gewinnen, daß derselbe bei den europäischen Regierungen die Verwirklichung des Art. 23 des Berliner Vertrages befürworten möge.

Das makedonische Komitee für die Freiheit der Europäischen Türkei in Rustschuk: Koptschew.

Der Aufstand der unglücklichen Kubaner und die drakonische Art der von den Spaniern versuchten Unterdrückung dieses Aufstands war ein wahrer Paroxysmus des Gewaltsystems. Der von den Kubanern wegen seiner Grausamkeiten tödlich gehaßte General Weyler wird als Gouverneur hingesandt. Bei seiner Ankunft erließ er eine Proklamation. Das nette Schriftstück ist „schneidig", das muß man ihm lassen:

Todesstrafe auf Verbreitung von direkten oder indirekten günstigen Nachrichten des Aufstandes; Todesstrafe auf Beihilfe bei Einschmuggelung von Waffen oder Nichtverhinderung derselben; Todesstrafe für den Telegraphisten, der Kriegsnachrichten dritten Personen mitteilt; Todesstrafe dem, der mündlich oder gedruckt oder sonst irgendwie Spaniens Prestige herabsetzt; Todesstrafe dem, der Günstiges über die Rebellen äußert u. s. w. — diese Strafen verhängt durch ein Kriegsgericht ohne Appell und dessen Befehle sofort vollstreckbar.

Darüber in den Vereinigten Staaten Entrüstung über die spanische Diktatur.

Und nun die im Tagebuch verzeichneten Freuden:

„Etwas Großes hat sich ereignet: Ein Professor in Würzburg — sein Name ist in aller Mund —, Professor Röntgen, entdeckte das Mittel, Unsichtbares durch unsichtbares Licht zu photographieren. O du wunderbare Zauberwelt! Welch herrliche Ueberraschungen hältst du noch für uns bereit? Unsichtbare Strahlen, die das Verborgene enthüllen — ganz neue Horizonte sind es, die sich da eröffnen. So bereichert die Wissenschaft die Welt, ohne irgendwie Verarmung oder Vernichtung verursacht zu haben. Die ist die wahre Mehrerin des Reichs — ein Gegensatz zum Schwert, das den einen nur um das bereichert, das er dem anderen — verstümmelt noch dazu — entrissen hat."

Und eine andere Freude hatte ich an dem Fortgang des englisch-amerikanischen Schiedsgerichtsvertrages (zur Beilegung aller Streitfälle — nichts von den Einschränkungen, die spätere Verträge aufwiesen). Abgeschlossen und ratifiziert war er noch nicht, aber die Aktionen wurden auf beiden Seiten des Ozeans mächtig betrieben. Die Herausgeber von „Review of Reviews" (W. T. Stead) und „Daily Chronicle" veranstalteten, im Verein mit den englischen Pazifisten, Enqueten, Versammlungen, Kundgebungen, Petitionen, kurz, eine Volksbewegung, in welche die hervorragenden Männer der Zeit hineingerissen und veranlaßt wurden, zu handeln. Zu der sechstausend Menschen umfassenden Versammlung in Queen's Hall (3. März) laufen von Gladstone, Balfour, Rosebery, Herbert Spencer u. a. zustimmende Briefe ein. Die Resolution dieser Versammlung wurde von ihrem Vorsitzenden Sir J. Stansfeld, früherem Minister und Freund Lord Salisburys, diesem offiziell unterbreitet, worauf der Premier antwortete, daß die Sache die Zustimmung der Regierung habe.

Am Ostersonntag erließen drei englische Kirchenfürsten ein Manifest an die Bevölkerung. Der Herausgeber wendet sich direkt an Kardinal Rampolla, und dieser antwortet mit einer Zustimmung des Papstes.

Jenseits des Ozeans dieselbe Bewegung zugunsten des Vertrags. Für den 22. und 23. April ist nach Washington ein Nationalkonvent einberufen zu dem gleichen Zwecke, und die Einberufer sind Staatsmänner, Bischöfe, Richter, Gouverneure. Präsident Cleveland ist, wie man weiß, von gleichen Wünschen erfüllt — kurz, es läßt sich mit Zuversicht der Abschluß des Vertrags als unmittelbar bevorstehend annehmen. Und damit wäre eine neue Epoche der Kulturgeschichte eingeweiht.

Nun ereilte der Tod den gewesenen französischen Ministerpräsidenten, an dem unsere Bewegung eine solche Stütze hatte: Jules Simon. Mein Freund Frédéric Passy fühlte sich durch diesen Verluft besonders hart getroffen. Bekanntlich hatte sich Jules Simon auch die Sympathien Kaiser Wilhelms II. zu gewinnen gewußt.

Ich besitze einen Brief des berühmten Staatsmannes und Philosophen, aus welchem so recht klar hervorgeht, wie überzeugt und leidenschaftlich er die Kriegsinstitution bekämpfte. Ich hatte ihn gebeten gehabt, zu einer Festversammlung unseres Vereins nach Wien zu kommen, und darauf folgende Antwort erhalten:

Sénat, Paris, le 24 mai 1892.

Madame,

Vous voulez bien me demander si je me rendrai à l'assemblée de Vienne. Hélas! non, et j'en suis bien désolé. J'ai accepté toutes sortes de besognes qui mangent ma vie sans trop de profit pour les causes que je sers. On s'engage étourdiment, et l'on découvre le lendemain que si on n'avait pas aliéné sa liberté, on pourrait faire un meilleur usage de son activité.

Je ne pourrais rien faire qui fût plus conforme à mes idées et à mes goûts, s'il est permis de parler de ses inclinations quand c'est d'un devoir qu'il s'agit; non, je ne pourrais rien faire qui me satisfît davantage, que d'aller à Vienne, combattre derrière vous, Madame, et derrière vos amis contre cette éternelle guerre, dont nous souffrons en pleine paix, et qui devient pour le genre humain une maladie endémique. Je sais très bien que je ne dirais rien qui n'ait été dit et qui ne doive être répété encore cette fois. Je ne rougis pas pour notre cause de son ancienneté, ni de l'obligation où se trouvent ses défenseurs de répéter sans cesse les mêmes arguments et les mêmes doléances. C'est comme une litanie catholique que répète sans cesse les mêmes mots sur la même musique, et qui, dans sa monotonie n'en est pas moins une prière énergique et passionnée. J'aurais voulu mêler ma voix dans ce chœur aux milliers de voix qui s'élevera pour réclamer contre les assassinats collectifs, contre les tueries officielles, contre l'engloutissement des vies humaines et de l'argent dans ce gouffre horrible. Ne pouvant aller crier là-bas, je me soulage un peu, Madame, en vous envoyant ma plainte; et permettez-moi d'y joindre toute mon admiration pour ce que vous faites et l'hommage de mon respect.

Jules Simon.

49

VII. Weltfriedenskongreß und VII. Interparlamentarische Konferenz in Budapest

Nun bereiteten wir uns vor, nach Budapest zu fahren, wo — während der Milleniumsfeier — der VII. Weltfriedenskongreß und die VII. Interparlamentarische Konferenz abgehalten werden sollten.

Als Vorsitzender des Kongresses war General Türr bestimmt. Am 26. August überraschte uns eine Depesche Türrs mit der Ansage seines Besuches in Harmannsdorf. Er war von Rom in Wien angelangt, und ehe er seine Reise nach Budapest fortsetzte, wollte er ein langgegebenes Versprechen einlösen und uns in unserem Heim aufsuchen.

Es war uns eine große Freude, und um diese auszudrücken, bereiteten wir einen feierlichen Empfang. Vor der Schloßeinfahrt ward ein reisiggeschmückter Triumphbogen aufgestellt mit der Inschrift „Willkommen, Stephan Türr", und als der Wagen, der ihn von der Station brachte, wohin ihm der ¡Meine entgegengefahren war, nahte, stimmte unser Jägerspalier eine Fanfare an. Türr freute sich über den Scherz. Damals schon einundsiebzig Jahre alt, war er so frisch und martialisch und elastisch in seinem Wesen, als zählte er deren höchstens fünfzig. Er machte bei uns auch noch eine Eroberung. Von mir gar nicht zu reden — aber unsere zweiundzwanzigjährige, hübsche Nichte Maria Louise war so entzückt von ihm, daß sie einen anwesenden Vetter, der ein Maler ist, bat, für sie ein lebensgroßes Porträt des schönen alten Kriegers zu malen. Das Bild wurde gemacht, und sie hing es in ihrem Mädchenzimmer auf.

Mein Tagebuch trägt folgende Eintragung vom 26. August: „Beim Aufstehen finde Depesche von Türr. Rückdepesche und Vorbereitungen. Um vier Uhr Ankunft. Viel Spaß über Triumphpforte, Fahnen und Fanfaren; sieht prächtig aus. Zuerst im Billardzimmer lange Gespräche über Kongreß. Noch viel zu tun zur Vorbereitung — aber das meiste durch seine Konnexionen und seinen Einfluß schon angebahnt — viel Entgegenkommen von der Regierung. Diner mit der ganzen Familie. Dann schwarzer Kaffee im Garten. Sehr interessante Erzählungen. Im ganzen ist er voll Heiterkeit, Güte und Geist . . . das scheinen doch die vorzüglichsten Menschen zu sein, die ein paarmal zum Tode verurteilt worden sind."

Von den Anekdoten, aus seinen Erlebnissen, die er in seine Unterhaltung mischte, habe ich nachträglich einige in Schlagworten notiert: Im Jahre 1868 war er im Auftrage des Königs Viktor Emanuel, dessen Generaladjutant er war, nach Wien gekommen, um dem Kaiser Franz Joseph eine Botschaft zu bringen: „Sagen Sie dem Kaiser, daß er an mir nicht nur einen guten Verwandten, sondern auch einen guten Freund hat.“ Türr erzählte, wie freundlich der Kaiser die Botschaft und den Boten aufgenommen — obwohl dieser einmal als Revolutionär in Acht und Bann gewesen.

Auf Bismarck ist Türr nicht gut zu sprechen. Aus seinen Gesprächen mit dem Kanzler erzählte er folgende Aeußerungen des letzteren: „Ich habe nach dem Souper den Rechberg dazu gebracht, sich von mir Lauenburg abkaufen zu lassen — ich wollte beweisen, daß dieser Oesterreicher sogar das verkaufen würde, wozu er kein Recht hat.“ Und ein anderes Mal: „Es ist mir nicht recht gelungen, meinen König zu überzeugen, daß wir gegen Oesterreich Krieg führen müssen — aber bis zum Rande des Grabens habe ich ihn schon geführt ... jetzt muß er springen.“ — Mit einem Chinesen sprach Türr einmal über Zivilisation. „Wissen Sie,“ bemerkte der Mann aus dem Reiche der Mitte, „das ist ja ganz schön, euer liberté, fraternité, égalité — aber man braucht noch ein viertes —“

„Und das wäre?“

„Einen Harmonisateur.“

„Was ist das?“

Der Chinese mit der Geste der Prügelstreiche: „Le Bambou.“ — Türr ist auch ein wenig der Ansicht, daß es gut wäre, wenn man den Menschen einiges von ihren Bosheiten, namentlich von ihrer Dummheit wegprügeln könnte. La bêtise humaine est in-com-mensu-ra-ble ... und das Wort ist noch zu kurz! ... „Ach Götter, schneidt's Bretter!“ Mit diesem resignierten Seufzer pflegte er seine Betrachtungen über diese oder jene unermeßliche Dummheit unter den Menschen abzuschließen.

Aus seinem Soldatenleben erzählte er uns so manches. Er war schon über die fünfzigste Jahreswende seiner militärischen Laufbahn hinaus, denn er war im Jahre 1842 in den Dienst getreten. In diesem halben Jahrhundert hatte er so viel Entsetzliches auf den verschiedensten Schlachtfeldern gesehen, daß er darum ein Feind des Krieges geworden.

„Es war im Mai des Jahres 1860. Wir zogen mit den tausend Helden Garibaldis gegen Palermo ... in der Nähe des Marktfleckens Partenios ward uns ein Anblick, der die Entschlossensten unter uns mit Grauen erfüllte. Am Straßensaume lag ein Dutzend Leichen von Bourbonensoldaten, an denen eine Horde Hunde nagte ... Wir traten näher und sahen, daß die Soldaten versengt waren. Garibaldi gab seinem Unwillen darüber in einem fürchterlichen Zornesausbruch Ausdruck. Er konnte es kaum erwarten, daß er in das Städtchen komme. Die Einwohnerschaft empfing ihn mit Freude, er aber schrie die Jauchzenden mit vor Zorn zitternder Stimme an:

„‚Ein barbarisches Treiben sah ich hier — so unmenschlich dürfen die Anhänger der Freiheit nicht wüten ...‘ Die Leute hörten in tiefer Stille den Entrüstungsausbruch des Generals. Endlich trat einer vor und sagte: ‚Wir müssen erkennen, daß wir unrichtig gehandelt haben, aber ehe Sie uns verurteilen, hören Sie, was hier geschah — vielleicht finden Sie unser Vorgehen begreiflich ...‘ Und das Volk führte den General vor eine Häusergruppe. In vier bis fünf Häuser führte man Garibaldi hinein und zeigte ihm da eine Schar Frauen, Kinder, die alle versengt, zu Kohle verbrannt waren: ‚Das haben die Bourbonensoldaten getan,‘ schrien sie. ‚In diese Häuser trieben sie die Frauen und Kinder, zündeten die Häuser an und ließen niemand heraus. Sie bewachten die Tore, bis die Unglücklichen in den Flammen mit dem Tode kämpften. Wir hörten das Wehgeschrei und eilten hin. Aber es war schon zu spät ... In unserer Erbitterung konnten wir für die unschuldigen Opfer nur so Rache nehmen, daß wir die Ungeheuer auch ins Feuer warfen und auf die Straße brachten.‘“

Türr erzählte uns auch von dem Dokument, das Garibaldi nach dem Ende des Feldzuges an alle Staatsoberhäupter Europas sandte, um sie aufzufordern, einen Friedensbund zu schließen. Die Sache blieb unbeachtet und allgemein unbekannt. Was sich davon erhalten hat, ist nur die Bemerkung im Konversationslexikon unter dem Namen Garibaldi: „Tapfer, patriotisch, uneigennützig, gutmütig, aber ohne tiefere politische Einsicht, Phantast.“ Eigentlich war Türr der Anreger zu jenem Versuch gewesen. „Eines Abends in Neapel (ich gebe wieder General Türr das Wort) war ich mit Garibaldi auf dem Erker. Der General beobachtete seiner Gewohnheit gemäß den prachtvoll gestirnten Himmel. Lange schwieg er, endlich sagte er:

„‚Lieber Freund, wir haben wieder nur eine halbe Arbeit vollbracht. Weiß Gott, wie viel Blut noch vergossen wird, bis Italiens Einheit zustande kommt.‘

„‚Mag sein ... aber der Herr General kann mit dem großen Resultat zufrieden sein, das wir in sechs Monaten erreicht haben. Das viele Blutvergießen könnte vermieden werden, wenn in den

Herrschern bessere Einsicht Platz greifen würde ... Wenn, soweit es möglich ist, zwischen den europäischen Staaten eine Vereinbarung zustande käme — wenn verwirklicht würde, was Heinrich IV. und Elisabeth, Königin von England, schon vor Jahrhunderten träumten und was Minister Sully so schön beschrieb ... wer weiß, ob die edle Idee des Königs nicht schon damals verwirklicht worden wäre, wenn ihn nicht der Dolch eines Fanatikers getroffen hätte ... Jetzt wäre die Zeit zur Ausführung gekommen, um Europa vor noch ungeheuern Metzeleien und Schlachten zu bewahren. Herr General, Sie haben eine große Arbeit vollbracht — Sie wären besonders dazu berufen, an die Herrscher und an die Völker im Interesse des Friedens und der Vereinigung einen Aufruf zu richten.'

„Wir sprachen noch lange darüber — und schon am nächsten Morgen brachte Garibaldi den Aufruf, den wir mit einigen Modifizierungen an die Mächte verschickten. Diesen Aufruf habe ich seither oft abdrucken lassen. Wo sich Gelegenheit bot, war ich bestrebt, die Machthaber und das große Publikum an die erhabenen Ideen Garibaldis zu erinnern. Und jetzt, da sich anläßlich der Tausendjahrfeier die Friedenskämpfer und die Volksvertreter versammeln, werde ich die begeisterten Mahnworte des unvergeßlichen Feldherrn wieder vorbringen. Es wird nicht uninteressant sein — inmitten der konservativen Strömungen —, die von reinster Menschenliebe diktierten Ideen der sogenannten ‚Revolutionäre und Umstürzler' zu hören, die gar nichts anderes umstürzen wollten als die vor der Freiheit und vor dem Fortschritt sich erhebenden Dämme."

General Türr holte aus der Tasche ein Exemplar des Garibaldischen Aufrufs hervor und übergab es mir. Es ist ein interessantes Dokument, und man ersieht daraus, wie Gedanken, die man für ganz neue hält, schon vor vielen Jahren vorausgedacht worden und wie sie, wenn auch laut verkündet, wieder der Vergessenheit anheimgefallen sind. Immer wieder und immer wieder müssen sie — wie etwas Neues — überraschend auftauchen, bis daß sie endlich zum Gemeingut werden.

In dem Aufruf weist Garibaldi auf die ungeheuerlichen Rüstungen der sechziger Jahre hin (was würde er erst heute sagen!); er beklagt es, daß mitten in der sogenannten Zivilisation wir unser Leben damit ausfüllen, uns gegenseitig zu bedrohen. Er schlägt ein Bündnis aller europäischen Staaten vor — da gäbe es dann keine Land- und Seestreitmächte mehr (daß wir jetzt auch noch Luftflotten anfertigen — das sah er nicht voraus), und die ungeheuern Kapitalien, die man den Bedürfnissen des Volkes entzieht für unproduktive, todbringende Zwecke, könnte man gütervermehrenden und lebenerhöhenden Zwecken zuführen; diese letzteren werden dann aufgezählt. Auch auf die möglichen Einwendungen erteilt das Dokument die erforderlichen Antworten: „Was macht man mit den vielen Leuten, die im Heere und in der Marine dienen?" — „Die Herrscher müßten, wenn ihr Geist nicht mehr von den Ideen der Eroberungen und Verwüstungen absorbiert wäre, gemeinnützige Institutionen studieren . . . infolge des Aufschwunges der Industrie, der größeren Sicherheit des Handels müßte die Handelsmarine bald das ganze Personal der Kriegsmarine in Anspruch nehmen; die durch den Frieden, das Bündnis und die Sicherheit zustande gekommenen ungeheuern, zahlreichen Schöpfungen und Unternehmungen müßten doppelt so viele Menschen beschäftigen, als in den Armeen dienen."

Der Aufruf schließt mit warmen Worten an die Adresse der Fürsten, denen „der heilige Beruf übertragen ist, Gutes zu tun, und die höher als die ephemere, falsche Größe die wahre Größe schätzen, deren Fundament die Liebe und die Dankbarkeit der Völker wäre".

General Türr fuhr noch am selben Abend nach Wien zurück und von da am nächsten Tage nach Budapest, wo er die mühsamen Vorbereitungen zum Kongresse zum Abschlusse brachte.

Zwei Tage vor Eröffnung fuhren wir drei dahin. Ich sage wir drei — wir nahmen unsere Nichte Maria Louise mit; sie sollte die Freuden dieser Reise und der geselligen Feste mitgenießen.

Ich sehe uns am Bord eines Donaudampfers. Es war ein schöner, sonniger Septembertag. Wir waren eine ganze kleine Friedensbanda: Malaria, Dr. Kunwald, das Grollerpaar und Gräfin Pötting, „die Hex". Von den ausländischen Freunden: Frédéric Passy; Gaston Moch und Frau; Yves Guyot, der Exminister, Herausgeber des „Siècle" und großer Freihändler vor dem Herrn; die Grelixe und Herr Claparède aus der Schweiz.

Da war schon ein kleiner Kongreß auf Deck; auch bei den Mahlzeiten blieb unsere Gesellschaft beisammen. An Preßburg vorbei, an Gran vorbei mit seinem stolzen bischöflichen Palast, und in Waitzen stieg eine Pester Deputation an Bord, die uns entgegengefahren — drei Mitglieder des Kongreßkomitees und mit ihnen ein Interviewer des „Pesti Naplo". Es war schon Abend und alle Lichter brannten, als wir langsam in den Hafen einfuhren. Auf dem Landungsplatz standen wieder Komiteemitglieder — Direktor Kemény, der uns mit einer Ansprache begrüßte, und herum eine dichte Menge, die uns laute „Eljens" zurief. Die bereitstehenden Fiaker führten uns alle in das Hotel Royal, wo schon General Türr und eine Anzahl anderer Kollegen uns erwarteten. Das war unser Ankunftstag, der 15. September. An der Hand meiner Tagebuchnotizen will ich nun die Budapester Kongreß- und Konferenzwoche vor meinem Gedächtnis Revue passieren lassen.

16. September. Den ganzen Morgen Interviewer. Leopold Katscher bringt mir Zeitungen und erzählt von den Vorbereitungsarbeiten. Lunch im Hotel Hungaria bei General Türr mit nur einigen Intimen. Besuche bei Karolyi, Banffy u. a. — Abends, also am Vorabend, alle Teilnehmer zu einem Empfang in den Prachtsälen des Hotel Royal eingeladen. Türr und Graf Eugen Zichy, der große Asienreisende, machen die Honneurs. Beim Souper verschiedene Reden: Pierantoni — Hünengestalt, Stentorstimme — spricht italienisch. Und spricht hinreißend, mehr als wäre er ein berühmter Rezitator denn ein berühmter Völkerrechtslehrer. Mache die Bekanntschaft des Berner Universitätsprofessors Dr. Ludwig Stein, dessen philosophische Feuilletons in der Presse mir schon seit langem Freude bereiteten. Frédéric Passy und Frédéric Bajer sprechen und auch „die Friedensfurie" muß heran.

17. September. Eröffnung im Beratungssaal des neuen Rathauses. Vor dem Tor, in der Eingangshalle und auf den Treppenstufen sind Panduren in betreßten und waffengeschmückten Uniformen aufgestellt. Das erinnert an den Empfang auf dem Kapitol. Gedrängt voller Saal. Dichtgefüllte Galerien. Auf der Tribüne nimmt Türr zwischen dem Minister des Innern und dem Oberbürgermeister Platz. Er hält eine kurze, markige Eröffnungsrede. (Eine Stelle daraus:)

> Vor nicht langer Zeit gab es Fürsten und Edelleute, die einander bekriegten und über ihre Untertanen und Leibeigenen die Jurisdiktion übten. Wenn jemand ihnen seinerzeit gesagt hätte, es würde ein Tag kommen, wo man sie verhalten wird, ihre Differenzen vor einen Richter zu bringen, so hätten sie den Betreffenden für einen Schwärmer, einen Utopisten oder noch ärgeres erklärt.
>
> Und nun sind diese großen Herren genötigt, vor dem Richter zu erscheinen, wo die gesamten Leibeigenen mit ihnen auf gleichem Fuß stehen.
>
> Diese Umwandlung könnte sich auch in den Beziehungen der Mächte vollziehen, und dies um so leichter, als es sich hier nicht um zwei- bis dreihundert Fürsten und Tausende von Mitgliedern des hohen und niederen Adels handelt. Wir haben heute sechs Großmächte, und auch diese haben sich vereinigt — die einen in der Tripelalliianz, die anderen in einem Freundschaftsbund, und alle zum Zweck der Wahrung des Friedens.

Wohlan, es gilt nur noch einen Schritt zu tun.

Wenn sich diese zwei Gruppen vereinen, so werden sich die kleineren Staaten anschließen, und die freie Vereinigung der europäischen Mächte ist verwirklicht.

Nach der Sitzung werden die Kongreßteilnehmer in die Millenniums-Ausstellung geführt. — Die „Historische Ausstellung" ... tausend Jahre ungarischer Geschichte, von der primitiven Einfachheit der halbwilden Zeit des Arpad bis zu der raffinierten Industrie des hochentwickelten (eigentlich doch noch viertelwilden) Heute. Und wenn noch tausend Jahre ins Land gehen und wieder eine Ausstellung den Gang der Entwicklung darstellt, wird man da unter den Geräten vielleicht die kleinen Medaillen mit dem Worte „pax" darauf vorfinden, die wir alle als Abzeichen angeheftet haben? — Abends Gartenfest in Oes-Budavar — überall, wo die Paxtruppen vorübergehen, ertönen aus dem spalierbildenden Publikum herzliche Eljens.

18. September. Interessante Sitzung. Elie Ducommun verliest den Bericht über die Ereignisse des verflossenen Jahres. Zuerst die Fortschritte der Schiedsgerichte und die sonstigen Erfolge und Arbeiten der Liga. Dann ein Rückblick auf die kriegerischen Ereignisse in Aegypten, Abessinien, Kuba, Madagaskar — zuletzt die jüngsten Ereignisse in der Türkei. „Wer auch die Urheber der Greueltaten waren — jeder gesittete Mensch muß sie verurteilen, so wie er diejenigen verurteilen muß, welche die Greueltaten zuließen." *)

James Capper, der sympathische Engländer mit dem weißen Apostelkopf, mit der warmen, dröhnenden Stimme, verlangt das Wort. „Der Bericht des Zentralbureaus," sagt er, „zeigt so recht die Lächerlichkeit des sogenannten bewaffneten Friedens ... Wie! Die vielen Heere, die schrecklichen Geschütze haben eigentlich die Bestimmung, Frieden zu stiften und zu erhalten — und sechs Millionen Soldaten haben nicht genügt, die Schändlichkeiten zu verhindern, welche sich im Orient ereignet haben. Man darf nicht zusehen, wie Mörder ein ganzes Volk niedertreten! Wenn ich auf der Gasse sehe, daß ein Kind von Spitzbuben angegriffen wird, so werde ich es für meine Pflicht halten, zum Schutze des Angegriffenen mit beiden Fäusten dreinzufahren, und wenn ich im Kampfe das Leben lassen müßte — ich täte es gerne!" Lautes Händeklatschen. — Wir fühlen alle:

*) Vom 3. Oktober 1895 bis 1. Januar 1896 erstreckte sich die erste Serie der Metzeleien. Von seiten der Armenier hat, wie aktenmäßig festgestellt wurde, keinerlei Provokation stattgefunden. Trotzdem wurden 85000 Menschen erschlagen, ca. 2300 Städte und Dörfer verwüstet, über 100000 Christen zwangsweise zum Islam bekehrt und 500000 dem Hunger preisgegeben. B. S.

das wäre legitime Anwendung der Gewalt: Beschützung der Verfolgten gegen Gewalt.

Ein junger französischer Priester, Abbé Pichot, stellt den Antrag, daß der Kongreß eine Adresse an den Papst sende, worin um dessen Unterstützung der Bewegung gebeten werde; es sei ihm bekannt, daß Leo XIII. die Friedenssache sehr am Herzen liege und daß ein von dieser Stelle ausgehendes Zustimmungswort von höchstem Nutzen wäre. Ich erhebe mich, um den Antrag zu unterstützen. Auch mir ist es bewußt, daß der Papst in letzterer Zeit öfter gegen die Rüstungen und für die internationalen Schiedsgerichte gesprochen hat; aber das ist nicht genügend bekannt geworden, weil diese Aeußerungen an einen russischen Publizisten und an einen Herausgeber des „Daily Chronicle“ gerichtet waren. Die katholische Presse und die Kirche überhaupt haben jene Worte überhört, ebenso die ganze katholische Welt. Wie ganz anders wäre die Wirkung, wenn der Papst solche Betrachtungen direkt an die Millionen seiner Gläubigen richtete. Es sei also die ehrerbietige Bitte an ihn zu richten, seine den Friedensfreunden schon öfters gewährte Ermutigung in einer Enzyklika Ausdruck zu geben.

Jemand protestiert. Der Antrag müßte Andersgläubige, namentlich Freidenker, verletzen — es solle keine religiöse Tendenz eingeführt werden. Frédéric Passy klärt auf, daß es sich nicht um religiöse, sondern humanitäre Demonstrationen handle. Der Antrag wird angenommen. —

Abends Galavorstellung in der Oper: „Der Geiger von Cremona“.

Erhalte Brief von Dr. Julius Ofner, österreichischem Reichsratsabgeordneten, dessen Text ich hier wiedergebe:

— — Ich hätte mich gerne an den Beratungen über das internationale Schiedsgericht beteiligt. Mir ist die Sprache, welche über diesen Punkt geführt wird, zu ängstlich, zu sehr an das Wohlwollen der Staaten und zu wenig an deren Pflicht gewendet; Apostel schmeicheln nicht.

Juristisch ist es zweifellos: kein Recht ohne Richter; in eigener Sache kann niemand urteilen, und die Geschichte lehrt, daß, wenn Staaten auch das Ungerechteste wollen, sie immer Kronjuristen fanden, die es verteidigten und als Recht erklärten. Solange daher kein Gericht für Völkerstreitigkeiten eingesetzt ist, gibt es Staatenhöflichkeit, Staatensitte, aber kein Staatenrecht. Der Starke ist unfehlbar, die beleidigte Gerechtigkeit wendet sich nur gegen den Schwachen. Die Berufung auf die Souveränität, die nicht geschmälert werden dürfe, ist nichts als eine Umkleidung für das Verlangen, nach Willkür auch Unrecht tun zu dürfen. Denn alles Recht beschränkt den einzelnen um der anderen willen, die Willkür zugunsten der allgemeinen Freiheit. Recht und Gerechtigkeit ist aber die Grundlage aller Kultur, und es gilt für die Staaten, was Kant für die Menschen überhaupt sagte: „Gäbe es kein Recht, es wäre nicht der Mühe wert, daß Menschen auf Erden leben."

In der Sitzung nichts Sensationelles. Nachmittags im Journalistenklub Othon. In Begleitung Türrs mache ich mit meiner Nichte einen Besuch beim Ministerpräsidenten Banffy.

20. September. Arbeitspause für die Kongressisten. Mittels Extradampfer werden sie auf die Margareteninsel geführt, wo ihnen das Komitee einen Lunch bietet. Das Wetter ist herrlich — man tafelte im Freien, von den wundervollen Parkanlagen umgeben.

„Sehen Sie, meine lieben Kollegen und Freunde," sagte General Türr, „diese Insel war eine Wildnis. Durch Ausrodung, Kultivierung und Ausschmückung hat Erzherzog Joseph, der Besitzer, ein Paradies daraus gemacht ... so möge auch jene Wildnis, die heute noch im internationalen Leben herrscht, durch die Kulturgewalt des Friedenswerkes in ein blühendes Land verwandelt werden wie diese Margareteninsel."

Natürlich sprachen auch noch andere. Tiefe Bewegung ruft es aber hervor, als ein italienischer Delegierter, gewesener Generalstabshauptmann, Conte di Pampero, indem er sein achtjähriges Söhnchen aufhebt und vor sich auf den Tisch stellt, im Namen des jüngsten Kongressisten das Wort ergreift, und indem er wie segnend die Hand auf das Haupt des Kindes legt, beschwört er die Anwesenden, ihre Kinder, so wie er es tue, im Haß gegen den Krieg und in Liebe für die Menschen großzuziehen ...

21. September. Sehr bewegte Debatte über das Duell. Ein Delegierter — Felix Lacaze aus Frankreich — stellt den Antrag, daß alle Friedensgesellschaften es ihren Mitgliedern zur Bedingung machen mögen, die Verpflichtung einzugehen, jedes Duell abzulehnen. Großer Widerspruch erhebt sich. Graf Eugen Zichy sagt, in diesem Falle müßte er ehrlicherweise aus dem Verein austreten. Eine solche Verpflichtung könne man in gewissen Ländern und in gewissen Kreisen nicht eingehen. Die englischen Mitglieder, die entrüstet sind, daß dem Duell das Wort geredet wird, geraten in Erregung, und sie wollen den Grafen Zichy, der noch einmal — und zwar, wie er sagt, zur Versöhnung — sprechen will, nicht zu Wort kommen lassen; schließlich findet Houzeau de Lehaye, der stets Versöhnende, einen Vermittlungsantrag, der unter der Begründung, daß man den Mit-

gliedern nichts verbieten könne, diese nun bittet, alle Anstrengungen zu machen, um den Gebrauch des Duells, das ja den von ihnen verteidigten Grundsätzen widerspricht, abzustellen und die Ausführung der darauf bezüglichen Gesetze zu sichern.

Habe interessante neue Bekanntschaft gemacht: ein Russe namens Neplujew. Er stellte sich mir während einer Verhandlungspause vor und legt mir ans Herz, seine Ideen zu unterstützen. Er habe in seiner Heimat eine Anstalt gegründet, welche auf den Prinzipien der Erziehung zum Frieden beruht. Er macht den Eindruck eines Grandseigneur, dabei eines tief religiösen Menschen. Seine Absicht, indem er hierherreiste, sei die, dem Kongreß die von ihm ins Leben gerufene Institution bekannt zu machen, damit sie überall nachgeahmt werde. Auf seiner Visitkarte nannte er sich «Président de la Confrérie ouvrière de l'Exaltation de la Croix». Damit gibt er seinem sozialistischen Unternehmen einen kirchlichen Anstrich. Vielfacher Millionär, Besitzer ausgedehnter Güter und zahlreicher Faktoreien im Gouvernement Tschernigow, hat er seine Laufbahn als Diplomat begonnen, diese aber aufgegeben, um sich ganz der Aufgabe zu widmen, die russischen Bauern moralisch und materiell zu heben. Aus eigenen Mitteln gründete er Volksschulen für Industrie und Agrikultur und Bauernvereine, die er „Bruderschaften" nannte; zuerst gab er ihnen Gewinnbeteiligung an seinem Unternehmen, dann übertrug er seine ganzen Reichtümer in ihren vollen Besitz, indem er sich nur den Titel eines lebenslänglichen Präsidenten dieser Werke vorbehielt. Die Sache ging aber nicht leicht. Jahrelang mußte er gegen den bösen Willen der russischen Behörden kämpfen, die in ihm einen Sozialisten witterten. Zum Schluß aber hat ihm sein Erziehungswerk befriedigende Erfolge gebracht. Seine Methoden und Erfahrungen hat er in einer Broschüre niedergelegt, die er unter den Kongressisten zur Verteilung brachte.

Er selbst reiste noch am selben Tage von Budapest ab.*)

Abends ein von der Stadt gebotenes Bankett.

22. September. Eine Deputation des Tierschutzvereins spricht bei mir vor und bittet mich, auch seine Bestrebungen zu unterstützen. Ich antworte, daß ich eben ein Buch unter der Feder habe, betitelt

*) Im Jahre 1904 besuchte mich Herr von Neplujew in Wien. Er war sich und seinem Apostolate treu geblieben. Es war ihm auch gelungen, die Zarin dafür zu interessieren. Sein Wunsch war, daß die Friedensgesellschaften allerorten solche Bruderschaften im Volke ins Leben rufen mögen — doch, abgesehen von allem anderen, dazu fehlen den Gesellschaften vor allem die Mittel.

„Schach der Qual" — darin solle ein Kapitel der Fürsprache unseren armen, stummen, so arg gequälten Mitgeschöpfen gewidmet sein. — Schlußsitzung. Um eineinhalb Uhr schließt General Türr den Kongreß mit dem Rufe „Auf Wiedersehn." Das Wiedersehn findet schon zwei Stunden später im Hotel Royal statt, wo dem Präsidenten und dem Komitee wie uns allen ein Abschiedsessen gegeben wird. Das Arrangement hatte Malaria (Olga Wisinger) in die Hand genommen. Aber auch das war noch kein Abschied, denn viele der Teilnehmer blieben hier, um der morgen zu eröffnenden Interparlamentarischen Konferenz beizuwohnen.

Wir gehörten auch zu denjenigen, die ihren Aufenthalt noch wenige Tage verlängern wollten. Schon am 16. August war uns nach Harmannsdorf folgendes Schreiben zugekommen:

Conférence Interparlementaire, Groupe hongrois.

Budapest, 15. August.

Euer Hochgeboren!

Der verdienstvolle Eifer und das aufopfernde, ersprießliche Wirken Euer Hochgeboren im Interesse und Dienste des Weltfriedens machen es uns zur angenehmen Pflicht, zu der am 22. September in Budapest zu eröffnenden Interparlamentarischen Konferenz Euer Hochgeboren sowie Ihren Gemahl und Baronesse von Suttner als Gäste einzuladen.

Wie bekannt, können Mitglieder der Konferenz nur Gesetzgeber sein; es dürfte Euer Hochgeboren jedoch interessieren, die Sitzungen von der Galerie aus zu verfolgen und an den zu veranstaltenden Festlichkeiten und Ausflügen teilzunehmen.

In dieser Anhoffung u. s. w.

Koloman v. Szell, Vorsitzender.
Aristide v. Deszewffy,
Sekretär des Exekutiv-Komitee.

Ich kehre zu meinem Budapester Tagebuch zurück.

23. September. Gestern, als am Vorabend der Konferenz, große Soiree im Parkklub, zu welcher die Einladungskarten von Koloman von Szell ausgegangen sind. Wirklich schön dieses Klubgebäude — gediegene, englisch behagliche Pracht. Sämtliche Konferenzmitglieder anwesend — freudiges Wiedersehen mit den alten Bekannten: Stanhope, Beernaert, Cremer, Descamps u. s. w. Viele Damen der ungarischen Gesellschaft und die Frauen der Konferenzler. Fast alle ungarischen Minister, Baron Banffy an der Spitze, die Grafen Eugen Zichy, Albert Apponyi, Szapary, Esterhazy —, und viele Journalisten und Künstler. Unser alter Passy ist sehr umringt. Maria Louise sieht wunderhübsch aus und verdreht,

scheint mir, ein paar Madjarenköpfe. Auch die nordische Maid, Ranghild Lund, die Beauté der Römer Konferenztage, ist wieder da und erregt viel Bewunderung. John Lund kommt auf mich zu und bringt mir Grüße von Björnson. Werde mit einer jungen Gräfin Kalnoky (ledig und sehr selbständig) bekannt, deren freie und weitherzige Ansichten mir imponieren. Dann setzt sich eine Gräfin Forgac zu uns; erzählt verschiedenes von Kaiserin Elisabeth. Unter anderem: es seien Geistermitteilungen (vermutlich in spiritistischer Séance) gemacht worden, daß der Ort, wo Kronprinz Rudolf weilt, ärger ist als die Hölle, und daß ihm kein Beten nützt; darüber die Kaiserin verzweifelt. Melinda Karolyi und ich tauschen einen Blick, der viele Ausrufungszeichen enthält. — Diener tragen exquisite Speisen und Getränke herum. Ein Journalist bemerkt: „Man muß nicht Mitglied einer Friedensliga sein, um diese Art internationaler Begegnung entschieden angenehmer zu finden als diejenige mittels Bomben und Granaten."

Heute Eröffnungssitzung im Magnatenhause. Vor dem Gebäude, am Rande der Straße, durch Blumengirlanden verbunden, sind Masten aufgestellt, von welchen die Fahnen sämtlicher in der Konferenz vertretenen Nationen flattern — ein Anschauungsunterricht für die Vorübergehenden. Dieser noch so fremdartige Begriff „Europäischer Staatenbund" — hier ist er in Emblemensprache ausgedrückt. Wir sind auf unseren Galeriesitzen früher angelangt, als die Konferenzler in den Saal kommen, also sehen wir diese langsam eintreten und ihre Sitze einnehmen. — Auf den Ministerfauteuils, auf denen sonst die ungarischen Ratgeber des Königs Platz nehmen, lassen sich jetzt die fremden Parlamentarier nieder. Frédéric Passy sitzt neben Kardinal Schlauch und Minister Darany. Gobat betritt die Estrade und schlägt vor, daß der Präsident des ungarischen Abgeordnetenhauses, Desider Szilagyi, den Vorsitz der Konferenz übernehme. Dieser nimmt an und hält die Begrüßungsrede. Nun folgen die Ansprachen der alten Bekannten: Pirquet, Descamps, Beernaert, v. Bar, Bajer u. s. w. — neu und überraschend ist mir Apponyi. Ist das ein Redner! Dazu die hohe, elegante Erscheinung — die gewaltige Baritonstimme — die spielende Beherrschung der fremden Sprachen. —

Erst die zweite Sitzung um vier Uhr bringt die eigentlichen Verhandlungen. Punkt I. „Permanentes Internationales Schiedsgericht." Descamps berichtet, daß er das im Auftrage der vorigen Konferenz verfaßte Memorandum über diese Frage an alle Souveräne und Regierungen übersendet hat. Von den meisten Regierungen habe er eine Antwort mit Billigung der Prinzipien erhalten, darunter die bestimmteste aus Petersburg von dem jüngst gestorbenen Fürsten Lobanow.

Abends große Soiree beim Ministerpräsidenten.

Ich sehe, daß mein Tagebuch die Verhandlungsphasen der Konferenz nicht genau registriert hat. Mir liegt aber das offizielle Protokoll vor, und da will ich hier etwas aufzeichnen, was mir für die historische Entwicklung der Friedenssache wichtig erscheint. In jener Sitzung des 22. September 1896 wurde also von Pierantoni folgende Resolution beantragt:

„Die VII. Interparlamentarische Konferenz bittet alle zivilisierten Staaten, eine diplomatische Konferenz einzuberufen, um ihr die Frage des internationalen Schiedsgerichts vorzulegen, wobei die Arbeiten der Interparlamentarischen Union zur Grundlage der weiteren Beschlüsse dienen sollen."

Diplomatenkonferenz ..... liegt in diesem Worte nicht schon ein — wie soll ich sagen — ein Vorklang der Konferenzen im Haag, bei welchen in der Tat die Arbeit Descamps' und Lafontaines als Grundlage der Einsetzung des Haager Tribunals gedient hat?

Und noch eine andere Debatte von historischem Interesse. In der Sitzung vom 24. September steht die Frage auf der Tagesordnung, ob und wie jene Nationen, die kein Parlament haben, an den interparlamentarischen Konferenzen teilnehmen können.

Graf Albert Apponyi, der über den Gegenstand eine Denkschrift verfaßt hat, die im Saale verteilt wurde, ist Referent. Er verweist auf diese Denkschrift und will sich daher kurz fassen. Er behält sich vor, seine Ansichten am Schlusse der Debatte nochmals darzulegen — jetzt wolle er den Antrag formulieren:

„Es sei in die Statuten aufzunehmen, daß zu den Konferenzen auch Delegierte jener Souveräne, Staatschefs und Regierungen sowie des russischen Staatsrats oder jeder ähnlichen Institution in nichtkonstitutionellen Landen zugelassen werden, insoferne sie von ihrer Regierung autorisiert sind. Das Bureau solle beauftragt werden, den Staatsoberhäuptern und Regierungen der nichtkonstitutionellen Länder mitzuteilen, daß die Konferenz sich glücklich schätzen würde, ihre Delegierten bei ihren Beratungen zu sehen." Lewakowski (Mitglied des österreichischen Reichsrats) erhebt sich gegen Apponyis Antrag: dieser ziele einzig und allein auf eine Einladung Rußlands. „Wir sind hier Vertreter der Völker und wirken auch hier im Sinne unserer Mandate. Die russische Nation kann keine Vertreter entsenden, die dasselbe Mandat haben wie wir." Norton, Snape, Pirquet, Rahusen und Passy sprechen für den Antrag.

M. G. Conrad*) erklärt sich in heftigster Weise dagegen. „Entweder wir sind eine parlamentarische Konferenz oder nicht. Wir brauchen nicht zu wissen, was die Regierungen sagen, wir wollen die Ansichten der Völker hören. Und die Meinung des russischen Volkes werden Sie aus dem Munde der Delegierten der russischen Regierung gewiß nicht zu hören bekommen." Stanhope ist für die Annahme des Antrags. Dadurch würde der grandiose Zweck der Konferenz nur gefördert. In Rußland existiert tatsächlich etwas, was einer parlamentarischen Körperschaft ähnlich ist, und wer weiß, eines Tages kann sich — gerade durch den Einfluß unserer Konferenzen — etwas daraus entwickeln, was zum Konstitutionalismus führt.

Hierauf spricht Graf Apponyi das Schlußwort. Er polemisiert mit den Kontrarednern. Lewakowski gegenüber erklärt er, daß hier zahlreiche Herren sitzen, die nicht von ihrer Nation das Mandat erhalten haben, und zwar die von ihren Monarchen ernannten Oberhausmitglieder. In der einen Schale liegen die vorgebrachten Bedenken, in der anderen die immense Wichtigkeit der Tatsache, daß ein so großes Reich wie Rußland, welches ein Drittel Europas umfaßt, an unseren Beratungen teilnehme. Diese Frage tauchte zum erstenmal in der ungarischen Gruppe auf und wurde im Interesse jener Länder motiviert, die zwar kein Parlament haben, doch an unseren Arbeiten teilnehmen und für den Weltfrieden kämpfen wollen. Diese haben auch das Recht, an dem großen Werke der Zivilisation mitzuarbeiten. Wir verfolgen ja alle nur den Zweck, einer gerechten Sache zum Siege zu verhelfen und jede Mithilfe kann uns nur willkommen sein. Der verehrte Präsident der vorigen Konferenz hat sein Memorandum über das Schiedstribunal allen Regierungen übersendet, und die sympathischeste Antwort erhielt er von dem verblichenen Fürsten Lobanow.

Descamps: „Das ist richtig."

Apponyi: „In Rußland herrscht, was man aus vielen Anzeichen ersehen kann, eben die Tendenz vor, an den europäischen Arbeiten teilzunehmen; seit einiger Zeit sieht man Rußland auf den meisten Kongressen vertreten. Wir müssen ihm Gelegenheit geben, auch an unseren Arbeiten teilzunehmen; es ist ja nicht ausgeschlossen, daß auch die Entwicklung der Dinge in Rußland dadurch im günstigen

*) Unser alter Freund, der temperamentvolle Literaturstürmer aus München, seit kurzem in den Reichstag gewählt.

Sinne beeinflußt wird. Jedenfalls würde durch die Teilnahme eines so mächtigen Staates unser Streben nur gewinnen."

Es ist interessant, zu dieser Debatte vom 24. September 1896 die Tatsache zu halten, daß am 24. August 1898 von Rußland das Manifest ausgegangen ist, das die Friedenskonferenz im Haag einberufen hat. Auch dieser Umstand muß hier verzeichnet werden: den Budapester Konferenzsitzungen und Veranstaltungen wohnte der damalige russische Konsul Basily bei, der seiner Regierung genau und sympathisch (Basily war ein überzeugter Friedensfreund) Bericht erstattet hat. Sein Bericht war, wie ich später erfahren, im Sinne eines dringenden Plädoyers für Rüstungsstillstand abgefaßt. Die Anregung erhielt nicht den Beifall seiner Vorgesetzten und blieb einige Zeit in Vergessenheit. Ein Jahr später jedoch, als Lord Salisbury in seiner Guildhallrede über die endlosen Rüstungen der Nationen sprach und sagte, daß die einzige Hoffnung, um dem allgemeinen Zusammenbruch zu entgehen, darin läge, daß die Mächte in irgendeiner internationalen Konstitution verbunden wären —, da erneuerte Herr Basily seine Vorstellungen zugunsten eines Versuchs, über diesen Gegenstand zu einem internationalen Einvernehmen zu gelangen. Basily gehörte dem Ministerium des Aeußern an; er unterbreitete natürlich seine Ideen seinem Chef, dem Grafen Lamsdorff — dieser unterbreitete sie seinerseits dem Kaiser.

Als im Jahre 1906 die Interparlamentarische Konferenz in London zusammentrat, da existierte in Petersburg ein Parlament, das seine Vertreter im Namen nicht nur einer Gruppe, sondern der ganzen Duma nach London schickte. Freilich, am Tage, da der russische Abgesandte in der Eröffnungssitzung im Westminstersaal seine Begrüßungsrede halten wollte, war die Nachricht eingetroffen, daß die Duma aufgelöst worden. Die Russen mußten daher unverrichteter Dinge von London abreisen und Campbell-Bannerman, der die Interparlamentarische Konferenz eröffnete, konnte dabei das berühmt gewordene Wort sagen: « La douma est morte, vive la douma. »

Nach dieser Exkursion in die Zukunft kehre ich zu meinen Budapester Tagebuchnotizen zurück.

24. September. Nach der Morgensitzung (Rußlanddebatte, bei welcher besonders Apponyi glänzte, und der Basily und Novicow mit großem Interesse folgten) machen wir einen Besuch bei Maurus Jókai. Unwohlsein hat ihn von der Teilnahme an der Konferenz abgehalten, aber er ist doch wohl genug, um zu empfangen. Er bewohnt eine eigene gartenumgebene, nicht große, aber sehr hübsche Villa. Zeigt uns alle seine Schätze — seinen Arbeitstisch, seine Bücher und

die Geschenke, die er zu seinem Jubiläum bekommen — darunter die herrliche Gabe der ungarischen Nation: die Gesamtprachtausgabe seiner Werke, für welche von vornherein an hunderttausend Gulden Subskriptionen eingegangen sind — ein dem Dichter gebotenes nationales Ehrengeschenk. Zwei sehr interessante Stunden — Jókai erzählt viel aus seinem Leben. Gibt mir seine Photographie mit Namenszug.

Abends Operngalavorstellung: „Bank-Ban" von Erkel; Bianca Bianchi trällert wie eine Nachtigall.

25. September. Schlußsitzung. Schlußbankett in der Festhalle der Ausstellung. Achthundert Teilnehmer. In der Vorhalle bilden die Heiducken in Galauniform Spalier. Am Ehrentisch mit den Führern der verschiedenen fremden Gruppen: Beernaert, Passy, Stanhope, Descamps u. s. w. die Einheimischen: Szilagyi, Szell, Apponyi, Szapary, Berzeviczy, Franz Kossuth und Oberbürgermeister Ráth als Hausherr. Meine Nachbarn sind der englische General Havelock und Graf Koloman Esterhazy. Nach dem vom Oberbürgermeister ausgebrachten Königstoast toastiert Koloman Szell auf die Konferenzmitglieder, „die Meister und Bannerträger in der größten Frage des Kulturfortschritts".

Mit dem letzten Tage der Konferenz waren die Veranstaltungen noch nicht zu Ende. Die Teilnehmer waren eingeladen, die Eröffnung des „Eisernen Tores" mitzufeiern, die im Beisein des Kaisers stattfinden sollte. Am 26. September abends führten zwei Extrazüge die Gäste nach Orsowa, und für jeden einzelnen war für bequemes Nachtlager gesorgt. Am Morgen des 27., der in herrlichem Sonnenschein erstrahlte, begaben wir uns alle an Bord des Separatschiffes „Zriny", welches als viertes hinter dem Kaiserschiff die Donau hinabfuhr; im zweiten fuhren die Generale, im dritten die Diplomaten. Nachdem die Flottille im Kasanpaß angelangt war, durchschnitt das Kaiserschiff ein über den Donaukanal gespanntes Blumentau — das „Eiserne Tor" war eröffnet.

„In diesem feierlichen Augenblick," sprach Kaiser Franz Joseph, „der uns vereinigt, um ein großes Werk der öffentlichen Wohlfahrt zu feiern, fühle ich mich beglückt, und in der Ueberzeugung, daß dasselbe einen mächtigen und heilsamen Aufschwung der ebenso friedlichen wie fruchtbringenden Entwicklung der internationalen Beziehungen geben wird, trinke ich auf das Glück und das Wohl der Völker."

Die vier Schiffe defilierten nun langsam aneinander vorüber und dampften nach Orsowa zurück.

50

Weitere Begebenheiten aus dem Jahre 1896

Wieder in Harmannsdorf. Die Tage von Budapest hatten ein freudiges, erhebendes Gefühl zurückgelassen. Von dem Wachstum der Bewegung, von ihrem Eindringen in die machthabenden politischen Kreise war da weithin sichtbares Zeugnis gegeben. Geradezu amüsant und in ihrer boshaften Verdrehung oder wirklich bodenlosen Unwissenheit komisch wirkte daher eine Notiz aus der Jingopresse, die ich unter dem Berg der unterdessen zu Hause angesammelten Zeitungsstimmen vorfand. Die „St. James-Gazette" vom 18. September schrieb:

> Es gibt jetzt wichtigere Vorkommnisse in der Welt als den VII. Weltfriedenskongreß, der eben im Rathaussaale von Budapest zusammentrat; aber Sonderlicheres gibt es nichts und in seiner Art auch der Mühe wert anzusehen. Die guten Leute, die da auf die Initiative einer ganz vortrefflichen Dame, Baronin Bertha von Suttner, Verfasserin von "Down with arms" und Schöpferin des Friedenskongresses, zusammenkamen, repräsentierten die Blume jener unbestimmt wohlmeinenden, sentimentalen und unpraktischen Klasse von Personen, wie sie in allen Ländern und nirgends so wohlentwickelt wie bei uns zu finden sind. Zu sehen, daß etwas unrecht ist in der Welt, und ein Mittel vorzuschlagen, das, genau besehen, eine radikale Aenderung der menschlichen Natur bedingte, das ist so ihre Art. Sie sind auf vielen Feldern tätig, oder um es richtiger auszudrücken, sie schwätzen über viele Gegenstände, aber nirgends kann man sie in vollkommenerer Schönheit treffen, als wenn sie versammelt sind, um über den Frieden zu sprechen. Carlyle fragte, was der Moralist beabsichtige, der im Streit von Göttern und Riesen die mit einer kleinen Zange bewaffnete Hand ausstreckt. In dieser Stunde, wo es wirklich nicht zuviel ist, Europa „eine Stadt des Krieges, wo die Herzen noch wild vor Angst sind," zu nennen, in dieser Stunde treten die gute Baronin Bertha und ähnliche Geisteskinder mit ihrer kleinen Zange auf. Der Wert des Suttnerschen Picknicks wird am besten gekennzeichnet, wenn man u. s. w. u. s. w.

An Alfred Nobel schickte ich genauen Bericht über die Vorkommnisse in Budapest und korrespondierte darüber auch mit Egidy. An meinem Buche „Schach der Qual" — ein Phantasiestück — arbeitete ich ruhig weiter. Ein Kapitel darin heißt „Frohbotschaft". Es schildert eine „internationale Friedfertigungskonferenz". In der Eröffnungsansprache sagt der Vorsitzende wörtlich:

> Auf die Initiative eines der mächtigsten Staatsoberhäupter Europas und nachdem früher bei allen übrigen Regierungen

die prinzipielle Zustimmung zu dem Zweck eingeholt wurde, ist diese Versammlung einberufen worden — und fast alle Staaten, die großen und die kleinen, mit nur wenigen Ausnahmen, haben ihr Einverständnis erklärt und sind hier vertreten.

Das Buch ist 1895 begonnen, anfangs 1897 (bei Pierson) erschienen — die oben zitierten Worte können also keine Reminiszenz an die Haager Friedenskonferenz sein, die erst 1898 „von einem der mächtigsten Machthaber Europas einberufen worden", sondern sind eine prophetische Verkündigung derselben. Der Fall bietet ein Zusammentreffen, das seltsam genug ist, um darauf aufmerksam machen zu dürfen. Die weiteren Ereignisse des Jahres 1896, die mich bewegten, finde ich in meinem Tagebuch gespiegelt:

2. Oktober. Schon lange kein Brief von Hoyos. Er soll krank sein. Würde er nur bald wieder gesund werden, der prächtige Mensch! In unserer Aristokratie gibt es nicht viele, die so frei und groß und hochherzig denken und die so das Gegenteil von reaktionär — beinahe sozialistisch sind. Ein Beispiel: Neulich wurde eine Sammlung für Arbeitslose veranstaltet. Hoyos legte seinem Scherflein folgende Verse bei:

Sammlung für die Arbeitslosen-
Wärmestuben, Armenbrot,
Wäsche, Strümpfe, alte Hosen
Steuern nicht der Massen Not.

Statt die Hungernden zu speisen,
Sorgt, daß es nicht Hunger gibt;
So nur werdet ihr beweisen,
Daß ihr euern Nächsten liebt.

Statt die Armen zu beschenken,
Hebt den Grund der Armut auf!*)
Statt zu hindern, zu beschränken,
Gebt der Arbeit freien Lauf.

---

*) Als Gegensatz zu dieser Auffassung, welche unter den philantropischen Finanzgrößen nicht geläufig ist, setze ich folgenden Brief hierher:

Geehrteste Frau Baronin!

Ihre werte Zuschrift vom 19. ds. habe ich das Vergnügen gehabt zu erhalten. So hoch ich auch das Werk schätze, welchem Sie sich mit einer so aufopfernden Tätigkeit widmen, bedaure ich doch, zu demselben nicht fördernd beitragen und dem Wunsche, welchen Sie ausdrücken, nicht nachkommen zu können. Die große Zahl der Anforderungen, welche zugunsten von humanitären Anstalten an mich gerichtet werden, macht es mir unmöglich, alle zu berücksichtigen. Sie werden es daher, geehrte Frau Baronin, begreiflich finden und es mir auch nicht verargen, wenn ich solchen Vereinen den Vorzug gebe, welche nicht bloß ein ideales Ziel vor Augen haben, sondern praktische, ins Leben eingreifende Zwecke verfolgen.

Genehmigen Euer Hochwohlgeboren, mit dem Bedauern, nicht in der Lage zu sein, Ihnen eine zusagende Antwort zu erteilen, bei diesem Anlaß den Ausdruck meiner ausgezeichneten Gesinnungen und Hochachtung.

Bn. N. Rothschild.

Stellt im Geiste der Gesetze
Recht nicht höher als die Pflicht.
Stellt sie auf die gleichen Plätze —
Rechtsenterbte gibt es nicht.

Doch ich will auch nicht vergessen
Dieser Tage Hilfeschrei —
Und so leg' ich denn indessen
Hier die hundert Gulden bei.

*

10. Oktober. Der Kaiser von Rußland war in Wien. Von da Besuche in Breslau, Balmoral, Paris. Das Ergebnis davon ist „Pax et robur". So behaupten wenigstens die einen; die anderen sagen, das Ergebnis sei „Revanche"; die Dritten endlich meinen, es sei alles beim alten geblieben. Das letztere ist aber nicht richtig; es hat sich etwas Neues zugetragen, nämlich, daß in dem zerklüfteten und gespaltenen und feindseligen Europa ein Staatsoberhaupt von einem Land zum anderen gereist ist und überall als Freund aufgetreten und als Freund empfangen worden ist. Eigentlich, wenn Europa ein zivilisierter Staatenkomplex wäre, müßte das so natürlich und selbstverständlich sein, wie es natürlich ist, wenn ein Gutsherr bei allen Nachbarsfamilien eine freundliche Tournee macht ... So oft, so nachdrücklich, so feierlich, so allgemein wie anläßlich dieser Kaiserreise ist das Wort „Friede" vielleicht seit fünfzig Jahren nicht in Reden und Zeitungen wiederholt worden. Das zeigt die Tendenz des Zeitgeistes — aber es ist noch lange nicht der Friede, den wir meinen. Denn die ganze Sachlage strotzt von Widerspruch. Nämlich der Widerspruch, der zwischen der neuen Richtung und den alten, noch in Kraft bestehenden Institutionen, Anschauungen und politischen Konstellationen besteht. Da liegt ein Widersinnsmonstrum vor, wie es die Weltgeschichte noch nicht nachzuweisen hatte: zwei gegeneinander gerichtete, ekrasit geladene — Schilder; zwei feindliche Friedenshüter oder friedliche Feindschaftshüter ... Dreibund und Zweibund. Warum nicht gleich Fünfbund? ...

15. Oktober. Nach Kuba sind bereits im ganzen 165000 Mann entsendet worden. Das spanische Kriegsministerium beabsichtigt, noch fernere 40000 dahin zu schicken, da gelbes Fieber und andere Krankheiten die Zahl der Kombattanten stark gelichtet haben. Eine Anleihe von einer Milliarde wird geplant.

18. Oktober. Konteradmiral Tirpitz hat eine Marinevorlage von 150 Millionen Mark ausgearbeitet. Die „Post" schreibt: „Tirpitz hat einen langen Urlaub in allerhöchstem Auftrage benutzt, vom strategisch-technischen Standpunkt aus klarzulegen, wie unsere Flotte beschaffen sein muß, um vom Standpunkt des Militärs den Forderungen der Gegenwart gewachsen zu sein." Wann wird denn endlich einmal vom ethisch-humanen Standpunkt aus klargelegt werden, wie die Zustände beschaffen

sein müssen, um vom Standpunkt des Philosophen den Forderungen einer besseren Zukunft gewachsen zu sein?

9. November. Gestern ist auf seinem Schlosse Leuterburg in Schlesien unser teurer Rudolf Hoyos verschieden. Immer mehr und mehr der Gräber!

10. November. Telegramm aus Washington: „Der englische Botschafter Pauncefote unterbreitet dem Staatssekretär Olney die Vorschläge für den englisch-amerikanischen Vertrag, betreffend die Regelung aller künftigen Streitigkeiten durch Schiedsspruch." Den Anbruch einer neuen Kulturepoche kann diese Nachricht verkünden. Doch darüber leitartikeln unsere „ernsten" Politiker nicht.

Zwischen der österreichischen Friedensgesellschaft und dem Londoner Auswärtigen Amt wurden aus diesem Anlasse die nachfolgenden Briefe gewechselt:

Oesterreichische Gesellschaft der Friedensfreunde
Wien, November 17, 1896.

My Lord Marquis,

The committee of the Austrian Peace-Society venture to express to Your Lordship their deep gratification in the treaty passed at Washington Nov. 9th. This is the greatest triumph which the cause of civilisation has hitherto attained and posterity will never forget the part which, in this happy achievement, is due to Your Lordship's wisdom and energy.

We have the honour to be, respectfully,

Baroness Bertha Suttner (president),
Prince Alfred Wrede (vicepresident).

To the most Honourable
the Marquis of Salisbury.
London, Foreign Office.

*

London, Foreign Office,
Nov. 21st 1896.

Madam,

I am directed by the Marquis of Salisbury to acknowledge the receipt of your letter of the 17th inst., expressing the gratification of the Austrian Peace-Association in regard to the negociation between Great-Britain and United States on the question of arbitration and I am to express his Lordship's thanks for your communication.

I am, Madam, your most obedient humble servant

I. H. Villiers.

The Baroness of Suttner, Vienna.

*

20. November. Die Blätter voll von der Bismarckschen Enthüllungsaffäre.*) Erst die im Reichstag durch Fürsten Hohenlohe und durch Herrn von Marschall nach allen Seiten hin gegebenen Erklärungen setzen der weiteren Ausdehnung ein Ziel. Ja, „enthüllt" wurde in dieser Affäre allerdings viel, und zwar das Gaunergesicht — nicht dieses oder jenes Politikers, sondern jener volksbetrügenden Intrigantin, die da „hohe Politik" heißt.

25. November. Gute Nachricht. Italien und Menelik haben Frieden geschlossen. Noch vor wenigen Tagen erfuhr der Triester „Picolo" von einem hochgestellten Diplomaten, daß die Chancen eines Friedensschlusses mit Menelik gering seien; dieser wolle sich der Bedingung, er dürfe sich dem Protektorat keiner europäischen Macht unterwerfen, nicht fügen. „Man rechne in römischen Regierungskreisen mit der Wahrscheinlichkeit, die Gefangenen ihrem Schicksal zu überlassen (!!) und die Feindseligkeiten wieder eröffnen zu müssen." Der hochgestellte Diplomat hat sich glücklicherweise geirrt. Der Friedensvertrag ist unterzeichnet. In einem Brief, den Menelik aus diesem Anlaß an den König von Italien richtete, sagte er, „daß es ihm eine Freude sei, am 20. November, dem Geburtstag der Königin, den italienischen Müttern ihre Söhne zurückgeben zu können," und zeigte so für die Gefangenen zarteres Gefühl als die erwähnten römischen Regierungskreise.

Nach dem Wortlaut des Vertrages verzichtet Italien auf den — falsch gedeuteten — Vertrag von Utschili, und die beiden Kriegführenden nehmen wieder ihre früheren Grenzen an. Also der Status quo ante — wozu also der viele Jammer, die Riesensummen, die im Sonnenbrand modernden, verstümmelten Leichenhaufen? Wozu, wozu?

51

Alfred Nobels Tod und Testament

12. Dezember. Alfred Nobel †.

Mit dieser einzigen Zeile habe ich den Verlust in mein Tagebuch eingetragen. Die Nachricht — ich fand sie in den Blättern — versetzte mir einen schmerzlichen Schlag. Das Band einer zwanzigjährigen Freundschaft war zerrissen. Der letzte Brief, den ich von Nobel erhalten, war aus Paris vom 21. November datiert und hatte folgenden Inhalt:

---

*) Geheime Rückversicherung mit Rußland.

Paris, le 21 novembre 1896.

Chère baronne et amie,

«Bien portant» — non, malheureusement pour moi, je ne le suis pas, et même je consulte les médecins, ce qui est contraire non seulement à mes habitudes mais aussi à mes principes. Moi qui n'ai pas de cœur au figuré, j'en ai, en tant qu'organe, un, et je m'en ressens.

Mais voilà assez de moi et de mes petites misères. Je suis enchanté de voir que le mouvement pacifique gagne du terrain. C'est grâce à la civilisation des masses et grâce surtout aux chasse-préjugés et aux chasse-ténèbres parmi lesquels vous occupez un rang élevé. Ce sont là vos titres de noblesse. Heartily yours

A. Nobel.

Das kranke Herz, auf das er in diesem Briefe anspielt, hat seinen Tod herbeigeführt. Am 10. Dezember — er war damals in seiner Villa in San Remo — wurde er plötzlich von einem Herzkrampf dahingerafft. Seinem Sterben hat niemand beigewohnt, man fand ihn in seinem Arbeitszimmer — tot.

*

Einige Zeit nach der Todesnachricht brachten die Zeitungen die Mitteilung, daß Alfred Nobel sein Millionenvermögen zu wohltätigen Zwecken hinterlassen, darunter einen Teil zur Förderung der Friedensbewegung. Noch fehlten die näheren Einzelheiten. Ich erhielt jedoch durch die österreichische Gesandtschaft in Stockholm eine Abschrift des Testaments, und auch der Testamentsvollstrecker, Ingenieur Sohlmann, setzte sich mit mir in briefliche Verbindung. Ich wußte also genau, wie die Verfügungen dieses merkwürdigen letzten Willens lauteten:

Nach Abzug von Legaten an Verwandte, im Betrage von ungefähr einer Million Kronen, war der Rest des Vermögens — 35 Millionen — dazu bestimmt, einen Fonds zu bilden, aus dessen Interessen jährlich fünf Preise an solche zu verteilen seien, die für das Wohl der Menschheit Ersprießliches geleistet haben. Und zwar:

1. für die wichtigste Entdeckung und Erfindung im Bereiche der Physik,
2. für die wichtigste Entdeckung und Erfindung im Bereiche der Chemie,
3. für die wichtigsten Entdeckungen auf dem Gebiete der Physiologie oder Medizin,
4. für die ausgezeichnetsten Erzeugnisse idealistischer Richtung im Bereiche der Literatur,
5. für denjenigen oder diejenige, welcher oder welche am besten für die Verbrüderung der Menschheit, die Herab-

minderung der Heere und die Förderung von Friedenskongressen gewirkt hat. Mit der Verteilung der ersten vier Preise ist die Stockholmer Akademie betraut, mit der des fünften das norwegische Storthing.

Von dem treuen Mitarbeiter an meiner Revue, Moritz Adler, dem Verfasser der gediegenen Essays „Zur Philosophie des Krieges", erhielt ich nach Bekanntgabe der Testamentsnachricht folgendes Schreiben:

Wien, 4. Januar 1897.

Hochgeehrte gnädige Frau!

Gestatten Sie mir, Sie aus vollem Herzen zu der Neujahrsfreude zu beglückwünschen, welche die herrliche Nobelsche Stiftung Ihnen gewähren muß, abgesehen natürlich von dem Wermutstropfen, den das Scheiden eines solchen Geistes und Herzens dem Labetrunke beimischte. „Multis ille bonis flebilis occidit" läßt sich von diesem großen Toten in Wahrheit sagen. Keinen Sanitätstrain für zukünftige Gladiatorenhetzen der Völker hat er hinterlassen, denn es lag ihm fern, das Gewissen der Mächtigen einlullen zu wollen und sie glauben zu machen, daß er es für möglich gehalten, daß die Schmach sich wiederholen werde. Nicht einmal ein Hospital für andere, nicht von der Gesellschaft unschuldig zu Wunden und Tod verurteilte Kranke hat er gegründet. Aber Millionen werden dereinst in lichteren Tagen des Lebens und der Gesundheit sich freuen und unter Tausenden wird vielleicht kaum einer ahnen, daß er nur Nobel es schuldet, kein Krüppel und kein Spitalskandidat zu sein. Hätte man es für möglich gehalten, daß der Mammon, der aus Dynamit entsprungene Mammon, so geadelt werden kann? Ich bin glücklich, diesen Tag erlebt zu haben; es war die edelste Freude meines ganzen Lebens.

Mit verehrungsvollstem Handkuß

Moritz Adler.

In der Tat, ja: diese Stiftung war mir eine hohe Genugtuung — da war wieder etwas Neues in die Welt getreten: als Wohltäter der Menschheit waren — nicht die Almosengeber, nicht die Gesetzgeber, am allerwenigsten die Eroberer — sondern die Erfinder und Entdecker und die von hohen Idealen inspirierten Dichter hingestellt und daneben die Arbeiter im Dienste des Völkerfriedens. Schon die Verkündigung dieses letzten Willens hat die allgemeine Aufmerksamkeit erregt, und alljährlich, zur Zeit der Preiskrönungen, wird sich diese Sensation wiederholen. Vor aller Welt ward da — nicht von einem exaltierten Träumer, sondern von einem genialen Erfinder — Erfinder von Kriegsmaterial noch dazu — öffentlich erklärt, daß die Verbrüderung der Völker, die Verminderung der Heere, die

Förderung der Friedenskongresse zu den Dingen gehören, die das meiste für das Glück der Menschheit bedeuten.

... Also ein Leitstern steht am Himmel, und immer mehr und mehr verteilen sich die Wolken, die ihn bisher verdunkelten — sein Name ist Menschenglück. Solange aber die Menschen sich gesetzlich in ihrem Leben bedrohen, solange sie, statt einander zu helfen, einander befehden, gibt es kein allgemeines Glück. Aber es muß und wird doch kommen. Der wachsende Forschergeist gibt dem Menschen eine über die Natur gebietende Gewalt in die Hand, die ihn zum Gott oder zum Satan machen kann. „Da hast du einen Stoff," sprach der lebende Nobel zur Mitwelt, „mit dem du alles und dich selber vernichten kannst ...," der tote Nobel aber zwingt unseren Blick zu jenem Stern empor und spricht zur Nachwelt: „Veredle dich und du wirst glücklich sein."

Es hat fünf Jahre gedauert, bis es zur Verteilung der Preise kam. So lange hat es gebraucht, bis ein Prozeß überwunden war, den einige Mitglieder der Familie Nobel gegen die Gültigkeit des Testaments angestrengt hatten, und dann, um das Gesamtvermögen zu realisieren. Wenn dem Protest der Familie der damalige Chef derselben, Emanuel Nobel, sich angeschlossen hätte, so wäre zu seinem eigenen größten Vorteil die letztwillige Verfügung umgestoßen worden — Emanuel Nobel aber hat diesen Anschluß verweigert. Er erklärte, daß ihm der Wille seines Onkels heilig sei, und er trat dafür ein, daß dieser in allen Punkten — auch in dem besonders gefährdeten Punkte 5 — getreulich ausgeführt werde.

Ein Brief, datiert 13. April 1898, den der Testamentsvollstrecker an mich richtete, brachte mir über diese Angelegenheit interessante Aufschlüsse. Herr Ragnar Sohlmann schrieb:

> — — — Wie Sie den Blättern entnommen haben werden, griffen gewisse Mitglieder der Familie Nobel das Testament des Herrn Nobel vor dem schwedischen Gerichte an. Und zwar mit der Begründung, daß kein Universalerbe eingesetzt sei. Dem „Nobelfonds", wie derselbe durch das Testament selber geschaffen wurde, fehlten — so behaupteten sie — die nötigen Elemente, um zu funktionieren, nämlich Administratoren. Darauf werden wir antworten, daß alle notwendigen Elemente durch das Testament gegeben sind, nämlich das Kapital, das Aktionsziel und die zu dieser Aktion bestimmten Institute: die schwedische Akademie und das norwegische Storthing. Die bloße Organisation gehört — so werden wir anführen — offenbar zu der den Exekutoren und der Akademie übertragenen Aufgabe. Ursprünglich hatten die klageführenden Verwandten den Plan, den Kasus einem französischen Gericht zu unter-

breiten, indem sie versuchten zu erweisen, daß Herrn Nobels gesetzliches Domizil nicht in Schweden war, sondern in Paris. Sie betrachteten die französischen Gesetze als günstiger für ihre Ansprüche als die schwedischen, was unzweifelhaft auch der Fall gewesen wäre. Es ist uns aber soweit gelungen, die Ausführung dieses Planes zu verhindern, und erst vor wenigen Tagen hat der oberste Gerichtshof von Schweden dahin entschieden, daß Bofors das legale Domizil Herrn Alfred Nobels war.

Einen sehr wichtigen Faktor in dem kommenden Prozeß bildet die Tatsache, daß Herr Emanuel Nobel aus Petersburg und der ganze russische Zweig der Familie sich dem Prozesse nicht anschließen. Dieser Umstand sichert die Ausführung des Testaments, insoweit es sich um den entsprechenden Teil der Verlassenschaft handelt. Folglich kann das Testament als feststehend gelten, was acht Zwanzigstel des ganzen Vermögens betrifft. Dies verringert auch die Chancen für eine gerichtliche Ungültigkeitserklärung der restlichen zwölf Zwanzigstel.

Die Hauptgefahr für das Testament liegt in der wirklichen Animosität, die gegenwärtig zwischen Schweden und Norwegen besteht, und in der hier genährten Furcht — selbst unter den Mitgliedern der Regierung —, daß die ganze Sache neuen Anlaß zu Reibereien zwischen den beiden Ländern geben könnte. Besonders die Konservativen glauben — oder geben vor zu glauben —, daß das norwegische Storthing die Preise benützen könnte, um andere Länder gegen Schweden zu „bestechen" — und sie haben allerdings durch die Anstellung Björnsons Boden gewonnen, welcher als der ärgste Feind Schwedens gilt und der in das Preisverteilungskomitee ernannt worden ist. Tatsächlich werden die Glieder der Nobelschen Familie, die das Testament anfechten, darin von den hiesigen Konservativen unterstützt, auch von einigen Mitgliedern der Regierung.*)

Soweit mein Korrespondent, der diese Mitteilungen als vertrauliche, nicht für die Oeffentlichkeit bestimmte bezeichnete. Ich habe selbstverständlich auch, solange die Sache schwebte, und bis heute die obigen Informationen nicht weitergegeben; aber jetzt, nachdem der Prozeß schon lange zugunsten der Testamentsgültigkeit entschieden ist und die begleitenden Umstände auch anderweitig bekannt geworden sind, kann ich das Diskretionsgebot wohl als aufgehoben betrachten. Es bietet doch ein allgemeines Interesse, zu sehen, wie die leidige Politik allenthalben verdächtigend und feindlich mitspielt und wie überhaupt die „Konservativen" gegen die Friedensbewegung und dergleichen mißtrauisch sind. Jetzt ist der norwegisch-schwedische Streit

*) Auch — wie ich aus anderer Quelle erfahren — vom König selber. B. S.

ausgeglichen: Björnson gilt längst nicht mehr als ein Feind Schwedens. Er hat aus der Hand des Königs selber den Literatur-Nobelpreis erhalten und zugleich mit Emanuel Nobel an der königlichen Tafel gespeist, wobei sich Oskar II. auf das freundlichste mit dem norwegischen Barden unterhielt.

Die erste Verteilung der Preise fand am 10. Dezember (Jahrestag von Nobels Tod) 1901 statt. In Stockholm war es der König selber, der in einer erhebenden Nobelfeier die von der schwedischen Akademie verliehenen vier Preise den Laureaten übergab. Der Friedenspreis ward vom Nobelkomitee des Storthings vergeben.

In den seither verflossenen sieben Jahren wurde der Friedenspreis wie folgt ausgeteilt:

1901: Frédéric Passy und Henri Dunant;*) 1902: Elie Ducommun und Albert Gobat; 1903: Randal Cremer; 1904: Institut du Droit international; 1905: Bertha von Suttner; 1906: Präsident Roosevelt; 1907: Teodoro Moneta und Louis Renault.

52

Erste Hälfte des Jahres 1897

Aus meinem Briefschatz seien hier noch einige Stücke wiedergegeben. Anläßlich der in den ersten Tagen des Januar 1897 stattfindenden Jahresversammlung meines Vereins hatte ich mich ein paar Wochen früher an verschiedene Persönlichkeiten um mitzuteilende Zuschriften gewendet und zahlreiche Antworten erhalten, darunter die folgenden:

Politisches Departement der Schweizerischen
Eidgenossenschaft.
Bern, 10. Dezember 1896.

Gnädige Frau!

Ihr Brief vom 5. d. M. ist mir richtig zugekommen, und ich danke verbindlichst für die darin enthaltenen Glückwünsche der „Oesterreichischen Gesellschaft der Friedensfreunde" an die Schweizer Regierung.

Der Bundesrat verfolgt in der Tat mit aufrichtigem Interesse die menschenfreundlichen Bestrebungen, der zivilisierten Welt die Greuel des Krieges zu ersparen, und er schließt sich mit großer Sympathie den Kundgebungen an, die den Zweck

*) Ich bemerke, daß die Teilung des Prämiums weder dem Wortlaut des Testaments noch den mir wohlbekannten Absichten des Testators entspricht. B. S.

haben, den Völkern die unschätzbare Wohltat des Friedens begreiflich zu machen.

Indem ich Ihnen die besten Wünsche für das volle Gelingen Ihrer Generalversammlung ausspreche, übermittle ich Ihnen, gnädige Frau, den nochmaligen herzlichen Dank und die Versicherung meiner ausgezeichneten Hochachtung.

Der Präsident
der Schweizerischen Eidgenossenschaft
Lachenal.

*

Bureau International de la Paix, Sekretariat.
Bern, 9. Dezember 1896.

Geehrte Kollegin!

Jede einzelne Bemühung der Friedensfreunde gleicht jenen kleinen Dunstkügelchen, deren Verdichtung später den Regen bilden wird, nach welchem die Karawane schmachtet. Man betrachtet diese Partikelchen nicht, man wird ihrer nicht gewahr; und wenn dann der kühlende Regen fällt, so erinnert man sich nicht mehr der Atome, die ihn so geduldig zusammengesetzt.

„Was liegt daran," sagen unsere standhaften Apostel — „wenn's nur regnet!"

Seit mehr als fünf Jahren schreitet die „Oesterreichische Gesellschaft der Friedensfreunde" entschlossen vorwärts, und ihre Wirkung gewinnt an Ausbreitung, ohne an Tiefe zu verlieren. Sie wird einen bedeutenden Anteil an dem Schlußerfolg unseres Gesamtwerkes haben, und wie wir alle, so wünscht auch sie nichts anderes, als daß einst das Gesetz des Völkerfriedens als etwas so Selbstverständliches und von selber Entstandenes erscheine, wie das Gesetz der Schwere und das Licht der Sonne.

In diesen glücklichen Zeiten werden die Friedensvereine und die Friedensbureaus nur mehr Spuren im Gedächtnis einiger Archivisten haben, welche die Entdeckung gemacht haben werden, daß es zur sonderbaren Epoche der Kanonen auch Antikanonenbestrebungen gab.

Empfangen Sie, geehrte Kollegin, für sich und Ihre würdigen Mitarbeiter die Versicherung meiner hohen Achtung und vollen Ergebenheit.

Ducommun,
Ehrensekretär des Internationalen Friedensbureaus
in Bern.

*

Bruxelles, Chambre des Représentants,
Présidence, 13. Oktober 1896.

Geehrte Frau Baronin!

Ich war von Brüssel abwesend, als Ihr Brief vom 4. anlangte, und ich bin zu spät heimgekehrt, um rechtzeitig die für die Versammlung verlangten Zeilen schicken zu können.

Es ist nunmehr sicher, daß es Brüssel sein wird, welchem im Laufe des kommenden Sommers die Nachfolge von Budapest zufallen wird; ich hoffe, daß wir bei dieser Gelegenheit die Ehre haben werden, Sie wiederzusehen. Wie mich, würde dies auch Madame Beernaert lebhaft freuen.

Genehmigen Sie u. s. w. Beernaert.

*

Nizza, 6. Dezember.

— — König Umberto sagte mir, daß er mit Freuden von dem schönen Erfolge der Friedenskongresse in Budapest vernommen. „Ich bin für den Frieden," fügte Seine Majestät hinzu, „Italien benötigt den Frieden, und Sie sehen, daß nun auch mit Frankreich ein freundlicheres Einverständnis zustande kommt."

Meine besten Grüße an alle von dem alten Mitkämpfer

S. Türr.

*

Damals herrschte zwischen Frankreich und England ein ziemlich gespanntes Verhältnis. Ich hatte erfahren, daß Gladstones Freund, unser bewährter Mitkämpfer Philipp Stanhope, eine Aktion einleitete, welche den Zweck verfolgte, das Verhältnis zwischen den beiden Ländern zu bessern. Ich fragte bei ihm an, näheren Aufschluß verlangend, und erhielt folgende Antwort:

Algier, 11. Dezember 1896.

Liebe Frau von Suttner!

Ich habe das Unglück, immer weit weg von zu Hause zu sein, wenn Sie mir die Ehre erweisen zu schreiben, und so kommt es, daß Ihr Brief vom 23. November mir erst vorgestern hier zugekommen ist.

Es ist richtig, daß ich zu jenen gehöre, die gegenwärtig an einer Kombination arbeiten, um die Beziehungen zwischen England und Frankreich zu verbessern. Sie, welche mit so großer Aufmerksamkeit die Entwicklung der öffentlichen Meinung verfolgen, sind in der Lage, sich von der gefährlichen Strömung Rechenschaft zu geben, die in jenen Beziehungen, namentlich in dem einen Teil der Presse, neuerlich Platz gegriffen hat. Diese Einflüsse sind schwer zu bekämpfen und die zu machende Arbeit wird viel Zeit und Energie erfordern. Die Kombination, von welcher Sie vernommen haben,*) ist bis jetzt noch ganz unbestimmt entworfen; aber bei Wiedereröffnung des Parlaments um den 20. Jänner hoffen wir etwas mehr Weg zurückzulegen, und ich werde Ihnen genaue Details übersenden.

---

*) Ein Verein „Entente cordiale" zur Verbesserung der franco-englischen Beziehungen auf die Initiative des Deputierten Thomson und Hon. Ph. Stanhope unter Vorsitz Lord Dufferins. B. S.

Was die Venezuelaaffäre betrifft, so ist der Vertrag zu deren Schlichtung nun definitiv zwischen England und den Vereinigten Staaten abgeschlossen, und soeben haben wir auch die Nachricht erhalten, daß er von der Regierung von Venezuela angenommen worden. So ist denn diese Frage auf gutem Wege der schiedsrichterlichen Entscheidung, und was jene viel größere Frage betrifft, nämlich der Abschluß eines allgemeinen und ständigen Vertrages zwischen den beiden Mächten, so hat Präsident Cleveland in seiner Botschaft an den Kongreß vom 7. Dezember verkündet, daß die darauf bezüglichen Verhandlungen auf dem Punkte stehen, zu einem günstigen und endgültigen Abschluß zu führen.

Sobald ich also zur Parlamentseröffnung nach London komme, hoffe ich in der Lage zu sein, Ihnen ein vollständigeres Resumee dieser — dann hoffentlich definitiv geordneten — Frage zu übersenden, mit allen erforderlichen Belegen.

Empfangen Sie u. s. w.

Philipp Stanhope.

Der Inhalt der angeführten Briefe hat insoweit ein historisches Interesse, als er zeigt, wie hervorragende Männer in einflußreichen Stellungen ausdauernd an der Arbeit waren, die Postulate der Friedensbewegung zum Durchbruch zu bringen. Andererseits bieten diese verschiedenen, nur wenigen Echantillons aus meinem ausgedehnten Korrespondenzbesitz auch ein biographisches Interesse, denn sie spiegeln den Entfaltungsgang jener Sache, die mir in steigendem Maße zum Beruf, zum Lebensinhalt, zum „Wichtigen" ward! Und ich konnte darin um so innigere Befriedigung finden, als ich mich in Harmonie mit so vielen, täglich zahlreicher werdenden, edlen Zeitgenossen wußte und namentlich in restloser Seelengemeinschaft mit einem unendlich geliebten und liebevollen Lebensgefährten. Jedes innere Erlebnis und jedes äußere Ereignis löste in uns beiden die gleichen Gefühle aus. Und dieses volle Ruhe-, dieses feste Sicherheitsbewußtsein allen Geschehnissen gegenüber, wenn man weiß, daß es ein Herz gibt, auf dessen Treue man rückhaltlos vertrauen, eine Brust, an der man gegen alle Bitternisse des Schicksals Zuflucht finden kann — mit einem Wort — das tiefe Glück der unbedingten Zusammengehörigkeit.

*

Am 11. Januar 1897 wurde in Washington der so lange vorbereitete, permanente Schiedsgerichtsvertrag zwischen England und den Vereinigten Staaten durch den Botschafter Sir Julius Pauncefote und dem Staatssekretär Olney unterzeichnet. Präsident Cleveland bezeichnete das Ereignis als die Eröffnung einer neuen Kulturära.

Die goldene Feder, mit der der Vertrag unterzeichnet worden, wurde im Staatsmuseum deponiert. Königin Viktoria sagte in ihrer Thronrede, sie hoffe, das Beispiel werde in anderen Ländern Nachahmung finden. In der Tagespresse und im Publikum erregte die Nachricht keinerlei Aufsehen.

Freilich führte dieser erste Anlauf auch nicht schon ans Ziel. Der Vertrag mußte, ehe er in Wirksamkeit trat, ratifiziert werden. Damit im amerikanischen Senat ein Gesetz durchgehe oder eine Abmachung Gültigkeit erhalte, ist eine Zweidrittelmajorität erforderlich. Als der Schiedsgerichtsvertrag mit England zur Abstimmung kam, fehlten an der Zweidrittelmajorität drei Stimmen, und damit war er abgelehnt.

Das änderte nichts an der prinzipiellen Bedeutung seiner Unterzeichnung durch die Vertreter der beiden Regierungen; die Kräfte, welche die Aufstellung und Unterzeichnung des Vertrages zusammengebracht haben, würden auch den Widerstand des Senats überwinden.

Auf der Insel Kreta bricht ein Aufstand aus. Kanea brennt. Die Dörfer der Umgebung brennen. Gefechte zwischen Türken und Griechen finden statt. Wer hat angefangen? Gleichviel, die Insel Kreta erklärt, daß sie das türkische Joch abschüttelt und sich Griechenland anschließt. In Athen Straßendemonstrationen; ungeheure Aufregung. Die Kammersitzung vom 25. Februar beschließt, Kriegsschiffe nach Kreta zu senden.

Etwas Neues tritt in die Erscheinung: „Das Konzert der Mächte". Die Mächte vereinen sich, um auf Kreta Ordnung und Ruhe zu schaffen, und verbürgen den Kretensern Autonomie.

Wie sich die Vorgänge weiter abspielen, davon finde ich das Echo in den Aufzeichnungen meines Tagebuches vom April 1897. Einige Stellen seien daraus angeführt:

Das war ein Ostergeschenk! — Der Ausbruch des Griechisch-Türkischen Krieges. So hat denn das Konzert der Mächte das Unglück nicht verhüten können oder nicht verhüten *wollen*? Wohl beides. Sowohl Macht als Wille sind — in den Kreisen der Diplomatie und der Regenten — noch nicht genügend in der Richtung des Friedensgeistes entwickelt — noch stehen sie im Bann des jahrtausendealten Genius des Krieges.

*

Daß der Krieg so lange hintangehalten worden, daß er nun lokalisiert werden soll, daß das „Europäische Konzert" die allgemeine Konflagration verhüten will: das ist ein Sieg des Neuen. Daß der

Krieg dennoch ausgebrochen, daß die Mächte zuschauend mit der Intervention zögern — das ist ein Sieg des Alten.

*

Deutlich zeigt sich, wie notwendig und wohltätig jetzt ein wirklicher europäischer Rechtszustand, ein europäisches Tribunal, eine europäische Armee wäre. Der Embryo zu diesen Dingen hat sich da wohl gezeigt, aber die Entfaltung zu lebenskräftigem Wesen steht noch aus.

*

Ja, Ansätze zu einer Föderation der Kulturstaaten, die sind in dem „Konzert" enthalten. Wenn dieses noch so wenig harmonisch und noch in so unsicherem Takte vorging, so liegt die Schuld daran: Die Gewalt der Gewaltigen wollen sie stützen, nicht das Recht der Schwachen. — Es wird auf die Achtung gepocht, die dem von den Großmächten repräsentierten Willen gebührt, nicht auf die Achtung, die der Sache der Schwachen zukäme. Barmherzigkeit, Gerechtigkeit und Freiheit — das ist der Dreiklang, der einem echten Friedenskonzert zugrunde liegen müßte! —

*

Ein Bild aus dem Feldzug. Die wilde Flucht der Griechen: Auf Meilen weit rundum war das Dunkel der Nacht von dem Aufblitzen der Schüsse durchleuchtet, welche die Fliehenden im wirren Durcheinander aufeinander abgeben. Durch Peitschenhiebe wild gewordene Pferde bäumten sich, rasten davon und warfen die Wagen um, welche die Insassen unter sich begruben. Hilflose Männer und jammernde Weiber überall, über welche von Verzweiflung getriebene Fliehende, wie wilde Horden, alles achtlos vor sich niedertretend, durch die Nacht dahinrasten . . .

*

Unterdessen, während der Krieg auf der einen Seite wütet, mehren sich ganz still die schiedsrichterlich beigelegten Konflikte: die Guayanagrenzfrage zwischen den Vereinigten Staaten und England wurde am 5. April und dieselbe Grenzfrage zwischen Frankreich und Brasilien am 10. April der schiedsrichterlichen Entscheidung übermittelt.

*

Eine Kriegswolke aber steigt auf zwischen Großbritannien und Transvaal. Wird die öffentliche Meinung unserer Freunde in England schon stark genug sein, um die Gefahr abzuwenden?

*

Egidy schreibt mir, daß er sich an den spanischen Gesandten in Berlin gewendet hat, aus Anlaß des Hilferufs aus Barcelona.*)

*

Von dem Prinzen Scipione Borghese, demselben, der zehn Jahre später die große Automobilfahrt von Peking nach Paris zurücklegen sollte, erhielt ich um jene Zeit folgenden Brief:

London 28. April 1897.

Hochgeehrte Frau Baronin!

Empfangen Sie meinen herzlichsten Dank für Ihren so ermutigenden Brief, welcher mir von Rom hierher nachgesendet wurde.

Das sehr wenige, was ich für das Friedensideal getan habe, ist ein Schatten dessen, was andere und Bessere groß und glänzend für das Vorschreiten der Menschheit schaffen. — Dieses ewige Vorschreiten entgegen einem besseren und mehr gerechten Leben muß, meiner Ansicht nach, das Ziel aller unserer Taten bilden.

Ich bin glücklich, mit Ihnen in direkte Verbindung kommen zu können, und hoffe sehr, Sie bald persönlich kennen zu lernen. Indessen bleibe ich, geehrte Frau Baronin, hochachtungsvoll Ihr ergebenster

Scipione Borghese.

Unsere literarische Arbeit rastet nicht. Mein Mann legt die letzte Hand an „Sie wollen nicht", und ich beginne den Roman „Marthas Kinder" (der „Waffen nieder" zweiter Teil), nachdem ich ein englisches Buch übersetzt habe: „Marmaduke, Emperor of Europe". „Die Waffen nieder" erscheint in französischer Uebersetzung in der „Indépendance belge". Dieselbe Uebersetzung wurde zwei Jahre später als Buch bei Zolas Verleger Fasquelles (Charpentier) herausgegeben. Auch aus dem französischen Publikum kamen mir nunmehr zahlreiche Zeitungsstimmen und Briefe zu, die mir bewiesen, daß das Thema, das in dem Buche angeschlagen ist, auch ein lautes Echo bei den Zeitgenossen in anderen Ländern weckte.

Im Mai 1897 erhielt ich aus London von der kirchlichen „Arbitration Alliance" die Anfrage, ob ich geneigt wäre, dem Kaiser von Oesterreich ein Exemplar der Adresse zu überreichen, welche von

*) In der Festung von Montjouy wurden die des Anarchismus Angeklagten gefoltert. Ein Brief, datiert 11. März und gezeichnet Sebastian Sunjé, adressiert an „alle guten Menschen des Erdballs", drang in die Oeffentlichkeit: „O, bei allem, was Euch heilig ist — entreißt uns den Händen unserer Henker! —" Aber leider, „die guten Menschen des Erdballs" sind nicht organisiert, nicht mobilisierungsbereit. Sie können nur schaudern.

170 Würdenträgern der Kirche an sämtliche Staatsoberhäupter gerichtet wird. Ich bejahte, und darauf erhielt ich das Dokument, eine in geschmackvoller Rolle kalligraphierte Kopie des Textes, mit den eigenhändigen Unterschriften der Absender versehen. Denn für jeden Potentaten war ein eigenes Exemplar hergestellt worden. An der Spitze der 170 Namen, welche durchgängig hohen kirchlichen Würdenträgern angehörten, waren der Erzbischof von Dublin, die Bischöfe von Ripon, Durham, Killaloe, der Kaplan der Königin Viktoria u. s. w. unterschrieben.

Ich kam bei der Kabinettskanzlei um eine Audienz ein, die mir für den 3. Juni, zehn Uhr vormittags, gewährt wurde. Den Gegenstand meines Anliegens hatte ich in dem Audienzgesuch angeben müssen.

Am bestimmten Tage, zur gegebenen Stunde, begleitet vom Vizepräsidenten meines Vereins, fand ich mich in der Hofburg ein. Im Vorzimmer des Audienzsaales wimmelte es von Uniformen. Generale und Stabsoffiziere warteten auf den Zutritt in den Audienzsaal. Wir brauchten nicht lange zu harren. Als sich die Tür öffnete, um die Persönlichkeit fortzulassen, die eben beim Kaiser gewesen, wurden wir auch schon gerufen. Dieser Vorzug galt nicht etwa dem Umstand, daß das Präsidium der Friedensgesellschaft eine „Arbitrationspetition" brachte, sondern einfach, weil mein Begleiter ein Fürst war — bei Hofe geht ja alles nach Rang und Titel.

Meine kunstvolle Rolle in Händen und eine wohlvorbereitete Ansprache auf den Lippen — die mir aber in dem Augenblick vollständig entfiel —, traten wir durch die vom Adjutanten offen gehaltene und hinter uns wieder geschlossene Tür. Der Kaiser stand bei seinem Schreibtisch und kam uns einige Schritte entgegen. Nach einer — wie ich glaube, gelungenen — tiefen Hofreverenz trug ich mein Anliegen vor; mein Begleiter setzte noch einige erklärende Worte hinzu, und ich überreichte das Schriftstück, das der Kaiser mit freundlicher Miene entgegennahm. Auf meine Auseinandersetzung über ein internationales Schiedsgericht, den Gegenstand der Adresse, hatte der Kaiser geantwortet:

„Das wäre wohl sehr schön ... es ist aber schwierig ..." Dann noch einige Fragen an uns beide, die Versicherung, daß das Schriftstück aufmerksam gelesen und beachtet werden soll, eine Kopfneigung mit verbindlichem „Ich danke" — und wir waren entlassen.

Nachstehend der Text des überreichten, jetzt in den Archiven begrabenen Dokuments:

An Seine Majestät Franz Joseph I.
Kaiser von Oesterreich, Apostolischer König von Ungarn, König von Böhmen ꝛc. ꝛc.

Heil und Gnade und Friede!

Im Verein mit anderen christlichen Kirchengemeinschaften erlauben wir uns demütigst vor Eure Majestät als das Oberhaupt eines großen und mächtigen Volkes zu treten, um Eurer Majestät Aufmerksamkeit auf den Weg friedlicher Schlichtung solcher Streitigkeiten zu lenken, welche zwischen den Nationen der Erde entstehen.

Das Schauspiel, welches christliche Völker darbieten, die mit schweren Rüstungen einander gegenüberstehen, bereit, bei eintretender Herausforderung zum Kriege zu schreiten und durch Blutvergießen ihre Streitigkeiten zum Austrag zu bringen, ist zum allermindesten ein Fleck auf dem herrlichen Christennamen.

Wir können nicht ohne den tiefsten Schmerz auf die Schrecknisse des Krieges blicken, mit allen den Uebeln, die sie in ihrem Gefolge haben, als da sind: Rücksichtsloses Hinopfern menschlichen Lebens, das als unantastbar sollte angesehen werden, bittere Not in so vielen Haushaltungen, Zerstörung wertvollen Eigentums, Störungen in der Erziehung der Jugend und in der Entfaltung des religiösen Lebens und allgemeine Verwilderung des Volkes. Selbst dann, wenn der Krieg vermieden wird, entzieht das Vorhandensein einer gewaltigen Kriegsmacht ganze Scharen von Männern dem Familienleben sowie den nützlichen Bestrebungen des Friedens; auch müssen zu dessen Aufrechterhaltung dem Volke schwere Lasten auferlegt werden. Dazu kommt noch, daß die kriegerische Entscheidung internationaler Streitfragen nicht auf den Prinzipien von Recht und Gerechtigkeit beruht, sondern auf dem barbarischen Prinzip des Triumphes des Stärkeren.

Was uns ermutigt, diese Angelegenheit der wohlwollenden Betrachtnahme Eurer Majestät zu empfehlen, ist die Tatsache, daß bereits vieles erreicht worden ist. So zum Beispiel bei der Entscheidung des Genfer Schiedsgerichtes in der Alabamafrage, oder gelegentlich der Beratungen der amerikanischen Konferenz in Washington, anderer wichtiger Fälle zu geschweigen. Glückselig wird für die Welt die Zeit sein, wenn alle internationalen Streitigkeiten ihre friedliche Lösung finden werden!

Dies ist es, was wir ernstlich anstreben.

Bezüglich der Art und Weise jedoch, wie das Ziel erreicht werden kann, enthalten wir uns aller Spezialvorschläge, indem wir der überlegenen Einsicht und Weisheit Eurer Majestät auf dem Gebiete des politischen Lebens alles Weitere getrost überlassen.

Für Eurer Majestät Regierung und Volk, vor allem aber Eurer Majestät selbst, erflehen wir die reichsten Segnungen des Friedensfürsten.

Von der Uebergabe an die anderen Staatsoberhäupter habe ich auch erfahren. Dem Präsidenten der französischen Republik überreichte es Frédéric Passy; in der Schweiz erhielt es der Präsident durch Elie Ducommun; der Bundespräsident erklärte, daß der Inhalt der Adresse vollkommen seinen Empfindungen und denen des Bundesrats entspreche. Dr. Trueblood aus Boston übernahm den Auftrag für Amerika, Marcuarto für Spanien und der Königin von England wurde die Adresse von Lord Salisbury überreicht. Auch der Zar hat es bekommen, es ist mir aber nicht bekannt, durch wen.

Daß die Aktion eine augenblickliche Wirkung haben würde, das haben wohl die Petenten selber nicht erwartet — — Samenkörner sind derlei ausgestreute Worte, oder noch ein besseres Bild — Hammerschläge. Neue Ideen sind wie die Nägel — alte Zustände und Institutionen sind wie dicke Mauern. Da genügt es nicht, den spitzen Nagel hinzuhalten und einen Schlag zu tun — hundert und hundertmal muß der Nagel getroffen und zwar auf den Kopf getroffen werden, damit er endlich sitze.

53
Zweite Hälfte des Jahres 1897

Die Begeisterung für die pazifistische Sache, die zur Millenniumsfeier in Ungarn aufgeflammt war, hatte sich nicht — wie so manche Schwarzseher prophezeiten — als Strohflamme erwiesen. Ich erhielt häufig die Nachricht von dem Fortgang und dem Wachstum der dortigen Gruppe. Ueber die Gesinnung eines der glänzendsten Mitglieder des Kongresses gibt der nachstehende Brief Zeugnis, den Graf Eugen Zichy an mich gerichtet hat:

Wien, 4. Dezember 1897.

Sehr verehrte Baronin,
Geehrteste Präsidentin!

Wir schließen morgen unsere Delegationen — und es war mir während unserem mehrwöchentlichen séjour hier (in Wien) — nicht gegönnt, Sie zu sehen; zweimal suchte ich Sie auf — leider vergebens! Sie waren verreist — immer noch auf dem Lande! So will ich Ihnen doch wenigstens schriftlich noch meine aufrichtigste Verehrung und Grüße zusenden! Sie haben gewiß mit Freuden die Enunziationen Berzeviczys in unserer Delegation gelesen und sich darüber ebenso wie über die hierauf erfolgte Antwort unseres takt- und sattelfesten Ministers des

Aeußern erfreut! Große Ideen kommen langsam zur Geltung, aber ein gesunder Kern bringt immer, wenn auch oft nur nach langer Zeit, eine gesunde Frucht; so steht's auch mit der Idee, für die Sie, liebe Baronin, und wir alle kämpfen! Gutta cavat lapidem! Immer wieder und unermüdlich müssen wir den Kampf aufnehmen — und endlich wird sie, muß sie siegen — denn unser Ziel ist ein humanitäres: das Wohl der Menschheit!

Und eine Idee, die dies allein anstrebt, sollte nicht zur Geltung gelangen?! Unmöglich! schwebt mir als Antwort von den Lippen, und „unmöglich" wird schließlich die ganze vernünftige Menschheit ausrufen! Und wir werden siegen! — Und der Sieg wird dann wirklich heißen: Weltfrieden! Und sollte es die Gegenwart nicht anerkennen — die Nachwelt wird segnend sich jener erinnern, die an dem großen Werke den ersten Spatenstich machten. Ich vernehme, daß Sie in wenigen Tagen, ich glaube Mitte Dezember, in Wien Ihre Jahresversammlung halten werden, erlauben Sie, daß ich Ihnen hierzu, liebe Baronin, meine aufrichtigste Verehrung entsende und Sie bitte, unseren Friedensfreunden meine wärmsten Grüße und Wünsche zu entbieten! Möge Ihre Arbeit eine gesegnete sein!

Ihnen, liebe Baronin, wünsche ich, daß Sie noch recht lange in vollster Kraft und Frische Ihr Werk ausbauen helfen! Mir aber wünsche ich, daß Sie mir auch fernerhin Ihre mir so werte Huld und Gnade bewahren mögen.

Der Friedensengel sei mit Ihnen und Ihrem Werke!

Ihr treuester Mitarbeiter und Verehrer

Eugen Zichy.

In diesem Jahre fanden die Zusammenkünfte der Pazarbeiter nicht wie bisher an gleichen Orten, sondern getrennt statt. Die Kongressisten tagten vom 12. bis 16. August in Hamburg, und die Interparlamentarier hatten ihre Sitzungen einige Tage früher in Brüssel.

Wir beteiligten uns an der Hamburger Tagung. Wieder trafen wir alle unsere alten Freunde: Passy, Türr, Bajer, Emile Arnaud, Dr. Richter, Moneta, Hodgson Pratt, Ducommun u. s. w. Wir hatten erwartet, daß das Präsidium des Hamburger Kongresses von dem feinsinnigen Dichter Prinz Schönaich-Carolath übernommen werde; doch hat derselbe das ihm zugedachte Amt nicht übernommen. Aus welchem Grunde, geht aus nachstehendem Briefe hervor:

Haseldorf, 19. Juli 1897.

Hochverehrte gnädige Baronin!

Für Ihre so gütigen Zeilen gestatte ich mir, Ihnen warmen Dank zu sagen. Die Aussicht, Sie nach menschlichem Ermessen in Hamburg begrüßen zu dürfen, hat mich sehr beglückt, und sehe ich dem Kongresse mit einer Art weihevoller Stimmung entgegen. Ihre gütige Annahme, daß man mich mit dem Präsidium betraut, trifft insoweit zu, als die Hamburger Ortsgruppe mir anfangs, wie ich hörte, diese Ehre zu erweisen gedachte. Später hat man, glaube ich, eine offiziellere Persönlichkeit gefunden, welcher Umstand mir eine dankende Ablehnung ersparte, da ich nicht die Redegewandtheit und parlamentarische Routine besitze, welche zur Bekleidung eines solchen Postens erforderlich sind. Meine Frau beklagt mit mir, daß wir nicht die Ehre haben konnten, Sie und Ihren hochverehrten Herrn Gemahl bei uns zu sehen; der Gesundheitszustand meiner Frau macht es ihr leider unmöglich, ihre Aufwartung, wie sie es gewünscht hätte, in Hamburg abzustatten. Sollte einmal Kopenhagen der Schauplatz einer Friedensversammlung werden, so wollen wir die Bitte, uns vor oder nach dem Kongresse in unserem freundlicheren dänischen Heim zu beehren, aufs neue wagen.

Indem ich bitte, mich dem Herrn Baron angelegentlichst empfohlen zu halten, zeichnet sich, gnädige und gütige Baronin, Ihr in Verehrung ergebener

E. Schönaich-Carolath.

Ein neuer Mitkämpfer trat auf den Plan: Moritz von Egidy. Es war mein Stolz und meine Genugtuung, daß ich ihn dazu gewonnen, an dem Kongresse teilzunehmen und in der von diesem veranstalteten Volksversammlung die hinreißende Gewalt seiner Redekunst für unsere Sache einzusetzen.

In der ersten Sitzung — alle Anwesenden waren unter dem Eindruck der aus Spanien eingetroffenen Nachricht von der Ermordung des Ministerpräsidenten Canovas durch einen italienischen Anarchisten — stellte Teodoro Moneta im Verein mit R. Raqueni, Herausgeber der „Epoca", namens der italienischen Gruppe folgenden Antrag:

„Die unterzeichneten Bürger des Landes, von dem unglücklicherweise der Fanatiker ausgegangen ist, der den Ministerpräsidenten von Spanien getötet hat, ersuchen den Kongreß, bevor er seine Arbeiten beginnt, der Witwe Canovas' del Castillo den Ausdruck tiefen Beileids zu übermitteln. Ergeben einer Doktrin, welche die Uebereinstimmung der Politik mit der Moral erstrebt, konstatieren wir, daß unter keinen Bedingungen das Prinzip der Unverletzlichkeit eines Menschenlebens gewaltsam durchbrochen werden darf, auf welchem Prinzip das ganze Wesen und das hohe Ziel, welches die Friedensliga verfolgt, gestützt ist."

Die am ersten Abend stattfindende Volksversammluug brachte

in den Saal des Etablissements Sagebiel 5000 Zuhörer aus allen Ständen. Otto Ernst eröffnete. Nach ihm rezitierte Richard Feldhaus eine Dichtung von Schmidt-Cabanis.

Und nun Egidy. Ich hörte ihn zum erstenmal sprechen. Klar, fest, langsam, dröhnend laut. Die echte Kommandostimme. „Seid gut" ist eine Mahnung, die gewöhnlich mild gesäuselt oder ölig salbadert wird, Egidy donnerte es als Befehl hinaus. Der Sinn seiner Rede war:

„In die zu erkämpfende krieglose Zeit müssen wir erst hineinwachsen. Ein neues Denken muß unser Inneres erfassen. Der Krieg bedeutet das feindselige Gegenüberstehen der Menschen. Dieser Feindseligkeit müssen wir entgegentreten und sie ersetzen durch das Gefühl der Zusammengehörigkeit. Auf diesem Grunde soll die Ebenbürtigkeit aller Volksgenossen und aller Völker erwachsen. Diese Ebenbürtigkeit führt zum Recht der Selbstbestimmung für jeden im Volke und für jedes Volk in der Gesamtheit, begrenzt durch die Pflichten, welche wieder der einzelne gegen die Gesamtheit hat. In gewissem Sinne treten wir schon in die kampflose Zeit ein: wir verspüren aber ihren Segen nicht, weil wir nicht den Mut zur Umgestaltung haben." Aber nicht nur vom Schlachtenkrieg sprach Egidy. „Der Kampf zwischen Arbeiter und Arbeitgeber, zwischen Konsumenten und Produzenten muß aufhören. Jedem im Volke muß ein menschenwürdiges Dasein gesichert sein. Dann hört jener Kampf auf. In den Genossenschaften haben wir schon die Anfänge. Die konfessionellen Verhältnisse müssen anders werden. Der Glaube des einzelnen soll respektiert werden, aber die Verschiedenwertung und Verfolgung der einzelnen Glaubensarten muß aufhören."

Der beim Kongreß anwesende französische Artilleriehauptmann Gaston Moch war von dem gewesenen preußischen Oberstleutnant so entzückt, daß er in der Folge ein Buch herausgab «L'ère sans violence», in welchem er die Doktrin und Charakterisierung Egidys brachte, nebst einigen Uebersetzungen seiner Artikel und Reden.

In der zweiten Sitzung machte ich bekannt, daß sich ein neuer Anhänger angetragen habe, nämlich Dunant, der Gründer der Genfer Konvention vom Roten Kreuz. Er wolle seinen Einfluß in den Vereinen vom Roten Kreuz benutzen, um dort für unsere Sache zu wirken, namentlich bei den orientalischen Völkern, wo das Rote Kreuz zahlreiche Anhänger zählte und an die ein besonderer Aufruf in allen orientalischen Sprachen gerichtet werden solle. Ich legte den Text dieses Aufrufs vor, den mir Dunant überschickt hatte, indem er dafür meine Unterschrift und die Sanktion des Kongresses erbat.

General Türr erklärte sich bereit, für die Uebersetzung des Aufrufs ins Türkische zu sorgen und die Verbreitung anzuregen.

Hier einige Journalaufzeichnungen:

14. August. Bankett, geboten von der Stadt, in der Gartenausstellung. Meine Nachbarn sind ein Senator und Egidy. 300 Personen anwesend. Als Tischnachbar kehrt Egidy nicht den Apostel oder Volksprediger hervor; da ist er ein fröhlicher, amüsanter, weltmännischer Gesellschafter.

16. August. Gestern nach früh abgebrochener Sitzung um fünf Uhr nachmittags Hafenfahrt und Ausflug nach Blankenese. Dieses hastende Treiben in dem riesigen Hafen — die Unzahl der landenden und löschenden Schiffe! Auf dem Süllberg soupieren die Kongressisten — der Meine präsidiert. Novicow, Trueblood, Ducommun sprechen. Allgemein gehobene Stimmung. Nach elf Uhr erst wieder herab zur Landungsbrücke. Der Weg erleuchtet durch bengalische Flammen. Als sich das Schiff in Bewegung setzte, erstrahlte das Restaurant Süllberg, daß es aussah, als sei es in Feuer getaucht. Auf dem Schiffe Musik — längs des Weges steigen Raketen zum klaren, mondbeglänzten Himmel auf. Es sind die alten Feierbehelfe: Toaste, Musik, Feuerwerk, die ja auch bei Schlachtenerinnerungsfesten u. dergl. angewendet werden — aber wie ganz anders wirken sie, wenn sie die Gefühle der Menschenverbrüderung, der Erlösungshoffnung begleiten — Erlösung vom Banne des Totschlags und des Hasses ... Ich will auch den Rat notieren, den ein Hamburger Schriftsteller und Journalist, Dr. Wagner, uns gab: „Es will mir von zweifelhaftem Wert erscheinen," sagte er, „wenn bei den Kongressen lang und breit über die Resolutionen für die Zukunft debattiert wird und wenn Abstimmungen, womöglich mit kleinen Mehrheiten, stattfinden. Die Debatten bringen in der Hauptsache mehr konfuses Zeug zutage als ernste, vollwertige Gedanken. Es würde mir als ein weit wertvolleres Wirken für die Sache erscheinen, wenn den Versammelten eine Reihe von gediegenen Referaten und Vorträgen geboten würde, die dann, wenn der Kongreß nach vorausgegangener Diskussion einverstanden ist, gedruckt als Flugblätter in Zehn- ja Hunderttausenden von Exemplaren verbreitet und auch den Regierungen und Parlamenten überwiesen würden."

In der Schlußsitzung wurde als nächster Kongreßort Lissabon in Aussicht genommen. Auch die Interparlamentarische Union, welche in Brüssel getagt hatte, entschied sich für Lissabon als Konferenzort für 1898. Es sollte aber anders kommen.

Wie sah es, während in Brüssel und Hamburg über Schiedsgericht und Frieden debattiert wurde, in der übrigen Welt aus? — Namentlich mit den „Friedensverhandlungen" zwischen der Türkei und Griechenland; die wollten kein Ende nehmen. Auch Spanien kommt nicht zur Ruhe. Immer wieder neue Truppen werden nach Kuba entsendet, und die Nachrichten von dort melden erschrecklich steigende Verluste durch Krankheit. Stimmen erheben sich im Lande, darunter die Silvelas, man möge den Kubanern doch Konzessionen machen, mit ihnen ein „covenio" eingehen. Aber die Regierung bleibt unerbittlich: Zuerst Niederwerfung — dann könne man von Reform sprechen. Dieser Haltung wird von der europäischen Presse vielfach Beifall gezollt: „Liberale Politik," so leitartikeln sie, „ist annehmbar zu Friedenszeiten, zu Kriegszeiten bedeutet sie Abdankung. Außerdem, der Augenblick wäre schlecht gewählt, den Vereinigten Staaten ein Geschenk oder Zugeständnisse zu machen. Ganz Europa ist durch ihre aggressive und extravagante Politik gereizt, und ganz Europa hat ein Interesse daran, daß Spanien standhaft bleibe. Die Regierung hat also recht, ängstlichen und interessierten Ratschlägen kein Gehör zu geben. Die unbeugsame Politik, die der Ministerpräsident gewählt hat und in der er verharrt, ist die einzige eines Staatsmannes würdige Politik."

Also Starrsinn, Gewaltherrschaft, ununterbrochene Hinopferung der Landeskinder und der Landesgelder, das ist die einzig würdige Haltung!

Und solche Ansichten werden von den Redaktionstischen in Millionen Blättern hinausgetragen. Gut für diese Herren, daß es keine große öffentliche Wage gibt, in welche man ihre Verantwortlichkeit legte.

Der bevollmächtigte Minister der Vereinigten Staaten, General Woodford, kam nach Spanien, um die Dienste seiner Regierung zur Vermittlung anzutragen, auf daß dem Kubanischen Kriege ein Ende gemacht würde. Presse und öffentliche Meinung (man weiß ja, wie das gemacht wird) zeigen sich dem amerikanischen Abgesandten sehr feindlich, was dieser nicht begreifen konnte. Warum sollte Spanien eine Vermittlung ablehnen, die einem Krieg ein Ende machte, welcher die Nation ruiniert? — Ja, warum? Als ob Ruin von Land und Volk in Frage käme, wenn es sich darum handelt, nationalen Stolz zu zeigen.

Den Monat Oktober sollte das russische Kaiserpaar in Darmstadt zubringen. Ich finde in meinem Briefwechsel ein Schreiben von Frau Büchner (die Schwiegertochter des Verfassers von „Kraft und Stoff", der bei Prinzessin Alice von Hessen, der verstorbenen Mutter der jungen Zarin, Persona grata war).

Darmstadt, 13. Februar 1897.

Sehr geehrte gnädige Frau!

Ihr so sehr liebenswürdiger Brief hat mich überglücklich gemacht, und gerne hätte ich Ihnen sofort geantwortet, um Ihnen zu sagen, wie bereit ich bin, Ihren Auftrag auszuführen, aber ich komme erst heute dazu. Ich habe mir die Sache hin und her überlegt; es läßt sich so etwas nur einrichten, wenn die Kaiserin hier ist. Man ist hier der Ansicht, daß sie diesen Sommer Aufenthalt im Schlosse Seeheim bei Darmstadt nehmen würde. Wenn sich das bestätigen sollte, meint mein Mann durch Vermittlung eines ihm bekannten Kammerherrn das Buch*) einschmuggeln zu können. Ich selbst habe aber dazu gar kein Vertrauen, denn der bewußte Herr scheint mir dazu gar nicht geeignet. Ich meine, daß man das Buch der Kaiserin hier in Deutschland, wo die Bewachung und Abschließung keine allzu ängstliche ist, direkt schicken sollte. Da wird doch der Name einer Baronin Suttner schon dazu beitragen, daß es seinen Weg findet. Nach Rußland ginge das freilich nicht; selbst durch Vermittlung des hiesigen Hofes, resp. einer Person an denselben. Unser hiesiges Herrscherpaar ist noch jung und zeigt wenig Interesse für irgend etwas und spielt demgemäß auch keine große Rolle. Ja, wenn noch eine Großherzogin Alice lebte, die ganz darin aufging, edle Bestrebungen zu unterstützen, für das allgemeine Wohl zu sorgen und wahrhaft wohltätige Anstalten zu gründen. Diese kluge Frau hatte Fühlung mit dem Bürgerstande, aus dem sie sich ihre besten Arbeitskräfte wählte, und eine Luise Büchner war ihre rechte Hand in ihren gemeinnützigen Bestrebungen. Wie wäre damals so etwas leicht gewesen! Obwohl auch dazumal mein Schwiegervater bei ihrer Schwester, der Kaiserin Friedrich, nicht gut ankam; dieselbe interessierte sich sehr für seine Werke und ließ ihn das sogar wissen, und als er ihr darauf das Buch von den zwei gekrönten Freigeistern schickte, ließ sie nie wieder etwas von sich hören. Das war nun eine verhältnismäßig frei erzogene englische Prinzessin. Ueber den Charakter und die Anschauungen der jungen Kaiserin von Rußland weiß man selbst hier nicht viel. Nach allem, was man hört, scheint dort die Kaiserin-Mutter das Zepter zu schwingen, und sie

*) „Schach der Qual". Ich hatte den Wunsch gehabt, das Kapitel „Frohbotschaft" (Einberufung einer Regierungskonferenz) dem Zaren unter die Augen zu bringen. B. S.

soll namentlich mit der Wahl ihrer Schwiegertochter, in deren Eigenschaft als deutsche Prinzessin, gar nicht einverstanden gewesen sein. So wird die junge Frau in ihrem Lande wenig zu sagen haben. Aber dennoch werde ich mir keine Gelegenheit entgehen lassen, Ihren Auftrag auszuführen, vielleicht hat es doch mehr Erfolg, als ich mir bis jetzt davon verspreche. Vielleicht hat die Kaiserin doch etwas von der Energie und Tatkraft ihrer Mutter geerbt und weiß sich mit der Zeit eine Stellung zu erkämpfen und diese zu behaupten. Daß dann ihr Einfluß ein guter sein wird, bin ich fest überzeugt, da man von ihrem Charakter doch immer nur Gutes gehört hat.

Daß ich auch die Werke Ihres Herrn Gemahls kenne und schätze, habe ich Ihnen neulich gar nicht berichtet, namentlich die frischen, packenden Erzählungen der „Kinder des Kaukasus". Die wunderbar schönen Naturbeschreibungen haben mir immer Ihr eigenes idyllisches Leben dort vors Auge geführt. Es muß herrlich sein, in einem so schönen Lande zu leben, wenn man das wahre und begeisterte Gefühl für solche Schönheit hat. Ueberhaupt denke ich viel an Ihr Leben, Ihre Gewohnheiten, Ihre Umgebung; gerade weil Sie beide so bedeutende Menschen sind, genießen Sie alles doppelt. Nur dachte ich Sie mir immer im schönen, lustigen Wien und war daher sehr erstaunt, daß Sie auf dem Lande leben; ich mußte Ihre ganze, d. h. in meiner Phantasie bestehende Umgebung umstürzen und mir wieder einen ganz anderen Rahmen für das Bild Ihres Lebens ausdenken. Dazu verhalf mir Ihr „Einsam und arm" — das ist doch sicher auf Schloß Harmannsdorf geschrieben. Ich möchte so sehr gerne wissen, ob Sie sich mit Karl Binsemann an eine Figur aus dem Leben angelehnt haben. Es interessiert mich dies so sehr, da es doch meist im Leben umgekehrt ist; gerade in der Jugend, wenn es einem so recht schlecht geht, ist man gewöhnlich der Weltverbesserer und hat das wahre-heilige Feuer für Gerechtigkeit. Im Alter ist man durch Sorgen oder das ewige Einerlei der Tage müde, gleichgültig und egoistisch geworden. Da denkt man, wozu sich den Kopf zerbrechen über unlösbare Rätsel, wozu sich ärgern über Ungerechtigkeit — es hilft ja doch nichts! Ich spreche selbstverständlich nur von Menschen derselben Lebensstufe und desselben Bildungsgrades eines Binsemann. Wenn diese Figur aus dem Leben gegriffen oder wenigstens angelehnt wäre, es würde mir das Buch viel lieber machen, weil ich immer glaube, daß es im Leben nicht so ist, daß man in der Jugend an so etwas nicht denkt und im Alter erst recht nicht. Die Schilderungen sind so lebenswahr und alles ist so lebendig, daß man wieder, wie bei „Die Waffen nieder", das Gefühl hat, es könne nur direkt dem Leben entnommen sein.

Mein Schwiegervater freute sich sehr, wieder einmal von Ihnen zu hören. Alle Ihre und Ihres Herrn Gemahls herzliche Grüße werden auf das herzlichste erwidert.

In der Hoffnung, Ihren Auftrag erfolgreich ausführen zu können, bin ich Ihre Sie innig verehrende

Marie Büchner.

Im Monat November hat der Fall Dreyfus die ganze Welt in Atem gehalten. Der Meine und ich verfolgten die Sache mit größter Aufmerksamkeit und Anteilnahme. Damals waren Scheurer-Kestner, Bernard Lazare, Emile Zola für die Revision des Prozesses eingetreten. Der „Figaro“ hatte die Handschrift des Esterhazy gebracht — daß es dieselbe Schrift wie die auf dem „Bordereau“ war, stach in die Augen. Gegen die Revision wehrten sich alle militärischen und namentlich die antisemitischen Kreise. Das Interesse, das mir der Verlauf der „Affäre“ einflößte, spiegelt sich oft in meinem Tagebuch:

18. November. Hoffentlich wird der Prozeß wieder aufgenommen. Die bloße Möglichkeit, daß der Verbannte auf der Teufelsinsel unschuldig ist, wäre entsetzlich, falls es bei der Verurteilung bliebe ... und an diese Möglichkeit muß man jetzt glauben. Das öffentliche Gewissen bliebe von diesem Gedanken ewig bedrückt ... Daß es eine „europäische Seele“ gibt, hat sich da wieder schlagend gezeigt. Ueber die vielen Kommentare im Ausland bemerkt ein französisches Blatt in ärgerlichem Ton: „Schließlich geht die Sache doch nur Frankreich allein an.“

Nein, nein — solche nationale Absperrungen haben in unserer Zeit aufgehört. Wenn in einem Lande eine Katastrophe geschieht: Ermordung eines Staatsoberhauptes, Brand eines Wohltätigkeitsbazars, so strömt von allen Seiten Mitgefühl herbei, worüber das heimgesuchte Land sich freut. Dann muß es sich aber auch gefallen lassen, daß, wie man an seinem Glück und Unglück allgemein teilnimmt, man auch sein Recht und Unrecht allgemein beurteilt. An dem Siege der Gerechtigkeit und Wahrheit über Willkürherrschaft und Vertuschung haben die Gerechtigkeitsanhänger der ganzen Welt das gleiche Interesse. Und umgekehrt — die Anhänger der Autorität, die Rassenverfolger sind auch auf der ganzen Welt im gleichen Lager — nicht nur in Frankreich, auch in Oesterreich und überall gibt es jetzt leidenschaftliche Anti-Dreyfusards.

Die zwei Lager scheiden sich immer reinlicher. Aber die Kräfte sind sehr ungleich verteilt: Die Partei, die für das Recht eintritt, hat wohl die hinreißende Macht für sich, die ihrem Ziele — allgemeines Menschenglück — eigen ist; die andere Partei aber hat die tatsächliche Macht und hat — die Kanonen hinter sich ...

Die Macht erzeugt Uebermut. Ihr ist alles erlaubt — dünkt

ihr — und sie will es auch zeigen, daß sie sich alles erlauben darf. So war die ganze Esterhazyuntersuchung, das Esterhazyverhör und die schimpfliche Esterhazyapotheose eine reine Satire auf jegliches Gerichtsverfahren. Ein Faustschlag ins Gesicht der hehren Justitia — mehr noch — ein Zertreten ihrer Wage unter dem bespornten Absatz des Soldatenstiefels. — Sie müssen sich ducken, die Leute — das soll man sie fühlen lassen, damit ihnen ein andermal die Lust vergehe, die heilige Generalstabsfeme des Irrtums zeihen zu wollen. Ihr habt gegen eine Res judicata anrennen wollen? So — nun habt ihr deren zwei. Und richtig: man duckte sich. „Die Sache ist abgetan." — („Affaire liquidée" überschreiben die Journale ihre Leitartikel.) Einer aber richtete sich auf und stieß den Schrei seiner Seele aus: „J'accuse" — — Einer gegen ein Heer. Das Heldenstück wird noch die ferne Nachwelt preisen.

Auch in unserem Familienkreis gab es Dispute über die Affäre. Mein Schwiegervater, der konservativ gesinnte eifrige Leser des „Vaterland", wollte von den Beweisen zugunsten des Verbannten nichts wissen. Auch er glaubte an das „jüdische Syndikat", das die Revision erkaufen wollte. Und meine Schwiegermutter war auf Zola gar nicht gut zu sprechen — hatte sie doch einmal aus seinen Büchern, die sich ins Haus verirrt hatten, ein großes Autodafé gemacht.

Das Jahr 1897 schließt mit einer Sache ab, die den Pazifisten wohl Sorge bereiten konnte: man weiß, wie sie begonnen hat, man kann aber nie wissen, wie sie enden wird — sie trägt Krieg in ihrem Schoße, denn sie ist ja wieder im Zeichen der Gewalt unternommen: die Fahrt der Kriegsgeschwader in das Gelbe Meer.

Also denn . . . Port Arthur von den Russen, Kiautschau von den Deutschen besetzt — das ist die neugeschaffene Situation. Die hohe Politik — d. h. fünfzig bis sechzig Menschen und eine Gefolgschaft von Zeitungsblättern sorgen dafür, daß man nie zur Ruhe komme, daß nie zu den Aufgaben der inneren Gesundung, der Hebung der menschlichen Gesellschaft geschritten werden kann. Ein schwerer Stand für die Friedenskämpfer! Seit einigen Jahren, wo es doch in Regierungskreisen von Friedensversicherungen trieft, fortwährende Kriege und Kriegsdrohungen: Japan und China; Venezuelastreit; Spanien-Kuba; armenische Massakers; Italien-Afrika; Griechenland-Türkei; England-Indien und jetzt wieder dieser ostasiatische Abenteuerzug! Daneben fortwährende Rüstungssteigerungen und Flottenparoxysmen. Kein Wunder, daß da den Augen der Massen die langsame, gleichsam unterirdische Friedensbewegung unbemerkt bleibt.

54
Ein bewegtes Halbjahr

Der Anfang des Jahres 1898 brachte mir viel Kummer. Nicht häuslichen, nicht Herzens-, nicht Geldkummer. Meine Sorgen — von meinem Lebensgefährten übrigens getreulich geteilt — spielten sich fern von Harmannsdorf — sie spielten sich im fernen Ozean ab.

Das amerikanische Kriegsschiff „The Maine" springt in die Luft. Der Verdacht wird rege, das Schiff sei von Spaniern vernichtet worden — ob es wahr ist? Mein Gott, was ist zwischen Menschen, die überhaupt Haß und Totschlag als „politische" Dinge betrachten, nicht alles möglich? In amerikanischen Jingokreisen wird gehetzt, daß auf dieses — „unbewiesene" — Verbrechen hin den Spaniern der Krieg erklärt werden solle. Ich habe zwar direkte Nachrichten, daß sowohl in Regierungskreisen — bei Mac Kinley voran — als auch in weiten Volkskreisen der Friedenswille ein starker ist. Auch in Spanien wird geschürt — im Namen der nationalen Ehre. Die Blätter „Globo", „Liberal" (was sich doch alles liberal nennt) halten jedes Nachgeben in der Kubafrage, jedes Annehmen einer Entschädigung für ausgeschlossen — lieber den äußersten Ruin, „lieber alle sterben". Und der Bischof von Madrid stellt sich an die Spitze einer Subskription zum Ankauf von Schlachtschiffen.

Lange schwankt die Wage hin und her. Unsere Freunde in Amerika und auch in Europa machen die äußersten Anstrengungen. Petitionen an Mac Kinley, an die Königin-Regentin werden entsendet — aber vergebens. Das Maiheft meiner Revue erschien schwarz umrandet und brachte auf der ersten Seite folgenden Text:

> In Trauerrand lassen wir die Nachricht hier erscheinen, daß in der letzten Woche des April 1898 — so kurz vor Anbruch eines neuen Jahrhunderts — die grauenhafte Furie und Trägerin der alten Barbarei wieder losgelassen ist.
>
> Was unseren Kummer erschwert, ist dies: Amerika, die Wiege und der Hort der Friedensbewegung, Amerika, das vor kaum einem Jahre auf dem Punkte stand, das langgehegte Ideal durch den ersten ständigen Schiedsvertrag in lebensvolle Wirklichkeit umzusetzen, Amerika, das keinen Militarismus kennt — Amerika muß es sein, wo der Krieg entfesselt wurde.
>
> ... Zu einem Weltkrieg kann da das Signal gegeben worden sein, denn wer vermag die Folgen vorauszusehen? Es brennt; die flammenden Balken fliegen und alle unsere Dächer sind mit Stroh — mit petroleumgetränktem Stroh gedeckt.
>
> Noch einmal hat das mächtige Alte über das noch nicht genügend gestärkte Neue gesiegt. Wieder will die Gewalt sich

aufwerfen als die Richterin und Rächerin der von der Gewalt verübten Sünden, und häuft neue, racheheischende Sünden darauf. Grausamkeit und Unterdrückung auf Kuba; das war die jahrelange Anhäufung des „unerträglich Gewordenen". Warum konnte das europäische Konzert dieses Unerträgliche nicht aus der Welt schaffen? Weil sie das Prinzip nicht zugeben wollen, daß Völker sich vom Joche lossagen.

Unsere Bewegung hat da einen schweren Schlag erlitten. Alle Gegenelemente triumphieren, doch die Ergebnisse der bereits geleisteten Arbeit dürfen wir uns nicht verdunkeln lassen. Die Gestalten derer — einzelner und Körperschaften —, die für die Ideale einer mord- und unterdrückungslosen Zeit einstehen, bleiben aufrecht; ihre Stimmen hallen fort; ihr Licht, sei es hochgeschwungene Fackel oder bescheidenes Fünkchen, leuchtet weiter in die Dunkelheit hinein. Die noch so schwarze Gegenwart darf den Glauben an eine hellere Zukunft nicht schwanken machen.

Doch auch dieser Glaube hilft über den Schmerz der Tage nicht hinweg, die jetzt bevorstehen. Unglück — wenn auch selbst verschuldet —, darum nicht minder schweres Unglück hat unser armes Geschlecht in diesen Lenztagen ereilt."

Am 6. Mai kam der berühmte Nordpolfahrer Frithjof Nansen nach Wien und hielt an diesem Abend im Rathaussaale vor zweitausend Menschen einen Vortrag. Wir waren verhindert, zur Stadt zu fahren, aber ich schrieb an Nansen folgenden Brief, den er ein paar Stunden vor dem Vortrag erhalten mußte:

Harmannsdorf, 5. Mai.

Hoch und innig Verehrter!

Sie haben nicht Zeit, lange Briefe zu lesen; ich kann also nur andeuten, nicht begründen, das, worum ich bitten will. Sie werden auch, das weiß ich, dem nur Halbgesagten mit vollem Mitempfinden entgegenkommen.

Der Welt muß eine neue Aera entstehen: Nach dem alten Kriegsheldentum das Heldentum des Wissens und des Forschens. Wer besser als Sie wäre autorisiert, den Weg dahin zu weisen? Heute werden Ihnen Tausende meiner Landsleute lauschen — flechten Sie, ich bitte, in Ihren Vortrag zwei Zeilen, die den Gedanken ausdrücken: das Reich des Krieges muß weichen — die Zukunft hat dem Rechte zu gehören. Der Eindruck wird ein großartiger sein, gerade jetzt, wo das Meer wieder durch brennende und in die Luft fliegende Schiffe entweiht wird. Sprechen Sie solche Worte, und Sie geben dadurch dem Friedenswerke einen kräftigen Vorstoß.

In tiefster Verehrung

Bertha von Suttner.

Am 7. Mai brachte die „Neue Freie Presse“ den Text des Vortrages nach dem Manuskript. Es war darin keinerlei Bezugnahme auf allgemeine Kulturfragen enthalten. Dagegen veröffentlichte das „Tagblatt“ einen Bericht nach dem Stenogramm, und da hieß es:

„Nansen schloß seinen Vortrag folgendermaßen: ‚Man wird nach dem Resultat der Polarforschungen fragen. Ich antworte darauf: Die Wissenschaft will alles wissen. Es darf keinen Fleck der Erde geben, welchen nicht ein Menschenauge gesehen und welchen nicht ein Menschenfuß betreten hat. Das Geschick der Menschen ist der Kampf des Lichtes gegen die Finsternis. Noch gibt es viele Probleme zu lösen. Die Zeit der großen Eroberungskriege ist vorbei — die Zeit der Eroberungen im Lande der Wissenschaft, des Unbekannten, wird andauern, und wir hoffen, daß die Zukunft uns noch Eroberungen und damit die Menschheit vorwärts bringe.‘“

Weitere Tagebucheintragungen vom Mai bringen von den Ereignissen draußen allerlei Widerhall:

„... Noch immer ist die große Seeschlacht — auf welche das Arenapublikum so gespannt ist — nicht geschlagen. Auf Kuba und den Philippinen brechen Seuchen aus und von Ort zu Ort fliegt ‚der rote Hahn‘, der grausige Vogel ...

... Die Flottenepidemie hat auch nach Oesterreich herübergegriffen. Enorme Pläne zur Verstärkung der Kriegsmarine sind aufgetaucht. Vereinigungen der Großindustriellen plädieren dafür: das Schlagwort ‚Schutz des Exports‘ hängt dem Wunsche, bei Bauten und Lieferungen große Gewinne einzustreichen, ein nationalökonomisches Mäntelchen um. Die Schweiz exportiert doch auch — ohne Flotte.

... Debatte über die Getreideverteuerung. Nicht etwa der Amerikanische Krieg und die gesperrten Grenzen verteuern das Brot — o nein! Unsere politischen Oekonomisten wissen es besser: an allem ist die Börse schuld; und ein sicheres Mittel zur Hebung des Notstandes schlägt einer von den Freunden unseres Bürgermeisters vor: dreitausend Juden aufhängen. Oder noch besser: alle Juden zu Kunstdünger vermahlen. Letzteres war ja nur humoristisch gemeint — die Herren können eben auch witzig sein ...

... (Die Affäre.) Der Prozeß Zola wird noch einmal vor Gericht gebracht. Esterhazy bedroht Picquart am Leben; der Mob insultiert Zola — ‚à l'eau, à l'eau!‘ — und die Hetzpresse nimmt das Schimpf- und Verleumdungssystem wieder auf.

... In England läßt der Kolonialminister eine die ganze europäische Presse in Aufruhr bringende Rede los, in welcher er sagt, daß man längst Rußland hätte den Krieg erklären sollen ... Allgemein findet man die Rede unstaatsmännisch. Nun ja, es ist ja angenommene Sache: den Krieg vorbereiten, planen, herbeiführen und anzetteln: das dürfen die Diplomaten. Aber ihn zu Friedenszeiten beim Namen nennen — nimmermehr. Da gebietet der herkömmliche Anstand, von den bekannten ‚guten Beziehungen' zu reden.

Chamberlain rempelt auch den Transvaal an; will, daß dort die Souveränität Englands anerkannt werde. Krüger bringt den Text von Verträgen vor, die eine solche Forderung hinfällig machen, und trägt an, die Sache einem Schiedsgerichte zu unterbreiten. Chamberlain und dessen Organe verkünden stolz: unter keiner Bedingung werde eine Frage über großbritannisches Souveränitätsrecht jemals einem Schiedsgericht unterbreitet werden dürfen. Wie ist doch jetzt der herrliche Gedanke ‚Recht statt Gewalt' allgemein im Kurs gesunken! Von allen Seiten zischen und branden nun die Wellen um ihn und wollen ihn verschlingen. Er aber, dieser Gedanke, ist ein Fels, die Wellen werden zerstäuben und sinken — und er wird ragen.

... Bis heute (28. Mai) haben sich die beiden feindlichen Flotten noch nicht gefunden. Die große Seeschlacht, auf die schon die ganze Zuschauerschaft wartet (Glashausbesitzer, die mit Spannung zusehen wollen, wie die Steine fliegen), hat noch nicht stattgefunden. Auf dem Ozean spielen sich nur Kapereien ab. Ein Prisengericht ist eingesetzt, um zu entscheiden, ob ein Schiff rechtmäßig gekapert ist oder nicht. Warum kein Gericht, das die ganze offizielle Seeräuberei einstellt?"

— — — — — — — — — — — — — — —

Der Monat Juni brachte unserem Familienkreis einen unerwarteten Trauerfall. Eines Nachmittags, ich erinnere mich, kam meine Schwägerin Lotti, Gräfin Sizzo, in unser Zimmer und ließ sich aufstöhnend in einen Lehnstuhl fallen. In der Hand hielt sie einen großen Rosenstrauß — sie kam eben aus dem Garten, wo sie sich mit Blumenpflücken und Blumengießen stark erhitzt hatte. Nach einer Weile erholte sie sich, plauderte ganz heiter und verließ uns, um in ihr Zimmer zu gehen. Dort fiel sie, wie man uns gleich meldete, bewußtlos zusammen. Sie wurde ins Bett gebracht. Es war ein schwacher Gehirnschlag. Ein Arzt ward aus Wien gerufen. Als er kam, war Besserung eingetreten, und er erklärte, daß die Kranke nach drei Wochen genesen sein würde. Beruhigt unternahmen wir — es war eben der 12. Juni — unseren gewohnten Hochzeitsjahrestagsausflug. Als wir zurückkamen, war das arme „Hendl"

— so hieß, ich weiß nicht warum, meine Schwägerin Lotti mit ihrem Spitznamen — wieder bedeutend schlechter. Der Wiener Doktor war neuerdings gekommen und verordnete nun das unausgesetzte Auflegen von Eisbeuteln auf den Kopf. Die Schwestern teilten sich in der Pflege, und auch der Meine brachte viele Stunden an Lottis Krankenlager zu, denn sie schien die Nähe des Bruders am dankbarsten und freudigsten zu empfinden. Am achten oder zehnten Tage verfiel sie in Agonie. Von vier Uhr nachmittags bis ein Uhr nachts dauerte das Sterberöcheln. Alle waren wir um ihr Bett und im offen stehenden Nebenzimmer versammelt: die alten Eltern, die zwei Schwestern, Marianne und Luise, die Familien aus Stockern, dann auch ein Vetter, der die Sterbende schon jahrelang liebte. Ich habe ihn noch vor Augen, wie er, als er im Nebenzimmer die rasselnden Atemzüge vernahm, wankte, sich an die Wand lehnte mit ausgebreiteten Armen wie ein Gekreuzigter und rief: „Das ist ja das Ende — das Ende!" Und das Ende war's. Der Pfarrer wurde geholt. Dann dauerte es noch ein paar Stunden; das Röcheln wurde leiser, die Atemzüge wurden seltener, und der letzte Seufzer verhauchte ganz sanft.

Am nächsten Tage ward die Leiche in der Schloßkapelle aufgebahrt. In weißen Atlas gekleidet, mit gelöstem Goldhaar, Rosen in den gefalteten Händen, ein verklärtes Lächeln auf den Zügen, sah sie jung und lieblich aus wie eine Braut.

Es war — obwohl ich doch schon so lange gelebt hatte — die erste Leiche, die ich im Leben sah. Alle, die ich von den Meinen verloren hatte — die Mutter, Elvira, Fritz Fürstenberg, Dedopali, Mathilde —, waren in der Ferne gestorben, und mir gleichgültige Tote hatte ich immer vermieden anzuschauen.

Gar bald sollte ich noch mehr Tote sehen — darunter einen, der meine Welt war . . .

— — — — — — — — — — — — — — — —

Im Juli kam mir die Kunde von dem Erscheinen eines großen Werkes in sechs Bänden und in russischer Sprache, gegen den Krieg. Der Verfasser sei ein russischer Staatsrat, namens Johann von Bloch. Titel des Buches: „Der zukünftige Krieg in technischer, ökonomischer und politischer Beziehung." Demnächst sollte eine deutsche Uebersetzung herauskommen. Es war erst vor kurzem, nachdem der Verfasser eine Audienz beim Zaren hatte, freigegeben worden.

Aus Italien und Spanien kommen Nachrichten von Hungerrevolten. Eine Zeitlang schwebte die Gefahr, daß ein amerikanisches Geschwader in Spanien zu landen versuchen würde.

Die Dreyfusaffäre nimmt ihren Fortgang: immer klarere Beweise der Schuld des Esterhazy auf der einen Seite, immer verbohrteres Festhalten an der Chose jugée auf der anderen.

Am 30. Juli im Tagebuch folgende Eintragung: Bismarck tot. Ob er wohl schon geboren ist, der Staatsmann, der für den Menschheitsgedanken sein wird, was Bismarck für den deutschen Gedanken war?

Und ein paar Tage später:

Im Dom zu Berlin Trauerfeier auf Befehl des Kaisers. Hofprediger Faber führt den Lieblingspsalm des Verstorbenen an. Der Text lautet: „Ihr (der Heiligen) Mund soll Gott erhöhen, sie sollen scharfe Schwerter in ihren Händen haben, daß sie Rache üben unter den Heiden, Strafe unter den Völkern, ihre Könige zu binden mit Ketten und ihre Edeln mit eisernen Fesseln." Schwert und Ketten — nun ja, das waren des eisernen Kanzlers Ideale. Nun gehört er der Vergangenheit an. Die Zukunft braucht andere Symbole: statt des bluttriefenden Eisens — den lichtstrahlenden Demant.

Der Spanisch-Amerikanische Krieg ist zu Ende. Am 14. August wurden die Feindseligkeiten eingestellt.

Und zehn Tage später ward die Welt durch ein Ereignis überrascht, dessen Mitteilung ich in einem neuen Abschnitt dieser Lebenserinnerungen bringen muß.

Achter Teil

55

Das Manifest des Zaren

Eines schönen Augusttages saß ich in der Gartengloriette und wartete der Ankunft der Post. Der Meine pflegte selber zum Postmeister zu gehen, die eingelaufenen Briefe und Zeitungen zu holen. Das war mir immer die interessanteste Stunde des Tages.

Diesmal kam er beflügelten Schrittes, mit leuchtenden Mienen daher, und von weitem rief er schon:

„Das Großartigste, das Ueberraschendste bringe ich heute ...“

„Was ist's — haben wir einen Haupttreffer gemacht?“

„Fast so — — hör an, was einer im gestrigen Abendblatt schreibt.“ Er setzte sich und las:

„‚Die Aufrechterhaltung des allgemeinen Friedens und eine Herabsetzung der übermäßigen Rüstungen, welche auf allen Nationen lasten —‘“

„Das sagen wir ja immer,“ warf ich dazwischen.

„‚— stellen sich in der gegenwärtigen Lage der ganzen Welt als ein Ideal dar, auf das die Bemühungen aller Regierungen gerichtet sein müßten —‘“

„Sein müßten, aber nicht sind —“

„‚Der gegenwärtige Augenblick wäre äußerst günstig, auf dem Wege internationaler Beratung die wirksamsten Mittel zu suchen, um allen Völkern die Wohltaten eines wirklichen und dauernden Friedens zu sichern —‘“

„Der Artikel dürfte von Passy oder sonst einem der Unseren sein.“

„Wie scharfsinnig! — — ‚und vor allem der fortschreitenden Entwicklung der Rüstungen ein Ziel zu setzen.‘“

„Na freilich —“

„‚Hunderte von Millionen werden aufgewendet, um furchtbare Zerstörungsmaschinen zu beschaffen, die schon morgen dazu verurteilt sind, jeden Wert zu verlieren infolge irgendeiner neuen Entdeckung auf diesem Gebiet.‘“

„Das ist nichts Neues.“

„,— Die nationale Kultur, der wirtschaftliche Fortschritt, die Erzeugung von Werten sehen sich in ihrer Entwicklung gelähmt und irregeführt. Die wirtschaftlichen Krisen sind zum großen Teil durch das System der Rüstungen bis aufs Aeußerste hervorgerufen, und die ständige Gefahr, welche in dieser Kriegsstoffansammlung liegt, machen die Armeen zu einer erdrückenden Last, welche die Völker mehr und mehr nur mit Mühe tragen können.'"

„Den Artikel hat offenbar ein Sozialdemokrat geschrieben."

„Immer scharfsinniger! — — ,Es ist deshalb klar, daß, wenn diese Lage sich noch weiter so hinzieht, sie in verhängnisvoller Weise zu eben der Katastrophe führen würde, welche man zu vermeiden wünscht und deren Schrecken jeden Menschen schon beim bloßen Gedanken schaudern macht.'"

„Nicht jeden Menschen —"

„,Dem Unheil vorzubeugen, das die Welt bedroht, das ist die höchste Pflicht, welche sich heute allen Staaten aufzwingt!'" —

„Ja, wenn die Staatenlenker so dächten!"

„Nun, lies selbst — und freue dich!"

Er reichte mir das Blatt — und was sah ich? Das war kein Aufsatz aus sozialistischen oder pazifistischen Kreisen — — das war ein offizielles Dokument, im Namen eines obersten Kriegsherrn an alle Regierungen gerichtet, mit der Aufforderung zum Zusammentritt einer Konferenz, welche sich mit dieser „ernsten Frage" zu beschäftigen hätte — eine Konferenz, welche — ich zitiere noch immer — „in einem mächtigen Bunde die Bestrebungen aller Staaten vereinigen würde, die aufrichtig darum bemüht sind, den großen Gedanken des Weltfriedens triumphieren zu lassen." —

War das nicht wie ein Traum, wie ein Märchen?

Ich erinnere mich, die Stunde, die wir, der Meine und ich, nach Eintreffen dieser Botschaft (eine wahre „Frohbotschaft", wie die Ueberschrift des Kapitels in „Schach der Qual" lautete) miteinander verbrachten, das wunderbare Ereignis nach allen Seiten kommentierend, war eine der schönsten Stunden unseres Lebens. Es war wirklich wie das Nachzählen eines eben ausbezahlten, unverhofften Haupttreffers.

Meine Ansichten über das Ereignis schrieb ich in das Septemberheft meiner Monatsschrift mit folgenden Worten nieder:

„Die Nachricht, die an der Spitze dieses Heftes steht, die Botschaft des Zaren, ist das größte Ereignis, das bisher die Friedensbewegung aufzuweisen hat. Uns alle erfüllte sie mit Jubel, denn das Uebergroße und dabei so Unerwartete überwältigt. Die übrige

Welt erfüllte die Nachricht mit Staunen, ja manche (die Kriegsfreunde nämlich) mit Bangen.

Aus den Worten des jungen Herrschers spricht tiefe Empfindung. Das Geleise der gewohnten diplomatischen Phrasen, welche nichts sagen, ist ein für allemal verlassen. Die Friedensbewegung ist also jetzt — so haben wir es dennoch erlebt! — in die Sphäre der Vollbringer eingegangen.

Aber noch ist damit die Raison d'être unserer Vereine nicht aufgehoben. Nur aus dem aus der letzten Zeit so stark beeinflußten öffentlichen Geist ist die Zarentat hervorgegangen, und der Unterstützung des öffentlichen Geistes, der organisierten Kundgebung des Völkerwillens bedarf es, um die von oben aus in Gang gebrachte Aktion zu unterstützen, um die gegnerischen Machenschaften abzuwehren, die sich ihr sicher noch in den Weg legen werden. Im ganzen — von unserem Standpunkt —: Nicht hoch genug kann das Ereignis angeschlagen werden. Der Mächtigsten einer bekennt sich zum Friedensideal, tritt als Gegner des Militarismus auf; von nun ab ist die Bewegung um Unberechenbares dem Ziele näher, neue Bahnen stehen ihr offen und auf neuer Operationsbasis ist sie weiterzuführen." *)

Und im nächsten Hefte:

„— — Für andere Blätter mag der Gegenstand schon einigermaßen an Aktualität verloren haben und erst wieder aufgenommen werden, bis die einberufene Konferenz zustande kommt; für uns aber handelt es sich da nicht um ein Tagesereignis, sondern um den — bisher bedeutendsten Markstein unserer Geschichte.

Eine der wichtigsten und schwersten Aufgaben der Friedensvereine — das Bekanntmachen ihrer Ziele — ist mit einem Ruck von ihren Schultern gehoben worden, denn von nun ab ist die Kenntnis davon nicht allein in die Massen gedrungen, sondern auch der Aufmerksamkeit jedes Politikers aufgezwungen worden.

In dieser Hinsicht ist also die Arbeit vollbracht; nun kommt aber die ebenso schwierige Aufgabe, nach Kräften dazu beizutragen, daß der Erfolg der Konferenz, für deren Zustandekommen so lange gepredigt und votiert worden, auch gesichert werde.

Es haben sich jetzt schon von allen Seiten Schwarzseher und Zweifel und hämische Insinuationen erhoben. ‚Wie in stillschweigender Verabredung hat sich ein großer Teil der Tagespresse zur Vernichtung eines Planes konstituiert, der die teuersten Hoffnungen der Menschheit umfaßt.' (Concord.) Die großen Massen stehen dem Reskript geradeso

*) Die Waffen nieder, VII. Jahrgang. S. 344.

ratlos und verständnislos gegenüber wie bisher den Bestrebungen der Friedensbewegung, deren ganzes Programm ja auch kondensiert darin enthalten ist.

Eines vergißt man bei diesem Bestreiten und Bezweifeln: immer soll darüber Rechenschaft gegeben werden, was bei der Konferenz herauskommen soll, und die wunderbare Tatsache verliert man dabei aus dem Auge, daß die Einberufung selber — von solcher Stelle und mit solcher Motivierung — an sich schon ein Triumph der Sache ist — an sich schon die hundert Einwände umwirft, die stets, unter Berufung auf die Unmöglichkeit, daß Autokraten und oberste Kriegsherren auf die wachsenden Rüstungen je verzichten könnten, gegen unsere Bestrebungen vorgebracht worden sind.

Die Aufpflanzung des Zieles ist schon das Große und das Beglückende an dem Ereignis; die Erwägung der Mittel und Wege kann man getrost den aufrichtigen Zielbewußten überlassen. Das fühlen unsere Feinde, darum wollen sie wenigstens das „aufrichtig" in Zweifel setzen. Als ob man mit solchen Worten lügen könnte! Von allen Diplomatenkrummfloskeln hat das Reskript wahrlich nichts an sich — und als ob man nicht in erster Linie etwas Gesagtes erst auf das hin prüfen und für das annehmen sollte, was gesagt wird. Das ist das erste Recht jeder Enunziation, jedes — noch nicht der Schufterei überführten — einfachsten Menschen." *)

In den Tagen nach der Veröffentlichung des Reskripts kamen mir unzählige Briefe und Telegramme mit Glückwünschen zugeflogen. Ebenso hatte ich an die Gesinnungsgenossen Gratulationen geschickt. Auch Egidy erhielt von vielen Seiten Zeichen der Mitfreude. Er erzählte mir später, daß eine Freundin das Zeitungsblatt mit dem Reskript in ein Kuwert getan und mit der Aufschrift „Geburtstagsgeschenk" (zufällig fiel an diesem Tage Egidys Wiegenfest) auf seinen Schreibtisch gelegt.

Hier ein Bruchteil der mir zugekommenen Briefe:

Ischl, 29. August.

Hochgeehrte gnädige Frau!

Aus gerührtem Herzen Ihnen und Ihrem Herrn Gemahl warme und verehrungsvollste Glückwünsche! Was müssen Sie empfinden, welches edelstes aller Glücksgefühle!

Daß ich diesen Tag erlebt habe, betrachte ich als die unbegreiflichste und überraschendste Freude meines schmerzensreichen und hoffnungsarmen Lebens.

*) Die Waffen nieder, VII. Jahrgang, S. 377.

Dieses merkwürdigste „Ex oriente lux" konnte ich im Traume nicht ahnen, als ich in „Wenn ich Kaiser oder König wäre" Wilhelm I. den Lorbeer dieses Tages um die Schläfe zu legen versuchte, oder als ich im „Strike" einen weisen Fürsten den unreifen Völkern gegenüber sein Herz ausschütten ließ. Nun ist der Traum Wahrheit geworden, und möge diese endlich träumende Völker und schläfrige Gewissen mit Posaunenschall emporrütteln! Goethe hat's getroffen:

Die Geisterwelt ist nicht verschlossen,
Dein Sinn ist zu, dein Herz ist tot,
Auf! Bade, Schüler, unverdrossen
Die ird'sche Brust im Morgenrot.

Ihre Freude teilen zu dürfen, schätzt sich glücklich
Ihr verehrungsvollst ergebener,
Moritz Adler.

*

Porto Rose bei Pirano, 31. August.

Meine innigsten Glückwünsche, daß Ihre jahrelangen, rastlosen Bestrebungen im Interesse des Weltfriedens durch ein Wort an der Newa urplötzlich einen so überraschenden und glänzenden Sieg in beseligende Aussicht stellen.

Mit Herz und Hand

Dr. Karl v. Scherzer,
Bevollmächtigter Minister a. D.

*

München, 30. August.

— — — Der Zar hat etwas Großartiges getan. Was auch daraus werde — von heute ab schwirrt die Luft von Friedensgedanken — selbst da, wo sie gestern nie hingekommen wären. Das bringt große unerwartete Folgen. Jetzt wird der englisch-amerikanische Vertrag zustande kommen — und schließlich alle Germanen einigen, — in einer solchen Luft kann alles gedeihen. Sehen Sie, es nützt, zu predigen, zu glauben, zu verkündigen — nachdrücklich und unaufhörlich!

Björnstjerne Björnson.

*

Wien, 30. August.

Aus der Tiefe des Herzens Glückwunsch! „Lasse Viktoria schießen!" Ob sie uns noch immer verhöhnen werden, die großen Sozialpolitiker!

Balduin Groller.

*

Sondja, Oktober 1898.

— — Ich weiß aus einer sehr vertrauenswürdigen Quelle, daß der Kaiser dieses Dokument verfaßt hat, nachdem er „Die

Waffen nieder" gelesen.*) Folglich ist dieses glückliche Ereignis einzig Ihrem Einflusse zuzuschreiben. Ich habe von dem Erlaß, der allen Freunden des Friedens eine so große Freude bereitet hat, ganz unerwartet durch die Zeitungen erfahren, da ich in den letzten Jahren nur wenig in Petersburg mich aufhielt. Ich beteilige mich nicht an den politischen Aktionen, da ich mich den Interessen des „Semstwo" gewidmet, welche gegenwärtig eine große Summe von Arbeit erfordern und immer mehr und mehr die intellektuellen Kräfte des Landes in Anspruch nehmen. Zwar habe ich vor einigen Jahren den Versuch gemacht, eine russische Friedensgesellschaft zu organisieren. Dieser Versuch scheiterte; sei es, daß ein günstiger Boden für einen solchen Verein bei uns zu wenig vorbereitet war, sei es, daß mir selber die nötigen Fähigkeiten zur Propaganda fehlten.

Was die öffentliche Meinung aus der Provinz betrifft, so kann ich aus persönlicher Kompetenz versichern, daß der vorgeschrittenste Teil der Gesellschaft den Plan der Friedenskonferenz von demselben Standpunkt betrachtet wie der Leitartikel des beiliegenden Journals — günstig und hoffnungsvoll. Wie dies immer der Fall ist, während eine öffentliche Meinung sich heranbildet, spaltet sich diese in zwei extreme Lager: die Utopisten und Skeptiker — die letzteren leider in der Ueberzahl. Ich bin trotzdem überzeugt, daß unser junger Herrscher aus

---

*) Post hoc ist nicht propter hoc. Wenn es mich auch freute, zu hören, daß der Zar mein Buch kurz vor dem Erscheinen des Manifestes gelesen, so war ich stets überzeugt, daß eine lange Kette vieler Einflüsse, unter welcher derjenige einer Romanlektüre nur ein ganz minimaler gewesen sein kann, einer solchen Aktion vorangegangen sein muß. Später habe ich erfahren, daß besonders das Werk Blochs einen tiefen Eindruck auf den Zaren gemacht; damals vermutete ich, daß Professor Martens das Dokument mit inspiriert habe, und schrieb ihm darüber. Seine Antwort lautete:

Villa Waldeuse près Wolmar
(Livona) le 9 septembre 1898.

Madame la Baronne,

Je m'empresse de vous présenter mes remerciments les plus sincères pour l'aimable lettre en date du 4 ct., dont vous m'avez honoré. Je ne sais pas jusqu'à quel point mon enseignement a pu enfluencer Sa Majesté l'Empereur ou ses conseillers dans la noble tâche qu'ils ont posée aux gouvernements et aux nations du monde civilisé.

Je n'ai pris aucune part directe dans le célèbre rescrit du 12 (24) août, demeurant depuis quelques mois dans mon bien, au Livonie, loin de la capitale.

Mais c'est avec la plus vive sympathie et la plus sincère admiration que j'ai applaudi à la généreuse démarche, faite par mon Auguste Maître pour le bien-être et la bonheur de toutes les nations civilisées.

Quant aux notes bibliographiques, je me ferai un devoir de vous les communiquer après la réunion de la «conférence de la paix». Dans ce moment-ci je suis trop occupé par mes affaires de service.

En renouvelant mes remerciments très respectueux, je vous prie, Madame la Baronne, de vouloir bien agréer l'assurance de ma très haute considération.

Martens.

dem Schoße der russischen Gesellschaft dieselben Kräfte schöpfen wird, die vor 36 Jahren seinem Großvater Alexander II. geholfen haben, eine andere feierliche Tat — die Befreiung der Bauern aus der Leibeigenschaft — zu vollbringen, obgleich auch damals sich viele skeptische und sogar der Reform feindlich gesinnte Leute fanden. Die Arbeit und die Tätigkeit in der Frage, die uns interessiert, fällt in der gegenwärtigen Stunde sowohl in Europa als in Amerika den parlamentarischen Kräften zu, deren Pflicht es jetzt ist, ihre Regierungen zu drängen, sich aufrichtig und ohne Hintergedanken gegenüber der vom Grafen Murawjew vorgeschlagenen Konferenz auszusprechen.

Durch eine seltsame Ironie des Schicksals erfuhr ich von der kaiserlichen Kundgebung, als ich mich eben in meiner Eigenschaft als Reserveoffizier bei den Manövern befand. Die Offiziere betrachteten die Frage mit Ruhe, obschon die besten unter ihnen nicht anders können, als die Richtigkeit der im Reskript enthaltenen Ideen zuzugeben. Die anderen waren der Meinung, daß alle die Friedensprojekte sie gar wenig angingen, und der Militärdienst, zu welchem sie aufgezogen worden, ihre Existenz noch lange ausfüllen würde.

Unsere Gesellschaft war tief bewegt und ergriffen durch den Tod Ihrer Monarchin. Welch trauriges Unverständnis spricht doch aus solchen Taten, und wie ist die Menschheit zu bedauern, wenn außer dem Kampf gegen den Krieg man auch noch mitten im Frieden an die Friedfertigung der Klassen denken muß.

Empfangen Sie u. s. w. Fürst Peter Dolgorukow.

*

Soras bei Eperies, 30. August.

Ein Sturm des Entzückens durchbraust die Welt angesichts des gewaltigen Nordlichtes, das von Petersburg leuchtet. Was der Erfolg auch sei, das gewaltige Wort eines der Gewaltigsten kann nicht ungesprochen gemacht werden.

Der Herr segne Ihr Wirken!

Vizeadmiral Semsey.

*

Velden, 30. August.

Glückauf zur Morgenröte im Osten!

Hedwig Pötting.

*

Budapest, 29. August.

Ist's auch möglich, wahr? Nun heißt es diesen Sieg richtig ausnützen! Etwas muß und wird geschehen. Nun ist's ein Stolz und Glück, Friedensfreund zu sein!

Gratuliere uns allen, in erster Reihe Ihnen. Das wird viele aufrütteln!

Kemény,
Sekretär der ungarischen Friedensgesellschaft.

*

Beckenhorn, 12. September.

— — — Was ich von dem Manifeste denke? Tausend Dinge. Ich war am Vierwaldstätter See. Nach einem köstlichen Spaziergang nahm ich abends nach dem Diner die „Indépendance“ zur Hand. Ich gestehe, daß ich es fast widerwillig tat . . . die Politik ist eine gar so unsaubere Küche! . . . Man wollte darauf vergessen, wenn man sich dem Genusse der schönen Natur hingibt, wenn man sich von den menschlichen Miseren in der ungetrübten Reinheit der hohen Gipfel ausruht. Und stellen Sie sich meine Betroffenheit vor: statt der diplomatischen Alltäglichkeiten das Manifest des Kaisers! Das hat mich aufs heftigste erschüttert!

Aber was ich davon denke? Erstens, daß wir alle, die wir mit dem Geiste des Manifestes eines Sinnes sind, Nikolaus II. mit aller Kraft unterstützen sollen; nicht nur gegen seine Gegner, sondern auch gegen seine eigene Person. Das Unternehmen ist von großer Schwierigkeit. Er könnte vor den Hindernissen den Mut verlieren. Dann wird es nötig sein, daß die liberale Meinung Europas und besonders die Friedensvereine ihm eine unermüdliche, nimmerwankende Mitarbeit leisten.

Zweitens, selbst wenn das Manifest keine unmittelbare Folge hätte, so wird es zweifellos mittelbare haben von riesiger Tragweite. Es stellt einen Wendepunkt in der Geschichte Europas dar. Das kann nicht mehr verändert werden.

Kommen Sie nach Turin? Dort wird es sein, wo wir einen ganzen Feldzugsplan entwerfen können. Was mich betrifft, so werde ich, obwohl ich nicht dem Bureau angehöre, jedenfalls hingehen. Wenn ich nicht das Glück habe, Sie in Turin zu sehen, so werde ich auf meiner Rückkehr Ihnen meinen Besuch in Harmannsdorf abstatten.

Genehmigen Sie u. s. w. J. Novicow.

*

Heiden, 21. September.

— — — Lassen Sie mich meine Glückwünsche aussprechen zu dem großen Schritt, den der Zar auf dem Wege gemacht, dem Ihr eifrigstes Apostolat geweiht ist. Es ist dies ein riesengroßer Schritt, und was immer geschehe, die Welt wird nicht „Utopie!“ schreien; die Geringschätzung unserer Ideen ist ihr versagt; und wenn die Verwirklichung auch dem Kongreß, der sicher stattfinden wird, nicht augenblicklich folgt, so ist sie doch jedenfalls in Gang gebracht. Diese Initiative bleibt auf immer als Präzedenzfall bestehen.

Der Tod der Kaiserin Elisabeth hat mich tief betrübt — — — ach, wären unsere Ideen zehn Jahre früher verwirklicht worden, so gäbe es keine Anarchisten mehr!

Genehmigen Sie u. s. w.

Henri Dunant,
Gründer des Roten Kreuzes.

Die Antworten der Regierungen auf das Manifest liefen sehr bald ein. Fast alle zustimmend. Aber Aufrichtigkeit vermißte man in dem Ton der Zustimmungen und im ganzen Verhalten. Ueberall war gleichzeitig eine Vermehrung der Rüstungen in Aussicht gestellt. Sehr beklagenswert war das Auftreten der deutschen sozialdemokratischen Partei. Nur durch sie soll der Militarismus aus der Welt geschafft werden; will ein anderer es tun, einer, der — nota bene — die Macht dazu besitzt, dann ist es Schwindel und Farce.

Die „Neue Hamburger Zeitung" richtete an hervorragende Zeitgenossen eine Rundfrage, worin sie Meinungsäußerungen über das russische Manifest erbat. Sehr interessante Antworten liefen ein. Zustimmend, mitunter begeistert zustimmend, schrieben unter anderen: Leo Tolstoi, Maurus Jókai, Otto Ernst, Ernst v. Wolzogen, Peter Rosegger, Dr. M. G. Conrad, Cesare Lombroso, General Türr. Ich will aber nur die Antworten hierhersetzen, welche von den Gegnern der Friedensbewegung eingelaufen sind, weil es mir für die Geschichte der Entwicklung allgemeiner Ideen und sozialer Zustände am lehrreichsten erscheint, die Widerstände kennen zu lernen, die zu überwinden waren und noch zu überwinden sind.

> Kleine Differenzen können nach Art der Karolinenfrage durch Schiedsgerichte erledigt werden; größere Differenzen werden stets zu Machtproben führen ... der ewige Friede ist im Himmel. Den Himmel auf Erden gibt es nicht.
>
> Pfarrer a. D. Friedrich Naumann.

*

> Eine vieltausendjährige Geschichte spricht leider dagegen, daß der Krieg jemals aufhören wird ... jedenfalls ist der russische Abrüstungsvorschlag einer der geschicktesten diplomatischen Schachzüge der neueren Zeit.
>
> B. v. Werner.

*

> Das sind Fragen der hohen Politik, mit welcher ich mich nicht befasse. Für unseren Handel sind meines Erachtens alle Interessen dem einen hauptsächlichen untergeordnet, daß Deutschland in der Welt geachtet und gefürchtet ist, möglichst ohne gehaßt zu werden. Deshalb hat der Handelsstand ein vitales Interesse daran, daß die Sicherheit des Reiches so gewahrt werde, wie diejenigen es verstehen, die dafür verantwortlich sind.
>
> Ferdinand Laeisz,
> Vorsitzender der Hamburger Handelskammer.

*

> Den allgemeinen Anschauungen, schlagfertige Armeen seien unproduktiv, kann ich mich nicht anschließen. Die Armeen sind

Schutzmittel der Völker gegen Einbrüche ... Der Abrüstungsgedanke ist kein glücklicher. Man sollte froh sein, daß die schlottrige Gesellschaft zu einer männlichen Erziehung herangebildet wird.

Bildhauer Reinhold Begas.

*

Diese edle Schwärmerei wird ebenso scheitern wie 1890 die internationale Arbeiterversammlung nach Kaiser Wilhelms Gedanken. Ein mächtiger Staat wird sich einem Urteil, das seine Rechte oder auch nur seine wesentlichen Wünsche verletzt, nie ohne Kampf unterwerfen. Ein Blick auf die Karte genügt: Dem immer möglichen Doppelangriff durch Frankreich und Rußland kann das Reich nur durch Aufbietung aller Kräfte widerstehen. — Ich denke nicht über Utopien. Frankreich macht zur Bedingung jeder Erörterung die Rückgabe der Reichslande, wir machen zur Bedingung den Ausschluß jeder Erörterung dieser Frage. Ich denke, das genügt. Die Reden der privaten Friedensfreunde sind nur nichtig, das Friedenswort des Zaren ist vielleicht Anstoß zum Krieg.

Gastein, am Sedanstage. Felix Dahn.

*

Der jetzige Abrüstungsvorschlag des zarischen Rußlands ist Schwindel.

W. Liebknecht.

*

Je stärker die Rüstungen, desto größer die Scheu vor der Verantwortung, einen Krieg zu entfesseln. Abrüstung würde die Kriege häufiger machen. Verminderung des Präsenzstandes würde einen Teil des Volkes der Schule des Heeres entziehen und seine Tüchtigkeit im allgemeinen verringern ... Lebensfragen der Völker werden immer durch Krieg entschieden werden. Deutschland muß immer an Rüstungen an der Spitze der Großmächte bleiben, weil es die einzige ist, die drei Großmächte zu Nachbarn hat und immer wieder in die Lage kommen kann, einen Krieg mit drei Fronten zu führen. Die Kriege werden mit fortschreitender Zusammenfassung der Staaten von selbst immer seltener. Mehr zu erwarten ist ein Traum und nicht einmal ein schöner. Denn mit der Bürgschaft des ewigen Friedens wäre die Entartung der Menschheit besiegelt.

*

Dr. Eduard v. Hartmann.

Die klugheitstriefendste Antwort von allen aber hat Herr W. Metzger, sozialdemokratischer Reichstagsabgeordneter des dritten hamburgischen Wahlkreises, gegeben. Er schrieb an die Redaktion, er „verspüre nicht die geringste Neigung, an den russischen Diplomatenkniff auch nur ein Viertelstündchen zu verschwenden". Der dritte Wahlkreis kann also ruhig sein, sein Vertreter spart seine Zeit für höhere Interessen als die, welche die ganze zivilisierte Welt bewegen.

*

Dies sind Stimmen einzelner Persönlichkeiten. Was die Zeitungsstimmen betrifft, so habe ich damals auch eine große Anzahl von Ausschnitten gesammelt. Als typisch für den Ton der gegnerischen führe ich folgende Auszüge an:

Heidelberger Zeitung, 30. August.

Der Abrüstungsvorschlag des Zaren geht gegen die Natur und gegen die Kultur. Damit ist ihm das Urteil gesprochen. Freifrau von Suttner, die vor einigen Jahren „Die Waffen nieder" kommandierte und damit bei allen Männern einen Heiterkeitserfolg erzielte, erlebt zwar den großen Triumph, daß der Zar in ihren Ruf einstimmt, allein mehr wie eine kurze Freude wird für Frau von Suttner und alle guten Seelen nicht herauskommen, denn, wie gesagt, die Abrüstung wäre naturwidrig und kulturfeindlich u. s. w.

Hamburger Nachrichten, 18. September.

Als im August die russische Abrüstungsnote erschien, war eine der schlagendsten Kritiken, die daran geübt worden, die: „Fürst Bismarck ist seit 28 Tagen tot!" Es sollte damit gesagt sein, daß man bei Lebzeiten des großen Staatsmannes es vermieden habe, einen derartigen Vorschlag der Diskussion den europäischen Diplomaten zu unterbreiten und seinen Tod abgewartet hatte, um damit hervorzutreten. Wir untersuchen diese Auffassung nicht auf ihre Richtigkeit, sind aber der Ansicht, daß, wenn Fürst Bismarck die Veröffentlichung der russischen Note noch erlebt hätte, er jedenfalls seine volle Autorität eingesetzt haben würde, daß Deutschland sich enthalte, auf einem Kongreß auch nur den allergeringsten Teil seines Rechtes und seiner Pflichten preiszugeben, seine Rüstungen lediglich nach eigenem Ermessen zu bestimmen.

Grenzboten Nr. 37 vom 15. September.

Ein seltsameres Aktenstück als die Friedenskundgebung des Zaren, sein Ruf nach Abrüstung und sein Vorschlag zu einem allgemeinen Kongresse, hat noch niemals das offizielle und nichtoffizielle Europa in Erstaunen gesetzt. Man frage sich: Ist das eine ehrliche Utopie oder steckt dahinter eine tiefe Berechnung der russischen Politik, die bekanntlich an Schlauheit von der Diplomatie keines anderen Staates übertroffen wird. Denn zunächst: eine Utopie bleibt es jedenfalls, trotz aller europäischen „Friedensfreunde" und allem sonstigen Geschwätz von Völkerverbrüderung.

Staatsbürgerzeitung, 9. September.

Unsere Offiziösen glaubten ohne irgendwelche sachliche Prüfung jene Kundgebung mit Trompeten und Pauken bejubeln zu müssen, und zwar lediglich deshalb, weil sie den mächtigen Zaren zum Urheber hat, und sie setzten diese Politik des Bauchrutschens fort, als kein Zweifel mehr darüber bestehen konnte, daß der Urheber dieses Manifestes nicht der Zar, sondern jene internationalen Friedensschwärmer vom Schlage der Suttner und Genossen sind, die bisher kein Mensch ernst genommen hat. Unser Kaiser hat die einzig richtige Antwort auf den Vorschlag des Zaren gefunden; man darf erwarten, daß seine Antwort an der Stelle, für die sie bestimmt ist, auch beherzigt wird, daß der utopistische Gedanke von der internationalen Abrüstungskonferenz, die gar keinen Zweck hat, endlich von der Tagesordnung verschwinde.

Beim Festmahle des westfälischen Provinziallandtages am 8. September sagte Kaiser Wilhelm: „Der Friede wird nie besser gewährleistet sein als durch ein schlagfertiges, kampfbereites Heer, wie wir es jetzt in einzelnen Teilen zu bewundern und uns darüber zu freuen Gelegenheit hatten. Gebe uns Gott, daß es uns immer möglich sei, mit dieser stets schneidigen und guterhaltenen Waffe zu siegen. Dann möge sich der westfälische Bauer auch ruhig schlafen legen."

56

Ereignisse und Begegnungen

Kaiserin Elisabeth ermordet! Ein verruchter Dolchstoß in ein stilles, stolzes, weltabgewandtes und schönes Herz. Wieder waren die Trauer und der Schrecken durch die ganze Kulturwelt gedrungen — mit Blitzesschnelle. Immer mehr zeigt es sich, daß diese Kulturwelt nur *eine* Seele hat. Als ein strahlendes und poetisches Bild wird in der Geschichte das Andenken an die schmerzensreiche, schönheitsbegeisterte Fürstin fortleben. Und daß sie nicht im Bette starb, an Krankheit oder Altersschwäche, sondern zusammenstürzte unter dem Todesstreiche eines fanatischen Irren, gerade als sie den Fuß auf die Schiffsbrücke setzte zu einer neuen Fahrt in die geliebte Naturpracht hinein — das wird — so erschütternd traurig es ist, so hassenswert die Tat, die es verschuldet — das wird jenes Bild mit einem tragischen Zauber umweben. Vom Grau des Alltags hebst du dich ab für alle Zeiten — eine Gestalt in leuchtendem Schwarz — Elisabeth von Oesterreich!

*

Mein Schwiegervater, damals neunundsiebzig Jahre alt, war seit einiger Zeit, besonders seit dem Tode Lottis, in seiner Gesundheit sehr heruntergekommen. Er machte seine täglichen Spaziergänge nicht mehr, verfiel sehr oft in Schlaf, begann auch manchmal etwas irre zu reden — kurz, sein nahes Ende war vorauszusehen. Dennoch ließ er sich noch immer täglich von seinem Sekretär und treuen Pfleger (der gewesene Hofmeister meines Mannes) die Zeitung vorlesen. Als die Nachricht von der Ermordung der Kaiserin eintraf, eilten wir, Herrn Wiesner (so hieß der Sekretär — bei uns zu Hause wurde er „Dominus" genannt) zu avisieren, daß er die betreffenden Stellen in den Zeitungen dem alten Herrn nicht vorlese. Dem Kaiserhause mit tiefer Hingebung anhänglich, Alt-Oesterreicher bis in die Fingerspitzen, schwärmerischer Bewunderer der schönen Kaiserin, hätte die Todesnachricht ihn furchtbar aufgewühlt, und das wollten wir ihm ersparen.

Nur wenige Tage nach dem Ereignis starb er in den Armen des Meinen. Um fünf Uhr früh waren wir zu seinem Bett gerufen worden. Die Wärterin glaubte, er sei im Sterben, aber bald erholte er sich und lag ganz ruhig da. Gegen neun Uhr — mittlerweile war auch der Doktor geholt worden und alle Familienmitglieder umstanden das Bett — erhob er sich in sitzende Stellung und nahm meines Mannes Hand. „Artur," sagte er, „du weißt, ich habe immer fleißig gearbeitet — ich sollte auch heute wieder ein paar Briefe schreiben . . . da ist schon der Dominus, der aufs Diktat wartet — aber Artur, nicht wahr, ich darf? . . . ich möchte heute etwas ausruhen — nur noch ein bißchen schlafen, ja?"

Der Meine legte ihn sanft auf das Kissen zurück . . . „Lieber Vater — schlafe! . . ."

Der alte Mann schob seinen Arm unter das Kissen und legte sein Gesicht nach der Seite darauf. Mit einem wohligen Seufzer schloß er die Augen und nach wenigen Minuten verfiel er in Schlaf — in den ewigen Schlaf . . .

*

Ueber den Tod der Kaiserin Elisabeth schrieb mir Egidy folgendes:

> — — — Das ergreifendste Wort, das angesichts des Todes Ihrer Kaiserin gesprochen wurde, ist das aus dem Munde des eigenen Gemahls: „Es ist nicht zu fassen, wie ein Mensch Hand anlegen konnte an diese Frau, die in ihrem Leben niemand ein Leid zugefügt und nur Gutes getan hat."
>
> Eine erschütternde Wahrheit liegt in diesem Gedanken, damit aber auch die ernste Aufforderung, diesen Gedanken weiterzudenken.
>
> Vielleicht mußte die schuldlose Frau so jähen Todes sterben, damit tiefes Weh die Besten aller Völker erfasse, damit alle mit dem vereinsamten Gatten und Kaiser klagen, damit wir

aber jene Klage weiterdenken und begreifen, wenn der tiefgebeugte Kaiser in demütigem Verstehen zu der Erkenntnis sich durchringt:

„Es sollen fortan überhaupt nicht mehr Menschen, die nie vordem Leid zufügten, feindselig einer dem anderen den tötenden Stahl in das Herz senken. Ich lasse die Menschen, deren Leben meiner Obhut anvertraut ist, fortan nicht mehr auf Schlachtfelder ziehen; ich erziehe die Völker, die meinem Zepter unterstehen, nicht länger mehr zum Kriege. Die Arbeit der Jahre, die mir von der Vorsehung noch zugedacht sind, gehört der inneren und äußeren Vorbereitung der krieglosen Zeit."

Denselben Gedanken hat Egidy im Oktoberheft seiner „Versöhnung" weiter ausgeführt.

•

Im Jahre 1898 waren die für Lissabon geplanten Versammlungen ausgefallen. Die iberische Halbinsel wäre, solange der Spanisch-Amerikanische Krieg dauerte, nicht geeignet gewesen, Friedenskongresse vorzubereiten. So traten in diesem Jahre nur die beiden Berner Aemter zu Beratungen (Zweck: Stellungnahme zum russischen Rundschreiben) an anderen Orten zusammen. Die interparlamentarische Union in Brüssel — das Internationale Friedensbureau in Turin, wo eben auch eine Weltausstellung war. Dorthin reisten wir, der Meine und ich, trotz unserer Trauer, zwei Wochen nach der Beisetzung des Vaters in der Familiengruft zu Höflein.

Ein Brief, den ich aus der piemontesischen Hauptstadt einem Freund geschrieben, erzählt von dem dortigen Aufenthalt.!

Turin, Grand Hotel d'Europe,
28. September 1898.

Heute hat die hier versammelte Kommission ihre Arbeiten geschlossen. Das Manifest des Kaisers von Rußland hat natürlich die Grundlage und Richtung der Verhandlungen abgegeben.

Sonntag den 25. nahmen die Turiner „Friedenstage" ihren Anfang mit der hundertjährigen Erinnerungsfeier an den piemontesischen Staatsmann Graf Federigo Sclopis. In der großen Aula der königlichen Universität hatte sich das Festkomitee und ein großes Publikum versammelt. Der Saal war übervoll.

General Türr geleitete mich in die vordere Reihe und machte mich mit dem Sindaco von Turin, Baron Casano, dem Statthalter Marchese Guiccioli (ich dachte dabei an Byron, der eine Guiccioli geliebt, die ich in Paris gekannt) und dem Minister Grafen Ferraris bekannt. Wir saßen der Kanzel gegenüber. Als Veranstalter der Feier waren auf den Einladungskarten vierundzwanzig hervorragende Namen angeführt, darunter Biancheri, Präsident der Kammer, Minister Vigliani, die Präsidenten des römischen und des Berner Kassationshofes, der Rektor der Universität, der Präsident der Akademie der Wissenschaften u. s. w.

Als Erster bestieg Rechtsanwalt Luzatti die Kanzel und gab uns einen Lebensabriß von Federigo Sclopis. Er feierte seine Verdienste, darunter als glänzendstes die Rolle, die er als Vorsitzender des Alabamaschiedsgerichtes gespielt.

Dann sprach der Vizepräsident des römischen Senats, zugleich Vorsitzender der römischen Friedensgesellschaft, und nach ihm kam unser Frédéric Passy an die Reihe. Er war in seiner Jugend mit Sclopis befreundet gewesen und konnte daher manches Neue und Interessante aus dem Leben des Gefeierten erzählen.

Um zwölf Uhr war die Feier vorüber. Der übrige Sonntag gehörte dem geselligen Beisammensein und der Ausstellung. Besuchern, welche Kunstfreunde sind, wurden hier mehr Genüsse geboten, als sonst auf derlei Weltmärkten zu finden sind, denn reichhaltiger als überall sind hier die Gemälde- und Skulpturhallen gefüllt und in einem großen, arenagleichen Bau führt ein Orchester von 200 Künstlern wundervolle Konzerte auf.

Daß ich im übrigen von der Ausstellung nicht viel zu erzählen weiß, wer wird das einem Kongreßmitgliede übelnehmen? Man findet seine alten Freunde, lernt neue Gesinnungsgenossen kennen und will dies zu gründlicher Aussprache benützen; so läßt man den Ausstellungspark mit den vielen Pavillons links liegen, setzt sich mit den Kameraden um einen Kaffeehaustisch und bespricht die Dinge, die man auf dem Herzen hat. In erster Linie das Manifest, aber auch was sonst in der Welt vorgeht. Unter anderem die Dreyfusaffäre: die hat jetzt doch jeder mehr oder minder im Sinn. Ein Delegierter aus Paris, Gaston Moch, der selber Artillerieoffizier gewesen und mit dem Verurteilten zusammen diente, weiß da manches Interessante zu erzählen. Er hatte schon im Jahre 1894 hinter die Kulissen der Affäre geblickt und gesehen, daß man den jüdischen Offizier im Generalstab nicht dulden wollte. Ein eigentümlich Ding ward mir auch erzählt: Das „Journal" brachte im Sommer 1894, also noch vor der Dreyfusanschuldigung, einen Feuilletonroman, worin ein Komplott zur Ausmerzung eines unliebsamen Kameraden ausgeheckt und ausgeführt wird: Die Schmuggelung eines gefälschten Papieres in das Auskunftsbureau und ähnliches — eine ganze Kette von Intrigen, wie sie tatsächlich gegen den Unschuldigen ausgeführt wurden, als hätten die Paty, Henry u. s. w. sich den Roman zum Muster genommen.

Montag den 26. versammelten sich die Delegierten zu ihrer ersten Sitzung im Palais Carignan. Man kennt die Pracht der italienischen Fürstenpaläste. Der Saal, in dem wir tagten, ist von eitel Gold; golden die Tapeten, ganz vergoldete Türen und Fensterläden. Nebenan — ebenso goldstrotzend — das historische Zimmer, in welchem Viktor Emanuel geboren wurde.

Da der Präsident des Bureaus sich nach Brüssel begeben mußte, um der Sitzung des Interparlamentarischen Amtes beizuwohnen, so wurde der Vorsitz unserer Verhandlungen dem Rechtsanwalt Luzatti übergeben. Von den eingelaufenen Begrüßungsschreiben will ich nur dasjenige des italienischen Ministerpräsidenten zitieren:

„Unser Land — auf Grund der Prinzipien, die dessen Wiedererhebung inspiriert haben, auf Grund seiner Ideale der Gesittung sowie seiner politischen Interessen — unser Land muß wünschen, daß in zwischenstaatlichen Fragen die juristische Vernunft über den Appell an die Gewalt obsiege. E. Visconti-Venosta."

Der erste Verhandlungsgegenstand drückt sich deutlich im Text des gefaßten Beschlusses aus: „Die Versammlung ist der Meinung, daß die Vereine in der ganzen Ausdehnung ihrer Aktionssphäre Kundgebungen aller Art organisieren sollen, in Form von Petitionen, Meetings zugunsten des Gelingens des Zarenvorschlags, und ladet die Vereine ein, die Ergebnisse dieser Kundgebungen dem Internationalen Bureau in Bern mitzuteilen, welches denselben die größtmögliche Publizität geben wird."

Die englischen Delegierten konnten mitteilen, daß in ihrem Lande in dieser Richtung bereits zahlreiche Manifestationen stattgefunden haben. Politische Führer aus dem Parlament haben sich angeschlossen: Sir William Harcourt, Morley, Marquis of Ripon, Earl Crewe, Bryce, Sir John Lubbock, Sir Alfred Lawson, Spencer Watson u. s. w. Daneben zahlreiche Bischöfe und die drei englischen Kardinäle: Vaughan, Loyne und Gibbon. In dem unlängst abgehaltenen Kongreß der Trade-Unions wurde einstimmig und begeistert folgendes votiert: „Dieser Kongreß der organisierten Arbeiter, der die industriellen Klassen Großbritanniens und Irlands repräsentiert, begrüßt mit Genugtuung die Botschaft des Zaren und ruft die Regierung auf, dieselbe möge alle legitimen Mittel zu deren Erfolg anwenden, da der Militarismus ein großer Feind der Arbeit und eine grausame Last für die sich plagenden Millionen ist."

Diese Haltung der englischen Arbeiter — dies sei zwischen Klammern bemerkt — ist doch jedenfalls förderlicher als die der Sozialisten anderer Länder, welche die Absichten des russischen Kaisers verdächtigen und die sagen: „Frieden und Abrüstung, ja — aber wir wollen es machen, wir ganz allein und nach unserer Weise." — Was aber der ganzen Menschheit frommen soll, das muß von allen gemacht werden, das kann nicht das Werk einer Klasse und gegen andere Klassen sein.

Elie Ducommun stattete Bericht über die Ereignisse des Jahres ab, die dasselbe als eines der unglücklichsten und entmutigendsten für die Bewegung stempeln könnten, wenn es nicht mit dem Vorschlag des russischen Kaisers, offizieller Untersuchung der Mittel zur Herbeiführung gesicherten Friedens und Einschränkung der Rüstungen, abgeschlossen hätte. Uebrigens seien noch zu den Aktiven des Jahres zu rechnen: das Uebereinkommen Frankreichs mit England in der Nigerfrage; das Schiedsgericht zwischen Frankreich und Brasilien und schließlich der Abschluß eines ständigen Schiedsgerichtsvertrags zwischen Italien und der argentinischen Republik.

Anläßlich dieses Vertrages*) — des ersten in seiner Art —, der als zu befolgendes Beispiel von größtem Segen werden kann, hat die Versammlung eine Glückwunschdepesche an die italienische Regierung abgeschickt.

Dagegen wurde mit Sorge der Gefahr gedacht, die eben jetzt von Argentinien her droht, welches auf dem Punkte steht, mit der Republik Chile Krieg zu führen. Es wurde vorgeschlagen, man möge im Namen des Friedensbureaus eine Vertrauensperson nach Argentinien und Chile entsenden, um bei beiden Präsidenten dafür zu plädieren, daß die schwebende Streitfrage einem Schiedsgericht unterbreitet werde. Vielleicht würde unserem Abgeordneten kein Gehör geschenkt, möglicherweise fällt aber ein Wort, das im Namen von zweihundert Vereinen der Alten und Neuen Welt übermittelt wird, dennoch in die Wagschale der Entschließungen ...

Dr. Evans Darby wendete ein, der Ausbruch der Feindseligkeiten stehe schon sehr nahe, der Abgeordnete käme sicherlich zu spät, es würde sich die Absendung von Kabeltelegrammen empfehlen.

Demzufolge gingen am selben Tage im Namen der Turiner Versammlung zwei Depeschen nach Valparaiso und Buenos Aires ab, worin den beiden Regierungen ans Herz gelegt wird, einen Krieg zu vermeiden, der gerade jetzt angesichts der bevorstehenden, vom russischen Kaiser angeregten Konferenz ein beklagenswertes Hemmnis abgeben würde.

Die sofort abgeschickten Kabeldepeschen**) kosteten neunhundert Franken. Verschwenderische Friedensfreunde! — Wenn man denkt, wie sparsam die Kriegsverwaltungen sind ...

*

Am 29. fand im Circolo filologico ein Vortragsabend für das große Turiner Publikum statt. Im Riesensaal kein leeres

---

*) Ein Vertrag ohne jegliche Einschränkung. (Anmerkung von 1908. B. S.)

**) Tatsache ist, daß wenige Tage darauf der Streitfall dem Schiedsspruche der Königin von England unterbreitet wurde. Später haben die beiden Republiken miteinander einen ständigen Vertrag geschlossen, jede künftige Streitigkeit vor das Haager Tribunal zu bringen und haben infolgedessen ihre Rüstungen eingeschränkt, ihre Kriegsschiffe verkauft. Zum Andenken an dieses Abkommen wurde auf einem Gipfel des Grenzgebirges — die Anden — eine riesenhafte Christusstatue aufgestellt. (Anmerkung von 1908. B. S.)

Plätzchen. General Türr hielt die erste Ansprache und zitierte Stellen aus dem Appell Garibaldis an die Regierungen. Hierauf folgte ich mit Vorlesung meiner Novelle „Es müssen doch schöne Erinnerungen sein" von dem Dichter F. Fontana, unter dem Titel „Bei Ricordi" zu diesem Anlasse ins Italienische übersetzt. Dann sprachen Emile Arnaud, Professor Ludwig Stein von der Universität Bern, Novicow u. a.

Das Publikum war in so mitvibrierende Begeisterung geraten, daß ich den Mut fand, im Lärm des Schlußapplauses noch einmal auf die Tribüne zu steigen, um an die Versammelten eine kurze Ansprache zu richten, worin ich sie bat, unsere Worte nicht mit bloßem Händeklatschen zu lohnen — wir seien keine beifallheischenden Künstler — wir seien schlichte Kämpfer für eine heilige Sache — sondern durch Anschluß: sie mögen heraufkommen und ihre Namen einzeichnen. Dieser Aufforderung wurde willfahrt, und durch den Vortragsabend hat sich die Mitgliederliste des Turiner Friedensvereins um viele und einflußreiche Namen vermehrt.

Dieser Verein besitzt auch eine Abteilung im Ausstellungsgebäude. Interessant sind die Eintragungen in dem dort aufliegenden Buch. Sogar arabische und chinesische befinden sich darunter. Auch Zwiegespräche: «Je n'y crois pas,» schrieb einer. «Je vous plains de tout mon cœur,» setzte ein anderer darunter. Der Sohn Tolstois schrieb in das Register: «Quale è lo scopo della guerra? L'assassinio.»

•

Nach Oesterreich zurückgekehrt, war es unsere erste Sorge, eine Versammlung zu veranstalten, um für das Ziel des russischen Rundschreibens zu agitieren. Oberstleutnant von Egidy kam meiner Bitte nach, in dieser Versammlung, die am 18. Oktober im Ballsaale Ronacher stattfand, als Redner aufzutreten. Es war zum erstenmal, daß er in Wien sprach. Wenn sie auch seine ganze Bedeutung nicht kannten, neugierig waren unsere Wiener doch in hohem Maße auf den berühmten Oberstleutnant a. D. aus dem Reiche. Daß er um seiner Ueberzeugung willen, die er in der Schrift „Ernste Gedanken" ausgesprochen, den Militärdienst verlassen mußte, das war allgemein bekannt.

Ein Bekannter, Graf X., den ich eingeladen, dem Vortrage beizuwohnen, schrieb mir: „Ich habe nie eine Zeile von Egidy gelesen. Aber ich vermag Ihre Ansicht über ihn nicht zu teilen, denn erstens kann ich die Preußen nicht leiden; zweitens, wenn ein Soldat etwas so Unanständiges (!) getan, daß er nicht weiterdienen kann, so muß ich verwerfen, was er spricht, und wäre er so weise wie Aristoteles."

Je nun, es gibt Gestalten in der Geschichte, die sogar so Unanständiges getan, daß sie nicht nur die Uniform ablegen, sondern

Schierlingsbecher leeren und auf dem Holzstoß oder am Kreuze sterben mußten — die wären wohl bei meinem Herrn Grafen einer noch stärkeren Kritik verfallen.

Eine Stunde vor Beginn wurden die Saaltüren geöffnet, und die schon lange wartende Menge stürzte im Eilschritt hinein. Der große Raum war rasch gefüllt, auf der Galerie stellten sich die Leute hinter den Sitzreihen auf. Der Zutritt war frei: „Jedermann geladen" — so wollte es Egidy.

Am Präsidiumstische neben mir nahm der Regierungsvertreter Platz. Ich sagte einige einleitende Sätze, dann trat Egidy vor, und — wie Glockenton klangen seine Worte hinaus. So war es immer, wenn dieser Redner sprach: Erz in der Stimme, Gold in den Worten, Weihe im Raum.

Die Zarenbotschaft gab den Text ab.

Nachdem er auseinandergesetzt, was in dieser Botschaft enthalten ist, ließ Egidy die verschiedenen Arten des Unverständnisses und der Mißdeutung Revue passieren, welchen sie in der Welt begegnet ist. Die rings erhobenen Zweifel und Fragen, die von den Kulturbremsern (das ist so ein Wort Egidyscher Prägung) aufgezählten Detailschwierigkeiten — das alles beantwortete und erläuterte er in klarer, mitunter witziger, immer logisch knapper Weise. Und die Zuhörerschaft vibrierte mit; bei jeder satirischen Pointe ging ein Lachen, bei jeder Anspielung ein verständnisvolles Surren durch den Raum. Man hätte glauben müssen, alle seien von des Redners Meinung durchdrungen, dennoch wie viele von den Anwesenden werden wohl noch vor ein paar Stunden gesagt haben, was sich ja als gangbare Mehrheitsansicht in Umlauf gesetzt hatte: „Der Abrüstungsvorschlag? . . . Hm . . . politischer Schachzug — gelegte Falle — praktisch unausführbare Schwärmerei . . ." Am charakteristischsten von diesem gangbaren Skeptizismus ist mir das Bild eines Abgeordneten (Mitglied der Interparlamentarischen Union noch dazu) eingeprägt geblieben, der, nachdem ich über das Manifest eine Zeitlang gesprochen, den Kopf nach meiner Seite warf und mit listigem Augenzwinkern sagte: „Glauben S' die G'schicht?" . . .

Dieses Wort wurde zwischen dem Meinen und mir geflügelt; so oft der eine dem anderen etwas ganz Zweifelloses, Einfaches mitgeteilt hatte, setzten wir unsere pfiffigste Miene auf und zischten: „Glauben S' die G'schicht?"

Nach dem Vortrag war Egidy unser Gast bei einem Souper, das wir im Verein mit Baron Leitenberger und noch einigen Freunden ihm zu Ehren bei Sacher veranstaltet hatten. Dabei spielte sich ein hübscher Auftritt ab. In unserer Gesellschaft befand sich ein ehemaliger Offizier, jetzt Abgeordneter und Vizepräsident der österreichischen Interparlamentarischen Gruppe, Herr von Gniewocz. Dieser brachte das Gespräch auf den Feldzug 1866, den er mitgemacht. Egidy erzählte nun, daß er auch dabei gewesen, und da riefen beide Herren einige Episoden ins Gedächtnis zurück, darunter eine, bei der es sich — durch Anführung von Details — herausstellte, daß sich die beiden persönlich als Gegner gegenüberstanden. Und nun waren sie hier, beide als Anhänger und Kämpfer für die Friedenssache in froher Festlaune vereint. Diesem Souper war auch der damals in Wien anwesende Mark Twain zugezogen. Der amerikanische Humorist benutzte den Zwischenfall Egidy-Gniewocz zu einer brillanten, zugleich witzigen und gefühlvollen Improvisation. Er hatte auch dem Vortrage beigewohnt, war von der Versammlung erkannt und zum Sprechen aufgefordert worden. Da hatte er die Tribüne betreten und sich bereit erklärt — er trage zwar nur ein Federmesser bei sich —, sofort abzurüsten.

*

Einige Tage später sollte ich einen Mann persönlich kennen lernen, der in der Friedensbewegung einen der hervorragendsten Plätze einnimmt und mit dessen Wirken und Arbeiten ich schon längst bekannt war: W. T. Stead. Ein mit diesem Namen gezeichnetes Telegramm aus Wien forderte mich auf, mit dem Absender, der auf der Durchreise sei, eine Zusammenkunft zu verabreden. Freudig entsprach ich diesem Wunsche, und am folgenden Abend verbrachte ich mehrere Stunden mit dem berühmten englischen Publizisten, bei frugalem Souper und angeregtester Unterhaltung. Wir sprachen über hunderterlei Dinge.

In der äußeren Erscheinung: Gentleman, leicht ergrauende Haare und Vollbart; edle, offene Züge, Alter 49; in der Unterhaltung voll witziger Einfälle und umfassendem Weitblick. Was ihn charakterisiert, konnte man nennen: die Energie der Sanftmut, Weichheit und Tatkraft — dazu Humor; das scheinen die hervorragendsten Züge seines Wesens.

Sohn eines protestantischen Geistlichen, ist er in strengem Kirchenglauben aufgewachsen. Seither jedoch zu Geistesfreiheit, zur Abstreifung jeglichen Dogmas gelangt, ist ihm ein tiefreligiöser Geist geblieben, und er ist von der Ueberzeugung durchdrungen, daß der Geist des Guten — Gott — diese Welt allmählich zur Vollkommenheit lenkt und sich dabei begeisterter Menschen als Werkzeuge bedient; Menschen, welche wissen, daß sie im Dienste eines hohen Prinzips wirken und durch den Rückhalt, den sie an ihrer göttlichen Sendung haben, sich gekräftigt und gehoben fühlen, voll froher und mutiger Zuversicht.

Zweck seiner Reise war, zu eruieren, wie man sich in den verschiedenen Ländern, namentlich in den offiziellen Kreisen, zu dem Manifest des russischen Kaisers verhält, und besonders auch, welche Richtung der Zar selber und seine Minister der kommenden Konferenz zu geben gedenken.

Er war auf einer Rundreise durch Europa begriffen und kam gerade von Livadia, noch unter dem Eindruck zweier längerer Unterredungen, die ihm der junge Zar gewährt hatte. Nicht als Journalist war er empfangen worden, sondern dieser Vorzug ward ihm auf Wunsch des verstorbenen Kaisers Alexander III. zuteil. Vor ungefähr zehn Jahren war in der öffentlichen Meinung in England ein ganz falsches Bild des russischen Selbstherrschers verbreitet. Man schilderte ihn als mürrisch, gewalttätig und lügenhaft. Und namentlich galt es für ausgemacht, daß er auf dem Punkte stehe, einen Weltkrieg zu entfesseln. Dem Publizisten Stead gelang es, diese Ansicht zu zerstreuen. Er wurde im Jahre 1888 am kaiserlichen Hoflager zu Gatschina empfangen, und der Kaiser hatte mit ihm eine ganz offene Unterredung geführt. Als Stead heimkam, konnte er allseitig berichten, daß Alexander III. ganz das Gegenteil der landläufigen Vorstellung sei, ein Feind aller Lüge und von heftigstem Abscheu gegen den Krieg erfüllt. Diese Mitteilungen haben die öffentliche Meinung umgestimmt und können dazu beigetragen haben, daß die schwebende Kriegsgefahr abgewendet wurde.

Was mir Stead von dem Eindruck erzählte, den er während seiner Audienzen von Nikolaus II. empfangen, ließ darauf schließen, daß der junge Kaiser von der Sache des Manifestes durchdrungen sei.

Ich klagte über die Verständnislosigkeit, den Stumpfsinn und mitunter auch feindliche Tücke, denen jene Botschaft begegnet, denn die Enttäuschung war mir eine unerhörte gewesen; so fest hatte ich geglaubt, daß, mit Ausnahme kleiner Kreise, die Welt in Jubel ausbrechen müsse, wenn ihr die Hoffnung so nahe gebracht wird, von ihrem drückendsten Alp befreit zu werden. Darauf antwortete Stead:

„Das Manifest ist ein Spiegel — eine Art Zauberspiegel. Man hält es vor die Menschen hin, die man kennen lernen will, und je nachdem sie urteilen, spiegelt sich klar ihres Geistes und ihres Charakters Bild." — „Da sich aber fast überall ein kleines, garstiges Bild zeigt," klagte ich weiter, „da durch Mißtrauen, Lauheit, offenen und versteckten Widerstand dem vom Zar aufgesteckten Ziel entgegengearbeitet wird, so kann das hohe Werk noch scheitern ..."

„So kleingläubig? ... Sie? ... Solches Wort kann verzögert werden. Doch ganz zum Schweigen gebracht? Nimmermehr. Ich selber, als ich die europäischen Städte bereiste, fing an zu verzagen, aber was ich in Rußland erfahren, hat mich wieder aufgerichtet. Der Kaiser will — glaube ich — da er die Hand an den Pflug gesetzt, nun auch eine Furche ziehen, und seine drei Minister sind bei der Sache. Der eine ist Kuropatkin, der Kriegsminister, dessen Ehrgeiz dahin geht, die Rüstungen aufzuhalten; der zweite ist der Finanzminister Witte; der dritte Graf Lamsdorff, Schüler und Nachfolger Giers', der die arbeitende Kraft im Ministerium des Aeußern ist.

„Was die Aufgaben der bevorstehenden Konferenz betrifft," so erzählte Stead weiter, „so denken selbstverständlich weder der Zar noch irgendeiner seiner Minister an eine Abrüstung im eigentlichen Sinne des Wortes; eine solche soll auch gar nicht vorgeschlagen werden. Das praktische Ziel der Verhandlungen soll dahin gehen, einen Stillstand in den stets wachsenden Rüstungen herbeizuführen."

Auf seiner Reise hat Stead auch den Staatsrat von Bloch, den Verfasser des großen Werkes „Der Krieg", aufgesucht. Dieses Werk soll auf den Zaren — schon als er noch Kronprinz war — großen Eindruck gemacht haben und dürfte vielleicht den Impuls zu dem Reskript gegeben haben. Auf Steads Frage, was er (Bloch) von der Konferenz erwarte, antwortete dieser: „Meine Idee über das, was am nützlichsten getan werden könnte, wäre: Wenn die Konferenz nach ihrer ersten Session ein Komitee ihrer fähigsten Mitglieder ernennen würde, das mit einer Enquete betraut wäre über das Maß, in welchem die moderne Kriegführung unter den gegenwärtigen sozialen Bedingungen praktisch unmöglich geworden ist, unmöglich nämlich ohne bisher unerhörte Lebensopfer auf dem Schlachtfelde, ohne vollständigen Zusammenbruch des gesellschaftlichen Gebäudes, ohne unausweichlichen Bankrott und drohende Revolution."

Von Wien aus ist Stead nach Rom gefahren, wo er vom Papste einige ermutigende Worte zu hoffen hörte, um so mehr, als Leo XIII. sich schon mehrere Male in dem gleichen Sinne ausgesprochen hatte. Es ist Stead jedoch nicht gelungen, eine Audienz im Vatikan zu erlangen.

Der russische Minister Murawjew war gleichfalls auf einer Rundreise durch Wien gekommen, wo er sich zwei oder drei Tage aufhielt, um hier wie in den übrigen Hauptstädten bei Hofe und bei den Ministern Rücksprache zu pflegen und sich persönlich zu überzeugen, welche Aufnahme das Reskript gefunden; — unter welchen Voraussetzungen die Staatsoberhäupter sich bereitfinden würden, die Konferenz zu beschicken.

Ich erbat mir eine Unterredung vom Minister, und er ließ mir umgehend sagen, daß er mich gerne am folgenden Vormittag im Palais der russischen Botschaft, wo er abgestiegen war, empfangen wolle.

Wir hatten kaum den Salon betreten (mein Mann begleitete mich), als bei einer anderen Tür Graf Murawjew hereinkam. Mittelgroß, grauer Schnurrbart, freundliches, rundes Gesicht. Trotz einiger Kälte und Gemessenheit sympathische Erscheinung. Wie alle russischen Grandseigneurs verbindlichste Umgangsformen und tadelloses Französisch. Es freue ihn unendlich, so begrüßte er mich, eine eifrige Verfechterin der Idee kennen zu lernen, zu deren Aposteln der Zar und seine Regierung sich jetzt gemacht haben — eine Idee, von der er zuversichtlich hoffe, daß sie nach und nach die Welt erobern werde.

Aus der fast einstündigen Unterhaltung habe ich sofort, als ich nach Hause kam, folgende Aeußerungen des Grafen in mein Tagebuch notiert:

Es sei nicht zu hoffen, daß das Ziel in kurzer Zeit erreicht sein werde. Man brauche nur an die Genfer Konvention zu denken, auch da hat es Jahre gebraucht, bis es zu der jetzigen umfassenden Organisation gekommen ist. Auf einmal muß immer nur ein Schritt gemacht werden. Vorläufig ist der Stillstand der Rüstungen die erste Etappe. Es sei nicht zu hoffen, daß die Staaten in gänzliche Abrüstung oder auch nur in Verminderung des Kontingents willigten, aber wenn man zum vereinbarten Innehalten in dem „Wettlaufe zum Ruin" gelangte, so wäre das schon ein günstiges erstes Ergebnis. Fortan müsse dahin gearbeitet werden, den Weltfrieden auf sichere Basis zu bringen, da ein Zukunftskrieg ein Ding des Schreckens und des Ruins — eigentlich ein Ding der Unmöglichkeit wäre; die gegenwärtigen Heeresmassen im Felde zu verpflegen wäre unausführbar — das erste Ergebnis eines zwischen den Großmächten geführten Krieges wäre die Hungersnot . . .

Aus den letzten Worten hörte ich den Widerhall aus Blochs Doktrin heraus, und das stimmt zu der Annahme, daß das Werk des russischen Staatsrats mit den Anstoß zur Abfassung des Reskripts gegeben. Nur hatte Bloch zu dem Worte Hungersnot noch Revolution und Anarchie gefügt.

Aus dem, was Murawjew über seine eben gemachte Rundreise erzählte, ließ sich schließen, daß seine Anwesenheit und Intervention zur Folge hatte, daß dem Faschodakonflikt die Spitze abgebrochen worden. Es ließ sich auch schließen, daß es ihm aus der Rücksprache mit den verschiedenen Machthabern klar geworden, daß vorläufig keine Neigung besteht, in Herabsetzung der Heere oder in prinzipielle Abschaffung von Krieg und Kriegsmacht zu willigen; und angesichts dieser Schwierigkeit mußte ein Boden gefunden werden, auf dem man gemeinsam zu einem ersten Schritt — Rüstungsstillstand — gelangen könne. „Man kann nicht hoffen," sagte er, „daß schon bei dieser ersten Konferenz das große Endziel erreicht werde."

„Es würde genügen," bemerkte ich, „wenn sich die Mächte einigten, in den nächsten zwanzig — oder doch zehn Jahren — keinen Krieg zu führen."

„Zwanzig Jahre — zehn Jahre! Vous allez trop vite, madame. Man könnte schon zufrieden sein, wenn eine solche Vereinbarung für drei Jahre geschlossen würde. Aber ich glaube, auch das wird nicht verlangt werden. Vor allem soll man sich verpflichten, keine Steigerung der Kontingente, keine Neuanschaffung von Vernichtungswerkzeugen vorzunehmen. Die ewigen Mehrforderungen bedeuten ja stets einen Kampf zwischen den Kriegs- und Finanzministern."

„Friedensministerien sollte man einsetzen," unterbrach mein Mann.

„Friedensministerien?" wiederholte er nachdenklich ... „Nun ja, Schiedsgerichte, Völkertribunale ..." Und mit großer Sachkenntnis sprach er von allen Postulaten der Friedensbewegung.

„In meiner Jugend," erzählte er, „als die Bewegung noch in ihren Anfängen war — ich war damals Attaché in Stockholm —, habe ich mich als Mitglied der Liga eingeschrieben."

Ich berichtete einiges aus dem Stand und Fortgang der Bewegung. Vieles davon war ihm bekannt. Die Namen der hervorragenden Vertreter, die ich erwähnte, sind ihm geläufig: von Egidy sprach er zuerst. Ich überreichte ihm die Broschüre Houzeau-Descamps', einige Aufrufe und Artikel. Er bat mich, ihn auch ferner auf dem laufenden zu halten.

Als ich am Schlusse meine Freude darüber ausdrückte, die Hand, die jenes epochemachende Manifest geschrieben, drücken zu dürfen, antwortete er:

„Je n'y suis pour rien — ihr einziger Verfasser ist mein erhabener Souverän."

— — — — — — — — — — — — — — — —

Der spanisch-amerikanische Friedensschluß wurde in Paris unterzeichnet. Unser Kollege Emile Arnaud richtete an die mit dieser Transaktion betraute Kommission eine Eingabe, worin unter anderem die Anbahnung eines spanisch-amerikanischen Schiedsvertrages suggeriert wird. Vom Vorsitzenden der spanischen Kommission lief folgende Antwort ein:

> Geehrter Herr Präsident!
>
> Ich habe Ihren geschätzten Brief vom 4. ds. erhalten, in welchem Sie mir die Ehre erweisen, mir die Resolutionen der Turiner Delegiertenversammlung mitzuteilen. Die Wünsche der Kommission, deren Vorsitzender ich bin, sowie meine eigenen persönlichen Gefühle sind in Uebereinstimmung mit den von der Friedensliga so edel verfolgten Zielen. Alle rechtdenkenden Menschen, deren Seele über die Konflikte erhaben sind, die aus den Leidenschaften und Interessen der Kolonialpolitik entstehen, sind heutzutage darin einig, die Notwendigkeit anzuerkennen, daß die Streitigkeiten zwischen den Völkern durch das einzige, vernünftiger und freier Wesen würdige Mittel geschlichtet werden sollen. Unsere Kommission war bisher und wird auch künftighin von diesen Ideen durchdrungen bleiben, und sollten diese schönen Bestrebungen scheitern, so wird es nicht ihre Schuld sein. Ich danke Ihnen unendlich für die liebenswürdigen Anträge, die Sie mir im Namen der Friedensliga machen, und bleibe Ihr hochachtend ergebener
>
> Montero Rios.

*

Die Dreyfusaffäre hat sich immer mehr zu einem Verzweiflungskampf zugespitzt; das militaristische System kämpft um seine bedrohte Autorität. Dabei hat sich etwas Erfreuliches vollzogen: Die Verbindung der Intellektuellen mit den Arbeiterkreisen.

*

General Türr hatte Audienz bei König Humbert. Er sprach dabei — im Hinblick auf die vom Zaren einberufene Konferenz — von der Notwendigkeit, den Zweibund mit dem Dreibund zu verschmelzen und eine europäische Konföderation zu bilden. „Diese Tatsache verdient notiert zu werden," schrieb ich neben die Nachricht in mein Tagebuch.

*

Eine gar traurige Eintragung finde ich unterm 30. Dezember:

Egidy tot!

Gestern früh, von einer Vortragsreise zurückgekehrt, ist er einem akuten Herzleiden erlegen. Weiter weiß ich noch nichts — ich weiß nur, daß eine Lücke in mein Leben gerissen ist, denn ich habe diesen

Edlen warm geliebt — in dankbarer Bewunderung zu ihm aufgeschaut ... Sein Einfluß wird fortleben — aber das, was er noch getan und gewirkt hätte mit seiner persönlichen Zaubergewalt, das ist nun dahin ... Moritz von Egidy, leb wohl!

Einige Zeit später erhielt ich von seinem Sohne folgenden Brief:*)

Kiel, den 17. März 1899. Marineschule.

Hochzuverehrende Frau Baronin!

Verzeihen Sie, daß erst die erneute Uebersendung der Februarnummer Ihrer Monatsschrift mir den Anstoß gibt, meinen Dank nun nicht länger hinauszuschieben.

Welch einen wohltuenden Ausdruck haben Sie für Ihre und unsere Trauer in den Worten gefunden: „Das Bewußtsein, daß ein Egidy da ist“;**) innig und von ganzem Herzen danke ich Ihnen für das Wort; es ist mir so unendlich mehr wert als viele, viele, auch sehr liebe und wohlgemeinte Worte, weil es — es mag wohl wenig altruistisch klingen, soll aber

*) Es war nicht sein erster Brief an mich. Wenige Monate früher hatte der junge Egidy mich aus weiter Ferne mit folgendem Schreiben überrascht und erfreut:

S. M. S. „Seeadler“.
Tulléor (Madagaskar), 20. April 1898.

Gnädige Frau Baronin!

Als erster deutscher Seeoffizier, der nach dem siebziger Kriege vom Bord eines Kriegsschiffes aus heute französischen Boden betritt, erlaube ich mir, Ihnen diesen ehrfurchtsvollen Gruß zu senden.

Es ist keine große politische Aktion, die uns hierherführt, aber die Tatsache an sich, daß deutsche Kriegsschiffe wieder französische Häfen anlaufen, ist symptomatisch und wird von Ihnen gewiß mit Genugtuung begrüßt; deshalb wollte ich mir die Freude nicht versagen, Ihnen von derselben Kenntnis zu geben.

Es drängt mich, gnädige Frau, Ihnen bei dieser Gelegenheit den Dank des Sohnes auszusprechen für die treue „Waffen“brüderschaft, die Sie dem Vater halten — ich weiß, wie wertvoll sie für ihn ist und wie dankbar er sie empfindet.

Mit der Bitte, mich Ihrem Herrn Gemahl gehorsamst zu empfehlen, bin ich

Ihr hochachtungsvoll ergebener
Moritz von Egidy, Leutnant zur See.

**) Die Stelle aus meinem Nachruf, auf die hier angespielt ist, lautete:

Das Bewußtsein, daß ein Egidy da ist, das war ein so beruhigendes, stärkendes, frohes Bewußtsein. Wir hatten ihn: dieser Besitz war gleichsam wie der Besitz eines Scheckbuches. Brauchte man irgendwie Stütze, Stärkung, Mithilfe in einem geistigen Kampf, in einem ethischen Dilemma — man brauchte den Scheck nur vorzuweisen: Egidy honorierte ihn rasch und bar. Immer das richtige Wort, die schwankungslose Gesinnung, der schlackenreine Menschenadel. Mochte man noch so sehr von allen Seiten hören: „Die Welt ist schlecht, jeder denkt nur an sich — es wird nicht besser — es gibt keine klaren Pflichtbegriffe, keine geraden Tugendwege,“ da konnten wir ruhig lächeln ... das ist nicht wahr: Es ist ein Egidy da!

deshalb nicht unausgesprochen bleiben — weil es einen Gedanken belebt, der mir in der Empfindung lag, für den ich aber noch keinen Ausdruck gefunden. Ich weiß nicht, ob Sie dieses unmittelbare Gefühl des Dankes kennen, das über einen in solchem Falle kommt, und welches ich Ihnen darbringen möchte.

Um so mehr tut es mir leid, Ihnen sagen zu müssen, daß Sie über Vaters Beerdigung schlecht berichtet worden sind; schlecht namentlich um deswillen, weil der Bericht so gar nicht in Vaters Geist gehalten ist. Es fehlt die Anerkennung der mutvollen, großherzigen Tat des Geistlichen, des Hofpredigers Rogge, dessen Gestalt im Gegenteil dadurch, daß seiner nur bei der Gelegenheit erwähnt wird, wo er, der Vorschrift unserer Kirche (in der der Vater doch geblieben ist) Genüge tuend, den Segen spricht, in ein ganz falsches Licht gerückt erscheint. Jawohl, eine Tat war es, und eine mutvolle auch, für einen königlich preußischen Hofprediger, der am nächsten Tage vielleicht vor dem Kaiser in der Potsdamer Garnisonskirche gepredigt hat, solche Worte zu sprechen, wie Frau Baronin sie im Februarheft der „Versöhnung" finden, und der Eindruck dieses seines Tuns auf die Versammelten war ein ganz außerordentlicher, wie dies auch rückhaltlos von Menschen anerkannt wurde, die vielleicht seit Jahrzehnten zum ersten Male einen Geistlichen wieder hörten, und die mit der stillen Befürchtung hingekommen waren, ihre liebevollen Gefühle gegenüber dem Vater in irgendeiner Weise verletzt zu sehen. — Ja, der lange Weg zum Grabe; aber doch hat er mir und der prächtigen Mutter, die ich führen durfte, eine so felsenfeste Zuversicht ins Herz gegossen; unsere Blicke wurden immer wieder von dem blendend weißen Reiherstutz auf der Husarenpelzmütze angezogen, die da vor uns hernickte, im Gleichschritt der Träger; der weiße Federbusch, nach oben zeigend, wurde für uns ein Symbol in den sich senkenden Schatten des Abends — Sie kennen doch sein Wort: „Vorwärts, aufwärts!"

Von besonderem Interesse war mir die Nachricht auf S. 61 über die Resolution der englischen organisierten Arbeiterschaft (es sind wohl die Trade-Unions darunter verstanden), da ich gerade am Abend, bevor ich das Buch erhielt, eine längere Auseinandersetzung mit dem Professor, der uns hier an der Akademie Geschichte vorträgt, hatte; er führte mir gegenüber aus, infolge des englischen Wahlgesetzes würde die ausschlaggebende Macht im englischen Parlament sich immer mehr nach der Seite der Masse, d. h. der Arbeiter, wenden, und darin liege die Hauptgefahr für den Frieden, denn der Instinkt der Masse sei immer auf den Krieg gerichtet, namentlich in England, wo den Leuten ihre imperialistischen Ideen, gepaart mit einem immer mehr sich ausprägenden Nationaldünkel, in den Kopf steigen.

Eine treffendere Antwort als die genannte Resolution kann ich mir auf diese Behauptung kaum denken.

Habe ich Ihnen schon früher erzählt, Frau Baronin, daß ich den „Marmaduke" (im englischen Text) einem französischen Seeoffizier mit der Widmung «Un souvenir nos idées qui se rencontraient» geschenkt habe, und zwar nach einer Rede, die in Gegenwart von französischen Armee- und Marineoffizieren, Beamten und Kaufleuten, allerdings morgens um vier Uhr in unserer Offiziersmesse auf dem „Seeadler", auf die Alliance franco-allemande gehalten wurde, und das nahe vor Faschoda, wo die russische Freundschaft eine noch sehr dicke war. Die Tatsache ist deshalb bemerkenswert, weil der Franzose sonst in größerem Kreise ganz außerordentlich vorsichtig und zurückhaltend ist. Uebrigens wurde die Rede von einem französischen Arzt gehalten, der mit Marchand die Expedition mitgemacht, auf der mangelnde Unterstützung seitens seiner rückwärtigen Stationen ihn zur Umkehr zwangen. Man wußte damals im April 1898 in Madagaskar ganz genau, daß eine französische Expedition am Nil angekommen sein müsse oder in nächster Zeit ankommen werde — man erwartete eigentlich jeden Tag die Nachricht darüber.

Ich schließe mit der Bitte, mich dem Herrn Gemahl sehr empfehlen zu wollen, und küsse Frau Baronin die Hand als

Ihr sehr ergebener

Moritz von Egidy.

57

Vor dem Haag

Stead erzählte mir, Kaiser Nikolaus habe ihm gesagt, indem er von seinem Rundschreiben sprach:

„Habe ich einen einzigen Brief erhalten, hat mir einer Vorstellungen gemacht, daß ich die Gefahr übertreibe? . . . Nicht einer; sie geben es alle zu, daß ich wahr gesprochen. ‚Aber,' fragen Sie mich, ‚was schlagen Sie vor, um es zu hindern?' Als ob es meine und nur meine Sache wäre, ein Mittel gegen eine Krankheit zu verschreiben, an der doch alle Nationen leiden."

Auch von seiten der Völker kam nicht jener Enthusiasmus, den der Verfasser des Reskripts erwartet haben mochte. Wie, er ruft seine Mitregierenden auf, die Last zu vermindern, die auf den Schultern der Völker drückt, und fordert sie auf, die Mittel zu suchen, dem Unheil vorzubeugen, das die ganze Welt bedroht — und was ist die Antwort darauf? — Die Massen, an die der Kaiser besonders appelliert hatte, waren gleichgültig geblieben. Obwohl die zwischen Frankreich und England drohende Kriegsgefahr verscheucht schien, wurden die Vorbereitungen auf beiden Seiten fortgesetzt. Der deutsche Kaiser, von seiner Jerusalemfahrt zurückgekehrt, machte sich sofort daran, sein Heer um 26000 Mann zu vermehren.

In Petersburg stellte sich ein Gefühl tiefer Entmutigung ein. Anfangs Dezember war die Enttäuschung so groß, daß man fast entschlossen war, das Projekt aufzugeben und die Konferenz durch eine Gesandtenversammlung in Petersburg zu ersetzen.

Aber so ganz und gar gleichgültig war die Welt doch nicht geblieben. In England waren Massenkundgebungen zugunsten der einberufenen Konferenz gemacht worden. W. T. Stead lancierte das Projekt eines internationalen Friedenspilgerzuges; die Friedensvereine des Kontinents gaben ein kräftiges Echo; so zum Beispiel sorgte in Oesterreich unser Verein dafür, daß in Versammlungen und öffentlichen Kundgebungen Anschluß an jene Aktion erwirkt wurde, und durch mehrere Wochen bildete der „Internationale Friedenskreuzzug" eine stehende Rubrik in der „Neuen Freien Presse" und im „Neuen Wiener Tagblatt". Ebenso regten sich die Pazifisten der anderen Länder.

Bei der russischen Regierung wurde dadurch — sowie durch den Einfluß einiger entschlossenen Mitglieder derselben — die Hoffnung auf Erfolg wieder geweckt und der schon halb gefaßte Entschluß, die Konferenz durch eine einfache Gesandtenversammlung zu ersetzen, wieder fallen gelassen, und am 16. Januar ist ein zweites Rundschreiben des Grafen Murawjew versendet worden. Darin wurden die Regierungen neuerlich aufgefordert, die geplante Konferenz zu beschicken und ein Programm in acht Punkten ihnen „vorgeschlagen".

1. Uebereinkommen für eine zu bestimmende Frist, die gegenwärtigen Effektivstände der Land- und Seekräfte sowie die Budgets des Krieges und was damit im Zusammenhang steht, nicht zu erhöhen. Vorläufige Untersuchung über die Wege, um in Zukunft sogar eine Verminderung der obenerwähnten Effektivstärken und Budgets zu erreichen.

2. Verbot, daß in den Heeren und Flotten irgendwelche neue Feuerwaffen und Explosivstoffe oder kräftigere Pulversorten als die gegenwärtig für Gewehre wie für Kanonen benutzten in Gebrauch genommen werden.

3. Einschränkung der Verwendung schon vorhandener Explosivstoffe von verheerender Wirkung und Verbot, Geschosse oder irgendwelche Explosivstoffe von einem Luftballon aus oder durch Benutzung anderer analoger Mittel zur Verwendung zu bringen.

4. **Verbot**, in Seekriegen Untersee- oder Tauchertorpedoboote oder andere Zerstörungsmittel derselben Art zu benutzen und Verpflichtung, in Zukunft keine Kriegsschiffe mit Sporen mehr zu bauen.

5. Anwendung der Bestimmungen der Genfer Konvention von 1864 auf Seekriege auf Grund der Zusatzartikel von 1868.

6. Neutralisierung der während der Seegefechte oder nach denselben mit der Rettung Schiffbrüchiger betrauten Rettungsschiffe oder Boote auf derselben Grundlage.

7. Revision der auf der Brüsseler Konferenz von 1874 ausgearbeiteten und bis heute nicht ratifizierten Erklärung, betreffend die Kriegsbräuche.

8. Grundsätzliche Annahme der „guten Dienste" der Vermittlung und des fakultativen Schiedsgerichtsverfahrens in dazu geeigneten Fällen zu dem Zwecke, bewaffnete Zusammenstöße zwischen den Völkern zu vermeiden; Verständigung in betreff der Anwendungsweise dieser Mittel und Aufstellung eines einheitlichen Verfahrens für ihre Anwendung.

Es versteht sich, daß alle die politischen Beziehungen der Staaten und die durch Verträge bestimmte Ordnung der Dinge betreffenden Fragen sowie überhaupt alle Fragen, die nicht unmittelbar zu dem von den Kabinetten angenommenen Programm gehören, von den Verhandlungen der Konferenz ausgeschlossen bleiben.

Wenn man den Text des zweiten Rundschreibens mit dem ersten vergleicht, so sieht man, wieviel Wasser in den Feuerwein gegossen wurde, der anfänglich der Welt gereicht ward. Von den Punkten 3—7 ist im ersten Dokument keine Spur. Nur in Punkt 1 und 8 sind dessen Grundgedanken festgehalten. Die sechs anderen Punkte wurden offenbar eingeschoben als das Ergebnis der Antworten, Ratschläge und Stimmungen, die Graf Murawjew auf seiner Rundreise gesammelt hatte, und vielleicht auch in persönlichen Briefen, die von den Höfen eingelaufen waren. Auch in der Presse hatten sich zahlreiche Stimmen erhoben, daß das einzig Vernünftige und Positive, das sich auf der Konferenz erreichen ließe, auf dem Gebiet der zu modifizierenden Kriegsgesetze und demjenigen des Roten Kreuzes zu finden sei. Hier konnten und wollten auch diejenigen mittun, die keine Gegner von Krieg und Militarismus sind. Aus diplomatischen Rücksichten auf diese wurden die betreffenden sechs Punkte eingeschoben. Für das Rote Kreuz setzte sich besonders der berühmte Kriegschirurg Professor Esmarch (ein Schwager der deutschen Kaiserin) auf der Konferenz ein.

Durch dieses Einführen der Fragen der Kriegsbräuche und der Kriegshumanisierung in die Beratungen der Friedenskonferenz wurde (gewiß nicht unabsichtlich) ein Keil in sie hineingetrieben, der geeignet war, sie ihres eigentlichen Charakters zu berauben. Das hat sich besonders deutlich an der zweiten Haager Konferenz von 1907 erwiesen. — Aber ich will der historischen Entfaltung der Dinge nicht vorgreifen. Einstweilen halte ich bei 1899, dem letzten Jahr des scheidenden Jahrhunderts. Die Konferenz war einberufen, das Datum ihrer Eröffnung festgesetzt, Punkt 1 und Punkt 8 des Programms enthielten im Keim alles, was eine vollständige Umwälzung im Sinne der Friedenskämpfer nach sich ziehen konnte, und ich erinnere mich, daß wir — ich meine, mein Gatte und ich und alle unsere Kollegen — vor dem angekündigten Ereignis standen wie vor einem verheißungsvollen Wendepunkt, mehr noch: wie vor einer Erfüllung. Nicht nur wie etwas, das in der Welt draußen geschieht, sondern als ureigenstes Erlebnis, als eine ganz persönliche Schicksalsphase empfand ich dieses zeitgeschichtliche Phänomen. Und betrachtete es als „das Wichtige".

Zu dieser Auffassung zuckten die Skeptiker von damals die Achseln, und auch die Klugen von heute würden vielfach dazu lächeln: ist ja doch aus der Haager Konferenz nicht der Weltfriede entstanden, im Gegenteil: schreckensvolle Kriege sind ihr gefolgt, und seit ihrer Einberufung und ihrer Wiederholung hat der Rüstungswettlauf mit beschleunigter Kraft zugenommen. Gegen solche naive Argumentation, die sich auf die Aufeinanderfolge der Ereignisse, statt auf deren Zusammenhang und auf die Ursachen stützt, ist schwer aufzukommen. Es gibt Geister, die auf dem Schachbrett des sozialen Lebens absolut nicht weiter blicken können als von einem Feld, von einem Zug zum nächsten.

Freilich für die große Allgemeinheit war die ganze Sache etwas so Neues, Präzedenz- und Vorbereitungsloses; es gab so gar keine ausgetretenen Gedanken- und Gefühlspfade noch, die zu ihr führten, daß das weitverbreitete Unverständnis etwas ganz Natürliches war. Für uns andere, die seit Jahren auf dieses Gebiet unsere Arbeit, unser Sehnen und Sinnen konzentrierten, für uns, die wir die Ursprünge verfolgt und das leuchtende Ziel klar vorgezeichnet sahen, für uns war es ebenso natürlich, daß wir die neue Zeit — die krieglose Zeit, l'ère sans violence, wie Egidy sie nannte, schon gekommen sahen, als die ersten Schritte zu ihrer praktischen Einführung so offenkundig eingeleitet waren.

Im Januar 1899 fuhren mein Mann und ich nach Berlin, um auch dort für den Kreuzzug zu werben oder doch sonst eine Kundgebung zugunsten der kommenden Konferenz zu veranlassen.

Unser erster Besuch galt dem russischen Botschafter Osten-Sacken. Merkwürdigerweise fanden wir in ihm keinen Enthusiasten für die von seinem „auguste maître" inaugurierte Sache; auch seine Gattin zeigte sich ziemlich skeptisch.

Ich richtete an verschiedene Sommitäten der Berliner politischen und wissenschaftlichen Kreise Einladungsbriefe zu einer Besprechung. Viele der Herren sind meinem Rufe gefolgt, und nach sehr interessanter Debatte bildete sich ein Komitee zur Förderung von öffentlichen Kundgebungen zugunsten der Friedenskonferenz. Leider weist mein Tagebuch von damals eine Lücke auf, und ich kann nicht alle namhaft machen, die meiner Einladung und meiner Anregung nachkamen, oder die sich ablehnend dazu verhielten. Ich weiß nur noch, daß die Abgeordneten, Theodor Barth und der Direktor der Sternwarte, Professor Förster, unter den ersten waren, daß General du Verdy einen sehr sympathievollen Brief geschrieben und daß Bebel mit folgendem interessanten Schreiben antwortete, das noch in meinem Besitze ist:

Berlin, 31. Januar 1899.

Hochgeehrte Frau!

Sie hatten die Güte, mich für den verflossenen Sonntag zu einem Besuche einzuladen.

Ich war leider außerstande, diesem Wunsche folgen zu können, weil der Brief keine Angabe über Ihre Wohnung enthielt und ich dieselbe erst nachträglich erfahren konnte.

Erlauben Sie mir, hierbei gleich ein paar Worte über meine Stellung zur Frage des Friedensmanifestes des russischen Kaisers hinzuzufügen, da ich annehmen darf, daß ich dieser Angelegenheit die Ehre Ihres Schreibens zu verdanken habe.

Die Sozialdemokratie steht dem dem Manifest zugrunde liegenden Gedanken sympathisch gegenüber. Sie ist bisher im deutschen Reichstag die einzige Partei gewesen, die der Entwicklung des Militarismus fast mit denselben Worten wie der russische Kaiser entgegengetreten ist; sie vertritt allein und konsequent die Idee der Völkerverbrüderung zwecks Förderung der gemeinsamen Kulturaufgaben der Menschheit.

Daß nun der Monarch eines Reiches wie das russische, dessen Politik bisher die Entwicklung des Militarismus mit in erster Linie förderte und notwendig machte, nunmehr als ein Gegner auftritt, ist hoch anerkennenswert, kann uns aber nicht verhindern, dem Vorgehen mit einem gewissen Mißtrauen zu begegnen, bis nicht durch entsprechende Taten bewiesen wurde, daß dieses ungerechtfertigt ist. Die Einberufung der Konferenz mit dem bekannten, neuerdings veröffentlichten Programm genügt dazu noch nicht.

Auch sind es jedenfalls sehr gewichtige innere politische

Gründe, die die russische Regierung veranlaßten, die Vertretung des kaiserlichen Planes zu übernehmen, was anderenfalls kaum geschehen wäre. Auch ein absolut regierender Kaiser ist noch nicht allmächtig.

Aus den kurz hier angeführten Gründen steht die Sozialdemokratie einer Agitation im Sinne des kaiserlichen Manifestes kühl gegenüber; sie kann nicht durch ein Hand-in-Hand-Gehen mit dieser Agitation die Verantwortung übernehmen für das, was zur Zustimmung und Verherrlichung des kaiserlichen Manifestes getan und gesagt wird. Wollten ihre Vertreter alsdann Einsprache erheben, so würde dies nur einen Mißklang hervorrufen, welcher der Sache selbst, um die es sich handelt, nachteilig wäre.

Ich glaube daher, daß es im beiderseitigen Interesse liegt, in dieser Angelegenheit getrennt zu marschieren und jede Richtung ihren besonderen Standpunkt selbständig vertreten zu lassen.

Mit vorzüglicher Hochachtung

A. Bebel.

Während unserer Anwesenheit fand in Berlin (29. Januar) eine große Trauerfeier für Egidy statt. Es war erhebend und weihevoll.

Tags darauf eine vom Berliner Friedensverein veranstaltete öffentliche Versammlung, bei welcher Dr. Hirsch, der Schriftsteller Schmidt-Cabanis und ich Vorträge hielten.

Von Berlin aus fuhren wir, einer Einladung der Gräfin Gurowska folgend, auf ein paar Wochen nach Schloß Montboron in Nizza. Ich sollte in Nizza und Cannes über die bevorstehende Konferenz sprechen. Am Bahnhof von Nizza empfing uns der Gatte unserer Wirtin und General Türr. Eben war das große Karnevalsfest, und die beiden Herren fuhren uns in die Mairie, von wo wir den Blumenkorso ansahen. Tags darauf waren wir wieder beim Maire eingeladen, um der Verbrennung des aus Stroh geflochtenen Prinzen Karneval zuzusehen. — Die Salons der Mairie waren mit vielen auserlesenen Gästen gefüllt, und unter ihnen begegnete ich Madame Juliette Adam. „Sie müssen morgen zum Vortrag der Baronin kommen," sagte ihr ein Herr in unserer Gruppe. „In einen Friedensvortrag, ich?" rief die Herausgeberin der „Nouvelle Revue" — «certes non, je suis pour la guerre.» Nun ließ ich mich in eine Diskussion ein; — ich verteidigte meine Sache in sanftem, sie die ihre in grimmigem Tone, wie dies ja auch den betreffenden Gegenständen angepaßt war.

An demselben Abend lernte ich einen sehr sympathischen Franzosen kennen, Monsieur Catusse, der eben zum französischen Generalkonsul in Schweden ernannt worden war. Er zeigte sich als warmer Gesinnungsgenosse. Unser Gespräch fiel auch (wie ja damals fast alle Gespräche) auf die „Affäre". Und da erzählte er mir folgendes: Seine Frau führe Tagebuch. Darin war auf einem Blatt des Jahres 1894 eingetragen, daß ein Offizier, der beim Diner ihr Nachbar gewesen und der dem Prozeß und tags zuvor der Degradierung des Alfred Dreyfus beigewohnt, ihr nach dem Essen sagte: «Hier nous avons condamné un innocent.»

Mein Vortrag, den ich unter dem Vorsitz des Generals Türr hielt, brachte mir aus dem sehr zahlreichen kosmopolitischen Publikum enthusiastische Zustimmung; namentlich von den anwesenden Russen ließen sich mir viele vorstellen, um mir ihren Beifall auszudrücken; unter anderen auch eine in tiefe Trauer gekleidete alte Dame, die sich als die Mutter der zu früh gestorbenen genialen Marie Bashkirtsew zu erkennen gab. Am nächsten Tage sah ich sie in ihrem Heim und fand, daß dieses eine Art Erinnerungstempel für die Entrissene darstellte; an allen Wänden nichts als Bilder, die von Marie Bashkirtsew gemalt oder die sie selber in allen Lebensaltern und in den verschiedensten Phasen darstellten — immer voll Schönheit und Anmut. Zu sprechen wußte die betrübte Mutter auch von nichts anderem als von diesem ihrem berühmten Kinde.

Ein paar Tage später hatte ich Vortrag in Cannes. Dejeuner auf „Arche de Noé". Italienische Sänger an Bord, Prachtwetter; Gäste: Graf Rochechouart, der Maire, der Präsident des Nautischen Klubs, Türr, noch ein Herr — weiß den Namen nicht mehr — mit brutalem Gesicht. Das Tischgespräch fällt auf Dreyfus. «Je n'admets pas,» sagt Graf Rochechouart, «que sept officiers aient condamné un camarade sans être sûrs de leur fait.» Der Maire: «Les autres, ne connaissant pas l'affaire, n'ont pas le droit d'émettre une opinion.» Der nautische Präsident: «Il aurait fallu lui passer 12 balles à travers du corps.» Rochechouart: «Je n'appartiens qu'à une seule ligue — on ne peut pas être d'une autre — à celle de Déroulède.» Der Brutale: «C'est évident — je voudrais voir que vous n'en fussiez pas.» — Das sind also die „Convives" vor einem Friedensvortrag! Dieser fiel auch sehr matt aus. Der Saal ziemlich leer. Kein Animo. So miserabel wie diesmal habe ich nicht oft gesprochen. Nach dem Vortrag, der um vier Uhr nachmittags beendet war, Spazierfahrt durch die wunderbare Gartenstadt.

In Nizza wurden wir durch einen Besuch erfreut, der uns gar

liebe Erinnerungen an die schönen kaukasischen Tage zurückrief. Ich las im Lokalblatt, daß in dem benachbarten Cimièz als Gäste der Kaiserin Eugenie Prinz Lucien Murat und seine Gattin, geborene Prinzessin Rohan, angekommen waren. Ich schrieb sogleich ein Billett an meinen einstigen kleinen Deutschschüler, um ihm zu sagen, daß wir in seiner Nähe sind. Am nächsten Tage war das junge Paar schon da. Auf der Freude des Wiedersehens lastete eine Wolke: das tragische Ende des Prinzen Achille, Luciens Vater. Der Vorfall blieb unerwähnt.

Nach Harmannsdorf zurückgekehrt, lebten wir ganz der Vorbereitung für unsere Reise nach dem Haag. Ich schrieb zahlreiche Artikel und Briefe nach allen Windrichtungen. In Blochs großes Werk hatte ich mich vertieft und ihm darüber geschrieben. Darauf erhielt ich folgende Antwort:

Warschau, 8. April 1899.

Hochgeehrte Frau Baronin!

Herzlichsten Dank für Ihre freundlichen Zeilen. Die mir zugeschriebenen Verdienste sind ja aber nur Resultate der stattgefundenen Bewegung gegen den Krieg, an der Sie persönlich, gnädige Frau, einen so großen Anteil genommen haben, und ich muß gestehen, daß Ihr persönliches Talent meiner Ueberzeugung nach mehr darin geleistet hat, als alle technischen Argumente zu leisten imstande sein werden.

Ich konnte Ihnen leider nicht früher schreiben, da ich eine außergewöhnliche Arbeit zu bewältigen hatte; ich bin leider auch jetzt noch so sehr beschäftigt, daß ich für das gewünschte Programm nur eine Skizze senden kann.

Meiner Ansicht nach wäre es am besten, wenn Propaganda gemacht werde, damit die Konferenz in pleno oder einzelne Staaten eine Untersuchung über die Möglichkeit der Durchführung eines großen Krieges anstellen.

In diesem Augenblick sind die Regierungen noch nicht mürbe genug, die öffentliche Meinung noch nicht reif genug, um auf der Konferenz Resultate erzielen zu können. Es wäre viel praktischer, wenn — um den einzelnen Staaten zu Untersuchungsanstellungen Zeit zu lassen und die öffentliche Meinung zu bearbeiten — die Sitzungen bis zum Herbst vertagt würden.

Ich werde jedenfalls suchen, daß wir zusammenkommen und uns eingehender darüber besprechen können.

Gegen den 14. d. M. werde ich in London, Hotel Cecil, sein und gegen den 18. in Paris, Grand Hotel, eintreffen, wo ich ungefähr zwei Wochen zu verweilen gedenke.

Ich werde versuchen, in der angedeuteten Richtung Propaganda zu machen.

Heute ist es mir unmöglich, zu sagen, ob ich nach Scheveningen werde kommen können.

Jedenfalls werde ich mir die Freiheit nehmen, Ihnen darüber zu schreiben, und eins der Hauptmotive meines Wunsches, dort zu sein, würde eben darin bestehen, die Gelegenheit zu haben, um Ihre nähere Bekanntschaft zu machen.

Mit aufrichtiger Ergebenheit und Hochachtung

J. Bloch.

Den Prinzen Scipione Borghese, von dessen Eintreten für die Friedenssache mir Kunde geworden, forderte ich auf, ebenfalls nach dem Haag zu kommen. Er schrieb mir zurück:

Felice Scovolo — Lago di Garda, 20 avril 1899.

Madame,

Votre aimable lettre, à laquelle je réponds très en retard, a excité nos désirs plus que vous ne sauriez le croire. — Passer quelque temps avec vous et un groupe du high-life pacifique, en suivant de près le travail de cette conférence, qui est sans contredit un des faits culminants de l'histoire du siècle, nous semble un rêve délicieux. — Malheureusement, votre offre si interéssante conservera toute la beauté du rêve, toujours un peu triste à cause de son irréalité. — Le mariage de ma plus jeune sœur avec le Comte Hoyos qui se fera à la fin de mai au fond de la Hongrie nous appelle là-bas et avant cela je suis retenu ici par l'accomplissement d'un essai de transformation sociale et agraire, auquel je tiens énormément et qui me retient à son tour. — Quant à la conférence, dont l'idée seule est si belle et la convocation une si grande victoire — j'espère que la bonne volonté de quelques gouvernements pourra compenser la mauvaise volonté de tant d'autres et que tout ne restera pas dans le royaume des idées, mais nous donnera quelques fruits pratiques . . . Vous trouverez dans nos deux délégués italiens, Comte Nigra et Zanini, deux hommes charmants et personnellement de très bonne volonté.

En vous remerciant aussi au nom de ma femme, je vous renouvelle mes regrets les plus sincères.

Respectueux hommages.

Scipione Borghese.

Aus Paris erhielt ich von einem mir Unbekannten den nachstehenden Brief. Er war die Anknüpfung eines regen brieflichen und persönlichen Verkehrs — ich kann sagen einer treuen Freundschaft und Zusammenarbeit, die mich mit dem Schreiber, Frankreichs erfolgreichstem Friedensarbeiter, bis heute verbindet.

Paris, 10 avril 1899.

Madame,

Depuis que j'ai quitté la diplomatie pour entrer au parlement, j'ai entrepris dans la « Revue des deux Mondes » des études sur l'état précaire de l'Europe et sur la nécessité qui s'impose à tous les états civilisés de se grouper en un seul faisceau de résistance au mal et de progrès. Ces études, datées l'une du 1er avril 1896, l'autre du 19 juillet 1897, devaient être terminées prochainement par une troisième partie où l'arbitrage international et le désarmement relatif apparaissaient comme la conclusion.

Ma nomination à la Haye au nombre des délégués français m'empêchera de terminer ce long travail, mais en me permettant de le réunir davantage. Je m'aperçois en effet qu'il me manque encore bien des données indispensables, qu'on ne trouve pas dans les livres. Peut-être les obtiendrais-je en m'adressant à votre cœur auquel n'échappe aucune des manifestations de l'opinion populaire concernant la paix générale.

Voici la question qui me préoccupe :

Le sentiment populaire est-il généralement et personnellement hostile à la guerre en Autriche-Hongrie ?

Personne ne peut savoir cela. Mais on peut cependant avoir une impression. Quelle est la vôtre ?

Si dans chaque pays du monde une opinion semblable, non exaltée, mais raisonnée pouvait être surprise comme je le crois, de quelle force elle pourrait et devrait peser sur les gouvernements et par suite sur leurs délégués à la conférence.

Veuillez agréer, Madame, la très respectueuse admiration d'un Français qui, sans vous connaître, vous est dévoué.

D'Estournelles de Constant.

In meiner Antwort auf diesen Brief hob ich die Hindernisse hervor, welche durch die apathische und mitunter feindliche Gesinnung der machthabenden Personen und der Massen dem Konferenzwerk im Wege liegen. Von diesem Gesichtspunkte aus plädierte ich für eine Kontinuität der zwischenstaatlichen Konferenzen; denn wenn ich auch von der Entwicklung der angebahnten Bewegung alles erwarte, von dieser ersten Session, zusammengesetzt aus mindestens ebensoviel Zweiflern und Gegnern als Anhängern, sei nicht viel zu erwarten. Darauf schrieb mir Baron d'Estournelles einen langen Brief, aus welchem ich folgende Stelle übersetze:

Ich bin vollständig im Einklang mit Ihnen, gnädige Frau, nur bin ich etwas optimistischer als Sie mit Bezug auf die Resultate der Konferenz. Ich glaube, und je mehr ich nachdenke, desto mehr glaube ich, daß die Konferenz sich der Notwendigkeit nicht wird entziehen können, etwas Gutes zu schaffen — mehr, als man erwartet. Die Mitglieder werden die Offenbarung der lebendigen Welt fühlen, die Wünsche der Menschheit und der nahen fürchterlichen Gefahren, die Europas Ruhe bedrohen.

Keine der im Haag vertretenen Regierungen wird sich der Unpopularität, der Unzufriedenheit, dem Gelächter der Volksmassen aussetzen wollen, die durch ein Scheitern oder durch einen elenden Trugerfolg hervorgerufen würden.

Man wird also freiwillig oder widerwillig etwas Gutes bieten und einmal auf diesem Pfade bis ans Ende gehen müssen. Man wird nicht mehr innehalten können, innehalten dürfen.

Es erscheint die Broschüre des Münchner Professors von Stengel, „Der ewige Friede". Darin sind alle Argumente der Gegner, alle Verherrlichungen des Krieges und der Kriegsrüstung enthalten, die noch gegen den Friedensgedanken vorgebracht wurden, und eine direkte Verhöhnung der bevorstehenden Konferenz„duselei" dazu. Und der Verfasser dieses Pamphlets wurde von der deutschen Regierung als Vertreter bei der Haager Konferenz ernannt! Das rief in unseren Reihen große Bestürzung hervor, und die deutschen Friedensvereine protestierten öffentlich. Oesterreichischerseits wurden zu Delegierten der Völkerrechtsprofessor Lammasch und der der diplomatischen Karriere angehörende Graf Welsersheimb ernannt. Dieser, mir bisher unbekannt, suchte mich persönlich auf, um sich Auskünfte über die Friedensbewegung zu holen.

Am 11. Mai erhielt ich von Bloch ein Telegramm. Der Wunsch, ein Komitee zu bilden — bestehend aus Sozialökonomen, Militärs und Politikern —, das über die mutmaßlichen Ergebnisse eines Zukunftskrieges zwischen Großmächten Studien anzustellen und zu veröffentlichen hätte, dieser Wunsch bildete die eigentliche Richtung von Blochs Plänen und Aktion. Er telegraphierte:

Werde 16. Haag eintreffen. Hoffe Ihrem Hotel absteigen. Falls Konferenz auf Vorschlag ernste Untersuchung nicht eingeht, beabsichtige Komitee zu bilden, welches diese Arbeit unternimmt. Ich erhalte Briefe von preußischen Generalen, welche beweisen, daß Idee schon reif ist. Die fehlenden Kosten bin ich bereit zu decken. Es wäre sehr wünschenswert, Zusammenkunft Wien benützend, einige Namen von Volkswirten, Statistikern, wenn möglich Militärs sich zu sichern. Denke mir Ausführung, daß Berichterstatter über Abteilungen meines Werkes oder selbständige Bearbeiter ernannt werden, welche alsdann durch ein Zentralkomitee zusammengefaßt werden. Jeder andere Modus aber ebenfalls genehm.

Bloch.

Die beiden Großmeister der Bewegung, Hodgson Pratt und Elie Ducommun, richteten vor meiner Abreise nach dem Haag folgende Briefe an mich:

St. Germain-en-Laye (ohne Datum).

Madame la Baronne,

I see from the newspapers that you are, as it most fitting, at the Hague.

You are a witness of one of the greatest events of modern times, and I venture to write a few lines to congratulate you on the fact that you have been able to contribute to the bringing about of this great event. All changes in human affairs are in these days due to the all-powerful influence of *Public Opinion;* and you have possessed special gifts and opportunities of contributing to the formation of that great power of opinion. The very fact of your being *a woman*, and of your being a member of the aristocracy in an essentially aristocratic and military nation has powerfully attracted attention in Continental Europe by your writings and speeches. You have been able to speak and write with a special and personal experience, not possessed by the majority of the advocates of international unity and concord. To this work you have brought the great gifts of eloquence and of sincere enthusiasm. God has blessed your efforts in enabling you to see at least some of the results of your devoted and unselfish work.

In such a moment it is alike a pleasure and a duty to give expression to the feelings which, as a humble brother during many years, I entertain, in regard to your great services—with all my heart.

I hoped to have said this to your *viva voce* at Berne a few weeks ago,—and was much disappointed at not seeing you there.

I regretted that the members of the Commission did not see their way to the appointment of two or three experts in the question of Arbitration, Tribunals and so forth, such as Mr. La Fontaine, and others.

But doubtless, there are delegates who will do all that is necessary and influence their collegues by their knowledge and earnestness. It is a profound source of satisfaction to know that Sir Julian Pauncefote is taking part in the proceedings; no better man in our cause could have been sent.

I desire to be heartily remembered to the Baron von Suttner; and remain with profound esteem, yours truly

Hodgson Pratt.

*

Berne, le 10 mai 1899.

Madame et chère Collègue,

Vous m'avez causé une grande joie en m'adressant vos deux lettres, que je considère comme le journal intime d'un apôtre de la Paix et que nous conserverons avec un soin tout particulier, parce qu'on y trouvera plus tard de précieuses indications. Plusieurs de nos amis, à qui j'ai communiqué vos impressions, ont puisé dans cette lecture une confiance et un courage qui leur faisaient quelque peu défaut. Continuez, je vous prie, à me tenir ainsi au courant.

La rédaction de la «Correspondance bi-mensuelle» exigera naturellement la plus grande prudence et il faudra que je me livre à un choix difficile entre les nouvelles répandues par la presse; vos renseignements intimes m'aideront à me tirer de ce pas difficile.

Vous ne sauriez croire combien je reçois de demandes d'informations, auxquelles je suis obligé de répondre sans retard en surveillant avec soin mes réponses. C'est un bon signe, car cela veut dire que partout on se préoccupe des questions qui figurent au programme de la Haye; mais le mauvais côté de la médaille, c'est que, forcé de rester au poste, prêt à faire rayonner du centre aux extrémités ce qu'il peut devenir nécessaire de communiquer aux Groupes de la Paix à un moment donné, je ne puis pas vous apporter à la Haye le contingent de ma présence et de mes efforts. Chacun à sa place! Vous êtes admirablement à la vôtre, et c'est l'essentiel.

Bon courage!

Bien des amitiés à Mr. de Suttner, je vous prie, et aux autres dévoués Pacifiques qui vous demanderont de mes nouvelles à l'occasion.

Votre tout dévoué et affectionné Collègue

Elie Ducommun.

Der Stifter des Roten Kreuzes, Henri Dunant, gab mir folgende Weisungen auf den Weg. Es liegt der Beweis darin, daß Henri Dunant von der Konferenz nicht die Förderung des von ihm gegründeten Werkes ersehnte, sondern vielmehr die Gründung eines neuen großen Werkes: Der internationalen Justiz. — Nicht mehr „Rotes Kreuz" war seine Losung, sondern „Weiße Fahne".

16 mai 1899.

Madame la Baronne,

Daignez, Madame, me permettre d'insister d'une manière toute particulière, sur un point capital selon moi : l'importance extrême de voir le Congrès émettre une « résolution » officielle, diplomatique, au sujet d'une

« *Commission diplomatique permanente de Médiation* ».

Dans ma lettre du 12 j'ai mis « Bureau permanent de Médiation », or, le mot « Commission » est plus à propos et il ne faut pas qu'on confonde avec le Bureau International permanent de la Paix de Berne, qui est une œuvre volontaire et n'a rien de diplomatique, c'est-à-dire, qu'aux yeux de la diplomatie il ne compte pas.

C'est sur ce point spécial que doivent se concentrer tous nos efforts, sans nous préoccuper de reste. Et pour cela des démarches personnelles de votre part, auprès de messieurs les délégués sont nécessaires. Mais à mon avis, il importe de ne pas aller au delà. Laissez les discuter tant qu'il leur plaira sur les sept premiers articles du programme officiel russe, et ne nous en mêlons pas ; ne contestez pas avec eux à ce sujet, car ce serait affaiblir l'autorité de votre parole ; mais tenez ferme, au sujet de *l'article 8* du dit programme sur la nécessité, l'urgence, l'opportunité et même la convenance vis-à-vis de S. M. le Czar, d'une décision formelle, diplomatique de la Conférence de la Haye, en une « résolution » obligatoire par les ratifications subséquentes officielles de tous les gouvernements civilisés. Insinuez aux délégués qu'il serait désirable que cette résolution relative à l'article 8, soit distincte de toutes les autres, relatives aux sept premiers articles.

Quelques soient leurs instructions de leurs gouvernements respectifs, les délégués peuvent toujours télégraphier ou écrire à leurs gouvernements sur ce point spécial — soit avant, soit au moment de la discussion de l'article 8, pour demander des instructions y relatives. Cela s'est fait pendant le Congrès de Genève en 1864, et plusieurs gouvernements envoyèrent télégraphiquement à leurs délégués l'autorisation de signer le protocole de la Convention. A bien plus forte raison pourront-ils autoriser la signature d'une « Résolution spéciale relative à l'article 8 ».

Pour arriver à ces fins, il importe de raisonner les délégués, de les gagner *un à un;* de les étonner par la modération de nos vœux et la précision de ce que nous désirons. Vous seule, Madame, êtes capable de le faire. L'occasion est unique ; mais sachons nous borner. Si l'on vote cette résolution — tout est gagné. L'avenir développera tout ce que nous pouvons désirer, mais ne nous perdons pas dans les détails.

J'étais à Bruxelles en 1874, lorsque le prince Gortschakoff m'a soufflé mon Congrès en faveur des prisonniers de guerre (préparé depuis deux années) pour le remplacer par un Congrès des « Usages de la guerre » inglobant les prisonniers et même la Convention de Genève! J'ai terriblement souffert à cette époque, car il n'y a eu aucun résultat, et voilà 25 ans que ces délibérations en congrès secret sont demeurées lettre morte!

Vous savez que l'article 8 est ainsi conçu:

« 8° Acceptation en principe de l'usage des bons offices de la médiation et de l'arbitrage facultatif pour des cas qui s'y prêtent, dans le but de prévenir des conflits armés entre les nations; entente au sujet de leur mode d'application et établissement d'une pratique uniforme dans leur emploi. »

Daignez agréer, Madame la Baronne, l'hommage de mon profond respect.

H. Dunant.

P. S. A un moment donné, pendant le Congrès — qui durera longtemps — ne pourriez-vous pas voir la jeune Reine, afin de lui expliquer tout cela?

1° Il faut que l'article 8 fasse le sujet d'une « Résolution » à part du Congrès de la Haye (protocole séparé).

2° Et au sujet de cette Résolution spéciale, le Congrès devra tâcher de trouver un mode diplomatique de faire qui permette à la Hollande de jouer le rôle du Conseil Fédérale Suisse pour la « Convention de Genève ». C'est un beau rôle. —

Les choses ne marchent pas si vite dans la diplomatie. C'est le Conseil Fédéral Suisse qui avait convoqué les gouvernements par une invitation diplomatique en date du 6 juin 1864. Mais la recommandation de la France aux mêmes états partit quelques jours après, en juin. — Nous avions arrangé cela, Mr. Drouyn de Lhuys, Ministre des Affaires Etrangères à Paris, et moi, le 22 avril 1864. Et dès lors c'est le Congrès Fédéral Suisse à Berne, qui a eu tous les protocoles en mains. Encore l'année dernière il a reçu les adhésions à la Convention de Genève des Etats du Transvaal, Uruguay république, Nicaragua et Honduras; et cela dure depuis 1864. Il faudrait que la Hollande joue pour la « Résolution » résultant de l'article 8 du programme du Congrès, le même rôle que le Conseil Fédéral Suisse pour la Convention. Pour cela il faut persuader aux délégués, pris individuellement, de séparer les protocoles; un protocole pour les sept premiers articles» du programme (ou à leur convenance), et un protocole tout spécial, indépendant pour la « Résolution » sortie de l'article 8.

Und nun — gehobenen Sinnes, erfreuten Herzens machten wir uns auf die Fahrt nach dem Haag. —

58

Die erste Haager Friedenskonferenz

Im Jahre 1900 habe ich ein umfangreiches Buch*) erscheinen lassen, in welchem ich alle Erlebnisse meines Haager Aufenthaltes, alle Berichte über die Verhandlungen, die Texte der wichtigsten Reden und den Wortlaut der verschiedenen Konventionen zusammengefaßt habe. Auf diese Publikation verweise ich jene, die über den Charakter, den Verlauf und die direkten Ergebnisse jener historischen Versammlung detaillierten Bericht zu erhalten wünschen; hier werde ich nur die persönlichen Erinnerungen jener Tage fixieren; die Eintragungen in mein Privatjournal, die ich für jenes Buch als Material herangezogen und ausgeführt habe, werde ich hier in ihrer Originalform abschreiben, natürlich mit Ausschluß des Allzuprivaten, daher Uninteressanten.

Dabei werden sich wohl auch Verhandlungstexte und weltpolitische Betrachtungen einstellen; denn wenn ich die Geschichte meines Lebens treulich wiedergebe, so gebührt diesen Dingen ein breiter Raum. Sie waren ja nicht zur zufälligen Stickerei, sondern zum Gewebe selbst meiner Existenz geworden. Was in der Friedenssache dafür oder dagegen in der Welt geschah — und namentlich was in jenen Haager Tagen geschah, die doch im Namen jener Sache einberufen worden —, das war mir nicht Erfahrung, es war mir Erlebnis.

16. Mai. Ankunft im Haag. Die Stadt in Frühlingszauber getaucht. Heller Sonnenschein. Fliederdüfte in der kühlen Luft. Unsere Zimmer im Hotel bereit. Neun Uhr abends. Wir sitzen noch im Speisesaal. Der Korrespondent des „Neuen Wiener Tagblatt" läßt sich melden. Nehme ihn an, und er setzt sich zu unserem Tisch. Mit großer Heiterkeit beginnt er die Unterhaltung:

„Habe eben mit dem Vertreter einer Großmacht gesprochen: Man ist sich ja so ziemlich im klaren über die voraussichtlichen Ergebnisse ... Erweiterung der Genfer Konvention ..."

„Das wäre — wenn weiter nichts erreicht würde — ein arger Betrug an den Hoffnungen der Völker und auch eine Enttäuschung für den Zaren, dessen Wünsche sich auf das Schiedsgericht —"

Der Korrespondent unterbricht mich lachend: „Darüber ist auch gesprochen worden ... nun, das ist einfach kindisch ... die Staaten würden einem Spruch, der ihnen nicht behagt, nicht Folge leisten."

*) Die Haager Friedenskonferenz. Tagebuchblätter von Bertha v. Suttner. Dresden und Leipzig, E. Piersons Verlag. 2. Auflage 1901. Preis M. 2.—.

„Der Fall ist noch kein einziges Mal vorgekommen."

„Weil bisher nur über Kleinigkeiten Schiedssprüche gefällt wurden — handelt es sich aber um vitale Fragen . . ."

Also immer wieder die alten Argumente. Ich hörte sie schon ordentlich kommen, die „vitale Frage", obwohl keiner recht weiß, was er sich dabei denkt. Was sollen denn diese „Lebens"angelegenheiten sein, die sich am besten durch hunderttausendfaches Totschlagen fördern lassen?

17. Mai. Stead angekommen. Direkt von Petersburg, wo er in anderthalbstündiger Audienz mit Nikolaus II. gesprochen, auch ganz freimütig über Finnland. Daß er über dasselbe Thema am folgenden Tage in öffentlicher Versammlung spreche (zugunsten der finnländischen Freiheiten), dazu ermächtigte ihn der Zar.

In Berlin hat sich Stead auf der Herreise aufgehalten und sprach mit Bülow, unter anderem auch über Professor Stengel und dessen friedensfeindliche Broschüre. Herr von Bülow leugnete zuerst, daß der Professor die Broschüre geschrieben, und wurde ganz böse: „Es ist nicht wahr, eine Erfindung ist's," — „das läßt sich nicht gut behaupten, denn die Flugschrift liegt in dritter Auflage vor . . ." — „Ein bloßer Vortrag war's," meinte nun der Minister, „in Freundeskreisen gehalten, hinter des Urhebers Rücken vom Verleger veröffentlicht."

Auch das ist kaum denkbar; aber so viel ist klar, das Schriftchen, wenn auch nicht der Verfasser, wird desavouiert. Die Ernennung sei erfolgt, ohne daß man den Vortrag kannte. Und wenn auch das der Fall war, Herr von Stengel hätte die Ernennung ablehnen müssen. Wer eine Bestrebung öffentlich eine Duselei genannt, geht nicht hin, mitzuduseln. Es sei denn, man habe die Absicht oder die Instruktion, sie zu bekämpfen. Wenn er diese Instruktion auch nicht gradaus erhalten, immerhin traurig, daß ein Gegner der Sache entsendet worden ist.

Auch die „Grelixe" sind angekommen. Felix Moscheles erzählt von dem Demonstrationsfeldzug, den er im Verein mit Stead durch die englischen Städte unternommen. Er gehörte zur Deputation, welche dem russischen Botschafter — damals schon zum Chef der russischen Delegation ernannt — die Ergebnisse des Kreuzzugs mitteilte. „Mit diesen öffentlichen Kundgebungen des Friedenswillens der Völker," sagte Herr von Staal zu Moscheles, „ist der Konferenz vortrefflich vorgearbeitet worden. Sie haben — wenn ich mich des vulgären Ausdruckes bedienen darf: Vous avez mis du foin dans nos bottes."

Nachmittags Visitentournee. Als unser Wagen vor dem Hotel Paulez hält, tritt Graf Welsersheimb heraus und fordert uns auf, in seinen Salon zu kommen, es sei da die ganze österreichische Delegation versammelt. In der Tat, der kleine Raum ist mit Landsleuten gefüllt. Herr von Merey, Sektionschef im Ministerium des Aeußern — schlank, aristokratisch, angenehm; Viktor Khuepach zu Ried, Oberstleutnant im Generalstab; Graf Soltys, Korvettenkapitän; Professor Lammasch — kurz angebunden, aber verbindlich dabei; Graf Zichy, kein Delegierter, sondern österreichischer Gesandter in München. Unterhaltung dreht sich natürlich um die Konferenz. Habe den Eindruck, daß die Anwesenden das Phänomen „Konferenz" mit lebhaftem Interesse erfüllt, aber ein Interesse, das mit Staunen und Zweifeln, mit verwunderter und neugieriger Erregung vermengt ist, wie sie noch nie wahrgenommene Naturwunder einzuflößen pflegen.

18. Mai. Der 18. Mai 1899! Daß es ein weltgeschichtliches Datum ist, das ich da niederschreibe, von dieser Ueberzeugung bin ich tief durchdrungen. Es ist das erstemal, seitdem Geschichte geschrieben wird, daß die Vertreter der Regierungen zusammenkommen, um die Mittel zu suchen, der Welt „dauernden, wahrhaften Frieden zu sichern". Ob diese Mittel in der heute zu eröffnenden Konferenz schon gefunden werden oder nicht, das entscheidet nicht über die Größe des Ereignisses. In dem Suchen liegt die neue Richtung!

19. Mai. Der gestrige Tag verlief so: Des Morgens Gottesdienst in der russischen Kapelle zur Feier des Geburtstags des Zaren. Der Meine und ich sind dazu eingeladen. Es sind — der Raum ist klein — kaum hundert Menschen anwesend, die Herren in Galauniform, die Damen in lichter Toilette. — Das Hochamt beginnt. Andächtig und ehrfürchtig, alle stehend, folgen ihm die Versammelten. Mir ist, als sollte ich nicht für Nikolaus II. beten, sondern an ihn die Bitte richten: O du Kühner, bleibe stark! Laß den Undank und die Tücke und den Stumpfsinn der Welt nicht störend und lähmend zu dir dringen — wenn man dein Werk auch verkleinern, mißdeuten, vielleicht auch verhindern wollte — bleibe stark!

Der Pope reicht das Kreuz zum Kusse: die Messe ist aus. Jetzt werden Begrüßungen und Vorstellungen getauscht. Lerne die Frau des Ministers Beaufort kennen.

Fahrt zur Eröffnung. Strahlender Sonnenschein. Wie zu einem fröhlichen Prater- oder Bois-Korso fahren die zahlreichen Wagen durch die Alleen nach dem „Haus im Busch". Am Gittertor leistet eine militärische Ehrenwache die Ehrenbezeugungen. Ich bin die einzige Frau, welcher der Zutritt gewährt wird.

Was ich hier empfand ... es war wie die Erfüllung eines hochfliegenden Traumes. „Friedenskonferenz“! Zehn Jahre lang ist das Wort und die Sache verlacht worden — ihre Teilnehmer, machtlose Privatleute, gelten als „Utopisten“ (beliebteste, höfliche Umschreibung für „verrückte Käuze“) —, jetzt versammeln sich auf den Ruf des gewaltigsten Kriegsherrn die Abgesandten aller Machthaber, und ihre Versammlung führt denselben Namen: „Friedenskonferenz“.

Aus der Eröffnungsrede des Ministers Beaufort notiert:

> Durch seine Initiative hat der Kaiser von Rußland den von seinem Vorgänger Alexander I. ausgedrückten Wunsch erfüllen wollen, daß alle Herrscher Europas sich untereinander verständigen, um als Brüder zu leben und sich gegenseitig in ihren Bedürfnissen zu unterstützen.

Mir scheint, Nikolaus II. hat mehr gewollt; nicht um die Bedürfnisse aller Herrscher, sondern vielmehr aller Völker handelt es sich da. Die Rüstungen lasten auf den Völkern, nicht auf den Herrschern. Das sogenannte dynastische Interesse liegt eher in militärischem Pomp und dem Prestige der kriegerischen Gewaltfülle.

Und weiter; Beaufort:

> Die Aufgabe der Konferenz ist, nach Mitteln zu suchen, um den unaufhörlichen Rüstungen ein Ziel zu setzen und die schwere Not, welche die Völker bedrückt, zu beendigen. Der Tag des Zusammentritts dieser Konferenz wird einer der hervorragendsten Tage in der Geschichte des endenden Jahrhunderts sein.

Nach Beauforts Rede wird Botschafter Staal zum Präsidenten der Konferenz erwählt.

Dann folgen die anderen Ernennungen — das Ganze dauert nur eine halbe Stunde — es sollte ja nur eine Eröffnungszeremonie sein. Die erste Sitzung wird für den 20. angesetzt und zugleich erklärt, daß zu den Verhandlungen die Journalisten nicht zugelassen würden. (Leider!)

19. Mai. Bloch angekommen. Begrüßen uns als alte Freunde. Ein Sechziger, mit kurzgestutztem grauem Bart, heiterem und sanftem Gesichtsausdruck, mit ungezwungenem, elegantem Auftreten, durchaus natürlicher, einfacher Sprechweise. Ich frage ihn aus über die Aufnahme seines Buches von seiten des Zaren. Bloch erzählt, und die im Salon anwesenden Pazifisten und Publizisten lauschen mit Interesse:

„Ja, der Zar hat das Werk eingehend studiert. Als er mich in Audienz empfing, lagen auf den Tischen die Karten und Tabellen des Buches ausgebreitet, und er ließ sich alle die Ziffern und Diagramme genau erklären. Ich erklärte — bis zur Müdigkeit, aber Nikolaus II. wurde nicht müde. Immer wieder stellte er neue Fragen oder streute Bemerkungen ein, die von seiner tiefen Anteilnahme, von seinem Interesse Zeugnis gaben. Also so würde ein nächster Krieg sich gestalten ... das wären die Folgen? ...

„Das Kriegsministerium, dem ein Exemplar vorgelegt werden mußte, hat dem Kaiser Rapport erstattet und für Autorisation der Veröffentlichung gestimmt. In der Begründung hieß es: ein so umfangreiches, fachmännisch-technisch gehaltenes Buch wird nicht viel gelesen werden, ist daher weit weniger gefährlich als der Suttnersche Roman ‚Die Waffen nieder.' Da die Zensur diesen freigelassen, so mag viel eher Blochs ‚Krieg der Zukunft' passieren."

Abends Rout bei Beaufort. So wie alle Routs in Hof- oder Diplomatenkreisen und doch so ganz anders! Etwas Neues ist in die Welt getreten — nämlich das offizielle Verhandeln des Themas „Weltfriede", und das gibt notwendigerweise (ist es doch die Raison d'être des hiesigen Empfanges) den allgemeinen Gesprächsstoff ab. Eine Frage, die sehr allgemein als Anknüpfung der Unterhaltung benutzt wird, ist diese:

„Was erwarten Sie von der Konferenz?"

Auch an mich wurde diese Frage öfters gestellt, oder auch diese:

„Sind Sie nicht glücklich, Ihre Hoffnungen so verwirklicht zu sehen?"

„Ja, sehr glücklich," konnte ich wahrheitsgetreu antworten; „daß so viel und dieses so bald geschehen werde, hatte ich nicht einmal gehofft."

Auf die andere Frage mußte ich erwidern, daß ich von dieser ersten Konferenz nur erwarte, daß sie ein Anfang, ein erster Schritt, ein gelegter Grundstein sein werde.

Ich werde mit dem größten Teil der Anwesenden bekannt — auch mit dem Gesandten von China (der zugleich Botschafter am russischen Hofe ist) und seiner Frau. „In Petersburg habe ich viel von Ihnen sprechen gehört," sagt mir Yang-Yü durch seinen Dolmetsch Lu Tseng-Tsiang, „so erzählte mir Graf Murawjew von seiner Unterredung mit Ihnen."

Die junge Gattin des Delegierten von China trägt ihr Landeskostüm: gestickte seidene Gewänder, auf dem Kopfe eine kleine Mütze, zu beiden Seiten der Schläfen Papierblumen. Sie ist eine hübsche junge Frau, doch ganz von dem Typus, den man auf dem chinesischen Porzellan findet; dabei so stark geschminkt, daß das Gesicht einer unbeweglichen, emaillierten Maske gleicht. Sie ist sehr freundlich und schüttelt allen, die ihr vorgestellt werden, kräftig die Hand. Sie ist von ihrem Sohne, einem Jungen von zwölf bis dreizehn Jahren, begleitet, der Englisch und Französisch spricht und ihre Konversation verdolmetscht.

Treffe viele der alten Freunde: Descamps, Beernaert, Rahusen u. a.

Ein Fremder kommt auf mich zu: „Baronin, ich bin glücklich, Sie wiederzusehen.“ Es ist Baron d'Estournelles. Wir haben uns zwar nie gesehen, aber die vorhergegangene Korrespondenz rechtfertigt das Wort „revoir“. Eine sympathische Erscheinung, feiner Kopf, dunkler Schnurrbart, Diplomatenmanieren; unterhalten uns eingehend. Sein Gespräch funkelt von geistvollen Aperçus, aber es ist tiefer Ernst, der ihn für die Sache beseelt.

Auf meine Bitte stellt er mir seinen Chef, Léon Bourgeois, vor. Der ehemalige französische Ministerpräsident ist der jüngste Delegationschef, und unter all den weißhaarigen Botschaftern, unter den Veteranen der „Karriere“ — Staal, Münster, Nigra, Pauncefote — nimmt er sich mit seinem schwarzen Kopf aus wie (so bemerkt Stead) ein Staar unter Möwen.

Herr Bourgeois erzählt mir von Frédéric Passy, den er kürzlich gesehen und gesprochen. Unser Doyen wäre so gerne nach dem Haag gekommen, mußte aber wegen eines Augenleidens verzichten. Er unterzog sich einer Operation in der Hoffnung, doch noch mit zurückerlangter Sehkraft in die Konferenzstadt kommen zu können. Bourgeois sagt aber, daß die Operation zwar glücklich verlaufen, die Heilung aber nicht so schnell erfolge, als man gehofft.

20. Mai. Wieder Visitentournee. Durch die Straßen vom Haag fährt es sich eigentlich immer wie durch Parkanlagen. Nicht nur im „Bosch“, wo das der Konferenz überlassene „Huis“ steht, überall ragen die alten Baumriesen, überall leuchten die grünen Rasenplätze und überall tönt jetzt zu dieser blütenreichen Maienzeit liebliches Vogelgezwitscher. Fast jedes Haus hat einen Garten, und Zinshäuser sieht man nicht; im Villenstil oder wie kleine Schlößchen gebaut, so ist jedes Haus nur das Heim einer Familie. Natürlich gilt dies von dem vornehmen Viertel, das um das königliche Palais herumliegt und das von den Plätzen, wo die ersten Hotels (Vieux Doelen u. s. w.) stehen, bis nach Scheveningen führt.

Unser Salon ist stets mit Besuchern gefüllt und vom frühen Morgen an Interviewer; heute unter anderen die Redakteure von „Frankfurter Zeitung“, „Echo de Paris“ und „Black and White“.

Aus Paris die Nachricht, daß bei Frédéric Passy die Operation so böse Folgen gehabt, daß nicht nur unerträgliche Schmerzen sich einstellten, sondern sogar das Leben des Patienten in Gefahr schwebt. Große Bestürzung in unserem ganzen Kreise. Von den lebenden Friedenskämpfern ist Frédéric Passy allen, die ihn und sein Werk kennen, unstreitig der geliebteste und verehrteste.

Bei der heutigen ersten Plenarsitzung soll Herr von Staal bei seiner Ansprache die Ziele und die Richtung definieren, welche sein kaiserlicher Auftraggeber der Konferenz gegeben wünscht. Wie bedauerlich, daß der Presse der Zutritt verwehrt ist. Die Rede des Präsidenten müßte heute noch an alle Blätter der Welt telegraphiert werden.

21. Mai. Pfingstsonntag. Dr. Trueblood aus Boston angekommen. Er erzählt, daß er mit Bestimmtheit wisse, die amerikanische Regierung habe ihrem Delegierten einen ganz ausgearbeiteten Schiedsgerichtsplan mitgegeben.

Ein Bildhauer aus Berlin, Löher ist sein Name, zeigt uns das Modell zu einem Friedensdenkmal, das er gern in der Pariser Ausstellung von 1900 aufstellen wollte. So wird von immer mehr Seiten, in immer zahlreicheren Formen dem neuen Ideal gehuldigt.

Daneben freilich, wie eingewurzelt, wie mächtig ist noch das alte Ideal — dasjenige des Krieges — ringsum verbreitet — bis in die hiesige Konferenz herein: man lese nur Professor Stengels Broschüre ... Und was auch zu fürchten ist: Ideen schreiten langsam, Ereignisse schnell. Wenn ein Fall wie Faschoda, wenn der Streit in Transvaal plötzlich zu einem Konflikt führt, während die Konferenz noch tagt, wie würde dies ihre theoretische Arbeit zerstören!

Kleines Diner bei uns. Unsere Gäste: Okoliczany, der österreichische Gesandte im Haag; Graf Welsersheimb; Baron d'Estournelles; Graf Gurko; Staatsrat von Bloch. Es war mir eine Genugtuung, Baron d'Estournelles mit meinen Landsleuten über die Hoffnungen und Absichten sprechen zu hören, von welchen die Mitglieder der französischen Delegation beseelt sind. Eine Genugtuung darum, weil ich von vielen Oesterreichern, nicht hier, sondern in Wien hören mußte: Wie soll die Konferenz gelingen? Wenn wir auch aufrichtig friedliebend sind — die Franzosen, die keinen anderen Gedanken als die Revanche kennen und die nur aus Höflichkeit für den Zaren überhaupt die Konferenz beschicken, werden sicherlich dort alles aufbieten, um Erfolge zu hintertreiben, wenn sie nicht gar absichtlich einen Konflikt heraufbeschwören.

Falls Herr von Okoliczany und Graf Welsersheimb ebenso von den französischen Konferenzkollegen dachten, so sind sie heute abend von solchem Urteil sicherlich abgekommen.

Mit lebhaftem Interesse hören meine Gäste auch den Ausführungen und Mitteilungen Blochs zu. Alle, natürlich, wissen von seinem großen Buche, haben Kritiken darüber gelesen und erst vorhin in den sechs Bänden geblättert, die auf meinem Salontisch liegen, und so vernehmen sie jetzt mit Spannung, was der Autor selber über die Begründung seines Werkes und dessen Schicksale erzählt. Dabei spricht Bloch so sachlich, ruhig und bescheiden. Man fühlt, seine Ueberzeugung ruht auf gewissenhaft durchstudierten Tatsachen; er ist sich bewußt, daß er die einfache Wahrheit zusammengetragen und in ihrem ganzen Umfange mitgeteilt hat.

D'Estournelles sagt mir einen Besuch an. Morgen soll Charles Richet nach dem Haag kommen als d'Estournelles' Gast. Eben heute war mir Richets neuestes Buch zugekommen: eine kurze Geschichte der Friedensbewegung. Der französische Gelehrte, Herausgeber der „Revue Scientifique", ist mit Herz und Seele einer der Unseren; er gehört mit Frédéric Passy dem Ausschuß der französischen Friedensgesellschaft an — daher berührt es mich doppelt angenehm, zu hören, daß der hiesige Vertreter Frankreichs sein Freund sei. Mehr als Freund: Bewunderer. «C'est un grand cœur, une belle intelligence» — so urteilt d'Estournelles über Charles Richet.

22. Mai. Ein neuerliches „Wiedersehen" mit einem alten Bekannten, den ich nie gesehen: Charles Richet besucht uns und bringt Grüße von unserem armen Passy. Es ist Hoffnung vorhanden, daß er genese, aber nicht, daß er hierherkomme. Richet zeigt sich als großer Enthusiast unserer Sache.

Ich wollte ihn zum Gabelfrühstück zurückhalten, er ist aber mit d'Estournelles beim französischen Gesandten eingeladen. Indessen erhalten wir eine Einladung zu einem Gabelfrühstück, das Frau Grete Moscheles dem amerikanischen Delegationschef und Botschafter in Berlin Andrew D. White gibt.

Was uns D. White mitteilte, erfüllte die Anwesenden mit lebhafter Genugtuung:

„Ich begehe keine Indiskretion," sagte er beim Dessert, „wenn ich erzähle, daß wir schon in der ersten Sitzung der Schiedsgerichtskommission einen vollständigen Plan zu einem internationalen Tribunal vorlegen werden — und dies im Auftrag der amerikanischen Regierung. Noch darf ich die Details nicht geben — aber die Sache selbst wird und soll kein Geheimnis bleiben."

23. Mai. Jetzt kennt man trotz verschlossener Türen die Eröffnungsrede Staals. Ein englisches Blatt brachte den Wortlaut. Ich notiere daraus die besonders bedeutungsvollen Stellen:

> Der Name „Friedenskonferenz“, welchen der Instinkt der Völker, die Entscheidung der Regierungen vorwegnehmend, unserer Zusammenkunft gegeben hat, bezeichnet so recht den Hauptgegenstand unserer Bestrebungen; die „Friedenskonferenz“ darf der ihr anvertrauten Mission nicht untreu werden, sie muß ein greifbares Resultat hervorbringen, welches die ganze Welt vertrauensvoll von ihr erwartet.
>
> ... Es sei mir erlaubt zu sagen, daß die Diplomatie, einem allgemeinen Entwicklungsgange folgend, nicht mehr wie einst eine Kunst ist, in welcher die persönliche Geschicklichkeit die Hauptrolle spielt, sondern im Begriffe steht, eine Wissenschaft zu werden, mit fixen Regeln zur Schlichtung internationaler Konflikte. Das ist heute das ideale Ziel, das sie vor Augen haben muß, und unzweifelhaft wird es ein großer Fortschritt sein, wenn es der Diplomatie schon hier gelingt, einige jener Regeln festzusetzen.
>
> Daher werden wir uns auch in ganz besonderer Weise bemühen, die Anwendung des Schiedsgerichtes sowie der Mediation und der guten Dienste zu verallgemeinern und zu kodifizieren. Diese Ideen bilden sozusagen das innerste Wesen unserer Aufgabe, den allgemeinen Zweck unserer Mühen, nämlich, die internationalen Streitigkeiten durch friedliche Mittel zu lösen.
>
> ... Die Nationen haben ein glühendes Verlangen nach Frieden, und wir sind es der Menschheit schuldig und den Regierungen, die uns hier mit ihrer Vollmacht betraut haben, *wir sind es uns selber schuldig*, ersprießliche Arbeit zu vollbringen, indem wir die Anwendungsweise einiger der friedensichernden Mittel feststellen. Unter diesen Mitteln stehen voran: *Schiedsgericht und Vermittlungsdienste*.

Charles Richet und sein Sohn frühstücken bei uns. Ein Wort Richets macht mir tiefen Eindruck: „Von allen Seiten müssen wir hören, die Zeit sei noch nicht da, unsere Ideale auszuführen. Mag sein — aber ganz sicher ist die gegenwärtige Zeit da, um ihnen vorzuarbeiten.“

Nachmittag Besuch bei Frau von Okoliczany. Die Gesandtin — geborene Fürstin Lobanow — hat den Ruf, eine blendende Beauté gewesen zu sein. Ist noch immer schön. Gestalt, Schultern, Arme von statuenhafter Linienharmonie. Das weiße Cachemire-tea-gown, in dem sie uns empfing, hat offene Aermel, die den zarten, runden Arm frei lassen. Hände haben bekanntlich Physiognomien; die schönen Hände Frau von Okoliczanys begleiten ihre lebhafte Sprache mit

— man könnte sagen — lebhaftem Mienenspiel, und die Armbewegungen reden mit.

Ein Besucher kommt hinzu: Graf Konstantin Nigra. Sollte man es für möglich halten, daß dieser schlanke, hochgewachsene Mann mit dem dichten, leichtgelockten, noch immer blonden Kopfhaar, mit dem regelmäßigen, nur geringe Altersspuren aufweisenden Gesicht schon siebzig Jahre alt ist?

Selbstverständlich wird auch von der Konferenz und ihren Zielen gesprochen. Graf Nigra macht den Eindruck, von der Größe der Aufgabe durchdrungen zu sein und Hoffnungen an die Ergebnisse zu knüpfen.

Natürlich ist es Pflicht, nicht nur diplomatische, sondern beinahe Anstandspflicht, so zu reden. Man wird doch nicht an offiziellen — noch dazu geheimen — Beratungen teilnehmen und im Salon darüber geringschätzig schwatzen. Nur dem Freiherrn von Stengel war es zugefallen, zu einer Konferenz entsendet zu werden, deren Ziel er kurz vorher als „Duselei" verkündet hatte ... aber von diplomatischer Selbstverständlichkeit abgesehen: man fühlt, was aufrichtig und überzeugt gesprochen wird, und ich habe den Eindruck: Graf Nigra wird ernste, eifrige Mitarbeit leisten.

24. Mai. D'après les ordres de
Sa Majesté la Reine
Le Maréchal de la Cour a l'honneur d'inviter
Monsieur le Baron, Madame la Baronne Berthe Suttner
née Comtesse Kinsky, et Mademoiselle de Suttner*)
à une Soirée au Palais
Mercredi le 24 Mai à $9^1/_2$ heures
en Gala.

Ein Hoffest ist wie das andere: Die lange Wagenreihe, die „à la file" in die Tore des Palastes einfährt, das breite, blumengeschmückte Treppenhaus, wo die betreßten Diener Spalier bilden und mit stummem Zeichen den Weg weisen: die hohen goldstrotzenden Säle mit dem spiegelnden Parkettboden — die unzähligen Uniformen und Galahofkostüme der Männer, die schleppenden, lichten Roben der mit Diamanten, Blumen und Reiherfedern geschmückten Frauen — die Atmosphäre von Spannung und Wichtigkeit.

Die ersten Säle, durch die wir gehen, sind ziemlich leer; vom Zeremonienmeister werden wir weitergewiesen durch einen großen, halbgefüllten Raum und noch weiter in einen daran anstoßenden,

*) Meine Nichte Maria Louise war mit uns im Haag.

ganz dicht gefüllten Salon. Hier steht man beinahe Kopf an Kopf. Man erkennt und begrüßt sich und plaudert. Jemand bemerkt, das sei am englischen Hof anders. Da wird das Erscheinen der Königin mit religiöser Stille erwartet.

Eine halbe Stunde vergeht. In dem nebenliegenden Saal stellten sich die Anwesenden rund um die leerbleibende Mitte. Es sind die Diplomaten und ihre Frauen, für welche die Majestäten „Cercle“ halten werden. Am auffallendsten in diesem Kreise ist wieder das chinesische Paar. Seidene Gewänder mit reicher Blumenstickerei; aber als Kopfputz trägt Frau Yang doch nur die gewöhnlichen, längs der Schläfe herabhängenden Papierblumen.

« Leurs Majestés les Reines! »

In dem Kreise bildet sich eine Gasse, und umgeben von ihrem Hofstaat, treten Königin Wilhelmine und Königin Emma ein.

Beide in Weiß. Vom Diadem der Königin-Mutter wallt ein weißer Schleier herab. Die Königin-Mädchen trägt das Band des Katharinenordens, der ihr heute durch Herrn von Staal im Namen des Zaren überreicht worden ist.

Der „Cercle“ wird absolviert. Vor jedem und jeder bleibt die Königin stehen, macht eine Verbeugung, spricht einige Worte, macht eine zweite Verbeugung und geht weiter.

Nachdem diese Diplomatencour abgetan ist, werden die anderen Vorstellungen gemacht. Frau von Okoliczany führt mich zu Ihrer Majestät und nennt meinen Namen.

Ein kurzes Gespräch in französischer Sprache folgt. Die junge Königin, freundlich lächelnd, fragt mich, wie sie vermutlich die meisten fragt, ob ich zum erstenmal nach dem Haag gekommen und wie es mir gefällt. Ich flechte in meine Antwort die Bemerkung, daß mich der Aufenthalt in Holland besonders wegen der erhebenden Veranlassung beglückt. Dazu nickt die holde, kleine Monarchin, sagt aber nichts.

Auch der Königin Emma stellte mich unsere Gesandtin vor.

Nachdem die beiden hohen Frauen mit allen Anwesenden gesprochen, begibt sich die ganze Hofgesellschaft in einen dritten Saal, einen Riesenraum, vermutlich den Ballsaal, wo eine lange Tafel, mit Blumen, Früchten, kalten Schüsseln, Tee und sonstigen Getränken bedeckt, an der einen Längsseite aufgestellt ist, während an der anderen kleine runde Tischchen sich befinden, um die man sich setzen kann. Ein auf der Galerie angebrachtes Orchester spielt verschiedene Konzertstücke. Als ich hinhorchte, fiel mir das Intermezzo der „Cavalleria rusticana“ auf.

Aber man hört nicht viel von der Musik. Aug' und Ohr und Geist sind von anderen Dingen gefangen. Sagte ich vorhin: Ein Hoffest wie alle anderen? Das war falsch. Ein Hoffest vielmehr, wie es noch nie, seit es Höfe gibt, gesehen worden — ein Hoffest, das zu prophezeien vor einem Jahre noch als wilde Phantasieausschweifung verlacht worden wäre.

„Frau Baronin — der Kriegsminister wünscht Ihnen vorgestellt zu werden."

Dann wieder: „Gnädige Frau, erlauben Sie mir, daß ich mich Ihnen selber vorstelle: mein Name ist Kramer, Sekretär im Kriegsministerium, und es drängt mich, Ihnen zu sagen, daß ich das Ideal, für welches Sie in Ihrem Roman eingetreten sind, im stillen seit zweiunddreißig Jahren hegte und mich nun lebhaft freue, es seiner Verwirklichung nähergerückt zu sehen."

Mit Lu Tseng-Tsiang, Sekretär der chinesischen Botschaft in Petersburg, ein längeres Gespräch.

„Gerade für uns," sagt er, „wäre die Erreichung der Konferenzziele am meisten wünschenswert ... denn gerade uns drohen die größten Gefahren von europäischer Gewaltpolitik ..."

Herr von Staal unterhält sich mit mir und Herrn von Descamps über Johann von Bloch und sein Buch. « C'est un homme remarquable, » bemerkt er. „Er will den Beweis erbringen, daß nicht mehr der Friede eine Utopie ist, sondern — bei dem jetzigen Stand der Waffen und der Heere — ist es zur Utopie geworden, zwischen Kulturvölkern Krieg zu führen. Und," fügt der russische Diplomat hinzu, „er mag ja recht haben."

25. Mai. Eine Karte wird mir gebracht: The earl of Aberdeen. Mit Lady Isabel Aberdeen, die dem kommenden internationalen Frauenkongreß in London vorsitzen wird, stehe ich seit einiger Zeit in Korrespondenz.

Der Lord, gewesener Gouverneur von Kanada — noch ein junger Mann von großem schlankem Wuchs, mit kurzem schwarzem Vollbart —, bringt mir Grüße seiner Frau. Erzählt, daß er an der großen, von Stead veranstalteten Meetingkampagne regen Anteil genommen, bei den Kundgebungsversammlungen mitgesprochen hat. Charles Richet kommt hinzu. Auch einige deutsche Zeitungskorrespondenten, die bisher von der Friedenssache nur Ablehnendes gehört und geschrieben; die namentlich von dem Grundsatze ausgehen, daß die einzige Friedensbürgschaft in den deutschen Rüstungen liegt, da alle übrigen Nationen kriegslustig seien; es war mir eine Genugtuung, daß die nun dem Franzosen und Engländer zuhören konnten, wie sie in voller Uebereinstimmung und mit den kräftigsten Argumenten für jene Sache eintraten. Dabei waren es ja keine „obskuren Schwärmer", sondern einer der höchsten Würdenträger des Britischen Reiches und einer der berühmtesten Gelehrten an der Pariser Universität.

Nachmittags, beim Empfang der russischen Gesandtschaft, treffen wir Sir Julian Pauncefote. Aeußere Erscheinung: einundsiebzig Jahre, aber von strammer Haltung; das Haupthaar schon weiß, ebenso der Bart; dieser, nach österreichischer Art, mit ausrasiertem Kinn. Gestalt groß und schlank. Gesichtsausdruck freundlich und edel. So wie geleistete Kriegsdienste zur Verleihung eines Oberkommandos im Feldzug berechtigen, so sind hervorragende Friedenstaten die richtigen Titel zur Delegation an die hiesige Konferenz. Sir Julian hat in seiner diplomatischen Laufbahn zwei Friedenssiege zu verzeichnen:

Als Clevelands Botschaft über die Venezuelafrage die Welt erschütterte und überall verkündet wurde, der Krieg zwischen den Vereinigten Staaten und England sei unvermeidlich, damals war er Botschafter in Washington. Wäre statt seiner ein Chamberlain auf diesem Posten gewesen, so wäre es vielleicht zum Losschlagen gekommen. Sir Julian wußte die Angelegenheit mit solcher Ruhe und Versöhnlichkeit zu leiten, daß sie mit dem Schiedsgericht geendet hat, das heute — unter dem Vorsitz des Professors von Martens — in Paris die Sache verhandelt. Zweitens ist Sir Julian derjenige, der den bekannten Schiedsgerichtsvertrag zwischen Amerika und Großbritannien (der erste solche Vertrag, der jemals aufgesetzt wurde) am 11. Januar 1899 mit dem amerikanischen Staatssekretär Olney unterzeichnet hat. Daß die Ratifikation des Vertrags nachher an der fehlenden (durch drei Stimmen fehlenden) Zweidrittelmehrheit scheiterte, dafür ist er nicht verantwortlich.

Wie neulich Mr. White, so teilt uns diesmal Sir Julian mit, daß seine Delegation mit einem bestimmten Vorschlag in der dritten (der Schiedsgerichts-) Kommission hervortreten würde. Er hegt die besten Hoffnungen auf ein positives Ergebnis. Ich bringe das Gespräch auf den englisch-amerikanischen, wirkungslos gebliebenen Vertrag. Er antwortet, daß man die Sache jedenfalls wieder aufnehmen werde:

„Was auf den ersten Wurf nicht gelingt, my dear Baroness. gelingt auf den zweiten oder dritten."

Abends Rout bei der Obersthofmeisterin der Königin. Werde wieder mit vielen, darunter auch exotischen Größen bekannt gemacht.

Nur von der deutschen Delegation erweist mir niemand die Ehre, sich zu nähern. Graf Münster behandelt mich als Luft. Als Professor Stengel in seiner Broschüre von den „komischen Personen" der Friedensbewegung sprach, vor deren groteskem Benehmen und Ideen er nicht genug warnen konnte, hat er offenbar auch mich daruntergezählt.

26. Mai. Bloch faßt den Entschluß, vor geladenem Publikum eine Reihe von Vorträgen zu halten. Kein anderer Ort und keine andere Gelegenheit eignet sich so gut zur Darstellung der Utopie des Krieges. Besonders für militärische Delegierte müßten die dokumentierten und ziffernbelegten Tatsachen und Schlüsse von Interesse sein, die diese Vorträge enthalten werden. Der Meine und ich sind behilflich in den Vorbereitungen, fahren mit ihm Säle besichtigen, Bestellungen machen u. s. w.

Besuch des Korrespondenten der „Frankfurter Zeitung". Kommt eben von Herrn von Stengel. Dieser hat den Interviewer versichert, daß er nur gegen die Auswüchse der Friedensbewegung (nun ja, die komischen Personen) protestiert hat, daß er jedoch als Delegierter sein möglichstes tun werde, die Sache zu fördern. Desto besser!

Die Korrespondenten des „Figaro" und „Echo de Paris" interviewen mich; Mr. Leveson Gower, Sekretär der britischen Botschaft, verlangt im Auftrag der „North American Review" einen Artikel über die Bewegung für das Juliheft.

Um drei Uhr im Hotel Vieux Doelen zu tun. Treffe da Stead. „Endlich sehe ich Sie," rief ich, „gerade von Ihnen, der Sie mit den Delegierten auf so gutem Fuße sind, erwarte ich immer Nachricht und —"

„Und die sollen Sie auch haben. Heute wichtiger und glücklicher, als Sie hoffen konnten. Hier ist eine Kopie des Berichtes, den ich eben an die englischen Blätter gesandt — lesen Sie und freuen Sie sich mit mir. Die Konferenz hat ein wunderschönes Stück Arbeit gemacht."

Hier ein Auszug des Berichtes:

Plenarversammlung vom 25. Mai.

Auf der Tagesordnung der Gegenstand der dritten Kommission, nämlich: „Friedliche Schlichtung internationaler Konflikte."

Als Grundlage zu den Verhandlungen legt Herr von Staal die russischen Vorschläge auf den Tisch. Es ist ein aus 18 Artikeln bestehendes Dokument, das den Titel führt: „Elemente zur Ausarbeitung einer zwischen den an der Konferenz teilnehmenden Mächten abzuschließenden Konvention." Diese Elemente sind:

1. Gute Dienste und Vermittlung.
2. Internationales Schiedsgericht.
3. Internationale Untersuchungskommission.

Ehe die Diskussion über die Artikel beginnt, erhebt sich Sir Julian Pauncefote im Namen seiner Regierung und beantragt, daß dem russischen Plane noch ein Zusatzartikel beigefügt werde, nämlich: Die Errichtung eines ständigen Schiedsgerichtstribunals.

Mit kurzer, aber sehr eindrucksvoller Rede begründet der englische Delegierte diesen Antrag. Er verweist auf die Argumente, die in der „Adresse an die Regierungen" seines Kollegen Descamps enthalten sind.*)

Die Worte und die positive Tat des Chefs der englischen Delegierten bringen sichtlich tiefen Eindruck hervor. Als er geendet, herrscht feierliche Stille. Viele der Mitglieder schauen einander mit hellem Staunen an — manche unter ihnen mögen da zum erstenmal empfinden, daß es sich um ernste Dinge handle, vorgebracht von praktischen Staatsmännern, die es redlich meinen.

Noch größer ist die Ueberraschung, als nun Herr von Staal erklärt, daß auch die russische Regierung einen Plan — in 26 Artikeln — für die Errichtung eines permanenten Schiedsgerichtshofes in Bereitschaft habe.

Nun rückt Mr. A. White mit dem amerikanischen Antrag hervor. In dessen Einleitung heißt es:

„Der Antrag zeigt den ernsten Wunsch des Präsidenten der Vereinigten Staaten, daß ein ständiges internationales Tribunal zur schiedsrichterlichen Schlichtung der Streitigkeiten zwischen den Völkern errichtet werde, und zeigt die Bereitwilligkeit des Präsidenten, bei dieser Einsetzung behilflich zu sein."

Wie radikal dieser Vorschlag gemeint war, erhellt aus den Artikeln III und IV:

> Art. III. Das Tribunal hat in Permanenz zu bestehen, stets bereit, alle sich bietenden Fälle zu übernehmen.
>
> Art. IV. Alle Streitfragen jeglicher Art**) sollen bei gegenseitigem Uebereinkommen zur Entscheidung unterbreitet werden, und jede solche Unterbreitung muß von der Verpflichtung begleitet sein, daß man sich dem Schiedsgerichte fügen werde.

---

*) Damit ist die Schrift gemeint, mit deren Abfassung, laut Beschluß der Interparlamentarischen Konferenz von 1894, Chevalier Descamps und H. Lafontaine betraut wurden und die im Auftrag der Interparlamentarischen Konferenz von 1895 im Namen der Union an sämtliche Regierungen versandt wurde.

**) Nichts von den späteren Einschränkungen der „vitalen Interessen" und „Ehre der Nationen". (Anmerkung von 1908.)

Ein schönes Stück Arbeit in der Tat. Hier sind also gleich zu Anfang positive, konkrete Pläne, im Namen von vier Regierungen, zur Behandlung und zur Beschlußfassung vorgelegt.

Wie schade, daß nicht auch aus Oesterreich, Deutschland und Frankreich solche Initiativen gekommen!

Schade auch, daß die Berichte über diese Sitzung samt den genauen Texten der Anträge nicht sofort in alle Weltgegenden hinaustelegraphiert und von sämtlichen Blättern gebracht und kommentiert werden, damit der Welt das Verständnis der großen Interessen aufdämmere, die hier auf dem Spiele stehen, und sie Zeugin und Richterin sein könne über die Art und Weise, wie — und von wem diese Interessen hier vertreten werden.

59

Die erste Haager Friedenskonferenz
(Fortsetzung)

28. Mai. Novicow angekommen. Wie denkt man sich den Verfasser von soziologisch-philosophischen Werken von je 700 Seiten Großoktav, mit Titeln wie: « Les luttes entre sociétés humaines et leurs phases successives », « La Théorie organique des Sociétés » und dergleichen mehr? Die Bücher habe ich gelesen und mir den Verfasser ungefähr so gedacht: Weißbärtig, mit Brille, in der äußeren Erscheinung vielleicht ein bißchen vernachlässigt — denn wenn man den ganzen Tag in gelehrten Büchern steckt und im Kopf die sozialesten Probleme herumträgt, kann man doch kaum sich mit den kleinen Eitelkeiten der Toilette befassen; sehr ernst — zwar ohne Stich ins Pedantische, denn die Schreibweise ist frisch und funkelnd — und vielleicht etwas düster, denn wenn man so tiefen Einblick in das Getriebe der Welt macht, sich so eingehend mit den Erscheinungen des Elends und des Leidens beschäftigt hat, so mag dies wohl zur Schwermut stimmen.

Und der wirkliche Novicow? Ein eleganter Weltmann, der lustigste Gesellschafter, mit (für seine neunundvierzig Jahre) viel zu jugendlichem Aussehen, voll Witz und „entrain" in der Unterhaltung. Ich glaube, diese Eigenschaften, so liebenswürdig sie sind, schaden ihm einigermaßen. Wer seine Bücher nicht gelesen hat, der wird sie ihm nicht zumuten, der wird sich nicht mit jenem scheuen Respekt an die Lektüre machen, mit dem man sich in wissenschaftliche Werke vertiefen soll.

Vormittag Empfang bei der Baronin Grovestins. Fast alle

Delegierten finden sich hier ein. Auf der Stiege begegne ich dem Grafen Münster mit seiner Tochter. Im Salon bildet den Mittelpunkt einer zahlreichen Gruppe die Familie des chinesischen Delegierten. Madame Yang trägt denselben Kopfputz wie bei Hofe, dieselben Papierblumen längs der Schläfe und ist bei Tag ebenso larvenmäßig geschminkt wie bei Kronleuchterlicht. Dabei aber doch ein Zug von Lieblichkeit in dem hübschen Gesichtchen. Ihre Geste, wenn sie die Hand reicht, hat etwas Holzpuppenmäßiges; dann aber schüttelt sie die Hand des anderen so herzhaft, als bedeute es: „Fürs Leben, alter Kamerad!" Sohn und Töchterchen, zwölf und acht Jahre alt, auch im chinesischen Kostüm, sind mitgenommen, und sie führen die Hauptunterhaltung, denn sie sprechen Englisch und Französisch.

Diese Kinder werden auch nicht mehr als echte unverfälschte Chinesen aufwachsen. Hinter ihrer Mauer liegt fortan für sie ein Stück Welt — eine Welt noch dazu, in der alle Nationen sich zusammentun, um im Namen des Völkerfriedens zu verhandeln ... diese Idee wird ihnen zeitlebens mit der Erinnerung an die Süßigkeiten verbunden bleiben, die ihnen mit zierlichen Worten Fräulein von Grovestins auf einem Delftteller reicht ... Nach und nach werden alle chinesischen Mauern — es gibt deren noch ganz andere, als die um das Reich der Mitte — fallen. Abbröckeln sehen wir sie schon.

Neue Bekanntschaft: Dr. Holls, der zweite amerikanische Delegierte. Setzt sich zu mir auf ein kleines Eckkanapee. Wir sprechen Deutsch. Dr. Holls ist seines Zeichens Advokat in Neuyork, stammt aus deutsch-amerikanischer Familie. Große vierschrötige Gestalt, dreieckige, hoch in die Stirne gezeichnete Augenbrauen — wie Accents circonflexes. Er bestätigt mir die Nachrichten, die ich von Stead erfahren habe. Er erzählt, daß das öffentliche Interesse an der Konferenz nirgend so lebhaft ist wie in seinem Land. Täglich laufen Kabeltelegramme ein; Beschlüsse, Sympathiebriefe aus allen Staaten der Union und aus den verschiedensten Kreisen. Jede dieser Botschaften wird dankend bestätigt, und sie tragen nicht nur dazu bei, die amerikanischen Delegierten zu stärken, sondern machen auch diesen Eindruck auf die Abgesandten anderer Länder, welche in dem Interesse der westlichen Republik ein bedeutungsvolles Zeichen der Zeit erblicken mußten. Ich drücke mein Bedauern aus, daß diese Nachricht nicht sofort die Runde bei der europäischen Presse mache.

„Ja," bestätigt Holls, „der Ausschluß der Journalisten war ein großer Mißgriff. Die meisten europäischen Staaten sind hier durch Diplomaten vertreten, welche in Heimlichkeit und Geheimtuerei Faktoren erfolgreicher Diplomatie erblicken. Wir Amerikaner und noch ein paar andere waren dagegen — aber die Mehrheit entschied. Jetzt kann es geschehen — einige haben es schon getan —, daß die Vertreter der großen Blätter sich beleidigt fühlen und wieder abreisen. Ihre Redaktionen werden sich dadurch rächen, daß sie die Konferenz selber verkleinern oder ignorieren."

29. Mai. Ausnahmsweise kein Rout. Verbringen den Abend im Freundeskreis zu Hause. Fried, das Grelixpaar, der Maler ten Kate und Novicow. Ein zornerfülltes Vergnügen bereiten wir uns durch die laute Lektüre eines Päckchens von Zeitungsausschnitten aus der deutschen nationalistischen Presse.

Wie die verschiedenen „Neuesten Nachrichten" und verschiedenen „Lokalanzeiger" in Berlin, Leipzig, Dresden, München u. s. w. über die Konferenz schreiben, das ist unqualifizierbar: „Das widerwärtige Schauspiel im Haag", „Die Konferenz der Absurditäten", „Der gegenwärtig betriebene heillose Unfug, der bei allen klar denkenden und deutsch empfindenden Männern ehrliche Entrüstung erregen muß", „Für den Gang der Weltgeschichte wird die Komödie im Haag fast dasselbe bedeuten, wie für das Leben der einzelnen ein Besuch von ‚Charleys Tante'." Und der „Vorwärts" (auch du, Brutus!), der nicht nationalistisch ist, aber die Konferenz verpönt, weil sie von einem Autokraten einberufen und mit Aristokraten und Bourgeois beschickt ist, der „Vorwärts" schreibt: „Wie lange werden die Auguren es noch aushalten, bis sie in homerisches Gelächter ausbrechen und unter dem Gelächter der Welt auseinander gehen!"

Gebt nur acht, ihr Zeitgenossen! Wenn ihr es versäumt, so ernste Glücksarbeit ernst zu nehmen und diejenigen, die sie verrichten — mögen auch Widerwillige darunter sein —, an den Ernst ihrer Aufgabe zu mahnen, sie zu deren Erfüllung zu verhalten, sie beim Wort zu nehmen, gebt acht, daß ihr das — nicht unter dem Gelächter, sondern unter den Tränen der Welt zu bereuen habt!

30. Mai. Spazierfahrt nach Scheveningen.

Von der Stadt, die ja selber in einem Garten liegt, fährt man eine halbe Stunde ununterbrochen durch Parkalleen zum Meeresstrand. Am Wege rechts und links hinter blühenden Vorgärtchen Villa an Villa. In Scheveningen selber längs des Strandes Hotel an Hotel. Doch ist das alles noch leer. Von der Nordsee, welche unter grauem Himmel graue Fluten wälzt, weht kalte, salzige Luft. Noch sind die Strandkörbe nicht aufgestellt, noch die Badewagen nicht an Ort und Stelle. Auf der weiten Terrasse des Kurhauses stehen zwar schon, um den stummen Musikpavillon herum, zahllose

Reihen von Tischen und Stühlen, aber alles unbesetzt. Auf dem Meere sieht man keine Schiffe noch Boote, nicht einmal für die Möwen scheint die Badesaison eröffnet.

Nur eine Anzahl von Wagen und von Fußgängern belebt den Strand und die Straßen. Scheveningen ist ja für alle Haager und jetzt namentlich für die Mitglieder der Konferenz allgemeines Promenadenziel. Mit vielen Bekannten tauschen wir Grüße. Unser Landsmann Graf Welsersheimb ist auf dem Bicycle gekommen und radelt eine Strecke plaudernd neben unserem Wagenschlag. Herr von Okoliczany in Begleitung einer schlanken Tochter reitet vorüber. Vom Hotel Oranje sieht man die chinesische Flagge wehen. Yang-Yü mit seiner Familie ist der einzige Delegierte, der schon aus dem Haag nach Scheveningen übersiedelt ist.

Alle diese Dämme, diese Bauten ... Wie mühsam und tapfer hat doch das holländische Volk sein Land dem Wasser abgerungen! Das sind menschenwürdige Kämpfe — gegen die Wucht und Wut der Elemente.

Sollte allein der Dammbau gegen Mitmenschenwut nicht ausführbar sein?

Kleines Diner bei uns. Kammerpräsident Rahusen; der österreichische militärische Delegierte von Khuepach, der zweite russische Delegierte Basily, Novicow, Bloch und wir drei; ein kleiner Kreis um einen runden Tisch — die vorteilhafteste Voraussetzung für allgemeines und angeregtes Tischgespräch. Zum schwarzen Kaffee gesellt sich zu uns der Korrespondent der „Neuen Freien Presse", Dr. Frischauer, den ich auch eingeladen, der aber verhindert war zu kommen. Nach dem Diner noch Soiree im Hause Karnebeek. Frau von Staal erzählt mir im Gespräch, wie sehr ihr Mann täglich mit Adressen, Memoranden, Broschüren und Deputationen aus aller Welt bestürmt wird.

„Wohl auch mit unzähligen Briefen," frage ich, „und mitunter recht verrückten?"

„O ja, sogar Drohbriefe. Anonyme Warnungen, daß gegen ihn ein Mordanschlag geplant wird."

„Das ist ja entsetzlich! Wie nimmt Herr von Staal das auf?"

„Er lächelt dazu."

In dem Hotel „Twe Steeden", das ten Kate während seines Haager Aufenthaltes bewohnt — sein eigentliches Heim ist der Landsitz Epé —, hat uns der Künstler heute ein heiteres Diner gegeben, dessen Honneurs seine liebenswürdige Frau macht. Die Damen von Waszklewicz und Selenka waren unter den Gästen, Herr von Bloch,

Novicow, Dr. Trueblood und A. H. Fried; kurz, der richtige kleine Friedenskongreß.

Noch mehr Friedenskongreß, als nach dem Diner die Tür aufgeht und Chevalier Descamps eintritt.

„Verzeihen Sie den Ueberfall ... meine Zimmer liegen über diesem Speisesaal — Ihre fröhlichen Stimmen drangen zu mir herauf, und als ich frug, wer da unten Hochzeit feiere, erfuhr ich, wer hier versammelt sei, und da komme ich — uneingeladen — aber als Ueberbringer guter Nachrichten; wir hatten eine prächtige Sitzung heute."

Nun ward Herr von Descamps umringt und ausgefragt. Die dritte Kommission hatte an diesem Nachmittag über die Schiedsgerichtsfrage verhandelt. Und zwar, wie Descamps versichert, in sehr befriedigender Weise. Der im bekannten „Memorandum an die Regierungen" niedergelegte Plan wurde als Grundlage des Neuzuschaffenden genommen, und der feste Wille bei der Mehrzahl der Kommissionsmitglieder, die Angelegenheit zu einem positiven Resultat zu bringen, habe sich in dieser Sitzung dokumentiert. Descamps selber ist mit dem Referat über das Projekt betraut. Da ist die Sache allerdings in guten Händen.

Besuch von Beernaert und seiner Frau. Teilt mir befriedigt das Ergebnis der Sitzung mit, aus der er kommt. Die zweite Kommission, deren Vorsitz er führt, hat die Ausführung des Brüsseler Vertrages (Erweiterung der Genfer Konvention) beschlossen.

„Es freut mich, daß Sie sich freuen," antworte ich; „aber ich sage Ihnen aufrichtig, daß mich die Frage der Humanisierung des Krieges — namentlich in einer Friedenskonferenz — nicht interessieren kann. Es handelt sich ja doch um die Kodifizierung des Friedens. Der heilige Georg ritt aus, den Drachen zu töten, nicht ihm die Klauen zu stutzen. Oder, wie Frédéric Passy sagt: ‚On n'humanise pas le carnage, on le condamne, parce qu'on s'humanise.'"

«Vous êtes une intransigeante,» lächelt Herr von Beernaert und tröstet mich mit dem gleichzeitigen Vorschreiten der Konferenz in der Schiedsgerichtsfrage, als deren überzeugten Förderer ich ihn übrigens kenne.

Vom Redakteur des „Berliner Tageblatt", dem ich mein bedauerndes Befremden darüber ausgedrückt, daß in einer so weitverbreiteten Zeitung keine Korrespondenz zu finden sei, erhielt ich folgende Antwort:

Berlin, 31. Mai 1899.

Sehr geehrte Frau Baronin!

Ihre freundliche Zuschrift vom gestrigen Tage zwingt mich, Ihnen mitzuteilen, daß wir erstens nicht ohne Vertretung auf dem Haager Kongreß sind, so daß wir von allem Notwendigen und Wissenswerten unterrichtet werden, und zweitens, daß ich bei der feindseligen Haltung, welche die Kongreßmitglieder gegen die Presse einzuschlagen für gut befunden haben, es für richtig halte, die Journalistik nicht durch Antichambrieren bei den verschiedenen Staatsmännern zu entwürdigen.

Da die Herren ohnedies nur mit Hilfe der Oeffentlichkeit sich ein Zeugnis für ihren Fleiß und ihr Wohlverhalten ausstellen lassen können — ein Zeugnis, auf das sie auch ihren Auftraggebern gegenüber angewiesen sind —, so lasse ich die Dinge ruhig an mich herankommen und teile nur das eben Wissenswerte meinen Lesern mit.

Wenn sogar ein Mann wie Mr. Stead sich darüber beklagt, daß man ihm nichts sagen will, so werden Sie es begreiflich finden, daß Leute, die nicht die Gewohnheit haben, vom Zaren empfangen zu werden, dem Gebaren der Diplomatie kühl bis ans Herz hinan gegenüberstehen.

Alles das soll mich nicht hindern, selbst den kleinsten Fortschritt zum Besseren, der etwa aus den Kongreßberatungen hervorgehen sollte, freudig anzuerkennen, aber ich halte mein Blatt und meine Leser für zu gut, um nach den Brosamen zu schnappen, die von dem Nachrichtentische der Kongreßmitglieder herabfallen könnten.

Sie werden, wie ich hoffe, dieses Verhalten eines unabhängigen und freisinnigen Blattes zu würdigen wissen und nach diesen Darlegungen in unserer Stellungnahme nichts Seltsames finden.

Mit dem Ausdruck vorzüglichster Hochachtung habe ich die Ehre zu verharren als

Ihr ergebenster

Dr. Artur Levysohn.

Ein unverantwortlicher Standpunkt. Die Zeitereignisse haben je nach ihrer Bedeutung von der Presse mitgeteilt zu werden und nicht je nach den Empfindlichkeiten der Journalisten. Die Rücksicht auf das Publikum hat wohl den Ausschlag zu geben.

Heute wurde die Badesaison und das Kurhaus in Scheveningen eröffnet. Herr von Bloch hat uns zum Diner ins Kurhaus eingeladen. Anwesend die Journalisten Dillon und Dr. Frischauer. Er erzählt uns — Professor Martens hat es ihm mitgeteilt —, daß das Prinzip der Mediation in den Text der Konvention aufgenommen worden sei. Namentlich die Verpflichtung der neutralen Staaten, bei Drohung oder auch nach Ausbruch eines Krieges gute Dienste anzutragen, was von vornherein niemals als „unfreundlicher Akt" angesehen werden dürfe. Dieser letzte Paragraph ist dem Grafen Nigra zu danken.

2. Juni. Dr. Frischauer reist ab. Er verabschiedet sich bei uns und überläßt mir den Auftrag, alles Interessante, was hier vorfällt, der „Neuen Freien Presse" in Telegrammen und Korrespondenzen mitzuteilen. Abends der gewöhnliche Freitagsempfang bei Beaufort. Mache mehrere neue Bekanntschaften:

Turkhan-Pascha. Erinnert mich in der eleganten äußeren Erscheinung an Rudolf Hoyos; ist mehrere Jahre Minister des Aeußern gewesen und führt den Titel Wesir. Hatte das zweifelhafte Glück, Militärgouverneur der Insel Kreta gewesen zu sein. In seiner Unterhaltung — er spricht das reinste Französisch — verbindlich, liebenswürdig, dominiert ein leiser satirischer Ton.

Noury-Bey, der zweite türkische Delegierte. Höchstens vierzig, sehr feine Züge, rötlicher Vollbart; Inspektor im Ministerium der öffentlichen Arbeiten. Wohnte voriges Jahr als Delegierter der Türkei dem Kongreß gegen die Anarchisten in Rom bei. Die beiden ottomanischen Würdenträger machen mir nicht den Eindruck, als ob ihnen das Gelingen der hiesigen Arbeit besonders glaubwürdig und wünschenswert erschiene.

Chedomille Myatovic, gewesener serbischer Minister des Aeußern, jetzt bevollmächtigter Minister in London, ist hingegen ein begeisterter Anhänger der Konferenzziele.

Augustin d'Ornellos Vasconsellos, Delegierter Portugals, erzählt mir, daß er Goethes „Faust" in seine Muttersprache übersetzte.

De Mier, mexikanischer Gesandter in Paris. Außer den Vereinigten Staaten ist kein anderer amerikanischer Staat hier vertreten als Mexiko.

3. Juni. Vortragsabend von Bloch. Geladenes Publikum. Anwesend fast sämtliche Delegierte. Viele Journalisten, holländische und fremde. Thema: „Die Entwicklung der Schußwaffen". Hinter dem Pult des Vortragenden eine weiße Fläche für die Lichtbilder. Bloch spricht mit großer Natürlichkeit und Einfachheit. Niemals sucht er oratorische Effekte. Man sieht, nicht „Reden halten" will er, sondern sagen, was er zu sagen hat. Er will das Bild des Zukunftskrieges zeigen. Und wo fände er ein geeigneteres Publikum dafür als die hier Versammelten? Diplomaten und Militärs, die berufen wären, über einen etwaigen solchen Krieg zu verhandeln oder ihn zu führen, jetzt aber einberufen sind, ihn zu *vermeiden*.

Die historische Entwicklung der Schußwaffen, von den ersten Feuersteingewehren an bis zu den letzten Modellen, wird an der Hand von Abbildungen und Tabellen dem Publikum vorgeführt. Das Projektil des neuen Infanteriegewehres fegt alles weg, was es bis auf 600 Meter streift. Aber es winken größere Fortschritte: In allen Armeen werden Versuche angestellt mit noch kleinerem Kaliber. Man berechnet, daß wenn im Deutsch-Französischen Kriege die jetzt eingeführten Gewehre benutzt worden wären, so wären die Verluste viermal größer gewesen; führte man die allerneuesten Modelle ein, so wären die Verluste dreizehnmal größer. Freilich würde eine solche Umgestaltung der Heere des Dreibundes und des Zweibundes vier Milliarden Franken kosten.

(Nun, angesichts eines so schönen Resultats — man denke doch: dreizehnmal mehr Tote und Verstümmelte als mit dem primitiven Schußprügel — da wären doch vier Milliarden nicht zuviel — und die bringt man leicht auf, wenn man dem arbeitenden Volk die Lebensmittel etwas verteuert.)

Die Parenthese ist von mir, nicht von Bloch. Sein Vortrag ist ganz objektiv; er macht keine bitteren Ausfälle, er bringt Ziffern und Daten; die Schlußfolgerungen überläßt er der Vernunft und dem Gewissen der Hörer.

Der Vortrag wird durch eine halbstündige Pause unterbrochen. In einem Nebensaal sind reichbesetzte Büfette aufgestellt und Erfrischungen werden gereicht. Bloch ist der Hausherr, und die Vortragsräume sind in Salons umgewandelt, wo man einander begrüßt, neue Bekanntschaften macht und über das Gehörte Gedanken austauscht.

5. Juni. Der Herausgeber des „Dagblad“ hat Stead die ersten Seiten seines Blattes zur Veröffentlichung einer täglichen Chronik der Konferenz überlassen. Heute erschien die erste Nummer. Vortrefflich redigiert. Wird von großem Nutzen sein. Prächtiger Mensch, dieser Stead! Zuerst seine neunmonatige Kampagne in Schrift und Wort, und jetzt diese Arbeit!

Ein siebzehnjähriger Sohn Basilys besucht mich. Bringt ein Album, auf dessen Deckel in Reliefletttern das Wort „Pax“ steht, in das er alle Mitglieder der Konferenz und alle hier anwesenden Friedensfreunde ihre Namen eintragen läßt. Wie viele hohe militärische Chargen werden sich in diesem Paxalbum verewigen! — Und dieser Jugendeindruck verwischt sich gewiß nicht mehr. Wie ganz anders wird doch die uns folgende Generation dem Begriffe Weltfrieden gegenüberstehen, sie, die Zeugin gewesen sein wird von dem Auftauchen und Vordringen dieses Begriffs in offizielle Kreise, in den Vordergrund der Tagesgeschichte. In unserer Jugend war solches entweder ganz unbekannt oder verlacht. Wenn dieser Jüngling, der sich unter der Rubrik „Pax“ eine Sammlung von zeitgenössischen Autogrammen anlegt, einmal Amt und Würden bekleidet, vielleicht ein gewichtiges Wort in den politischen Fragen der Zukunft zu sprechen haben wird — so wird er wohl anders als unsere ergrauten Politiker über die Sache der Völkerjustiz denken, und sollte dann eine neue offizielle Friedenskonferenz einberufen werden, in der er und seinesgleichen ihr Votum abzugeben hätten, da würden die Verhandlungen wohl mit viel weniger Zweifeln und Schwierigkeiten vor sich gehen, als dies in der gegenwärtigen Konferenz, der ersten ihrer Gattung, der Fall sein kann.

6. Juni. Wir übersiedeln nach Scheveningen — Hotel Kurhaus. Die Installation dauert nicht lang. Nach zwei Stunden sieht unser großer Ecksalon schon so gemütlich aus, als wäre er seit zwei Jahren bewohnt — dank der Liebenswürdigkeit des Direktors, Herrn Goldbeck, der uns in unseren Zimmern alles hinein- und hinausstellen läßt, wie wir's wollen. Die hübschesten Möbel des noch ziemlich leeren Hotels werden uns zur Verfügung gestellt. Große Atelierfenster nehmen beinahe zwei ganze Wände ein. Das eine Fenster, der Eingangstür gegenüber, rahmt das Bild des Meeres ein; beim anderen sind die roten Seidenrollvorhänge heruntergelassen, wodurch das ganze Zimmer in rötlichen Schein getaucht ist. Blumen in Vasen, in Jardinieren und in Töpfen; herrliche Fruchtkörbe — Ananas, Melonen, Trauben (letzteres eine Aufmerksamkeit des Herrn von Bloch), Bücher, Broschüren, Mappen, Zeitungen.

In der gestrigen Sitzung erstattete Herr von Descamps Bericht über die Arbeit des Komitees. Léon Bourgeois präsidierte. Wie angenehm, daß jetzt Steads Chronik alle diese Sitzungsberichte und die authentischen Texte der vorgelegten Artikel bringt. Da kann man nun den Fortgang genau verfolgen. Ueber mehrere Artikel des russischen Vorschlags über gute Dienste und Vermittlung hat man sich also schon geeinigt.

Nur steht in den Artikeln die fatale Floskel: „Wenn die Umstände es erlauben." Deutlich sieht man da das Ergebnis der Kompromisselei, die in den Resolutionstexten solcher Komitees gewöhnlich enthalten ist, die sich aus Anhängern und Gegnern einer Sache zusammensetzen. Nur unter der Bedingung eines Zusatzes, der dem Hauptsatz die allgemeine Gültigkeit nimmt, geben die Opponenten ihren Widerspruch auf. Die Hintertür ist gerettet, das ist ihnen die Hauptsache.

Ankunft des Baron Pirquet. Er war in Brüssel, wo der Rat der Interparlamentarischen Union eine Sitzung abgehalten, um die Tagesordnung der im August in Christiania stattfindenden Konferenz festzusetzen, und bringt den im Haag tagenden Kollegen ein Schreiben der Union. Pirquet erzählt, daß vor wenigen Tagen mein Vetter Christian Kinsky, in dessen Hause wir so viele frohe Stunden verlebt, plötzlich gestorben ist.

Abends zweiter Vortrag Blochs. Er schildert die Schwierigkeiten, die bei den modernen Millionenheeren die Mobilisation begleiten würden. Nach den ersten zwei Wochen eines Zukunftskrieges würde der zehnte Teil der Heere — ohne die Verwundeten zu zählen — in den Spitälern sein. Er zitiert auch einen Satz, den General Haeseler gesprochen: „Wenn die Verbesserung der Schießwaffen so fortgeht, so werden nicht genug Ueberlebende sein, die Toten zu begraben."

Der Vortrag wurde wieder, wie vorgestern, von einer Plauderpause am Büfett unterbrochen. Mit Léon Bourgeois sprachen wir von den Ereignissen in Paris. Es ist nämlich nichts Geringeres dort geschehen, als daß eine Bande junger „Edelleute" (Boni de Castellane u. s. w.) mit ihren Stöcken auf den Hut des Präsidenten einhieben. Léon Bourgeois gibt zu, daß dies empörend sei; „aber", fügt er hinzu, „nicht gefährlicher als der Schaum am Meeresstrand."

7. Juni. In der gestrigen Sitzung kamen die Beratungen der Kommission I (Kriegsgesetz, Bewaffnung u. dergl.) zur Sprache. Davon übertrage ich nichts in mein Tagebuch. Die Sicherung und Organisierung des Friedens hat mit der Regelung des Krieges nichts, gar nichts zu tun, im Gegenteil! Man will (d. h. manche wollen) die Gegensätzlichkeit der beiden Ziele verwischen, wollen das eine an Stelle des anderen schieben. Sie treiben den Keil ein, der das Friedenswerk sprengen soll.

Man denke, es hätte ein Kongreß zur Befreiung der Sklaven stattgefunden. Wäre daneben eine Konvention nötig gewesen über die Behandlung der Neger, über die Zahl der Peitschenhiebe, die ihnen zu erteilen sind, wenn sie sich bei der Arbeit in der Zuckerplantage träge zeigen?

Oder die Bewegung gegen die Folterjustiz? Wäre die Vereinbarung, das in die Ohren zu träufelnde Oel, statt siedend, nur mit dreißig Grad Hitze anzuwenden, eine Etappe auf dem Wege zum Ziele gewesen und nicht vielmehr ein Zurückhalten auf jenem anderen Weg, der ja verlassen werden sollte?

9. Juni. Der Meine weckte mich mit einem Kuß und einem warmen: „Ich danke dir!" — „Wofür?" — „Daß du geboren wurdest." — Ja, richtig — mein Geburtstag ist's. Das interessiert mich nicht — was hier geboren werden sollte: die Völkerjustiz

— das nimmt meinen ganzen Sinn gefangen. Gestern Arbeit der dritten Kommission über den Artikel X des Schiedsgerichtsvorschlags. Der Artikel nämlich, der die Fälle bestimmen soll, in welchen der Appell an das Schiedsgericht obligatorisch zu sein habe. Fälle, die „weder die vitalen Interessen noch die Ehre der Staaten berühren". — Wieder so eine Hintertür — oder vielmehr ein Scheunentor zum Eindringen des Krieges. Er hat hier gute Verteidiger, der rauhe Geselle ...

Großes Diner bei unserem Gesandten Okoliczany. Meine Nachbarn sind der russische Chargé d'affaires und Mr. Pichon von der französischen Delegation mit der Funktion Hilfssekretär — ein junger Leutnant mit keckem Schnurrbärtchen. Hat aber Verständnis und Sympathie für unsere Sache, ist ein großer Bewunderer d'Estournelles'. Er gibt zu, daß die Welt vorwärtsschreitet und daß eine kommende Kultur für den Krieg keinen Raum mehr haben wird, nur den Kolonialkrieg will er noch als berechtigt gelten lassen. Er ist selber im Sudan gewesen.

10. Juni. Es fällt mir schwer, meine Korrespondenz zu bewältigen. So viele Briefe, Telegramme und voluminöse Schriften wie jetzt im Haag habe ich sonst im ganzen Jahre nicht bekommen. Ratschläge, Vorschläge, untrügliche Mittel zur Friedenssicherung. Und das alles soll ich den Delegierten begreiflich machen (!). Erfinder von Luftschiffen und Flugmaschinen übersenden mir ihre Pläne und Prospekte. Durch Eroberung der Luft müßten die Grenzen mit ihren Zollschranken und Festungen schwinden, meinen die aeronautischen Briefschreiber. — Oder aber, es beeilen sich die Kriegsminister, Luftflotten zu bauen? Und fliegende Ulanenregimenter zu bilden? Alle neuen Erfindungen werden ja stets von den Kriegsverwaltungen nutzbar gemacht. Dennoch bin ich überzeugt, daß jede technische Vervollkommnung, besonders alle Verkehrserleichterungen, schließlich doch dem Völkerfrieden vorbauen.

Gestern in der Schiedsgerichtskommission lag der Artikel XIII des russischen Planes vor: sofortige Inangriffnahme der Frage eines ständigen Tribunals. Und zwar eines Tribunals, nicht nur in posse, sondern in esse.

Während sie hier über Schiedsgericht theoretisch verhandeln, heißt es, daß es wieder einmal praktisch angerufen werden soll. Präsident Krüger hat dem Sir Milner vorgeschlagen, daß etwaige Meinungsdifferenzen dem Schiedsgericht unterbreitet werden mögen. Sir Milner wendete ein, daß ein solches Verfahren die Suzeränität Englands in Frage stellen würde.

11. Juni. Beim Sonntagsempfang Grovestins' passierte mir etwas Amüsantes. Eine spanische Dame, Señora Perez, fragte mich, was ich vom Frieden halte. Ich muß wohl ein zweifelhaftes Gesicht gemacht haben, denn sie kommt meiner Antwort hastig zuvor:

„Urteilen Sie nicht, ich bitte, ehe Sie ein Buch gelesen haben, betitelt ‚Die Waffen nieder'. — Haben Sie davon gehört?"

„O ja, bis zum Ueberdruß."

„Nein, nein, lesen Sie es nur, und dann sprechen Sie; — die Autorin soll im Haag sein."

„Die Autorin sitzt neben Ihnen." —

Wie das sooft geschieht, hatte Señora Perez meinen Namen bei der Vorstellung überhört.

Bloch gibt ein kleines Diner im Hotel Royal. Nach dem Diner fahren wir zu seiner dritten Vorlesung. Thema: „Der Seekrieg".

Das Schicksal der Kriege entscheidet sich nicht zur See, sondern zu Lande. Zwischen zwei gleichwertigen Flotten kein entschiedener Sieg, sondern gegenseitige Vernichtung der Flotte.

Die Unmöglichkeit, den Seehandel in Kriegszeiten zu schützen. Vergleich der Ausgaben für die Flotte mit dem Wert des Handels: der angebliche Schutz kostet hundertmal mehr, als das Geschützte wert ist.

Neben mir sitzt Graf Nigra. Die Ausführungen Blochs interessieren ihn sehr. Wir sprechen von den zu erwartenden Resultaten.

„Die Welt wird nur schwer verstehen," sagte Nigra, „wie bedeutungsvoll auf den hier gelegten Grundlagen das Zukunftsgebäude sich gestalten kann; versteht sie ja auch nicht, daß die Einberufung der Konferenz an sich schon ein Ereignis von überwältigender Wichtigkeit ist."

Während der Pause zirkuliert im Saale ein alarmierendes Gerücht: In der Schiedsgerichtsdebatte soll man zu einem toten Punkt gelangt sein ... ein entschiedener Widerspruch von seiten einer Großmacht ...

12. Juni. Des Morgens unser stiller Ausflug zur Feier des dreiundzwanzigsten Hochzeitstages. Abends einige Gäste zu Tisch: Bihourd, der französische Gesandte im Haag; Kapitän Scheine von der russischen Marine; Léon Bourgeois; Bloch; Theodor Herzl.

Einen interessanteren Tischnachbarn als Bourgeois habe ich kaum jemals gehabt. Was mir unser Gespräch so besonders genußreich machte, ist die tiefe Uebereinstimmung in Friedenssachen. Der gewesene und — wer weiß — künftige französische Ministerpräsident ist für die Ziele der Konferenz begeistert. Die Aufgabe, die er hier zu erfüllen hat, erscheint ihm viel lohnender und wichtiger als die Bildung eines Kabinetts. In Paris steht eine Ministerkrise bevor, und Bourgeois wird wahrscheinlich dahin berufen werden; er nimmt sich aber fest vor, zurückzukommen, um die hiesige Arbeit — „die der Welt und damit auch seinem Vaterlande nutzen soll" — nach Kräften zu Ende zu führen.

Wir sprechen unter anderem von der französischen nationalistischen Presse. Ich klage über den hetzerischen Ton, namentlich in jener Presse, die das Volk liest.

„Das ist nicht so schlimm. Nirgends liest das Volk — namentlich die Arbeiter — so viel Zeitungen wie bei uns, aber man glaubt nicht an sie. Der französische Arbeiter kauft ein Blatt, liest es, blaguiert es, schwört aber nicht darauf. Sein Sinn ist offen, geweckt und dürstet nach allem, was frei und gerecht ist. Die Rassenhetze ekelt ihn an. Ich weiß doch, wie man in Arbeiterkreisen denkt und fühlt — ich stamme ja selber daraus."

Ich frage über den toten Punkt in der Schiedsgerichtsfrage.

„Ich darf jetzt nichts sagen," antwortet Bourgeois, „aber seien Sie ruhig — es wird nichts unversucht bleiben . . ."

Wir beschließen den Abend im großen Musiksaal, wo ein von Direktor Goldbeck zu Ehren der Delegierten veranstaltetes Konzert stattfindet. Von unseren Gästen verläßt uns Bourgeois — er müsse noch in die Stadt, bemerkte er entschuldigend.

Nach einer Weile kommt Graf Nigra auf mich zu: „Wissen Sie schon die Nachricht? Das französische Ministerium ist vor einigen Stunden gefallen. Herr Bourgeois ist soeben telegraphisch nach Paris abberufen worden."

13. Juni. Das „Neue Wiener Tagblatt" enthält eine Depesche aus dem Haag: „Die Verhandlungen über das Schiedsgericht sind, wie uns von Brüssel telegraphiert wird, vollständig gescheitert." Ich richte eine Zeile an Chevalier Descamps mit der Bitte, auf obige Nachricht, wenn sie falsch ist, ein Dementi zu schreiben, das ich sofort an das Blatt schicken wolle. Descamps kommt selbst, mir die Antwort zu bringen. Die Nachricht ist falsch, und er übergibt mir die erbetene Berichtigung. Zugleich ersucht er mich, noch heute an Emile Arnaud zu schreiben, er möge aufhören, in der „Indépendance belge" das projektierte System des permanenten Bureaus zu bekämpfen und an dessen Stelle für permanente Verträge zu plädieren. Ein Fernstehender könne nicht beurteilen, was im Moment zu erreichen ist und was für ein Hemmnis es für die hiesigen Ar-

beiter sei, wenn das, was man mit Mühe errungen, auf den Widerspruch der eigenen Freunde stößt.

14. Juni. Bis jetzt ist die Rüstungsfrage in der Konferenz nur nach einer Seite betrachtet worden, nämlich, daß Vereinbarungen getroffen werden mögen, auf weitere Vervollkommnung der Waffen zu verzichten. Doch die Idee wurde als unausführbar erkannt. Trotz eines sehr beredten Plädoyers des Generals den Beer Poortugael, welcher vorschlug, daß alle Heere bei dem gegenwärtigen Gewehrtypus verharren sollen, ist die Kommission übereingekommen, daß es unmöglich wäre, eine solche Maßregel zu kontrollieren. Von dem eigentlichen Vorschlag des Kaisers Nikolaus: Einhalt in den Rüstungen, ist noch nicht gesprochen worden. Darüber stehen die Debatten noch aus. Ein günstiges Ergebnis wäre da um so wünschenswerter, als neulich Admiral Goschen im englischen Unterhaus erklärt hat, daß die beschlossene Vermehrung der englischen Flotte sofort rückgängig gemacht würde, wenn auf der Haager Konferenz der Rüstungsstillstand beschlossen werden sollte.

Stead erzählt mir, was ihm Kaiser Nikolaus vor vier Wochen gesagt:

„Warum spricht man immer von Abrüstung? Ich habe den Ausdruck niemals gebraucht; er steht nicht im Reskript. Ich weiß nur zu gut, daß die sofortige Abrüstung ausgeschlossen ist. Es ist sogar schwierig, von Herabsetzung der Rüstungen zu sprechen. Sicherlich der praktischste Schritt und der erste, den man machen sollte, wäre der Versuch zu einem Einvernehmen, in der Rüstungssteigerung einige Jahre innezuhalten. Nach vier oder fünf Jahren hätten wir gelernt, einer dem anderen zu trauen und Wort zu halten. Dadurch wäre die Basis zu einem Vorschlag der Rüstungsverminderung geschaffen."

Nach diesen Worten zu schließen, werden die russischen Delegierten wohl einen Antrag auf Rüstungsstillstand vor die Konferenz bringen.

Unterdessen verbreitet sich immer weiter das Gerücht, daß die Schiedsgerichtsfrage ins Stocken geriet durch die Erklärungen der deutschen Delegierten, daß das Prinzip der Schiedsgerichte gegen das Prinzip der Staatensouveränität — auf welche Deutschland zu verzichten unter keinen Umständen gewillt wäre — direkt verstoße.

Aus Berlin erhalte ich eine telegraphische Anfrage: „Wie verhält es sich mit der Rede Zorns?"

Ich schicke die Depesche dem genannten Professor, der auch im Kurhaus wohnt, mit der Bitte um Aufschluß und erhalte zur Antwort: „Von einer Rede Zorns ist mir nichts bekannt."

Stead dementiert in seiner heutigen Chronik die alarmierenden Gerüchte und schreibt: „Was immer die Haltung sei, welche die deutsche Regierung in der Folge annehmen wird, so kann es nichts Korrekteres geben als die Haltung der deutschen Delegierten. Sie arbeiten mit ihren Kollegen an dem, was, wie wir hoffen, eine große Einrichtung werden kann, um den Völkerfrieden zu sichern, und es ist sehr zu bedauern, daß ihre Mitwirkung so entstellt worden ist, wie es in den letzten Tagen geschehen."

Abends Blochs letzte Vorlesung: Der Zukunftskrieg vom ökonomischen Standpunkt. — Fast alle Delegierten, auch der Präsident Staal anwesend. — Ich erfahre, daß einige russische militärische Konferenzmitglieder über Blochs Vorträge sehr ungehalten waren und seine Gefangennahme verlangten.

60

Die erste Haager Friedenskonferenz
(Schluß)

15. Juni. Nachmittags Empfang bei Monsieur und Madame d'Estournelles. Der ganze Kongreß geht aus und ein. D. White ist in ein Gespräch mit dem Grafen Münster vertieft. Dann kommt er zu mir:

„Wenn Sie, Frau Baronin, irgendwelche Beziehungen zu einflußreichen Personen haben, machen Sie sie jetzt geltend. Von jeder Seite muß hingewirkt werden, die Schwierigkeiten wegzuräumen, die sich zeigen ... Unsere Konferenz ist in der wichtigsten Frage — in der Schiedsgerichtsfrage — an einem Wendepunkt angelangt; das ist's, was ich eben mit dem Grafen Münster besprach."

Alles, was ich darauf versprechen konnte, war, einen meiner im Haag anwesenden Freunde, der beim Onkel des deutschen Kaisers, dem Großherzog von Baden, sehr gut angeschrieben ist, aufzufordern, sich in der schwebenden Angelegenheit an den Fürsten zu wenden.

Der Hausherr machte mich mit Professor Zorn bekannt. Vor allem danke ich für die negative Auskunft über die ihm unbekannt gebliebene „Zorns Rede".

„Es ist ja auch in der Tat keine solche Rede vorgekommen," erwiderte der Professor. „Ich habe mich an der Diskussion beteiligt, aber eine Rede hielt ich nicht, und so schon gar nicht, wie manche Blätter berichteten."

Das Gespräch wendet sich den Blochschen Vorträgen zu.

„Lauter Trugschlüsse," sagte der Professor. „Die Militärs behaupten, daß ein Zukunftskrieg weniger blutig sein wird als die früheren."

„Weniger blutig! — Mit diesen Waffen, mit diesen verzehnfachten Zahlen der Schüsse in der Minute ..."

„Dafür werden die wenigsten Schüsse treffen —"

„O nein, der Zukunftskrieg läßt sich nicht beschönigen; was die Zukunft braucht, ist der Friede —"

„Den gibt es nur im Himmel."

Abends großer Rout bei Okoliczany. Eine neue Erscheinung: Madame Ratazzi, geborene Bonaparte Wyse — Schwägerin Türrs. Ich habe diese Frau vor dreißig Jahren in Homburg gesehen. Die größte Schönheit, der ich je begegnet. Und jetzt? Ach wie arg sieht man da «des ans l'irréparable outrage».

Lange Unterhaltung mit dem Hausherrn. Er ist der Ansicht, daß Europa früher oder später — auch ohne Konferenz — dazu gelangen müsse, eine Union zu bilden; der ewige Aufwand von Rüstungen, der durch die Uneinigkeit geboten ist, die bestehenden Handelsrivalitäten, die Zollpolitik, alles das wird, wenn man nicht Wandel schafft, Europa der Gefahr aussetzen, von Amerika ruiniert zu werden. Eine Friedensallianz unseres Weltteils sei eine Notwendigkeit. — Es ist dieselbe These, welche auch unser Minister des Aeußern, Graf Goluchowski, noch vor Einberufung der Konferenz in einem denkwürdigen Exposé vorgebracht hat.

General den Beer Poortugael setzt sich zu mir. Ich drücke ihm meine Bewunderung über seine jüngste Rede aus. Er bestätigt, daß der Einhalt in den Rüstungen nicht nur darum anzustreben sei, weil die Völker sich dieses Ergebnis von der Konferenz erwarten, sondern weil dies der einzige Weg wäre, den drohenden Katastrophen zu entgehen. Merkwürdige Worte im Munde eines Generals!

16. Juni. Abends Empfang bei Beaufort. Ich lerne Professor Martens kennen. Er ist heute aus Paris gekommen, wo er als Superarbitrator im Venezuelaschiedsgericht fungiert. Er wohnt hier nur einer Sitzung bei und fährt dann wieder nach Paris zurück. Ueber die hiesigen Angelegenheiten sagt er mir, daß, wenn auch manche Mächte sich weigerten oder zögerten, die Konvention zu unterzeichnen, dies keinen Schaden bedeute, weil die Protokolle offenbleiben — selbst für jene Mächte, die hier nicht vertreten sind.

Wieder eine exotische Bekanntschaft: Mirza Rhiza Khan, der Delegierte von Persien. Fünfundvierzig Jahre alt, orientalische

Züge, dichter schwarzer Schnurrbart, funkelnde Augen; die weiße Uniform mit unzähligen Orden geschmückt; an der Mütze den persischen Löwen. Begleitete 1889 den verstorbenen Schah Nasr-ed-Din bei seiner Europareise als dessen Generaladjutant. Jetzt ist er Gesandter in Petersburg. Er ist in Konstantinopel und Tiflis erzogen und erzählt uns von der Fürstin Tamara von Georgien, die er sehr gut kennt; sie sei jetzt in dem kaukasischen Bade Borjom.

17. Juni. Künstlerisches Fest, das die Regierung für die Konferenz veranstaltet hat. Lebende Bilder, musikalische Produktionen, Nationaltänze. Mache die Bekanntschaft des Freiherrn von Stengel. Er ist sehr steif und ablehnend. Wir wechseln nur wenig Worte — etwas von „loyaler Gegnerschaft" — und „es muß ja verschiedene Ansichten geben", ein paar gleichgültige Bemerkungen über die Darbietungen des heutigen Abends und gehen bald auseinander.

Ein holländischer Militärarzt stellt sich mir vor. Er habe auf Borneo meinen Roman gelesen. Was er dort in seiner beruflichen Arbeit an Leiden gesehen, übersteige jeden Begriff. Habe sich zum Sterben unglücklich gefühlt — da habe das Buch doppelten Eindruck auf ihn gemacht und die Sehnsucht in ihm erweckt, daß sich das verwirklichen möge, was im Haag jetzt angestrebt wird.

18. Juni. Von der Schwiegertochter des unlängst verstorbenen Professors Ludwig Büchner erhalte ich auf einen Kondolenzbrief folgende Antwort:

Darmstadt, 17. Juni 1899.

Hochverehrte Frau Baronin!

Ein Jahr des höchsten Triumphes! So reich an Erfolg mögen auch alle folgenden sein; mit glühender Begeisterung wünschen dies Ihre treuesten Verehrer.

Ihre liebe Teilnahme anläßlich des Hinscheidens unseres lieben Vaters hat uns auch sehr wohlgetan. Viele trauern gleich uns um ihn. Auch ihn, den treuen Kämpfer der Wahrheit, wird sein Werk überleben. Glücklich wie sein Leben gewesen, war auch sein Tod beneidenswert. Noch mitten in voller Schaffenskraft glitt er aus sanftem Schlummer lautlos, ohne Seufzer in das Nichts hinüber. Sprach er manchmal, gequält von bösem Husten, müde von schlaflosen Nächten, von seinem nahen Ende, so geschah es mit der Ruhe des wahren Philosophen. Mit der größten Fürsorglichkeit war alles für diesen Fall geordnet. Er konnte ruhig sterben; ein reiches Leben lag hinter ihm. Seine großen Geistesgaben hat er voll zum Wohle seiner Mitmenschen ausgenützt. Die Güte und Treue seines Herzens wurden ihm belohnt durch die reinsten Freuden eines innigen Familienlebens. Er wußte seine liebevolle, aufopfernde Gattin umgeben von einer dankbaren Kinderschar, in deren Glück nun auch die tiefgebeugte Frau ihren besten Trost findet. Darum trösten wir uns in all unserem tiefen Schmerz über die unersetzliche Lücke in unserem Familienkreise in dem Gedanken an das schöne, glückliche Leben, das er doch so lange genießen durfte.

Zum 9. Juni wünsche ich Ihnen so von ganzem Herzen Glück, Gesundheit, daß Ihnen all die frohe Schaffenskraft erhalten bleibe, die Sie schon so manches Hindernis überwinden ließ. Auf der so siegreichen Bahn wird Ihre Begeisterung nie erlahmen und Sie werden weiterschreiten auf dem Wege zum Siege, der die Menschheit glücklich machen wird!

In innigster Verehrung

Ihre ganz ergebene

Marie Büchner.

Die Schiedsgerichtsdebatte in Stockung geraten; wird erst wieder aufgenommen werden, bis neue Instruktionen eingeholt sind. Dr. Holls und Professor Zorn sind nach Hannover abgereist, wo sich gegenwärtig der deutsche Kaiser befindet. Mr. White hat Dr. Holls einen langen Brief an Bülow mitgegeben.

Im Laufe des Nachmittags kommen mehrere Besuche. Frau von Okoliczany mit Tochter, Mevrouw Smeth, Mirza Rhiza Khan. Dieser erzählt mir, er habe sich Mühe gegeben, das lateinische Alphabet in Persien einzuführen, sei aber auf großen Widerstand gestoßen, namentlich bei den Priestern, die es für eine Sünde erklären, andere Buchstaben zu gebrauchen als die, mit denen der Koran geschrieben ist.

Auch Baron und Baronin d'Estournelles kamen heute zu mir. Wir sprechen von Professor Zorn. D'Estournelles versichert, daß dieser deutsche Delegierte mit allem Eifer bemüht ist, die Schiedsgerichtssache zu günstigem Ergebnis zu führen: «Il pense comme vous et moi.»

Nun, das bezweifle ich. Ich will ja glauben, daß, wie Stead auch im „Dagblad" bestätigt, Professor Zorn sich nunmehr dafür einsetzt, daß die Schiedsgerichtssache nicht scheitere, aber daß er so radikal denke wie d'Estournelles oder wie ich — diese Zumutung würde er selber zurückweisen.

19. Juni. In großer Gesellschaft Fahrt nach Amsterdam. Wir sind dreimal um die ganze Stadt gefahren, haben die Museen durcheilt — da die van Dyck und Frans Hals und Rubens an unseren Augen vorbeiziehen lassen. Nur vor dem großen Gemälde — das wir neulich als lebendes Bild gesehen — Rembrandts „Scharwache", blieben wir eine halbe Stunde in Anschauung versunken.

Schon beim Eintritt in die Saalflucht leuchtet es einem aus dem tiefsten Hintergrund entgegen. Man glaubt, es fallen Sonnenstrahlen darauf: seine Leuchtkraft strahlt aber aus den Farben.

Im Museum prangt ein Schrein mit „indischen Schätzen"; das sind erbeutete Ringe und Ketten und allerlei Geschmeide besiegter Rajahs. Also einfach Räuberbeute. Das sieht die heutige Menschheit nicht ein.

Auch eine Diamantenschleiferei besuchen wir. Ein ganzes Haus mit Arbeitern gefüllt. In jedem Stockwerk eine andere Phase der Verwandlungen, welche dies wertvolle Kohlengebilde durchmacht, bis es zum Schmuck wird. Erst im höchsten Stock, wohin man auf ganz schmaler Holztreppe gelangt, sitzen die geschicktesten unter den Arbeitern, die den Steinen den „letzten Schliff" geben. Sie lassen die fremden Besucher zusehen und geben Erklärungen ab. Die Mühe scheint eine große zu sein. Um dies matte harte Ding in hundert Facetten erglänzen zu machen, welche Anstrengung und Geduld!

Der Direktor zeigt uns auf einer Samttablette die Modelle in Kristall aller berühmtesten und größten Diamanten, die im Besitze verschiedener Kronschätze sind — den Kohinoor und andere; ich habe mir die Namen dieser auf Millionen geschätzten Glasklümpchen nicht gemerkt.

„Seitdem in Transvaal so viele Diamanten gewonnen werden," erzählte uns einer der Schleifer, „kommen wir kaum mit der Arbeit nach. Und wir sind doch Tausende von Diamantschleifern in Amsterdam."

„Sehen Sie," bemerkte Herr von Bloch zu uns, „sehen Sie, wie die Welt zusammenhängt. Setzen wir den Fall, es bräche im Transvaal Krieg aus. Die Folge wäre, daß in Amsterdam Tausende von Arbeiterfamilien ins Elend kämen."

Wir speisten (alle Ausflüge gipfeln doch in einem Diner) in einem Restaurant, dessen Aussicht auf einen vielbefahrenen Kanal geht. Es war ein schönes, bewegtes Bild vom offenen Fenster aus, neben dem ich saß. Jenseits des Kanals echt holländische, alte Häuser und eine Kirche mit sehr hohem Glockenturm. Auf dem Wasser fahren Boote und Flöße hin und her, mit Blumen schwer befrachtet: Tulpen, Rosen, Lilien. Plötzlich beginnt's vom Turme zu läuten und zu klingen — immer mehr der Töne fließen ineinander, und zehn Minuten lang währt ein melodisches, silberhelles Glockenspiel.

Erst spät abends fahren wir nach dem Haag zurück. In der

Bahnhofhalle begegnen wir Mr. Holls. Er ist soeben aus Deutschland eingetroffen, wohin er mit der Mission gereist war — in Begleitung Professor Zorns —, höchsten Ortes die Schwierigkeiten zu glätten, die sich in der Schiedsgerichtssache erhoben hatten.

„Nun? Nun?" fragen wir in höchster Spannung.

„Ich darf doch nichts erzählen," erwidert Mr. Holls. „Nur den Titel eines Shakespeareschen Stückes will ich Ihnen nennen: 'All's well that ends well'."*)

21. Juni. Léon Bourgeois, der schon von Paris zurückgekommen, ist abermals von Loubet dahin berufen worden, und zwar mit dem Auftrage, ein Kabinett zu bilden. Wird er sich der Aufgabe entziehen können, entziehen wollen, Ministerpräsident zu werden? Ich habe es aus seinem Munde, daß dies seine Absicht ist; er will sein möglichstes tun, nach dem Haag zurückzukehren, um hier die Schiedsgerichtssache zu Ende zu führen.

Heute war ich in Begleitung des Malers ten Kate beim Photographen. Ein ihm befreundeter Bildhauer will meine Büste meißeln, und zu dem Zwecke soll ich en face und en profil, in drei Viertel Profil und von hinten aufgenommen werden, statuenmäßig in weißen, weichfaltigen Stoff gehüllt, in griechischer Haartracht und mit einem Palmenzweig als Brustschmuck. Die Prozedur dauerte mehrere Stunden.

Ich werde zurechtgesetzt und zurechtgezupft. Dann geht der Photograph — er heißt Wollrabe — an sein Objektiv, schaut hinein, schüttelt den Kopf und humpelt wieder auf mich zu (er hat nämlich einen Stelzfuß), um neuerdings meine linke Schulter nach rechts, mein Kinn nach der Höhe und meine Draperie nach unten zu zupfen, wobei Meister ten Kate kritisch und tätig mithilft.

„So, jetzt ist es jutt." Tok, tok, tok zum Objektiv. Neues Kopfschütteln und tok, tok, tok auf mich zu. Nach einigem Zerren: „Jetzt ist es jutt." Und so ein halb dutzendmal bei jeder Aufnahme. Dabei muß ich eine statuarisch ernste Physiognomie bewahren, während ich so gern lachen wollte zu dem waldschratmäßigen Hinundherpendeln des so schwer zu befriedigenden Wollrabe, der übrigens wunderschöne Bilder in seinem Atelier aufgestellt hat, darunter das best existierende Porträt der jungen Königin.

Ueberhaupt jung und schön soll man sein, um sich malen und meißeln zu lassen. Und nicht nur das Tok-tok-tok meines Photo-

*) Ueber den Verlauf dieser Krise vergleiche: „Aus meinem Diplomatenleben" von Andrew D. White. (Voigtländers Verlag 1906 S. 417 ff.)

graphen mit dem humorvollen Vogelnamen kommt mir komisch vor, sondern auch dessen weißdrapiertes, mit Friedensgemüse geschmücktes Modell ... aber lachen darf ich nicht.

23. Juni. Das im Programm vorgeschlagene „Uebereinkommen, den Gebrauch gewisser Waffen betreffend, und Neuanschaffungen oder Neuerfindungen verbietend", ist verneinend entschieden worden. Darüber äußert sich Stead zu mir: „Glauben Sie nur nicht, daß das eine schlimme Sache sei. Rudyard Kipling schrieb mir zu Anfang des Friedenskreuzzuges: ‚Der Krieg wird dauern so lange, bis ein erfinderisches Genie eine Maschine herbeischafft, welche fünfzig Perzent der Kämpfenden vernichtet, sobald sie sich gegenüberstehen.' Darum meine ich, daß die Konferenz, indem sie entschlossen eine ganze Reihe von Vorschlägen abgetan — obwohl sie vom Zar kamen —, die dem Verbot von Verbesserung der Kanonen und sonstigen Waffen galten — zugunsten des Friedens und nicht des Krieges gehandelt hat."

„Das glaube ich auch," antworte ich. „Nur ist das nicht mit Zielbewußtsein geschehen. Die Militärs, die das Verbot niedergestimmt, haben es wohl in der Absicht getan, dem Militarismus zu dienen."

Heute verhandelt der Kongreß über einen wichtigen Punkt: § 1 des Murawjewschen zweiten Rundschreibens:

„Uebereinkommen, während eines festzusetzenden Termins die gegenwärtigen Kontingente der bewaffneten Macht zu Wasser und zu Lande und die damit zusammenhängenden Budgets nicht zu vermehren."

Jetzt steht also die Frage zur Verhandlung, die für die Friedenskämpfer von größter Wichtigkeit ist, denn sie berührt das Uebel des bewaffneten Friedens.

Dieser Zustand (nach Türr «La peur armée») hat folgende Grundlage: Die Voraussetzung, auf welche die Beziehungen der Nationen aufgebaut sind, ist, daß der Nachbar die Moral eines Banditen und das Gewissen eines Seeräubers hat.

*

Eine schlimme Nachricht aus London: Das Unterhaus hat vier Millionen Pfund zu Kriegszwecken bewilligt.

Unter dem Datum 27. Juni habe ich meinem Tagebuch den Wortlaut der ganzen „Rüstungs"debatten eingefügt, die sich am 23. und 26. Juni abgewickelt haben. Hier will ich nur die markantesten Sätze anführen. Dies genügt, um die Stellungnahme der verschiedenen Regierungen zu dieser Frage ins Licht zu setzen.

Erste Sitzung, 23. Juni. Herr Beernaert, Vorsitzender:

Wir gelangen jetzt zu dem ernsten Problem, welches die russische Regierung zu allem Anfang gestellt hat, und zwar in Ausdrücken, die sofort die Aufmerksamkeit der Welt erweckten.

Diesmal sind es nicht die Völker, diesmal ist es ein mächtiger Herrscher, welcher der Ansicht ist, daß die enormen Lasten, die aus dem bewaffneten Frieden erwachsen, in welchem Europa seit 1871 lebt, geeignet sind, „die öffentliche Wohlfahrt in ihrer Quelle zu paralysieren, und daß ihre stetige Zunahme eine drückende Bürde nach sich ziehen wird, welche die Völker immer größere Mühe haben werden zu ertragen".

Das Zirkular des Grafen Murawjew hat das Problem ein wenig näher angefaßt, indem er es in nachstehende Form brachte: „Welches sind die Mittel, dem Wachstum der Rüstungen ein Ziel zu setzen? Könnten die Nationen sich verpflichten, dieselben aufzuhalten oder gar herabzusetzen?"

Ich hoffe, daß unser geehrter Präsident, Seine Exzellenz von Staal, welcher eben das Wort verlangt hat, uns über diese verschiedenen Punkte aufklären wird.

Herr von Staal:

— — — Die vorliegende Frage: Begrenzung des Militärbudgets und der Effektivbestände, verdient um so mehr ein eingehendes Studium, als sie, ich wiederhole es, den Hauptgedanken unserer Versammlung darstellt, nämlich: soviel als möglich die schreckliche Last zu erleichtern, welche die Völker drückt und ihre materielle und auch moralische Entwicklung hemmt.

Brauche ich zu sagen, daß es sich nicht um Utopien und schimärische Maßnahmen handelt? Es gilt nicht, zur Abrüstung zu schreiten. Was wir wünschen, ist eine Begrenzung, eine Stillstandsfrist in dem aufsteigenden Laufe der Rüstungen und Ausgaben.

Wir schlagen dies vor in der Ueberzeugung, daß, wenn eine Einigung erzielt wird, sich nach und nach eine Rückbewegung einstellen wird. Die Unbeweglichkeit gehört nicht in den Bereich der Geschichte, und wenn es uns gelingt, durch einige Jahre eine gewisse Stabilität zu bewahren, so kann man voraussetzen, daß sich die wohltätige Tendenz zur Verringerung der Militärausgaben festsetzt und entwickelt. Die Bewegung würde vollständig den Ideen entsprechen, welche die russischen Reskripte beseelen.

Doch so weit sind wir noch nicht. Im Augenblicke handelt es sich nur um den Stillstand für eine zu bestimmende Zeitdauer in den Militärbudgets und den Kontingenten.

General den Beer Poortugael:

Meine Herren! So befinden wir uns denn dem Hauptgegenstande des Murawjewschen Rundschreibens gegenüber.

Er verdient wahrlich, daß wir unsere Kräfte in höchster Anstrengung konzentrieren. Wir müssen die damit verbundenen großen Interessen der Völker ins Auge fassen, und ich glaube nicht zu weit zu gehen, wenn ich sage, daß die Frage mit einer gewissen Ehrerbietung behandelt werden muß.

Die seit einem Vierteljahrhundert stetig wachsenden Heeresmächte und Militärbudgets haben nunmehr riesenhafte, bangenerregende, gefährliche Dimensionen erreicht. Vier Millionen Mann unter den Waffen und Heeresbudgets von fünf Milliarden Franken im Jahre! Ist das nicht entsetzlich? — — Wahrlich, dieses Anwachsen der Heere, der Flotten, der Budgets, der Schulden scheint aus einer Pandorabüchse hervorgeholt, das Geschenk einer bösen Fee, die das Unglück Europas will. Aus dieser Vorsichtsmaßregel, die den Frieden garantieren soll, wird der Krieg hervorgehen. Die Steigerung der Kontingente und der Ausgaben wird die wahre Kriegsursache sein.

— — Den Staaten, die durch unsere militärischen Organisationen miteinander mit einem Seil zusammengebunden sind wie die Touristen in den Alpen, hat der Zar gesagt: „Machen wir eine gemeinsame Anstrengung, halten wir ein auf diesem zum Abgrunde führenden Pfade, sonst sind wir verloren!"

Also Einhalt! Meine Herren Delegierten, an uns ist es, diese höchste Anstrengung zu tun. Sie lohnt der Mühe: Halten wir ein!

Diese feurig vorgetragene Rede erregte Staunen. Viele konnten ihren Beifall nicht unterdrücken; andere hatten Mühe, sich des Kopfschüttelns zu enthalten. Jemand soll bemerkt haben: „Der reine Bebel!"

Jetzt erst wurde der russische Antrag vorgelegt.

Das Programm.

Oberst von Schilinsky:

— — — Man darf fragen, meine Herren: Werden die auf der Konferenz vertretenen Völker vollständig zufrieden sein, wenn wir ihnen das Schiedsgericht und Gesetze für Kriegszeiten bringen, nichts aber für die Zeit des Friedens, dieses bewaffneten Friedens, der so schwer auf den Völkern lastet, der sie so sehr drückt, daß man manchmal die Aeußerung vernimmt, daß ein offener Krieg besser wäre als dieser versteckte Rüstungskrieg, als dieser ewige Wettbewerb, wo jeder in Friedenszeit zahlreichere Heere aufweist als früher während der größten Kriege?

— — — Uebrigens erreicht diese fortgesetzte Steigerung der Heeresmacht nicht ihren Zweck, denn das Stärkeverhältnis zwischen den verschiedenen Ländern bleibt immer dasselbe. Irgendeine Regierung vermehrt ihre Truppen, formiert neue

Bataillone; ihr Nachbar folgt dem Beispiel ohne Verzug, um das Verhältnis aufrechtzuerhalten; der Nachbar des Nachbars tut das gleiche, und so geht es ins Unendliche weiter: der Effektivstand wächst, aber die Proportion bleibt immer ungefähr die gleiche.

— — — Wir schlagen Ihnen da übrigens nichts Neues vor. Das Feststellen der Kontingente und der Budgets wird seit langem in manchen Ländern geübt.

So zum Beispiel das Septennat in Deutschland. Das bedeutete, daß die Totalität der Truppen zur Friedenszeit sieben — jetzt fünf — Jahre fixiert ist! Auch in Rußland ist das Kriegsbudget auf fünf Jahre festgelegt. Es handelt sich also um bekannte Maßnahmen, die schon lange geübt werden, die niemand erschrecken und die gute Resultate erzielen; es handelt sich darum, diese Maßregel anzuwenden für eine noch kürzere Frist, wenn Sie wollen. Das Neue ist nur der Entschluß, nur der Mut zu konstatieren, daß es Zeit ist, innezuhalten.

Und Rußland schlägt Ihnen vor: Halten wir inne!

Nach Oberst von Schilinsky brachte Kapitän Scheine einen ähnlichen Antrag für die Marine ein.

Alles dies deckt sich vollkommen mit dem, was Kaiser Nikolaus zu Stead gesagt, und auch mit den Aeußerungen, die Murawjew mir gegenüber machte.

Tatsache ist: die russische Regierung hat offiziell, vor aller Welt, unter Anrufung des Wohles aller Völker, den übrigen Regierungen den Vorschlag gemacht, daß man sich in der Verpflichtung einige, die Rüstungen fortan nicht zu steigern. Dabei hat es die darauffolgende Herabsetzung deutlich in Aussicht gestellt. Die mitgebrachten Anträge auf permanentes Tribunal, der Schiedsgerichtskodex und die Vorschläge für Mediation dazu: wie immer die Entscheidungen der Konferenz ausfallen — die Einberufer haben das ihrige ehrlich getan.

Sitzung des 26. Juni. Die Kommission versammelt sich wieder. Hinzugekommen Léon Bourgeois. Oberst von Schwarzhoff bekämpft den russischen Antrag. Er wendet sich auch gegen General den Beer Poortugael — er könne sich diesen Ideen nicht anschließen und wollte nicht, daß sein Stillschweigen als Zustimmung aufgefaßt würde. Das deutsche Volk sei nicht erdrückt unter der Last der Steuern; es sei nicht auf der schiefen Ebene zum Abgrund; es eilt nicht dem Ruin entgegen — ganz das Gegenteil. Was die allgemeine Wehrpflicht betrifft, so betrachtet sie der Deutsche nicht als eine schwere Last, sondern als eine heilige und patriotische

Pflicht, deren Erfüllung er seine Existenz, seinen Wohlstand und seine Zukunft verdankt.

Dann spricht Oberst von Schwarzhoff von den Schwierigkeiten, die sich dem Plan des Rüstungsstillstandes widersetzen, und setzt auseinander, daß er auf unüberwindliche technische Schwierigkeiten stoße.

Die Rede des deutschen Delegierten wird von den anderen als klarer Beweis betrachtet, daß Deutschland entschlossen sei, gegen den Stillstandsantrag zu stimmen.

Dann sprachen für den Antrag noch einmal Schilinsky, den Beer Poortugael und Dr. Stancioff (Bulgarien).

Der Vorsitzende schlägt die Ernennung eines Komitees zum Studium der Materie vor. In dieses Komitee werden gewählt: Der Opponent, Oberst von Schwarzhoff und die Antragsteller; außerdem Experte des Heeres und der Marine.

30. Juni. Heute also hat sich im „Haus im Busch" das Schicksal des Stillstandsvorschlags entschieden.

Abgelehnt. Den Regierungen der Großstaaten zu weiterer Erwägung zugewiesen. Eine von Léon Bourgeois eingebrachte und von der Konferenz angenommene Resolution habe das Prinzip salviert.

Letzte Soiree bei Minister Beaufort.

Sir Julian Pauncefote setzt sich zu mir. Natürlich lenke ich das Gespräch wieder auf die Konferenz und frage, wie lange sie voraussichtlich noch dauern werde.

„Mindestens noch vierzehn Tage," meint Sir Julian. „Ich kann Sie versichern," fügte er noch hinzu, „die Konferenz zeitigt Großes und sie wird Wiederholungen erleben. Das ‚Standstill' ist zwar abgelehnt worden, doch mit der allgemeinen Erklärung, daß es später ausgeführt werden müsse. Dafür aber ist das permanente Tribunal zur Tatsache geworden — und hierin ist für seine Bemühungen besonders zu loben — Professor Zorn."

Turkhan-Pascha führt mich zum Büfett. Dort reicht mir Herr Beernaert eine Schale Eis. Er ist kürzlich aus Brüssel zurückgekommen, wo die Unruhen glücklich zu Ende sind. Die Obstruktion der Sozialisten in der Kammer bestand darin, daß sie einfach, sobald jemand zu reden begann, immer wieder die Marseillaise anstimmten.

„Es ist nun alles wieder gut," sagt der Minister, «ils ont mis bas les armes.»

„Doch hier, wie ich höre, ist nicht alles gut? ‚Stillstand'

begraben ... die militärischen Experten erklärten ihn für unmöglich."

„Begraben? Jedenfalls sind die Blumen gerettet. Bildt hat wunderschön gesprochen. Und ein Antrag Bourgeois wurde votiert, welcher eine Auferstehung in Aussicht stellt. Der Sarg ist nicht zugenagelt, die Bretter sind lose ..."

„Solche Fragen sollten doch nicht vom technischen, sondern von ganz anderen weiten Standpunkten behandelt werden," meinte ich, „wenn über Abrüstung allein die Militärs entscheiden sollen ..."

„Gewiß," ergänzt Herr Beernaert. „Das ist, als sollten Schuster beraten, wie man aufhören könne, Chaussuren zu tragen."

1. Juli. Nun kenne ich den Bericht der gestrigen „Stillstand"-sitzung. Zuerst erklärte Serbien seine Zustimmung, dann Griechenland seine Ablehnung. Hierauf wurde der Bericht der Studienkommission verlesen. Ein sehr lakonischer Bericht:

> 1. Daß es sehr schwer wäre, auch nur auf eine Frist von fünf Jahren die Ziffer der Effektivbestände festzulegen, ohne gleichzeitig andere Elemente der Landesverteidigung zu regulieren.
>
> 2. Daß es nicht minder schwierig wäre, durch eine internationale Konvention die Elemente dieser Verteidigung zu regulieren, die ja in jedem Lande nach sehr verschiedenen Gesichtspunkten organisiert sind.
>
> Folglich bedauert das Komitee, den im Namen der russischen Regierung gemachten Vorschlag nicht annehmen zu können.
>
> Das Komitee empfehle, daß der Gegenstand der nachträglichen Entscheidung den respektiven Regierungen überwiesen werde.

Dies ist der Wortlaut des militärischen Kommissionsberichts. Damit wäre also die Sache einfach abgetan gewesen. Die Ausführung des Vorschlages bietet Schwierigkeit, „folglich" könne man ihn nicht annehmen.

Dieses „folglich" hat doch nicht befriedigt. Zur Erledigung eines Projektes von solcher Tragweite genügt das angeführte Motiv nicht. Es ist mehr darüber zu sagen, als daß es schwer auszuführen ist. Man muß sich auch darüber klar werden, ob es wünschenswert, segensreich — mehr noch — notwendig ist. Und gelangt man zu diesem Schlusse, so muß man, um es abzulehnen, vor mehr als vor Schwierigkeiten, man muß vor einer Unmöglichkeit stehen.

„Unmöglich" kann aber die vorliegende Sache im Prinzip nicht sein — höchstens in der gerade beantragten Form. Und abgetan darf sie schon gar nicht sein — sondern künftiger Verwirklichung vorbehalten. Das war die Empfindung eines großen Bruchteils der Konferenz, und dieser Empfindung geben noch zwei Delegierte — der Schwede Baron Bildt und der Franzose Léon Bourgeois — in feurigen improvisierten Worten Ausdruck.

Aus Baron Bildts Rede (Es ist nicht genug):

> — — — — — — Wir werden nun am Schlusse unserer Arbeiten gewahr werden, daß wir einem der wichtigsten Probleme des Jahrhunderts gegenübergestellt wurden und daß wir gar wenig geleistet haben. Wir dürfen uns keine Illusionen machen. Wenn die Ergebnisse der Konferenz zur öffentlichen Kenntnis gelangen, so wird trotz allem, was für Schiedsgericht, Rotes Kreuz u. s. w. getan wurde, ein lauter Schrei sich erheben: „Es ist nicht genug".
>
> Und diesem Aufschrei: „Es ist nicht genug", die meisten unter uns geben ihm im eigenen Gewissen recht. Unser Gewissen wird uns freilich auch zum Troste sagen, daß wir unsere Pflicht getan haben, da wir uns treu an die erhaltenen Instruktionen hielten. Aber ich wage es zu sagen, daß unsere Pflicht nicht erschöpft ist und daß uns anderes zu tun bleibt. Nämlich mit der größten Offenheit und Wahrheit zu untersuchen und unseren Regierungen zu signalisieren, welche Lücken sich in der Vorbereitung oder Ausführung des großen Werkes finden lassen und mit Standhaftigkeit, mit Hartnäckigkeit nach den Mitteln zu forschen, Besseres und mehr zu tun. Seien diese Mittel nun zu finden in neuen Konferenzen, in direkten Verhandlungen oder einfach in der Politik des guten Beispiels.
>
> Dies ist die Pflicht, die uns zu erfüllen bleibt.

Diese Rede rief Bewegung hervor. Noch war der Beifall nicht verstummt, als sich der Chef der französischen Delegation das Wort erbat.

Aus Léon Bourgeois' Rede (Unsere Aufgabe ist eine höhere):

> Mit großer Freude habe ich die beredten Worte des Baron Bildt gehört. Sie entsprechen nicht nur meinen persönlichen Gefühlen und denen meiner Kollegen der französischen Delegation, sondern, ich bin dessen sicher, den einmütigen Gefühlen der Konferenz. Ich schließe mich dem Appell an, den Baron Bildt an uns gerichtet hat. Ich glaube, daß, um seine Ideen noch vollständiger auszudrücken, unsere Kommission ein Weiteres zu tun hat.
>
> Ich habe mit Aufmerksamkeit den Text der Schlußfolgerungen gelesen, zu welchen das technische Komitee gelangt ist. Dieser Text zeigt die Schwierigkeiten an, welche sich im gegenwärtigen Augenblick einer Begrenzung der Rüstungen

entgegenstellen. Diese Untersuchung war auch das Mandat des Komitees. Aber unsere Kommission hat die Pflicht, das vorliegende Problem von einem allgemeinen und höheren Standpunkte zu betrachten.

— — — — — — Oberst von Schwarzhoff sagt uns, daß Deutschland die Lasten seiner militärischen Organisation leicht erträgt und daß es trotz dieser Lasten eine große wirtschaftliche Entwicklung aufweisen kann.

Ich gehöre einem Lande an, das ebenso wohlgemut (aussi allégrement) die Verpflichtungen der nationalen Verteidigung trägt, und wir hoffen, im nächsten Ausstellungsjahre der Welt zu zeigen, daß unsere Produkte und unser wirtschaftlicher Wohlstand auf der Höhe stehen. Aber der Herr Oberst wird mir zugestehen, daß in seinem Lande sowohl als in dem meinen, wenn die bedeutenden, für militärische Zwecke verwendeten Hilfsmittel zum Teil in den Dienst der produktiven Tätigkeit gestellt würden, die Gesamtheit des Wohlstandes sich in viel rascherem Prozesse entwickeln würde.

Uebrigens, wir haben hier nicht nur zu erwägen, wie gerade unser Land die Lasten des bewaffneten Friedens trägt. Unsere Aufgabe ist eine höhere — die Gesamtlage der Nationen ist es, die wir berufen sind zu betrachten.

Nach weiteren Ausführungen schlägt Bourgeois vor, daß die Frage an die Regierungen zurückverwiesen werde, um in einer nächsten Konferenz wieder verhandelt zu werden. Damit aber die Stellungnahme der gegenwärtigen Konferenz zum klaren Ausdrucke gebracht werde, beantrage er folgenden Zusatz in den Bericht:

Die Kommission ist der Ansicht, daß die Einschränkung der die Welt bedrückenden militärischen Lasten im höchsten Grade wünschenswert wäre für das Wachstum des materiellen und moralischen Wohles der Menschheit.

Diese Resolution wurde angenommen.

Den Text der beiden Reden habe ich sofort übersetzt und der „Neuen Freien Presse" übersandt.

2. Juli. Gestern Ball bei Staal. Als wir um zehn Uhr eintraten, waren die Säle schon beinahe gefüllt. Die ganzen unteren Räume des „Vieux Doelen", Peristyl, Salons, Speisesaal u. s. w. waren für diesen Ball vorbehalten und reichlich dekoriert: die Wände des Tanzsaales ganz mit Laub bedeckt, aus welchem Lilien schimmerten. Ueberall nur weiße Blumen — Friedenssymbole. Von den Kronleuchtern flutet elektrisches Licht. Das unsichtbare Orchester spielt hinter einer Hecke von Palmen. Sanft beleuchtete Gänge führen zu kleineren Nebengemächern, in welchen die Gäste trauliche Plauderecken finden. Im Tanzsaale stehen die Türen zu

der Terrasse offen, von welcher eine breite Stiege nach dem beleuchteten Garten führt.

Alle Delegierte anwesend, nur Admiral Fisher fehlt, was man um so mehr bedauert, als er einer der flottesten Tänzer ist.

Baron Bildt stellt mir seinen Sohn vor. Ein junger Mann von zweiundzwanzig Jahren, eben aus Upsala angekommen, wo er an der Universität studiert.

„Ich war auf dem Punkte, mich der militärischen Karriere zu widmen," erzählte mir der junge Schwede im Laufe des Gespräches. „Und wissen Sie, gnädige Frau, was mich davon abgehalten hat? . . . Die Lektüre Ihres Buches. Und heute in dieser Mitte freue ich mich doppelt, einen anderen Beruf gewählt zu haben. — Vielleicht wird es mir später vergönnt sein, für die große Sache zu wirken, die meinen Vater nach dem Haag gebracht hat."

„Ich sehe: es erwacht ein neuer Ehrgeiz, auf neuem Felde — bleiben Sie dieser Regung treu und bringen Sie es einst zum internationalen Schiedsrichter oder zum schwedischen Friedensminister."

„O, mit Begeisterung!"

Andrew D. White legt mir ans Herz, ich möge doch, wenn sich Gelegenheit dazu bietet, jenen pessimistischen Auffassungen entgegentreten, welche gegen die Konferenz ausgestreut werden, und die Möglichkeit der Weiterarbeit — den Zusammentritt neuer Konferenzen — erschweren. Er drückt die Ansicht aus, daß dem Kaiser von Rußland ein gutes Mittel zu Gebote stände: das gescheiterte „Standstill" oder gar die Herabminderung der Effektivbestände in seinem Lande e i n f a c h e i n z u f ü h r e n. Er ist ja Alleinherrscher — sein Wille entscheidet. Und die Politik des gegebenen Beispiels sei doch die wirksamste.

Je nun — das Manifest, die Einberufung der Konferenz, die vorgelegten Anträge, die ja schon die eine Verpflichtung, das Vorgeschlagene selber zu tun, implizierten: das alles waren ja auch Beispiele. Diejenigen aber, die für Beibehaltung der ganzen Militärmacht schwärmen, haben sich dadurch nicht zur Nachahmung bewogen gefunden. Wie will man überhaupt — wo es sich um Einvernehmen handelt, allein vorgehen?

Ein Russe erzählt mir, daß auch im eigenen Lande eine starke Militärpartei den Plänen des Zaren sehr abhold sei, daß sogar in dessen nächster Umgebung Widerspruch und Widerstand sich geltend machen. Es würde, um auszuharren, eiserne Energie erfordern.

Ach, eisern pflegen die Zarten zu sein . . . .

Nachmittagsempfang bei uns. Anwesend: Herr und Frau Berends mit ihrer Tochter; D. White und seine erst heute hier angekommene Gattin; Monsieur und Madame Descamps; unsere Landsleute: Graf Welsersheimb, Oberstleutnant von Khuepach und Professor Lammasch; mein junger russischer Offizier vom gestrigen Balle und der junge Bildt; Dr. Holls; Bourgeois; der persische Gesandte; Bonnefon; Basily und Sohn; Pompili; Schmidt auf Altenstadt, Redakteur des „Dagblad"; Herr von Raffaelovitsch und Tochter; Minister Beernaert.

Letzterer reist morgen nach Brüssel. Auch dort gab's Ministerkrise.

«Je vais jouer les Bourgeois à Bruxelles,» sagte er lachend.

«Alors,» versetzte der Genannte, «jouez-les jusqu'au bout et revenez.»

Von Léon Bourgeois habe ich mir heute ein tiefes Wort gemerkt. Es war die Rede von den großen Fortschrittsideen, welche die Welt langsam durchdringen — und zwar zu langsam, weil alles von den Tagesereignissen, von den Aufgaben und Sensationen der Stunde so stark in Anspruch genommen ist. «L'actualité, c'est l'ennemi,» sagte er.

Der Sohn des schwedischen Gesandten schwor mir aufs neue, daß er dem Friedensideale treu bleiben und dafür nach Kräften arbeiten wolle.

Das Gespräch fiel auf jene Sitzung, in welcher Oberst Schwarzhoff seine bekannte Rede gegen den „Stillstand"vorschlag gehalten hat. Er habe, so bemerkten die Herren, mit großem „Mordant" gesprochen. Nun, das deutsche Wort dafür heißt nicht „beißend", sondern „schneidig". Es ist in beiden Fällen ein bewunderndes Eigenschaftswort. Dennoch, mir will es scheinen, scharfe Zähne und geschliffene Klingen sind an ihrem Platze ganz wertvolle Dinge, ob aber besonders angebracht in der Friedenskonferenz?

Bei Tisch sind wir in orientalischer Gesellschaft: Noury Bey und Mirza Rhiza Khan. Wäre das Fes nicht, so könnte man Noury Bey eher für einen Franzosen halten. Er vertritt den türkisch-patriotischen — nicht jungtürkischen, sondern sultantreuen — Standpunkt. Die Verfolgung der Armenier sei notwendig gewesen. Revolutionäre, Rebellen, Verschwörer. Kurz: böse Lämmer; der Wolf ist im Recht.

Es war die Rede vom Scheitern des Stillstandprojekts oder sonst einer Angelegenheit, ich weiß nicht mehr genau, die wir bedauerten.

„Das ist aber doch eine Sache," bemerkte Noury Bey zu meinem Mann, „welche Sie als österreichischer Patriot gutheißen sollten."

„Diesen Gegensatz," antwortete mein Mann, „kennen wir Friedensfreunde nicht; was man als solcher zu beklagen hat, dessen kann man sich nicht als Patriot freuen. Es ist überhaupt falsch, zu glauben, daß dem eigenen Lande wahrhaft nutzt, was nicht auch der Menschheit frommt. Jedenfalls steht das Interesse der Menschheit, steht das absolute Recht immer höher als die Spezialvorteile eines Landes."

„Großartig!" rief Noury Bey staunend, aber nicht ohne Ironie. „Leute mit solchen Gesinnungen sollten als Richter des künftigen internationalen Tribunals berufen werden."

4. Juli. Heute als am amerikanischen Feiertage Grotiushuldigungsausflug nach Delft. Schon am frühen Morgen heult ein heftiger Sturm, und Regen klatscht an die Fenster. Wir lassen den Wagen wieder abbestellen und bleiben zu Hause.

Es ist ein trauriger, düsterer Tag. Die Fenster klirren und zittern, eisige Luft strömt herein. Grau die geballten Wolken, grau das schäumende, zornige Meer. Klage, Zank und Drohung dröhnt aus Wind und Wogen.

Ausgestorben ist der Strand. Weit und breit kein lebendes Geschöpf. Die Badehütten und Körbe und Verkaufshütten sind weggeräumt, oder hat die Flut sie weggeschwemmt? Die hohen, gischtgekrönten Wellen überstürzen sich und rücken immer näher, spritzen schon über die Terrassenmauer. Vielleicht, wie vor einigen Jahren, wird wieder die ganze Terrasse zerstört. Dabei immer dieses tosende Klagen! Da soll man nicht traurig werden?

Wahrlich, zur Traurigkeit Grund genug: diese Konferenz, die der leidbeladenen, gefahrbedrohten Menschheit einen Weg weisen sollte, des Leids und der Gefahren, — die ihr nicht von den Elementen, sondern von ihr selber kommen — endlich ledig zu werden; wie stößt die Arbeit dieser Konferenz in der Außenwelt und ihrer eigenen Mitte auf Unverständnis und Widerstand! Nirgendsher begeisterte Mithilfe — ja nicht einmal gespannte Neugier, und nirgendsher von jenen, die die Macht in Händen haben, ein warmes Wort. Kalt, kalt sind alle die Herzen — kalt wie der Luftzug, der durch die gerüttelten Fenster hereinweht. Mich friert. — —

Abends im Konzertsaal Feier zu Ehren der amerikanischen Delegierten. Dekorierung mit Sternenbanner, Vortrag amerikanischer Weisen. Mr. Holls erzählt mir, daß die Grotiusfeier glänzend verlaufen ist und dabei — namentlich vom Botschafter White — nützliche Worte gesprochen wurden. Auch teilte er mir mit, daß der ständige Schiedsgerichtshof angenommen ist. Nur der Paragraph über die obligatorischen Fälle sei weggelassen.

5. Juli. Auf mein an Andrew D. White gerichtetes Entschuldigungsschreiben, das unser Fernbleiben von der Feier durch das Unwetter motivierte, erhalte ich folgende Antwort:

House in the wood, July 5th 1899.

Dear Baroness von Suttner,

We were very sorry not to see you and the Baron at Delft, but we fully understood and appreciated the reason. We really did not expect more than a dozen or twenty people and were greatly surprised to see so large a number present.

It was to me very inspiring and gave me new hopes as to the results of the conference.

I beg you not to forget what I urged upon you at our last meeting. We are to accomplish here more than we dared hope, when we came together;—far more; and the great thing is to prevent the thoughtless, featherbrained enthusiasts from discrediting the work;—since to do so is to discourage all future efforts of this sort.

We have paved the way for future Conferences which will develop our work—unless the people at large are taught that nothing has been done in this way.

Please call me kindly to the remembrance of Baron von Suttner and I remain, dear Madam, most respectfully and truly yours Andrew White.

6. Juli. In der letzten Sitzung ist dem Schiedsgerichtsprojekt ein wichtiger Artikel beigefügt worden. Urheber: D'Estournelles. Darin heißt es, daß die Signatarmächte im Falle eines zwischen zwei oder mehreren Staaten drohenden Konfliktes es als ihre Pflicht erachten, diesen in Erinnerung zu bringen, daß ihnen der Schiedsgerichtshof offensteht.

Serbien und Rumänien protestieren lebhaft gegen das Wort „Pflicht". Rumänien (Beldimann) protestiert übrigens regelmäßig, standhaft und immer.

Nach einer überzeugenden Rede Léon Bourgeois' wird aber der d'Estournellessche Antrag angenommen.

7. Juli. Wir reisen ab. Zahlreiche Freunde geben uns das Geleite zur Bahn. Der Wagen ist mit Abschiedsbuketts gefüllt. Lebe wohl, du liebliche Gartenstadt! Werden künftige Generationen zu dir pilgern, wo der erste internationale Schiedsgerichtshof ins Leben getreten? Um die Erinnerung an schöne Tage, an interessante Menschen — um erhebende Eindrücke bereichert, scheide ich von dir, historische Stätte . . .

*

Wir mußten Privatverhältnisse halber noch vor Schluß der Konferenz abreisen, aber täglich erhielt ich von dort Zeitungen, Briefe und Depeschen, die mich über den Fortgang und den Acte final der Konferenz auf dem laufenden hielten.

Ich setze von diesen Nachrichten die wichtigsten hierher: Am 7. Juli hat sich die Sitzung der dritten Kommission (friedliche Schlichtung internationaler Konflikte) bis zum 17. vertagt, um unterdessen von den Regierungen weitere Instruktionen einzuholen. Sir Julian Pauncefote begibt sich nach London. Die Artikel, welche hauptsächlich zur Einholung weiterer Instruktionen Anlaß geben, sind diejenigen, die von der „Internationalen Untersuchungskommission" handeln. Der zur Debatte vorliegende Text lautet:

> In Fällen internationaler Meinungsverschiedenheiten, die weder die Ehre noch die Lebensinteressen der beteiligten Mächte berühren, erachten es die Signatarmächte für angezeigt, daß die Parteien, die sich auf dem gewöhnlichen diplomatischen Wege nicht einigen konnten, soweit es die Umstände erlauben, zur Einsetzung von internationalen Untersuchungskommissionen schreiten, welche alle tatsächlichen Fragen durch unparteiische und gewissenhafte Prüfung aufklären sollen.

Welche Fülle von Einschränkungen! „Soweit es die Umstände erlauben" — „weder die Ehre, noch die vitalen Interessen". Man sieht, mit welcher Aengstlichkeit und Vorsicht diese unheimlichen Instrumente angefaßt werden, die da heißen: Gerichtsbarkeit, Untersuchungsverfahren — das ist Recht und Wahrheit. Torpedo, Dumdumgeschosse, Ekrasit und Lyddit: das ist man schon gewohnt, vor dem fürchtet man sich nicht mehr; aber Prozeßverfahren in internationalen Dingen: dabei wäre für die Lebensinteressen zu große Gefahr! Nun, für die Interessen des Militarismus allerdings . . .

Man kennt den Ursprung dieser Formel „Ehre und vitale Interessen eines Volkes". Sie wurde bisher immer von den Gegnern des internationalen Schiedsgerichts in folgendem Satz angeführt: „Bei kleinen Fragen haben bis jetzt die Schiedsgerichte funktioniert, bei großen taten sie es nicht." Was bisher als Argument gebraucht wurde, das soll nun zur Vertragsklausel werden.

Den einen erscheinen die Einschränkungen überflüssig, den anderen scheint der ganze Antrag zu weitgehend und als präzedenzlos zu unheimlich — daher die Vertagung zur Abwartung neuer Direktiven. In seiner Chronik im „Dagblad" macht Stead darauf aufmerksam und beschwört die Kommission, bei der nächsten Lesung den Artikel zu modifizieren.

Am 19. Juli tritt die Kommission wieder zusammen. In einstündiger Rede spricht sich Herr Beldimann mit aller Energie gegen die Untersuchungskommission aus. Rumänien wolle sich keinerlei Abmachung fügen, die einen obligatorischen Charakter habe. Nicht einen Augenblick wolle es die Rechte seiner souveränen Unabhängigkeit in Frage setzen. (Stolz lieb' ich die Rumänen.) Er beantrage die Ablehnung des ganzen Vorschlags. Serbien unterstützt die Ausführungen des Vorredners. Chevalier Descamps verteidigt den Antrag und nach ihm mit noch größerer Energie Herr von Martens. Bedenken, wie die vom Vertreter Rumäniens ausgedrückten, dürfen eine Einrichtung nicht hindern, die geeignet ist, den Weltfrieden zu sichern und Konflikte zu verscheuchen.

Nachmittags zweite Komiteesitzung. Der Text des umstrittenen Paragraphen wurde einigermaßen abgeändert. In einem Zusatze heißt es nun:

„Der Bericht der Internationalen Untersuchungskommission ist auf die Feststellung von Tatsachen beschränkt und hat nicht den Charakter eines schiedsrichterlichen Urteils. Er überläßt den Mächten vollständige Freiheit über die dieser Feststellung zu gewährenden Folgen."

Dagegen wurde die Klausel „Ehre und vitale Interessen" weggelassen. Rumänien und Serbien wollen noch telegraphisch Instruktionen einholen.

20. Juli. Die Artikel über Mediation und gute Dienste werden ohne Widerspruch angenommen. Als man beim Artikel „Untersuchungskommission" anlangt, erklärt Beldimann, daß er noch keine Antwort von seiner Regierung erhalten habe. Einige Delegierte wurden über die neuerliche Verzögerung ungehalten, und zuletzt beschließt man, den Artikel in zwei Tagen nochmals durchzunehmen. Jetzt wurde ohne weitere Einwendungen der Bericht weitergelesen. Erst beim Artikel 27 — der Artikel d'Estournelles', der es den Mächten zur Pflicht macht, streitende Parteien an das Tribunal zu erinnern — gelangt das Interesse der Sitzung auf den Kulminationspunkt.

Die Vertreter von Rumänien und Serbien widersetzen sich heftig. Professor Zorn hingegen tritt mit Wärme für die Annahme ein. Dr. Holls erklärt, daß Artikel 27 die Krönung des ganzen Werkes sei und er sich gegen jede Abänderung desselben entschieden verwahre.

Graf Nigra, von der Elektrizität der Atmosphäre erfaßt, springt auf und apostrophiert die Vertreter der Donaustaaten: „Wir sind hier weder große noch kleine Staaten; wir sind alle gleich souverän — als Ebenbürtige verhandeln wir hier."

Die Sensation der Sitzung sollte noch kommen. Nie zuvor hat es im „Huis im Bosch" eine erregtere und gehobenere Stimmung gegeben. Niemals hatten die Verhandlungen so viel seelische Erregung hervorgerufen. Der Augenblick war also günstig, als sich Léon Bourgeois erhob und in feurigen Worten im Namen Frankreichs die von Professor Zorn abgegebene Rede unterstützte. Dem Grafen Nigra müsse er in einem widersprechen — es gibt große und kleine Mächte. Aber das Maß liegt nicht in der Quadratmeterzahl ihres Territoriums, noch in der Höhe ihrer Truppen- oder Einwohnerzahl. Die Größe einer Macht ist nach der Größe ihrer Ideen zu messen und nach der Treue, die sie den Prinzipien wahrt, auf denen der Fortschritt der Menschheit beruht.

In diesem Tone sprach der Redner noch weiter, und alle lauschten wie gebannt. Als er geendet, wollte der stürmische Beifall sich nicht legen, und ein Delegierter nach dem anderen drückte seinem Vorsitzenden die Hände. Und der Artikel 27 ward genehmigt.

22. Juli. Wieder die Untersuchungskommission. Es wird gefragt, ob die Vertreter Rumäniens, Griechenlands und Serbiens die Antworten ihrer Regierungen erhalten haben.

Herr Delyannis erklärt im Namen Griechenlands, er habe die Instruktion erhalten, die neue Fassung anzunehmen. Dr. Velkovitsch gibt im Namen Serbiens die gleiche Erklärung ab. Jetzt war die Reihe an Rumänien. Der Präsident teilte mit, daß er soeben von Herrn Beldimann einen Brief erhalten, worin dieser sagt, daß heute die Instruktion eingetroffen sei, die neue Fassung nur dann anzunehmen, wenn die beiden eliminierten Klauseln: „Ehre und Interesse der Nation" und „wenn die Umstände es erlauben" wieder aufgenommen werden. Andernfalls könne Rumänien die Konvention nicht unterzeichnen.

Die Abstimmung ergibt die Annahme des Beldimannschen Ultimatums.

In der letzten Plenarversammlung vom 28. Juli wird Descamps' « Rapport final à la Conférence sur le règlement pacifique des conflits internationaux » verlesen.

Die Einleitung zu diesem Aktenstück eröffnet Gedanken und Gesichtspunkte, die das ganze Friedensideal — ich sage lieber das ganze Friedensevangelium — umfassen, zum Beispiel:

Entschlossen, mit allen Kräften die friedliche Schlichtung internationaler Konflikte herbeizuführen;

die Solidarität anerkennend, welche die Glieder der zivilisierten Nationen gemeinschaftlich verbindet;

gewillt, die Herrschaft des Rechts auszubreiten und das Gefühl der internationalen Gerechtigkeit zu stärken u. s. w., haben die Unterzeichneten (folgen die Namen) nachstehende Dispositionen getroffen. Der erste von den 61 Paragraphen sagt alles, was in den übrigen ausgeführt ist:

„Um in den internationalen Beziehungen die Anwendung von Gewalt soweit als möglich zu vermeiden, verpflichten sich die Signatarmächte, alle Anstrengungen anzuwenden, um die Schlichtung internationaler Streitigkeiten durch friedliche Mittel herbeizuführen."

Am 29. Juli früh wurden die Konventionen im „Haus im Busch" gezeichnet und nachmittags fand die feierliche Schlußsitzung statt. Das letzte Wort (d'Estournelles war es, der es sprach) lautete:

„Möge unsere Konferenz ein Anfang, kein Ende sein! — Mögen unsere Länder, indem sie neue Versammlungen wie diese anregen, fortgesetzt der Sache der Kultur und des Friedens dienen!"

61

Nach der Haager Konferenz

Sobald wir nach Harmannsdorf zurückgekehrt waren, machte ich mich daran, mein Tagebuch, aus dem ich die meisten auf die Konferenz bezüglichen Stellen in diesen Lebenserinnerungen wiedergegeben habe, auszuarbeiten und meinem Verleger zu schicken. Es erschien im Jahre 1900; ich kann aber nicht sagen, daß es viel Interesse erweckte. Die Mitwelt verhält sich der Haager Konferenz gegenüber gleichgültig oder ablehnend.

Wir blieben nur kurze Zeit zu Hause. Schon nach drei Wochen machten wir uns wieder auf den Weg — nach Norwegen. Von dem Präsidium der dort vom 1. bis 6. August tagenden Interparlamentarischen Konferenz waren Einladungen an uns und an Herrn von Bloch ergangen, den Verhandlungen und Veranstaltungen als Ehrengäste beizuwohnen. Das ließen wir uns nicht zweimal sagen — eine Nordlandreise, welches Fest!

Wieder ein ganz neues Stück Welt, das sich uns da auftat. Wir langten am 30. Juli abends in Christiania an. Am 31. sollte das Schiff ankommen, das den Interparlamentariern zur Verfügung gestellt worden. Diesem Schiffe fuhr ein anderes entgegen, auf dem sich das Präsidium der Konferenz befand sowie auch diejenigen Abgeordneten, die es vorgezogen hatten, per Eisenbahn zu kommen. John Lund forderte uns auf, die Fahrt mitzumachen. Außer uns waren noch zahlreiche andere Gäste an Bord. Viele alte Bekannte und Freunde trafen wir da: Ullman, den Präsidenten des Storthings; von Bar von der Universität in Göttingen; Marcuarto; Baron Pirquet u. a. Es war zwei Uhr nachmittags, der Himmel wolkenlos blau, im hellsten Sonnenglanze lag der Fjord, und eine kühle Brise bewegte die Luft. Ein Militärorchester war an Bord, und beim Klang der norwegischen Hymne setzte sich unser Dampfer in Bewegung. Von den Masten flatterten Wimpel in den verschiedenen Farben der auf der Konferenz vertretenen vierzehn Länder.

Wir machten viele neue Bekanntschaften. Die Frau des nachmaligen Ministers Blehr — damals war er Gesandter in Stockholm — erzählte mir von der in Norwegen schon vorgeschrittenen Frauenbewegung; von der Erlangung des Stimmrechts seien sie nicht mehr weit. Von den Frauen der Staatsmänner bis zu den Bäuerinnen herab nehmen alle regen Anteil an dem politischen Leben. Ich fragte, ob es denn wahr sei, daß Schweden und Norwegen wie die feindlichen Brüder leben. „Nein," antwortet Frau Blehr, „das Verhältnis stellt eine Ehe vor, in der der Mann alles, die Frau nichts zu sagen hat, und das gibt nach modernen Begriffen keine glückliche Ehe. Norwegen spielt in der Union die Rolle dieser autoritätslosen Frau, und was es verlangt, ist — was heute die gleichberechtigte Gattin in der Ehe fordert: Das Recht der Persönlichkeit."

Wir fuhren an einer kleinen Kriegsflottille vorbei, welche bereitstand, das Schiff der Parlamentarier einzuholen und ihm das Geleite zu geben. Eine Kriegsflottille zur Einholung des Friedensschiffes. Diese neue Gattung von Ehrung überraschte mich. Lund erzählte, daß es dem Komitee einige Schwierigkeiten gemacht, den Widerstand der Konservativen zu überwinden, die es nicht recht einsehen wollten, daß den Bekämpfern des Militarismus militärische Ehren erwiesen werden. Solche Parteien pflegen sich dem Begriff der gewaltlosen Verschmelzung der Gegensätze zu verschließen. Soldaten und Pazifisten brauchen sich nicht feind zu sein, nicht einander auszurotten suchen, sondern zu einer höheren Einheit sich verbinden: zur Heeresmacht des gesicherten Rechtsschutzes.

Grüße und Rufe wurden auch zwischen unserem Schiffe und der Flottille getauscht, obwohl dies gegen die Verabredung war: Auf der Hinfahrt sollte man keine Notiz voneinander nehmen. Gegen fünf Uhr begegneten sich die Schiffe. John Lund und andere Storthingmitglieder ließen sich zum Parlamentsdampfer rudern und stiegen zur Begrüßung an Bord. Die Festung Oskarburg feuert

Salut. Unterhalb der Festung sind Truppen aufgestellt, und ein in drei regelmäßigen Absätzen neunmal wiederholtes Hurra (das ist der nordische Hurraufbrauch) tönt laut und deutlich herüber, und die Flaggen senken sich grüßend. Oberhalb Oskarburgs, da die beiden Parlamentarierschiffe ankamen, setzten sich die Kriegsschiffe an die Spitze, um den anderen das Geleite in die Kongreßstadt zu geben.

Um neun Uhr abends — aber bei hellem Tageslicht — fahren wir in Christiania ein. Der Damm war seiner ganzen Länge nach mit jubelnden Volksmassen gefüllt; aus allen Seitengassen strömten Menschen herbei.

Am 1. August abends allgemeine Zusammenkunft mit Konzert im Hans-Haugen, einem auf einer Anhöhe gelegenen öffentlichen Garten. Treffen alte Bekannte: Dr. Barth aus Berlin; Dr. Harmening aus Jena; Pierantoni aus Rom; Senator Labiche aus Paris; Graf Albert Apponyi aus Budapest; Gniewocz und Dr. Millanich aus Wien. Auch viele neue Delegierte, die zum erstenmal eine interparlamentarische Konferenz besuchen, werden mir vorgestellt. Darunter einige Mitglieder des Zentrums im deutschen Reichstage; Dr. Herold und ein paar Jungtschechen aus dem österreichischen Parlament.

Eine hünenhafte Gestalt kommt auf mich zu. Den charakteristischen Kopf mit der weißen Löwenmähne erkenne ich sofort: O Freude — es ist — Björnstjerne Björnson. Er küßt mir die Hand, und wir sprechen eine kurze Weile; aber schon eilt ein zartes Frauchen im weißen Kleide daher. „Man sucht dich, Vater ..." Björnson stellt mir seine Tochter vor: Frau Ibsen.

In einem großen Saale war für sämtliche Gäste ein Büfett aufgestellt. Während des Festes kamen die Zeitungen mit Berichten über den Konferenzschluß im Haag. Am lebhaftesten wurde eine Stelle aus Beauforts Rede kommentiert. Für den Stillstand der Rüstungen habe man technischer Schwierigkeiten wegen nur die Formel nicht gefunden, die sich gleichzeitig den neuen Verhältnissen aller Länder anpassen ließe, aber im Prinzip sei man einig, daß diese Formel gesucht und gefunden werden müsse. Da war nun eine Aufgabe für die Interparlamentarische Union vorgezeichnet: weiter ausbauen, was im Haag begonnen worden.

Heute — 1908 — ist aber jene Formel noch nicht gefunden. Die Parlamentarier (mit wenigen Ausnahmen), wenn sie nicht bei der Konferenz, sondern in den Parlamenten sind, tun nichts als bewilligen, bewilligen. Das Studium der Frage wurde von der ersten zur zweiten und von der zweiten zur dritten Haager Konferenz geschoben, und sie ist noch immer unstudiert. Wo es keinen Willen gibt, gibt es keinen Weg.

Am folgenden Tage, ich kehre zu 1899 zurück, feierliche Eröffnung im Storthing. Bei den früheren Konferenzen waren kaum mehr als 60 bis 80 Parlamentarier anwesend; diesmal mehr als 300. Deutschland, das sonst durch 2 oder 3 Abgeordnete vertreten war, hatte nach Christiania 40 gesendet; Frankreich 26, Oesterreich 14. Wenn das so fortgeht, wird man eigene Hallen bauen müssen für das — Interparlament.

Aus der Eröffnungsrede des Staatsministers Steen habe ich mir den Schlußsatz notiert:

„Und so werden wir denn siegen — den Besiegten zum Segen!" Damit ist das Kriterium dessen ausgedrückt, was alle edeln Kämpfer der Zukunft erreichen sollen.

Präsident Ullman erstattete Bericht über die Nobelstiftung: Die erste Verteilung findet am 10. Dezember 1901 statt. Die bis dahin laufenden Zinsen werden als Grundkapital angewendet zur Schaffung eines Instituts Nobel in Christiania, d. h. eine Zentralanstalt für Studium und Entwicklung des Völkerrechts. Von den jährlichen Zinsen des Legats (200000 schwedische Kronen) werden zum Unterhalt des Instituts 50000 Kronen zurückbehalten.

Zum erstenmal waren diesmal auf der Interparlamentarischen Konferenz die Vereinigten Staaten von Nordamerika vertreten. Mr. Barrows erzählt, daß es in seinem Lande viele Leute gibt, die niemals einen Offizier erblickten, und manche Offiziere, die niemals ihr ganzes Regiment gesehen. Daß der Jingogeist, der durch den letzten Krieg mit Spanien erwacht ist und der so sehr mit den Grundprinzipien des Sternenbannerlandes in Widerspruch steht, nicht die Oberhand gewinnen werde, das glaubt Mr. Barrows — namentlich im Hinblick auf die den Delegierten zur Haager Konferenz mitgegebenen Instruktionen und Vorschlägen — verbürgen zu können.

Damals also war der erste amerikanische Vertreter auf dem Plane der Interparlamentarischen Union erschienen; seit letzter Zeit aber nimmt die Neue Welt den ersten Platz in der allgemeinen Friedensbewegung ein. Von dort wird dem alten Weltteil der Impuls, das Beispiel — vielleicht die Notwendigkeit kommen, das Vereinigte Europa zu schaffen.

Nach Mr. Barrows sprach Graf Albert Apponyi. Er teilte mit, daß Koloman von Szell, der gewesene Obmann der ungarischen Interparlamentarischen Gruppe, gegenwärtig Ministerpräsident geworden. Feurig, beredsam wie immer floß Apponyis Rede, und als er geendet, ging Björnson auf ihn zu und drückte ihm die Hand.

Abends Garden-party bei Staatsminister Steen. Hier traf ich mit Ibsen zusammen. Vor langer Zeit hatte ich an ihn geschrieben, um seine Ansicht über die Friedenssache einzuholen; er antwortete damals, daß er ganz der dramatischen Kunst lebe und über die beregte Frage gar keine Ansicht habe. Ich wollte ihn nun fragen, ob seine Anwesenheit ein Zeichen eines solchen erwachten Interesses für die Bewegung sei, es trat aber jemand dazwischen, und ich kam nicht mehr dazu, das unterbrochene Gespräch wieder aufzunehmen.

Am nächsten Nachmittag lernten wir sämtliche anwesende Mitglieder der französischen Gruppe kennen. M. Catusse, der neuakkreditierte Gesandte Frankreichs in Stockholm, den wir schon von Nizza und Haag her kannten, hatte alle seine französischen Kollegen zu sich zum Tee eingeladen und mich und meinen Mann auch dazu aufgefordert. Wir fanden mehr als ein Dutzend Mitglieder der Kammer und des Senats, darunter den gewesenen Ministerpräsidenten Cochery.

Man sprach von Léon Bourgeois. Anläßlich der letzten Kabinettskrise war er vom Haag nach Paris gekommen, und dort habe er mehreren der Herren gesagt, daß er sich weigern würde, die Bildung eines neuen Kabinetts zu übernehmen, weil er das Werk, das er im Haag zu vollenden habe, für wichtiger halte.

Senator Labiche erzählte, daß gestern, als er Björnson vorgestellt wurde, dieser ihn mit der Frage ansprach: «Etes-vous Dreyfusard?» Denn Björnson ist selber ein solcher.

Der Tag und Abend schloß mit einem von der Stadt gebotenen Feste. Hundertfünfzig Equipagen waren bereitgestellt und führten die Gäste nach dem Ausflugsort Frognersättern, zu welchem der zwei Stunden lange Weg unausgesetzt bergan durch dichte Hochwaldungen führt, an all den roten Bauernhäuschen vorbei, die dem „Land der tausend Heimstätten" — wie der Dichter der Nationalhymne (Björnson) sein Vaterland nennt — die eigentümliche Physiognomie verleihen. Mitten im Walde, auf den Höhen kommt man an silberblinkenden Seen vorbei, und wo sich ein Ausblick bietet, zeigen sich in immer wechselnder Schöne Fjord und Stadt.

Am zweiten und letzten Verhandlungstag dauert die Sitzung von neun bis fünf Uhr. Hauptpunkt der Tagesordnung: Die Haager Konferenz. Stanhope verliest eine Botschaft, die W. T. Stead aus dem Haag mitgebracht hat, unterzeichnet von Beernaert, Rahusen, d'Estournelles, Descamps u. a. In dieser Botschaft wird den in

Christiania versammelten Kollegen der Erfolg der Schiedsgerichtsfrage mitgeteilt — ein Erfolg, der, wenn man ihn einstens erfassen wird, als die Krönung des neunzehnten Jahrhunderts erkannt werden wird. Zum Schlusse der Botschaft hieß es: „Dies ist also die Maschine, welche die Haager Konferenz geschaffen hat, und an Ihnen, Vertreter des Volkes, und an den Völkern liegt es, den Dampf dazu zu liefern."

Einer Aufgabe, der — ich wiederhole es mit Bedauern — weder die Völker noch ihre Vertreter bis heute gerecht geworden sind.

Als Ort und Datum für die nächste Konferenz wurde Paris, 1900, bestimmt.

Der letzte Abend brachte das vom Storthing gebotene Schlußbankett. Als erster Redner erhob sich Björnson. Er sprach Französisch. Der etwas singende Ton paßt zwar nicht zum französischen Akzent, aber der Schwung und die Begeisterung des Vortrags halfen darüber hinweg. Sein Thema war: „Die Wahrheit". In der Politik will Björnson die Wahrheit eingeführt sehen — die Politik soll ethisch werden. Dazu muß natürlich jeder „Realpolitiker", der sich respektiert, mitleidig lächeln. Nach Aufhebung der Tafel zerstreuten sich die Gäste — 400 an der Zahl — in die vielen Nebenräume. Hier erschien ein Trupp junger Leute in netten schwarzen Anzügen und weißen Mützen (ich hielt sie für Studenten, es waren aber Handwerker) und sangen norwegische und deutsche Chöre. Björnson hielt eine Ansprache an sie, und sie selber richteten an alle anwesenden Männer und Frauen, die für den Frieden, dieses für die arbeitenden Menschen wichtigste Gut, arbeiten, Worte des Dankes.

Beim schwarzen Kaffee hatte ich endlich eine lange Unterhaltung mit Björnson. Ich möge ihm verzeihen, daß er mir keinen Besuch gemacht, aber er habe keinen Moment der Ruhe. Man betrachte ihn als Allerweltsratgeber. Junge Dichter bringen ihm Manuskripte, junge Theateraspirantinnen spielen ihm Heroinenrollen vor, und er vermag niemand abzuweisen. Von den Arbeitern, die eben gesungen, erzählte er, daß in seinem Lande diese Klasse mehr Anteil an geistigen Dingen nehme als die höheren Schichten. „Viel früher ward ich von diesen gekannt als von der sogenannten Intelligenz."

„Und nicht wahr," fragte ich, „die Bauern sind auch hierzulande sehr vorgeschritten — es soll keine Analphabeten unter ihnen geben."

„O, die Bauern," rief Björnson, „die sind unseres Reiches Stütze, sind dessen Säulen."

Die Rückreise von Norwegen machten wir in Gesellschaft Blochs, jedoch nur bis Berlin. Dort trennten sich unsere Wege; Bloch fuhr nach Warschau und wir nach Wien und Harmannsdorf.

Hier erwartete uns Trauriges und Fröhliches.

Meine Tante Büschel, die ich jede Woche in dem benachbarten Eggenburg zu besuchen pflegte, um von alten Zeiten, von Elvira, von meiner Mutter mit ihr zu reden, meine Tante war während unserer Abwesenheit nach kurzer Krankheit, von meinen Verwandten betreut, sanft verschieden, neunundsiebzig Jahre alt. Das letzte Stück lebendiger Jugenderinnerung war mit ihr ins Grab gesunken.

Das Fröhliche war eine Verlobung. Die ganze Familie aus dem benachbarten Stockern kam am Tage nach unserer Rückkehr in Harmannsdorf angefahren, begleitet von einem jungen Vetter, Baron Johann Baptist Moser. Alle sahen so sonderbar aus, flüsterten untereinander, machten geheimnisvolle Gesichter. Als wir um den Gabelfrühstückstisch versammelt und beim Dessert angelangt waren, erhob sich plötzlich mein Schwager Richard, räusperte sich feierlich und sprach:

„Meine Lieben — hierdurch teile ich mit, daß gestern abend meine liebe Tochter Margarete und mein lieber Neffe Moser sich miteinander verlobt haben."

Allgemeiner Jubel, und mir speziell traten Freudentränen in die Augen. Ich hatte mir schon lange gewünscht, daß diese beiden allerliebsten, so gut zueinander passenden Leutchen ein Paar würden, und darum war mir die Nachricht so freudig.

An Arbeit fehlte es mir nicht. Das unterbrochene Haager Tagebuch mußte fertiggemacht werden; ebenso die Berichte für die Monatsschrift. Uebrigens sollte diese mit Jahresschluß zu erscheinen aufhören und in die von A. H. Fried herausgegebene „Friedenswarte" übergehen, deren regelmäßige Mitarbeiterin ich heute noch bin.

Eines Tages erhielt ich mehrere Exemplare des „Budapester Tagblatt", einen vortrefflichen Artikel des Grafen Albert Apponyi enthaltend, worin er Günstiges über die Haager Konferenz berichtet und die Anregung zu einer mit der Interparlamentarischen Union verbundenen Presseliga gibt. Ich dankte dem Grafen für die Zusendung und lobte den Inhalt. Darauf erhielt ich folgenden Brief:

Eberhard, 28. August 1899.

Sehr verehrte Frau Baronin!

Für Ihre freundlichen Zeilen dankend, muß ich bemerken, daß ich allerdings Wert darauf lege, meine Erörterungen Ihrem sehr kompetenten Urteil zu unterbreiten, daß aber der Gedanke, Sie mit mehreren Exemplaren des „Budapester Tagblatt" zu belästigen, ausschließlich der Redaktion dieses Blattes zur Last fällt. Meinerseits wäre dies unverantwortlich anspruchsvoll gewesen.

Es freut mich, daß die Gedanken, die ich niederschrieb, Ihre Billigung finden. Der Optimismus, den ich zur Schau trage, ist aber mehr ein taktisches Manöver als wirkliche Ueberzeugung. Die Großmächte waren im Haag mehr als flau, und ich bin nicht ganz sicher, daß ihr Beitritt zu den Haager Vereinbarungen — insbesondere von Deutschland und Oesterreich-Ungarn — erfolgen wird. Die Herrscher wollen die Sache nicht; sie wollen den Krieg auch nicht, aber jede Institution, in der sie eine Einschränkung ihrer Machtvollkommenheit (Gutes oder Böses zu tun) erblicken, ist ihnen instinktiv zuwider.

Inzwischen werden wir in Ungarn — wo wir vielleicht nach der wohltätigen parlamentarischen Revolution dieses Winters auf dem Wege der Gesundung sind (aber ich wiederhole: vielleicht) — das möglichste tun, um durch konstitutionelle Pressionsmittel unsere Monarchie in das richtige Fahrwasser zu bringen. Meine Position ist für diesen Zweck eine bessere geworden und ich will sie gewiß ausnützen. Ich werde auch trachten, die Liga der Presse zustande zu bringen, auf die ich in meinem Artikel anspiele, welche die Verbindung zwischen der Interparlamentarischen Union und der Bevölkerung zu bilden berufen ist. Im übrigen kann nur die gütige Vorsehung aus so schlechtem Material etwas Gutes schaffen.

In aufrichtiger Verehrung Ihr ganz ergebener

Albert Apponyi.

•

Wenn ich in meinem Tagebuch aus jener Zeit blättere, finde ich, daß drei verschiedene Gegenstände mir die Seele mit je verschiedenen Stimmungen füllten. Da war mein großes Lebensinteresse, mein „Wichtiges", das jetzt gerade durch die Haager Konferenz auf eine so gewaltige Entwicklungsstufe gekommen war. Es war fast, als ob das vor wenigen Jahren noch so entfernte Ziel in sichtbare Nähe gerückt sei, so sichtbar und so nahe, daß es bald alle gewahren und daher darauf zuschreiten müßten. Was mir zu leisten oblag, sah ich klar vor mir: Die Ergebnisse der Konferenz meinen Landsleuten soviel als möglich bekanntzumachen, und dieser Aufgabe widmete ich mich eifrig, indem ich zahlreiche Zeitungsartikel und mein Haager Konferenzbuch schrieb. Freilich, nicht ungeteilte Freude beseelte mich dabei, denn ich war ja im Haag selber Zeugin von dem Widerstand, dem offenen und versteckten, gewesen, der sich der Verwirklichung der „krieglosen Zeit" entgegenstemmte; desto dringender war die Pflicht, im Dienste der Sache all die neuen Tatsachen und Handhaben zu benützen, die der gegenwärtige Stand der Bewegung ihren Verteidigern bot. Noch etwas stand gar drohend am Horizont: Die Kriegspartei in England schien die Oberhand zu gewinnen, der Uitlanderstreit in Transvaal spitzte sich immer mehr zu — wie, wenn es da zum Kriege käme? Das würde das begonnene Friedenswerk diskreditieren und auch tatsächlich zurückschleudern. Gibt es zwischen den zwei Mächten „Gewalt und Recht" wieder einen Siegestag für die Gewalt?

Ein anderer Gegenstand meines Sorgens und Denkens waren unsere häuslichen Verhältnisse. Die Verluste in den Steinbrüchen, Mißernten und falsche Spekulationen hatten sich so stark gemehrt, daß es kaum mehr möglich war, noch viel länger das geliebte Harmannsdorf über Wasser zu halten. Und was dann? Welcher Schmerz für die alte Mutter, für die Schwestern und auch für den Meinen, wenn das Heimatsnest verloren wäre!

Das dritte Stimmungsgebiet, das lag innerhalb unseres Eheglücks. Hier stand mein eigentliches, unverlierbares Heim, meine Zuflucht für alle denkbaren Lebenslagen — ein Ding jenseits von Harmannsdorf und Transvaal, jenseits von allem übrigen, komme was da wolle ... und so füllten sich die Blätter meines Tagebuches neben allen politischen und hauswirtschaftlichen Eintragungen mit den Rekords unserer frohen, kleinen Späße, unserer traulichen, genußreichen Spaziergänge, unserer erhebenden Lektüre, unseres gemeinsamen Musizierens und unserer allabendlichen Schachpartien. Es konnte uns eigentlich nichts geschehen. Wir hatten einander — das war alles.

Daß wir auch auseinander gerissen werden konnten durch den Allvernichter Tod — daran verscheuchten wir jeden Gedanken. Ich war zwar damals nicht sehr gesund und ich glaube, der Meine machte sich darüber auch einige Sorge. Ich war plötzlich so matt geworden; das Gehen fiel mir schwer, nach wenigen Schritten war es mir oft zum Hinsinken schwindlig im Kopfe. Der Meine schleppte mich zu einem Arzte. Ich sage „schleppte", weil ich mich mein Leben lang gegen ärztliche Behandlung gesträubt habe. Dieser Arzt untersuchte mich und fragte mich aus und verordnete — — ich gebe es zu erraten und schreibe dies hier nieder, weil es doch ein interessanter Fall ist. Ich habe nämlich die Verordnung befolgt (was auch gegen meine Gewohnheit verstieß; bis jetzt hatte ich Medizinen nur dazu benützt, sie zum Fenster hinauszuwerfen), und zweitens weil sie mir geholfen hat. Bin darauf in kurzer Zeit gesund geworden wie ein

Fisch im Wasser. Also der Doktor verordnete — Radfahren. Ich — eine schwergewichtige Frau von sechsundfünfzig Jahren, die nie auf einem Rade gesessen, sollte nun diesen Backfischsport treiben! Es war komisch, aber ich tat's. Die Verordnung lächelte mir gewaltig zu. Es war immer mein Neid gewesen, dieses Dahinfliegen auf den dünnbeinigen, stählernen Rößlein, und ich bedauerte, daß ich zu bald geboren war, um diese Wonne noch kennen zu lernen. Jetzt wurde es mir als Gesundheitspflicht auferlegt. Alsogleich ging's ans Radkaufen, und einer der Diener des Schlosses wurde zu meinem Lehrer befördert. Er half mir auf das Ding hinauf und ich fiel herunter. Wieder hinauf, wieder hinab, so etwa zwanzigmal hintereinander. Das war die erste Lektion.

„Wär's nicht besser, es mit einem Dreirad zu versuchen?" frug der Meine ängstlich, dem dieses Debut kein Vertrauen einflößte. Davon wollte ich nichts wissen: „Radeln hat der Doktor befohlen — und geradelt wird." Mit einer Ausdauer, die ich selber an mir bewundern mußte, habe ich den Unterricht fortgesetzt; immer seltener fiel das Rad um, immer seltener wurden die Bäume, gegen die ich direkt anstieß, und nach langer Lehrzeit — ich will gar nicht sagen wie lange — radelte ich fesch in den Alleen des Parkes herum und brachte es sogar zu elegant ausgeführten Achtern. Dabei wurde mir so wohl, das Blut zirkulierte in erfrischter Kraft, das Dahinsausen empfand ich als wirkliche Wonne, mit den Mattigkeitsanfällen war's aus, ich wurde schlanker und hatte mitunter ein Gefühl, als ob mir Jugend, Jugend durch die Adern strömte.

Die Dinge in Transvaal wurden immer schlimmer. Das aufgehetzte Volk in England verlangte den Krieg. Die Londoner Pazifisten machten die äußersten Anstrengungen, um das Unglück abzuwehren; sie veranstalteten Meetings, sie schrieben in den Blättern, W. T. Stead gründete ein neues Wochenblatt „War against war" — alles umsonst. Wer für Frieden plädiert, wird verpönt, fällt als „Little-Englander", wenn nicht gar als Landesverräter der Verachtung und Schmähung anheim. Die Saalinhaber geben ihre Säle nicht mehr zu Friedensmeetings her, und wo solche doch stattfinden, werden sie vom anstürmenden Mob gesprengt. Sogar zu Tätlichkeiten kommt es. Bei einer öffentlichen Versammlung, welche die Peace-Association auf Trafalgar-Square abhält, wurden auf die Redner nicht nur Injurien, sondern auch Projektile geschleudert; an dem Kopf von Felix Moscheles flog knapp ein offenes Federmesser vorbei.

*

Unterdessen wird in Rennes der zweite Prozeß Dreyfus zu Ende geführt, und zwar mit derselben militärfanatischen Parteilichkeit wie in den Tagen, da Esterhazy gefeiert und Zola mit den Rufen «A l'eau, à l'eau!» verfolgt ward. Jetzt versucht ein wütender Anti-Dreyfusard sogar einen Mordanschlag auf den Verteidiger Labori. Das Militärgericht beantragt die Todesstrafe für Dreyfus — aber er wird „begnadigt"! —

In Wien findet eine Versammlung statt, in welcher Dr. Lueger erklärt: „Dreyfus gehört auf die Teufelsinsel und alle Juden dazu." Dies veranlaßte den Meinen zur Einberufung einer Gegenversammlung seines Vereins. Das Ankämpfen gegen Volkswut und gegen Gehässigkeit ist ein schweres — scheinbar ganz erfolgloses Beginnen. Schmerz und Empörung und bitteres Ohnmachtsgefühl erfaßt den Kämpfer, aber dennoch — er kann nicht anders — er muß. Und da nichts, nichts auf der Welt verloren geht, wirken solche Proteste, wenn sie auch momentan verhallen, sicherlich auf ihre Weise nach.

Im Deutschen Reiche wurde ein großartiger Flottenplan entworfen. „Unsere Zukunft liegt auf dem Wasser" — daher gewaltige Rüstungsvermehrung zur See. Genau das Gegenteil von dem, was der Haager Konferenz zugrunde lag. Bloch schreibt mir, Kaiser Wilhelm solle dem Zaren die Friedenssache (nämlich in der Form von Schiedsgericht und Rüstungseinschränkung; für Erhaltung des Friedens im Schutze der Bajonette sei ja der deutsche Kaiser auch) ausgeredet haben, als gegen die dynastischen Interessen verstoßend.

Der Südafrikanische Krieg bricht aus. Unsere Gegner höhnen: „Also das ist die Folge der Haager Konferenz?"

Ich hatte gewünscht, von dem so angesehenen englischen Friedenskämpfer Philipp Stanhope eine Meinungsäußerung über das eingetroffene Unglück, von dem ich wußte, wie sehr es auch ihn betrüben mußte, in meiner Monatsschrift zu veröffentlichen. Er antwortete, daß es unziemlich wäre, während sein Land in Krieg verwickelt sei, seine Ansichten in ausländischen Blättern kundzutun. Jetzt, da der Krieg längst vorüber, liegt in der Wiedergabe seines Schreibens keine Indiskretion mehr:

Padworth House Reading, November 19th 1899.

Dear Baroness von Suttner,

I have to thank you most sincerely for your letter. In times like these, when one finds oneself in a small minority, the encouragement of friends is of great service and no one is more authorized than yourself to speak upon such an issue, having for many years given your life to the service of the cause of peace.

Just now it is impossible to write anything for publication in a foreign journal.

While we are in the throes of a great war it would be unseemly to do so, and I will therefore ask you to kindly excuse me in this regard for the present. I may, however, say to yourself as a friend what I could not publicly say about the situation.

I think the Jingo feeling is subsiding in England. Now that the people are at last realizing what war means, there is less shouting and enthusiasm. I am told that even in the Music Halls this tendency is very marked. Of course patriotic songs will always command a large audience and excite natural patriotic emotions, but people are beginning to think and to ask themselves what the war is about, and whether warfare is the best way of really pacifying South Africa. I have great confidence in the ultimate good sense of my countrymen when the fever has passed away.

All the same, the path of idealists like ourselves is not made more easy by what has happened.

I hope Baron von Suttner is well. Kindly remember me to him and allow me to subscribe myself as very sincerely yours.

Philip Stanhope.

Zur Jahresversammlung meines Vereins erbat ich mir die Meinungsäußerung des Grafen Nigra. Der Botschafter antwortete mit folgendem Brief:

Rome, Grand Hôtel, le 29 novembre 1899.

Madame la Baronne,

Vous avez bien raison de saisir l'occasion de réunion de l'Assemblée de la société autrichienne de la Paix pour demander un mot d'approbation et d'encouragement à ceux qui ont travaillé pour la paix dans la Conférence de la Haye. Cette conférence a eu à subir deux contretemps ; l'affaire Dreyfus et le conflit du Transvaal. Le premier a distrait de notre œuvre l'opinion publique du monde ; l'autre a semblé la contredire. La coïncidence a été assurément fort regrettable. Mais ce ne sont là que des incidents passagers ; tandis que notre œuvre est destinée à durer dans le cours des temps. On accuse la conférence de n'avoir pas produit des résultats immédiats. A vrai dire, nous ne nous faisions aucune illusion à ce sujet. Nous savions bien que nous n'aurions pas travaillé pour assurer la paix du monde du jour au lendemain. Par contre, nous avions la conscience de travailler pour l'avenir de l'humanité. Au surplus, est-il bien vrai que la conférence n'a eu aucun effet immédiat? Je pense que le seul fait qu'une telle conférence a été convoquée par un puissant monarque, comme l'empereur de Russie, qu'elle a été acceptée par toutes les puissances, et qu'elle a pu se réunir et travailler pendant des mois dans le but de rendre les guerres moins fréquentes et moins douloureuses pour les populations, ce seul fait est déjà un grand résultat. Il prouve tout au moins que les idées de paix et d'arbitrage sont entrées dans la conscience des gouvernements et des peuples.

D'ailleurs, comme je viens de le dire, nous avions en vue, non pas le moment fugitif, mais l'histoire future du monde. L'arbre dont nous avons planté le germe, comme tout ce qui est déstiné à grandir et à jeter des racines profondes, ne doit croître que lentement. Nous ne pourrons pas nous reposer à l'ombre de ses branches, mais ceux qui viendront après nous en recueilleront les fruits. J'ai foi dans notre œuvre pour l'avenir. Les idées que nous avons soulevées dans l'esprit des gouvernements et des peuples ne peuvent pas s'évanouir comme des mirages trompeurs. Elles ont leurs raisons d'être dans la conscience universelle. Elles peuvent subir, dans leur application, comme toute conception humaine, des temps d'arrêt, et même, si on peut s'exprimer ainsi, des éclipses passagères. Mais rien n'empêchera leur cours. Le but que nous nous sommes proposé est celui d'une marche en avant dans le progrès. C'est la loi de l'histoire. Aveugle qui ne le voit pas!

Ainsi donc: *sursum corda*, et souvenons-nous que le Christ a blâmé les hommes de peu de foi. Vous pouvez le rappeler à votre assemblée afin qu'on le comprenne ailleurs.

Veuillez croire, Madame la Baronne, à mes sentiments bien respectueux.

Nigra.

62

Jahrhundertwende

Jetzt schrieb man 1900. Ein neues Jahrhundert! Zwar war die alte Streitfrage wieder viel erörtert worden, ob das Jahrhundert bei der Ziffer Null oder erst bei Eins anfange; ich denke aber, daß in der Ziffer 1901 die Bezeichnung liegt, daß das erste Jahr des zwanzigsten Jahrhunderts vollendet ist, daß es also mit 1900 beginnt, daher schon ist. Die Zeit rinnt zwar ziffernlos in das Meer der Ewigkeit, aber solche Wendepunkte sind doch immer eindrucksvoll.

Auch in dem Rundschreiben des Zaren hieß es: „Diese Konferenz würde mit Gottes Hilfe ein günstiges Vorzeichen des kommenden Jahrhunderts sein." Die Mitwelt hat aber diesen bedeutungsvollen Zeitabschnitt vorübergehen lassen, ohne "to turn over a new leaf" — ohne zu sagen: Jetzt wollen wir das zwanzigste Jahrhundert durch den Bruch mit alter Barbarei einweihen. Die Barbarei wurde von ihren Liebhabern glücklich hinübergerettet, und ein über alle Maßen grausamer und jammervoller Krieg, mit helloderndem Jingoismus im Gefolge, wütete als ungünstiges Vorzeichen vom alten in das neue Säkulum fort.

Betrübt und erzürnt über diese Wendung der Dinge waren die Pazifisten alle; verzagt — keiner. Daß die Linie des Fortschritts manchmal eine Strecke zurückläuft, um dann wieder desto weiter nach vorwärts zu schnellen, das weiß man ja; und die gewonnenen Ergebnisse, die ungeahnt neuen Eroberungen auf dem Gebiete der Friedenssache waren nun einmal da. Das war nicht mehr rückgängig zu machen. Auch gab es in der Arbeit der Pioniere keinen Augenblick des Stillstands; die Proteste gegen die Fortsetzung des Südafrikanischen Krieges, die Erinnerung an die Mächte, daß ihnen die Mediation offenstand, die Artikel, die Petitionen — das alles wurde eifrig von unserem Berner Bureau, von Stead in seiner Wochenschrift, von den Vereinen in ihren Versammlungen fortbetrieben. Blieb es auch ohne direkten Erfolg, so war doch das Prinzip aufrechterhalten, der Standpunkt gewahrt, die Fahne nicht gesenkt.

Unsere Freunde hatten eine internationale Kundgebung veranstaltet, nämlich eine Adresse an die Mächte, zu welcher die Unterschriften von Körperschaften und hervorragenden Personen aller Länder gesammelt wurden. Zahlreich und imponierend waren die Namen derer, die sich anschlossen. Ich will hier aber auch die Antwort eines Großen verzeichnen, der sich nicht anschließen wollte. Unter vielen anderen hatte ich mich auch an Henryk Sienkiewicz gewandt. Er antwortete mit einem langen Brief, worin er ablehnt, die Petition zu unterzeichnen, weil er der Meinung sei, daß viel ärgere und uns näherstehende Leiden als die der Buren vorhanden sind, denen abzuhelfen wäre, nämlich die Leiden der vom „Hakatismus" verfolgten Polen; er glaube, daß die Engländer niemals imstande wären — wenn sie in Transvaal siegten —, zu versuchen, das dortige Volk zu entnationalisieren und aller Freiheit zu berauben. Wir mögen also, so schloß Sienkiewicz seinen Brief, lieber in unserer Nähe arbeiten:

> Ah, Madame, avant de vous occuper de l'Afrique, intéressez-vous à l'Europe. Une gigantesque œuvre humanitaire est à votre portée. Travaillez à ce que l'âme de la nation allemande annoblisse le régime actuel et veillez à ce qu'elle ne s'avilisse pas par la fausse raison d'état. — L'Angleterre a donné naissance à un grand ministre qui a passé sa vie à

défendre les droits de l'Irlande opprimée: montrez m'en un second en Europe? Laissez en paix l'âme anglaise, car elle ira d'elle-même au but que vous vous proposez, et travaillez plus près de vous. Relevez la morale politique, annoblissez les consciences puissantes; puissent les nuées de l'injustice et du lèse-droit humain s'évanouir, puisse un souffle d'humanité rafraîchir l'air empoisonné par les courants hakatistes — portez la bonne nouvelle à vos proches, portez leur des paroles d'amour, travaillez à amener le règne du Christ dans leurs âmes. Vous avez noble cœur, ayez bonne et ferme volonté.

Ich erwiderte einige Zeilen, worin ich ankündigte, daß ich mit einem offenen Briefe antworten wolle. Darauf schrieb mir Sienkiewicz zurück:

Varsovie, 7 mars 1900.

Madame la Baronne,

J'ai permis à un journal de Cracovie de publier la lettre par laquelle je vous ai répondu, car dans des circonstances si importantes, la plus grande publicité ne peut que profiter aux idées que vous, Madame, défendez avec une chaleur si digne d'admiration.

La nouvelle que vous désirez me répondre par une lettre ouverte, me cause une véritable joie. Je crois que plus on porte de lumières dans ces souterrains, plus on en chasse les êtres qui ne peuvent exister que dans les ténèbres. —

Acceptez, Madame, l'expression de ma très haute considération.

Henryk Sienkiewicz.

Unsere Korrespondenz wurde damals in französischen und polnischen Blättern veröffentlicht. Der Text meiner Erwiderung liegt mir nicht zur Hand; ich weiß nur, daß ich darauf hingewiesen habe, man möge niemand, der etwas Nützliches, Hilfeleistendes unternehme, sagen: Tue lieber dies als das. Wenn sowohl „dies" als „das" zum gleichen Ziele: Befreiung, Aufhebung von Unrecht und Leiden führt — so tue man beides; besser aber als das räumlich Nähere ist das allgemein Umfassendere, denn mit der Verteidigung eines allgemeinen Prinzips dient man seiner Anwendung auf die übrigen lokalen Fälle.

— — — — — — — — — — — — — — — — — —

Alle diese politischen Korrespondenzen hinderten mich nicht, meine brieflichen Privatbeziehungen weiterzupflegen. Auch der Verkehr mit unseren kaukasischen Freunden war trotz der jahrelangen Trennung nicht abgebrochen worden. Das folgende Schreiben des Fürsten von Mingrelien, das ich unter meinen Briefschaften des Jahres 1900 finde, gibt davon Zeugnis:

Pétersbourg 1900, 24 mars/6 avril.

Madame la Baronne,

Combien j'ai envie de vous voir et de causer avec vous! A Pétersbourg tous vos écrits sont traduits et votre personne intéresse le public.

Il est clair que toutes les sympathies sont pour vos belles idées. Il se passe pourtant un fait fort étrange; tout le monde est pour la paix, et à côté de cela toutes les puissances s'arment. Les lois internationales se lisent facilement, mais leur application est chose assez difficile. Il faut prendre son parti et avouer que le système de Brennus est toujours à l'ordre du jour. Les Anglais font au Transvaal ce que les autres font ailleurs. Les mêmes Boers qu'on pille à présent, n'ont-ils pas, eux-mêmes aussi, pillé les indigènes africains? Dans ce monde chacun son tour. C'est la grande loi immuable. «Qui se sert du glaive, périra par le glaive!» Quand on est philosophe, l'injustice paraît une règle — la justice une exception.

Salomé sera à Paris en mai, je crois. Pour moi, c'est en août que je compte voyager. En tout cas, je vous tiendrai au courant de mes faits et gestes. Je vous enverrai bientôt ma photographie.

J'embrasse de cœur votre mari, et me dis votre tout dévoué

Nico.

— — — — — — — — — — — — — — — — — —

Graf Apponyi arbeitete weiter an seinem Presseprojekt. Er schrieb mir darüber:

Budapest, den 27. März 1900.

Verehrte Frau Baronin!

Gestern hat sich hier ein Ereignis vollzogen, welches für die Friedensbewegung mit Gottes Hilfe von unberechenbarer Tragweite werden kann. Wir haben nämlich den ersten Schritt zur Gründung einer internationalen Friedensvereinigung der Presse getan, und die ungarische Gruppe derselben — unter Beteiligung fast sämtlicher hauptstädtischer Blätter — bereits konstituiert. Die geplante Preßvereinigung, für welche wir ein provisorisches Statut ausgearbeitet haben, soll mit der Interparlamentarischen Union auf jeder Stufe derselben parallel organisiert sein und in beständiger Fühlung stehen. Die Idee ist von der ungarischen Interparlamentarischen Gruppe ausgegangen, welche auch auf der Pariser Konferenz und vorher schon in der Brüsseler Zusammenkunft als Conseil interparlementaire den Antrag stellen wird, daß alle Landesgruppen sich um die Bildung von Gruppen der Presse bemühen sollen, und daß unser Interparlamentarisches Bureau diesen Gruppen provisorisch als Zentrum dienen soll, bis ihrer so viele sind, daß der selbständige internationale Organismus der Presse ins Leben treten kann.

Ich habe die Sache auf dem Korrespondenzwege vorgearbeitet, habe an Descamps, Labiche, Rahusen, Dr. Hirsch, Stanhope, Pierantoni und Pirquet geschrieben. Pirquet arbeitet schon daran, von den übrigen Herren habe ich noch keine Antwort.

Die Tragweite des Planes bedarf wohl kaum der Erörterung. Auch erlaube ich mir eine Skizze meines im hiesigen Journalistenklub gehaltenen Vortrages beizulegen, die meinen Gedankengang klarlegt. Es ist kaum zu hoffen, daß die Zustimmung überall eine so enthusiastische und einhellige sein wird wie hier, wo eine exzeptionelle Intimität zwischen Parlament und Presse besteht. Aber einige einflußreiche Tagesblätter werden wohl überall zu gewinnen sein, und was wir brauchen, ist die systematische Arbeit dieser nicht speziellen Presse. Was hilft es, wenn zum Beispiel die „Neue Freie Presse" heute einen Artikel aus Ihrer Feder, Frau Baronin, bringt, auch einen solchen vom Staatsrat Bloch, aber die übrigen sechs Tage der Woche die Friedensbewegung, wenn überhaupt, so in abfällig höhnischem Tone bespricht? Solche sporadische Artikel einzelner hervorragender Persönlichkeiten werden dadurch zu Sonderarbeiten gestempelt und jede mögliche Einwirkung derselben auf den Leser sofort zunichte gemacht. Nur die bleibende, konsequente Stellungnahme der Redaktionen liefert die Wirksamkeit der Preßaktion. Denken wir uns nun dieselbe in der ganzen zivilisierten Welt einheitlich organisiert und geleitet und in taktische Kohäsion mit der parlamentarischen Tätigkeit gebracht, so dürfte wohl jene Dampfkraft hergestellt sein, deren die Haager Friedensmaschinerie bedarf, um in Gang gebracht zu werden. Dies scheint uns praktisch viel wichtiger, als neue Paragraphen erfinden, die etwa der Haager Konvention beigefügt werden könnten.

Nach allem dem brauche ich wohl kaum Sie ausdrücklich um wohlwollende Förderung unseres Planes zu bitten, denn ich glaube nicht, daß irgend etwas der Friedensbewegung mehr Kraft zuführen könnte als das Gelingen desselben.

In ausgezeichneter Hochachtung Ihr ganz ergebener

Albert Apponyi.

Unbeirrt durch den Südafrikanischen Krieg hielt die Interparlamentarische Union ihre Konferenz ab, und ebenso versammelten sich die Friedensvereine zu ihrem alljährlichen Kongreß. Beide Veranstaltungen fanden in Paris statt, wo eben auch Weltausstellung war. Vom französischen Senat erhielt ich einen Brief, worin wir eingeladen wurden, der Konferenz als Gäste beizuwohnen. Verschiedene Umstände verhinderten uns, dieser Einladung Folge zu leisten. Die Konferenz wurde vom Präsidenten des Senats — heute

Präsident der Republik —, Herrn Fallières, mit eindrucksvollen Worten eröffnet. Die Sensation der Konferenz war das Auftreten und die Beredsamkeit des Grafen Apponyi. Er entwickelte seinen Plan der mit dem Interparlamentarischen Bureau verbundenen Preßunion, und es wurde auch tatsächlich der Grund zu einer solchen Union gelegt. Leider hat sich die Sache nicht gefestigt und nicht verbreitet. Das Gelingen wird einem nächsten Anlauf vorbehalten bleiben.

Die politische Zerrissenheit, welche damals unter der noch heftig zuckenden Erregung der „Affäre" die Franzosen in zwei Lager teilte, war ein für die Abhaltung einer interparlamentarischen Konferenz sehr ungünstig einwirkender Umstand. Der nachstehende Brief des Grafen Apponyi spielt auch darauf an:

Weidlingau, den 8. August 1900.

Sehr verehrte Frau Baronin!

Ich möchte dem beiliegenden Text meiner Rede nur einige Bemerkungen über die Pariser Interparlamentarische Konferenz beifügen.

Daß Sie nicht dort waren, hat uns zwar sehr betrübt, aber Ihnen selbst ist dazu nur zu gratulieren. Es war die traurigste, alle unsere Hoffnungen niederschlagendste Zusammenkunft, die ich mitgemacht habe. Die Franzosen fehlten dabei zum größten Teile: « Si M. un tel en est, je n'en suis pas » — so lautet heute die Parole; es war ein unglücklicher Gedanke, den Schauplatz unserer Bestrebungen in das heutige Frankreich zu verlegen, wo alles unter dem Gesichtswinkel des bis zum latenten Bürgerkrieg zugespitzten Parteihaders aufgefaßt wird. Alles, was nicht mit der gegenwärtigen Regierung — richtiger: mit dem linken Flügel derselben — sympathisiert, den Kammerpräsidenten Deschanel inbegriffen, streikte; die Presse war teils gleichgültig, teils feindlich. Ich fürchte, diese Konferenz wird einen bösen Rückschlag auf die Stimmung allenthalben ausüben. Die deutsche Gruppe schien mir von der französischen Zerfahrenheit angesteckt; sie erschien ziemlich zahlreich und verduftete gegen das Ende fast gänzlich.

Vielleicht sehe ich zu schwarz, aber ich habe wahrhaftig keinen persönlichen Grund dazu, denn meine Tätigkeit wurde auf das freundlichste aufgenommen und meine Gruppe — zahlreich erschienen — zeigte das erfreulichste Bild. Für die Gesundheit dieser Gruppe stehe ich ein.

Ich gebe aber die Sache in Frankreich nicht auf; soweit es die Kürze der Zeit und die allgemeine Flucht der Betreffenden gestattete, habe ich Fühlung mit den entflohenen parlamentarischen Kreisen gesucht und werde wohl in der Lage sein, diese Verbindungen zu vertiefen und vielleicht als neutrales

Bindeglied im Interesse unserer Sache zu dienen. Kein Franzose ist imstande, zwei nicht ganz gleichgesinnte Landsleute zu einem von beiden hochgehaltenen Zwecke zu vereinigen; nicht einmal unser sehr sympathischer Freund d'Estournelles, der noch am ehesten in allen Lagern, wenigstens sozial, wohlgelitten ist. Und ohne Frankreich kann man gar nichts machen.

Und auf die Frage, wer daran schuld ist, kann ich nur antworten: Alle. Wer aber am meisten? Das wäre ein langes Kapitel, in das ich gar nicht eingehen will, obwohl ich meine ganz bestimmte Antwort darauf habe.

Ich hoffe, Sie verübeln mir diese pessimistische Auseinandersetzung nicht: wir müssen aber sehen — nicht um zu verzagen, sondern um in geeigneter Weise zu handeln.

In ausgezeichneter Verehrung Ihr ganz ergebener

Albert Apponyi.

Unser Freund Dr. Clark, ein Schotte, der auf keinem Friedenskongresse gefehlt hat und sich dabei durch seine sachlichen, mit einem gewissen trockenen Humor gewürzten Reden auszeichnete, war eben in der britischen Presse zum Gegenstand heftiger Angriffe gemacht worden. Er gab mir über die Angelegenheit folgende Aufschlüsse:

Ardnahane Cove Dunbartonshire, September 11th 1900.

Dear Madam von Suttner,

I have received your letter for which I thank you very heartily. These are indeed evil days for the cause with which we are associated, though I cannot but think that the events of the last year must have led many to the contemplation of the awful waste of life and suffering caused by the present system of settling international disputes by force of arms, and will induce them to work for the day when Arbitration shall take the place of War with its horrible human sacrifice.

You mention the letters written to President Kruger and General Joubert by me on the 29th of September of last year, which have lately been published by Mr. Chamberlain and copied by the continental press. It is quite true that there has been a great deal of misrepresentation on that subject. For some months before the war began, there had been a small party in this country who had been working to bring about a peaceable settlement. I had some correspondence with President Kruger and General Joubert in which I had advised them to make such concessions to the British Government that the calamity of war might be averted, since the prosperity of South Africa must depend on the good faith and friendly feeling between the two white races. The published letters, to which you refer, are the last portion of this correspondence and were written less than a fortnight before the war began. In my letter to President Kruger I gave him the result of an interview which I had with Mr. Chamberlain, in which I endeavoured to induce him to accede to the repeated request which the Transvaal Government had made, that matters at issue should be settled by arbitration and to consent that a permanent Arbitration-Tribunal should be formed to which all present and future disputes should at once be submitted. I told him that the Transvaal Government were willing to submit the differences pending between the two Governments to a court of Arbitration, consisting of the four Chief Justices of South Africa, and to accept the Lord Chief Justice of England as umpire in the event of the two Colonial and two Republican Chief Justices not being able to agree—a suggestion which, as you will have seen, the Colonial Secretary was not able to accept.

The force of misrepresentation and calumny, which the Peace Party here have had to endure from the virulent and unscrupulous Jingo Press, can be estimated by the manner in which they have misrepresented my warning to President Kruger. I knew, as everyone who knew anything of the geography of South Africa must have known, that the obvious line of action for the Boers to adopt would be that of seizing the passes, and I warned President Kruger that to do so would alienate the sympathy of many of their supporters in this country and on the continent of Europe. My words were deliberately misconstrued and it was asserted that I urged the Boers to seize the passes. Nothing further from the truth can be imagined.

But, in spite of the difficulties with which we have had to contend, there is, undoubtedly, a large minority here who are firmly convinced that the war is an unjust one and who regard the settlement by Annexation as another wrong against which they will continue to protest. We shall go on working, by all constitutional means, for the restoration of the Independence of the two Republics, believing that, by these means only, can peace and prosperity exist once more in South Africa. We believe that we are working in a just cause and shall hope, in the not too distant future that we may be able to appeal to the justice of this people, who will then have recognised the folly and wickedness for which they have been made responsible.

We do not doubt the future. We are sure that it is with us. It is true that middle classes and the moderate Liberals have abandoned their old watch-word of Peace, Retrenchment and Reform, but the Radicals and Socialists are standing firmly by these principles. I send you a copy of the Socialist paper *Justice*, which expressed fairly the attitude of the democratic party. I have, as you know, opposed the growth of socialism which I formerly believed to be inimical to freedom and progress, but I am considerably modifying my views. The power for evil of the lawless and conscienceless capitalism, which is now rampant, is so great and entails such unlimited moral and physical degeneracy, that I am convinced some form of collective action is a necessity to put an end to its baneful influence.

The history of this miserable war determines us to stand more determinedly by the principle of the substitution of Arbitration for War. It becomes clearer and clearer that no permanent settlement can be based on war and that, as between individuals, so between nations, magnanimity is not only morally desirable, *but it is the best policy.*

I am taking a yachting holiday in Scotland, but we may be overtaken by a General Election here at any time.

Thanking you again for your letter, believe me to remain,

Yours faithfully

G. B. Clark.

Ich muß aber in dieser Transvaalsache auch einmal die Altera pars zu Worte kommen lassen. Das englische Volk, das man am Kontinent wegen des Burenkrieges so vielfach schmähte, war doch nicht in seiner Gänze, wie man es hinzustellen liebte, nur aus Gewinnsucht und aus Liebe zum Kriegführen in diese Kampagne verwickelt. Edle Motive (wie das eigentlich bei jedem Krieg der Fall zu sein pflegt) beseelten die meisten. Man will „befreien“, man will Unrecht in Recht verwandeln, man will dem Vaterland dienen und opfert sein Leben. Ziel und Zweck können ja lobenswert sein; das Unglück ist nur, daß das Mittel so unheilig und so verkehrt ist. Von der Schwester des Ministers der Kapkolonien erhielt ich folgendes Schreiben:

Stockton, April 18th 1900.

Madam,

Because of the high honour in which I bear you and the deep sympathy with which I read *Die Waffen nieder,* I send you this letter written by a Cape Dutch-woman, Sister of Mr. Schreiner, Primeminister of Cape Colony. I do not know if you are well enough acquainted with Cape politics, to be aware of the full significance of the fact, that he came into office as leader of the Afrikander Bond.

That his sister should write as she does about this war, should surely come as a startling revelation to many people on the Continent who are so sorely misjudging my beloved country.

She will answer for you as to the motives of those Cape Dutch who are holding by the Union Jack. For those of my own country I—living in the heart of England, daily in touch with the lower, middle and upper middle classes—affirm to you, as before God, that no wish for conquest and no lust for gold weighs anything at all with us.

We are giving the lives of our best beloved—giving them by thousands—to right wrong, to destroy oppression of our fellow subjects, both white and black, to put an end to a very unjust and most corrupt form of government. Also to prevent our Colony of the Cape, Natal, Rhodesia and Bechuanaland, conquered by our blood and treasure at various times, from being wrested from us.

This is the simple truth. We should like high-minded people abroad to know and recognise that truth. But if it may not be, we can only still repeat the old battle-cry of our fore-fathers: "May God defend the right!"

Pardon an insignificant old English woman for venturing to address you. It is only because of the immense sympathy with your noble-hearted efforts to stop wars, ambitious and unjust, that I have done so. England loves peace also and her united millions who now with one heart and soul are carrying out this war (and Madam, the very peasants are naming their children after our Generals) would never allow war to be made on our European neighbours. There is not the slightest wish or expectation of such a thing among us. Foreign journals which assert the contrary and thereby try to fan the flames of war, are guilty of an European crime.

I am, Madam, faithfully yours

Emily Axbell.

Außer dem in Südafrika von beiden Teilen so hartnäckig fortgesetzten Ringen brachte das Jahr 1900 noch andere kriegerische Ereignisse über die Welt: die Wirren in China. Zuerst der Boxeraufstand, die Ermordung des deutschen Gesandten Ketteler, die Rettungs- und Racheexpedition der vereinten europäischen Truppen. Ich kann mich noch lebhaft erinnern, mit welchen Gefühlen wir die Phasen dieser Ereignisse verfolgten. Zuerst die Alarm-, dann die Schreckensnachrichten. Dann Kaiser Wilhelms „Pardon-wird-nicht-gegeben"-Rede — „noch in tausend Jahren darf kein Chinese wagen, einen Deutschen scheel anzusehen!" Ach, mein Gott, in tausend Jahren wird doch hoffentlich kein Mensch mehr den Menschen Furcht einflößen ... Dann die tägliche bange Frage: Leben die Gesandten noch? Dann die Freude daran, daß sich da spontan etwas gebildet hatte, wie es unserem Ideal entspricht: ein internationales Schutzheer zur Rettung von Bedrängten. Europäische Waffenbrüderschaft — ein Vorstadium der europäischen Einheit. Dann aber der Kummer über das Vorgehen dieses Heeres. Nicht nur Schutz, sondern Rache, Grausamkeit und Plünderung. Die Schilderung der dort von Europäern auch an Nichtkämpfenden, an Unschuldigen verübten Greuel machten einem das Blut erstarren. Die Sache selbst: vereinte Truppen, Franzosen, Russen u. s. w. unter dem Kommando eines deutschen Generals, gehörte schon den neuen, sich vorbereitenden Zuständen an, — die Ausführung aber zeigte noch den alten Geist.

Noch ehe die Dinge in China zum ärgsten gekommen waren, schrieb der chinesische Gesandte in Petersburg, Yang-Yü, derselbe, mit dem wir im Haag verkehrt hatten, an meinen Mann, der sich in dieser Angelegenheit an ihn gewendet hatte, folgende Antwort.

Légation Impériale de Chine
St. Pétersbourg, 4/17 août 1900.

Mon cher Baron,

Les tristes événements qui se déroulent actuellement dans mon pays me font penser souvent aux amis de la paix et à ceux que j'ai eu l'honneur de connaître à la Haye.

Votre lettre datée du 8 cr. m'a profondément touché et je suis persuadé que, malgré que vous soyez une quantité négligeable comme vous le dites, vous finirez par triompher et dominer. De cette quantité négligeable jaillira la lumière et il suffira d'une étincelle pour allumer à jamais ce phare de la paix. Le sabre et le canon dont vous parlez, que ne puissent-ils se transformer bientôt en socs de charrue! C'est donc un devoir sacré pour vous de défendre cette noble cause avec une fermeté, une résolution et une conviction absolues sans jamais vous laisser décourager et sans vous lasser de faire entendre votre voix.

Je serais on ne peut plus heureux, si par mon opinion et mes impressions personnelles, je pourrai contribuer en quelque sorte à l'œuvre humanitaire que vous entreprenez.

J'ai visité, tant en mission qu'en voyage d'études, les Etats-Unis d'Amérique, le Pérou et autres états de l'Amérique du Sud, l'Autriche-Hongrie, l'Allemagne, l'Angleterre, l'Espagne, la France, la Hollande, le Japon, et la Russie; partout où je passais j'ai étudié les mœurs des peuples et je me suis tout particulièrement intéressé à l'armée, au commerce, et à l'agriculture, que j'ai trouvés être administrés dans la plus haute perfection. J'ai pris note de ce qui diffère ces administrations des nôtres et de ce qu'elles ont de bon pour en doter mon pays. Mais le dirais-je! Cette rivalité constante et cette jalousie qui se manifestent chez tous les peuples nuisent un peu à cette perfection. Si j'ai un vœu à former, c'est celui de voir tous les pays se mettre au-dessus de ces sentiments et de vivre toujours en bonne intelligence, ce qui leur assurerait une paix durable.

Le conflit qui existe à présent entre la Chine et les Puissances Etrangères provient en grande partie de malentendus des deux côtés. Je suis fermement convaincu que ni la Chine, ni aucune de ces Puissances ne veulent rompre leurs bons rapports. Les choses ont été poussées à ce point, grâce à l'incurie des fonctionnaires chinois et aux partis militaires aveuglés par l'ambition. Il est plus que temps de dissiper ces malentendus et de rétablir les anciens rapports; si non, non seulement la Chine sera réduite à la plus grande misère, mais encore des luttes internationales pourraient en résulter, ce qui ne serait certainement pas dans l'intérêt de l'humanité toute entière. J'espère que les gouvernements de tous les pays ne perdront pas de vue l'opportunité de mettre fin à cet état de choses.

La cause première qui a préparé et amené le présent conflit est due à la haine jurée du peuple contre les chrétiens. Certes, le but que poursuivent les missionnaires étrangers de faire du bien aux autres est très louable. Mais, en général, les Chinois bien-pensants ne veulent pour rien au monde abandonner la religion qui leur vient de leurs ancêtres pour en embrasser une qui leur est tout à fait étrangère; il en résulte que les nouveaux convertis sont par malheur et en grande partie des malhonnêtes gens qui s'abritent sous le couvert de l'église pour se livrer à leurs mauvaises passions, telles que: intenter impunément des procès, molester et dépouiller leurs compatriotes. Les sentiments du peuple qui n'étaient d'abord que de la colère et de l'indignation, et qui ne datent pas d'hier, se sont changés en une haine implacable dont il n'est plus possible d'arrêter les fureurs. Les Chinois ne veulent pas plus se convertir au christianisme que les Européens ne voudraient embrasser les maximes de Confucius.

Mon avis personnel est que les relations commerciales entre la Chine et les Puissances Etrangères pourront être développées tant qu'on le voudra, mais quant à la question de religion, il serait plus prudent de laisser chacun respecter la sienne comme il l'entend, ce qui serait de nature à préserver l'avenir de tout conflit. Je ne sais pas si les Gouvernements Etrangers finiront par reconnaître toute l'importance de la question pour y renoncer définitivement.

Croyant avoir répondu à toutes vos questions, je viens vous assurer que je serai toujours charmé de vous être utile et agréable.

Agréez, très estimé Baron, l'assurance de mes sentiments les plus distingués.

Le Ministre de Chine
Yang Yü.

Und einige Zeit später ein zweiter Brief von demselben:

Légation Impériale de Chine
St. Pétersbourg, le 19 23 sept. 1900.

Mon cher Baron,

Merci bien sincèrement pour votre aimable lettre ainsi pour les coupures des journaux qui m'ont beaucoup intéressé.

Je m'empresse de vous envoyer et à Mme. la Baronne mes meilleures souhaits de bon voyage et d'heureux séjour à Paris. Je forme également des vœux pour que vous remportiez de brillants succès sur la noble assemblée du IXme congrès de la paix. Une fois encore vous allez répandre la lumière et plaider cette cause de la paix qui devrait être chère au cœur de tout homme. Aussi serait-ce avec une grande joie que j'apprendrais que toutes vos entreprises dans ce but ont pleinement réussi.

Veuillez agréer, mon cher Baron, l'assurance des mes sentiments les plus distingués.

Le Ministre de Chine
Yang Yü.

Im Spätsommer fuhren wir nach Paris, um dem dort abzuhaltenden Friedenskongreß beizuwohnen und die Ausstellung zu sehen.

Johann von Bloch, der mit seiner Familie im Hotel Westminster wohnte, hatte uns eingeladen, als seine Gäste im selben Hotel abzusteigen. Jetzt lernte ich die Frau und die Töchter unseres Freundes kennen. Frau von Bloch sah wie die Schwester ihrer ältesten Tochter aus, so ähnlich und so jung. Diese Tochter ist die Frau des einst am Berliner Hofe so beliebten Herrn von Koszielski — im Volksmund „Admiralski" genannt. Bloch konnte auf seine Familie stolz sein. Einen Strauß von hübscheren, eleganteren und geistvolleren Frauen kann man sich schwer vorstellen als diese vier, die ihn umgaben.

Der Kongreß wurde von Minister Millerand eröffnet; Ehrenpräsident war Frédéric Passy, den Vorsitz führte Professor Charles Richet.

Eine neue Erscheinung war mir Madame Séverine. Ich hatte schon oft in französischen Zeitungen Artikel dieser genialen Frau gelesen und dabei den Glanz ihres Stils und besonders die Größe ihres Herzens bewundert; denn fast immer gab es ein Elend aufzudecken und zu lindern, eine begangene Ungerechtigkeit aufzurichten, die Ideen der Freiheit und Milde zu verfechten, wenn sie ihre Chroniken schrieb. Nun lernte ich sie persönlich kennen und hörte sie sprechen. Wer keiner der improvisierten Reden der Madame Séverine gelauscht, der weiß nicht, bis zu welcher Höhe von Leidenschaft und Poesie die Redekunst sich erheben kann. Auch in ihrer äußeren Erscheinung ist Madame Séverine interessant. Sie war damals dreiundvierzig Jahre alt, hatte aber schon ganz weißes Haar (die Folge durchgemachter Lebenstragödien), dabei lebhafte, dunkle Augen, wechselndes Mienenspiel und eine zierliche Gestalt. Am Schlusse ihrer hinreißenden Rede begrüßte sie mich als «notre sœur d'Autriche», und als sie geendet — wir standen beide auf dem Podium —, habe ich sie in meiner Ergriffenheit umarmt, und das gab einen stürmischen Jubel im Saal.

Die Ausstellung haben wir unter Führung Charles Richets im Fluge besichtigt. Alle Ausstellungen gleichen sich. Was mir besonders im Gedächtnis geblieben, waren: der Eiffelturm, das Trottoir roulant, die winzige Pavillonecke, in welcher unser Berner Bureau und seine Literatur ausgestellt war, und die Riesenhalle, in der Heer und Marine ihre neuesten Vernichtungsvorkehrungen aufgestapelt.

Richet lud uns auch zu einem kleinen, im Freundeskreis gegebenen Diner ein. Mein Nachbar war d'Estournelles. Wir sprachen von der allgemeinen Unkenntnis, die im Publikum gegenüber der Haager Konferenz herrschte, und er erzählte mir, daß er in verschiedenen Städten Frankreichs aufklärende Vorträge über diesen Gegenstand gehalten.

„Ach, wenn Sie einmal nach Wien kommen könnten, einen solchen Vortrag zu halten."

„Sie brauchen mich nur zu rufen," antwortete er — „Ihnen leiste ich jeden Dienst, den Sie von mir verlangen."

Ich ließ mir darauf Handschlag geben.

In Paris habe ich damals ein mir wertvolles Freundschaftsbündnis geschlossen. Eine Engländerin, die Tochter eines Seekapitäns, die sich in Paris mit englischem Unterricht das Leben verdient, hatte sich mir im Kongreßsaale vorstellen lassen. Ich richtete ein paar artige Worte an sie und wandte mich zu anderen. Tags darauf schrieb sie mir einen Brief. Dieser war mit solchem Enthusiasmus, mit solcher Hingabe an meine Sache und meine Person erfüllt, daß ich ergriffen war und die Schreiberin bat, mich zu besuchen. Miß Alice Williams, so heißt sie, kam geflogen und brachte mir einen Rosenstrauß. Aber mehr als Blumen — sie brachte mir eine Seele. Eine Seele, die ganz erfüllt war von den Idealen, die mir teuer sind. Als Tochter eines englischen Seebären, eher chauvinistisch erzogen und angeregt, war sie erst, so erzählte sie mir, durch die Lektüre von „Die Waffen nieder" bekehrt und seither zur begeisterten Anhängerin geworden. Daß sie eine solche ist, hat sie mir im Laufe der Jahre bewiesen. Ihrer treuen Freundschaft, ihren klugen Ratschlägen, ihrer Energie und Tätigkeit danke ich viel.

— — — — — — — — — — — — — —

Nach Harmannsdorf zurückgekehrt, widmete ich mich wieder der literarischen Tätigkeit. Ich verfaßte den Roman „Marthas Kinder", die Fortsetzung zu „Die Waffen nieder". Auch der Meine nahm seine Arbeit wieder auf und schrieb an dem Roman „Im Zeichen des Trusts". Dabei vernachlässigten wir aber nicht unsere Vereinsaufgaben und die publizistischen Arbeiten. Ich gab mir besonders Mühe, dem Zeitungspublikum Kenntnis zu verschaffen über das Haager Werk, das nun im Trubel der südafrikanischen und chinesischen Ereignisse ganz vergessen zu werden drohte.

Inzwischen waren aber doch die verschiedenen Konventionen ratifiziert und die Richter des ständigen Tribunals ernannt worden. Der Abmachung gemäß sollte jedes Land unter seinen angesehensten und hervorragendsten Männern vier Richter ernennen. Die so gewonnene Anzahl von Namen ergibt eine Liste, aus welcher im Konfliktsfalle bei Anrufung des Haager Schiedsgerichts die streitenden Parteien je zwei — ihrem Lande nicht angehörende — Richter wählen können, die ihrerseits einen fünften Superarbitrator ernennen.

Die Zeitungen brachten die Namen der Ernannten. Oesterreichischerseits waren Graf Schönborn und Lammasch, ungarischerseits Graf Apponyi darunter; in Frankreich Bourgeois und d'Estournelles; von russischen Richtern fand ich nur den Namen des Professors von Martens. Ich schrieb diesem, um ihm zu gratulieren und zugleich zu fragen, wer die drei anderen von der russischen Regierung ernannten Richter seien. Darauf erhielt ich folgende Antwort:

St. Pétersbourg, 1 (14) novembre 1900.

Madame la Baronne,

Je m'empresse de vous présenter mes très sincères remerciments pour les félicitations à l'occasion de ma nomination comme membre de la cour permanente d'arbitrage de la Haye, dont vous avez bien voulu m'honorer. C'est le plus grand honneur de ma vie dont je suis fier, et c'était pour moi une vraie joie de recevoir vos félicitations. Vos éminents mérites dans la défense des intérêts de la paix e l'arbitrage vous ont garanti, Madame, une place exceptionnelle parmi les partisans de cette grande idée. Je vous remercie encore une fois du fond de mon cœur.

Vous me demandez, Madame, quels sont mes collègues russes à la cour permanente? Je suis heureux de pouvoir vous dire que ce sont les premiers jurisconsultes et hommes d'état de Russie. Voici leurs noms:

1° S. Exc. le secrétaire d'état M. Pobédonostzew, procureur du St. Synode. Les idées religieuses de M. P. et son grande influence dans les plus hautes sphères gouvernementales sont connues en Europe. Mais c'est en même temps un grand jurisconsulte, un savant accompli, et un ami sincère de l'arbitrage international.

2° S. Exc. le secrétaire d'état, de Frisch, qui occupe au conseil de l'empire de Russie la place du président de la « Section des lois ». C'est un homme d'état russe d'une très grande influence dans toutes les questions législatives et un des plus hauts dignitaires de l'empire. Il a été le président de la grande commission pour élaborer le nouveau code criminel de Russie.

3° S. Exc. le secrétaire d'état, N. Mourawiew, actuellement ministre de la justice de l'empire de Russie. C'est un homme d'état doué les plus grands talents et un jurisconsulte tout à fait éminent. C'est le cousin du feu comte Mourawiew.

Enfin le dernier — c'est votre humble serviteur. Par la nomination (au mois de mai) de ces membres russes de la cour permanente d'arbitrage, S. M. l'Empereur a certainement voulu prouver encore une fois toutes ses sympathies pour cette création de la conférence de la paix, et tout son désir de donner à cette cour le plus grand éclat et la plus sérieuse importance. Telle est pour sûr l'opinion qui domine jusqu'à présent dans les hautes sphères gouvernementales.

Vous m'obligerez infiniment en m'expédiant trois exemplaires de votre article sur la cour permanente et ses membres. Peut-être trouverez-vous possible de faire insérer votre étude dans la *Neue Freie Presse* qui est lue en Russie?

Mme. de Martens se rappelle à votre bon souvenir, et moi, je vous prie, Madame la Baronne, d'agréer l'assurance de ma très haute et sincère considération. Martens.

Von den übrigen Briefen, mit welchen die neuernannten Delegierten für meine Glückwünsche dankten, führe ich noch den des Grafen Schönborn an:

Wien, 11. Januar 1901.

Verehrteste Baronin!

Wollen Sie meinen verbindlichsten und ergebensten Dank entgegennehmen für das überaus gütige Schreiben vom 8., welches gestern in meine Hände gelangte und welches ich sofort beantwortet haben würde, wenn nicht eine längere Sitzung im Verwaltungsgerichtshofe meine Zeit in Anspruch genommen hätte.

Empfangen Sie gleichzeitig meinen wärmsten Dank für die freundliche Zusendung der hochinteressanten Publikation sowie Ihrer wohlwollenden Glückwünsche.

Ich bin von der Wichtigkeit der der Haager Schiedsgerichte gestellten Aufgabe so durchdrungen, daß ich anfangs Bedenken hegte, die Berufung anzunehmen, und es erst einiger Aufklärungen bedurfte, um mich darüber zu beruhigen, daß ich das ehrenvolle Mandat annehmen dürfe.

Wir, d. h. das Schiedsgericht, werden anfangs vermutlich nicht viel in Anspruch genommen werden; ich hoffe aber zuversichtlich, daß ein guter, lebensfähiger Keim gelegt worden ist und später, wenn in mehreren, zunächst wahrscheinlich unwichtigen Fällen die Institution erprobt sein wird, die Zahl ihrer Anhänger und die Zahl und Importanz der ihr zugewiesenen Streitfälle wachsen wird! —

Mit dem Ausdrucke besonderer Verehrung zeichnet sich in aufrichtiger Ergebenheit

Friedrich Schönborn.

An zwei deutsche Herren, die zu der gleichen Würde ernannt worden waren, schickte ich nebst Glückwunsch je ein Exemplar meines Haager Tagebuches. Der eine antwortete gar nicht, der andere schickte mir 3 Mark.

— — — — — — — — — — — — — — — —

Der Uebergang in das Jahr 1901 brachte noch immer kein Ende des Burenkrieges. Eine so große Macht gegen eine so kleine — und so lange schleppte sich die Entscheidung hinaus! Viele der Voraussagungen Blochs über die moderne Kriegführung: der Vorteil der Verteidigenden, das lange, entscheidungslose Hinausziehen der Kämpfe, die ins Riesenhafte gesteigerten Opferzahlen an Geld und Menschen und manches andere noch, bewahrheiteten sich. Bloch war damals in London und hielt dort Vorträge im Navyclub vor einem Publikum von Admiralen und Generalen. Außerdem beschäftigte er sich mit der Vorarbeit zur Gründung seines Kriegs- und Friedensmuseums in Luzern.

Des erhaltenen Versprechens eingedenk, schrieb ich an d'Estournelles und berief ihn nach Wien zu einem Vortrag über das Thema: „Die Haager Konferenz". Er willigte ohne Zögern ein. Graf Apponyi, der von dieser Reise erfuhr, lud d'Estournelles ein, bei dieser Gelegenheit einige Tage in seinem Schlosse Eberhard zuzubringen und auch einen Vortrag in Budapest zu halten; eine Einladung, welcher d'Estournelles gleichfalls Folge leistete.

Wir gaben uns Mühe, für den Wiener Vortrag den Besuch eines auserlesenen und einflußreichen Publikums zu gewinnen. Ich wandte mich an den damaligen französischen Botschafter, Marquis de Reverseaux, der seinem von ihm geschätzten Landsmann zuliebe mir sehr zuvorkommend an die Hand ging. Er sorgte dafür, daß nicht nur das Personal seiner Botschaft zu dem Vortrag komme, sondern übernahm es auch, an das ganze diplomatische Korps Aufforderungen ergehen zu lassen. Wir schickten unsererseits Einladungen an die Minister, an die Hofwürdenträger und Politiker aus. Auf eine demokratische Versammlung hatten wir es nicht abgesehen, denn erstens würden die Volkskreise nicht Französisch verstehen, und zweitens war uns hauptsächlich darum zu tun, daß jene politischen, höfischen und aristokratischen Kreise, die sich der Friedenssache und der Haager Konferenz gegenüber so überlegen kühl zu verhalten pflegen, einmal darüber Aufschluß erhielten aus dem Munde von einem, der selber Diplomat und Politiker und Aristokrat war und der selber in hervorragender Weise an der Haager Konferenz mitgearbeitet hatte. Ich hatte mich auch bemüht, daß die Direktoren des Theresianums und der Orientalischen Akademie uns eine Anzahl ihrer Schüler schickten — gerade für die zur staatlichen und diplomatischen Karriere bestimmte Jugend würde die gebotene Belehrung eine besonders nützliche sein.

Die Veranstaltung fiel glänzend aus. D'Estournelles sprach ausgezeichnet, und das sehr zahlreiche, ganz nach unseren Wünschen zusammengesetzte Publikum zeigte sich voll Aufmerksamkeit und Beifallslust. Es war ein „Succès". Am selben Abend (der Vortrag hatte von vier bis sechs stattgefunden) haben wir dem fremden Gast zu Ehren ein kleines intimes Souper gegeben, dem unter anderen die beiden österreichischen Haagrichter, also d'Estournelles' Kollegen, Graf Schönborn und Lammasch beiwohnten; außerdem von der österreichischen Interparlamentarischen Gruppe die Barone Ernst von Plener und Peter Pirquet.

— — — — — — — — — — — — — — — —

In diesem Jahre sind wir dem Friedenskongreß, der in Glasgow abgehalten wurde, ferngeblieben.

Von dem amerikanischen Delegierten bei der Haager Konferenz, Dr. Holls, der, wie es schien, auf einer Friedensmissionsreise durch Europa begriffen war und den ich gebeten hatte, mich in Wien zu besuchen, erhielt ich folgende Antwort:

Claridge's Hotel, Brook Street, W, 26. Juli 1901.

Hochgeehrte gnädige Frau!

Nach vielen Irrfahrten hat mich Ihr freundlicher Brief hier erreicht. Ich bedaure es sehr, Sie in Wien nicht gesehen zu haben, aber meine Zeit war dort sehr knapp zugemessen und fast ganz von Geschäften besetzt.

Wie Sie aus dem veröffentlichten Interview gesehen haben,

war meine Reise nach Rußland sehr befriedigend. Ich glaube aber nicht, daß es ratsam wäre, jetzt Weiteres zu publizieren.

Das Mißverstehen unserer Arbeit stört mich wenig; dieselbe muß durch ihre eigenen Verdienste durchdringen. Ich hätte sehr gerne mit Ihnen die jetzigen Phasen der Frage erörtert, weitläufiger, als es brieflich möglich ist, allein dieses Jahr war es unmöglich. Es gilt jetzt mit Geduld abwarten: die Pflanze wächst, und hätte es keinen Zweck, das Wachstum zu stören durch öfteres Nachsehen, wie weit sie schon gediehen. Daher bedaure ich auch die Abhaltung eines Friedenskongresses in diesem Jahre.

Verdammungsbeschlüsse im allgemeinen sind nicht von großem Wert. Allenfalls wäre es an der Zeit, Auswüchse des Militarismus, z. B. das alberne Duellwesen, lächerlich zu machen!

Mit herzlicher Hochachtung verbleibe ich Ihr sehr ergebener

Dr. W. Holls.

Am 12. Juni feierten wir unsere Silberne Hochzeit. Aber nicht durch ein großes Fest zu Hause mit Gratulanten, Deputationen und Toasten, sondern wieder auf einer Flucht in die Einsamkeit. Seliger Tag! Der Rückblick auf fünfundzwanzig Jahre ungetrübter Lebenskameradschaft! Wir waren schon zwei Tage früher von Harmannsdorf abgereist, niemand wußte, wohin — wie ein flüchtiges Liebespaar. Den Festtag selber verbrachten wir in einer romantischen Waldgegend, versteckten uns im tiefsten Forst und rekapitulierten, rekapitulierten. Ein reiches Leben lag hinter uns. Und was mochte noch vor uns liegen? Wie weit würden wir noch die Strecke miteinander wandeln, die von der Silbernen zur Goldenen Hochzeit führt? Wie gut, daß das Schicksal auf solche Fragen keine Antwort gibt!

Ich hatte wieder einmal an den Weisen von Jasnaja Poljana geschrieben und erhielt darauf nachstehende, sehr charakteristische Zeilen:

28 août 1901.

Chère Baronne,

Je vous remercie pour votre bonne lettre. Il m'a été très agréable de savoir que vous me gardez un bon souvenir.

Au risque de vous ennuyer en répétant ce que j'ai dit maintes fois dans mes écrits, et ce que je crois vous avoir écrit, je ne puis m'abstenir de vous dire encore une fois, que plus j'avance en âge et plus je médite la question de la guerre, plus je suis convaincu que l'unique solution de la question est le refus des citoyens à être soldats. Jusqu'à ce que chaque homme à l'âge de 20, 21 ans abjurera sa religion — non seulement le christianisme, mais les commandements de Moïse: «Tu ne tueras pas», et promettra de tuer tous ceux que lui ordonnera de tuer son chef, même ses frères et parents; — jusqu'alors la guerre ne cessera pas et deviendra de plus en plus féroce — ce qu'elle devient de nos jours.

Pour que la guerre disparaisse, il ne faut ni conférences, ni sociétés de paix, il ne faut qu'une chose: le rétablissement de la dignité de l'homme. Si la moindre partie de l'énergie, qui est dépensée à présent pour les articles et les beaux discours dans les conférences et les sociétés de paix, était employée dans les écoles et parmi le peuple pour détruire la fausse religion et propager la vraie — les guerres deviendraient bientôt impossibles.

Votre excellent livre a produit un grand effet en popularisant l'horreur de la guerre. Il faudrait à présent montrer aux gens que ce sont eux-mêmes qui produisent tous les maux de la guerre en obéissant aux hommes plus qu'à Dieu. Je me permets de vous conseiller de vous vouer à cette œuvre, qui constitue l'unique moyen d'atteindre le but que vous poursuivez.

En vous priant de m'excuser pour la liberté que je prends, je vous prie, chère Madame, d'agréer l'assurance de mes sentiments les plus distingués.

Léon Tolstoy.

Zum erstenmal gelangten in diesem Jahre — am Todestage des Testators — am 10. Dezember die Nobelpreise zur Verteilung. Der Friedenspreis wurde in zwei Hälften, an Frédéric Passy und an Henri Dunant, verliehen. So sehr ich Dunant schätzte und schätze, so sehr ich von seiner Friedensgesinnung überzeugt war und bin, so lag doch sein Verdienst und sein Ruhm auf einem ganz anderen Felde als dasjenige, das Nobel im Auge hatte. Die Verleihung des Preises an Dunant war wieder eine Konzession an jenen Geist, der sich auch in die Haager Konferenz zu drängen gewußt hat und der das Dogma aufstellen will, daß die einzige Betätigung gegen den Krieg sich vernünftigerweise auf dessen Milderung beschränken soll.

Daß Frédéric Passy, der älteste, verdienteste und angesehenste aller Pazifisten, den Preis erhielt, war uns allen eine große Genugtuung — nur hätte ihm der ganze gebührt.

Von Dunant erhielt ich folgenden Brief:

Heiden, 10. Dezember 1901.

Hochgeehrte Frau!

Es drängt mich, Ihnen, gnädige Frau, an dem Tage meine Huldigung darzubringen, da mich ein offizielles Telegramm aus Christiania benachrichtigt, daß mir (zugleich mit meinem langjährigen und ehrwürdigen Kollegen Frédéric Passy) der Nobelfriedenspreis zuerkannt worden ist.

Dieser Preis, gnädige Frau, ist Ihr Werk, denn Sie sind

es, durch die Herr Nobel in die Friedensbewegung eingeweiht worden, und auf Ihr Zureden hat er sich zu deren Förderer gemacht.

Seit mehr als fünfzig Jahren bin auch ich ein erklärter Anhänger des internationalen Friedens und ein Kämpfer unter der weißen Fahne. Das Werk der Völkerverbrüderung war seit jeher mein Zielpunkt, von meiner frühesten Jugend an. Ich sage und wiederhole dies heute eindringlicher denn je in meiner Eigenschaft als Gründer der universellen Institution vom Roten Kreuze und als Anreger der Genfer Konvention vom 22. August 1864.

Als ich im Jahre 1861 mein „Souvenir de Solferino" schrieb, war mein Ziel hauptsächlich — seien Sie dessen überzeugt — die allgemeine Pazifikation; ich wollte soviel als möglich in den Lesern meiner Schrift Abscheu vor dem Kriege erwecken.

Man hat dies seinerzeit auch erkannt, und um nur ein Beispiel anzuführen: der berühmte Professor Marc Girardin von der Französischen Akademie sagte in einem meinem Buche gewidmeten Artikel:

„Ich wollte, daß dieses Buch viel gelesen würde, besonders von jenen, die den Krieg lieben und verherrlichen."

Und Victor Hugo schrieb mir:

„Sie bewaffnen die Menschlichkeit und Sie nutzen der Freiheit, indem Sie den Krieg hassen machen ... ich applaudiere Ihrem edlen Wollen!"

Ich könnte vieles über dieses Thema sagen und eine Menge Zitate in gleichem Sinne vorbringen von Autoritäten aller Art und aller Länder — aber ich muß mich beschränken und Sie bitten, Frau Baronin, die Versicherung meiner lebhaftesten Dankbarkeit und meines tiefsten Respekts zu genehmigen.

Henri Dunant.

Die Jahresversammlung meines Vereins gestaltete sich im Jahre 1901 zu einer Art Jubiläum: zehn Jahre waren seit seiner Gründung verflossen.

Unter den vielen Begrüßungsschreiben, die mir aus diesem Anlasse zukamen, halte ich eine kleine Auswahl in diesen Lebenserinnerungen fest, weil sie ein Bild von dem damaligen Stand der Bewegung und zugleich ein Resümee ihrer Philosophie abgeben:

Paris, 27. Dezember 1901.

Gnädige Frau und teuere Mitarbeiterin!

Sonst ist es gewöhnlich der Freund, der Ihnen schreibt; heute ist es der Präsident der französischen „Gesellschaft für Schiedsgerichte zwischen den Nationen" und (da er diesen Titel nicht verbergen kann) der erste Nobelpreisgekrönte, der diese Zeilen an Sie richtet, ohne natürlich den Freund zu unterdrücken.

Sie halten, wenn ich recht berichtet bin, die zehnte Generalversammlung der Gesellschaft ab, der Sie vorstehen. Und das ist ein Ereignis, das wir nicht gleichgültig vorübergehen lassen können. Das bedeutet etwas für einen Verein, daß er zehn Jahre gelebt hat; besonders deshalb, weil bei seinem Inslebentreten viele — selbst unter den Wohlgesinnten — seine Dauer anzweifeln mochten. Gewiß hatten Sie die Voreingenommenheit, wenn nicht gar die Feindseligkeit der einen, die Zweifel und Bedenken der anderen gegen sich, vom Spott jener gar nicht zu reden, die nicht begriffen, daß sich eine Frau in diese Fragen der Politik mengen konnte, die doch ihrer Meinung nach der männlichen Intelligenz und Tätigkeit vorbehalten sind.

Sie haben aber — allerdings gestützt durch wahre und treue Sympathien — allen die Stirn geboten und Sie haben Ihr Ziel erreicht.

Mut also und Ausdauer! Und möge es mir gestattet sein, in meiner Eigenschaft als Doyen und als Veteran der Friedensmiliz Ihnen und durch Ihre Vermittlung Ihrer Gesellschaft den Dank, die Glückwünsche und den Segen aller jener zu senden, die mit dem Abscheu vor der Gewalt und dem Mord den Respekt vor dem Menschenleben, die Liebe für die Gerechtigkeit und den Glauben an die Zukunft verbinden.

Frédéric Passy.

*

Budapest, 21. Dezember 1901.

Euer Hochgeboren, hochgeehrte Frau Baronin!

Die erfreuliche Tatsache, daß die von Euer Hochgeboren ins Leben gerufene und der unermüdlichen Leitung Euer Hochgeboren unterstehende Gesellschaft der österreichischen Friedensfreunde bereits auf eine zehnjährige Wirksamkeit zurückblicken kann, bewegt mich dazu, Euer Hochgeboren aus diesem Anlaß auf das wärmste zu begrüßen.

Mag es auch viele geben, die die Bestrebungen der Gesellschaft nicht zu würdigen wissen, kann ich Euer Hochgeboren meinerseits nur versichern, daß ich, der ich jede große und edle Idee sowie diejenigen, die an der Verwirklichung dieser Ideen arbeiten, zu schätzen weiß, so auch diese Bestrebungen mit wärmstem Interesse verfolge.

Mit ausgezeichneter Hochachtung

Euer Hochgeboren ergebener

Szell.

(Königlich ungarischer Ministerpräsident.)

*

(Telegramm.) Anläßlich des zehnjährigen Bestandes Ihres Vereines sende ich meine Glückwünsche und bitte mich als lebenslängliches Mitglied der Oesterreichischen Friedensgesellschaft einzutragen, indem ich mich auf die in meinem Briefe vom 10. Dezember ausgedrückten Gesinnungen berufe.

Henri Dunant.

*

Wien, 30. Dezember 1901.

.... Die Friedensfreunde der verschiedenen Länder haben vieles geleistet, denn gewiß ist es auch, daß sie zur Schaffung des Schiedsgerichtshofs wesentlich beigetragen haben, und daß ihre moralische Unterstützung dem jungen Unternehmen notwendig ist, kann nicht bezweifelt werden.

Ihnen, verehrte Baronin, welche einen so hervorragenden Teil an der ganzen Bewegung genommen hat, erlaube ich mir, meine besten Wünsche ergebenst darzubringen, Wünsche für Ihre verehrte Person wie für das Gedeihen des großen Werkes.

In ausgezeichneter Hochachtung ergebenst

Schönborn.

(Erster Präsident des k. k. Verwaltungsgerichtshofes.

Paris, 30. Dezember 1901.

Verehrte Frau und Freundin!

Sie werden den zehnjährigen Bestand der Gesellschaft begehen, der Sie das Leben gegeben haben und die, wie ich hoffe, zum Lohne dafür gar viele Menschenleben retten wird.

Lassen Sie die Zwist- und Spektakelliebhaber ruhig über Ihre Bestrebungen spotten; diese Leute tun, was ihres Amtes ist, denn sie fühlen sich mit dem Untergange bedroht; wenn sie gegen den Frieden kämpfen, so kämpfen sie um ihre Existenz. Was würde in allen Ländern aus der sogenannten patriotischen, der imperialistischen und nationalistischen Presse werden, wenn die Kriege zwischen den Völkern aufhörten und wenn die täglichen Hetzen ohne Wirkung blieben. Dann würde man ja aufhören, diese Blätter zu kaufen und zu lesen. Und was würde aus den großen Sensationsnachrichten, wenn die fortwährende Kriegsbedrohung nicht mehr auf jedem Lande lastete und wenn die friedliche Idee des Schiedsgerichts in den Gebräuchen der Menschheit Eingang fände!

Das internationale Schiedsgerichtsprinzip hat einen großen Teil der Weltpresse gegen sich, gerade wie dasselbe Prinzip zwischen Arbeitern und Arbeitgebern die gewissen Politiker und Aufwiegler zu Feinden hat.

Trotzdem hat dieses letztere System in der jüngsten Zeit große Fortschritte gemacht und erscheint als die einzige gerechte und vernünftige Lösung.

Ebenso wird es mit den internationalen Schiedsgerichten sein, sobald der Haager Gerichtshof angefangen haben wird, in Tätigkeit zu treten. Das ist wohl der Grund, warum man ihn mit solcher Halsstarrigkeit verhindert, denn wenn seine Tore einmal geöffnet sind, wird man sie nur schwer wieder schließen können.

So schlagen wir sie denn ein, diese Tore! Zwingen wir gemeinsam mit allen wackeren Menschen aller Länder durch unsere vereinten Proteste die Regierungen, ihre Tatenlosigkeit und ihren bösen Willen abzuschütteln; zwingen wir sie, zu begreifen, daß ihre Pflicht im Einklang mit ihren Interessen steht, wenn sie die soziale Revolution vermeiden wollen.

Nachdem sie unter dem Beifall der ganzen Welt die großherzige Unklugheit begangen haben, den Haager Gerichtshof ins Leben zu rufen, können sie ihn heute nicht mehr lebend begraben, ohne über sich selbst das Urteil zu sprechen und ohne sich dahin zu verraten, daß sie die Gerechtigkeit scheuen und daß sie Anhänger einer Gewalttätigkeit sind, gegen die die öffentliche Meinung sich schon längst revoltiert hat.

Mit einem Worte: Verlangen wir die Inauguration des Haager Gerichtshofes!

Dort ist das Heil, dort findet sich das Mittel, die Verwirklichung Ihrer und meiner Hoffnungen zu beschleunigen.

Ihr herzlichst und ehrerbietig ergebener

d'Estournelles de Constant.

*

Wien, 26. Dezember 1901.

Verehrte Frau Baronin!

Anläßlich des zehnjährigen Bestandes der Gesellschaft österreichischer Friedensfreunde sende ich dem Vereine, vor allem aber Ihnen — seinem geistigen Haupte, seiner Seele — meine besten Glückwünsche. Mit Stolz und Befriedigung können Sie auf diese lange Zeit rastloser Arbeit zurückblicken, welche, getragen von dem unerschütterlichen Glauben an Ihre edle Sache, sich so schöner Erfolge erfreut und durch das Ergebnis der Haager Konferenz auch den größten Zweifler zur Ueberzeugung ihrer Notwendigkeit und Ersprießlichkeit bekehren muß.

Empfangen Sie, verehrte Frau Baronin, die Versicherung meiner ausgezeichneten Hochachtung.

Chlumecky (Minister a. D.).

*

Graz, 31. Dezember 1901.

Der Gedanke des Weltfriedens ist nicht mehr aus der Welt zu schaffen und das ist der erste Erfolg des Bundes der Friedensfreunde!

Doch wir haben für den Frieden den Mut so sehr nötig wie der Soldat für den Krieg! Heil uns, Freunde, zum Neuen Jahr!

Peter Rosegger.

*

Aulestad, 18. Dezember 1901.

Die Zukunft der Friedenssache denke ich mir immer im Bilde des Sonnenaufgangs. Für uns Nordländer kann der Sonnenaufgang so viel mehr bedeuten als für die Südländer — bisweilen erwartet und begrüßt wie ein Wunder. Die Finsternis war so erdrückend lang, die Stille so unheimlich, die erste Glut über den Felsenspitzen so trügerisch. Es dauert und dauert und wächst — aber keine Sonne! Auch wenn der Himmel schon hoffnungsvoll erstrahlt — noch immer keine Sonne! Und es ist kalt — eigentlich kälter als früher, denn die Phantasie ist ungeduldig geworden.

Da, auf einmal wie ein Blitz mitten in unsere Beobachtung hinein die so lang verkündete Majestät selber! So stark, so bezwingend stark, daß die Augen sie nicht ertragen. Wir wenden den Blick zur Landschaft, die schon lange beseelt war, ohne daß wir es merkten, — in die Luft, die schon lange erhellt war, ohne daß wir es wahrnahmen. Alles, alles, bis hinab in die Tiefen und bis hinauf in die Höhen ist besonnt, klar, vollendet — von Wärme erfüllt, von Tönen durchzogen ...

So, meine ich, geschieht uns. Wir merken in unserer Sehnsucht nicht, was sich vollzieht — wie nahe schon die große Sonne des Weltfriedens ist. Es kommt etwas, das es bringt wie ein Wunder. Aber es ist kein Wunder, wir sehen nur nicht in unserer Ungeduld, wie alles dafür vorbereitet war.

Der Versammlung meinen Gruß!

Björnstjerne Björnson.

63

Das letzte Jahr

Das letzte Jahr desjenigen, der mein Alles war.

— — — — — — — — — — — — — — — —

Am Neujahrstage 1902 passierten uns allerlei kleine Unannehmlichkeiten.

„Du wirst sehen," sagte der Meine, mehr im Scherz als im Ernst, denn abergläubisch war er nicht, „das wird ein schlimmes Jahr werden."

In der ersten Woche kam in der Tat schon eine schlimme Nachricht. Eine Depesche aus Warschau: „Johann von Bloch einem Herzschlag erlegen." Wieder ein mächtiger Mitstreiter weniger!

Der Krieg in Transvaal dauerte fort. Nun schon das dritte Jahr. Da glaubten die Engländer, es handle sich um eine kleine militärische Promenade; und jetzt diese endlosen Opfer und Verluste! Ich schrieb an Philipp Stanhope, um ihn zu bitten, er möge mir über die Situation etwas mitteilen und vielleicht seine Stimme gegen die Fortsetzung des Krieges erheben. Er schrieb mir zurück:

3, Carlton Gardens S. W., January 25th 1902.

Dear Baroness de Suttner,

I am overwhelmed with confusion. I have been since the beginning of December in Italy and have only recently returned for a short time to find your note of Dec. 14th awaiting me.

I should have been pleased to have contributed a few words to the publication of the Austrian Society upon the occasion of its 10th anniversary, though all such words of peace coming from my country would be in sad contrast with realities.

However all great causes have dark moments to traverse and there will again be a reaction against the Militarism and the Jingoism of the present age.

I hope to see you in Vienna in the autumn and to find you in good health.

Please remember me to Baron de Suttner and believe me

Sincerely yours

Philip Stanhope.

In diesem Jahre sollte der Friedenskongreß schon im April stattfinden und zwar, auf eine Einladung des Fürsten Albert, in Monaco. Die Nachbarschaft von Monte Carlo war zwar ein Umstand, der manchem unserer Freunde Bedenken einflößte (die ich nicht teilte), und erst nach längerer Korrespondenz unter den Mitgliedern des Berner Bureaus (in dessen Hand die Organisation der Kongresse liegt) wurde ein Mehrheitsbeschluß für die Wahl von Monaco erzielt. Mein Mann und ich freuten uns lebhaft auf die Reise und den Aufenthalt in dem paradiesischen Erdenwinkel. Zu meiner fröhlichen Laune trug auch bei, daß mein Buch „Marthas Kinder" am Erscheinen war. Der Ertrag dafür (mein Verleger Pierson hatte den Roman mit allen Rechten, bis auf das Uebersetzungsrecht, um ein Honorar von 15000 Mark erworben) ermöglichte es mir, den Zusammenbruch unseres geliebten Harmannsdorf wenigstens eine Zeitlang hintanzuhalten — und in dieser Zeit konnte so manches einschlagen, was den Besitz dennoch retten würde, und so blickten wir der bevorstehenden Kongreßreise frohen Gemütes entgegen.

Doch einige Tage vor dem für unsere Abreise bestimmten Datum wurde der Meine von ganz plötzlichem Unwohlsein befallen. Als er eines Morgens aufstehen wollte, versagten ihm die Beine den Dienst. Er mußte wieder ins Bett und fühlte Schmerzen im rechten Knie. Wir hofften, es werde nichts sein. Unsere Koffer waren gepackt, die Schlafwagenbillette schon genommen, die Zimmer in Monaco bestellt. Auch der Vortrag, den ich dort in einer öffentlichen Versammlung halten sollte (die Ergebnisse der Haager Konferenz), war vorbereitet und angekündigt.

„Auch wenn ich bis übermorgen nicht wieder gesund bin, du mußt fahren," erklärte der Meine, „es ist deine Pflicht!"

Und so kam es auch. Der Doktor verordnete, daß das erkrankte Bein eingewickelt werde und unbeweglich bleiben müsse. Uns beiden war das ein großes Herzeleid; wir hatten uns auf die gemeinschaftliche Reise so gefreut, und die Trennung erfüllte mich mit Bangen. Bis zum letzten Augenblick hoffte er doch mitfahren oder vielleicht einen Tag später nachfahren zu können, aber es war nicht möglich. Ich mußte ohne ihn nach Monaco; doch war ich nicht allein, meine Freundin, Gräfin Hedwig Pötting, begleitete mich. Die Freude an dem Aufenthalt war mir durch die Trennung von meinem Mann und durch die Sorge um ihn verdorben. Täglich erhielt ich ein Telegramm, außerdem schrieb er mir drei Briefe. Diese Briefe liegen in meinem Schatzkästlein; es sind die letzten, die er an mich geschrieben hat. Sie sollen in diesen Erinnerungen Platz finden:

Ostersonntag 1902.

Mein geliebtes Löwos!

Ich fürchte, dieser schriftliche Gruß wird alles sein, was Du in Monaco von mir haben wirst. Wie froh wäre ich, wenn ich noch heute nachmittag die Ueberzeugung gewänne, daß ich Dir folgen kann, — aber ich getraue mich schon nicht mehr, das zu hoffen. Wenn ich denke, daß Du morgen wahrscheinlich ohne mich fährst, wird mir das Herz so schrecklich schwer! Das war nicht gut vom Nemo,*) daß er uns so gewaltsam getrennt hat. Diese kleine Freude hätte er uns doch lassen können! Ich will Dir nicht auch das Herz schwerer machen, als es schon ist. Es heißt dort Kopf und Ruhe bewahren, um der Pflicht nachzukommen, der Du Dich nicht entziehen darfst.

Meine Segenswünsche und meine Herzensliebe begleiten Dich auf Deinen Weg, mein altes Löwos, der unter diesen Umständen für Dich eher ein Dornenweg ist. Aber auch das soll er nicht sein; Du sollst ihn doch mit dem freudigen Gefühl antreten, daß Du Braves geleistet und noch weiter Braves leisten wirst. Du sollst Dich auch des schönen Ortes freuen und der Freunde, die alle mit Liebe und Verehrung an Dir hängen.

Genieße den Aufenthalt, mein Altes, um so freudiger und befriedigter kommst Du mir dann zurück.

So, und jetzt nehme ich Deinen guten Löwenschädel zwischen die Hände und küsse ihn tausendmal ab.

Der Deine.

*) Anspielung auf den Jules Verneschen Kapitän Nemo, der immer zur rechten Zeit den Kindern des Kapitän Grant hilft und den wir uns scherzweise zum Schutzpatron zugelegt hatten.

31. März 1902.

Mein altes Herzenslöwos!

Das waren traurige Stunden der Einsamkeit und Verwaisung nach Deiner Abfahrt. Da habe ich so recht spüren können, wie tief Du mir ans Herz gewachsen bist, mein teures, teures Alt's!

Jetzt trachte ich mich ein bißchen ins Unvermeidliche zu fügen; — aber Reaktionen werden schon noch kommen, denn ich vermisse Dich doch zu sehr.

Habe Dich in Gedanken auf Deinen Etappen verfolgt. Jetzt bist Du wahrscheinlich schon nach dem Frühstück auf dem Bahnhof und harrst der Einwaggonierung.

Wenn die Tage nur schon so weit vergangen wären, daß ich sagen kann: übermorgen wird es übermorgen sein u. s. w.

Meine Sachen werden mir heute nicht so gut gemacht wie von Dir. Maria Louise hat sich eben flüchtig gezeigt — mit Schnupfenanfang — also nicht gerade rosig.

Wenn ich mit diesen Zeilen fertig bin, muß ich wieder ausruhen. Auch das Schreiben nimmt mich noch her. Ich werde mich zurücklegen und an Dich denken. Wenn unsere Nerven für Telepathie empfänglich wären, müßten wir diese Tage viel in Kontakt sein.

Der Doktor läßt sich heute mit seinem Morgenbesuche Zeit; ich glaube aber, daß das Bein etwas besser ist.

Lebe wohl, mein Liebstes, — ich küsse Dich viel tausendmal.

Der Deine.

•

2. April 1902.

Mein teures Löwos!

Zehn Uhr! Da stehst Du vielleicht gerade auf der Tribüne und hältst Deine Ansprache, die ja kurz ist. So nehme ich am Kongreß, soweit ich ihn verfolgen kann, teil. Zeitungsnachrichten wird es darüber wohl keine regelmäßigen geben.

Gestern war Chimani*) hier. Konstatierte zwar Besserung, doch immer noch Entzündung; daher strenges Verbot gegen jedes Aufstehen.

Deine Depesche habe ich gestern erst um halb neun Uhr abends erhalten. War schon ein bißchen unruhig, da gar nichts kam. Meine Antwort, die ich dem Boten mitgab, kannst Du wohl erst heute erhalten haben.

Heute schöner Sommertag — und ich liege dabei im Bett. Habe schon solche Sehnsucht hinaus.

Post nichts Interessantes. Beiliegend einen verrückten Brief an Dich von einem verrückten Photographen in Graz. Dann kam ein Brief aus Linz von zwanzig Quartseiten nebst

*) Generalstabsarzt Richard Chimani, ein langjähriger Freund und Gutsnachbar.

Büchlein, das der Schreiber vor zehn Jahren bei Schabelitz erscheinen ließ. Sende Dir natürlich dieses Zeug nicht.

Dank der Hex (Gräfin Pötting) für ihre Karte und Brudergruß. Dir Küsse aufs Löwenmaul von

Deinem.

Wie hätte der Arme jene Tage von Monaco genossen! Der Ort erglänzte in voller Frühlingspracht. Wir hatten die Riviera schon gesehen, aber nicht zur Zeit so üppiger Blütenentfaltung.

Zu den Verhandlungen des Kongresses war ein Saal des im Bau begriffenen Ozeanographischen Museums eingeräumt. Zu den Reden und Debatten der Kongressisten bildete das ferne Hämmern der Arbeiter eine stete Begleitung. In der unmittelbaren Nähe wurde während der Verhandlungsstunden die Arbeit zwar eingestellt, aber in einiger Entfernung wurde weiter geklopft und gesägt und genagelt. Dies schien mehrere der Redner etwas zu stören; doch einem gab es willkommenen Anlaß, in einem schönen Bilde auszuführen, daß das Werk, in dessen Namen wir hier versammelt sind, auch so ein im Plan schon vorgezeichneter, aber noch unvollendeter Bau sei; ein Bau, der auch wie dieser sich in Nützlichkeit und Schönheit erheben wird — den Erbauern zur Ehre, der Allgemeinheit zum Frommen.

Nach der Eröffnungssitzung, welcher Fürst Albert beigewohnt hatte, blieben alle Teilnehmer auf dem Platze vor dem Museumseingang stehen, um Begrüßungen zu tauschen und Wiedererkennungsszenen zu feiern, die sich von einem Kongreß zum andern wiederholen: — „Ah, Sie sind's! Das ist schön!" — Diesmal apostrophierten mich alle mit der Frage: „Und wo ist denn der Baron?" — Ich mußte von seiner Erkrankung erzählen, die allgemeines Bedauern hervorrief. Niemand, ich glaube wirklich, niemand gab's auf der weiten Welt, der für diesen Mann — wenn er ihn auch nur flüchtig kannte — nicht Sympathie empfand.

Der Fürst stand unweit von mir in einer Gruppe und sprach mit General Türr. Ich konnte ihn beobachten. Ueber mittelgroß, schlanker und geschmeidiger Wuchs, damals schon anfangs der Fünfzig, aber noch gar nicht ergraut; kurzer gestutzter, dunkler Bart; ungemein schwermütiger Gesichtsausdruck. Er kam auf mich zu und reichte mir die Hand. Es freue ihn, sagte er, mich zu sehen, denn er kenne seit langem meine Hingebung für die Sache, zu deren Förderung er nun auch nach Kräften mitwirken wolle. Er blieb längere Zeit im Gespräch mit mir stehen.

„Es liegt mir daran," sprach er im Laufe der Unterhaltung,

„Ihnen eines zu sagen: Sehen Sie hier dieses erstehende Werk (er deutete auf den Museumsbau), dieses zeigt, wohin mein Trachten und Wirken geht — es soll ein Korrektiv sein" — jetzt deutete er auf den in der Ferne sichtbaren, mit dem Kasino gekrönten Felsen von Monte Carlo — „ein Korrektiv gegen jenes Erbstück, das mir so verhaßt ist."

Aus den Verhandlungen ist mir die zorn- und schmerzerfüllte Anklage des Franzosen Pierre Quillard über die damals noch fortdauernden (und leider auch heute noch nicht beendeten) grausamen Massakers an den Armeniern besonders erinnerlich. Damit ward unseren Kongressen der Charakter gewahrt, ein Forum zu sein für die Klagen und für die Verteidigung aller Verfolgten — ein Amt, dessen Ausübung die Regierungen unter Berufung auf das Nichteinmengungsprinzip immer noch von sich weisen.

Im Laufe des Tages besichtigten wir Kongressisten noch das auf dem Felsen von Monaco ragende, vom Fürsten bewohnte Schloß. Ein altertümlicher Bau mit Zinnen, Freitreppen und Säulengängen. In dem abgeschlossenen Privatgarten unendliche Blumenfülle. Haushohe Palmen stehen da auf einem Felsenterrain, zu dem jede Krume Erde hinaufgetragen werden mußte. Die Prunkräume sahen wir erst abends im vollen Glanze, bei einem dem Kongreß zu Ehren gegebenen Galaempfang, zu welchem auch die Behörden von Nizza eingeladen waren. Besonders imposant ist der Thronsaal — obwohl der Thron eines so kleinen Reiches nicht imposant ist. In diesem Raume fiel mir eine Art Blumenturm auf, der bis an die Decke reichte. Man sagte mir, dies sei der Thron mit seinem Sessel, seinen Stufen und seinem Baldachin — alles maskiert durch diesen blühenden Riesenschirm.

Ein zweites Fest wurde uns von seiten der Stadt gegeben. Es war eine Art „Venezianische Nacht" — alle Schiffe und Barken im Hafen und alle Gebäude der Bucht beleuchtet, bengalische Flammen auf den Bergen, Fackelzüge und Musik. Die ganze Bevölkerung, Kurgäste und monegassische Bürger, Arbeiter und Bauern aus der Umgebung, nahmen an der Lustbarkeit teil. Für die Kongressisten und den Fürsten waren auf der Höhe Zelte aufgerichtet, von wo der Blick über die ganze lichtüberflutete Gegend fiel. Ich saß im Zelte des Fürsten, zwischen diesem und seinem Vetter, dem Herzog von Urach. Letzterer, ein Offizier im deutschen Heere, sprach mit mir über das Thema des Kongresses. Er gab zu, daß der Krieg einst von der Zivilisation überwunden würde, — doch vorher, meinte er, würden wohl noch wirtschaftliche und vielleicht auch soziale Kämpfe mit den Waffen ausgefochten werden.

„Was wurde in der heutigen Nachmittagssitzung verhandelt?" fragte mich Fürst Albert.

„Propaganda," antwortete ich.

„Sehen Sie dieses Bild und lauschen Sie diesem Stimmenlärm — alle die Leute haben heute erfahren, daß es eine arbeitende Friedensbewegung gibt: das ist Propaganda!" sagte der Fürst.

Beim Schlußbankett präsidierte er. Er saß zwischen Madame Séverine und mir. Bei dieser Gelegenheit erzählte er mir viel von seinen Arbeiten und seinen Plänen. Sein Buch «La carrière d'un navigateur» war vor kurzem erschienen; er wolle es mir schicken, und darin würde ich die ganze Geschichte seiner Studien und seiner — Seele finden.

Als es zu den Toasten kam, erhob er sich und hielt die erste Rede:

„Es erfüllt mich mit Stolz und Freude," so ungefähr waren die Einleitungsworte, „in der Friedensbewegung einen Platz einzunehmen; denn das wissenschaftliche Werk, dem mein Leben gewidmet ist, braucht zu seiner Entwicklung den Sieg des Friedenswerkes, den Sieg über das grausame Erbe primitiver Barbarei, den Sieg über den kriegerischen Geist, der die Früchte der Zivilisation vergiftet."

Nicht nur in Bankettreden — die sich ja verflüchtigen wie der Schaum im erhobenen Glas — hat Fürst Albert sich zu solcher Gesinnung bekannt; auch in der Widmung seiner „Seemannslaufbahn"*) heißt es:

«Je dédie la version allemande de ce livre à Sa Majesté l'Empereur Guillaume II qui protège le travail et la science, préparant ainsi la réalisation du plus noble désir de la conscience humaine: l'union de toutes les forces civilisatrices pour amener le règne d'une paix inviolable.»

Ich habe später die eigenhändige Antwort des Kaisers gesehen, worin er in anderthalb Quartseiten seinem „cher cousin" für die Widmung dankt und die darin enthaltenen, auf die Friedenssache bezüglichen Worte übereinstimmend wiederholt.

Obwohl die Depeschen, die ich täglich aus Harmannsdorf erhielt, beruhigenden Inhalts waren, fieberte ich schon vor Ungeduld, wieder heimzukommen. Die Wiedersehensfreude war groß. Dies war ja nach sechsundzwanzigjähriger Ehe die erste mehrtägige Trennung

*) Autorisierte Uebersetzung von A. H. Fried. Berlin, Boll & Pickardt.

zwischen uns gewesen. Unter Tränen hatten wir uns Adieu gesagt, unter Tränen fiel ich dem Meinen wieder um den Hals. Und leider — er war noch nicht hergestellt; noch mußte er liegen bleiben. Seine Krankheit war — so hatten die Aerzte gesagt — eine Beinhautentzündung gewesen, und da war noch mehrtägige Schonung geboten. Als er zum ersten Male aufstand, bekam er heftiges Herzklopfen. Und das wiederholte sich oft. Unterm 12. April finde ich in meinem Tagebuch zum erstenmal einen bangen Aufschrei: „Wieder Herzklopfen — ach Gott, das ist doch eine schwere Krankheit — — — Organismus nicht in Ordnung — bin tiefbesorgt ..."

Nach einiger Zeit ward es besser und meine Sorge wieder verscheucht.

Der Transvaalkrieg wollte noch zu keinem Ende kommen; zwar waren Friedensverhandlungen schon in Angriff genommen, dabei wurde aber nicht gleichzeitig Waffenstillstand erklärt, sondern neuerdings wurden englische Truppenverstärkungen eingeschifft. Darüber äußerte die „Times" große Genugtuung. O diese kriegschürenden Redaktionspatrioten! Zu einer Mediation waren die neutralen Mächte noch immer nicht zu bewegen. Nur nicht einem Kriegführenden in den Arm fallen! Aber dem Kriegführenden helfen, indem man ihm Geld leiht oder Pferde liefert (von Fiume gingen ungeheure Pferdetransporte für die Engländer ab), dazu lassen sich die Neutralen herbei. Les affaires sont les affaires.

Der Artikel 27 der Haager Konvention war vergessen. Ueberhaupt, das Haager Tribunal schien verurteilt — das arme Neugeborene —, an Mangel an Nahrung zugrunde zu gehen. Da plötzlich kam doch ein Streitfall, der dem dortigen Schiedsgericht unterbreitet wurde. Eine alte Kontroverse zwischen den Vereinigten Staaten und Mexiko — Kirchengüter betreffend. Präsident Roosevelt brachte den Fall vor das Haager Tribunal.

Ich wußte, daß unser Freund d'Estournelles, der es sich zur Aufgabe gemacht hatte, das Haager Werk vor dem Erstickungstode zu bewahren, eine Reise nach Amerika unternommen hatte, wo er eine Rundfahrt von Vorträgen absolvierte. Ich vermutete, daß er bei Anrufung des Tribunals in der amerikanischen Kirchengutsfrage nicht ohne Einfluß gewesen. Und in der Tat, es verhielt sich so — zwei Dokumente liefern den Beweis dafür. Zuerst die nachstehende Antwort d'Estournelles' auf einen Brief, worin ich meine Vermutung über seine Mitwirkung in der betreffenden Sache ausgesprochen hatte. Hier ist sein Brief:

Paris, Chambre des Députés, le 5 septembre 1902.

Chère amie,

Vous l'avez deviné: je suis allé en bonne partie aux Etats-Unis pour révéler au Président Roosevelt le grand rôle qu'il pouvait jouer dans la politique universelle, en face de l'abdication de l'esprit liberal en Europe. Je lui ai tout dit, et il a tout compris.

J'ai dit: «Vous êtes un danger ou une espérance pour le monde, selon que vous irez vers la conquête ou l'arbitrage — vers la violence ou la justice. On pense que vous penchez du côté de la violence — prouvez le contraire!»

«Comment?»

«En donnant la vie à la cour de la Haye.»

Et c'est ce que le Président a fait. J'ai attendu pour faire allusion à ma démarche que la cour fût enfin réunie — elle l'est. C'est un grand point; et il faut louer Roosevelt 1° parce qu'il le mérite et 2° pour qu'il trouve des imitateurs.

Votre très affectionné ami à tous deux.

D'Estournelles.

Das zweite Dokument ist der Auszug aus einem Bericht, den die französische Botschaft in Washington an den Minister des Aeußern nach Paris gerichtet hat. Ich habe eine authentische Abschrift dieses Auszuges erhalten. Er lautet:

Ambassade de la République Française aux Etats-Unis.

Washington, 7 avril 1902.

Monsieur le Ministre,

— — — — — — — — — — — — — — — — — — —

Il faut dire la vérité et rendre à chacun ce que lui est dû. Lorsqu'il y a près de deux mois je présentai M. d'Estournelles au Président Roosevelt, notre compatriote lui parla avec beaucoup d'enthousiasme de la Conférence de la Haye; il fit luire à ses yeux l'honneur, dont M. Roosevelt couvrirait sa magistrature, s'il inaugurait le tribunal arbitral sur une question, si petite qu'elle fût, et s'il donnait ainsi un exemple au monde. Le Président Roosevelt fut frappé du langage de M. d'Estournelles, et j'ai reçu hier même de sa bouche la confidence que dès le lendemain de la visite de ce dernier, il avait chargé M. Hay de rechercher une affaire à soumettre aux arbitres permanents de la Haye.

Signé: Jules Cambon.

A Monsieur le Ministre
des Affaires étrangères.

Und so ward durch die Hingebung eines einzelnen, unterstützt von der Tatkraft eines Mächtigen, jene Maschine in Bewegung gesetzt. Es war der Welt der Beweis gegeben, daß sie funktionieren kann. Natürlich berufen sich die Gegner darauf, daß es ja ein ganz unbedeutender Fall war, der da überwiesen wurde — als ob nicht auch schon unbedeutende Fälle zum Kriege geführt hätten! Nicht auf den Fall kommt es an, sondern auf die Methode.

Mein Mann hatte sich so weit erholt, daß es uns möglich war, zusammen in die Schweiz zu reisen, um der Eröffnung des Blochmuseums beizuwohnen. Die Vorbereitungen dazu waren, noch zu Lebzeiten des Gründers, weit gediehen. Aber es gehörte die ganze Energie, die ganze Opferfähigkeit und Großzügigkeit seiner Witwe dazu, um das Werk zu vollenden.

Was das sechsbändige Werk „Der Krieg" mit gedrucktem Wort erzählt und argumentiert, das wiederholt das Luzerner Kriegs- und Friedensmuseum mit seinen Waffen, seinen Modellen, seinen Bildern und Tabellen.

Die Eröffnungsfeier und die darauffolgenden Tage gestalteten sich zu einer Art kleinen Friedenskongresses, denn Frau von Bloch hatte eine große Zahl hervorragender Persönlichkeiten der Bewegung eingeladen, — als ihre Gäste — nach Luzern zu kommen. Und so fand sich bei dieser Feier wieder der ganze Kreis zusammen: Frédéric Passy, W. T. Stead, Gaston Moch, General Türr, Séverine, Dr. Richter (der verdiente Vorsitzende des Deutschen Friedensvereins), Professor Wilhelm Förster, Moneta, d'Estournelles und viele andere.

Der Krieg ist das Duell der Völker, das Duell ist der Krieg zwischen zwei einzelnen. Auch gegen den uralten, in den kontinentalen Ländern so fest verankerten Brauch der Zweikämpfe (England hat damit schon aufgeräumt) hatte eine Bewegung Platz gegriffen. An deren Spitze standen der Fürst Löwenstein und Prinz Alfonso von Bourbon. Besonders der letztere entwickelte einen unendlichen Eifer. Ich schrieb ihm damals von meiner Absicht, bei einer nächsten Vereinsversammlung auch die Ziele der Antiduelliga zur Sprache zu bringen. Der Prinz antwortete:

Ebenzweier, 12 août 1902.

Madame,

Je vous remercie beaucoup pour votre aimable lettre du 22 juillet et les prospectus de votre conférence de Vienne. Je souhaite qu'elle donne les meilleurs résultats. Vous travaillez, Madame, avec un admirable dévouement pour votre cause. Je serai bien aise de voir de nouveau approuvé notre mouvement anti-duelliste par cette assemblée, comme il le fut l'année dernière par celle de Glasgow.

Veuillez recevoir, Madame, l'expression de ma haute considération avec laquelle je reste votre dévoué

Alfonso de Borbon y Austria-Este.

*

Ein Impresario stellte mir den Antrag, eine Tournee in den Vereinigten Staaten mit Vorlesungen aus meinen Schriften zu veranstalten. Ich lehnte ab; schon der geschwächte Gesundheitszustand des Meinen wäre Grund zu der Ablehnung gewesen. Von Amerika machte ich mir gar keinen rechten Begriff. Ich besitze einen Brief von Hodgson Pratt, den er nach einem Ausflug über „den großen Teich" geschrieben hatte und worin es unter anderem heißt:

> — — — but my visit to the States convinced me that the great treaty would come! I returned quite infatuated with the Yankees: improved Englishmen I call them — so bright, so clear in thought and word, so resolute, so animated, so strong! It was almost a new revelation to hear and see those dear younger cousins. They have our british solidity but with a youthfulness, we have lost. I never spent six months of such enthusiasm.

Als ich diesen von 1897 datierten Brief zuerst las, sagte er mir nicht viel. Erst seitdem ich selber in Amerika gewesen, habe ich die Worte Hodgson Pratts begriffen, und ich unterschreibe jedes einzelne davon. Ja, „klar und stark, entschlossen und lebensvoll" — das sind sie — ja, „eine Offenbarung" — als das erscheint sie auch mir, diese neue, junge Welt. —

Im Sommer 1902 erhielten wir noch einige interessante Besuche in Harmannsdorf; ich meine Besuche von weiter her, denn mit den Freunden aus der Nachbarschaft war der Verkehr nach wie vor ein reger. Die Besuche, die ich meine, kamen aus Petersburg und aus Kaukasien.

Zuerst Emanuel Nobel, der Neffe meines verstorbenen Freundes Alfred Nobel. Ich fand, daß Emanuel manche Züge der Aehnlichkeit mit Alfred aufwies. Derselbe Ernst, dieselbe Tiefe, dieselben weiten demokratischen Ideen. Auch in der äußeren Erscheinung und im Organ erinnerte mich der Neffe an den Onkel. Emanuel ist unverheiratet; das Gerücht, daß er sich mit der Schwester seines Freundes, Ministers Witte, vermählen soll, erwies sich als unbegründet — er lebt nur ganz der Sorge um die zahlreiche Familie seines Bruders. Er steht an der Spitze eines der größten Naphthageschäfte der Welt. Vierzehn Schiffe tragen seine Ware auf den Meeren. Zweimal im Jahre reist er nach Baku, wo seine ergiebigsten Quellen fließen. Als einige Jahre später, während des Russisch-Japanischen Krieges, jene Naphthabrunnen angezündet wurden und gleich Feuersäulen zum Himmel lohten, mag er wohl bedeutende Verluste erlitten haben.

Der zweite exotische Besuch war Fürstin Tamara von Georgien mit ihren beiden Töchtern. Sie blieben zwei Tage in Harmannsdorf, und da gab es Reminiszenzen ohne Ende an die alten Zeiten im Kaukasus. Auch diesem teueren, schönen Lande sollte jener unselige Krieg später die grausamsten Leiden zufügen.

Im August jenes Jahres folgten wir, mein Mann und ich, einer Einladung des Grafen Heinrich Taaffe (Sohnes des gewesenen österreichischen Ministerpräsidenten) und seiner liebreizenden Frau nach dem Schlosse Ellischau in Nordböhmen, wo wir eine sehr gemütliche Woche verlebten. Eine schöne Ueberraschung ward mir dort zugedacht: Als wir um neun Uhr abends nach dem Diner auf dem Balkon saßen, von wo der Blick auf die den Horizont umrandenden, bewaldeten Berge fällt, flammte plötzlich auf einem Gipfel in Riesenlettern gegen den dunkeln Himmel das Wort „Pax" auf. Zugleich bewegten sich aus der Ferne kleine Lichter, die immer zahlreicher und immer näher durch die Büsche glimmten, auf das Schloß zu. Es war ein Fackelzug. Zahlreiches Volk strömte mit, eine Musikbande fing zu spielen an, und schließlich versammelte sich der ganze Zug auf dem Platze unter dem Balkon; ein Mann trat vor — es war der Schullehrer — und hielt in böhmischer Sprache eine Ansprache, in der das Wort „Friede" öfters vorkam. Ich mußte antworten, auch böhmisch — der Hausherr soufflierte mir die Worte, denn ich kenne meine Landessprache nicht. Die Kinskys sind zwar eine tschechische Familie, aber zu meiner Jugendzeit war das tschechische Nationalbewußtsein noch nicht erwacht, und in meinem Alter war ich dafür — da ich zum europäischen Bewußtsein gelangt war — auch nicht mehr empfänglich. Darum freute mich aber die Ansprache des Herrn Lehrers nicht minder. Die Dorfleute — auch aus den benachbarten Dörfern waren sie gekommen — blieben noch lange versammelt; die Musikanten spielten eine Polka, und die Jugend tanzte. Mein Mann und ich waren durch die sinnreiche kleine Feier lebhaft erfreut worden. Niemals hat ein dankbareres Feuerwerkpublikum „Ah!" gerufen als wir in dem Momente, da das haushohe „Pax" den Nachthimmel erhellte.

Glücklich unsere Nachkommen, denen dieses Wort am politischen

Horizont leuchten wird — nicht als flüchtiges pyrotechnisches Spiel, sondern als unverrückbares Wahrzeichen.

Im September hätte die Interparlamentarische Konferenz in Wien stattfinden sollen. An der Spitze des Organisationskomitees stand Baron Pirquet. Die Vorbereitungen waren getroffen, die Programme ausgeschickt, der Eröffnungstag festgesetzt, als kurz vorher das Komitee ein Rundschreiben versandte, worin verkündet ward, daß unvorhergesehener technischer Hindernisse wegen die Konferenz abgesagt und auf künftiges Jahr verlegt werden müsse. Baron Pirquet vertraute mir an, daß es nicht technische, sondern politische Hindernisse waren. Der Schlag traf ihn hart. Auch mich hatte dieses Ereignis schmerzlich berührt, aber ich hatte jetzt ganz anderen Kummer. Schon in Ellischau, schon in Luzern hatte der Meine öfters über Schmerzen geklagt, und manche unserer Freunde sagten mir später, daß sie damals über sein Aussehen erschrocken waren.

Eine lange, lange Krankheit begann. Zuerst — — — — — nein. Ich will hier diese Passionsgeschichte nicht erzählen — hier nicht! In „Briefe an einen Toten" habe ich dem teueren Schatten selber alles erzählt, wie er und wie ich gelitten — und wie er gestorben ist.

Der 10. Dezember 1902 war sein Todestag. Bis zum 9. Dezember habe ich alle Phasen des Bangens und Hoffens, des Verzagens und Verzweifelns in mein Tagebuch eingeschrieben. Es ist erstaunlich, wie sehr man ein solches Buch als Freund empfindet — wie man ihm alles sagen und klagen kann, wie man über seine Blätter die Tränen weinen kann, die man den anderen, besonders einem geliebten Kranken, verbergen muß.

Aber am 10. Dezember konnte ich nicht mehr schreiben und noch lange nicht nachher.

Erst später kehrte ich wieder zu meinem Vertrauten zurück und zeichnete ein großes Kreuz unter das letztbeschriebene Blatt. Auf die neue Seite schrieb ich:

> 29. Dezember. Hier klafft eine fürchterliche Lücke in diesem Buch. Die schrecklichsten Tage meines fortan einsamen, unausdenkbar einsamen Lebens . . .
>
> Am 10. und nach einer Stunde der Agonie und nachdem er noch meinen Namen gerufen hatte, hauchte der Meine — Meine! — sein geliebtes Leben aus!
>
> Maria Louise, Schwester Louise, Pauline, die beiden Aerzte und ich umringten das Sterbebett — unvergeßlich traurige und schaurige Stunde . . .

Habe alles verloren!

Nun folgten die Tage und Nächte der Totenwache.

So lieb lag er da mit dem ihm eigenen Lächeln um die kalten, eiskalten Lippen, die ich nicht genug küssen konnte...

Am 13. Einsegnung — die weinenden Haus- und Dorfbewohner — die Trauergäste ... wir begleiten den Sarg nach Eggenburg.

Am 14. Fahrt nach Gotha.

Am 16.: das Flammengrab!

— — — — — — — — — — — — — — —

Mein Verlorener hat in seinem Leben gar viele schöne und liebe Worte zu mir gesagt, die ich mir ins Herz geprägt; die liebevollsten aber sprach er übers Grab hinüber — in seinem Testament:

(Nach einigen letzten Verfügungen und Anordnungen heißt es:)

„— — Und nun, Meine, noch ein Wort Dir: Dank. Du hast mich glücklich gemacht, Du hast mir geholfen, dem Leben die schönsten Seiten abzugewinnen, mich desselben zu freuen. Keine Sekunde der Unzufriedenheit hat es zwischen uns gegeben, und das danke ich Deinem großen Verstande, Deinem großen Herzen, Deiner großen Liebe!

Du weißt, daß wir in uns die Pflicht fühlten, unser Scherflein zum Besserwerden der Welt beizutragen, für das Gute, für das unvergängliche Licht der Wahrheit zu arbeiten, zu ringen. Mit meinem Heimgang ist für Dich diese Pflicht nicht erloschen. Das gute Andenken an Deinen Gefährten muß Dich aufrechterhalten. Du mußt in unseren Intentionen weiterarbeiten, um der guten Sache willen die Arbeit fortsetzen, bis auch Du am Ende der kurzen Lebensstation anlangst. Mut also! Kein Verzagen! In dem, was wir leisten, sind wir einig, und darum mußt Du trachten, noch viel zu leisten!"

* * *

Schlußwort.

Diese Lebenserinnerungen will ich hier abbrechen; ich kann es nicht mehr Leben nennen, was meine Tage zwischen dem 10. Dezember 1902 und heute gefüllt hat. Zwar habe ich dem übers Grab hinaus gegebenen Befehl gehorcht und weitergearbeitet, zwar habe ich am Webstuhl der Zeit noch viel von jenem roten Faden gesehen, dem mein Sinnen und Sehnen gilt. Ich werde davon auch noch erzählen, aber nicht in einem Zuge mit den anderen persönlichen Dingen, die hier verzeichnet stehen. Auch liegen die Ereignisse der letzten Jahre noch zu nahe, um eine perspektivische Betrachtung zu gestatten.

Da meine Laufbahn aber noch nicht mit jenem Trauerdatum abschließt, da ich noch nicht, wie's in jenem Testamente heißt, „ans Ende der kurzen Lebensstation angelangt bin“, so werde ich noch manches über den weiteren Verlauf der Bewegung mitzuteilen wissen, in der ich meine Lebensaufgabe gefunden habe. In den letzten sechs Jahren haben sich in dem Kampfe zwischen Kriegs- und Friedenssache bedeutende Phasen abgewickelt: die französisch-englische Entente; die Serie der einander folgenden Schiedsgerichtsverträge (darunter einige ohne die bekannten Einschränkungen); der Ausbruch und die furchtbaren Peripetien des Russisch-Japanischen Krieges; der Zwischenfall von Hull, bei dem durch die Anwendung der Haager „Untersuchungskommission“ ein Weltbrand abgewendet wurde; die Aktion Roosevelts zur Herbeiführung des ostasiatischen Friedens; das Eintreten der nordamerikanischen Gruppe in die Interparlamentarische Union; die aufsteigende Wolke zwischen England und Deutschland; die Verscheuchung derselben durch die von den Pazifisten hervorgerufenen internationalen Korporationsbesuche; die weitere Verteilung der Nobelpreise; das Auftreten und die Spenden A. Carnegies für Friedenszwecke; die krieglos durchgeführte Trennung von Schweden und Norwegen (der erste solche Fall in der Geschichte); die Lehren der russischen Revolution; der neuerliche Vorschlag des Premiers Campbell-Bannerman zu einer Einigung, die Rüstungen einzuschränken; die Einberufung der zweiten Haager Friedenskonferenz; die Interparlamentarische Konferenz in London, zu der zum erstenmal russische Parlamentsmitglieder sich einfanden, aber wegen Auflösung der Duma wieder abreisen mußten (La Douma est morte, vive la Douma . . .); die Arbeit und Kongresse des Allgemeinen Frauenbundes für Frieden und Schiedsgericht unter dem Präsidium der Lady Aberdeen; die zweite, diesmal von sechsundvierzig Staaten beschickte Haager Friedenskonferenz, mit dem von den Zweiflern und Gegnern weiter hineingetriebenen Keil, der den Charakter dieses Weltparlaments in Kriegsregulierungsassisen umwandeln soll; die trotzdem aus dem Geist der Sache resultierenden und von den anwesenden Anhängern geförderten günstigen Ergebnisse dieser Konferenz; das glanzvolle Auftreten der südamerikanischen Staaten dabei; die beschlossene Kontinuität dieser internationalen Zusammenarbeit; die Fortschritte der Antiduellbewegung, der sich als Förderer die Könige von Spanien und Italien anschlossen; die auf den Sozialistenkongressen gefaßten Beschlüsse zur Bekämpfung des Krieges; die sich mehrenden „Ententen“ — in welchen die Anhänger der alten Weltanschauung und mit ihnen fast die gesamte

Presse aggressive Allianzen „mit der Spitze" gegen Dritte wittern, die aber in Wirklichkeit nur neue Maschen des im Entstehen begriffenen Netzes der friedlichen Weltorganisation sind; die Eroberung der Luft — das weltumwälzendste Kulturereignis der letzten Jahrhunderte, in dem Kurzsichtige auch nichts anderes sehen als eine nützliche Waffe zum Schleudern von Explosivstoffen, während es die Hinwegfegung von Grenzen, Festungen und Zöllen in sich trägt; daneben die unseligen Balkanstaaten, wo es schon jahrelang von Raub und Mord und „Atrocités" wetterleuchtet und das Kriegsgewitter täglich niedergehen kann.

Von all diesen Dingen habe ich mich nicht ferngehalten; in meinen Tagebüchern, Notizen, Dokumenten und Korrespondenzen ist ihre Chronik verzeichnet. In diesen letzten sechs Jahren bin ich noch viel in der Welt herum- und mit interessanten Menschen zusammengekommen. Vier Winter hintereinander habe ich mehrere Wochen als Gast des Fürsten von Monaco auf seinem Felsenschlosse zugebracht und da mit hervorragenden Personen aus Fürsten-, Gelehrten-, Diplomaten- und Künstlerkreisen verkehrt: eine Reise nach Amerika brachte mich mit Roosevelt zusammen und eröffnete mir Fernsichten in das Land der unbegrenzten Möglichkeiten oder vielmehr, wie es sich mir darstellt — der überwundenen Unmöglichkeiten. Von Kongreßversammlungen habe ich seither mitgemacht: die Friedenskongresse in Boston, in Luzern, in Mailand, in München; den Frauenkongreß in Berlin. Als Gast beigewohnt den Interparlamentarischen Konferenzen von Wien und London. Mit den alten Kollegen kam ich immer wieder zusammen, und neue Arbeiter an der gemeinsamen Sache sah ich auftauchen: Richard Barthold, Gründer der amerikanischen Gruppe; Sir Thomas Barclay, der eifrige Mitförderer der englisch-französischen Entente; Lubin, der Initiator des Agrikulturinstituts in Rom; Bryan, der jetzige Präsidentschaftskandidat der Vereinigten Staaten. Die großen Dienste konnte ich verfolgen, die der Friedensbewegung in Deutschland durch Pfarrer Umfrid, durch Professor Quidde geleistet worden, sowie auch durch — ich kann sie nicht alle nennen. Im Jahre 1905 habe ich, begleitet von Miß Alice Williams, eine Vortragstournee durch 28 deutsche Städte gemacht. Im Frühjahr 1906 mußte ich nach Christiania reisen, um dort den für die Nobelpreisträger obligaten Vortrag in Gegenwart des Königs Hakon und des Storthings zu halten. Daran schloß sich die Bereisung von Schweden und Dänemark. Endlich im Jahre 1907 habe ich, geradeso wie acht Jahre früher, die Konferenzzeit im Haag zugebracht und ebenso über alle Verhandlungen, Persönlichkeiten und gesellige Veranstaltungen genaues Register geführt. Alle diese Erlebnisse, Eindrücke, Briefe und Aktenstücke können einst die hier abgebrochenen, auf die Entwicklung der Friedensbewegung bezughabenden Erinnerungen ergänzen, und man wird sie — wenn ich nicht früher Anlaß zu ihrer Veröffentlichung nehme — in meinem Nachlaß finden.

Was die nächste Zukunft auf diesem Gebiete bringen wird, wird die bescheidenen und verborgenen Anfänge an Bedeutung und Tragweite noch überragen. Die Bewegung ist — ohne daß die Mitwelt es weiß — weit über den Kreis der Vereine, der Resolutionen, der persönlichen Tätigkeit einzelner Personen hinausgetreten; sie ist zu einem Weltanschauungs- und Weltordnungskampf geworden. Aus den Händen der sog. „Apostel" ist sie in die Hände der Machthaber und in die Geister der erwachenden Demokratie übergegangen; an ihr wirken — unbewußt, daß sie gerade dahin wirken — hunderterlei verschiedene Kräfte. Es ist ein mit Naturgewalt sich vollziehender Prozeß, eine langsam wachsende, neue Organisation der Welt. Die nächste Etappe steht als etwas ganz Konkretes, ganz Erreichbares, von aller theoretischen und ethischen Allgemeinheit Losgelöstes da: Die Bildung einer europäischen Staatenunion.

Was immer die Anstrengungen des alten Systems noch sein mögen, so tollhäuslerisch hoch auch die Vorräte der gegenseitigen Vernichtungsinstrumente noch aufgetürmt werden, so furchtbar auch noch an einzelnen Stellen kriegerische Rückfälle vorkommen können — ich fürchte kein Dementi in den Geschichtsbüchern der Zukunft, wenn ich hier sage:

Der Völkerfriede ist auf dem Wege.

Und wenn auch heute noch viele von diesen Prophezeiungen und von der ganzen Sache sich abwenden — gleichgültig, gähnend, achselzuckend, als handle es sich um etwas Unwirkliches, Nebensächliches, Marottenhaftes —, so wird doch gar bald, wenn einmal das lautlos und unbewußt sich Vorbereitende in die Erscheinung tritt, das allgemeine Verständnis dafür erwachen, daß diese Sache bewußte Mitarbeit fordert, daß sie die größte Aufgabe der fortschreitenden menschlichen Gesellschaft umfaßt — mit einem Worte, daß sie „das Wichtige" ist.

Im Juli 1908.

Personenregister

A

B

J

K

L

M

Berichtigungen:

S. 72 1. Zeile von oben lies: Hessen statt Preußen.
S. 244 10. Zeile von oben lies: Rickert statt Rückert.

Deutsche Verlags-Anstalt in Stuttgart

Sammlung zeitgenössischer Denkwürdigkeiten

Fürst Hohenlohes Denkwürdigkeiten. Im Auftrag des Prinzen Alexander zu Hohenlohe-Schillingsfürst herausgegeben von Friedrich Curtius. 2 Bände. Geheftet M 20.—, 2 Halblederbände M 24.—

General-Feldmarschall Freiherr von Loë, Erinnerungen aus meinem Berufsleben.
2. Auflage. Geheftet M 5.—, gebunden M 6.—

Albrecht von Stosch, Denkwürdigkeiten. Briefe und Tagebuchblätter. Herausgegeben von Ulrich von Stosch.
3. Auflage. Geheftet M 6.—, gebunden M 7.—

Die Aera Manteuffel. Federzeichnungen aus Elsaß-Lothringen. Von Alberta von Puttkamer unter Mitwirkung von Staatssekretär a. D. Max von Puttkamer.
Geheftet M 5.—, gebunden M 6.—

Dan. Freiherr von Salis-Soglio, Mein Leben und was ich davon erzählen will, kann und darf. 2 Bände.
Geheftet M 20.—, gebunden M 22.—

Fürst S. D. Urussow, Memoiren eines russischen Gouverneurs. Kischinew 1903—1904. Geheftet M 4.—, gebunden M 5.—

Marie Hansen-Taylor, Aus zwei Weltteilen. Erinnerungen.
Geheftet M 5.—, gebunden M 6.—

Robert von Mohl, Lebenserinnerungen. 1799—1875. 2 Bände.
Mit 13 Bildnissen. Geheftet M 10.—, gebunden M 12.—

J. von Kopf, Lebenserinnerungen eines Bildhauers.
Geheftet M 8.—, gebunden M 9.—

A. F. Graf von Schack, Ein halbes Jahrhundert. Erinnerungen und Aufzeichnungen. 3 Bände.
3. Auflage. Geheftet M 15.—, gebunden M 18.—

Franz von Lenbach. Von W. Wyl. Gespräche und Erinnerungen. Mit fünf Bildnissen und einem Brieffaksimile.
4. Tausend. Geheftet M 3.—, gebunden M 4.—

Theodor Gomperz, Essays und Erinnerungen.
Geheftet M 7.—, gebunden M 8.—

Zeitfracht Medien GmbH
Ferdinand-Jühlke-Straße 7
99095 Erfurt, Deutschland
produktsicherheit@kolibri360.de